Computação em Nuvem

| E60c | Erl, Thomas.
Computação em nuvem : conceitos, tecnologia, segurança e arquitetura / Thomas Erl, Eric Barceló Monroy ; tradução : Ronald Saraiva de Menezes ; revisão técnica : Henrique Brodbeck. – 2. ed. – Porto Alegre : Bookman, 2025.
xxxvi, 556 p. : il. ; 25 cm.

ISBN 978-85-8260-658-2

1. Serviços da web. 2. Computação em nuvem. I. Monroy, Eric Barceló. II. Título.

CDU 004.738.52 |
|---|---|

Catalogação na publicação: Karin Lorien Menoncin – CRB 10/2147

THOMAS ERL
ERIC BARCELÓ MONROY
com contribuições do Prof. Zaigham Mahmood e do Dr. Ricardo Puttini
Prefácio de David Linthicum

Computação em Nuvem

Conceitos, Tecnologia, Segurança e Arquitetura

2ª EDIÇÃO

Tradução
Ronald Saraiva de Menezes

Revisão técnica
Henrique Brodbeck
Professor do Instituto de Informática da
Universidade Federal do Rio Grande do Sul (UFRGS)

bookman

Porto Alegre
2025

Obra originalmente publicada sob o título *Cloud Computing: Concepts, Technology, Security and Architecture*, 2nd Edition
ISBN 9780138052256

Authorized translation from the English language edition, entitled *Cloud Computing: Concepts, Technology, Security and Architecture*, 2nd Edition, by Thomas Erl and Eric Barceló Monroy, published by Pearson Education, Inc., publishing as Pearson; Copyright © 2024.

All rights reserved. No part of this book may be reproduced or transmitted in any form or by any means, electronic or mechanical, including photocopying, recording or by any information storage retrieval system, without permission from Pearson Education, Inc.

Portuguese language edition published by GA Educação LTDA., selo Bookman, Copyright © 2025.

Tradução autorizada a partir do original em língua inglesa da obra intitulada *Cloud Computing: Concepts, Technology, Security and Architecture*, 2ª Edição, autoria de Thomas Erl e Eric Barceló Monroy, publicado por Pearson Education, Inc., sob o selo Pearson, Copyright © 2024.

Todos os direitos reservados. Este livro não poderá ser reproduzido nem em parte nem na íntegra, armazenado em qualquer meio, seja mecânico ou eletrônico, inclusive fotorreprografação, sem permissão da Pearson Education, Inc.

A edição em língua portuguesa desta obra é publicada por GA Educação LTDA., selo Bookman, Copyright © 2025.

Coordenador editorial: *Alberto Schwanke*

Editora: *Simone de Fraga*

Leitura final: *Marina Carvalho Dummer*

Arte sobre capa original: *Márcio Monticelli*

Editoração: *Clic Editoração Eletrônica Ltda.*

Reservados todos os direitos de publicação, em língua portuguesa, a GA EDUCAÇÃO LTDA. (Bookman é um selo editorial do GA EDUCAÇÃO LTDA.)
Rua Ernesto Alves, 150 – Bairro Floresta
90220-190 – Porto Alegre – RS Fone: (51) 3027-7000

SAC 0800 703 3444 – www.grupoa.com.br

É proibida a duplicação ou reprodução deste volume, no todo ou em parte, sob quaisquer formas ou por quaisquer meios (eletrônico, mecânico, gravação, fotocópia, distribuição na Web e outros), sem permissão expressa da Editora.

IMPRESSO NO BRASIL
PRINTED IN BRAZIL

Sobre os autores

Thomas Erl

Thomas Erl é autor *best-seller* na área de TI e editor da coleção *Pearson Digital Enterprise Series por Thomas Erl*. Thomas é autor e coautor de 15 livros publicados pela Pearson Education e Prentice Hall dedicados a tecnologia e práticas contemporâneas de negócios. Você pode encontrá-lo no seu canal oficial no YouTube (youtube.com/@terl). Ele também é apresentador do podcast "Real Digital Transformation" (disponível em Spotify, Apple, Google Podcasts e na maioria das demais plataformas) e também publica uma coluna semanal no LinkedIn, intitulada "The Digital Enterprise". Mais de 100 artigos e entrevistas com Thomas já foram publicados em inúmeros veículos, incluindo *CEO World*, *The Wall Street Journal*, *Forbes* e *CIO Magazine*. Thomas também já deu palestras em mais de 20 países em diversas conferências e eventos.

Na Arcitura Education (www.arcitura.com), Thomas lidera o desenvolvimento de currículos para programas de treinamento e certificação reconhecidos internacionalmente e imparciais em termos de fornecedores. O portfólio da Arcitura atualmente conta com mais de 100 cursos, mais de 100 exames Pearson VUE e mais de 40 trilhas de certificação, cobrindo tópicos como arquitetura de computação em nuvem, segurança e governança, bem como transformação digital, automação de processos robóticos (*robotic process automation* – RPA), DevOps, *blockchain*, IoT, conteinerização, aprendizado de máquina, inteligência artificial (IA), cibersegurança, arquitetura voltada a serviços (*service-oriented architecture* – SOA), computação em nuvem e análise de *big data*. Thomas também é autor e consultor sênior da Transformative Digital Solutions (www.transformative.digital) e instrutor *freelance* e autor de material de cursos pelo LinkedIn.

www.thomaserl.com

Eric Barceló Monroy

Eric Barceló Monroy é profissional de TI com vasta experiência em planejamento estratégico de TI, reengenharia de processos operacionais e administrativos, gerenciamento de projetos para implementação de sistemas e operações de TI. Ele tem um histórico comprovado de implementação de sistemas que superaram as expectativas de usuários e ao mesmo tempo reduziram custos e abreviaram os tempos de resposta. Já ocupou vários cargos de alto escalão tanto no setor privado quanto no público, incluindo diretor de tecnologia da informação na Farmacêuticos MAYPO, uma distribuidora farmacêutica, vice-presidente de telecomunicações e operações tecnológicas na iExplore, uma agência de turismo de aventura baseada na Internet, e diretor de tecnologia da informação e telecomunicações no Ministério da Educação de Tabasco, México, onde supervisionou a implementação de redes de telecomunicações entre escolas. Ele desenvolve e presta treinamento em programas universitários de alfabetização computacional.

Além disso, é sócio e diretor de consultoria técnica da EGN, uma empresa de treinamento e consultoria em tecnologia de nuvem, onde presta consultoria de TI sobre temas estado-da-arte como *big data*, computação em nuvem, virtualização, redes avançadas e gerenciamento estratégico de TI. Eric tem certificações como Profissional de Tecnologia de Computação em Nuvem, Especialista em Virtualização de Nuvem, Arquiteto de Nuvem, entre outras. Ele também tem os títulos de VMware Certified Professional, Red Hat Certified System Administrator, Red Hat Certified Engineer e Certified Amazon Web Services Solutions Architect.

Para minha família e amigos
—Thomas Erl

Para Eva, Pareni, Víctor e Diego, com todo meu amor
—Eric Barceló Monroy

Agradecimentos

Agradecemos aos coautores da 1ª edição deste livro:
- Ricardo Puttini, Ph.D., Core Consulting
- Zaigham Mahmood, Derby, Reino Unido

Agradecemos também aos autores da 2ª edição:
- David Linthicum, Deloitte Consulting
- Emmett Dulaney, professor universitário e autor
- Gustavo Azzolin
- Jo Peterson, vice-presidente de nuvem e segurança, Clarify360
- Jorge Blanco, diretor-gerente, diretor de reinvenção e educação corporativa, Glumin
- Matthias Ziegler
- Pamela J. Wise-Martinez, diretora global de arquitetura, Whirlpool Corporation
- Valther Galván, diretor-geral de segurança de informações
- Vinícius Pacheco, Universidade de Brasília, Brasil

Agradecemos também aos autores da 1ª edição (afiliações estavam em vigor na época do lançamento da 1ª edição, então podem ter mudado):
- Alexander Gromoff, Center of Information Control Technologies
- Alex Rankov, EMC
- Amin Naserpour, HP
- Andre Toffanello, IBTI
- Andre Tost, IBM Software Group
- Antonio Bruno, UBS AG
- Ahmed Aamer, AlFaisaliah Group
- Bernd Trops, talend
- Cesare Pautasso, Universidade de Lugano
- Charlie Mead, W3C
- Chris Haddad, WSO2
- Christoph Schittko, Microsoft
- Claynor Mazzarolo, IBTI

- Clemens Utschig, Boehringer Ingelheim Pharma
- Damian Maschek, Deutshe Bahn
- Daniel Starcevich, Raytheon
- Dan Rosanova, West Monroe Partners
- Dr. Johannes Maria Zaha
- Dr. Michaela Iorga, Ph.D.
- Dr. Paul Buhler, Modus21
- Filippos Santas, Credit Suisse
- Gabriela Inácio Alves, Universidade de Brasília
- Gary Smith, CloudComputingArchitect.com
- Gijs in 't Veld, Motion10
- Guido Schmutz, Trivadis
- Ignaz Wanders, Archimiddle
- Jaime Ryan, Layer 7
- Jeff Zhong, Futrend Technologies
- Johan Kumps, RealDolmen
- Jorge Minguez, Thales Deutschland
- Jorge Williams, Rackspace
- Kapil Bakshi, Cisco Systems
- Kevin Davis, Ph.D.
- Kevin Spiess
- Laura Olson, IBM WebSphere
- Marcelo Ancelmo, IBM Rational Software Services
- Mark Skilton, Capgemini
- Masykur Marhendra, Consulting Workforce Accenture
- Melanie Allison, Integrated Consulting Services
- Olivier Poupeney, Dreamface Interactive
- Pethuru Raj Cheliah, Wipro
- Philip Wik, Redflex
- Randy Adkins, Modus21
- Richard Hill, University of Derby
- Roger Stoffers, HP
- Scott Morrison, Layer 7

- Sergey Popov, Liberty Global International
- Steve Millidge, C2B2
- Suzanne D'Souza, KBACE Technologies
- Tony Pallas, Intel
- Toufic Boubez, Metafor Software
- Vicente Navarro, Agência Espacial Europeia
- Vijay Srinivasan, Cognizant
- Yili Gong, Wuhan University

Nosso agradecimento especial à equipe de pesquisa e desenvolvimento da Arcitura Education (www.arcitura.com), que produziu os cursos de computação em nuvem, arquitetura de nuvem, arquitetura de conteinerização, segurança de nuvem e cibersegurança nos quais este livro se baseou.

Prefácio

Finalmente, um manual do usuário para computação em nuvem.

A maioria das empresas não compreendeu corretamente a computação em nuvem. Não é errado "sair do mercado", mas muitas delas acabaram ficando com sistemas subutilizados e incapazes de retornar o valor esperado pelas partes interessadas.

O que aconteceu? A maioria das pessoas culpa a tecnologia exagerada, o modelo de nuvens e um movimento mais rápido do que o necessário para plataformas baseadas em nuvem. A verdade é que não havia e ainda não há projetistas e construtores qualificados suficientemente em soluções de computação em nuvem. Os próprios vendedores de produtos da área começaram com pouco conhecimento especializado em nuvem para repassar a seus clientes.

É difícil ganhar experiência e qualificações em novas tecnologias complexas que requerem uma solução quase sempre customizada para cada implementação, sobretudo quando os "pioneiros" em nuvens estão com tanta demanda que raramente têm tempo para ensinar aos outros suas habilidades.

Por muito tempo trabalhamos com a suposição de que, se algo está funcionando, também está otimizado. O resultado não otimizado em uma implantação de nuvem é uma solução que remove valor do negócio com o passar do tempo. Basta seguir repetindo esses erros e em breve você desfrutará de um valor negativo advindo do uso da computação em nuvem.

Em 2008 e 2009, quando a computação em nuvem começou a bombar no aceleradíssimo mercado de tecnologia, eram comuns promessas de ROIs de 10 vezes mais com a adoção de nuvens. Em vez de obter US$ 10 de volta para cada dólar investido, a maioria das empresas obtinha não mais do que US$ 0,50.

Pense no problema da seguinte forma: ir de Los Angeles a Nova York em uma companhia aérea econômica custa cerca de 1% da tarifa em comparação a um jato privado. Ambas aeronaves levarão você do Ponto A ao Ponto B, mas muitas nuvens empresariais são jatos fretados. Como ocorre com os custos de voo, muitas opções médias e oportunas estão disponíveis na computação em nuvem, resultando em um meio-termo satisfatório entre eficiência e custos. Para encontrar esse meio-termo, é preciso compreender os dados, a segurança, a governança e os comportamentos necessários de aplicativos que precisam ser abordados com uma arquitetura de computação em nuvem cuidadosamente configurada e com uma tecnologia que permita criar um padrão de solução totalmente otimizada.

O manual que faltava

Temos um problema de educação, e não um problema de tecnologia. A maioria das empresas tomou atalhos para realizar implementações iniciais de nuvem, usando partes que conseguiam compreender das plataformas mais tradicionais. São inúmeros os pressupostos descabidos sobre as capacidades da tecnologia emergente de computação em nuvem.

Obviamente, uma única fonte não é capaz de fornecer todo o conhecimento do que "a nuvem" faz e deixa de fazer. Este livro se destaca como uma fonte de conhecimento prático que oferece uma compreensão abrangente da tecnologia de nuvem e como ela pode ser efetivamente utilizada para resolver a maioria dos problemas empresariais empregando conceitos básicos e avançados de arquitetura de nuvem. Melhor dizendo, este livro oferece a você o conhecimento necessário para encontrar o valor da computação em nuvem que foi originalmente prometido.

Como a maioria dos bons manuais de usuário, este livro inclui os fundamentos que servem de guia de "partida rápida", bem como de conselho para conseguir tirar proveito dos mecanismos de nuvem. Em seguida, Erl mergulha nos conceitos avançados que só podem ser aprendidos através da experiência. Os fundamentos vão lhe servir para passar em uma entrevista de emprego na área de nuvem. Já as discussões de Erl sobre os conceitos avançados ultrapassam o que muitos de nós sabemos atualmente no campo da arquitetura de nuvem.

O que eu considero mais atraente é que Erl não se concentra em marcas tecnológicas específicas, por entender que tais tecnologias irão evoluir rapidamente. Boas soluções começam como um conceito. Infelizmente, muitas vezes confundimos quais devem ser ou o que devem fazer tais soluções ao inserirmos cedo demais no processo certas marcas específicas de tecnologia. Isso é especialmente verdadeiro ao projetar e construir soluções de computação em nuvem. Erl deixa as marcas de fora da discussão, tornando os conceitos neste livro bem mais úteis e aplicáveis entre diferentes tecnologias e ao longo da evolução tecnológica com o passar do tempo.

Com a alma de um professor, Erl coloca o que os outros sabem em um agregado útil desse conhecimento. Leia este livro para se autoeducar sobre conceitos, *designs*, arquiteturas e outros conceitos avançados de computação em nuvem em uma estrutura que vai escalando de maneira lógica. As informações transmitidas farão sentido para aqueles que estão bem no início de sua jornada pela nuvem, bem como para aqueles mais avançados. Este é um livro que se revela útil para todos os níveis e todas as necessidades. É uma referência à qual você retornará muitas vezes em sua própria jornada pela computação em nuvem a fim de se assegurar de que está fazendo a coisa certa.

Por fim, encontre o valor da computação em nuvem

Suspeito que a maioria dos leitores está aqui porque percebeu que a computação em nuvem sobrecarregou seu negócio e agora está se perguntando como consertar a situação. Este é o único livro completo e bem estruturado de que você precisará para descobrir como fazer a computação em nuvem do jeito certo. Transforme os conceitos apresentados neste livro em soluções otimizadas para maximizar o valor retornado ao negócio.

Este livro é sobre fazer as escolhas certas, compreendendo por que tais escolhas são feitas e determinando quais são as melhores para os negócios. Se há um manual do usuário para a computação em nuvem, com conceitos tanto avançados quanto básicos, aqui está ele.

Este livro o ajudará a entender melhor a aplicação correta de qualquer tecnologia e sua utilidade para resolver seus problemas. Na verdade, evite enveredar por muitas pistas falsas que podem ou desperdiçar seu tempo ou levá-lo às decisões erradas.

Tenha uma boa computação!

David S. Linthicum

Autor, palestrante, educador e consultor

Sumário

1 Introdução 1
2 Apresentação dos estudos de caso 9

Parte I Fundamentos de computação em nuvem 19
    3 Compreendendo a computação em nuvem 21
    4 Conceitos e modelos fundamentais 49
    5 Tecnologias viabilizadoras de nuvens 77
    6 Compreendendo a conteinerização 113
    7 Compreendendo a segurança de nuvens e a cibersegurança . 157

Parte II Mecanismos de computação em nuvem 191
    8 Mecanismos de infraestrutura de nuvem 193
    9 Mecanismos de nuvem especializados 225
    10 Mecanismos de cibersegurança de nuvem orientados a acesso 267
    11 Mecanismos de segurança cibernética e de nuvem orientados a dados 309
    12 Mecanismos de gerenciamento de nuvem 323

Parte III Arquitetura de computação em nuvem 339
    13 Arquiteturas básicas de nuvem 341
    14 Arquiteturas de nuvem avançadas 369
    15 Arquiteturas de nuvem especializadas 413

Parte IV Trabalhando com nuvens 455
    16 Considerações sobre modelos de entrega de nuvem 457
    17 Métricas de custo e modelos de precificação 477
    18 Métricas de qualidade de serviço e SLAs 501

Parte V Apêndices 517
    A Conclusões dos estudos de caso 519
    B Tecnologias comuns de conteinerização 525

    Índice 541

Sumário detalhado

Capítulo 1 Introdução... 1
    1.1 Objetivos deste livro..................................... 3
    1.2 O que este livro não abrange............................. 3
    1.3 Para quem este livro é voltado........................... 3
    1.4 Como este livro está organizado......................... 4
        Parte I: Fundamentos da computação em nuvem............. 4
            Capítulo 3: Compreendendo a computação em nuvem........ 4
            Capítulo 4: Conceitos e modelos fundamentais............ 4
            Capítulo 5: Tecnologias viabilizadoras de nuvens........ 4
            Capítulo 6: Compreendendo a conteinerização............. 4
            Capítulo 7: Compreendendo a segurança de nuvens e a cibersegurança... 4
        Parte II: Mecanismos da computação em nuvem............. 5
            Capítulo 8: Mecanismos de infraestrutura de nuvem....... 5
            Capítulo 9: Mecanismos de nuvem especializados.......... 5
            Capítulo 10: Mecanismos de cibersegurança de nuvem orientados a acesso................................. 5
            Capítulo 11: Mecanismos de segurança cibernética e de nuvem orientados a dados.............................. 6
            Capítulo 12: Mecanismos de gerenciamento de nuvem....... 6
        Parte III: Arquitetura de computação em nuvem............ 6
            Capítulo 13: Arquiteturas básicas de nuvem.............. 6
            Capítulo 14: Arquiteturas de nuvem avançadas............ 6
            Capítulo 15: Arquiteturas de nuvem especializadas....... 7
        Parte IV: Trabalhando com nuvens........................ 7
            Capítulo 16: Considerações sobre modelos de entrega de nuvem... 7
            Capítulo 17: Métricas de custo e modelos de precificação...... 7
            Capítulo 18: Métricas de qualidade de serviço e SLAs........ 8
        Parte V: Apêndices...................................... 8
            Apêndice A: Conclusões dos estudos de caso.............. 8
            Apêndice B: Tecnologias comuns de conteinerização....... 8

Capítulo 2 Apresentação dos estudos de caso 9

    2.1 Estudo de caso nº 1: ATN 10

        Infraestrutura e ambiente técnicos 10

        Metas empresariais e nova estratégia 11

        Trajeto e estratégia de implementação 11

    2.2 Estudo de caso nº 2: DTGOV 13

        Infraestrutura e ambiente técnicos 13

        Metas empresariais e nova estratégia 14

        Trajeto e estratégia de implementação 15

    2.3 Estudo de caso nº 3: Innovartus Technologies Inc. 16

        Infraestrutura e ambiente técnicos 16

        Metas empresariais e estratégia 17

        Trajeto e estratégia de implementação 17

PARTE I FUNDAMENTOS DE COMPUTAÇÃO EM NUVEM 19

Capítulo 3 Compreendendo a computação em nuvem 21

    3.1 Origens e influências 22

        Um breve histórico 22

        Definições 23

        Motivadores comerciais 24

            Redução de custos 24

            Agilidade empresarial 25

        Inovações tecnológicas 26

            Agrupamento 26

            Computação em grade 26

            Planejamento de capacidade 27

            Virtualização 28

            Conteinerização 29

            Ambientes sem servidor 29

    3.2 Conceitos básicos e terminologia 30

        Nuvem 30

        Contêiner 31

Recurso de TI...31
Nas próprias dependências...............................33
Consumidores de nuvem e provedores de nuvem.............33
Dimensionamento de escala.............................34
   Escala horizontal...................................34
   Escala vertical.....................................34
Serviço em nuvem......................................35
Consumidor de serviço em nuvem........................36

3.3 Metas e benefícios...37
Aumento da responsividade.............................38
Redução de investimentos e custos proporcionais.......38
Escalabilidade aumentada..............................40
Aumento de disponibilidade e confiabilidade...........41

3.4 Riscos e desafios..42
Vulnerabilidade aumentada devido a fronteiras de confiança sobrepostas....................................42
Vulnerabilidade aumentada devido à responsabilidade compartilhada de segurança................................42
Aumento de exposição a ameaças cibernéticas...........44
Redução do controle de governança operacional.........44
Portabilidade limitada entre provedores de nuvem......46
Compliance multirregional e questões legais.........47
Estouros orçamentários................................47

Capítulo 4 Conceitos e modelos fundamentais.....................49

4.1 Funções e fronteiras......................................50
Provedor de nuvem.....................................50
Consumidor de nuvem...................................50
Agenciador de nuvem...................................51
Proprietário de serviço em nuvem......................52
Administrador de recurso em nuvem.....................53
Funções adicionais....................................55
Fronteira organizacional..............................55
Fronteira de confiança................................56

4.2 Características das nuvens............................57
   Uso sob demanda......................................57
   Acesso ubíquo...58
   Multi-inquilinato (e coleção de recursos)....................58
   Elasticidade..58
   Uso mensurado.......................................60
   Resiliência...60
4.3 Modelos de entrega de nuvem..........................60
   Infraestrutura como Serviço (IaaS).......................62
   Plataforma como Serviço (PaaS).........................62
   Software como Serviço (SaaS)..........................64
   Comparação de modelos de entrega de nuvem..............65
   Combinação de modelos de entrega de nuvem.............66
      IaaS + PaaS......................................66
      IaaS + PaaS + SaaS................................69
   Submodelos de entrega de nuvem........................70
4.4 Modelos de implantação de nuvem......................72
   Nuvens públicas......................................72
   Nuvens privadas......................................72
   Nuvens múltiplas.....................................75
   Nuvens híbridas......................................75

Capítulo 5 Tecnologias viabilizadoras de nuvens....................77

5.1 Redes e arquitetura da Internet.........................78
   Provedores de serviço de Internet (ISPs)..................78
   Comutação de pacotes sem conexão (redes de datagrama).....80
   Interconectividade baseada em roteadores.................81
      Rede física......................................82
      Protocolo de camada de transporte....................82
      Protocolo de camada de aplicativo....................82
   Considerações técnicas e comerciais.....................82
      Questões de conectividade..........................82
      Largura de banda e questões de latência...............85
      Enlaces sem fio e celulares.........................86
      Seleção de operadora e de provedor de nuvem...........87

5.2 Tecnologia de *data center* em nuvem 87
    Virtualização 87
    Padronização e modularidade 88
    Computação autonômica 89
    Operação e gerenciamento remotos 89
    Alta disponibilidade 89
    Projeto, operação e gerenciamento atentos à segurança 90
    Instalações 90
    Hardware computacional 90
    Hardware de armazenamento 91
    Hardware de rede 92
        Interconexão de operadoras e redes externas 92
        Balanceamento e aceleração de carga em nível da Web 92
        Malha LAN 93
        Malha SAN 93
        Gateways NAS 93
    Ambientes sem servidor 93
    Agrupamento NoSQL 94
    Outras considerações 96
5.3 Virtualização moderna 97
    Independência de *hardware* 97
    Consolidação de servidores 97
    Replicação de recursos 98
    Virtualização baseada em sistema operacional 98
    Virtualização baseada em *hardware* 100
    Contêineres e virtualização baseada em aplicativo 101
    Gerenciamento de virtualização 102
    Outras considerações 102
5.4 Tecnologia de multi-inquilinato 103
5.5 Tecnologia de serviços e APIs de serviços 105
    Serviços REST 105
    Serviços *Web* 106
    Agentes de serviço 108
    Middleware de serviço 108
    RPC baseada na *Web* 109
5.6 Exemplo de estudo de caso 109

Capítulo 6 Compreendendo a conteinerização 113

    6.1 Origens e influências 114

        Um breve histórico 114

        Conteinerização e computação em nuvem 115

    6.2 Fundamentos da virtualização e conteinerização 115

        Fundamentos de sistemas operacionais 115

        Fundamentos de virtualização 116

            Servidores físicos 116

            Servidores virtuais. 116

            Hipervisores 117

            Tipos de virtualização 117

        Fundamentos de conteinerização 119

            Contêineres. 119

            Imagens de contêiner 119

            Motores de contêiner 119

            Pods 120

            Hosts. 120

            Agrupamentos de hosts 122

            Redes de host *e redes de* overlay. 123

        Virtualização e conteinerização 123

            Conteinerização em servidores físicos 123

            Conteinerização em servidores virtuais. 124

            Benefícios da conteinerização 125

            Riscos e desafios da conteinerização. 126

    6.3 Compreendendo os contêineres 127

        Hospedagem de contêiner 127

        Contêineres e *pods* 128

        Instâncias e agrupamentos de contêineres 131

        Gerenciamento de pacote de contêineres 131

        Orquestração de contêineres. 134

        Gerenciador de pacote de contêineres *versus*
orquestrador de contêineres 137

        Redes de contêineres. 137

            Escopo de rede de contêineres 138

            Endereços de rede de contêineres 140

Contêineres ricos..................................... 142
   Outras características comuns de contêineres.............. 143
6.4 Compreendendo as imagens de contêiner................ 143
   Tipos e funções de imagens de contêiner................... 143
   Imutabilidade de imagens de contêiner..................... 145
   Abstração de imagem de contêiner......................... 145
      Abstração de kernel *de sistema operacional*.............. 145
      Abstração de sistema operacional para além do kernel...... 146
   Arquivos *build* de contêiner............................... 147
      Camadas de imagem de contêiner...................... 147
   Como imagens de contêiner customizadas são criadas....... 149
6.5 Tipos de multicontêiner................................ 150
   Contêiner *sidecar*....................................... 150
   Contêiner adaptador 152
   Contêiner embaixador 153
   Utilização de multicontêineres juntos...................... 155
6.6 Exemplo de estudo de caso........................... 156

Capítulo 7 Compreendendo a segurança de nuvens
e a cibersegurança 157

7.1 Terminologia básica de segurança....................... 158
   Confidencialidade...................................... 158
   Integridade.. 159
   Disponibilidade.. 159
   Autenticidade... 160
   Controles de segurança................................ 160
   Mecanismos de segurança 161
   Políticas de segurança................................. 161
7.2 Terminologia básica de ameaças........................ 161
   Risco 161
   Vulnerabilidade....................................... 161
   Exploit... 161
   Vulnerabilidade de dia zero 162
   Violação de segurança................................ 162
   Violação de dados 162

Vazamento de dados 162
Ameaça (ou ameaça cibernética)......................... 162
Ataque (ou ataque cibernético) 162
Atacante ou intruso 162
Vetor e superfície de ataque 163
7.3 Agentes ameaçadores................................... 163
Atacante anônimo 164
Agente de serviço malicioso 165
Atacante de confiança 165
Agente interno malicioso 165
7.4 Ameaças comuns...................................... 166
Interceptação clandestina de tráfego.................... 166
Intermediário malicioso 166
Negação de serviço 167
Autorização insuficiente............................... 169
Ataque de virtualização 170
Fronteiras de confiança sobrepostas.................... 171
Ataque de conteinerização............................ 172
Malware 173
Ameaça de agente interno............................. 175
Engenharia social e *phishing*.......................... 176
Botnet.. 176
Escalada de privilégio................................. 179
Força bruta.. 180
Execução remota de código........................... 180
Injeção de SQL...................................... 181
Tunelamento... 182
Ameaça persistente avançada (APT).................... 183
7.5 Exemplo de estudo de caso 185
7.6 Considerações adicionais 186
Implementações falhas 186
Disparidade entre políticas de segurança 186
Contratos 187
Gestão de risco 188
7.7 Exemplo de estudo de caso 189

PARTE II MECANISMOS DE COMPUTAÇÃO EM NUVEM 191

Capítulo 8 Mecanismos de infraestrutura de nuvem 193

    8.1 Perímetro lógico de rede 194
        Exemplo de estudo de caso 196

    8.2 Servidor virtual 198
        Exemplo de estudo de caso 199

    8.3 Hipervisor 203
        Exemplo de estudo de caso 204

    8.4 Dispositivo de armazenamento em nuvem 205
        Níveis de armazenamento em nuvem 206
        Interfaces de armazenamento em rede 206
        Interfaces de armazenamento de objetos 207
        Interfaces de armazenamento de bancos de dados 208
            Armazenamento relacional de dados 208
            Armazenamento não relacional de dados 208
        Exemplo de estudo de caso 209

    8.5 Monitor de uso de nuvem 212
        Agente de monitoramento 212
        Agente de recursos 213
        Agente de aferição 213
        Exemplo de estudo de caso 214

    8.6 Replicação de recursos 218
        Exemplo de estudo de caso 219

    8.7 Ambiente pronto para uso 222
        Exemplo de estudo de caso 223

    8.8 Contêiner 224

Capítulo 9 Mecanismos de nuvem especializados 225

    9.1 *Listener* de dimensionamento automatizado 226
        Exemplo de estudo de caso 228

    9.2 Balanceador de carga 232
        Exemplo de estudo de caso 233

9.3 Monitor de SLA 234
    Exemplo de estudo de caso 236
        Agente de aferição para monitorar SLA 236
        Agente de monitoramento de SLA 236

9.4 Monitor de pagamento por uso 240
    Exemplo de estudo de caso 243

9.5 Monitor de auditoria 245
    Exemplo de estudo de caso 245

9.6 Sistema de *failover* 247
    Ativo-ativo 247
    Ativo-passivo 250
    Exemplo de estudo de caso 252

9.7 Agrupamento de recursos 257
    Exemplo de estudo de caso 260

9.8 Agente de multidispositivos 261
    Exemplo de estudo de caso 263

9.9 Base de dados de gestão de estado 263
    Exemplo de estudo de caso 264

Capítulo 10 Mecanismos de cibersegurança de nuvem orientados a acesso 267

10.1 Criptografia 269
    Criptografia simétrica 270
    Criptografia assimétrica 270
    Exemplo de estudo de caso 271

10.2 *Hashing* 272
    Exemplo de estudo de caso 273

10.3 Assinatura digital 274
    Exemplo de estudo de caso 276

10.4 Grupos de segurança baseados em nuvem 278
    Exemplo de estudo de caso 280

10.5 Sistema de infraestrutura de chave pública (PKI) 282
    Exemplo de estudo de caso 284

10.6 Sistema de autenticação única (SSO) 285

   Exemplo de estudo de caso 287

10.7 Imagem blindada de servidor virtual 288

   Exemplo de estudo de caso 289

10.8 *Firewall* 290

   Exemplo de estudo de caso 291

10.9 Rede privada virtual (VPN) 291

   Exemplo de estudo de caso 292

10.10 Escaneador biométrico 293

   Exemplo de estudo de caso 294

10.11 Sistema de autenticação multifatorial (MFA) 295

   Exemplo de estudo de caso 296

10.12 Sistema de gerenciamento de identidade
        e acesso (IAM) 296

   Exemplo de estudo de caso 299

10.13 Sistema de detecção de invasão (IDS) 299

   Exemplo de estudo de caso 300

10.14 Ferramenta de testagem de penetração 300

   Exemplo de estudo de caso 302

10.15 Sistema de análise de comportamento
        de usuários (UBA) 302

   Exemplo de estudo de caso 303

10.16 Utilitário de atualização de *software* de terceiros 304

   Exemplo de estudo de caso 306

10.17 Monitor de invasão de rede 306

   Exemplo de estudo de caso 306

10.18 Monitor de *log* de autenticação 307

   Exemplo de estudo de caso 307

10.19 Monitor de VPN 307

   Exemplo de estudo de caso 308

10.20 Tecnologias e práticas adicionais voltadas
        à segurança de acesso a nuvens 308

Capítulo 11 Mecanismos de segurança cibernética e de nuvem orientados a dados 309

    11.1 Escaneamento de vírus digitais e sistema de descriptografia. 310

        Descriptografia genérica 311

        Sistema imunológico digital 311

        Exemplo de estudo de caso 313

    11.2 Sistema de análise de código malicioso 313

        Exemplo de estudo de caso 314

    11.3 Sistema de prevenção de perda de dados (DLP) 315

        Exemplo de estudo de caso 316

    11.4 Módulo de plataforma de confiança (TPM) 317

        Exemplo de estudo de caso 318

    11.5 Sistema de *backup* e recuperação de dados 318

        Exemplo de estudo de caso 320

    11.6 Monitor de *log* de atividades 320

        Exemplo de estudo de caso 320

    11.7 Monitor de tráfego 321

        Exemplo de estudo de caso 321

    11.8 Monitor de proteção contra perda de dados 321

        Exemplo de estudo de caso 322

Capítulo 12 Mecanismos de gerenciamento de nuvem 323

    12.1 Sistema de administração remota 324

        Exemplo de estudo de caso 329

    12.2 Sistema de gerenciamento de recursos 329

        Exemplo de estudo de caso 331

    12.3 Sistema de gerenciamento de SLA 332

        Exemplo de estudo de caso 334

    12.4 Sistema de gerenciamento de cobranças 335

        Exemplo de estudo de caso 337

PARTE III ARQUITETURA DE COMPUTAÇÃO EM NUVEM.....339

Capítulo 13 Arquiteturas básicas de nuvem..........................341

    13.1 Arquitetura de distribuição de carga de trabalho..........342
    13.2 Arquitetura de *pool* de recursos........................344
    13.3 Arquitetura de dimensionamento dinâmico de escala.....348
    13.4 Arquitetura de capacidade elástica de recursos..........351
    13.5 Arquitetura de balanceamento de carga de serviço.......353
    13.6 Arquitetura de *cloud bursting*.........................356
    13.7 Arquitetura de provisionamento elástico de disco.........357
    13.8 Arquitetura de armazenamento redundante..............361
    13.9 Arquitetura multinuvem................................363
    13.10 Exemplo de estudo de caso...........................366

Capítulo 14 Arquiteturas de nuvem avançadas......................369

    14.1 Arquitetura de agrupamento de hipervisores.............371
    14.2 Arquitetura de agrupamento de servidores virtuais.......377
    14.3 Arquitetura de instâncias de servidores virtuais com carga balanceada................................378
    14.4 Arquitetura de realocação de serviço sem perturbação.....................................381
    14.5 Arquitetura de *downtime* zero........................386
    14.6 Arquitetura de balanceamento de nuvem................387
    14.7 Arquitetura resiliente de recuperação de desastres.......389
    14.8 Arquitetura de soberania de dados distribuídos..........391
    14.9 Arquitetura de reserva de recursos.....................393
    14.10 Arquitetura de detecção e recuperação dinâmicas de falhas..397
    14.11 Arquitetura de provisionamento rápido.................400
    14.12 Arquitetura de gerenciamento de armazenamento de carga de trabalho...............................404
    14.13 Arquitetura de nuvem privada virtual..................409
    14.14 Exemplo de estudo de caso..........................411

Capítulo 15 Arquiteturas de nuvem especializadas 413

    15.1 Arquitetura de acesso direto a I/O 415

    15.2 Arquitetura de acesso direto a LUN 417

    15.3 Arquitetura de normalização dinâmica de dados 419

    15.4 Arquitetura de capacidade elástica de rede 421

    15.5 Arquitetura de nivelamento vertical cruzado
de dispositivos de armazenamento 422

    15.6 Arquitetura de nivelamento de dados vertical
intradispositivos de armazenamento 427

    15.7 Arquitetura de *switches* virtuais de carga balanceada 430

    15.8 Arquitetura de acesso a recursos por múltiplos
caminhos 432

    15.9 Arquitetura de configuração persistente
de rede virtual 434

    15.10 Arquitetura de conexão física redundante para
servidores virtuais 437

    15.11 Arquitetura de janela de manutenção
de armazenamento 439

    15.12 Arquitetura de computação de borda 447

    15.13 Arquitetura de computação em névoa 448

    15.14 Arquitetura de abstração de dados virtuais 450

    15.15 Arquitetura de metanuvem 451

    15.16 Arquitetura de aplicativos federados em nuvem 452

PARTE IV TRABALHANDO COM NUVENS 455

Capítulo 16 Considerações sobre modelos de entrega
de nuvem 457

    16.1 Modelos de entrega de nuvem: a perspectiva
do provedor de nuvem 458

        Construção de ambientes IaaS 458

            Data centers 459

            Escalabilidade de confiabilidade 461

Monitoramento 461

Segurança 462

Equipando ambientes de PaaS 462

Escalabilidade e confiabilidade. 463

Monitoramento 465

Segurança 465

Otimização de ambientes de Saas. 465

Segurança 468

16.2 Modelos de entrega de nuvem: a perspectiva do consumidor de nuvem 469

Trabalhando com ambientes de IaaS. 469

Considerações sobre provisionamento de recursos de TI. 470

Trabalhando com ambientes de PaaS 471

Considerações sobre provisionamento de recursos de TI. 472

Trabalhando com serviços em SaaS 473

16.3 Exemplo de estudo de caso 474

Capítulo 17 Métricas de custo e modelos de precificação 477

17.1 Métricas de custos comerciais 478

Custos iniciais e contínuos. 478

Custos adicionais 479

Exemplo de estudo de caso 480

Navegador de Catálogo de Produtos 480

Custos iniciais nas próprias dependências. 480

Custos contínuos nas dependências 481

Custos iniciais baseados em nuvem 481

Custos contínuos baseados em nuvem 481

17.2 Métricas de custos de uso de nuvem 483

Uso de rede 483

Métrica de uso de rede de entrada. 483

Métrica de uso de rede de saída 484

Métrica de uso de WAN intranuvem. 484

Uso de servidor 485

Métrica de alocação de instância de máquina virtual sob demanda 485

Métrica de alocação de instância de máquina virtual
reservada 485
Uso de dispositivo de armazenamento em nuvem 486
Métrica de alocação de espaço de armazenamento
sob demanda 486
Métrica de dados I/O transferidos. 486
Uso de serviço em nuvem 486
Métrica de duração de assinatura de aplicativo 486
Métrica de quantidade de usuários indicados 487
Métrica de quantidade de transações de usuários. 487
17.3 Considerações sobre gerenciamento de custos. 487
Modelos de precificação 489
Gerenciamento de custos multinuvens 491
Considerações adicionais. 493
Exemplo de estudo de caso 494
Alocação de instância de servidor virtual sob demanda 495
Alocação de instância de servidor virtual reservada 497
Dispositivo de armazenamento em nuvem 499
Tráfego WAN 499

Capítulo 18 Métricas de qualidade de serviço e SLAs 501

18.1 Métricas de qualidade de serviço 502
Métricas de disponibilidade de serviço 503
Métrica de taxa de disponibilidade. 503
Métrica de duração de quedas. 504
Métricas de confiabilidade de serviço 505
Métrica de tempo médio entre falhas (TMEF). 505
Métrica de taxa de confiabilidade. 505
Métricas de desempenho de serviço. 505
Métrica de capacidade de rede 506
Métrica de capacidade de dispositivo de armazenamento. ... 506
Métrica de capacidade de servidor 506
Métrica de capacidade de aplicativo Web 506
Métrica de tempo de iniciação de instância. 507
Métrica de tempo de resposta 507

Métrica de tempo até a finalização.....................507
Métricas de escalabilidade de serviço.....................507
   Métrica de escalabilidade (horizontal) de armazenamento....508
   Métrica de escalabilidade (horizontal) de servidor..........508
   Métrica de escalabilidade (vertical) de servidor............508
Métricas de resiliência de serviço........................509
   Métrica de prazo médio para migração (PMM).............509
   Métrica de prazo médio para recuperação de sistema (PMRS)..................................510

18.2 Exemplo de estudo de caso...........................510

18.3 Diretrizes de SLA....................................511

18.4 Exemplo de estudo de caso...........................514
   Escopo e aplicabilidade................................514
   Garantias de qualidade de serviço......................514
   Definições..515
   Uso de créditos financeiros............................515
   Exclusões de SLA.....................................516

PARTE V APÊNDICES...............................517

Apêndice A Conclusões dos estudos de caso......................519

   A.1 ATN...520
   A.2 DTGOV..520
   A.3 Innovartus...522

Apêndice B Tecnologias comuns de conteinerização..................525

   B.1 Docker...526
      Servidor Docker....................................526
      Cliente Docker.....................................527
      Registro Docker....................................528
      Objetos Docker....................................530
      Swarm Docker (orquestrador de contêiner).................531

B.2 Kubernetes 532
Nó Kubernetes (*host*) 532
Pod de Kubernetes 533
Kubelet 534
Kube-Proxy 534
Runtime de contêiner (motor de contêiner) 535
Agrupamento 536
Plano de controle Kubernetes 537

Índice 541

Capítulo 1

Introdução

1.1 Objetivos deste livro
1.2 O que este livro não abrange
1.3 Para quem este livro é voltado
1.4 Como este livro está organizado

A computação em nuvem é, em sua essência, uma forma de prestação de serviço. Como qualquer outro tipo de serviço que desejamos contratar ou terceirizar (relacionado ou não a TI), compreendemos que seremos confrontados por um mercado composto por prestadores de serviço de qualidade e confiabilidade variáveis. Alguns deles talvez ofereçam tarifas e prazos atraentes, mas podem ter históricos empresariais ainda não comprovados ou ambientes extremamente exclusivos. Outros talvez tenham uma bagagem empresarial sólida, mas podem exigir tarifas mais altas e prazos menos flexíveis. Alguns ainda podem ser empreendimentos não confiáveis ou temporários que desaparecem inesperadamente ou são comprados dentro de pouco tempo.

Não existe perigo maior para uma empresa do que abordar a adoção de computação em nuvem com ignorância. A magnitude de um esforço de adoção malsucedido não apenas afeta os departamentos de TI com igual impacto, mas empurra a empresa passos atrás de onde estava antes da adoção – e talvez ainda mais passos atrás dos concorrentes que enquanto isso conseguiram alcançar as próprias metas.

A computação em nuvem tem muito a oferecer, porém o trajeto para sua adoção está repleto de armadilhas, ambiguidades e inverdades. A melhor forma de navegar por esse terreno é traçar cada rota no mapa tomando decisões bem embasadas sobre como e até que ponto o seu projeto deve avançar. O escopo de uma adoção é tão importante quanto sua abordagem, e esses dois aspectos precisam ser determinados por exigências empresariais – não por um fornecedor de produto, por um fornecedor de serviço de nuvem e tampouco por autoproclamados especialistas na área. Os objetivos empresariais de sua organização devem ser cumpridos de uma maneira concreta e mensurável a cada fase concluída da adoção. Desse modo, é possível atestar seu escopo, sua abordagem e o rumo do projeto em geral. Em outras palavras, isso mantém seu projeto alinhado.

Ao partir de uma perspectiva setorial e imparcial em relação aos fornecedores de computação em nuvem, você obtém a clareza necessária para determinar o que realmente está e o que não está relacionado a essa adoção, bem como o que é e o que não é relevante para suas exigências empresariais. Com essas informações, você é capaz de estabelecer critérios que lhe permitirão filtrar e deixar de lado partes irrelevantes do produto de computação em nuvem e dos mercados de prestadores de serviço, para então se concentrar somente naquilo que mais tem potencial de ajudar você e seu negócio a terem sucesso. Desenvolvemos este livro para ajudá-lo a alcançar esse meta.

– Thomas Erl

1.1 Objetivos deste livro

Este livro é resultado de bastante pesquisa e análise do setor comercial de computação em nuvem, das plataformas dos diversos fornecedores do ramo e ainda das inovações e contribuições das organizações e profissionais que estabelecem os padrões nesse âmbito. O propósito deste livro é desmembrar tecnologias e práticas em computação em nuvem comprovadas e maduras em uma série de conceitos, modelos, mecanismos e arquiteturas tecnológicas bem definidos. Os capítulos resultantes estabelecem uma cobertura concreta e acadêmica de aspectos fundamentais de conceitos e tecnologias da computação em nuvem. A gama de assuntos abrangidos é documentada usando termos e descrições imparciais em relação a fornecedores, definidos claramente para garantir total alinhamento com o setor da computação em nuvem como um todo.

1.2 O que este livro não abrange

Devido à imparcialidade deste livro em relação a fornecedores, ele não contém qualquer cobertura significativa de produtos, serviços ou tecnologias de prestadores que oferecem computação em nuvem. Esta obra é complementar a outros títulos que oferecem uma análise de produtos específicos e também à literatura produzida pelos próprios fornecedores. Para novatos no cenário de computação em nuvem comercial, o recomendado é o uso deste livro como um ponto de partida antes de avançar para demais livros e cursos licenciados e vinculados a linhas de produtos oferecidas por fornecedores.

1.3 Para quem este livro é voltado

Este livro é voltado para o seguinte público-alvo:
- profissionais de TI buscando uma abordagem imparcial das tecnologias, conceitos, mecanismos e modelos da computação em nuvem em relação a fornecedores;
- gerentes de TI e líderes do setor que buscam clareza quanto às implicações empresariais e tecnológicas da computação em nuvem;
- professores, estudantes e instituições educacionais que buscam uma abordagem acadêmica bem pesquisada e bem definida dos tópicos fundamentais da computação em nuvem;
- gestores de organizações que precisam aferir os potenciais ganhos econômicos e a viabilidade de adotar recursos de computação em nuvem;
- arquitetos e desenvolvedores de tecnologia que desejam entender as diferentes partes móveis que compreendem as plataformas em nuvem contemporâneas.

1.4 Como este livro está organizado

No início do livro, os Capítulos 1 e 2 fornecem conteúdo introdutório e informação de base para os estudos de caso. Todos os capítulos subsequentes estão dispostos nas seguintes partes:

- Parte I: Fundamentos da computação em nuvem
- Parte II: Mecanismos da computação em nuvem
- Parte III: Arquitetura da computação em nuvem
- Parte IV: Trabalhando com nuvens
- Parte V: Apêndices

Parte I: Fundamentos da computação em nuvem

Os cinco capítulos nesta parte abrangem tópicos introdutórios em preparação a todos os capítulos subsequentes. Vale ressaltar que os Capítulos 3 e 4 não trazem conteúdo de estudos de caso.

Capítulo 3: Compreendendo a computação em nuvem

Após um breve histórico da computação em nuvem e um exame das motivações empresariais e das inovações tecnológicas, a terminologia e os conceitos básicos são introduzido juntamente com descrições dos benefícios e desafios comuns da adoção da computação em nuvem.

Capítulo 4: Conceitos e modelos fundamentais

Modelos de prestação e implementação de nuvem são discutidos em detalhes, seguidos por seções que estabelecem características, funções e delimitações comuns no ramo.

Capítulo 5: Tecnologias viabilizadoras de nuvens

Tecnologias contemporâneas que dão vida às plataformas e inovações atuais da computação em nuvem são discutidas, incluindo centrais de dados, virtualização, conteinerização e tecnologias baseadas na *Web*.

Capítulo 6: Compreendendo a conteinerização

Uma comparação entre virtualização e conteinerização é fornecida, além de uma análise aprofundada dos ambientes e componentes da conteinerização.

Capítulo 7: Compreendendo a segurança de nuvens e a cibersegurança

Tópicos e conceitos de segurança e cibersegurança relevantes e distintos da computação em nuvem são introduzidos, incluindo descrições de ameaças e ataques comuns contra a segurança em nuvem.

Parte II: Mecanismos da computação em nuvem

Mecanismos tecnológicos representam artefatos de TI bem definidos e já estabelecidos em determinado ramo de TI, próprios de certo modelo ou plataforma computacional. Por ser naturalmente centrada na tecnologia, a computação em nuvem requer a criação de um nível formal de mecanismos para conseguir explorar de que modo soluções podem ser desenvolvidas via diferentes combinações de implementações desses mecanismos.

Essa parte documenta formalmente 48 mecanismos tecnológicos que são usados em ambientes de nuvem de modo a proporcionar formas genéricas e especializadas de funcionalidade. Cada descrição de mecanismo é acompanhada de um estudo de caso a fim de demonstrar sua aplicação. O emprego de mecanismos selecionados é explorado mais a fundo ao longo das arquiteturas tecnológicas abordadas na Parte III.

Capítulo 8: Mecanismos de infraestrutura de nuvem

São estudados os mecanismos tecnológicos que fundamentam as plataformas em nuvem, incluindo perímetro lógico de rede, servidor virtual, dispositivo de armazenamento em nuvem, monitor de uso de nuvem, replicação de recursos, hipervisor, ambiente pronto para uso e contêiner.

Capítulo 9: Mecanismos de nuvem especializados

Um leque de mecanismos tecnológicos especializados é descrito, incluindo monitor de dimensionamento automático de escala, balanceador de carga, monitor de SLA, monitor de pagamento por uso, monitor de auditoria, sistema de *failover*, agrupamento de recursos, agenciador de multidispositivos e base de dados de gestão de estado.

Capítulo 10: Mecanismos de cibersegurança de nuvem orientados a acesso

São abordados mecanismos de segurança relacionados a acesso que podem ser usados para combater e prevenir ameaças descritas no Capítulo 7, incluindo criptografia, *hashing*, assinatura digital, grupos de segurança baseados em nuvem, sistema de infraestrutura de chave pública (PKI), sistema de autenticação única (SSO), imagem segura de servidor virtual, *firewall*, rede privada virtual (VPN), *scanner* biométrico, sistema de autenticação multifatorial (MFA), sistema de gestão de identidade e acesso (IAM), sistema de detecção de invasão (IDS), ferramenta de testagem de penetração, sistema de análise de comportamento de usuários (UBA), utilitário de atualização de *software* de terceiros, monitor de invasão de rede, monitor de *log* de autenticação e monitor de VPN.

*Capítulo 11: Mecanismos de segurança cibernética
e de nuvem orientados a dados*

Mecanismos de segurança relacionados a dados que podem ser usados para combater e prevenir ameaças descritas no Capítulo 7 são abordados, incluindo sistema digital de escaneamento e criptografia de vírus, sistema de análise de código malicioso, sistema de prevenção de perda de dados (DLP), módulo de plataforma de confiança (TPM), sistema de *backup* e recuperação de dados, monitor de *log* de atividades, monitor de tráfego e monitor de proteção contra perda de dados.

Capítulo 12: Mecanismos de gerenciamento de nuvem

Mecanismos que possibilitam a administração e o gerenciamento direto de recursos de TI baseados em nuvem são explicados, incluindo sistema de administração remota, sistema de gestão de recursos, sistema de gestão de SLA e sistema de gestão de cobranças.

Parte III: Arquitetura de computação em nuvem

A arquitetura tecnológica no âmbito da computação em nuvem introduz exigências e considerações que se manifestam em camadas arquitetônicas de amplo escopo e em inúmeros modelos arquitetônicos distintos.

Esse conjunto de capítulos amplia a abordagem dos mecanismos de computação em nuvem da Parte II ao documentar formalmente 38 arquiteturas e cenários tecnológicos baseados em nuvem em que diferentes combinações dos mecanismos são examinadas em relação a arquiteturas em nuvem fundamentais, avançadas e especializadas.

Capítulo 13: Arquiteturas básicas de nuvem

Modelos fundamentais de arquitetura de nuvem estabelecem funções e capacidades básicas. As arquiteturas estudadas nesse capítulo são distribuição de carga de trabalho, coleção de recursos, dimensionamento dinâmico de escala, capacidade elástica de recursos, balanceamento de carga de serviço, estouro de nuvem, provisionamento elástico de disco, armazenamento redundante e multinuvens.

Capítulo 14: Arquiteturas de nuvem avançadas

Modelos de arquitetura avançada de nuvem estabelecem ambientes sofisticados e complexos, muitos dos quais se apoiam e ampliam modelos fundamentais. As arquiteturas analisadas nesse capítulo são agrupamento de hipervisor, agrupamento de servidores virtuais, instâncias de servidores virtuais de carga balanceada, realocação não disruptiva de serviços, *downtime* zero, balanceamento de nuvem, recuperação resiliente pós desastre, soberania de dados distribuída, reserva de recursos, detecção e recuperação dinâmicas de falhas, provisionamento rápido, gestão de carga de trabalho de armazenamento e nuvem privada virtual.

Capítulo 15: Arquiteturas de nuvem especializadas

Modelos de arquiteturas de nuvem especializadas são voltados a áreas funcionais distintas. As arquiteturas abordadas nesse capítulo são acesso direto a I/O, acesso direto a LUN, normalização dinâmica de dados, capacidade elástica de rede, estratificação vertical de dispositivos de armazenamento cruzado, estratificação vertical de dispositivos de intra-armazenamento, comutadores virtuais de carga balanceada, acesso a recursos por múltiplos trajetos, configuração de rede virtual persistente, conexão física redundante para servidores virtuais, janela de manutenção de armazenamento, computação de borda, computação em névoa, abstração de dados virtuais, metanuvem e aplicação de nuvem federada.

Parte IV: Trabalhando com nuvens

Tecnologias e ambientes de computação em nuvem podem ser adotados em diferentes capacidades. Uma organização pode migrar recursos selecionados de TI para uma nuvem, enquanto mantém outros recursos de TI em suas instalações – ou pode passar a depender bastante de uma plataforma em nuvem ao migrar grande quantidade de recursos de TI ou até usar o ambiente de nuvem para criá-los.

Para qualquer organização, é importante avaliar uma adoção potencial de um ponto de vista prático e centrado em negócios a fim de pinçar os fatores mais comuns relativos a investimentos financeiros, impacto empresarial e inúmeras considerações legais. Esse conjunto de capítulos explora esses e outros temas relacionados a considerações do mundo real ao se trabalhar com ambientes baseados em nuvem.

Capítulo 16: Considerações sobre modelos de entrega de nuvem

Ambientes em nuvem precisam ser construídos e evoluídos por fornecedores do ramo em resposta às exigências de cada cliente. Os clientes podem usar nuvens para criar recursos de TI ou migrá-los para lá, uma vez que tenham assumido responsabilidades administrativas. Esse capítulo oferece uma compreensão técnica dos modelos de entrega de nuvem das perspectivas tanto do fornecedor quanto do consumidor, oferecendo vislumbres reveladores do funcionamento interno e das camadas arquitetônicas dos ambientes em nuvem.

Capítulo 17: Métricas de custo e modelos de precificação

Métricas de custo para rede, servidor, armazenamento e uso de *software* são descritos, juntamente com várias fórmulas para calcular custos de integração e de posse relacionados a ambientes em nuvem. O capítulo se encerra com um exame de tópicos de gestão de custos conforme se relacionam com termos empresariais comuns usados por fornecedores de soluções em nuvem.

Capítulo 18: Métricas de qualidade de serviço e SLAs

Acordos de nível de serviço (SLAs) estabelecem garantias e termos de uso para serviços em nuvem e costumam ser determinados pelas cláusulas de negócios acordadas pelos consumidores e pelos provedores de nuvem. Esse capítulo oferece uma análise detalhada de como as garantias dos provedores de nuvem são expressas e estruturadas via SLAs, juntamente com métricas e fórmulas para calcular estipulações comuns em SLAs, como disponibilidade, confiabilidade, desempenho, escalabilidade e resiliência.

Parte V: Apêndices

Apêndice A: Conclusões dos estudos de caso

As linhas narrativas individuais dos estudos de caso são concluídas e os resultados dos esforços de adoção de computação em nuvem de cada organização são resumidos.

Apêndice B: Tecnologias comuns de conteinerização

Esse apêndice complementa o Capítulo 6 ao esmiuçar os ambientes Docker e Kubernetes e ao relacionar tais ambientes aos termos e componentes estabelecidos no Capítulo 6.

# Capítulo 2

Apresentação dos estudos de caso

2.1 Estudo de caso nº 1: ATN
2.2 Estudo de caso nº 2: DTGOV
2.3 Estudo de caso nº 3: Innovartus Technologies Inc.

Estudos de casos exemplares revelam cenários em que organizações avaliam, usam e gerenciam modelos e tecnologias de computação em nuvem. Neste livro, três organizações de diferentes setores são apresentadas para análise, cada qual com seus próprios objetivos empresariais, tecnológicos e de arquitetura a serem introduzidos neste capítulo.

As organizações apresentadas para estudo de caso são:

- Advanced Telecom Networks (ATN) – uma empresa global que fornece equipamento de rede para o setor de telecomunicações
- DTGOV – uma organização pública especializada em serviços de infraestrutura e tecnologia de TI para organizações do setor público
- Innovartus Technologies Inc. – uma empresa de porte médio que desenvolve brinquedos virtuais e produtos de entretenimento didático para crianças

A maioria dos capítulos após a Parte 1 incluem uma ou mais seções *Exemplo de estudo de caso*. A conclusão das linhas narrativas é fornecida no Apêndice A.

2.1 Estudo de caso nº 1: ATN

A ATN é uma empresa que fornece equipamento de rede para setores de telecomunicações ao redor do mundo. Ao longo dos anos, a ATN apresentou um crescimento considerável e sua carteira de produtos se ampliou de modo a acomodar diversas aquisições, incluindo empresas especializadas em componentes de infraestrutura para Internet, GSM e provedores de serviços para celular. Atualmente, a ATN é líder no fornecimento de uma gama diversa de infraestrutura de telecomunicações.

Nos últimos anos, a pressão de mercado vem crescendo. Com isso, a ATN passou a buscar maneiras para aumentar sua competitividade e eficiência tirando proveito de novas tecnologias, especialmente aquelas capazes de ajudar a reduzir custos.

Infraestrutura e ambiente técnicos

As diversas aquisições da ATN resultaram em uma paisagem de TI altamente complexa e heterogênea. Um programa de consolidação coeso não chegou a ser aplicado ao ambiente de TI da empresa após cada rodada de aquisições, resultando em aplicativos similares atuando em paralelo e em uma elevação dos custos de manutenção. Há alguns anos, a ATN se fundiu com uma importante fornecedora europeia de telecomunicações, adicionando mais uma aplicação à sua carteira de atuação. A crescente complexidade no universo de TI acabou gerando uma grave obstrução e se tornou uma fonte de preocupação crucial por parte do conselho da ATN.

Metas empresariais e nova estratégia

A gestão da ATN decidiu buscar uma iniciativa de consolidação e terceirizar a manutenção e as operações de aplicativos para o exterior. Isso reduziu seus custos, mas infelizmente não modificou sua ineficiência operacional geral. Os aplicativos ainda apresentavam funções redundantes que não podiam ser facilmente consolidadas. Logo ficou claro que a terceirização era insuficiente, já que a consolidação se tornava uma possibilidade somente se a arquitetura do cenário inteiro de TI se modificasse.

Como resultado, a ATN optou por explorar o potencial de adotar computação em nuvem. No entanto, após os primeiros levantamentos, seus gestores se perderam em meio a uma infinidade de provedores de nuvem e produtos baseados em nuvem.

Trajeto e estratégia de implementação

A ATN não sabe bem como escolher o conjunto certo de tecnologias e provedores de computação em nuvem – muitas soluções ainda parecem imaturas e novas ofertas não param de surgir no mercado do setor.

Um trajeto preliminar para adoção de computação em nuvem é discutido para abordar inúmeras questões básicas:

- *Estratégia de TI* – a adoção de computação em nuvem precisa promover otimização da estrutura atual de TI, além de produzir tanto investimentos mais baixos a curto prazo quanto uma redução consistente dos custos a longo prazo.

- *Benefícios empresariais* – a ATN precisa avaliar quais aplicativos atuais e quais partes da infraestrutura de TI podem tirar proveito da tecnologia de computação em nuvem a fim de alcançar a otimização e as reduções de custos desejadas. Benefícios adicionais da computação em nuvem, como maior agilidade, escalabilidade e confiabilidade empresarial, precisam se concretizar como forma de elevar o valor da empresa.

- *Considerações tecnológicas* – critérios precisam ser estabelecidos para facilitar a escolha dos melhores modelos de fornecimento e implementação de nuvem e dos prestadores e produtos específicos.

- *Segurança de nuvem* – os riscos associados à migração de aplicativos e dados para a nuvem precisam ser determinados.

Os gestores da ATN temem perder o controle sobre seus aplicativos e dados se eles forem confiados a provedores de nuvem, levando a inconformidades com suas políticas internas e com regulamentações do mercado de telecomunicações. Eles também se perguntam como seus aplicativos legados já existentes seriam integrados ao novo domínio baseado em nuvem.

Para definir um plano de ação sucinto, a ATN contrata uma empresa independente de consultoria em TI chamada CloudEnhance, que é bem reconhecida por sua *expertise* em arquitetura tecnológica na transição e integração de recursos de TI a partir de computação em nuvem. Consultores da CloudEnhance passam a sugerir um processo de levantamento abrangendo cinco etapas:

1. Uma breve avaliação dos aplicativos já existentes, a fim de mensurar fatores como complexidade, crucialidade para os negócios, frequência de uso e quantidade de usuários ativos. Os fatores identificados são então organizados em ordem de prioridade para ajudar a determinar os aplicativos candidatos mais adequados para migração para um ambiente em nuvem.

2. Uma avaliação mais detalhada de cada aplicativo selecionado usando uma ferramenta proprietária de análise.

3. O desenvolvimento de uma arquitetura-alvo de aplicativos que exibe a interação entre aplicativos baseados em nuvem, sua integração com a infraestrutura existente da ATN e sistemas legados, bem como seus processos de desenvolvimento e implementação.

4. A preparação de um projeto de negócio preliminar que documente projeções de cortes de custos com base em indicadores de desempenho, incluindo custo de preparação para nuvem, esforço para transformação e interação de aplicativos, facilidade de migração e implementação e inúmeros benefícios potenciais a longo prazo.

5. O desenvolvimento de um plano de projeto detalhado para um aplicativo-piloto.

A ATN dá sinal verde ao processo, com isso, constrói seu primeiro protótipo ao se concentrar em um aplicativo que automatiza uma área de negócios de baixo risco. Durante esse projeto, a ATN transporta diversos dos aplicativos menores da área de negócios que estavam rodando em diferentes tecnologias para uma plataforma como serviço (PaaS – do inglês, *platform as a service*). Com base em resultados positivos e em *feedback* recebido sobre o projeto prototípico, a ATN decide embarcar em uma iniciativa estratégica para colher benefícios similares para outras áreas da empresa.

2.2 Estudo de caso nº 2: DTGOV

A DTGOV é uma empresa pública, criada no início dos anos 1980 pelo Ministério da Previdência Social do Brasil. A descentralização das operações de TI do ministério para uma empresa pública sob legislação privada deu à DTGOV uma estrutura autônoma de gestão, com flexibilidade significativa para governar e desenvolver seu braço de TI.

Quando da sua criação, a DTGOV contava com cerca de mil funcionários, com sedes operacionais em 60 locais pelo país, e operava duas centrais de dados baseadas em *mainframe*. Com o tempo, a DTGOV passou a ter mais de 3 mil funcionários e sedes em mais de 300 localidades, com três *data centers* rodando tanto ambientes de *mainframe* quanto de plataforma de baixo nível. Seus principais serviços estão relacionados a benefícios de segurança social por todo o país.

A DTGOV ampliou sua carteira de clientes nas últimas duas décadas. Atualmente, atende outras organizações do setor público e fornece infraestrutura e serviços básicos de TI, como hospedagem de servidor e *colocation* de servidor. Alguns de seus clientes também terceirizaram a operação, a manutenção e o desenvolvimento de aplicativos para a DTGOV.

A empresa tem contratos consideráveis com clientes que abrangem diversos recursos e serviços de TI. No entanto, esses contratos e níveis associados de serviço não são padronizados; na verdade, as condições de prestação de serviços costumam ser customizadas para cada cliente individualmente. Como resultado, as operações da DTGOV estão ficando cada vez mais complexas de gerir, o que levou a ineficiências e custos inflados.

Já há algum tempo, o conselho da DTGOV percebeu que a estrutura geral da empresa poderia ser aprimorada padronizando-se sua carteira de serviços, o que implicaria na reengenharia dos modelos de operação e de gestão de TI. Esse processo começou pela padronização da plataforma de *hardware* mediante a criação de um ciclo de vida tecnológico claramente definido, uma política consolidada de licitações e o estabelecimento de novas práticas de aquisição.

Infraestrutura e ambiente técnicos

A DTGOV opera três *data centers*: um é dedicado exclusivamente a servidores de plataforma de baixo nível, enquanto os outros dois contam tanto com *mainframe* quanto com plataforma de baixo nível. Os sistemas de *mainframe* são reservados para o Ministério da Previdência Social e, portanto, não estão disponíveis para terceirização.

A infraestrutura dos *data centers* ocupa cerca de 2.000 m² de salas de computador e hospeda mais de 100 mil servidores com diferentes configurações de *hardware*. A capacidade de armazenamento total é de aproximadamente 10 mil *terabytes*. A rede da DTGOV conta com *links* de dados redundantes de alta velocidade conectando os *data centers* em uma topologia de malha integral. A conectividade com a Internet é considerada independente de provedor, já que sua rede está interconectada com todas as principais empresas de telecomunicação do país.

Projetos de consolidação e virtualização de servidor vêm avançando há anos, o que diminui consideravelmente a diversidade de plataformas de *hardware*. Como resultado, o acompanhamento sistemático dos investimentos e custos operacionais relacionados à plataforma de *hardware* revelou uma melhoria significativa. Contudo, ainda há uma notável diversidade nas plataformas e configurações de *software* da DTGOV, devido a exigências de customização de serviços a clientes.

Metas empresariais e nova estratégia

Um objetivo estratégico crucial da padronização da carteira de serviços da DTGOV é alcançar melhores relações custo-benefício e otimização operacional. Uma comissão interna no nível executivo foi estabelecida para definir rumos, metas e uma trajetória estratégica para essa iniciativa. A comissão identificou a computação em nuvem como uma opção de orientação e uma oportunidade para maior diversificação e melhoria dos serviços e carteiras de clientes.

O trajeto proposto de adoção aborda os seguintes pontos-chave:

- *Benefícios empresariais* – precisam ser definidos benefícios empresariais concretos associados à padronização das carteiras de serviços sob o guarda-chuva dos modelos de entrega de computação em nuvem. De que modo, por exemplo, a otimização da infraestrutura de TI e dos modelos operacionais resulta em reduções diretas e mensuráveis nos custos?

- *Carteira de serviços* – quais serviços devem passar para a nuvem, e para quais clientes eles devem ser estendidos?

- *Desafios técnicos* – as limitações da atual infraestrutura tecnológica frente às exigências de processamento em tempo de execução dos modelos de computação em nuvem devem ser compreendidas e documentadas. A infraestrutura existente precisa ser alavancada até onde for possível para otimizar os custos iniciais assumidos pelo desenvolvimento das ofertas de serviços baseados em nuvem.

- *Precificação e Acordos de Nível de Serviço* – uma estratégia apropriada de contrato, precificação e qualidade de serviço precisa ser definida. Preços e Acordos de Níveis de Serviço (SLAs – do inglês, *service-level agreements*) adequados precisam ser determinados para apoiar a iniciativa.

Uma preocupação em destaque diz respeito a modificações no formato atual dos contratos e como elas afetarão os negócios. Muitos clientes talvez não queiram – ou não estejam preparados para – adotar contratação de nuvem e modelos de entrega de serviço. Isso se torna ainda mais decisivo ao se considerar que 90% do clientes na carteira atual da DTGOV consistem em organizações públicas que raramente têm a autonomia ou a agilidade para migrar entre métodos operacionais em um prazo tão exíguo. Portanto, espera-se que o processo de migração ocorra a longo prazo, o que pode se tornar arriscado se a trajetória de implementação não for adequada e definida com clareza. Outra questão de destaque é a das regulamentações para contratação de TI no setor público – regulamentações existentes podem se tornar irrelevantes ou incertas quando aplicadas a tecnologias em nuvem.

Trajeto e estratégia de implementação

Diversas atividades de levantamento foram iniciadas para enfrentar as questões recém-mencionadas. A primeira foi uma enquete junto a clientes já existentes a fim de sondar seu nível de compreensão, suas iniciativas em prática e seus planos em relação à computação em nuvem. A maioria dos respondentes estava ciente e atualizada quanto a tendências na computação em nuvem, o que foi considerado um achado positivo.

Uma investigação da carteira de serviços revelou uma infraestrutura claramente identificada relacionada com hospedagem e *colocation*. *Expertise* e infraestrutura técnica também foram avaliadas, determinando que a operação e a gestão de centros de dados são áreas-chave de especialidade da equipe de TI da DTGOV.

Frente a essas descobertas, a comissão decidiu:

1. optar por infraestrutura como serviço (IaaS – do inglês, *infrastructure as a service*) como a plataforma-alvo de entrega para iniciar o provisionamento da iniciativa de computação em nuvem;

2. contratar uma agência de consultoria com perícia e experiência suficiente em nuvem para identificar e retificar corretamente quaisquer problemas empresariais e técnicos capazes de atravancar a iniciativa;

3. implantar novos recursos de *hardware* com uma plataforma uniforme em duas centrais de dados diferentes, visando o estabelecimento de um novo ambiente confiável para receber o provisionamento dos serviços iniciais hospedados como IaaS;

4. identificar três clientes que planejam adquirir serviços baseados em nuvem, a fim de estabelecer projetos-piloto e definir condições contratuais, precificação e políticas e modelos de nível de serviço;

5. avaliar o provisionamento de serviço dos três clientes escolhidos pelo período inicial de seis meses, antes de oferecer publicamente o serviço aos demais clientes.

Conforme os projetos-piloto avançam, um novo ambiente de gestão baseado na *Web* é lançado, de modo a permitir o autoprovisionamento de servidores virtuais, bem como funcionalidade de acompanhamento de SLA e funcionalidade de rastreamento financeiro em tempo real. Os projetos-piloto são considerados um grande sucesso, levando à etapa subsequente de abrir os serviços baseados em nuvem para os demais clientes.

2.3 Estudo de caso nº 3: Innovartus Technologies Inc.

A principal linha comercial da Innovartus Technologies Inc. é o desenvolvimento de brinquedos virtuais e produto de entretenimento didático para crianças. Esses serviços são fornecidos por um portal na Internet que emprega um modelo de encenação de personagens a fim de criar jogos virtuais customizados para PCs e dispositivos móveis. Os jogos permitem que os usuários criem e manipulem brinquedos virtuais (carros, bonecas, animais de estimação), os quais podem receber acessórios virtuais que são obtidos mediante o cumprimento de missões didáticas simples. O principal grupo demográfico é de crianças com até 12 anos. Além disso, a Innovartus conta com um ambiente de rede social permitindo que os usuários troquem itens entre si e colaborem uns com os outros. Todas essas atividades podem ser monitoradas e acompanhadas pelos pais, que também podem participar de um jogo ao criarem missões específicas para seus filhos.

A funcionalidade mais valiosa e revolucionária dos aplicativos da Innovartus é uma interface experimental de usuário final, baseada em conceitos de interface natural. Os usuários podem interagir via comandos de voz, por gestos simples que são capturados com uma *webcam* e ao tocarem diretamente nas telas do *tablet*.

O portal da Innovartus sempre foi baseados em nuvem. Ele foi desenvolvido originalmente via uma plataforma PaaS e vem sendo hospedado pelo mesmo fornecedor de nuvem desde então. Recentemente, porém, esse ambiente revelou inúmeras limitações técnicas que afetam funcionalidades dos arcabouços de programação da interface de usuário da Innovartus.

Infraestrutura e ambiente técnicos

Muitas das demais soluções de automação para escritório da Innovartus, como repositórios de arquivos compartilhados e diversas ferramentas de produtividade, também são baseadas em nuvem. Seu ambiente físico e corporativo de TI é relativamente pequeno, consistindo sobretudo em dispositivos de área de trabalho, *laptops* e estações de trabalho de *design* gráfico.

Metas empresariais e estratégia

A Innovartus vem diversificando a funcionalidade dos recursos de TI que são usados por seus aplicativos móveis e baseados na *Web*. A empresa também elevou seus esforços para internacionalizar seus aplicativos: tanto os aplicativos do site quanto os para celular são atualmente oferecidos em cinco idiomas diferentes.

Trajeto e estratégia de implementação

A intenção da Innovartus é seguir ampliando suas soluções baseadas em nuvem. No entanto, o atual ambiente de hospedagem de nuvem tem limitações que precisam ser superadas:

- a escalabilidade precisa ser melhorada a fim de acomodar uma interação maior e menos previsível de clientes em nuvem;
- os níveis de serviço precisam ser aprimorados a fim de evitar quedas que atualmente ocorrem com maior frequência do que o esperado;
- a relação custo-benefício precisa ser melhorada, já que as taxas de arrendamento são mais altas com o atual provedor de nuvem do que com outros.

Esses e outros fatores levaram a Innovartus a decidir migrar para um provedor de nuvem maior e globalmente estabelecido.

A trajetória projetada para esse projeto de migração inclui:

- um relatório técnico e econômico a respeito dos riscos e impactos da migração planejada;
- uma árvore decisória e uma rigorosa iniciativa de estudo focada nos critérios para selecionar o novo provedor de nuvem;
- levantamento de portabilidade dos aplicativos para determinar até que ponto a atual arquitetura de serviço de nuvem pertence ao ambiente do atual provedor.

Outra preocupação da Innovartus é em como e em que medida o atual provedor de nuvem irá apoiar e cooperar com o processo de migração.

Parte I

Fundamentos de computação em nuvem

Capítulo 3 Compreendendo a computação em nuvem
Capítulo 4 Conceitos e modelos fundamentais
Capítulo 5 Tecnologias viabilizadoras de nuvens
Capítulo 6 Compreendendo a conteinerização
Capítulo 7 Compreendendo a segurança de nuvens e a cibersegurança

Os próximos capítulos estabelecem conceitos e terminologia que são referenciados em capítulos e partes subsequentes do livro. Recomenda-se que os Capítulos 3 e 4 sejam revisados até mesmo por aqueles já familiarizados com os fundamentos da computação em nuvem. Seções nos Capítulos 5, 6 e 7 podem ser seletivamente puladas por aqueles já familiarizados com a tecnologia e os tópicos de segurança correspondentes.

Capítulo 3

Compreendendo a computação em nuvem

    3.1 Origens e influências
    3.2 Conceitos básicos e terminologia
    3.3 Metas e benefícios
    3.4 Riscos e desafios

Este é o primeiro de dois capítulos que fornecem uma visão geral de tópicos introdutórios em computação em nuvem. Ele começa com um breve histórico da computação em nuvem, juntamente com curtas descrições de seus motivadores comerciais e tecnológicos. Em seguida, são abordadas definições de conceitos básicos e terminologia, além de explicações sobre os principais benefícios e desafios da adoção da computação em nuvem.

3.1 Origens e influências

Um breve histórico

A ideia de computação em uma "nuvem" remonta às origens da computação utilitária, um conceito que o cientista computacional John McCarthy propôs publicamente em 1961:

> "Se computadores do tipo que eu preconizei se tornarem os computadores do futuro, então um dia a computação pode vir a ser organizada como uma utilidade pública, assim como o sistema telefônico é uma utilidade pública. [...] A utilidade computacional poderia se tornar a base de uma nova e importante indústria."

Em 1969, Leonard Kleinrock, um cientista de destaque no projeto Advanced Research Projects Agency Network (ARPANET), responsável por plantar a semente da Internet, declarou:

> "Por ora, as redes computacionais ainda estão na sua infância, mas ao amadurecerem e se sofisticarem, provavelmente veremos a difusão de 'utilidades computacionais' [...]."

O público em geral vem aproveitando formas de utilidades computacionais baseadas na Internet desde meados dos anos 90, por meio de várias encarnações de mecanismos de pesquisa, serviços de *e-mail*, plataformas abertas de publicação e outros tipos de mídias sociais. Embora centradas no consumidor, esses serviços popularizaram e validaram conceitos fulcrais que formam a base da computação em nuvem dos dias de hoje.

Em 1999, a Salesforce.com inaugurou a noção de levar serviços provisionados remotamente para dentro de cada empresa. Em 2006, a Amazon.com lançou a plataforma Amazon Web Services (AWS), um leque de serviços voltados a empresas capaz de fornecer armazenamento remotamente provisionado, recursos computacionais e funcionalidade comercial.

Uma evocação levemente diferente do termo "nuvem em rede" ou "nuvem" foi introduzido no início da década de 1990 por todo o setor de redes computacionais. O termo se referia a uma camada de abstração derivada dos métodos para transferir dados entre redes heterogêneas públicas e semipúblicas que eram primordialmente *packet-switched*, embora redes celulares também usassem o termo "nuvem". O método de formação de rede a essa altura suportava a transmissão de dados de um *endpoint* (rede local) para a "nuvem" (rede de longa distância – WAN), com os dados então sendo ainda mais decompostos para outro *endpoint*-alvo. Isso é relevante, já que a indústria de rede ainda referencia o uso desse termo, sendo considerada uma das primeiras a adotar os conceitos subjacentes à computação utilitária.

Foi somente a partir de 2006 que o termo "computação em nuvem" emergiu na arena comercial. Foi nessa época que a Amazon lançou seus serviços Elastic Compute Cloud (EC2), que passaram a permitir que as organizações "arrendassem" capacidade e processamento computacionais para rodar seus aplicativos empresariais. Nesse mesmo ano, o Google Apps também começou a fornecer aplicativos empresariais baseados em navegador, e três anos depois o Google App Engine se tornou outro marco histórico.

Definições

Um relatório da Gartner listando a computação em nuvem no topo de suas áreas tecnológicas estratégicas reafirmou ainda mais sua proeminência como uma tendência no setor, ao anunciar sua definição formal como:

"[...] um estilo de computação em que capacidades escaláveis e elásticas baseadas em TI são entregues como um serviço para clientes externos que usam tecnologias da Internet."

Essa é uma leve revisão da definição original da Gartner de 2008, em que "massivamente escaláveis" era usado em vez de "escaláveis e elásticas". Essa modificação reconhece a importância da escalabilidade em termos de capacidade de ganhar escala verticalmente, e não somente em enormes proporções.

A Forrester Research produziu sua própria definição de computação em nuvem como:

"[...] uma capacidade padronizada de TI (serviços, software ou infraestrutura) entregue via tecnologias da Internet sob um modelo de pagamento por uso e autosserviço."

A definição que recebeu ampla aceitação no ramo foi elaborada pelo National Institute of Standards and Technology (NIST). O NIST publicou sua definição original em 2009, seguida de uma versão revisada após mais análise e contribuições do setor, publicada em setembro de 2011:

"A computação em nuvem é um modelo para possibilitar acesso ubíquo à rede, conveniente e sob demanda a um bolsão compartilhado de recursos computacionais configuráveis

(como redes, servidores, armazenamentos, aplicativos e serviços) que podem ser rapidamente provisionados e liberados com mínimo esforço gerencial ou interação com o provedor de serviço. Esse modelo de nuvem é composto por cinco características essenciais, três modelos de serviço e quatro modelos de implantação."

Este livro oferece uma definição mais concisa:

"Computação em nuvem é uma forma especializada de computação distribuída que introduz modelos de utilização para o provisionamento remoto de recursos escaláveis e mensurados."

Essa definição simplificada está alinhada com todas as variações de definição anteriores propostas por outras organizações no setor de computação em nuvem. As características, os modelos de serviço e os modelos de implantação referenciados na definição da NIST são abordados em mais profundidade no Capítulo 4.

Motivadores comerciais

Antes de destrincharmos as camadas de tecnologias subjacentes às nuvens, precisamos entender as motivações que levaram à sua criação por líderes do ramo. Diversos dos principais motivadores comerciais que fomentaram a moderna tecnologia baseada em nuvem são apresentados nesta seção.

As origens e inspirações de muitas das características, modelos e mecanismos abordados ao longo de capítulos subsequentes podem ser rastreadas aos motivadores comerciais que examinaremos aqui. É importante observar que essas influências moldaram as nuvens e o mercado de computação em nuvem em geral, de ambos os lados. Elas motivaram organizações a adotarem computação em nuvem em apoio a suas exigências comerciais de automação. Concomitantemente, elas motivaram outras organizações a se tornarem provedoras de ambientes em nuvem e fornecedores de tecnologia em nuvem para criar demanda e satisfazer as necessidades dos consumidores.

Redução de custos

Um alinhamento direto entre custos de TI e desempenho nos negócios pode ser difícil de manter. O crescimento dos ambientes de TI muitas vezes correspondem ao levantamento de suas exigências de uso máximo. Isso pode tornar o apoio a novas e ampliadas automações comerciais um investimento sempre crescente. Boa parte desse investimento necessário é canalizado para expandir a infraestrutura, já que o potencial de uso de uma determinada solução de automação sempre será limitado pelo poder de processamento de sua infraestrutura subjacente.

Dois custos precisam ser levados em consideração: o custo de aquisição da nova infraestrutura e o custo duradouro de possuí-la. O custo fixo operacional representa uma parcela considerável dos orçamentos de TI, muitas vezes ultrapassando os custos de investimento inicial.

Formas comuns de custos fixos operacionais relacionados à infraestrutura incluem as seguintes:

- pessoal técnico necessário para manter o ambiente funcionando;
- atualizações e *patches* que introduzem ciclos adicionais de testes e implantação;
- gastos em energia elétrica e despesas de capital para manter o funcionamento dos aparelhos e seu resfriamento;
- segurança e medidas de controle de acesso a fim de proteger os recursos de infraestrutura;
- equipe administrativa e contábil que pode ser necessária para fazer um acompanhamento das licenças e dos arranjos de suporte.

A posse duradoura de infraestrutura tecnológica interna pode representar responsabilidades incômodas que impõem impactos compostos sobre os orçamentos corporativos. Um departamento de TI pode consequentemente se tornar um ralo financeiro significativo – e às vezes insustentável – sobre o empreendimento, o que pode inibir sua responsabilidade, lucratividade e evolução em geral.

Agilidade empresarial

Empresas precisam ter a capacidade de se adaptar e evoluir para enfrentar com sucesso mudanças geradas por fatores tanto internos quanto externos. A agilidade empresarial (ou agilidade organizacional) é a medida de responsividade de uma organização frente a mudanças.

Um empreendimento de TI muitas vezes precisa reagir a mudanças no ambiente de negócios ampliando seus recursos de TI além do escopo do que foi anteriormente previsto ou planejado. A infraestrutura pode estar sujeita, por exemplo, a limitações que impedem que a organização reaja a flutuações de uso – mesmo aquelas que foram previstas – caso esforços prévios de planejamento de capacidade tenham sido tolhidos por orçamentos inadequados.

Em outros casos, mudanças em necessidades e prioridades empresariais podem exigir que os recursos de TI fiquem mais disponíveis e confiáveis do que antes. Mesmo quando uma infraestrutura suficiente está instalada para que uma organização sustente volumes previstos de uso, a natureza do uso pode gerar exceções em tempo de execução que acabam derrubando os servidores de hospedagem. Devido a uma carência de controles de confiabilidade dentro da infraestrutura, a responsabilidade ao consumidor e às suas exigências pode ser reduzida a tal ponto que a continuidade geral do negócio é ameaçada.

Numa escala mais ampla, os investimentos iniciais e os custos de propriedade da infraestrutura necessários para implementar novas ou ampliadas soluções de automação comercial podem ser proibitivos o suficiente para que uma empresa opte por uma infraestrutura de TI de qualidade abaixo da ideal, diminuindo, portanto, sua capacidade de satisfazer exigências do mundo real.

Para piorar, a empresa pode desistir de uma solução de automação por completo ao revisar seu orçamento de infraestrutura, por simplesmente não poder arcar com ela. Essa forma de incapacidade de reação pode impedir que organizações acompanhem as demandas do mercado e as pressões competitivas e suas próprias metas comerciais estratégicas.

Inovações tecnológicas

Tecnologias já estabelecidas são frequentemente usadas como inspiração e, às vezes, como verdadeiros alicerces sobre os quais inovações tecnológicas são derivadas e construídas. Esta seção descreve brevemente as tecnologias preexistentes que são consideradas influências primordiais da computação em nuvem.

Agrupamento

Um agrupamento (*cluster*) é um grupo de recursos independentes de TI que são interconectados e funcionam como um único sistema. As taxas de falha do sistema são reduzidas, enquanto a disponibilidade e a confiabilidade são elevadas, já que a redundância e os recursos de *failover* são inerentes ao agrupamento.

Um prerrequisito geral de agrupamento de *hardware* é que seus sistemas componentes apresentam *hardware* razoavelmente idêntico e sistemas operacionais para proporcionar níveis similares de desempenho quando um componente falho é substituído por outro. Dispositivos componentes que formam um agrupamento são mantidos em sincronização por meio de vínculos de comunicação dedicados e de alta velocidade.

O conceito básico de redundância e *failover* inerentes é central para as plataformas em nuvem. A tecnologia de agrupamento é explorada mais a fundo no Capítulo 9, como parte da descrição do mecanismo de *agrupamento de recursos*.

Computação em grade

Uma grade computacional fornece uma plataforma em que recursos de computação são organizados em um ou mais bolsões lógicos. Esses bolsões (*pools*) são coletivamente coordenados para gerar uma grade distribuída de alto desempenho, às vezes chamada de "computador supervirtual". A computação em grade difere do agrupamento porque os sistemas em grade são bem menos coesos e mais distribuídos. Como resultado, sistemas de computação em grade envolvem recursos computacionais que são heterogêneos e geograficamente dispersos, o que não costuma ser possível com sistemas baseados em agrupamento computacional.

A computação em grade vem sendo uma área contínua de pesquisa em ciências computacionais desde o início dos anos 90. Os avanços tecnológicos alcançados por projetos de computação em grade influenciaram vários aspectos das plataformas e mecanismos de computação em nuvem, especificamente em termos de conjuntos comuns de características como acesso por rede, bolsões de recursos e escalabilidade e resiliência. Esses tipos de características podem ser estabelecidos tanto por computação em grade quanto em nuvem, usando suas próprias abordagens singulares.

A computação em grade, por exemplo, é baseada numa camada de *middleware*, implantada sobre recursos computacionais. Tais recursos de TI participam de um bolsão em grade que implementa uma série de funções de distribuição e coordenação de carga de trabalho. Essa camada intermediária pode conter lógica de balanceamento de carga, controles de *failover* e gestão de configuração autonômica, cada qual tendo anteriormente inspirado tecnologias de computação em nuvem similares, e às vezes mais sofisticadas. É por esse motivo que alguns classificam a computação em nuvem como uma descendente das iniciativas anteriores de computação em grade.

Planejamento de capacidade

O planejamento de capacidade é o processo de determinar e satisfazer futuras demandas relativas aos recursos, produtos e serviços de TI de uma organização. Nesse contexto, *capacidade* representa a quantidade máxima de trabalho que um recurso de TI é capaz de entregar em dado período de tempo. Uma discrepância entre a capacidade de um recurso de TI e sua demanda pode resultar num sistema que se torna ou ineficiente (sobreprovisionado) ou incapaz de satisfazer as demandas dos usuários (subprovisionado). O planejamento de capacidade é focado na minimização dessa discrepância, a fim de alcançar eficiência e desempenho previsíveis.

Existem diferentes estratégias de planejamento de capacidade:

- *Estratégia lead* – adicionar capacidade a um recurso de TI em antecipação à demanda.
- *Estratégia lag* – adicionar capacidade quando um recurso de TI alcança sua capacidade plena.
- *Estratégia match* – adicionar capacidade a um recurso de TI em pequenos incrementos, conforme a demanda vai aumentando.

O planejamento da capacidade pode ser um desafio, pois exige estimar flutuações de carga de uso. Há uma necessidade constante de equilibrar exigências de pico de uso sem impor gastos desnecessários de infraestrutura. Um exemplo é o aprovisionamento de infraestrutura de TI para acomodar cargas máximas de uso a ponto de impor investimentos financeiros pouco razoáveis. Em tais casos, a moderação dos investimentos pode resultar em subprovisionamento, levando a perdas transacionais e outras limitações de uso pelo rebaixamento dos patamares de uso.

Virtualização

A virtualização é o processo de converter um recurso físico de TI em um recurso virtual de TI.

Em sua maioria, os diversos tipos de recursos de TI podem ser virtualizados, incluindo:

- *Servidores* – um servidor físico pode ser abstraído em um servidor virtual.
- *Armazenamento* – um dispositivo físico de armazenamento pode ser abstraído em um dispositivo virtual ou em um disco virtual.
- *Rede* – roteadores e *switches* físicos podem ser abstraídos em tecidos de rede lógicos, como VLANs.
- *Energia* – uma fonte de alimentação ininterrupta e unidades físicas de distribuição de energia podem ser abstraídas naquilo que se costuma chamar de fontes de alimentação ininterrupta virtuais.

> **OBSERVAÇÃO**
>
> Os termos *servidor virtual* e *máquina virtual (VM)* são usados como sinônimos ao longo deste livro.

Uma camada de *software* de virtualização permite que recursos físicos de TI forneçam múltiplas imagens virtuais de si próprios de tal modo que suas capacidades subjacentes de processamento possam ser compartilhadas por múltiplos usuários.

O primeiro passo na criação de um novo servidor virtual por meio de virtualização é a alocação de recursos físicos de TI, seguido da instalação de um sistema operacional. Servidores virtuais utilizam seus próprios sistemas operacionais hóspedes, que são independentes do sistema operacional em que eles foram criados.

Tanto o sistema operacional hóspede quanto o *software* de aplicativo rodando no servidor virtual estão alheios ao processo de virtualização, o que significa que esses recursos virtualizados de TI são instalados e executados como se estivessem rodando num servidor físico separado. Essa uniformidade de execução permite que programas rodem em sistemas físicos como rodariam em sistemas virtuais e é uma característica vital da virtualização. Sistemas operacionais hóspedes geralmente requerem o uso impecável de produtos e aplicativos de *software* que não precisam ser customizados, configurados ou alterados a fim de rodar num ambiente virtualizado.

Um *software* de virtualização roda num servidor físico chamado de *host* (anfitrião), ou *host físico*, cujo *hardware* subjacente se torna acessível pelo *software* de virtualização. A funcionalidade do *software* de virtualização abrange serviços do sistema que estão especificamente relacionados com gestão de máquina virtual e que não costumam ser encontrados em sistemas operacionais-padrão. É por isso que esse *software* às vezes é referido como um gerenciador de máquina virtual ou monitor de máquina virtual (VMM) – embora seja mais conhecido como um *hipervisor*. (O hipervisor é formalmente descrito como um mecanismo de computação em nuvem no Capítulo 8.)

Antes do advento das tecnologias de virtualização, todo *software* era limitado a residir dentro ou ser acoplado a ambientes estáticos de *hardware*. O processo de virtualização rompe essa dependência *software-hardware*, já que as exigências de *hardware* podem ser simuladas por um *software* de emulação rodando em ambientes virtualizados.

Tecnologias de virtualização estabelecidas podem ser rastreadas a diversas características e mecanismos de computação em nuvem, que inspiraram muitas de suas funcionalidades básicas. Com a evolução da computação em nuvem, uma nova geração de tecnologias de virtualização *modernas* emergiu para superar as limitações de desempenho, confiabilidade e escalabilidade das plataformas tradicionais de virtualização. Tecnologias modernas de virtualização são discutidas no Capítulo 5.

Conteinerização

A conteinerização é uma forma de tecnologia de virtualização que permite a criação de ambientes virtuais de hospedagem chamados de "contêineres" sem a necessidade de implementar um servidor virtual para cada solução. Um contêiner é similar em conceito a um servidor virtual, no sentido de que fornece um ambiente virtual com recursos de sistema operacional que podem ser usados para hospedar programas de *software* e outros recursos de TI.

Os contêineres são brevemente introduzidos na próxima seção, "Conceitos básicos e terminologia", e a tecnologia de conteinerização é abordada em detalhes no Capítulo 6.

Ambientes sem servidor

Um ambiente sem servidor (*serverless* em inglês) é um ambiente especial de execução operacional que não requer desenvolvedores ou administradores de sistema para implantar ou provisionar servidores; em vez disso, é equipado com tecnologia que permite a execução de pacotes especiais de *software* que já incluem os componentes necessários de servidor e as informações de configuração.

Ao ser instalado, o ambiente sem servidor automaticamente implementa e ativa um executor de aplicativo, juntamente com seu servidor e os respectivos pacotes, sem que o administrador tenha que fazer mais nada. Programas são desenvolvidos, codificados e executados juntamente com o descritor de execução subjacente necessário e quaisquer dependências que possam existir. Uma vez executado, o ambiente sem servidor é capaz de rodar e ampliar a escala do aplicativo e assegurar sua disponibilidade e escalabilidade duradouras.

Arquiteturas contemporâneas de *software* implantadas em nuvens podem se beneficiar bastante de ambientes sem servidor. Mais detalhes sobre a tecnologia sem servidor são fornecidos no Capítulo 5.

3.2 Conceitos básicos e terminologia

Esta seção estabelece um conjunto de termos básicos que representam os conceitos e aspectos fundamentais referentes à noção de uma nuvem e seus artefatos mais primitivos.

Nuvem

Uma *nuvem* diz respeito a um ambiente distinto de TI que é projetado com o propósito de provisionar remotamente recursos de TI escaláveis e mensurados. Este termo se originou como uma metáfora para a Internet, que é, em essência, um cruzamento de redes que proporciona acesso remoto a um conjunto de recursos de TI descentralizados. Antes da computação em nuvem se tornar seu próprio segmento formalizado no setor de TI, o símbolo de uma nuvem era comumente usado para representar a Internet numa variedade de especificações e documentações convencionais de arquiteturas baseadas na *Web*. Esse mesmo símbolo agora é usado para representar especificamente as fronteiras de um ambiente em nuvem, conforme retratado na Figura 3.1.

É importante distinguir o termo "nuvem" do símbolo de nuvem da Internet. Enquanto um ambiente específico usado para provisionar remotamente recursos de TI, uma nuvem tem fronteiras finitas. Existem muitas nuvens individuais acessáveis via Internet. Ao passo que a Internet oferece acesso aberto a muitos recursos de TI baseados na *Web*, uma nuvem costuma ser de propriedade privada e oferece um acesso mensurado a recursos de TI.

Boa parte da Internet é dedicada ao acesso a recursos de TI baseados em conteúdos publicados via *World Wide Web*. Os recursos de TI fornecidos por ambientes em nuvem, por sua vez, são dedicados ao suprimento de capacidades de

Figura 3.1
O símbolo usado para denotar as fronteiras de um ambiente em nuvem.

processamento de *back-end* e ao acesso de usuários a essas capacidades. Outra distinção-chave é que as nuvens não necessariamente são baseadas na *Web*, mesmo que sejam comumente baseadas em tecnologias e protocolos da Internet. Protocolos dizem respeito a padrões e métodos que permitem que computadores se comuniquem entre si de uma maneira predefinida e estruturada. Uma nuvem pode se basear no uso de quaisquer protocolos que permitam o acesso remoto a seus recursos de TI.

> **OBSERVAÇÃO**
>
> Diagramas neste livro representam a Internet usando o símbolo de globo.

Contêiner

Contêineres (Figura 3.2) costumam ser usados em nuvens para proporcionar ambientes de hospedagem virtual altamente otimizados e capazes de fornecer somente os recursos necessários para os programas de *software* que eles hospedam.

Recurso de TI

Um *recurso de TI* é um artefato virtual relacionado a TI que pode ser ou baseado em *software*, tal como um servidor virtual ou um programa de *software* customizado, ou baseado em *hardware*, tal como um servidor físico ou um dispositivo de rede (Figura 3.3).

Figura 3.2
A imagem à esquerda é o símbolo geral usado para representar um contêiner. A imagem à direita (com bordas arredondadas) é usada em diagramas arquitetônicos para representar um contêiner, especialmente quando os seus conteúdos precisam ser mostrados.

servidor físico   servidor virtual   programa de *software*   serviço   dispositivo de armazenamento   dispositivo de rede

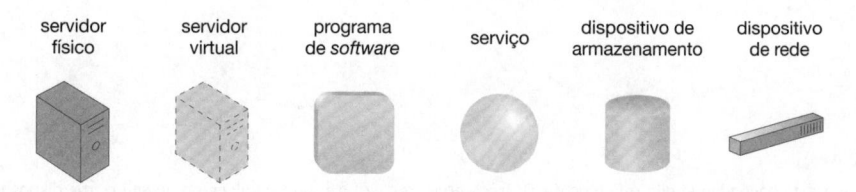

Figura 3.3
Exemplos de recursos de TI comuns e seus símbolos correspondentes.

A Figura 3.4 ilustra como o símbolo de nuvem pode ser usado para definir as fronteiras para um ambiente baseado em nuvem que hospeda e provisiona um conjunto de recursos de TI. Os recursos de TI retratados são consequentemente considerados recursos baseados em nuvem.

Arquiteturas tecnológicas e diversos cenários de interação envolvendo recursos de TI são ilustrados em diagramas como aquele mostrado na Figura 3.4. É importante observar os seguintes aspectos ao estudar e trabalhar com esses diagramas:

- Os recursos de TI mostrados dentro das fronteiras de um determinado símbolo de nuvem geralmente não representam todos os recursos de TI hospedados em tal nuvem. Subconjuntos de recursos de TI costumam ser destacados com o propósito de demonstrar um tópico em particular.

- De modo a focar os aspectos relevantes do tópico em questão, muitos desses diagramas fornecem intencionalmente visões abstratas das arquiteturas tecnológicas subjacentes. Por esse motivo, somente uma porção dos detalhes técnicos reais é mostrada.

Figura 3.4
Uma nuvem está hospedando oito recursos de TI: três servidores virtuais, dois serviços de nuvem e três dispositivos de armazenamento.

Além do mais, alguns diagramas retratam recursos de TI fora do símbolo de nuvem. Essa convenção é adotada para indicar recursos de TI que não são baseados em nuvem.

> **OBSERVAÇÃO**
>
> O recurso de TI de servidor virtual retratado na Figura 3.3 é analisado em mais detalhes nos Capítulos 5 e 8. Servidores físicos às vezes são referidos como *hosts físicos* (ou somente *hosts*) em referência ao fato de que são responsáveis por hospedar servidores virtuais.

Nas próprias dependências

Na condição de um ambiente distinto e acessível remotamente, uma nuvem representa uma opção para a implantação de recursos de TI. Um recurso de TI hospedado numa empresa convencional de TI dentro dos limites organizacionais (que não representam especificamente uma nuvem) é considerado como localizado nas dependências (*on premises* em inglês) dessa empresa. Sendo assim, para fins de esclarecimento neste livro, um recurso de TI que se encontra nas dependências de uma empresa não pode ser baseado em nuvem, e vice-versa.

Observe as seguintes questões-chave:

- Um recurso de TI nas dependências pode acessar e interagir com um recurso de TI baseado em nuvem.
- Um recurso de TI nas dependências pode ser transferido para uma nuvem, passando a ser considerado então um recurso de TI baseado em nuvem.
- Implantações redundantes de um recurso de TI podem existir tanto nas dependências quanto em ambientes baseados em nuvem.

Se a distinção entre recursos de TI nas dependências e baseados em nuvem for confusa em relação a nuvens privadas (descritas na seção "Modelos de implantação de nuvem", do Capítulo 4), então um qualificador alternativo pode ser usado.

Consumidores de nuvem e provedores de nuvem

O agente que fornece recursos de TI baseados em nuvem é o *provedor de nuvem*. O agente que utiliza esses recursos é o *consumidor de nuvem*. Esses termos representam funções geralmente assumidas por organizações em relação a nuvens e correspondendo a contratos de provisionamento de nuvem. Tais funções são formalmente definidas no Capítulo 4, como parte da seção "Funções e fronteiras".

Dimensionamento de escala

Dimensionamento de escala, de uma perspectiva de recurso de TI, representa a capacidade do recurso de TI lidar com demandas maiores ou menores de uso.

O dimensionamento de escala pode ser dividido em dois tipos:

- *Escala horizontal* – variação de escala para os lados.
- *Escala vertical* – variação de escala para cima ou para baixo.

As próximas duas seções descrevem brevemente cada tipo.

Escala horizontal

A alocação de recursos de TI de mesmo tipo é referida como *escala horizontal* (Figura 3.5). A alocação horizontal de recursos é referida como *ganho de escala horizontal* (*scaling out* em inglês) e a liberação horizontal de recursos é referida como *perda de escala horizontal* (*scaling in* em inglês). A escala horizontal é uma forma comum de dimensionamento de escala em ambientes em nuvem.

Escala vertical

Quando um recurso de TI já existente é substituído por outro com maior ou menor capacidade, considera-se que ocorreu uma *escala vertical* (Figura 3.6). Especificamente, a substituição de um recurso de TI por outro com uma capacidade maior é referida como *ganho de escala vertical* (*scaling up* em inglês) e a substituição de um recurso de TI por outro de capacidade menor é considerada *perda de escala vertical* (*scaling down* em inglês). A escala vertical é menos comum em ambientes em nuvem devido ao *downtime* necessário enquanto a substituição está ocorrendo.

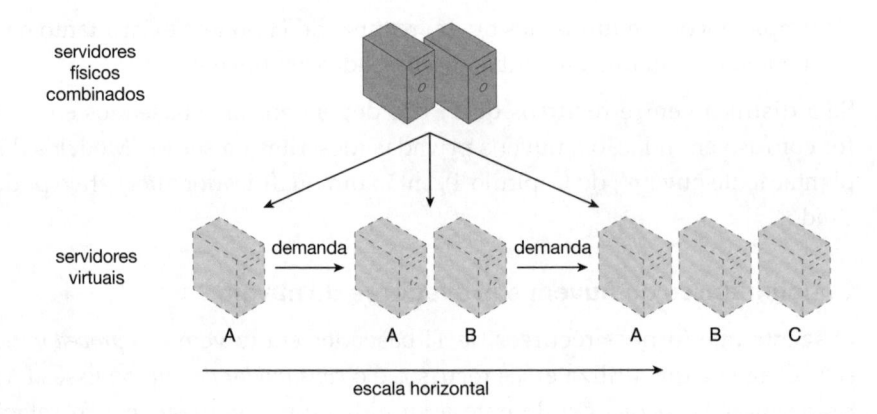

Figura 3.5
Um recurso de TI (Servidor Virtual A) ganha escala horizontal ao se adicionar mais dos mesmos recursos de TI (Servidores Virtuais B e C).

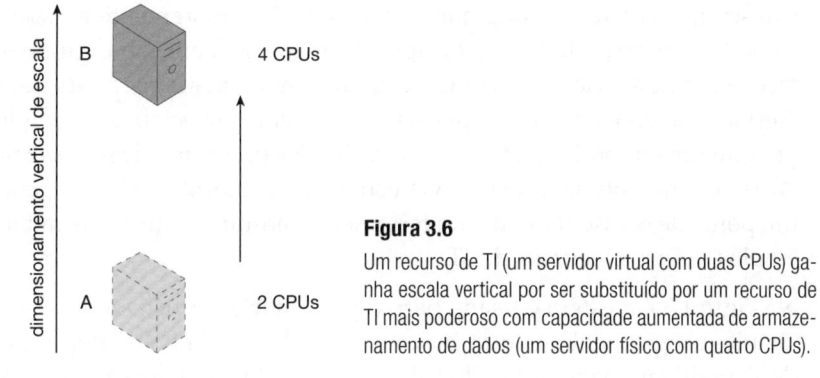

Figura 3.6
Um recurso de TI (um servidor virtual com duas CPUs) ganha escala vertical por ser substituído por um recurso de TI mais poderoso com capacidade aumentada de armazenamento de dados (um servidor físico com quatro CPUs).

A Tabela 3.1 fornece um apanhado geral dos prós e contras associados a escala horizontal e vertical.

Serviço em nuvem

Embora uma nuvem seja um ambiente remotamente acessável, nem todos os recursos de TI que residem em uma podem ser disponibilizados para acesso remoto. Uma base de dados ou um servidor físico implantado dentro de uma nuvem, por exemplo, pode ser acessável somente por outros recursos de TI que se encontram dentro da mesma nuvem. Um programa de *software* com uma API publicada pode ser implantado especificamente para permitir acesso por parte de clientes remotos.

Tabela 3.1 Uma comparação entre escala horizontal e vertical

Escala horizontal	Escala vertical
menos caro (mediante componentes de *hardware* tipo *commodity*)	mais caro (servidores especializados)
recursos de TI instantaneamente disponíveis	recursos de TI quase sempre instantaneamente disponíveis
replicação de recurso e dimensionamento automatizado	configuração adicional costuma ser necessária
recursos de TI adicionais necessários	nenhum recurso de TI adicional necessário
não limitado por capacidade de *hardware*	limitado por capacidade máxima de *hardware*

Um *serviço em nuvem* é qualquer recurso de TI remotamente acessável via nuvem. Ao contrário de outros campos de TI que recaem sob o guarda-chuva de tecnologia de serviço – tal como a arquitetura orientada para serviços – o termo "serviço" no contexto de computação em nuvem é especialmente amplo. Um serviço em nuvem pode existir como um simples programa de *software* baseado na *Web* com uma interface técnica via uso de um protocolo de mensagem, ou como um ponto de acesso remoto para ferramentas administrativas ou ambientes mais amplos e outros recursos de TI.

Na Figura 3.7, a esfera é usada para representar o serviço em nuvem como um simples programa de *software* baseado na *Web*. Um símbolo diferente de recurso de TI pode ser usado neste último caso, dependendo da natureza do acesso fornecido pelo serviço em nuvem.

A motivação por trás da computação em nuvem é fornecer recursos de TI como serviços que encapsulam outros recursos de TI, ao mesmo tempo em que oferece funções para os clientes usarem e usufruirem remotamente. Uma infinidade de modelos para tipos genéricos de serviços em nuvem emergiu, a maioria com o rótulo "como serviço".

> **OBSERVAÇÃO**
>
> As condições de uso de um serviço em nuvem costumam ser expressadas em um acordo de nível de serviço (SLA), que é a parte legível por humanos de um contrato de serviço entre um provedor de nuvem e um consumidor de nuvem, o qual descreve características, comportamentos e limitações de qualidade de serviço (QoS) de um serviço baseado em nuvem ou outras provisões.
>
> Um SLA apresenta detalhes de várias características mensuráveis relacionadas com resultados de TI, como *uptime*, características de segurança e outros elementos específicos de QoS (qualidade de serviços), incluindo disponibilidade, confiabilidade e desempenho. Uma vez que a implementação de um serviço fica oculta para o consumidor de nuvem, um SLA se torna uma especificação crucial. SLAs são examinados em detalhes no Capítulo 18.

Consumidor de serviço em nuvem

O *consumidor de serviço em nuvem* é uma função de tempo de execução temporária assumida por um programa de *software* quando ele acessa um serviço em nuvem.

Conforme mostra a Figura 3.8, tipos comuns de consumidores de serviço em nuvem podem incluir programas de *software* e serviços capazes de acessar o serviço em nuvem com contratos de serviço publicados remotamente, bem como

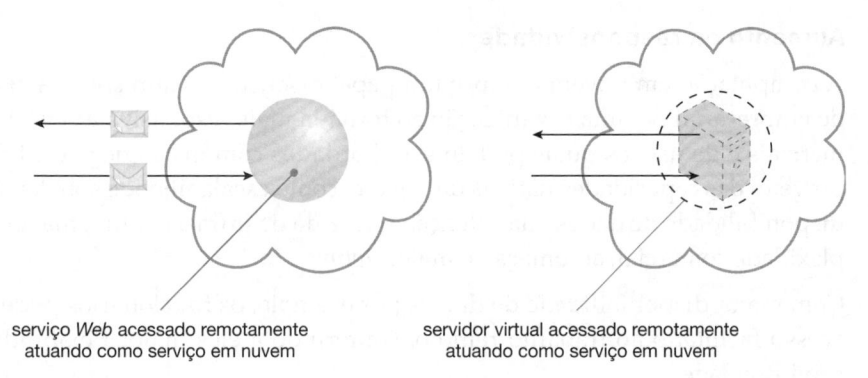

serviço Web acessado remotamente
atuando como serviço em nuvem

servidor virtual acessado remotamente
atuando como serviço em nuvem

Figura 3.7
Um serviço em nuvem com uma interface técnica publicada está sendo acessado por um consumidor do lado de fora da nuvem (esquerda). Um serviço em nuvem que existe como um servidor virtual também está sendo acessado de fora das fronteiras da nuvem (direita). O serviço em nuvem na esquerda provavelmente está sendo invocado pelo programa de um consumidor que foi projetado para acessar a interface técnica publicada do serviço em nuvem. Já o serviço em nuvem na direita pode estar sendo acessado por um usuário humano que realizou *log-in* remotamente no servidor virtual.

estações de trabalho, *laptops*, e dispositivos móveis rodando *softwares* capazes de acessar outros recursos de TI posicionados como serviço em nuvem de forma remota.

3.3 Metas e benefícios

Os benefícios comuns associados à adoção da computação em nuvem são explicados nesta seção.

> **OBSERVAÇÃO**
>
> As próximas seções fazem referência aos termos "nuvem pública" e "nuvem privada". Esses termos são descritos na seção "Modelos de implantação de nuvem", no Capítulo 4.

programa
de *software*

serviço

estação
de trabalho

laptop

dispositivo
móvel

Figura 3.8
Exemplos de consumidores de serviço em nuvem. Dependendo da natureza de determinado diagrama, um artefato rotulado como um consumidor de serviço em nuvem pode ser um programa de *software* ou um dispositivo de *hardware* (neste caso fica subentendido que ele está rodando um programa de *software* capaz de atuar como um consumidor de serviço em nuvem).

Aumento da responsividade

A computação em nuvem cumpre um papel essencial no aumento da agilidade empresarial de uma organização ao torná-la mais responsiva a cenários comerciais e de uso, os quais podem ser abordados com mais eficiência tirando proveito das capacidades nativas da nuvem, como escalabilidade sob demanda, disponibilidade de dados, manutenção reduzida da infraestrutura, menor complexidade comercial, automação e maior *uptime*.

Com maior disponibilidade de dados, por exemplo, os funcionários podem ter acesso facilitado ao trabalho remoto, conferindo a eles maior flexibilidade e produtividade.

A adoção de plataformas mantidas por provedores de nuvem liberta as organizações das responsabilidades que elas teriam normalmente se administrassem essas plataformas por conta própria. Isso também pode reduzir a complexidade de seus ambientes de infraestrutura, introduzindo assim novos formas para os funcionários colaborarem e trabalharem por meio de *rollouts* tecnológicos mais rápidos e menos complexos para novas iniciativas de negócios.

Por fim a computação em nuvem possibilita que as organizações se tornem significativamente mais responsivas ao remover ou reduzir muitos fardos organizacionais associados ao desenvolvimento, implantação e manutenção de soluções de negócios e ao reduzir os prazos de *time-to-market*.

Redução de investimentos e custos proporcionais

Assim como um atacadista que compra mercadorias em grande quantidade de modo a obter descontos, provedores de nuvens públicas baseiam seu modelo de negócio na aquisição em massa de recursos de TI que são disponibilizados para consumidores de nuvem em pacotes de arrendamento a preços atraentes. Com isso, as organizações ganham a oportunidade de obter acesso a uma infraestrutura poderosa sem ter de adquiri-la.

A motivação econômica mais comum para investir em recursos de TI baseados em nuvem é a redução ou completa eliminação de pesados investimentos iniciais em TI, especificamente em aquisições de *hardware* e *software* e em custos de propriedade. A característica de "uso mensurado" de uma nuvem diz respeito à sua capacidade de substituir despesas antecipadas de capital por despesas operacionais reguladas (diretamente relacionadas ao desempenho dos negócios). Isso também é chamado de *custos proporcionais*.

A eliminação ou minimização de compromissos financeiros à vista permite que as empresas tenham um começo modesto e aumentem sua alocação em recursos de TI conforme necessário. Ademais, a redução de despesas iniciais de capital permite que ele seja redirecionado em investimentos no cerne comercial da empresa. Em sua forma mais básica, oportunidades para reduzir custos advêm da implantação e operação de *data centers* em larga escala por parte de grandes provedores de nuvem. Esses *data centers* costumam ser instalados em locais onde os terrenos, os profissionais de TI e a largura de banda de rede podem ser obtidos a custos mais baixos, resultando em economias de capital e de operação.

A mesma lógica se aplica a sistemas operacionais, *middleware* ou plataforma de *software* e *software* de aplicativo. A reunião de recursos de TI é disponibilizada e compartilhada por múltiplos consumidores de nuvem, resultando em uma elevação ou mesmo maximização da utilização possível. Custos operacionais e ineficiências podem ser ainda mais reduzidos via aplicação de padrões e práticas comprovados para otimizar arquiteturas de nuvem, sua gestão e sua governança.

Benefícios mensuráveis comuns para consumidores de nuvem incluem:

- Acesso sob demanda a recursos de computação com pagamento conforme o uso a curto prazo (como a processadores por hora), e a capacidade de abrir mão desses recursos computacionais quando eles deixam de ser necessários.
- A percepção de dispor de recursos computacionais ilimitados e disponíveis sob demanda, reduzindo assim a necessidade de se preparar para provisionamento.
- A opção de adicionar ou remover recursos de TI específicos e um a um, tal como ao modificar espaço disponível em disco em incrementos de *gigabytes*.
- Abstração da infraestrutura, de tal modo que os aplicativos não ficam presos a dispositivos ou locais, podendo ser facilmente transportados conforme necessário.

Uma empresa com consideráveis tarefas centradas em lotes, por exemplo, pode completá-las com a mesma velocidade com que seu *software* de aplicativo pode ser redimensionado. O uso de 100 servidores por uma hora custa o mesmo que usar um servidor por 100 horas. Essa "elasticidade" de recursos de TI, obtida sem a necessidade de pesados investimentos iniciais para criar uma infraestrutura computacional em larga escala, pode ser extremamente atraente.

Apesar da facilidade com que muitos identificam os benefícios financeiros da computação em nuvem, os verdadeiros meandros econômicos podem ser complexos de calcular e avaliar. A decisão estratégica de dar o sinal verde para a adoção de computação em nuvem acaba envolvendo bem mais do que a simples comparação entre o custo de arrendamento e o custo de aquisição. Os benefícios financeiros do dimensionamento dinâmico de escala, por exemplo, e o risco de transferência de superprovisionamento (subutilização) ou subprovisionamento (superutilização) também precisam ser levados em consideração. O Capítulo 17 explora critérios e fórmulas comuns para estabelecer comparações e avaliações financeiras.

> **OBSERVAÇÃO**
>
> Outra área de economia de custos proporcionada pelas nuvens é o modelo de uso "como serviço", segundo o qual detalhes técnicos e operacionais de implementação de provisionamento de recursos de TI são abstraídos dos consumidores de nuvem e incluídos em soluções "prontas para uso" ou "direto da prateleira". Esses produtos baseados em serviços podem simplificar e acelerar o desenvolvimento, a implantação e a administração de recursos de TI quando comparados ao cumprimento de tarefas equivalentes com soluções nas dependências da própria empresa. As economias resultantes de tempo e de expertise necessária em TI podem ser significativas e ajudar a justificar a adoção da computação em nuvem.

Escalabilidade aumentada

Ao oferecer bolsões de recursos de TI, além de ferramentas e tecnologias projetadas para aproveitar tais recursos coletivamente, as nuvens podem instantânea e dinamicamente alocar recursos de TI a consumidores de nuvem, seja sob demanda ou via configuração direta por parte do consumidor. Com isso, os consumidores de nuvem podem dimensionar a escala de seus recursos de TI de modo a acomodar flutuações e picos de processamento de modo automático ou manual. De modo similar, recursos de TI baseados em nuvem podem ser liberados (automática ou manualmente) conforme a demanda de processamento aumenta. Um exemplo simples de flutuações na demanda de uso ao longo de um período de 24 horas é apresentado na Figura 3.9.

A capacidade inerente das nuvens proporcionarem níveis flexíveis de escalabilidade em recursos de TI está diretamente relacionada com o benefício de custos proporcionais mencionado anteriormente. Além do ganho financeiro evidente da redução automatizada de escala, a capacidade dos recursos de TI de sempre

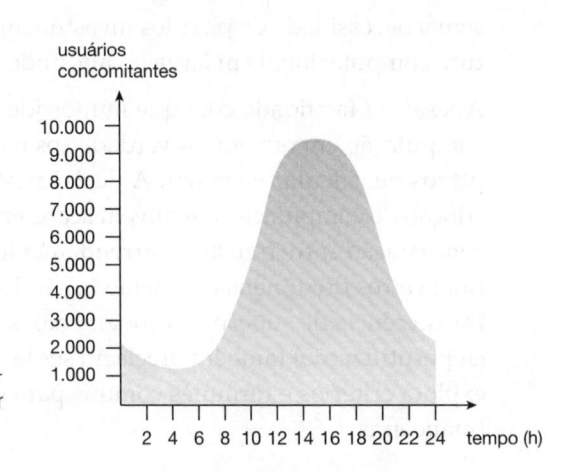

Figura 3.9
Exemplo de variação de demanda por um recurso de TI de uma organização no decorrer de um dia.

satisfazerem demandas imprevistas de uso evita perdas comerciais potenciais surgidas quando os patamares de uso são ultrapassados.

> **OBSERVAÇÃO**
>
> Ao associar o benefício de escalabilidade aumentada com as estratégias de planejamento de capacidade introduzidas anteriormente na seção "Motivadores comerciais", as estratégias de *lag* e *match* são geralmente mais aplicáveis, devido à capacidade de uma nuvem redimensionar a escala de recursos de TI sob demanda.

Aumento de disponibilidade e confiabilidade

A disponibilidade e a confiabilidade de recursos de TI estão diretamente associadas a benefícios comerciais tangíveis. Quedas gerais limitam o tempo que um recurso de TI pode ficar "disponível para negócios" para seus clientes, limitando assim seu potencial de uso e de geração de receitas. Falhas de execução que não são imediatamente corrigidas podem ter um impacto mais significativo durante períodos de uso em alto volume. Além do recurso de TI ficar impedido de responder a solicitações de clientes, sua falha inesperada pode diminuir a confiança geral de tais clientes.

Uma marca registrada de um típico ambiente em nuvem é sua capacidade intrínseca de oferecer suporte extensivo para aumentar a disponibilidade de um recurso de TI baseado em nuvem, de modo a minimizar ou até eliminar quedas gerais, e de aumentar sua confiabilidade, de modo a minimizar o impacto de condições de falha de execução.

Especificamente:

- Um recurso de TI com disponibilidade aumentada é acessível por períodos mais longos (digamos, 22 horas em um dia). Provedores de nuvem costumam oferecer recursos de TI "resilientes", para os quais são capazes de garantir altos níveis de disponibilidade.

- Um recurso de TI com confiabilidade aumentada está mais apto a evitar e se recuperar de condições excepcionais. A arquitetura modular dos ambientes em nuvem oferece extensivo suporte de *failover* que aumenta a confiabilidade.

É importante que as organizações examinem cuidadosamente os SLAs oferecidos por provedores de nuvem ao considerar o arrendamento de serviços e recursos de TI baseados em nuvem. Embora muitos ambientes em nuvem sejam capazes de oferecer níveis incrivelmente altos de disponibilidade e confiabilidade, tudo se resume às garantias estipuladas no SLA que costumam representar suas verdadeiras obrigações contratuais.

3.4 Riscos e desafios

Diversos dos desafios mais importantes na computação em nuvem são apresentados e examinados nesta seção.

Vulnerabilidade aumentada devido a fronteiras de confiança sobrepostas

Ao transferir seus dados comerciais para a nuvem, uma organização passa a compartilhar a responsabilidade sobre tais dados com o provedor. O uso remoto de recursos de TI requer uma expansão das fronteiras de confiança pelo consumidor de modo a incluir a própria nuvem, que é externa à organização. Pode ser difícil estabelecer uma arquitetura de segurança que abranja essa fronteira de confiança sem introduzir vulnerabilidades, a não ser que consumidores e provedores de nuvem por acaso suportem estruturas de segurança iguais ou compatíveis, o que é improvável com nuvens públicas.

Outra consequência da sobreposição de fronteiras de confiança diz respeito ao acesso privilegiado do provedor de nuvem aos dados do consumidor de nuvem. O nível de proteção dos dados agora estará limitado aos controles e políticas de segurança aplicados tanto pelo consumidor quanto pelo provedor de nuvem. Além do mais, pode haver fronteiras de confiança sobrepostas entre diferentes consumidores, uma vez que os recursos de TI costumam ser compartilhados.

As fronteiras de confiança sobrepostas e a maior exposição dos dados podem abrir mais oportunidades para que consumidores de nuvem maliciosos (humanos e automatizados) ataquem recursos de TI e furtem ou danifiquem dados empresariais. A Figura 3.10 ilustra um cenário em que duas organizações que acessam o mesmo serviço em nuvem precisam ampliar suas respectivas fronteiras de confiança à nuvem, resultando em fronteiras de confiança sobrepostas. Provedores têm a obrigação de oferecer mecanismos de segurança que acomodem as exigências de proteção de ambos consumidores de serviço em nuvem.

A sobreposição de fronteiras de confiança é uma ameaça de segurança discutida em mais detalhes no Capítulo 7.

Vulnerabilidade aumentada devido à responsabilidade compartilhada de segurança

A segurança informacional relativa a recursos nas dependências de uma organização é claramente dela própria, por ser dona desses recursos. No entanto, a segurança informacional relativa a recursos baseados em nuvem não é de

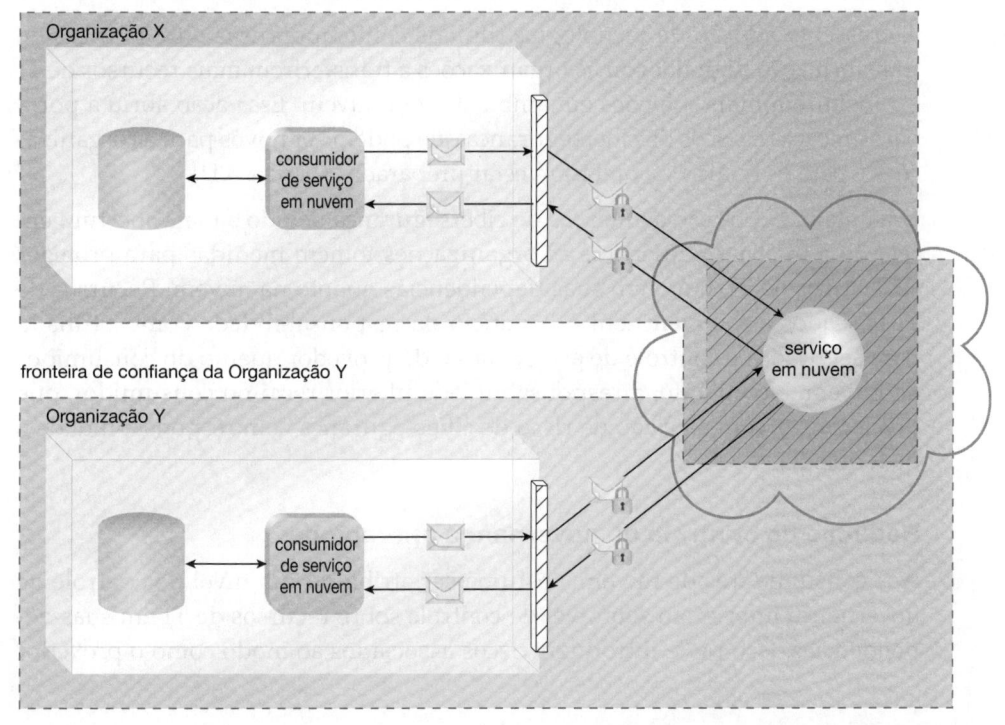

Figura 3.10
A área sombreada com linhas diagonais indica a sobreposição das fronteiras de confiança de duas organizações.

responsabilidade exclusiva do provedor de nuvem, mesmo se os recursos baseados em nuvem pertençam ao provedor. As informações armazenadas e processadas neles são pertencentes ao consumidor de nuvem.

Como resultado, a segurança informacional na nuvem é uma responsabilidade compartilhada, e tanto o provedor quanto o consumidor precisam assumir uma função para proteger o ambiente de nuvem. É importante conseguir entender e identificar onde a responsabilidade de cada função começa e termina, bem como saber abordar exigências de segurança que cabem ao consumidor de nuvem.

Um provedor costuma propor um modelo de responsabilidade compartilhada como parte do SLA. Esse modelo essencialmente delineia as respectivas responsabilidades do provedor e do consumidor de nuvem quando se trata de proteger dados e aplicativos na nuvem.

Aumento de exposição a ameaças cibernéticas

A crescente adoção de tecnologias digitais contemporâneas e de práticas de transformação digital levou as organizações a transferirem mais recursos de TI e a incluírem mais soluções em ambientes em nuvem. Essa ação abriu a porta para ameaças e riscos de cibersegurança que podem ser novos para as organizações e para os quais elas precisam estar preparadas (Figura 3.11).

Uma maior exposição a ameaças de cibersegurança devido a mais abertura em relação à Internet requer que as organizações tomem medidas para proteger seus ativos de TI, tanto em suas dependências quanto na nuvem. Recursos de TI baseados em nuvem têm o benefício da responsabilidade compartilhada para segurança e controle de acesso, tanto do provedor quanto do consumidor de nuvem. No entanto, a responsabilidade ulterior recai no consumidor, que precisa arcar com a gestão de risco de cibersegurança com responsabilidade e metodologia.

Redução do controle de governança operacional

Aos consumidores de nuvem, costuma ser atribuído um nível de controle de governança inferior ao seu nível de controle sobre recursos de TI em suas dependências. Isso pode introduzir riscos associados ao modo como o provedor

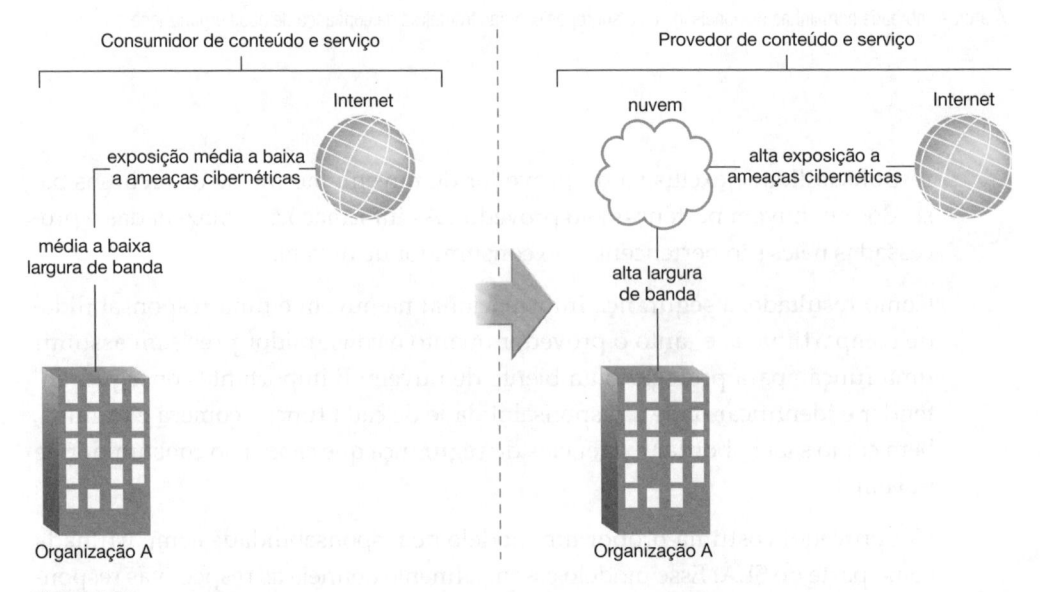

Figura 3.11
Uma organização que deixa de apenas consumir conteúdos e serviços da Internet e passa a oferecer seus próprios conteúdos e serviços por ela aumenta sua exposição a ameaças cibernéticas.

opera sua nuvem, bem como à conexões externas necessárias para comunicação entre ela e seu consumidor.

Considere os seguintes exemplos:

- Um provedor de nuvem não confiável talvez não venha a manter as garantias que declara nos SLAs publicados para seus serviços em nuvem. Isso põe a perder a qualidade das soluções do consumidor de nuvem que dependem desses serviços.

- Maiores distâncias geográficas entre o consumidor e o provedor de nuvem podem exigir saltos adicionais de rede, o que introduz latência flutuante e potenciais restrições de largura de banda.

Este último cenário é ilustrado na Figura 3.12.

Contratos legais, quando combinados com SLAs, inspeções tecnológicas e monitoramento são capazes de mitigar riscos e problemas de governança. Um sistema de governança de nuvem é estabelecido por meio de SLAs, tendo em vista a natureza "como serviço" da computação em nuvem. O consumidor de nuvem precisa fazer um acompanhamento do nível real de serviço e de outras garantias que foram estipuladas pelo provedor de nuvem.

Vale ressaltar que diferentes modelos de entrega de nuvem oferecem graus variados de controle concedido a consumidores de nuvem, conforme explicado em mais detalhes no Capítulo 4.

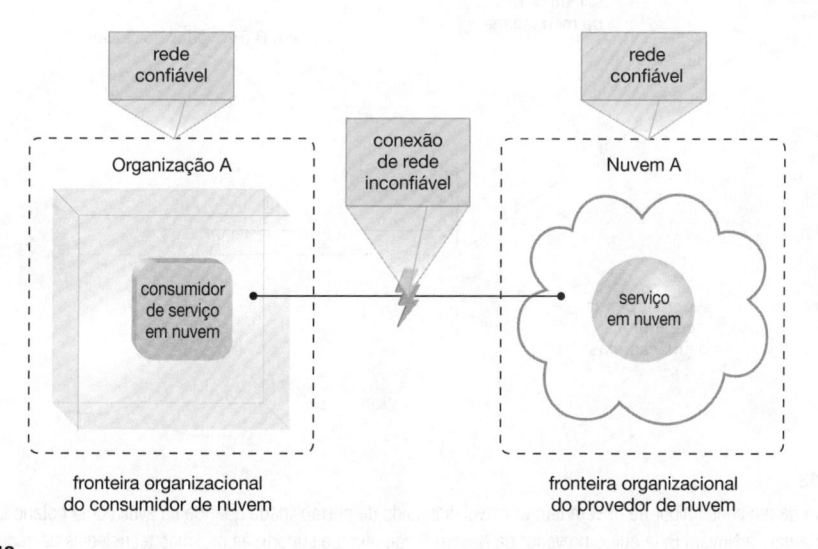

Figura 3.12

Uma conexão não confiável de rede compromete a qualidade da comunicação entre os ambientes do consumidor e do provedor de nuvem.

Portabilidade limitada entre provedores de nuvem

Devido a uma falta de padrões estabelecidos no setor de computação em nuvem, nuvens públicas costumam ser proprietárias em vários níveis. No caso de consumidores de nuvem que contam com soluções integradas que dependem desses ambientes proprietários, pode ser desafiador migrar de um provedor para outro.

A portabilidade é uma medida usada para determinar o impacto de migrar recursos de TI e dados de um consumidor de uma nuvem para outra (Figura 3.13).

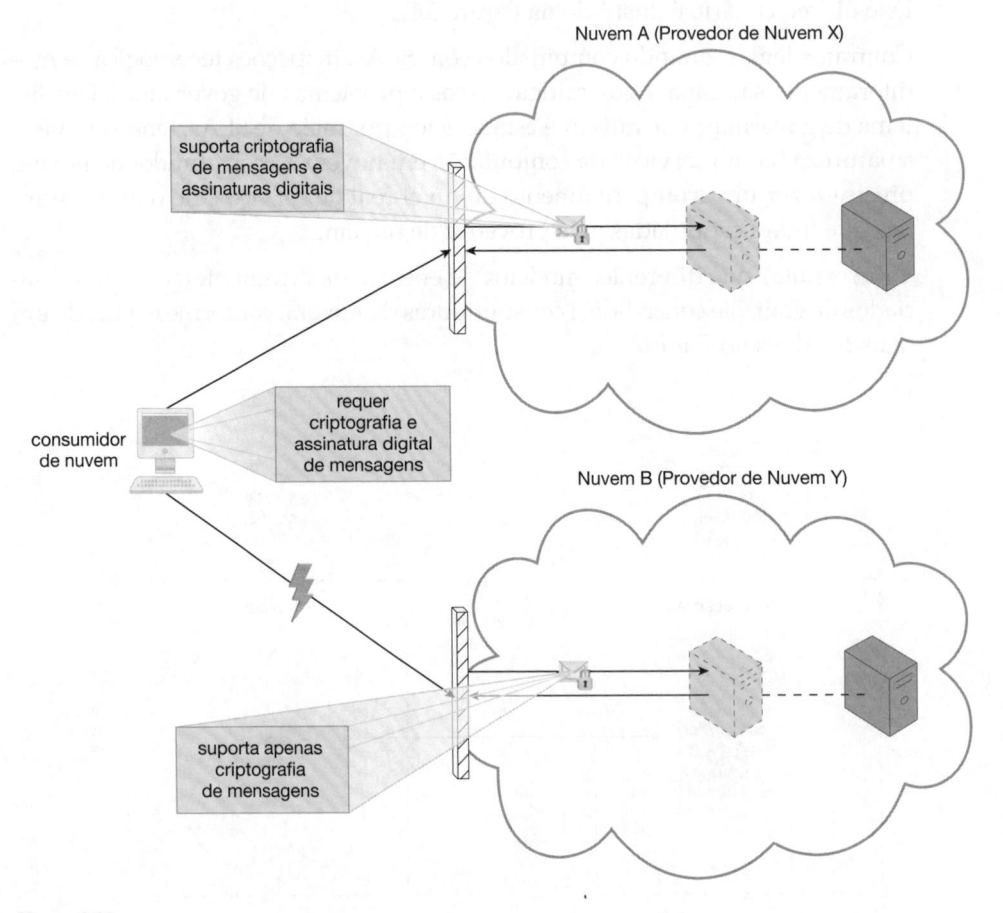

Figura 3.13
O aplicativo de um consumidor de nuvem tem um nível diminuído de portabilidade quando se avalia uma potencial migração da Nuvem A para a Nuvem B, já que o provedor da Nuvem B não oferece suporte às mesmas tecnologias de segurança que a Nuvem A.

Compliance multirregional e questões legais

Provedores de nuvem terceirizados frequentemente estabelecem *data centers* em locais geográficos mais baratos ou convenientes. Os consumidores de nuvem geralmente nem ficam sabendo da localização física de seus recursos e dados de TI quando hospedados em nuvens físicas. Para algumas organizações, isso pode impor graves preocupações legais referentes a regulamentações setoriais ou governamentais que especificam políticas de privacidade e armazenamento de dados. Algumas leis britânicas, por exemplo, exigem que dados pessoais pertencentes a cidadãos do Reino Unido sejam mantidos dentro do país.

Outra questão legal em potencial diz respeito à acessibilidade e divulgação de dados. Os países costumam ter leis que exigem que alguns tipos de dados sejam divulgados a certas agências governamentais ou para o sujeito a que os dados se referem. Os dados de um consumidor de nuvem europeu que estão localizados nos Estados Unidos, por exemplo, podem ser mais facilmente acessados por agências governamentais (devido à Lei Patriota dos EUA, ou USA Patriot Act) do que dados localizados em muitos países da União Europeia.

A maioria dos marcos regulatórios reconhecem que organizações na posição de consumidores de nuvem são ulteriormente responsáveis pela segurança, integridade e armazenamento de seus próprios dados, mesmo quando eles são mantidos por um provedor externo de nuvem.

Estouros orçamentários

A criação de um plano de negócios para computação em nuvem pode ser uma empreitada difícil, devido a inúmeras exigências, considerações e partes interessadas que precisam ser acomodadas. A maioria das organizações dá início a iniciativas de migração para uma nuvem sem criar um plano de negócios apropriado para esses projetos. Essa vem sendo a raiz de muitos problemas de estouro de orçamento em projetos de nuvem, levando a mau planejamento, falta ou ausência de governança e políticas dispendiosas de mitigação de riscos proporcionados pela nuvem.

Tradicionalmente, o processo de plano de negócios é desencadeado pela necessidade de justificar vultosos investimentos de capital. No entanto, com ambientes em nuvem que permitem que usuários obtenham rapidamente as capacidades desejadas, as organizações podem supor erroneamente que não precisarão fazer investimentos adicionais de capital. Em seguida, à medida que a adoção da nuvem vai crescendo, há por fim um reconhecimento de que tal modelo operacional exige investimentos de capital além da migração em si; contudo, talvez não exista um método para estimar o montante de investimento necessário antes da adoção ou da migração.

Capítulo 4

Conceitos e modelos fundamentais

4.1 Funções e fronteiras
4.2 Características das nuvens
4.3 Modelos de entrega de nuvem
4.4 Modelos de implantação de nuvem

As próximas seções abrangem áreas introdutórias envolvendo os modelos fundamentais usados para categorizar e definir as nuvens em seus serviços mais comumente oferecidos, bem como definições de funções organizacionais e o conjunto específico de características que distinguem coletivamente uma nuvem.

4.1 Funções e fronteiras

Organizações e seres humanos podem assumir diferentes tipos de funções predefinidos no modo como se relacionam e/ou interagem com uma nuvem e com seus recursos de TI. Cada uma das funções examinadas a seguir participa e arca com responsabilidades em relação a atividades baseadas em nuvem. As próximas seções definem essas funções e identificam suas principais interações.

Provedor de nuvem

A organização que fornece recursos de TI baseados em nuvem é o *provedor de nuvem*. Ao assumir a função de provedor, uma organização fica responsável por disponibilizar os serviços em nuvem para seus consumidores, em conformidade com garantias acordadas no SLA. O provedor de nuvem ainda fica encarregado de quaisquer deveres gerenciais e administrativos necessários para assegurar a operação duradoura da infraestrutura de nuvem em geral.

Normalmente, os provedores de nuvem possuem recursos de TI que são disponibilizados para arrendamento por consumidores de nuvem; no entanto, alguns desses provedores também "revendem" recursos de TI arrendados de outros provedores de nuvem.

Consumidor de nuvem

Um *consumidor de nuvem* é uma organização (ou indivíduo) que dispõe de um contrato ou arranjo formal com um provedor de nuvem para utilizar recursos de TI por este disponibilizados. Especificamente, o consumidor de nuvem emprega um consumidor de serviço em nuvem para acessar um serviço em nuvem (Figura 4.1).

As figuras neste livro nem sempre rotulam símbolos explicitamente como "consumidores de nuvem". Em vez disso, fica-se subentendido que organizações ou indivíduos mostrados acessando recursos de TI baseados em nuvem são considerados consumidores de nuvem.

Figura 4.1
Um consumidor de nuvem (Organização A) interage com um serviço em nuvem de um provedor de nuvem (que é dono da Nuvem A). Dentro da Organização A, o consumidor de serviço em nuvem está sendo usado para acessar o serviço em nuvem.

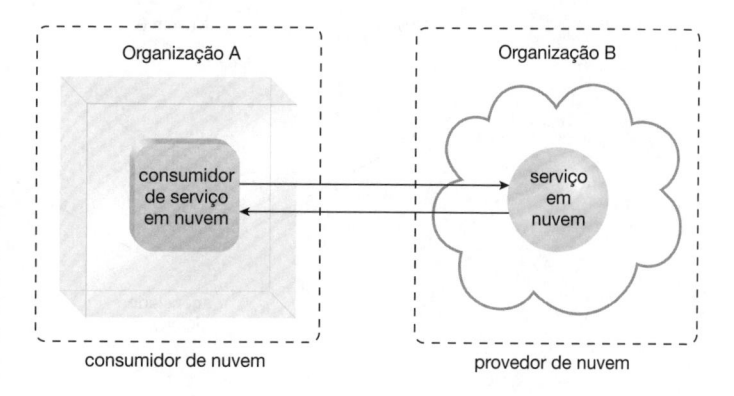

> **OBSERVAÇÃO**
>
> Ao retratar cenários de interação entre recursos de TI baseados em nuvem e organizações consumidoras, não há regras estritas quanto ao emprego dos termos "consumidor de serviço em nuvem" e "consumidor de nuvem" neste livro. O primeiro termo costuma ser usado para descrever programas de *software* ou aplicativos que estabelecem uma interface programática com o contrato técnico ou a API do serviço de nuvem. O segundo termo é mais amplo, no sentido de que pode ser usado para descrever uma organização, um indivíduo acessando uma interface de usuário ou um programa de *software* que assume a função de consumidor de nuvem ao interagir com uma nuvem, com um recurso de TI baseado em nuvem ou com um provedor de nuvem. A ampla aplicabilidade do termo "consumidor de nuvem" é intencional, e permite que ele seja usado em figuras para explorar diferentes tipos de relações consumidor–provedor em diferentes contextos técnicos e comerciais.

Agenciador de nuvem

Uma organização terceira que assume a responsabilidade de negociar, gerir e operar serviços de nuvem em nome de um consumidor de nuvem assume a função de *agenciador de nuvem* (*cloud broker* em inglês). Agenciadores de nuvem podem prestar serviços de mediação entre consumidores e provedores de nuvem, incluindo intermediação, agregação, arbitragem e outros.

Um agenciador de nuvem costuma fornecer esses serviços para múltiplos consumidores de nuvem envolvidos com múltiplos provedores de nuvem de modo alternativo ou simultâneo, atuando como um integrador de serviços em nuvem ou um agregador de consumidores de nuvem, conforme ilustrado na Figura 4.2.

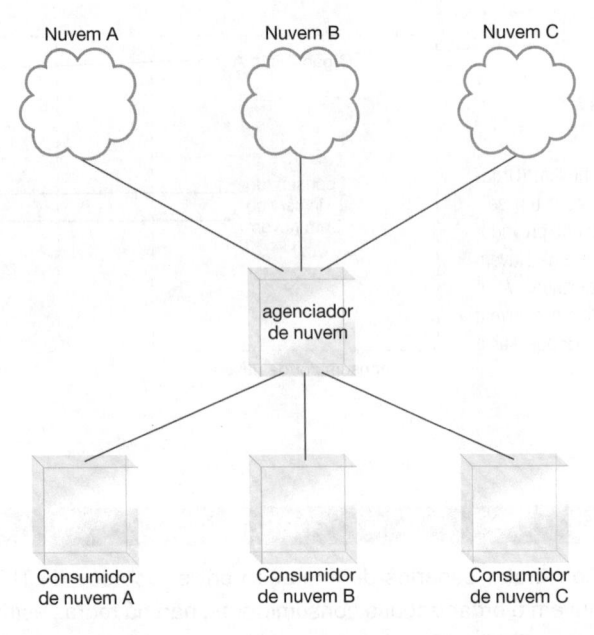

Figura 4.2
Um agenciador de nuvem oferece serviços baseados em nuvem e recursos de TI para três diferentes provedores de nuvem atenderem seus consumidores, Consumidores de Nuvem A, B e C.

Proprietário de serviço em nuvem

A pessoa ou organização que é legalmente proprietária de um serviço em nuvem é chamada de *proprietário de serviço em nuvem*. O proprietário de serviço em nuvem pode ser o consumidor de nuvem ou o provedor de nuvem que possui a nuvem em que o serviço em nuvem reside.

Por exemplo, tanto o consumidor da Nuvem X quanto o provedor da Nuvem X poderiam possuir o Serviço em Nuvem A (Figuras 4.3 e 4.4).

Observe que um consumidor de nuvem que possui um serviço em nuvem hospedado por uma nuvem terceirizada não necessariamente precisa ser o usuário (ou consumidor) do serviço em nuvem. Diversas organizações na condição de consumidor desenvolvem e implantam serviços em nuvem pertencentes a outrem, com o propósito de disponibilizar os serviços em nuvem para o público em geral.

O motivo pelo qual um proprietário de serviço em nuvem não é chamado de proprietário de nuvem é porque o papel de proprietário de serviço em nuvem se aplica somente a serviços em nuvem (os quais, conforme explicado no Capítulo 3, são recursos de TI acessíveis externamente e que residem numa nuvem).

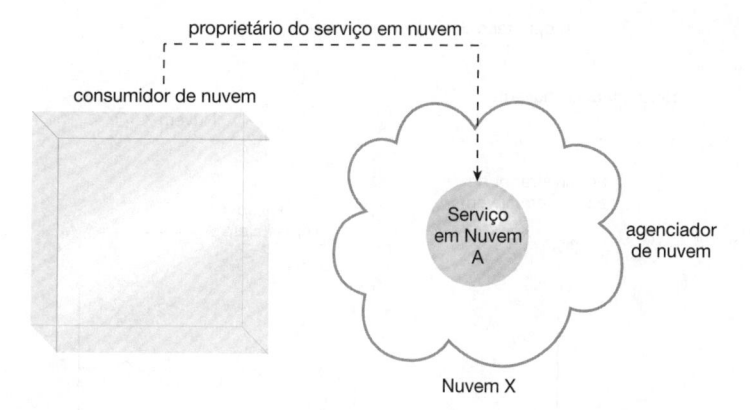

Figura 4.3
Um consumidor de nuvem pode ser um proprietário de serviço em nuvem quando ele implanta seu próprio serviço em uma nuvem.

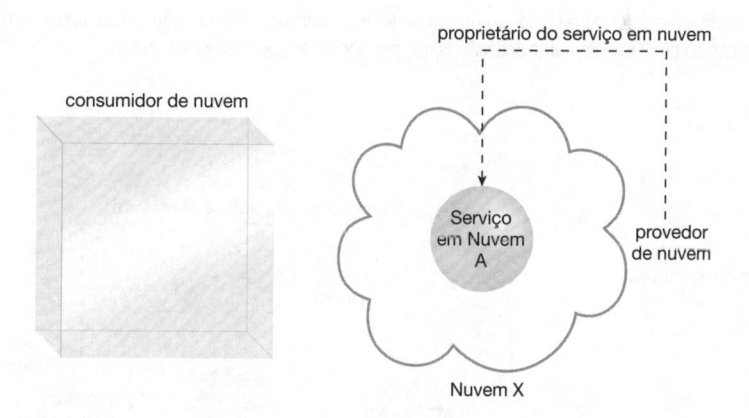

Figura 4.4
Um provedor de nuvem se torna um proprietário de serviço em nuvem quando ele implanta seus próprio serviço em nuvem, tipicamente para outros consumidores de nuvem usarem.

Administrador de recurso em nuvem

Um *administrador de recurso em nuvem* é a pessoa ou organização responsável por administrar um recurso de TI baseado em nuvem (incluindo serviços em nuvem). O administrador de recurso pode ser (ou pertencer a) o consumidor de nuvem ou provedor da nuvem dentro da qual o serviço em nuvem reside. Alternativamente, ele pode ser (ou pertencer a) uma organização terceira contratada para administrar um recurso de TI baseado em nuvem.

Um proprietário de serviço em nuvem pode, por exemplo, contratar um administrador de recurso para gerir um serviço em nuvem (Figuras 4.5 e 4.6).

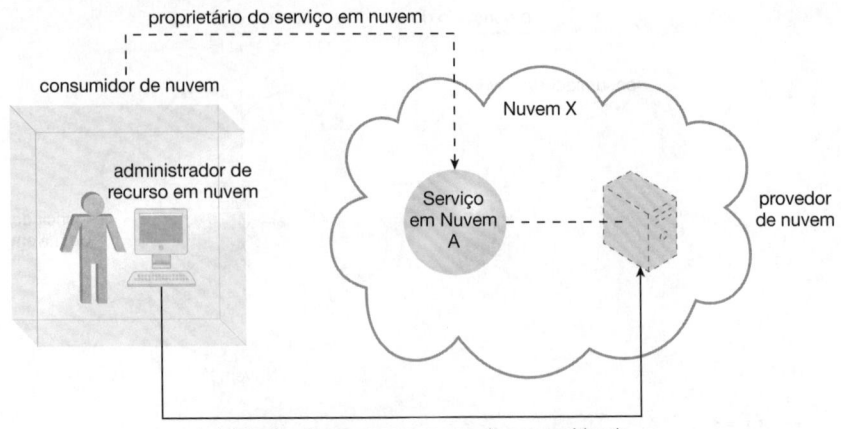

Figura 4.5
Um administrador de recurso em nuvem pode estar com uma organização consumidora de nuvem e administrar recursos de TI remotamente acessáveis que pertencem ao consumidor de nuvem.

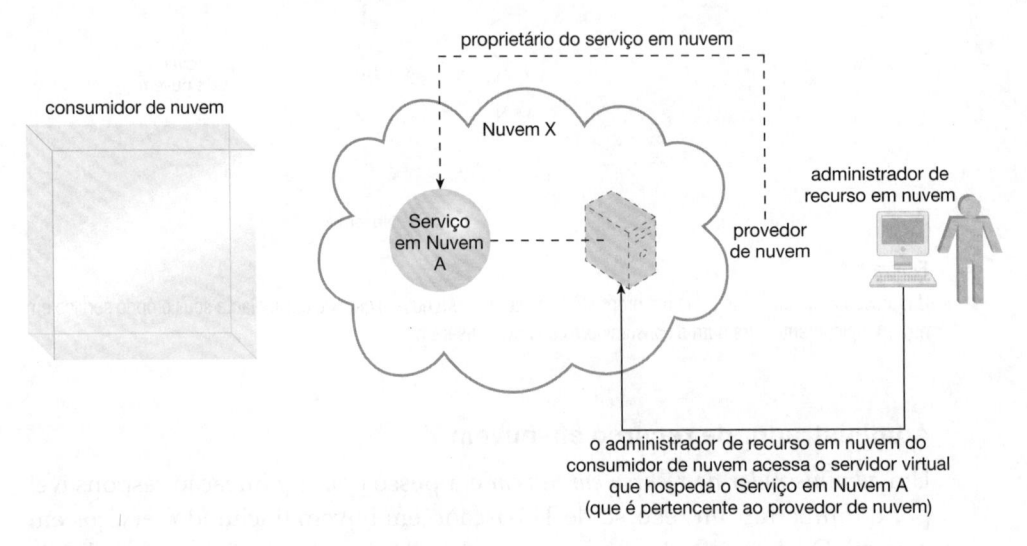

Figura 4.6
Um administrador de recurso em nuvem pode estar com uma organização provedora de nuvem, para a qual ele pode administrar os recursos de TI interna e externamente disponíveis do provedor de nuvem.

O motivo pelo qual um administrador de recurso em nuvem não é chamado de "administrador de serviço em nuvem" é porque essa função pode ser responsável por administrar recursos de TI baseados em nuvem que não existem na forma de serviço em nuvem. Quando, por exemplo, um administrador de recurso em nuvem pertence a (ou é contratado por) um provedor de nuvem, recursos de TI não acessáveis remotamente podem ser administrados por essa função (e esses tipos de recursos de TI não são classificados como serviços em nuvem).

Funções adicionais

A Arquitetura de Referência para Computação em Nuvem da NIST define as seguintes funções suplementares:

- *Auditor de nuvem* – um terceiro (geralmente com certificação) que conduz levantamentos independentes em ambientes em nuvem assume a função de *auditor de nuvem*. As responsabilidades típicas associadas a essa função incluem a avaliação de controles de segurança, impactos sobre a privacidade e desempenho. O propósito principal da função de auditor de nuvem é fornecer um levantamento imparcial (e possível endosso) de um ambiente de nuvem a fim de ajudar a fortalecer o relacionamento de confiança entre consumidores e provedores de nuvem.

- *Operadora de nuvem* – o terceiro responsável por fornecer a conectividade em âmbito de cabeamento entre consumidores e provedores de nuvem assume a função de *operadora de nuvem*. Essa função costuma ser assumida por provedores de rede e telecomunicação.

Embora cada uma dessas funções seja legítima, elas não são incluídas na maioria dos cenários arquitetônicos abrangidos neste livro.

Fronteira organizacional

Uma *fronteira organizacional* representa o perímetro físico que cerca um conjunto de recursos de TI pertencentes e governados por uma determinada organização. A fronteira organizacional não representa a fronteira de uma organização em si, somente a de um conjunto organizacional de ativos e recursos de TI. De modo similar, as nuvens têm uma fronteira organizacional (Figura 4.7).

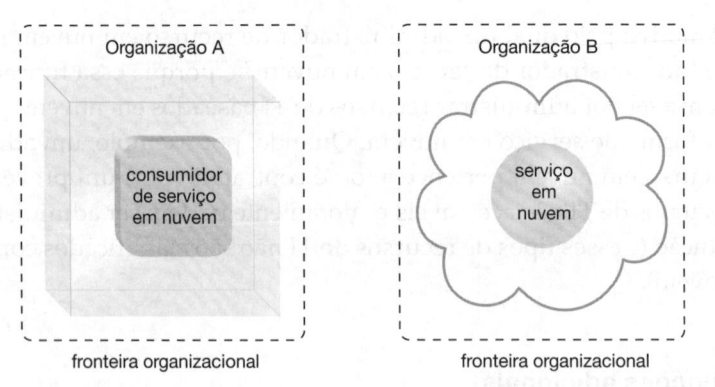

Figura 4.7
Fronteiras organizacionais de um consumidor de nuvem (esquerda) e de um provedor de nuvem (direita), representadas por uma notação de linha tracejada.

Fronteira de confiança

Quando uma organização assume a função de consumidor de nuvem a fim de acessar recursos de TI baseados em nuvem, ela precisa ampliar sua confiança além da fronteira física da organização, de modo a incluir partes do ambiente de nuvem.

Uma *fronteira de confiança* é um perímetro lógico que costuma ir além das fronteiras físicas para representar até que ponto os recursos de TI são de confiança (Figura 4.8). Ao analisar ambientes em nuvem, a fronteira de confiança é mais

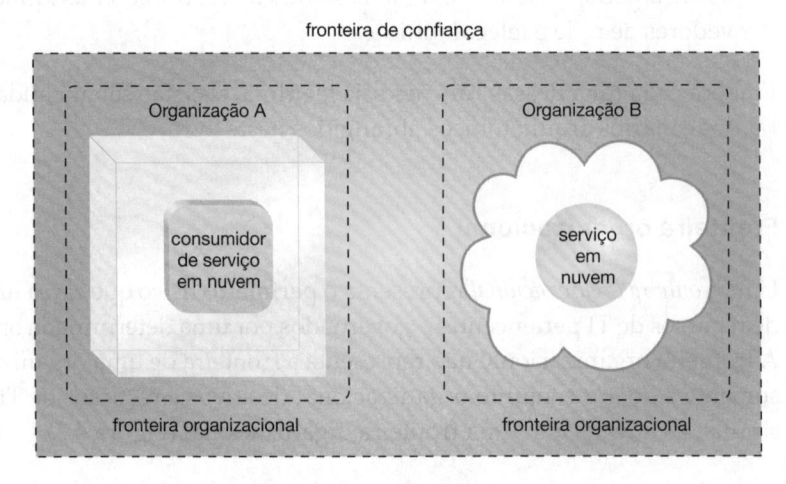

Figura 4.8
Uma fronteira de confiança ampliada abrange as fronteiras organizacionais do provedor de nuvem e do consumidor de nuvem.

frequentemente associada à confiança depositada pela organização atuando como o consumidor de nuvem.

> **OBSERVAÇÃO**
>
> Outro tipo de fronteira relevante para ambientes em nuvem é o perímetro lógico de rede. Esse tipo de fronteira é classificado como um mecanismo de computação em nuvem e é examinado no Capítulo 8.

4.2 Características das nuvens

Um ambiente de TI requer um conjunto específico de características para possibilitar o provisionamento remoto de recursos de TI dimensionáveis e reguláveis de uma maneira eficaz. Essas características precisam estar minimamente vigentes para que o ambiente de TI seja considerado uma nuvem efetiva.

As características a seguir são comuns à maioria dos ambientes em nuvem:

- uso sob demanda;
- acesso ubíquo;
- multi-inquilinato (*multitenancy* em inglês) (e coleção de recursos);
- elasticidade;
- uso mensurado;
- resiliência.

Provedores e consumidores de nuvem podem avaliar essas características tanto individual quanto coletivamente para aferir o valor oferecido por uma determinada plataforma de nuvem. Embora serviços e recursos de TI baseados em nuvem herdem e exibam características individuais em diferentes medidas, geralmente quanto maior o grau com que são suportados e utilizados, maior a proposição de valor resultante.

Uso sob demanda

Um consumidor de nuvem pode acessar unilateralmente recursos de TI baseados em nuvem, o que confere a ele a liberdade de autoprovisionar tais recursos de TI. Uma vez configurado, o uso dos recursos de TI autoprovisionados pode ser automatizado, sem exigir mais envolvimento humano por parte do consumidor ou do provedor de nuvem. Isso resulta em um ambiente de *uso sob demanda*. Também conhecida como "uso sob demanda via autoserviço", essa característica abre espaço para as funcionalidades baseadas em serviço e motivadas pelo uso encontradas nas nuvens convencionais.

Acesso ubíquo

O acesso ubíquo representa a capacidade de um serviço em nuvem estar amplamente acessível. O estabelecimento de acesso ubíquo a um serviço em nuvem pode exigir suporte a toda uma gama de dispositivos, protocolos de transporte, interfaces e tecnologias de segurança. Para possibilitar esse nível de acesso, costuma ser necessário que a arquitetura de serviço em nuvem seja feita sob medida para as demandas particulares de diferentes consumidores.

Multi-inquilinato (e coleção de recursos)

A característica de um programa de *software* que possibilita que uma instância do programa atenda a diferentes consumidores (inquilinos; *tenants* em inglês) de tal modo que cada um fica isolado dos demais é chamada de *multi-inquilinato*. Um provedor de nuvem agrupa seus recursos de TI a fim de atender múltiplos consumidores de serviço em nuvem ao adotar modelos de multi-inquilinato que costumam se apoiar em tecnologias de virtualização. Mediante o uso de tecnologia multi-inquilinato, os recursos de TI podem ser dinamicamente designados e redesignados de acordo com demandas dos consumidores de serviço em nuvem.

A coleção de recursos permite que os provedores de nuvem reúnam recursos de TI em larga escala a fim de atender múltiplos consumidores de nuvem. Diferentes recursos de TI físicos e virtuais são dinamicamente designados e redesignados de acordo com demandas dos consumidores de nuvem, o que costuma ser seguido de execução por multiplexagem estatística. Geralmente, a coleção de recursos é alcançada pela tecnologia de multi-inquilinato, sendo, portanto, englobada por essa característica. Consulte a seção "Arquitetura de *pool* de recursos" no Capítulo 13 para uma explicação mais detalhada.

As Figuras 4.9 e 4.10 ilustram a diferença entre ambientes de inquilinato único e de multi-inquilinato.

Conforme ilustrado na Figura 4.10, o multi-inquilinato permite que diversos consumidores de nuvem usem o mesmo recurso de TI ou sua instância enquanto cada um fica alheio aos usos dos demais.

Elasticidade

Elasticidade é a capacidade automatizada de uma nuvem redimensionar transparentemente recursos de TI, conforme necessário em resposta a condições de tempo de execução ou conforme predeterminado pelo consumidor ou pelo provedor de nuvem. A elasticidade é muitas vezes considerada uma justificativa primordial para a adoção de computação em nuvem, sobretudo pelo fato de estar intimamente relacionada com o benefício de redução de investimentos e custos proporcionais. Provedores de nuvem com vastos recursos de TI são capazes de oferecer a maior gama de elasticidade.

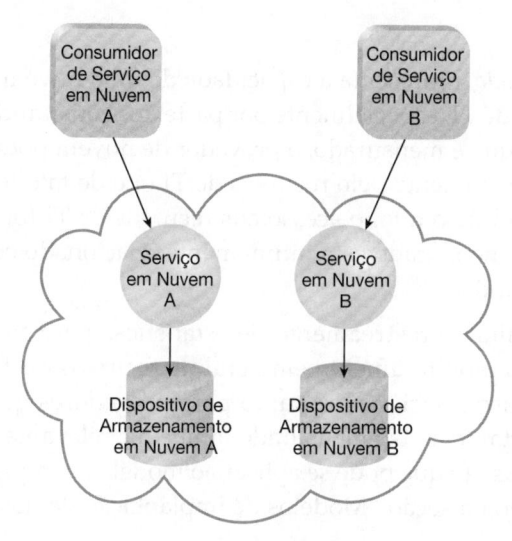

Figura 4.9
Num ambiente de inquilinato único, cada consumidor de nuvem conta com uma instância separada de recursos de TI.

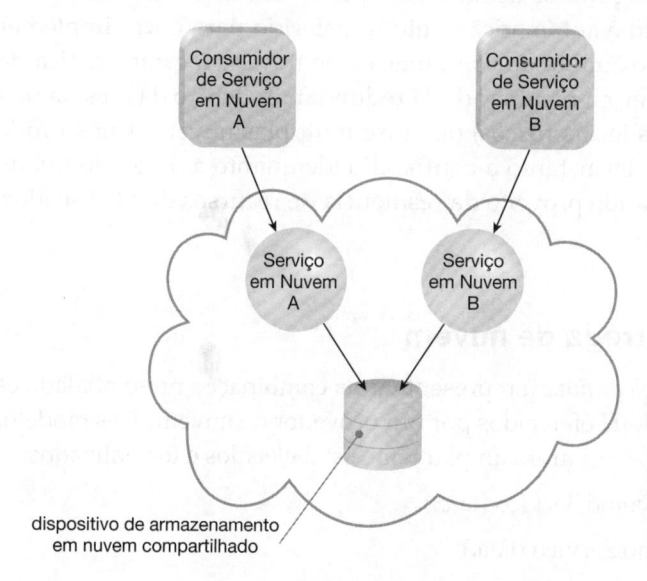

Figura 4.10
Num ambiente multi-inquilinato, uma mesma instância de um recurso de TI, como um dispositivo de armazenamento em nuvem, atende a múltiplos consumidores.

Uso mensurado

A característica de *uso mensurado*, representa a capacidade de uma nuvem monitorar o uso de seus recursos de TI, especialmente por parte dos consumidores de nuvem. Com base naquilo que é mensurado, o provedor de nuvem pode cobrar do consumidor de nuvem somente pelo recursos de TI que de fato foram usados e/ou pelo período durante o qual o acesso aos recursos de TI foi concedido. Nesse contexto, o uso mensurado está intimamente relacionado com a característica de uso sob demanda.

O uso mensurado não se limita ao rastreamento de estatísticas para fins de cobrança. Abrange também o monitoramento em geral de recursos de TI e a preparação de relatórios de uso relacionados (tanto para provedores quanto consumidores de nuvem). Portanto, o uso mensurado também é relevante para nuvens que não cobram pelo uso (o que pode se aplicar ao modelo de implantação de nuvem privada descrito na seção "Modelos de implantação de nuvem", mais adiante neste capítulo).

Resiliência

Computação resiliente é uma forma de *failover* que distribui implementações redundantes de recursos de TI em várias localizações físicas. Recursos de TI podem ser pré-configurados de tal modo que, se um deles se tornar deficiente, o processamento é automaticamente transferido para outra implementação redundante. No âmbito da computação em nuvem, a característica de *resiliência* pode se referir a recursos de TI redundantes dentro da mesma nuvem (mas em diferentes locais físicos) ou entre múltiplas nuvens. Consumidores de nuvem podem elevar tanto a confiabilidade quanto a disponibilidade de seus aplicativos tirando proveito da resiliência de recursos de TI baseados em nuvem (Figura 4.11).

4.3 Modelos de entrega de nuvem

Um *modelo de entrega de nuvem* representa uma combinação pré-embalada específica de recursos de TI oferecidos por um provedor de nuvem. Três modelos de entrega de nuvem se tornaram amplamente estabelecidos e formalizados:

- Infraestrutura como Serviço (IaaS).
- Plataforma como Serviço (PaaS).
- *Software* como Serviço (SaaS).

Esses três modelos estão inter-relacionados, já que o escopo de um pode abranger o de outro, conforme explorado na seção "Combinação de modelos de entrega de nuvem", mais adiante neste capítulo.

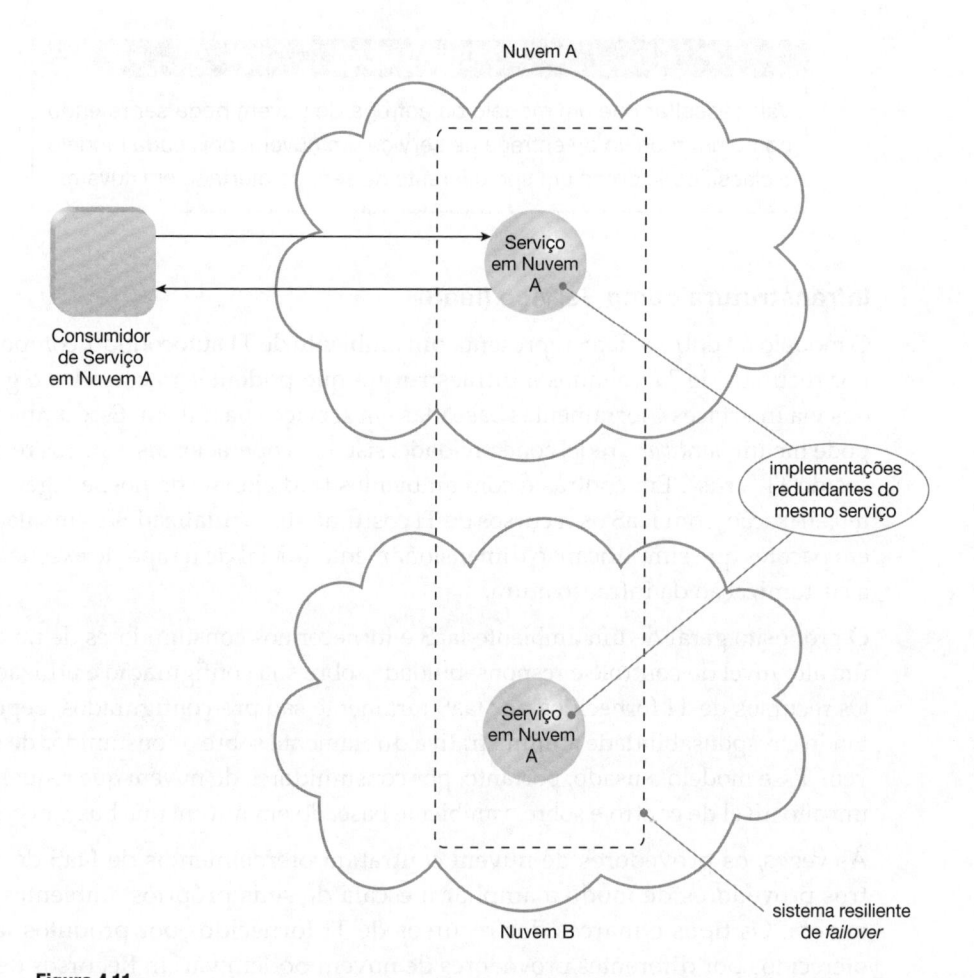

Figura 4.11
Um sistema resiliente em que a Nuvem B hospeda uma implementação redundante do Serviço em Nuvem A de modo a proporcionar *failover* caso o Serviço em Nuvem A fique indisponível.

> **OBSERVAÇÃO**
>
> Vale ressaltar que um modelo de entrega de nuvem pode ser referido como um modelo de entrega de serviço em nuvem, pois cada modelo é classificado como um tipo diferente de serviço ofertado em nuvem.

Infraestrutura como Serviço (IaaS)

O modelo de entrega IaaS representa um ambiente de TI autocontido, composto por recursos de TI voltados a infraestrutura que podem ser acessados e geridos via interfaces e ferramentas baseadas em serviços na nuvem. Esse ambiente pode incluir *hardware*, rede, conectividade, sistemas operacionais e outros recursos de TI "crus". Em contraste com ambientes tradicionais de hospedagem ou terceirização, com IaaS os recursos de TI costuma ser virtualizados e embalados em pacotes que simplificam o dimensionamento inicial de tempo de execução e a customização da infraestrutura.

O propósito geral de um ambiente IaaS é fornecer aos consumidores de nuvem um alto nível de controle e responsabilidade sobre sua configuração e utilização. Os recursos de TI fornecidos por IaaS raramente são pré-configurados, depositando a responsabilidade administrativa diretamente sobre o consumidor de nuvem. Esse modelo é usado, portanto, por consumidores de nuvem que requerem um alto nível de controle sobre o ambiente baseado em nuvem que buscam criar.

Às vezes, os provedores de nuvem contratam oferecimentos de IaaS de outros provedores de modo a ampliar a escala de seus próprios ambientes de nuvem. Os tipos e marcas dos recursos de TI fornecidos por produtos IaaS oferecidos por diferentes provedores de nuvem podem variar. Recursos de TI disponíveis via ambientes IaaS costumam ser oferecidos na forma de instâncias virtuais recém-inicializadas. Um recurso de TI central e primordial num típico ambiente IaaS é o servidor virtual. Servidores virtuais são arrendados especificando-se requisitos de *hardware* de servidor, como capacidade de processador, memória e espaço local de armazenamento, conforme mostrado na Figura 4.12.

Plataforma como Serviço (PaaS)

O modelo de entrega PaaS representa um ambiente predefinido "pronto para uso", tipicamente composto por recursos de TI já implantados e configurados. De forma mais específica, esse modelo está embasado no (e é primordialmente definido pelo) uso de um ambiente pronto para usar, que estabelece um conjunto de produtos e ferramentas pré-embalado, usado para dar suporte ao ciclo de vida completo de entrega de aplicativos customizados.

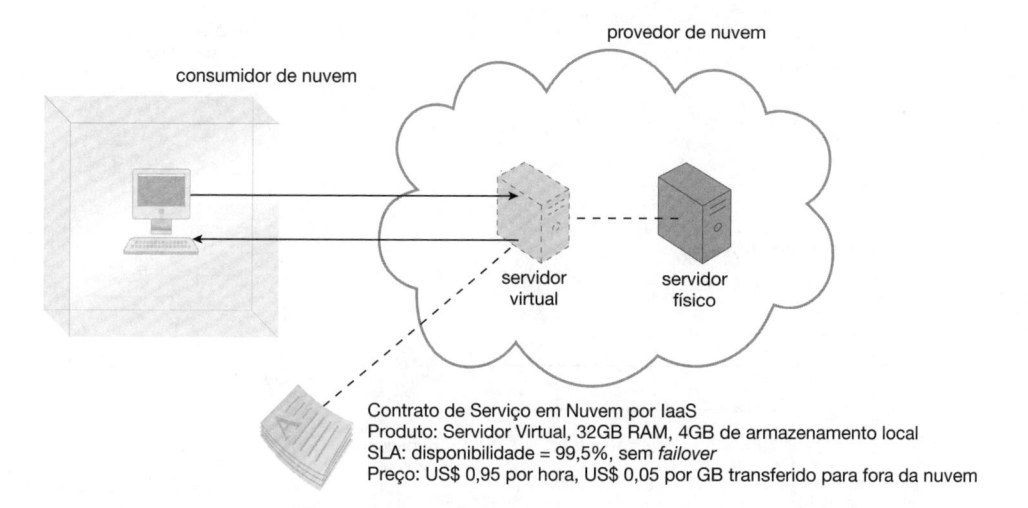

Figura 4.12
Um consumidor de nuvem está usando um servidor virtual dentro de um ambiente IaaS. Consumidores de nuvem recebem uma gama de garantias contratuais do provedor de nuvem, referentes a características como capacidade, desempenho e disponibilidade.

Motivos comuns para um consumidor de nuvem decidir usar e investir em um ambiente PaaS incluem:

- O consumidor de nuvem deseja estender ambientes nas suas dependências até a nuvem para fins de escalabilidade e economia.
- O consumidor de nuvem utiliza o ambiente pronto para uso a fim de substituir por completo um ambiente em suas próprias dependências.
- O consumidor de nuvem deseja se tornar um provedor de nuvem e implantar seus próprios serviços em nuvem a serem disponibilizados para outros consumidores de nuvem externos.

Ao trabalhar dentro de uma plataforma pronta para uso, o consumidor de nuvem é poupado do fardo administrativo de preparar e manter o esqueleto de recursos de infraestrutura de TI fornecido via modelo IaaS. Por outro lado, o consumidor de nuvem recebe um nível mais baixo de controle sobre os recursos de TI subjacentes que hospedam e provisionam a plataforma (Figura 4.13).

Produtos PaaS estão disponíveis com diferentes pilhas de desenvolvimento. O Google App Engine, por exemplo, oferece ambientes baseados em Java e Python.

O ambiente pronto para uso é descrito em mais detalhes como um mecanismo de computação em nuvem no Capítulo 8.

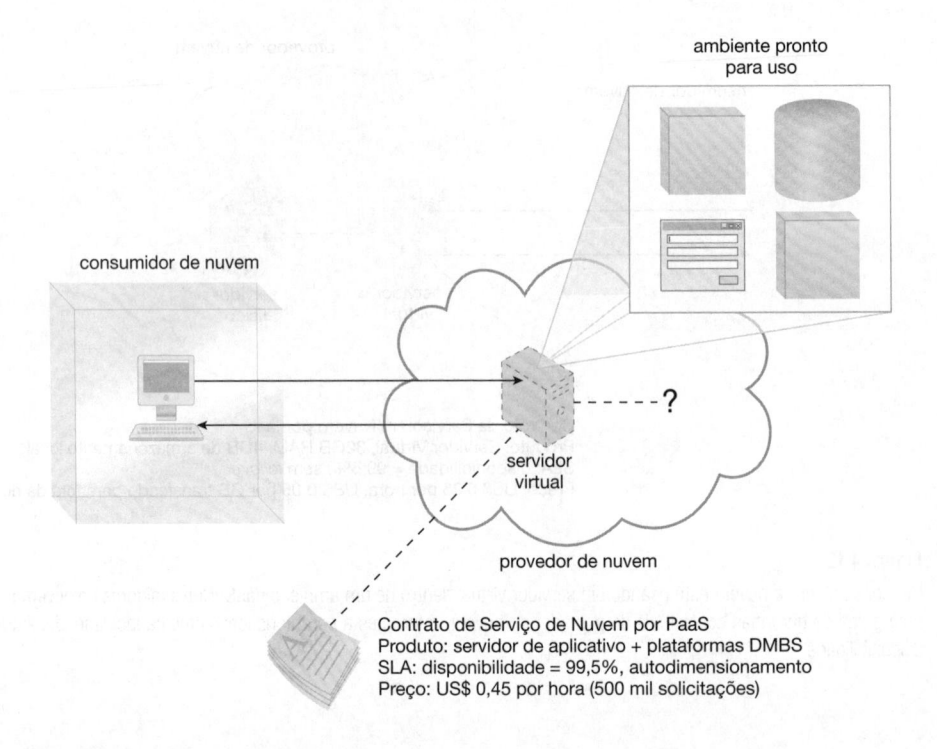

Figura 4.13
Um consumidor de nuvem está acessando um ambiente PaaS pronto para uso. O ponto de interrogação indica que o consumidor de nuvem está intencionalmente resguardado dos detalhes de implementação da plataforma.

Software como Serviço (SaaS)

Um programa de *software* posicionado como um serviço em nuvem e disponibilizado como um "produto" ou utilidade genérica representa o perfil típico de uma oferta de SaaS. O modelo de entrega SaaS costuma ser usado para disponibilizar amplamente (e muitas vezes comercialmente) um serviço em nuvem reutilizável para um leque de consumidores de nuvem. Há um mercado voltado para produtos SaaS que podem ser arrendados e usados com diferentes propósitos e sob diferentes termos (Figura 4.14).

Um consumidor de nuvem geralmente recebe um acesso bastante limitado a controle administrativo sobre uma implementação SaaS. No mais das vezes, ela é provisionada pelo provedor de nuvem, mas pode pertencer legalmente a qualquer entidade que assuma a função de proprietário de serviço em nuvem. Uma organização que atua como consumidora de nuvem enquanto usa e trabalha com um ambiente PaaS, por exemplo, pode desenvolver um serviço em nuvem se decidir implantá-lo naquele mesmo ambiente como um oferecimento do tipo SaaS. A mesma organização então assume efetivamente a função de provedor

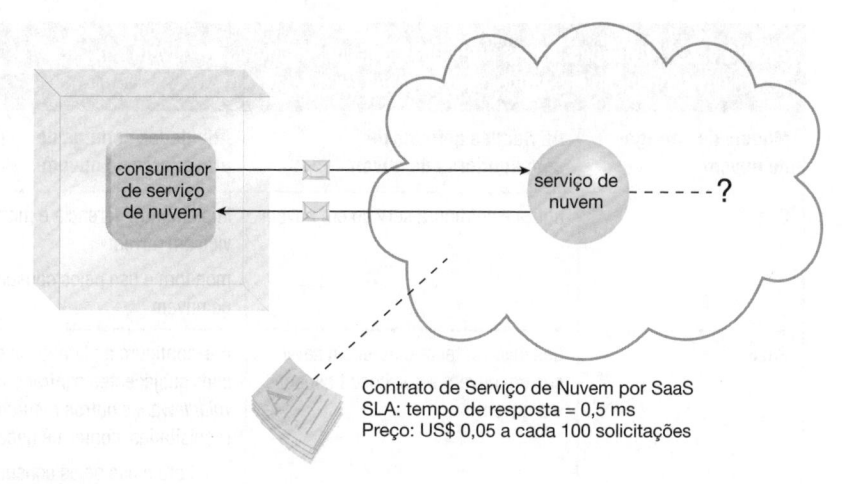

Capítulo 4   Conceitos e modelos fundamentais   **65**

Contrato de Serviço de Nuvem por SaaS
SLA: tempo de resposta = 0,5 ms
Preço: US$ 0,05 a cada 100 solicitações

Figura 4.14
Um consumidor de serviço em nuvem recebe acesso ao contrato de serviço em nuvem, mas não a quaisquer recursos de TI subjacentes ou a detalhes de implementação.

de nuvem, conforme o serviço em nuvem baseado em SaaS é disponibilizado para outras organizações que atuam como consumidores de nuvem ao usarem tal serviço.

Comparação de modelos de entrega de nuvem

Nesta seção, são apresentadas duas tabelas que comparam diferentes aspectos de uso e implementação de modelos de entrega de nuvem. A Tabela 4.1 contrasta níveis de controle e a Tabela 4.2 compara responsabilidades e usos típicos.

Tabela 4.1	Uma comparação entre os níveis de controle típicos de modelos de entrega de nuvem	
Modelo de entrega de nuvem	**Nível típico de controle concedido ao consumidor de nuvem**	**Funcionalidade típica disponibilizada ao consumidor de nuvem**
SaaS	configuração de uso e relacionada a uso	acesso a interface de usuário *front-end*
PaaS	administrativo limitado	nível moderado de controle administrativo sobre recursos de TI relevantes ao uso da plataforma pelo consumidor de nuvem
IaaS	administrativo integral	acesso integral a recursos de TI virtualizados e relacionados à infraestrutura, e possivelmente a recursos de TI físicos subjacentes

Tabela 4.2 Atividades típicas praticadas por consumidores de nuvem e provedores de nuvem em relação aos modelos de entrega de nuvem		
Modelo de entrega de nuvem	Atividades comuns de consumidores de nuvem	Atividades comuns de provedores de nuvem
SaaS	utiliza e configura serviço em nuvem	implementa, gerencia e mantém serviço em nuvem monitora o uso pelos consumidores de nuvem
PaaS	desenvolve, testa e gerencia serviços em nuvem e soluções baseadas em nuvem	pré-configura a plataforma e provisões subjacentes a infraestrutura, *middleware* e outros recursos de TI requisitados, conforme necessário monitora o uso pelos consumidores de nuvem
IaaS	prepara e configura o esqueleto de infraestrutura, e instala, gerencia e monitora qualquer *software* necessário	provisiona e gerencia o processamento físico, o armazenamento, a cabeação de rede e a hospedagem necessários monitora o uso pelos consumidores de nuvem

Combinação de modelos de entrega de nuvem

Os modelos de entrega de nuvem em três bases compreendem uma hierarquia natural de provisionamento, abrindo oportunidades para que a aplicação combinada dos modelos seja explorada. As próximas seções destacam brevemente considerações referentes a duas combinações comuns.

IaaS + PaaS

Um ambiente PaaS é desenvolvido a partir de uma infraestrutura subjacente comparável aos servidores físicos e virtuais e outros recursos de TI fornecidos por um ambiente IaaS. A Figura 4.15 mostra como esses dois modelos podem ser combinados conceitualmente numa simples arquitetura em camadas.

Um provedor de nuvem normalmente não precisaria provisionar um ambiente IaaS a partir de sua própria nuvem a fim de disponibilizar um ambiente PaaS para consumidores de nuvem. Então como a visão arquitetônica fornecida na

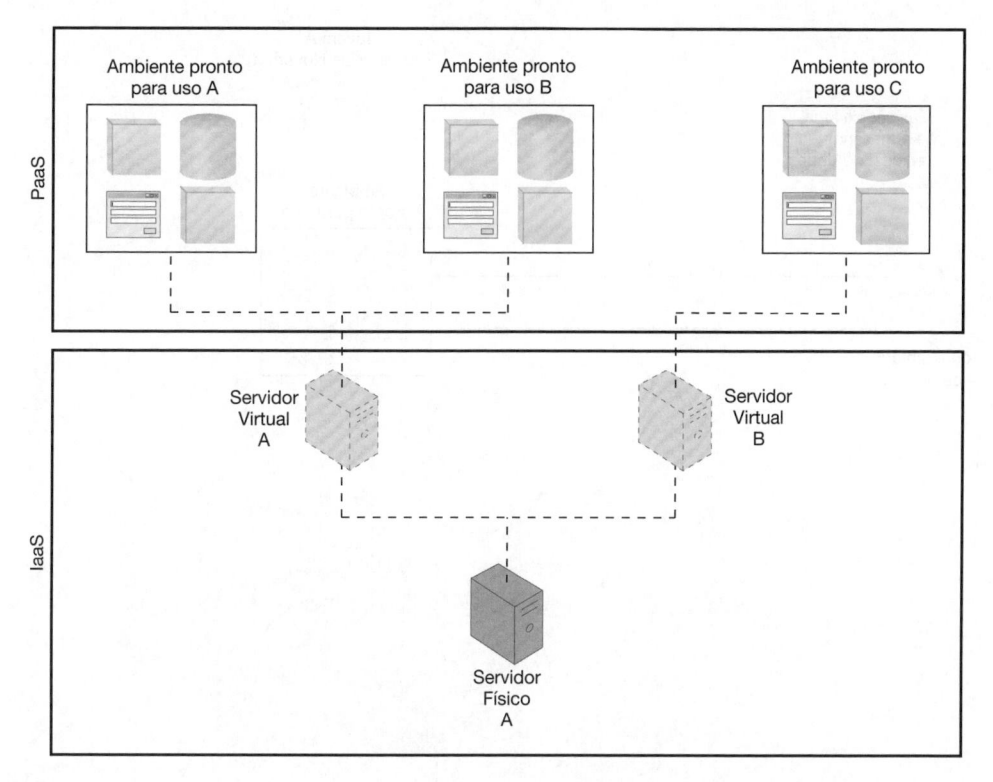

Figura 4.15
Um ambiente PaaS baseado nos recursos de TI fornecidos por um ambiente IaaS subjacente.

Figura 4.16 pode ser útil e aplicável? Suponha que o provedor de nuvem que oferece o ambiente PaaS opte por arrendar um ambiente IaaS junto a um provedor de nuvem *diferente*.

A motivação para um arranjo assim pode ter influência econômica ou então porque o primeiro provedor de nuvem está perto de ultrapassar sua capacidade existente ao atender outros consumidores de nuvem. Ou talvez um consumidor específico imponha uma obrigação legal para que os dados encontrem-se fisicamente armazenados numa região específica (diferente daquela onde o primeiro provedor de nuvem reside), conforme ilustrado na Figura 4.16.

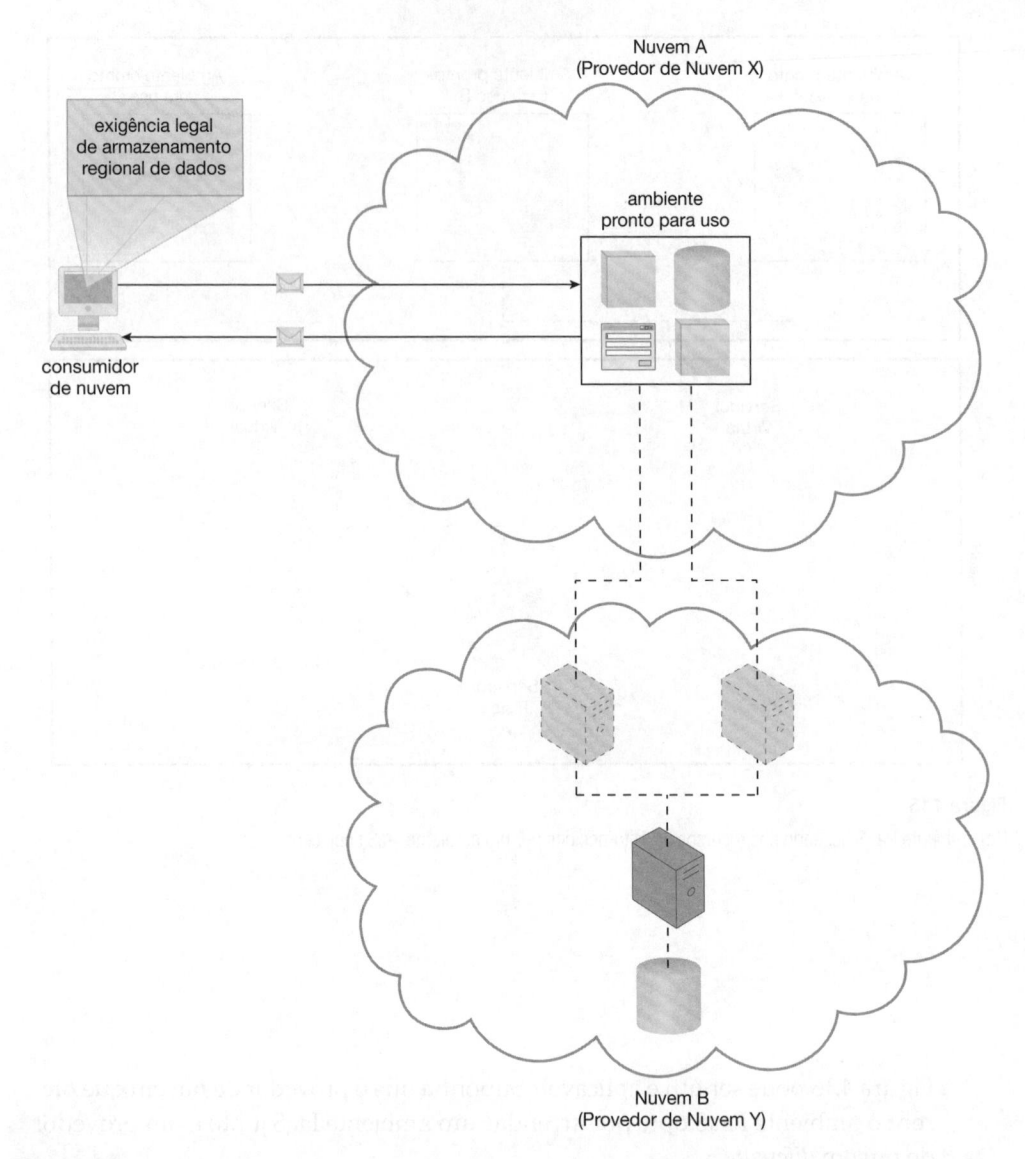

Figura 4.16
Um exemplo de contrato entre os Provedores de Nuvem X e Y, em que serviços oferecidos pelo Provedor de Nuvem X são fisicamente hospedados em servidores virtuais pertencentes ao Provedor de Nuvem Y. Dados sensíveis que devem por lei permanecer numa região específica são fisicamente mantidos na Nuvem B, que encontra-se localizada fisicamente naquela região.

IaaS + PaaS + SaaS

Todos os três modelos de entrega podem ser combinados de modo a estabelecer pilhas de recursos de TI que somam-se umas às outras. Ao se somar à arquitetura em camadas precedente mostrada na Figura 4.16, por exemplo, o ambiente pronto para uso fornecido pelo ambiente PaaS pode ser usado pela organização consumidora de nuvem para desenvolver e implantar seus próprios serviços em nuvem SaaS, a serem então disponibilizados na forma de produtos comerciais (Figura 4.17).

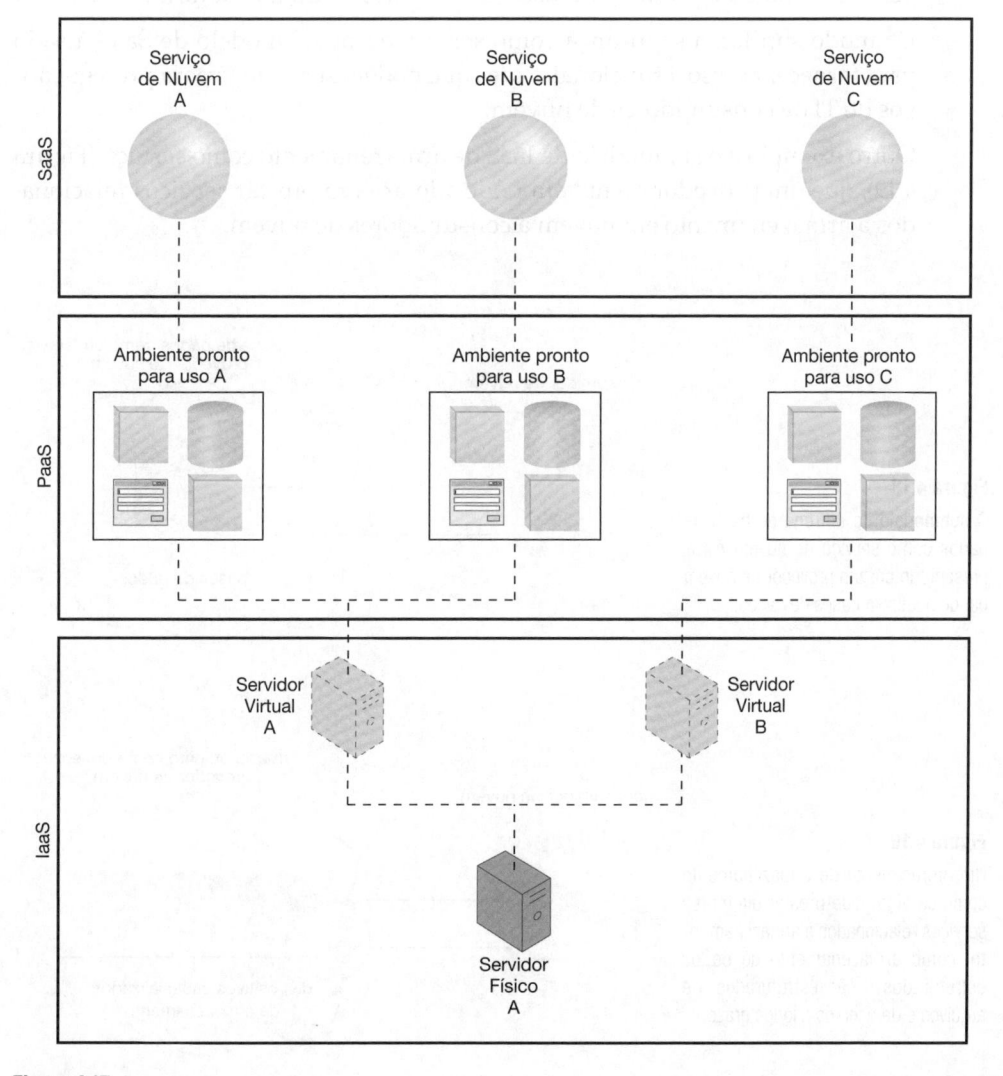

Figura 4.17
Uma visão básica em camadas de uma arquitetura composta por ambientes IaaS e PaaS que hospeda três implementações de serviço em nuvem SaaS.

Submodelos de entrega de nuvem

Existem muitas variações especializadas dos modelos de entrega de nuvem, cada qual composta por uma combinação distinta de recursos de TI. Esses *submodelos de entrega de nuvem* também costumam receber nomes usando a convenção "como serviço", e cada um pode ser remetido a um dos três modelos básicos de entrega de nuvem.

O submodelo de base de dados como serviço (Figura 4.18), por exemplo, pertence ao modelo PaaS, já que um sistema de base de dados costuma ser um componente do ambiente pronto para uso que faz parte de uma plataforma PaaS.

De modo similar, a segurança como serviço é um submodelo de SaaS, usado para fornecer acesso a funcionalidades que podem ser usadas para proteger ativos de TI de consumidores de nuvem.

Outro exemplo é o submodelo de IaaS de armazenamento como serviço (Figura 4.19), que um provedor de nuvem pode adotar para prestar serviços relacionados a armazenamento em nuvem a consumidores de nuvem.

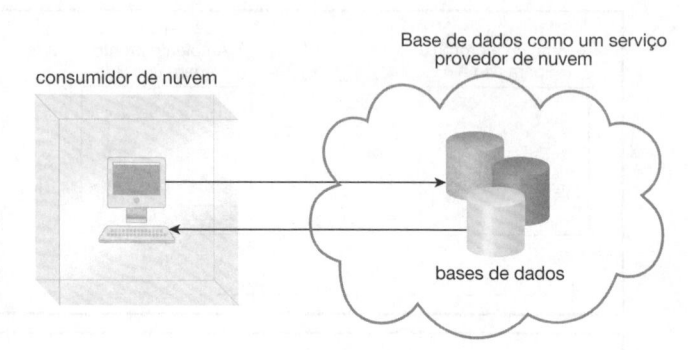

Figura 4.18
O submodelo de entrega de base de dados como serviço de nuvem é representado por um provedor de nuvem dando acesso a bases de dados.

Figura 4.19
Um oferecimento de armazenamento como serviço pode prestar diferentes serviços relacionados a armazenamento, como armazenamento de dados estruturados e não estruturados, de arquivos e de acervos a longo prazo.

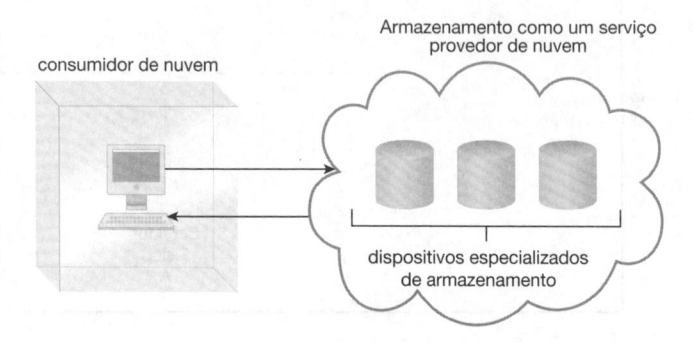

Também considerado um submodelo de SaaS, há o *submodelo de entrega nativa de nuvem*, que permite que aplicativos nativos de nuvem sejam desenvolvidos e implantados como coleções de serviços autocontidos embalados em contêineres leves.

Aplicativos nativos de nuvem (Figura 4.20) não têm preferência por qualquer sistema operacional ou computador em particular e funcionam em um grau mais elevado de abstração. Esses tipos de aplicativos rodam em infraestrutura que é virtualizada, compartilhada e elástica. Às vezes, alinham-se com a infraestrutura subjacente a fim de crescer ou encolher em resposta a flutuações de carga.

Mais exemplos de submodelos comuns de entrega de nuvem incluem, entre outros, os seguintes:

- Comunicação como serviço (um submodelo de SaaS).
- Integração como serviço (um submodelo de PaaS).
- Testagem como serviço (um submodelo de SaaS).
- Processo como serviço (um submodelo de SaaS).
- *Desktop* como serviço (um submodelo de IaaS).

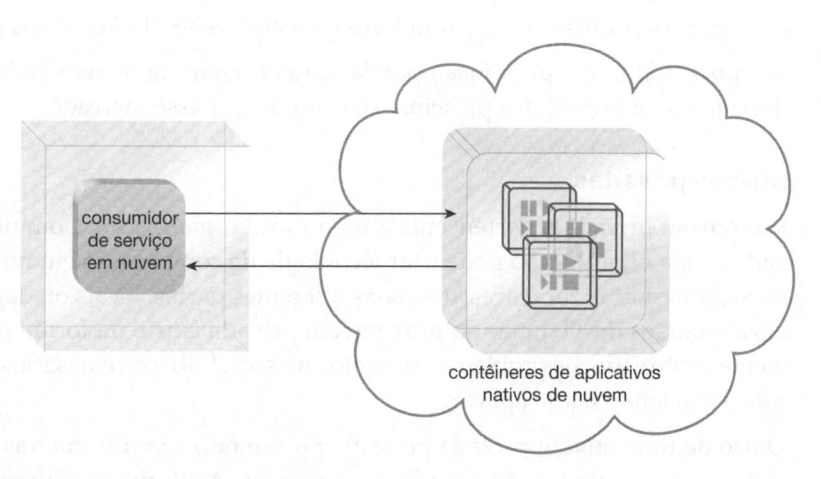

Figura 4.20
Um aplicativo nativo de nuvem implantado usando múltiplos contêineres.

4.4 Modelos de implantação de nuvem

Um modelo de implantação de nuvem representa um tipo específico de ambiente de nuvem, diferenciado sobretudo por seu proprietário, seu tamanho e seu acesso.

Existem quatro modelos comuns de implantação de nuvem:

- Nuvem pública
- Nuvem privada
- Nuvem múltipla
- Nuvem híbrida

As próximas seções descrevem cada um desses modelos.

Nuvens públicas

Uma *nuvem pública* é um ambiente de nuvem publicamente acessável pertencente a um provedor de nuvem terceirizado. Os recursos de TI em nuvens públicas costumam ser provisionados sob os modelos de nuvem previamente descritos e são geralmente oferecidos a consumidores de nuvem mediante certo custo ou são comercializados por outros meios (tal como publicidade).

O provedor de nuvem fica responsável pela criação e manutenção duradoura da nuvem pública e de seus recursos de TI. Muitos dos cenários e arquiteturas explorados nos próximos capítulos envolvem nuvens públicas e o relacionamento entre os provedores e os consumidores de recursos de TI via nuvens públicas.

A Figura 4.21 exibe uma visão parcial da paisagem de nuvens públicas, com destaque para alguns dos principais fornecedores nesse mercado.

Nuvens privadas

Um nuvem privada é pertencente a uma única organização. Com nuvens privadas, uma organização pode usar tecnologia de computação em nuvem como meio para centralizar o acesso de suas diferentes partes, locais ou departamentos a recursos de TI. Quando uma nuvem privada existe na forma de um ambiente controlado, os problemas descritos na seção "Riscos e desafios" do Capítulo 3 não tendem a se aplicar.

O uso de uma nuvem privada pode alterar o modo como fronteiras organizacionais e de confiança são definidas e aplicadas. A administração em si de um ambiente de nuvem privada pode ser desempenhada por pessoal interno ou terceirizado.

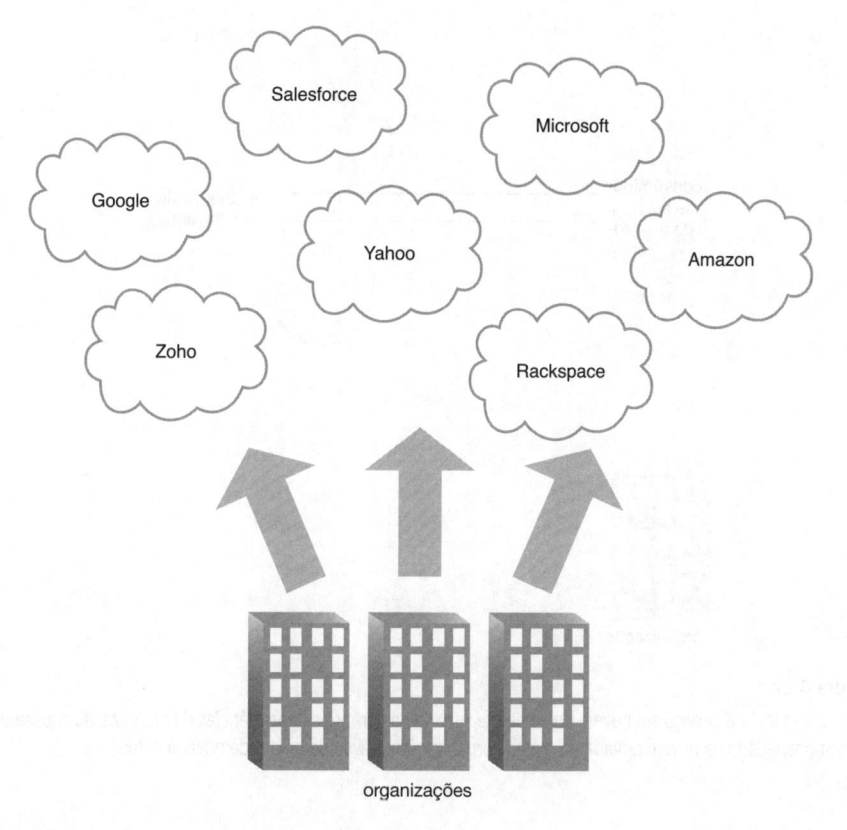

Figura 4.21
Organizações atuam como consumidores de nuvem quando acessam serviços e recursos de TI em nuvem disponibilizados por diferentes provedores de nuvem.

Com uma nuvem privada, tecnicamente a mesma organização é ao mesmo tempo consumidora e provedora de nuvem (Figura 4.22). A fim de distinguir essas funções:

- um departamento organizacional em separado costuma assumir a responsabilidade por provisionar a nuvem (assumindo, portanto, a função de provedor de nuvem);
- departamentos que requerem acesso à nuvem privada assumem a função de consumidor de nuvem.

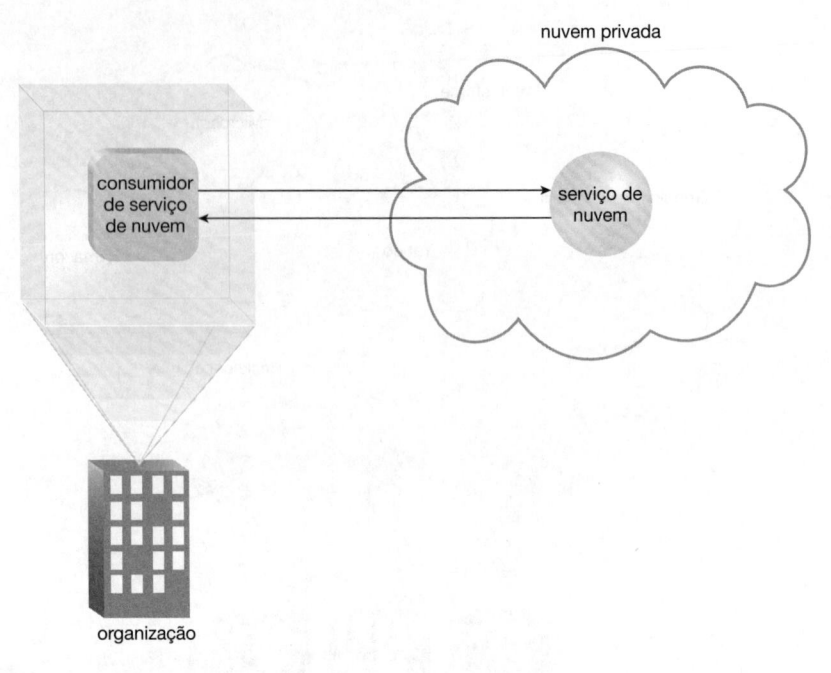

Figura 4.22
Um consumidor de serviço em nuvem no ambiente situado nas próprias dependências da organização acessa um serviço em nuvem hospedado na nuvem privada da mesma organização através de uma rede privada virtual.

É importante usar os termos "nas dependências" e "baseado em nuvem" corretamente no contexto de uma nuvem privada. Muito embora a nuvem privada possa se situar fisicamente nas dependências da organização, os recursos de TI que ela hospeda ainda são considerados "baseados em nuvem", contanto que sejam disponibilizados remotamente aos consumidores de nuvem. Recursos de TI hospedados fora da nuvem privada pelos departamentos que atuam como consumidores de nuvem são, portanto, considerados "nas dependências" em relação aos recursos de TI baseados em nuvem.

Nuvens múltiplas

Com um modelo de implantação multinuvem, uma organização consumidora de nuvem pode usar serviços e recursos de TI de diferentes nuvens públicas oferecidas por múltiplos provedores, conforme mostrado na Figura 4.23.

Esse modelo de implantação pode ser usado, por exemplo, para elevar a redundância e os *backups* do sistema, para aumentar a mobilidade ao abrir o leque de fornecedores ou para tirar proveito do que cada fornecedor diferente tem de melhor a oferecer em termos de serviços em nuvem.

Nuvens híbridas

Uma nuvem híbrida é um ambiente composto por dois ou mais modelos diferentes de implantação de nuvem. Um consumidor de nuvem pode optar, por exemplo, por serviços de processamento de dados sensíveis em uma nuvem privada e de dados menos sensíveis em uma nuvem pública. O resultado dessa combinação é um modelo híbrido de implantação (Figura 4.24).

Arquiteturas híbridas de implantação podem ser complexas e desafiadoras de criar e manter, devido à disparidade potencial em ambientes de nuvem e ao fato de que as responsabilidades gerenciais costumam ser divididas entre a organização que provê a nuvem privada e o provedor de nuvem pública.

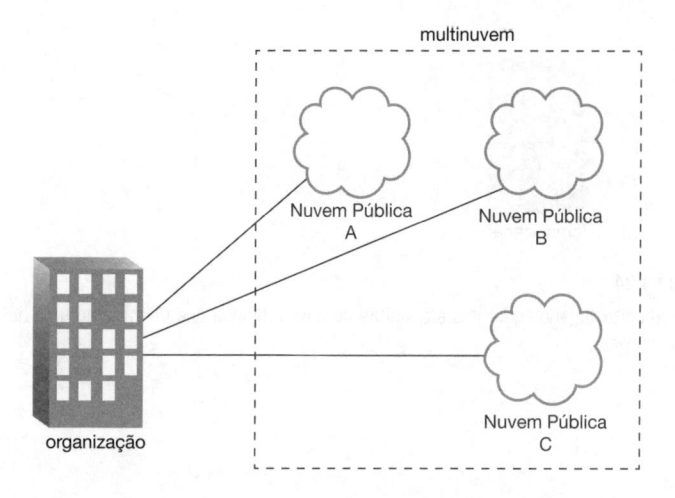

Figura 4.23
Uma organização adota o modelo multinuvem para utilizar recursos de TI baseados em nuvem de diferentes provedores de nuvem.

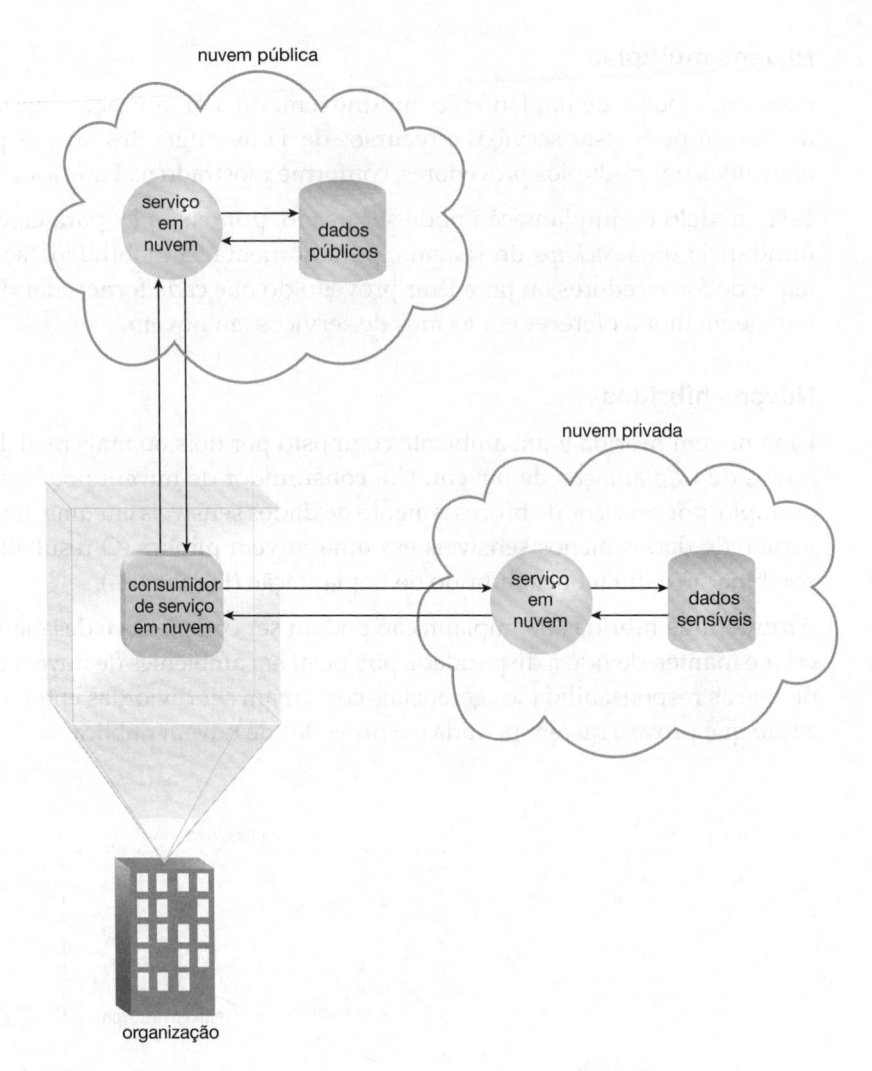

Figura 4.24
Uma organização adotando uma arquitetura de nuvem híbrida que utiliza tanto uma nuvem privada quanto uma nuvem pública.

Capítulo 5

Tecnologias viabilizadoras de nuvens

- **5.1** Redes e arquitetura da Internet
- **5.2** Tecnologia de *data center* em nuvem
- **5.3** Virtualização moderna
- **5.4** Tecnologia de multi-inquilinato
- **5.5** Tecnologia de serviços e APIs de serviços
- **5.6** Exemplo de estudo de caso

As nuvens dos dias de hoje são sustentadas por um conjunto de componentes tecnológicos primordiais que coletivamente viabilizam funcionalidades-chave e características associadas à computação em nuvem contemporânea.

A maioria deles já existia e amadureceu antes do advento da computação em nuvem, embora avanços nesse terreno tenham estimulado a evolução dessas tecnologias viabilizadoras de nuvens.

5.1 Redes e arquitetura da Internet

Todas as nuvens precisam estar conectadas a uma rede. Esse requisito inevitável forma uma dependência inerente em relação a redes da Internet.

A Internet possibilita o provisionamento remoto de recursos de TI e serve de apoio direto ao acesso ubíquo por rede. Consumidores de nuvem têm a opção de acessar a nuvem usando apenas conexões privadas e dedicadas em LANs, embora a maioria das nuvens seja viabilizada pela Internet. O potencial das plataformas em nuvem, portanto, cresce geralmente em paralelo a avanços em conectividade e qualidade de serviço pela Internet.

Provedores de serviço de Internet (ISPs)

Estabelecidas e implantadas por ISPs, as maiores redes da Internet estão estrategicamente interconectadas por roteadores de *backbone* que conectam as redes multinacionais do planeta. Conforme mostrado na Figura 5.1, uma rede ISP se interconecta com outras redes ISPs e várias organizações.

O conceito da Internet se baseou num modelo de provisionamento e gestão descentralizado. ISPs são capazes de implantar, operar e gerenciar livremente suas redes, além de selecionar ISPs parceiros para interconexão. Nenhuma entidade centralizada governa parte significativa a Internet, ainda que entidades como a Internet Corporation for Assigned Names and Numbers (ICANN) supervisione e coordene comunicações pela Internet.

Leis governamentais e regulatórias ditam as condições de provisionamento de serviço para organizações e ISPs, tanto dentro quanto fora de fronteiras nacionais. Certas esferas da Internet ainda requerem a demarcação de jurisdição nacional e fronteiras legais.

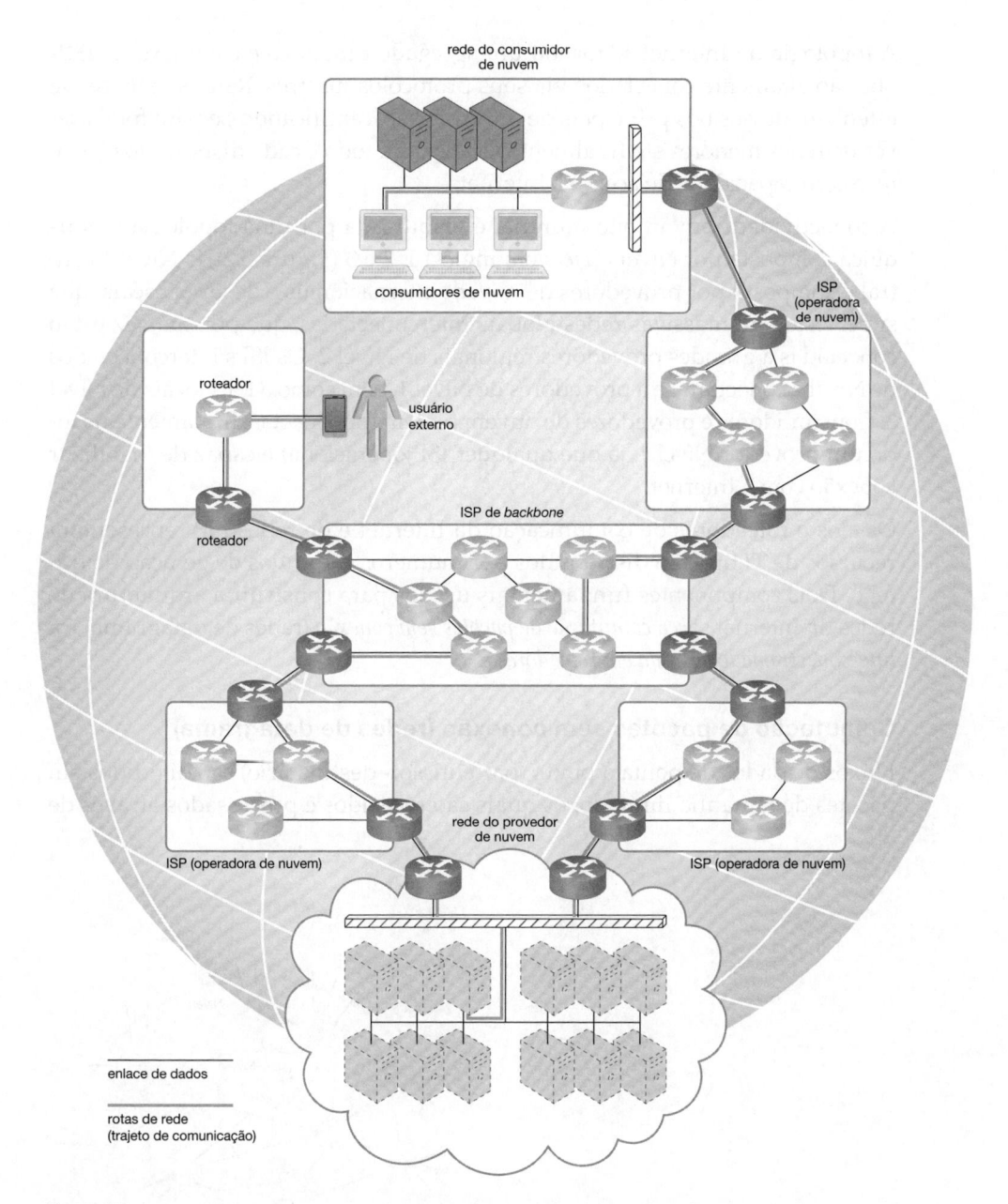

Capítulo 5   Tecnologias viabilizadoras de nuvens   **79**

Figura 5.1
Mensagens viajam por roteadores de rede dinâmicos nessa configuração ISP interconectada.

A topologia da Internet se tornou um agregado dinâmico e complexo de ISPs que são altamente conectados via seus protocolos-mestres. Ramos menores se estendem desses nós principais de interconexão, ramificando-se para fora através de redes menores até finalmente alcançarem todo e cada dispositivo eletrônico com capacidade de acesso à Internet.

A conectividade em âmbito mundial é viabilizada por uma topologia hierárquica composta por Níveis (*Tiers* em inglês) 1, 2 e 3 (Figura 5.2). O Nível 1 central é composto por provedores de nuvem internacionais e de larga escala, que supervisionam massivas redes globais interconectadas, que por sua vez estão conectadas a grandes provedores regionais de Nível 2. Os ISPs interconectados de Nível 2 conectam-se a provedores de Nível 1, bem como a ISPs locais de Nível 3. Consumidores e provedores de nuvem podem ser conectar diretamente usando um provedor Nível 1, já que qualquer ISP operacional é capaz de viabilizar conexão com a Internet.

Os elos e roteadores de comunicação da Internet e de redes ISP representam recursos de TI que são distribuídos por inúmeros caminhos de geração de tráfego. Dois componentes fundamentais usados para construir a arquitetura de redes da Internet são a *comutação de pacotes sem conexão* (redes de datagrama) e a *interconectividade baseada em roteadores*.

Comutação de pacotes sem conexão (redes de datagrama)

Fluxos de dados de ponta a ponta (par emissor–destinatário) são divididos em pacotes de tamanho limitado, os quais são recebidos e processados através de

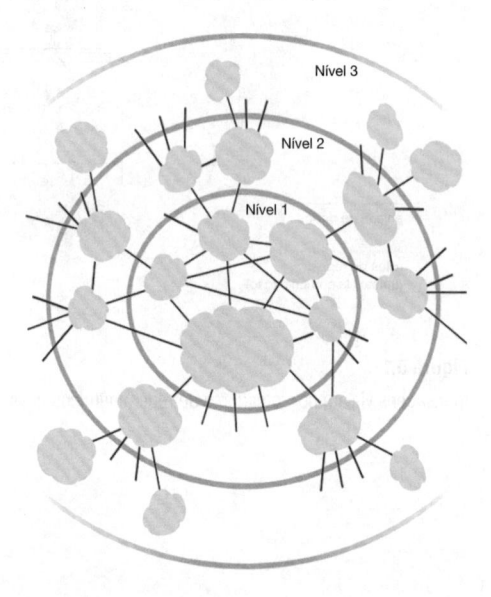

Figura 5.2
Uma abstração da estrutura de redes de Internet.

switches e roteadores de rede, para serem então enfileirados e avançados de um nó intermediário para o próximo. Cada pacote carrega consigo as informações necessárias de localização, tal como o endereço de Internet Protocol (IP) ou Media Access Control (MAC), a serem processadas e roteadas a cada nó de saída, intermediário e de destino.

Interconectividade baseada em roteadores

Um roteador é um dispositivo que se encontra conectado a múltiplas redes, através das quais faz avançar pacotes. Mesmo quando pacotes sucessivos fazem parte do mesmo fluxo de dados, os roteadores processam e avançam cada pacote individualmente enquanto mantêm as informações topológicas de rede que localizam o próximo nó no trajeto de comunicação entre o nó de saída e o nó destinatário. Roteadores gerenciam o tráfego de rede e calibram o salto mais eficiente para a entrega de pacotes, já que estão a par da respectiva fonte e do destino desses pacotes.

As mecânicas básicas da interligação de redes estão ilustradas na Figura 5.3, em que uma mensagem é coligada a partir de um grupo de pacotes desordenados recebido. O roteador retratado recebe e avança pacotes a partir de múltiplos fluxos de dados.

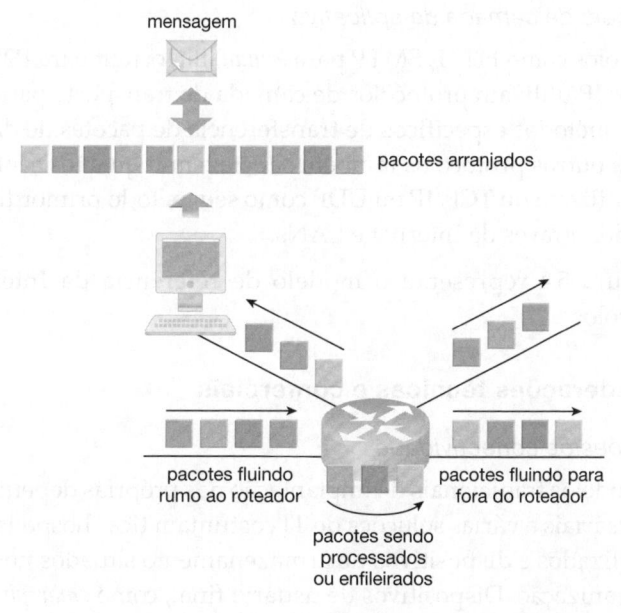

Figura 5.3
Pacotes viajando pela Internet são direcionados por um roteador que os organiza numa mesma mensagem.

O trajeto de comunicação que conecta um consumidor de nuvem a seu provedor de nuvem pode envolver múltiplas redes ISP. A estrutura em malha da Internet conecta hospedeiros de Internet (sistemas *endpoint*) usando múltiplas rotas alternativas de rede que são determinadas em tempo de execução. Sendo assim, comunicações podem ser mantidas até mesmo durante falhas de rede simultâneas, embora o uso de múltiplos caminhos de rede possa causar flutuações de roteamento e latência.

Isso se aplica a ISPs que implementam a camada de interligação da Internet e que interagem com outras tecnologias de rede, da seguinte forma:

Rede física

Pacotes de IP são transmitidos através de redes físicas subjacentes que conectam nós adjacentes, como Ethernet, rede ATM e o HSDPA 3G móvel. Redes físicas abrangem uma camada de ligação de dados que controla a transferência deles entre nós vizinhos, e uma camada física que transmite *bits* de dados na forma de mídia com e sem fio.

Protocolo de camada de transporte

Protocolos de camada de transporte, tal como o Transmission Control Protocol (TCP) e o User Datagram Protocol (UDP), utilizam o IP para fornecer suporte para comunicação padronizada de ponta a ponta, o que facilita a navegação de pacotes de dados pela Internet.

Protocolo de camada de aplicativo

Protocolos como HTTP, SMTP para *e-mail*, BitTorrent para P2P e SIP para telefonia por IP utilizam protocolos de camada de transporte para padronizar e viabilizar métodos específicos de transferência de pacotes de dados pela Internet. Muitos outros protocolos também satisfazem requisitos centrados em aplicativos e utilizam ou TCP/IP ou UDP como seu método primordial de transferência de dados através da Internet e LANs.

A Figura 5.4 representa o modelo de referência da Internet e a pilha de protocolos.

Considerações técnicas e comerciais

Questões de conectividade

Em modelos tradicionais de implantação nas próprias dependências, aplicativos empresariais e várias soluções de TI costumam ficar hospedadas em servidores centralizados e dispositivos de armazenamento situados no próprio *data center* da organização. Dispositivos de usuário final, como *smartphones* e *laptops*, acessam o *data center* através da rede corporativa, que proporciona conectividade ininterrupta com a Internet.

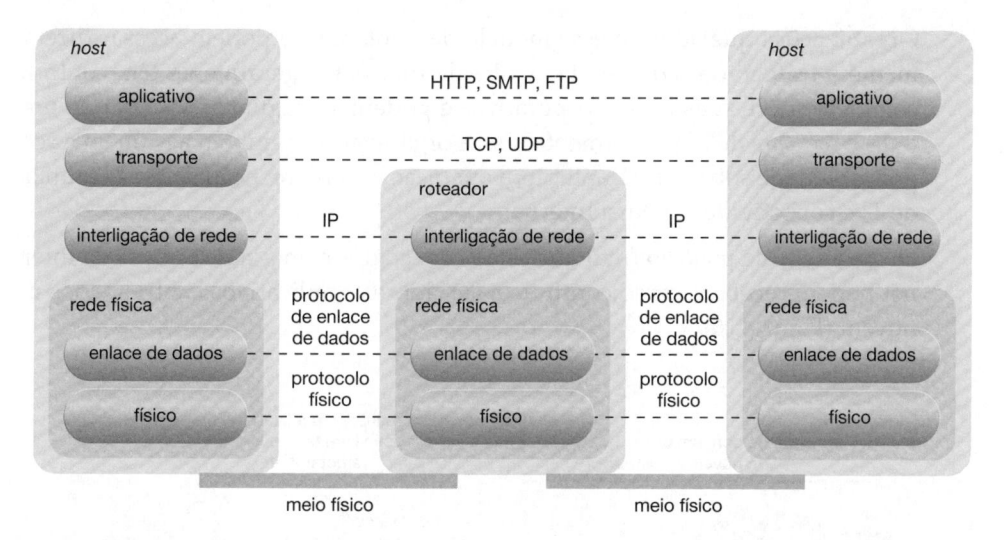

Figura 5.4
Uma visão genérica do modelo de referência da Internet e da pilha de protocolos.

O TCP/IP facilita tanto o acesso à Internet quanto o intercâmbio de dados nas dependências por LANs (Figura 5.5). Ainda que não seja comumente referida como um modelo em nuvem, essa configuração vem sendo implementada inúmeras vezes em redes de média e grande escala nas dependências de organizações.

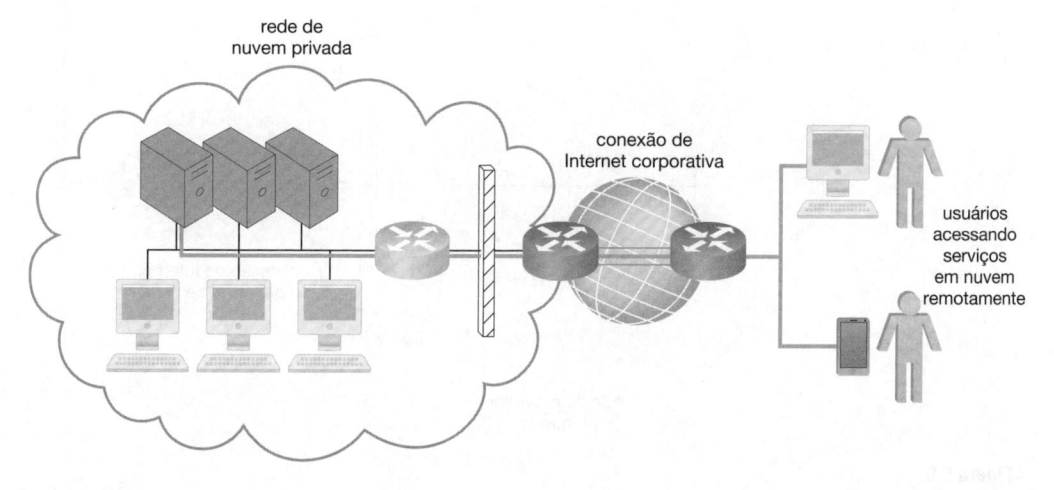

Figura 5.5
A arquitetura de interligação de redes de uma nuvem privada. Os recursos físicos de TI que constituem a nuvem ficam situados e são gerenciados dentro da organização.

Organizações que adotam esse modelo de implantação podem acessar diretamente o tráfego de rede de ida e volta da Internet, e geralmente têm controle completo sobre suas redes corporativas e podem salvaguardá-las usando *firewalls* e *software* de monitoramento. Essas organizações também assumem a responsabilidade sobre a implantação, a operação e a manutenção de seus recursos de TI e conectividade com a Internet.

Dispositivos de usuário final que estão conectados com a rede através da Internet podem receber acesso contínuo a servidores e aplicativos centralizados na nuvem (Figura 5.6).

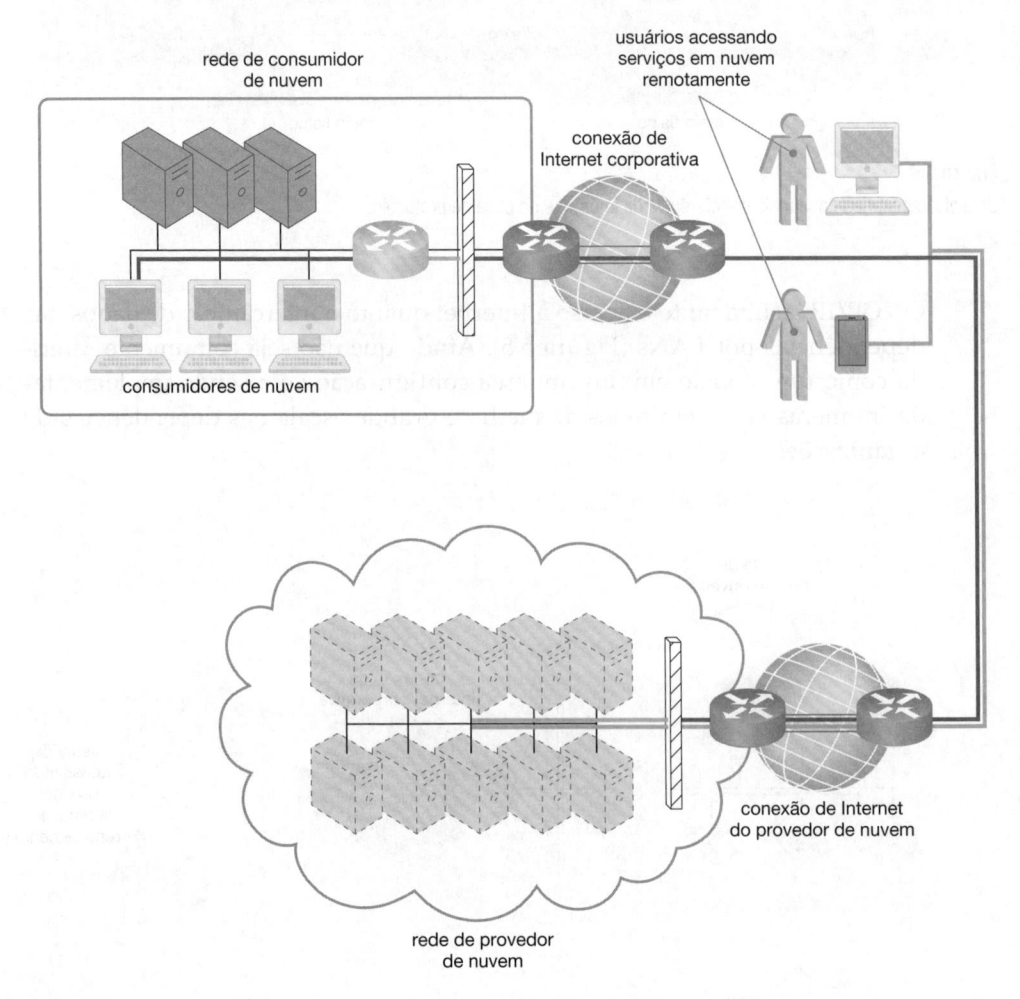

Figura 5.6
A arquitetura de interligação de redes de um modelo de implantação de nuvem baseado na Internet. A Internet é o agente conector entre consumidores de nuvem apartados entre si, usuários finais móveis e a própria rede do provedor de nuvem.

Uma característica que se destaca nas nuvens e que se aplica à funcionalidade do usuário final é o modo como recursos de TI centralizados podem ser acessados usando-se os mesmos protocolos de rede, quer eles residam dentro ou fora da rede corporativa. O fato dos recursos de TI estarem nas dependências ou baseados na Internet determina como usuários finais internos *versus* externos acessam serviços, mesmo se os próprios usuários finais não estiverem conectados ao local físico dos recursos de TI baseados em nuvem (Tabela 5.1).

Provedores de nuvem podem configurar facilmente recursos de TI baseados em nuvem para que eles sejam acessíveis tanto para usuários externos quanto internos através de conexão com a Internet (conforme mostrado anteriormente na Figura 5.6). Essa arquitetura de interligação de redes beneficia usuários internos que precisam de acesso ubíquo a soluções corporativas de TI, bem como consumidores de nuvem que têm de fornecer serviços baseados na Internet para usuários externos. Grandes provedores de nuvem oferecem uma conectividade com a Internet que é superior à conectividade de organizações individuais, resultando em cobranças adicionais sobre o uso como parte de seu modelo de precificação.

Largura de banda e questões de latência

Além de ser afetada pela largura de banda do enlace de dados que conecta redes a ISPs, a largura de banda de ponta a ponta é determinada pela capacidade de transmissão dos enlaces de dados compartilhados que conectam nós intermediários. ISPs precisam usar tecnologia de banda larga de rede para implementar o *backbone* necessário para garantir conectividade de ponta a ponta. Esse tipo de largura de banda está constantemente aumentando, conforme tecnologias de aceleração na *Web*, como *caching* dinâmico, compressão e pré-*fetching*, continuam aprimorando a conectividade do usuário final.

Tabela 5.1 Uma comparação entre interligação de redes nas dependências e baseada em nuvem

Recursos de TI nas dependências	Recursos de TI baseados em nuvem
dispositivos de usuários finais internos acessam serviços de TI através da rede corporativa	dispositivos de usuários finais internos acessam serviços de TI através de uma conexão pela Internet
usuários internos acessam serviços corporativos de TI através da conexão corporativa pela Internet, enquanto vagam por redes externas	usuários internos acessam serviços corporativos de TI enquanto utilizam redes externas através da Internet do provedor de nuvem
usuários externos acessam serviços corporativos de TI através de conexão de Internet corporativa	usuários externos acessam serviços corporativos de TI através de conexão de Internet do provedor de nuvem

Também chamada como *delay* temporal, a *latência* é o tempo que demora para um pacote viajar de um nó de dados até outro. A latência aumenta com cada nó intermediário no trajeto do pacote de dados. Filas de transmissão na infraestrutura de rede podem resultar em condições de carga pesada, que também aumentam a latência de rede. Redes dependem de condições de tráfego em nós compartilhados, tornando a latência na Internet altamente variável e muitas vezes imprevisível.

Redes de pacotes com o "maior esforço" de qualidade de serviço (QoS) transmitem pacotes sob um sistema "primeiro a entrar/primeiro a ser atendido". Fluxos de dados que percorrem caminhos de rede congestionados sofrem degradação em nível de serviço na forma de redução de largura de banda, aumento de latência ou perda de pacotes quando o tráfego não é priorizado.

A natureza da comutação de pacotes permite que pacotes de dados escolham rotas dinamicamente conforme viajam através da infraestrutura de rede da Internet. A QoS de ponta a ponta pode ser impactada como resultado dessa seleção dinâmica, já que a velocidade de viagem de pacotes de dados é suscetível a condições como congestão de rede e, portanto, não é uniforme.

Soluções de TI precisam ser avaliadas frente a requisitos comerciais que são afetados por largura de banda e latência, as quais são inerentes à interconexão em nuvem. A largura de banda é crítica para aplicativos que exigem a transferência de quantidades substanciais de dados de e para a nuvem, enquanto a latência é crítica para aplicativos com um requisito comercial de curtos tempos de resposta.

Enlaces sem fio e celulares

Soluções baseadas em nuvem que precisam ser acessáveis por toda parte e de qualquer dispositivo, sobretudo aquelas voltadas a clientes e consumidores móveis, precisam oferecer acesso via enlaces sem fio e celulares. A computação móvel de borda (*mobile edge computing* – MEC), por exemplo, uma tecnologia que viabiliza Internet de veículos (*Internet of Vehicles* – IoV), oferece soluções prospectivas para o compartilhamento de capacidades de processamento entre veículos, bem como outros recursos prontamente disponíveis.

A borda veicular autônoma (*autonomous vehicular edge* – AVE) é uma tecnologia distribuída de computação veicular de borda que possibilita o compartilhamento de recursos disponíveis entre carros próximos via comunicações veículo a veículo (V2V). A AVE é um princípio que pode ser aplicado a uma solução *on-line* mais ampla conhecida como nuvem veicular híbrida de borda (*hybrid vehicular edge cloud* – HVC), que possibilita o compartilhamento efetivo de todos recursos computacionais obteníveis, incluindo unidades de acostamento (*roadside units* – RSUs) e a nuvem, via redes multiacesso.

Esses são todos exemplos de como redes celulares e sem fio podem ser adaptadas ou evoluídas para constituir componentes válidos de interligação de redes de soluções baseadas em nuvem, ao superarem muitas de suas próprias restrições naturais de largura de banda e latência.

Seleção de operadora e de provedor de nuvem

Os níveis de serviço de conexões de Internet entre consumidores e provedores de nuvem são determinados por seus ISPs, que costumam ser diferentes e, portanto, incluem múltiplas redes ISP em seus caminhos. O gerenciamento de QoS ao longo de inúmeros ISPs é difícil de atingir na prática, exigindo a colaboração de operadoras de nuvens de ambos os lados a fim de garantir que seus níveis de serviço de ponta a ponta sejam suficientes para requisitos comerciais.

Consumidores e provedores de nuvem às vezes precisam usar múltiplas operadoras de nuvem a fim de alcançar o nível necessário de conectividade e confiabilidade para seus aplicativos em nuvem, resultando em custos adicionais. A adoção de nuvens pode ser mais fácil, portanto, para aplicativos com requisitos mais relaxados de latência e largura de banda.

5.2 Tecnologia de *data center* em nuvem

O agrupamento de recursos de TI próximos entre si, em vez de geograficamente dispersos, permite o compartilhamento de poder computacional, maior eficiência no uso compartilhado de recursos de TI e maior acessibilidade para o pessoal de TI. Essas são vantagens que naturalmente popularizaram o conceito de *data centers*. *Data centers* modernos existem na forma de uma infraestrutura especializada de TI usada para alojar recursos de TI centralizados, tais como servidores, bases de dados, dispositivos de rede e telecomunicação e sistemas de *software*. *Data centers* para provedores de nuvem muitas vezes requerem tecnologias adicionais.

Esses *data centers* costumam ser compostos pelas tecnologias e componentes apresentados a seguir.

Virtualização

Data centers consistem em recursos de TI tanto físicos quanto virtualizados. A camada física de recursos de TI diz respeito à infraestrutura de instalações que aloja sistemas e equipamentos computacionais/de rede, além de sistemas de *hardware* e seus sistemas operacionais (Figura 5.7). A abstração e controle de recursos da camada de virtualização abrange ferramentas operacionais e gerenciais, muitas vezes baseadas em plataformas de virtualização que abstraem a computação física e os recursos de TI de rede na forma de componentes que são mais fáceis de alocar, operar, lançar, monitorar e controlar.

Componentes de virtualização são examinados separadamente na seção "Virtualização moderna", mais adiante neste capítulo.

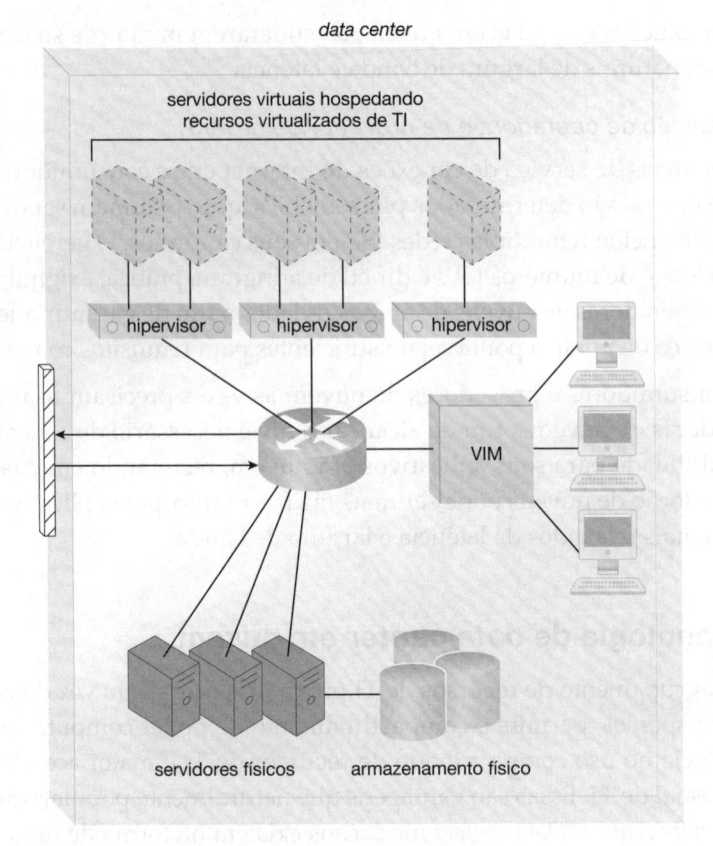

Figura 5.7
Os componentes comuns de um *data center* funcionando juntos para fornecer recursos de TI virtualizados suportados por recursos físicos de TI.

Padronização e modularidade

Data centers são construídos a partir de *hardware* padronizado tratado como *commodity* e projetado com arquiteturas modulares, agregando múltiplas peças idênticas de infraestrutura de instalação e equipamento de modo a suportar escalabilidade, crescimento e substituição ágil de *hardware*. A modularidade e a padronização são requisitos-chave para reduzir investimentos e custos operacionais, já que geram economias de escala para os processos de licitação, aquisição, implantação, operação e manutenção.

Estratégias comuns de virtualização e a constante melhoria da capacidade e desempenho de dispositivos físicos favorecem a consolidação de recursos de TI, uma vez que menos componentes físicos passam a ser necessários para suportar configurações complexas. Recursos de TI consolidados podem atender sistemas diferentes e ser compartilhados entre consumidores de nuvem distintos.

Computação autonômica

Computação autonômica é a capacidade de um sistema se autogerenciar, o que significa que é projetado para reagir a um *input* externo sem a necessidade de intervenção humana. Ao empregarem computação autonômica, as nuvens podem ser aptas a gerenciar certas tarefas por conta própria, sem envolvimento humano.

As funcionalidades comuns do autogerenciamento podem incluir:

- *Autoconfiguração*, mediante a qual os serviços em nuvem são capazes de se configurarem automaticamente em resposta a políticas estabelecidas, evitando intervenção manual por parte dos administradores de recursos de nuvem. Essa funcionalidade também envolve a configuração automática de novos recursos de nuvem quando provisionados.

- *Auto-otimização*, mediante a qual os recursos de nuvem buscam continuamente melhorar seus indicadores de desempenho ao modificarem parâmetros de configuração em tempo de execução, como escala vertical e horizontal de escala dinâmico.

- *Autorreparação*, mediante a qual os serviços em nuvem são capazes de se recuperar de falhas de *hardware* ou *software*, após detectarem e diagnosticarem problemas de antemão automaticamente.

- *Autoproteção*, mediante a qual plataformas de computação em nuvem são capazes de se defender de ataques maliciosos ou condições de falhas em cascata. Isso é possível devido à sua capacidade de prever potenciais situações problemáticas com base na análise de registros e diagnósticos, em que tecnologias de ciência de dados costumam estar envolvidas.

Operação e gerenciamento remotos

A maioria das tarefas operacionais e administrativas de recursos de TI e *data centers* é comandada através dos consoles remotos e sistemas gerenciais da rede. O pessoal técnico não fica obrigado – e muitas vezes sequer tem permissão – a visitar salas dedicadas que alojam servidores, a não ser para cumprir tarefas altamente específicas, como manuseio e cabeamento de equipamentos ou instalação e manutenção de *hardware* de alto nível.

Alta disponibilidade

Uma vez que qualquer forma de apagão em *data centers* afeta significativamente a continuidade comercial para as organizações que usam seus serviços, os *data centers* são projetados para operar com níveis cada vez mais elevados de redundância a fim de sustentar a disponibilidade. *Data centers* costumam contar com subsistemas de suprimento de energia, cabeamento e controle ambiental redundantes e ininterruptos, em antecipação a falhas de sistema, além de enlaces de comunicação e agrupamento de *hardware* para balanceamento de carga.

Projeto, operação e gerenciamento atentos à segurança

Requisitos de segurança, como controles de acesso físicos e lógicos e estratégias de recuperação de dados, precisam ser rigorosos e abrangentes para *data centers*, já que são estruturas centralizadas que armazenam e processam dados empresariais.

Devido às exigências às vezes proibitivas de construir e operar *data centers* nas próprias dependências, a terceirização de recursos de TI baseados nessas instalações é uma prática comum no setor há décadas. Contudo, os modelos de terceirização muitas vezes exigiam um compromisso a longo prazo por parte do consumidor e raramente conseguiam garantir elasticidade – impedimentos que uma nuvem típica pode superar mediante características inerentes, como acesso ubíquo, provisionamento sob demanda, elasticidade rápida e pagamento proporcional ao uso.

Instalações

Instalações de *data centers* são locais feitos sob medida e munidos com computação especializada, armazenamento e equipamento de rede. Essas instalações contam com diversas áreas de leiaute funcional, bem como com várias estações de suprimento de energia, cabeamento e controle ambiental que regulam o aquecimento, a ventilação, o ar condicionado, a proteção contra incêndios e outros subsistemas relacionados. O local e o leiaute de *data centers* costumam ser demarcados em espaços segregados.

Hardware computacional

Frequentemente, boa parte do processamento pesado em *data centers* é executada por servidores padronizados do tipo *commodity*, que apresentam poder computacional e capacidade de armazenamento substanciais. Diversas tecnologias de *hardware* computacional são integradas nesses servidores modulares, tais como:

- servidores *blade* ou montados em *racks* com interconexões para energia, para poderio, rede e resfriamento interno;
- suporte para diferentes arquiteturas de *hardware* de processamento, como x86-32*bits*, x86-64 e RISC;
- uma arquitetura de CPU multinúcleos com capacidade eficiente, capaz de alojar centenas de núcleos de processamento no espaço exíguo de uma unidade de *racks* padronizados;
- componentes redundantes e com substituição a quente, como discos rígidos, suprimentos de energia, interfaces de rede e cartões controladores de armazenamento.

Arquiteturas computacionais como tecnologias de servidor *blade* usam interconexões físicas embutidas em chassis próprios (*blade enclosures* em inglês), malhas (*fabrics; switches*) e unidades de suprimento de energia e ventiladores compartilhados. As interconexões reforçam a rede e o gerenciamento intercomponentes e ao mesmo tempo otimizam o espaço físico e o poder computacional. Tais sistemas costumam suportar a troca de servidores individuais a quente, o dimensionamento de escala, substituições e manutenção, o que beneficia a implantação de sistemas tolerantes a falhas baseados em agrupamentos de computadores.

Plataformas contemporâneas de *hardware* computacional geralmente suportam sistemas operacionais e gerenciais padronizados e proprietários que configuram, monitoram e controlam recursos de TI em *hardware* a partir de consoles remotos de gestão. Com um console de gestão apropriadamente estabelecido, um único operador é capaz de supervisionar centenas a milhares de servidores físicos, servidores virtuais e outros recursos de TI.

Hardware de armazenamento

Data centers contam com sistemas especializados de armazenamento que mantêm quantidades enormes de informação digital de modo a satisfazer necessidades consideráveis de capacidade de memória. Tais sistemas de armazenamento são contêineres que alojam inúmeros discos rígidos organizados em arranjos.

Sistemas de armazenamento costumam envolver as seguintes tecnologias:

- *Arranjos de discos rígidos* – Tais arranjos inerentemente dividem e replicam dados entre múltiplos drives físicos, e elevam o desempenho e a redundância mediante a inclusão de discos sobressalentes. Essa tecnologia é muitas vezes implementada usando-se arranjos redundantes de discos independentes (*redundant arrays of independent disks* – RAIDs), tipicamente realizados por controladores de arranjo de disco de *hardware*.

- *I/O caching* – Geralmente é desempenhado por controladores de arranjos de discos rígidos, que melhoram os tempos e o desempenho de acesso a disco por meio de *caching* de dados.

- *Discos rígidos trocados a quente* – Podem ser removidos com segurança de arranjos sem exigir o desligamento prévio da energia.

- *Virtualização de armazenamento* – Ação realizada pelo uso de discos rígidos virtualizados e compartilhamento de armazenamento.

- *Mecanismos de replicação rápida de dados* – Incluem *snapshotting*, que reserva uma memória de máquina virtual num arquivo legível por hipervisor para recarga futura e *clonagem de volumes*, a cópia de volumes e partições virtuais ou físicas de disco rígido.

Sistemas de armazenamento abrangem redundâncias terciárias, tais como bibliotecas robotizadas de fitas, que são usadas como *backup* e sistemas de recuperação geralmente dependentes de mídias removíveis. Esse tipo de sistema pode existir na forma de um recurso de TI em rede ou como armazenamento de vínculo direto (*direct-attached storage* – DAS), em que um sistema de armazenamento fica diretamente conectado ao recurso de TI computacional usando um adaptador de *host bus* (*host bus adapter* – HBA). No primeiro caso, o sistema de armazenamento fica conectado a um ou mais recursos de TI através de uma rede.

Dispositivos de armazenamento em rede recaem em uma das seguintes categorias:

- *Rede de área de armazenamento (Storage Area Network – SAN)* – Mídias físicas de armazenamento de dados ficam conectadas a uma rede dedicada e fornecem acesso aos dados armazenados em nível de bloco usando protocolos padronizados do setor, tal como o Small Computer System Interface (SCSI).
- *Armazenamento vinculado a redes (Network-Attached Storage – NAS)* – Arranjos de discos rígidos ficam contidos e são gerenciados por esse dispositivo dedicado, que se conecta através de uma rede e facilita o acesso aos dados usando protocolos de acesso centrado em arquivos, como o Network File System (NFS) ou o Server Message Block (SMB).

NAS, SAN e outras opções mais avançadas de sistema de armazenamento proporcionam tolerância a falhas em muitos componentes por meio de redundância de controladores, redundância de resfriamento e arranjos de discos rígidos que usam tecnologia de armazenamento RAID.

Hardware de rede

Data centers requerem extensivo *hardware* de rede a fim de possibilitar múltiplos níveis de conectividade. Para uma versão simplificada de infraestrutura de rede, dividiremos o *data center* em cinco subsistemas de rede, seguidos de um resumo dos elementos mais comuns usados para sua implementação.

Interconexão de operadoras e redes externas

Um subsistema relacionado à infraestrutura de interligação de redes, esta interconexão costuma abranger roteadores de *backbone* que fornecem roteamento entre conexões WAN externas e a LAN do *data center*, bem como dispositivos de segurança de perímetro de rede, como *firewalls* e *gateways* de VPN.

Balanceamento e aceleração de carga em nível da Web

Este subsistema é composto por dispositivos de aceleração *Web*, tais como processadores XML, aparelhos de criptografia/descriptografia e dispositivos *switches* de camada 7 que desempenham roteamento com reconhecimento de conteúdo.

Malha LAN

A malha (comutador) LAN constitui a LAN interna e proporciona conectividade redundante e de alto desempenho para todos os recursos de TI viabilizados por rede no *data center*. Ela costuma ser implementada com múltiplos *switches* de rede, que facilitam as comunicações e operam a velocidades de até 10 *gigabits* por segundo. Esse *switches* de rede avançados também podem desempenhar diversas funções de virtualização, como segregação de LAN em VLANs, agregação de enlaces, roteamento controlado entre redes, balanceamento de rede e *failover*.

Malha SAN

Relacionada à implementação de redes de área de armazenamento (*storage area networks* – SANs) que fornecem conectividade entre servidores e sistemas de armazenamento, a malha SAN costuma ser implementada com Fibre Channel (FC), Fibre Channel over Ethernet (FCoE) e *switches* de rede InfiniBand.

Gateways NAS

Este subsistema fornece pontos de vínculo entre dispositivos de armazenamento baseados em NAS e implementa *hardware* de conversão de protocolo que facilita a transmissão de dados entre dispositivos SAN e NAS.

Tecnologias de rede de *data center* têm requisitos operacionais de escalabilidade e disponibilidade que são satisfeitos pela implantação de configurações redundantes e/ou tolerantes a falhas. Esses cinco subsistemas elevam a redundância e a confiabilidade de *data center*, de modo a assegurar que tenham recursos de TI suficientes para manter um certo nível de serviço mesmo diante falhas múltiplas.

Cabos de rede ópticos de velocidade ultrarrápida podem ser usados para agregar canais individuais de um *gigabit* por segundo em fibras ópticas únicas usando tecnologias de multiplexagem, tal como multiplexagem densa de divisão de comprimento de onda (*dense wavelength-division multiplexing* – DWDM). Espalhados por múltiplos locais e usados para interconectar fazendas de servidores, sistemas de armazenamento e *data centers* replicados, os cabos ópticos elevam as velocidades de transferência e a resiliência.

Ambientes sem servidor

Um ambiente sem servidor consiste em tecnologias que fornecem automaticamente recursos em tempo de execução para aplicativos que podem ser implantados sem a necessidade de instalação de recursos subjacentes para rodá-los. A lógica implantada segue rodando em servidores, quer sejam físicos, virtuais, em contêineres ou outros, mas os administradores de serviços não precisam se preocupar com capacidade de planejamento, gerenciamento, resiliência ou configurações de elasticidade, já que o próprio ambiente sem servidor se encarrega desses aspectos.

Tecnologias sem servidor incluem virtualização, infraestrutura, implantação e gestão de *software*, infraestrutura como código e implantação contínua, tudo isso abrangido por serviço em nuvem altamente customizado que permite que desenvolvedores simplesmente subam seu código e uma descrição correspondente de seus requisitos de tempo de execução numa linguagem específica para cada provedor de nuvem. A partir daí, o ambiente sem servidor assume o comando.

Em boa parte das vezes, esse tipo de ambiente é fornecido e operado por um provedor de nuvem pública suportado por motores de contêiner ou por máquinas virtuais, a fim de isolar a execução de um aplicativo em relação aos demais. Os detalhes de tempo de execução ficam ocultos do consumidor de nuvem, e o provedor de nuvem se responsabiliza por gerenciar a infraestrutura de nível mais baixo, incluindo sistemas operacionais, máquinas virtuais e contêineres.

Os provedores de nuvem cobram pelos recursos obrigatórios para rodar programas usados por essas tecnologias sem servidor somente no período em que os programas são realmente rodados. Quando o programa não está rodando, não gera custo algum. Essa pode ser considerada uma das vantagens mais importantes das tecnologias sem servidor, além da facilidade de uso oferecida a equipes de desenvolvimento pela automação do processo inteiro de implantação até a ponta de produção.

Agrupamento NoSQL

NoSQL (abreviação de "não apenas SQL", *"not only SQL"* em inglês) diz respeito a tecnologias usadas para desenvolver bases de dados não relacionais de última geração que são altamente dimensionáveis em escala e tolerantes a falhas. Tais tecnologias alcançam altos níveis de escalabilidade e tolerância a falhas porque são projetadas como agrupamentos de servidores que atuam como uma mesma base de dados ou entidade de armazenamento. Isso é conhecido como agrupamento NoSQL.

Um agrupamento é uma coleção de nós centralmente gerenciada e interconectada por uma rede a fim de processar tarefas em paralelo, em que cada nó fica responsável por uma subtarefa de um problema maior (Figura 5.8). Agrupamentos possibilitam o processamento distribuído de dados. Idealmente, um agrupamento compreende nós de baixo custo do tipo *commodity*, que fornecem coletivamente maior capacidade de processamento com redundância inerente e tolerância a falhas – características que são possibilitadas pelo fato de que os agrupamentos consistem em nós fisicamente separados.

Agrupamentos são altamente dimensionáveis em escala, suportando escala horizontal com ganhos lineares de desempenho. Eles proporcionam um ambiente ideal de implantação para um motor de processamento, já que grandes

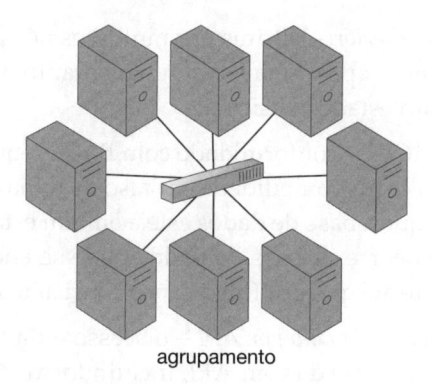

agrupamento

Figura 5.8
Um agrupamento pode ser usado como um ambiente de implantação para diversos tipos de soluções baseadas em nuvem, incluindo bases de dados NoSQL.

conjuntos de dados podem ser divididos em conjuntos menores e então processados em paralelo de maneira distribuída.

Agrupamentos representam um recurso fundamental oferecido por plataformas de computação em nuvem. A tecnologia de agrupamento é empregada para prestar serviços relacionados a plataformas de *big data*, ambientes avançados de gerenciamento de contêineres, o desenvolvimento de aplicativos de dimensionamento automático e a implantação de ambientes (como PaaS), entre outros.

Um agrupamento NoSQL fornece dispositivos de armazenamento que são dimensionáveis em escala, disponíveis, tolerantes a falhas e bem rápidos para operações de leitura/escrita. No entanto, esses dispositivos não proporcionam o mesmo suporte transacional e de consistência exibido por sistemas de gerenciamento de bases de dados relacionais (*relational database management systems* – RDBMSs).

A seguir, são examinadas algumas das principais funcionalidades dos dispositivos de armazenamento NoSQL:

- *Modelo de dados sem esquemas* – os dados podem existir em sua forma bruta.
- *Dimensionamento de escala horizontal em vez de vertical* – nós adicionais são adicionados conforme necessário, em vez de se substituir um nó existente por outro de melhor desempenho.
- *Alta disponibilidade* – dispositivos de armazenamento NoSQL são desenvolvidos a partir de tecnologias baseadas em agrupamento que garantem tolerância a falhas já de fábrica.
- *Custos operacionais mais baixos* – os dispositivos são instalados sobre plataformas de código aberto sem custos de licenciamento, e podem ser implantados em *hardware* do tipo *commodity*.

- *Consistência ulterior* – leituras por múltiplos nós podem não ser consistentes imediatamente após uma escrita. No entanto, todos os nós cedo ou tarde alcançam um estado consistente.

- *BASE, não ACID* – conformidade com BASE requer que uma base de dados mantenha alta disponibilidade em caso de falha de rede ou nó, ao passo que não requer que a base de dados esteja em um estado consistente sempre que um evento ocorre. A base de dados pode se encontrar num estado *soft* ou inconsistente até que por fim alcance consistência.

- *Acesso a dados acionado por API* – o acesso a dados geralmente é suportado via consultas baseadas em API, incluindo APIs RESTful. Algumas implementações também podem fornecer capacidade de consulta ao estilo SQL.

- *Autosharding e replicação* – a fim de suportar escala horizontal e garantir alta disponibilidade, um dispositivo de armazenamento NoSQL automaticamente emprega técnicas de *sharding* e de replicação, mediante as quais a base de dados é particionada e então copiada ao longo de múltiplos nós.

- *Caching integrado* – essa funcionalidade elimina a necessidade de uma camada terceirizada de *caching* distribuído, como Memcached.

- *Suporte a consultas distribuídas* – dispositivos de armazenamento NoSQL mantêm comportamento consistente de consultas ao longo de múltiplos *shards*.

- *Persistência poliglota* – o uso de dispositivo de armazenamento NoSQL não obriga a retirada de RDBMSs tradicionais. Ambos tipos de armazenamento podem ser usados ao mesmo tempo, suportando, portanto, persistência poliglota, que é uma abordagem para dados persistentes usando tipos diferentes de tecnologias de armazenamento. Isso é útil para o desenvolvimento de sistemas que exigem dados estruturados, bem como semi e não estruturados.

- *Focado em agregados* – ao contrário de bases de dados relacionais que são mais efetivas com dados integralmente normalizados, dispositivos de armazenamento NoSQL armazenam dados agregados (uma entidade que contém dados fundidos, muitas vezes aninhados, para um objeto), eliminando, portanto, a necessidade de junções e mapeamento entre objetos de aplicativos e os dados armazenados na base de dados.

Outras considerações

O *hardware* de TI está sujeito a uma acelerada obsolescência tecnológica, com ciclos de vida que costumam ficar entre cinco e sete anos. A necessidade duradoura de substituir equipamentos com frequência resulta numa mescla de elementos de *hardware* cuja heterogeneidade pode complicar as operações e o gerenciamento de *data centers* inteiros, embora isso possa ser mitigado parcialmente por meio de virtualização.

A segurança é outra questão fundamental ao se considerar o papel do *data center* e as vastas quantidades de dados contidos por trás de suas portas. Mesmo com rigorosas precauções de segurança vigentes, o alojamento de dados exclusivamente numa única instalação significa que bem mais deles podem ser comprometidos por um ataque bem-sucedido do que se os dados estivessem distribuídos em componentes individuais não conectados.

5.3 Virtualização moderna

A tecnologia de virtualização moderna é o alicerce das plataformas de nuvem contemporâneas. Ela oferece uma variedade de tipos de virtualização e camadas tecnológicas, os quais serão introduzidos nesta seção.

Independência de *hardware*

A instalação de determinada configuração de sistema operacional e *software* aplicativo numa plataforma de *hardware* de TI singular resulta em muitas dependências *software–hardware*. Num ambiente não virtualizado, o sistema operacional é configurado para modelos específicos de *hardware*, e requer reconfiguração caso esses recursos de TI precisem ser modificados.

A virtualização é um processo de conversão que traduz um *hardware* de TI singular em cópias emuladas e padronizadas baseadas em *software*. Por meio de independência de *hardware*, servidores virtuais podem ser transportados facilmente para outro *host* de virtualização, resolvendo de modo automático múltiplos problemas de incompatibilidade *hardware–software*. Como resultado, a clonagem e manipulação de recursos de TI virtuais é muito mais fácil do que a duplicação de *hardware* físico. Os modelos arquitetônicos explorados na Parte III deste livro fornecem inúmeros exemplos disso.

Consolidação de servidores

A função de coordenação que é proporcionada pelo *software* de virtualização permite que múltiplos servidores virtuais sejam criados simultaneamente no mesmo *host* de virtualização. A tecnologia de virtualização possibilita que diferentes servidores virtuais compartilhem um mesmo servidor físico. Esse processo é chamado de *consolidação de servidores* e costuma ser usado para aumentar a utilização de *hardware*, o balanceamento de carga e a otimização de recursos de TI disponíveis. A flexibilidade resultante é tamanha que servidores virtuais diferentes podem rodar distintos sistemas operacionais hospedados no mesmo *host*.

Essa capacidade fundamental apoia diretamente funcionalidades comuns das nuvens, como uso sob demanda, coleção de recursos, elasticidade, escalabilidade e resiliência.

Replicação de recursos

Servidores virtuais são criados na forma de imagens de disco virtual que contêm cópias de arquivos binários de conteúdo de disco rígido. Essas imagens de disco virtual são acessáveis pelo sistema operacional do *host*, fazendo com que operações simples de arquivo, como copiar, mover e colar, possam ser usadas para replicar, migrar e fazer o *backup* do servidor virtual. Essa facilidade de manipulação e replicação é uma das funcionalidades mais destacadas da tecnologia de virtualização, uma vez que viabiliza:

- A criação de máquina virtual padronizada comumente configurada para incluir capacidades de *hardware* virtual, sistemas operacionais hospedados e *software* adicional de aplicativos, para a pré-embalagem em imagens de disco virtual em suporte a implantação instantânea.

- Maior agilidade na migração e implantação de novas instâncias de máquina virtual, ao ser capaz de redimensionar a escala horizontal ou vertical rapidamente.

- A capacidade de reversão, que é a criação instantânea de *snapshots* de máquina virtual ao salvar o estado da memória e a imagem de disco rígido do servidor virtual para um arquivo baseado em *host*. (Operadores podem facilmente reverter esses *snapshots* e restaurar a máquina virtual a seu estado anterior.)

- O suporte à continuidade comercial com *backup* eficiente e procedimentos de restauração, bem como a criação de instâncias múltiplas de críticos recursos de TI e aplicativos.

Virtualização baseada em sistema operacional

Virtualização baseada em sistema operacional é a instalação de *software* de virtualização num sistema operacional preexistente, que é chamado de *sistema operacional host* (Figura 5.9). Digamos que um usuário cuja estação de trabalho está instalada com uma versão específica do Windows deseja gerar servidores virtuais e instalar *software* de virtualização no sistema operacional *host* como qualquer outro programa. Esse usuário precisa usar esse aplicativo para gerar e operar um ou mais servidores virtuais. Além disso, precisa usar *software* de virtualização para possibilitar acesso direto a quaisquer dos servidores virtuais gerados. Como o sistema operacional *host* é capaz de oferecer o suporte necessário a dispositivos de *hardware*, a virtualização de sistema operacional pode retificar problemas de compatibilidade de *hardware* mesmo quando o *driver* de *hardware* não está disponível ao *software* de virtualização.

A independência de *hardware* possibilitada pela virtualização permite que recursos de TI de *hardware* sejam usados com mais flexibilidade. Considere, por exemplo, um cenário em que o sistema operacional *host* conta com o *software*

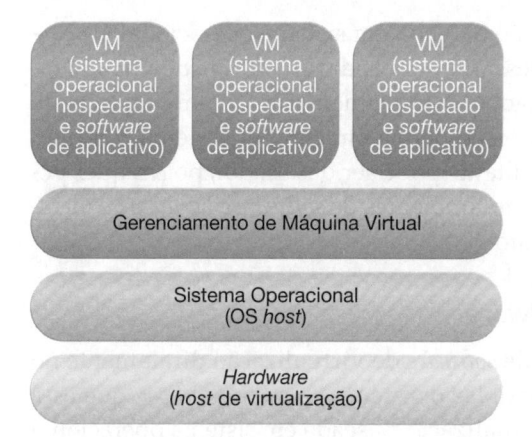

```
┌─────────┐  ┌─────────┐  ┌─────────┐
│   VM    │  │   VM    │  │   VM    │
│(sistema │  │(sistema │  │(sistema │
│operacional│ │operacional│ │operacional│
│hospedado│  │hospedado│  │hospedado│
│e software│ │e software│ │e software│
│de aplicativo)│ │de aplicativo)│ │de aplicativo)│
└─────────┘  └─────────┘  └─────────┘
```

Gerenciamento de Máquina Virtual

Sistema Operacional
(OS *host*)

Hardware
(*host* de virtualização)

Figura 5.9
As diferentes camadas lógicas de virtualização baseada em sistema operacional, em que a VM é primeiramente instalada num sistema operacional *host* integral e subsequentemente usada para gerar máquinas virtuais.

necessário para controlar cinco adaptadores de rede que estão disponíveis ao computador físico. O *software* de virtualização pode disponibilizar os cinco adaptadores de rede ao servidor virtual, mesmo se o sistema operacional virtualizado for incapaz de alojar fisicamente cinco adaptadores de rede.

Software de virtualização traduz recursos de TI de *hardware* que requerem um *software* singular para operação em recursos de TI virtualizados que são compatíveis com uma gama de sistemas operacionais. Uma vez que o sistema operacional *host* é em si mesmo um sistema operacional completo, muitos serviços baseados em sistema operacional que estão disponíveis como ferramentas de administração podem ser usados para gerenciar o *host* físico.

Como exemplos de tais serviços, podemos citar:

- *backup* e recuperação;
- integração a serviços de diretório;
- gestão de segurança.

A virtualização baseada em sistema operacional é capaz de introduzir demandas e problemas relacionados com teto de desempenho, tais como:

- O sistema operacional *host* consome CPU, memória e outros recursos de TI de *hardware*.
- Chamados relacionados a *hardware* provenientes de sistemas operacionais hospedados precisam atravessar diversas camadas de ida e volta até o *hardware*, o que piora o desempenho em geral.
- Licenças costumam ser necessárias para sistemas operacionais *host*, além de licenças individuais para cada um de seus sistemas operacionais hospedados.

Uma preocupação com a virtualização baseada em sistema operacional é a carga adicional de processamento necessária para rodar o *software* de virtualização e sistemas operacionais hospedados. A implementação de uma camada de virtualização acaba prejudicando o desempenho em geral do sistema. Estimar, monitorar e gerenciar o impacto resultante pode ser desafiador, pois requer perícia em cargas de trabalho de sistemas, ambientes de *software* e *hardware* e ferramentas sofisticadas de monitoramento.

Virtualização baseada em *hardware*

Essa opção representa a instalação de *software* de virtualização diretamente no *hardware* físico do *host*, de modo a driblar o sistema operacional *host*, que está presumivelmente envolvido com virtualização baseada em sistema operacional (Figura 5.10). Permitir que os servidores virtuais interajam com o *hardware* sem exigir ação intermediária do sistema operacional *host* costuma tornar mais eficiente a virtualização baseada em *hardware*.

Para esse tipo de processamento, o *software* de virtualização costuma ser chamado de *hipervisor*. Um hipervisor conta com uma interface de usuário simples, que requer um espaço de armazenamento negligenciável. Ele existe como uma fina camada de *software* que lida com funções de gerenciamento de *hardware* a fim de estabelecer uma camada de gerenciamento de virtualização. *Drivers* de dispositivos e serviços do sistema são otimizados para o provisionamento de servidores virtuais, embora muitas funções-padrão de sistema operacional não sejam implementadas. Esse tipo de sistema de virtualização é essencialmente usado para otimizar a carga de desempenho inerente à coordenação, o que permite que múltiplos servidores virtuais interajam com a mesma plataforma de *hardware*.

Um dos principais problemas da virtualização baseada em *hardware* envolve a compatibilidade com dispositivos de *hardware*. A camada de virtualização é projetada para se comunicar diretamente com o *hardware* do *host*, o que quer dizer que todos os *drivers* de dispositivos associados e qualquer *software* suportado

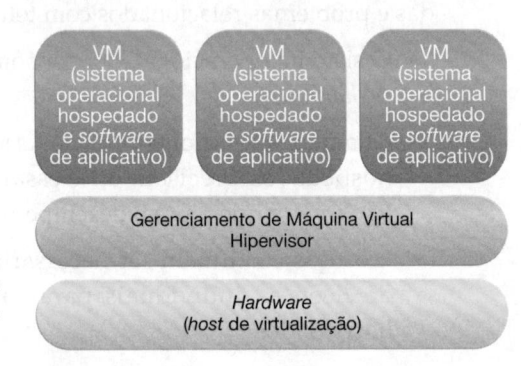

Figura 5.10
As diferentes camadas lógicas de virtualização baseada em *hardware*, que não exigem outro sistema operacional host.

precisam ser compatíveis com o hipervisor. *Drivers* de dispositivos de *hardware* podem não ficar tão disponíveis para plataformas de hipervisor quanto ficam para sistemas operacionais. Além do mais, funcionalidades de gerenciamento e administração de *host* talvez não incluam a gama de funções avançadas que são comuns em sistemas operacionais.

Contêineres e virtualização baseada em aplicativo

Virtualização de aplicativos é um método de criação e utilização de aplicativos sem depender de um sistema operacional. Para muitos tipos de aplicativos e serviços, contêineres proporcionam um ambiente de implantação portátil, compatível e altamente gerenciável, permitindo que programas de *software* independentes e autônomos rodem em praticamente qualquer plataforma, em conformidade com a definição de virtualização de aplicativos.

Um *software* que roda em contêiner pode ser implantado em praticamente qualquer lugar, sempre oferecendo a mesma funcionalidade, independentemente do ambiente de tempo de execução em que é implantado. Contêineres são apropriados para virtualização baseada em aplicativos, pois aplicativos que rodam em contêineres podem rodar em qualquer plataforma, não importando qual seja o sistema operacional ou a arquitetura de *hardware* subjacente, contanto que um motor de conteinerização compatível esteja rodando nessa plataforma, conforme retratado na Figura 5.11.

A conteinerização se tornou uma tecnologia fundamental de infraestrutura em ambientes em nuvem contemporâneos, e é examinada em detalhes no Capítulo 6.

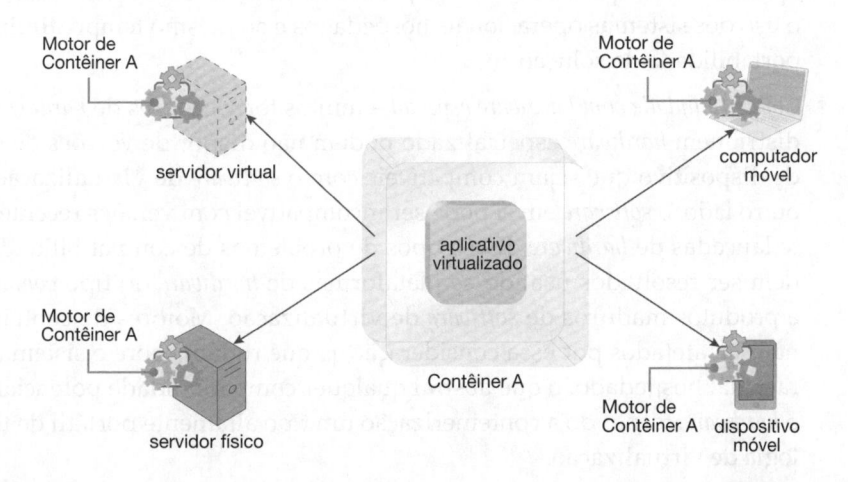

Figura 5.11
Um aplicativo virtualizado rodando num contêiner pode ser implantado em qualquer lugar em que seu motor de conteinerização esteja instalado, não importando quais sejam as arquiteturas de *hardware* ou sistema operacional subjacentes.

Gerenciamento de virtualização

Muitas tarefas administrativas podem ser desempenhadas mais facilmente usando-se servidores virtuais, em oposição a seus equivalentes físicos. Um *software* de virtualização moderno fornece diversas funções gerenciais que podem automatizar tarefas administrativas e reduzir o fardo operacional geral sobre os recursos de TI virtualizados.

O gerenciamento virtualizado de recursos de TI muitas vezes é suportado por ferramentas de *gerenciamento de infraestrutura de virtualização (virtualization infrastructure management – VIM)*, que gerenciam coletivamente recursos de TI e dependem de um módulo gerencial centralizado, também conhecido como um controlador, que roda num computador dedicado. VIMs costumam ser abrangidos pelo mecanismo de sistema gerencial de recursos descrito no Capítulo 12.

Outras considerações

- *Teto de desempenho* – a virtualização pode não ser ideal para sistemas complexos com altas cargas de trabalho e pouco espaço para compartilhamento de recursos e replicação. Um plano de virtualização mal-formulado pode resultar em exploração exagerada do desempenho. Uma estratégia comum adotada para retificar esse problema é uma técnica chamada paravirtualização, que apresenta uma interface de *software* para as máquinas virtuais que não é idêntica àquela do *hardware* subjacente. Em vez disso, a interface de *software* é modificada para reduzir a sobrecarga de processamento do sistema operacional hospedado, o que é mais difícil de gerenciar. Uma importante desvantagem dessa abordagem é a necessidade de adaptar o sistema operacional hospedado à API de paravirtualização, o que pode prejudicar o uso dos sistemas operacionais hospedados e ao mesmo tempo diminuir a portabilidade da solução.

- *Compatibilidade com hardware especial* – muitos fornecedores de *hardware* que distribuem *hardware* especializado podem não dispor de versões de *driver* de dispositivo que sejam compatíveis com o *software* de virtualização. Por outro lado, o *software* em si pode ser incompatível com versões recentemente lançadas de *hardware*. Esses tipos de problemas de compatibilidade podem ser resolvidos usando-se plataformas de *hardware* do tipo *commodity* e produtos maduros de *software* de virtualização. Motores de contêineres não são afetados por essa consideração, já que rodam sobre o sistema operacional hospedado, o que abstrai qualquer compatibilidade potencial com o *hardware*, tornando a conteinerização um tipo altamente portátil de tecnologia de virtualização.

- *Portabilidade* – as interfaces programáticas e gerenciais que estabelecem ambientes de administração para um programa de virtualização para operar com várias soluções de virtualização podem introduzir lacunas de portabilidade devido a incompatibilidades. Iniciativas como o Open Virtualization Format (OVF) para a padronização de formatos de imagem de disco virtual são dedicadas a aliviar essa preocupação. Além do mais, a conteinerização proporciona um tipo alternativo de tecnologia de virtualização com altíssimos níveis de portabilidade.

5.4 Tecnologia de multi-inquilinato

O projeto de aplicativo de multi-inquilinato foi criado para permitir que vários usuários (inquilinos) acessem a mesma lógica de aplicativo simultaneamente. Cada inquilino tem sua própria visão do aplicativo que utiliza, e customiza uma instância dedicada do *software* enquanto permanece alheio a outros inquilinos que estão usando o mesmo aplicativo.

Aplicativos de multi-inquilinato garantem que os inquilinos não tenham acesso a dados e informações de configuração que não sejam seus. Inquilinos podem customizar individualmente funcionalidades do aplicativo, tais como:

- *Interface de usuário* – inquilinos podem definir "um visual e uma sensação" especializados para sua interface de aplicativo.

- *Processo comercial* – inquilinos podem customizar as regras, a lógica e os fluxos de trabalho dos processos comerciais que são implementados no aplicativo.

- *Modelo de dados* – inquilinos podem estender o esquema de dados do aplicativo de modo a incluir, excluir e renomear campos das estruturas de dados do aplicativo.

- *Controle de acesso* – inquilinos podem controlar independentemente os direitos de acesso a usuários e grupos.

A arquitetura de aplicativo multi-inquilinato muitas vezes é mais complexa que a de aplicativos de um único inquilino. Aplicativos de multi-inquilinato precisam suportar o compartilhamento de vários artefatos por múltiplos usuários (incluindo portais, esquemas de dados, *middleware* e bases de dados), mantendo ao mesmo tempo níveis de segurança que segregam ambientes operacionais de inquilinos individuais.

Características comuns de aplicativos de multi-inquilinato incluem:

- *Isolamento de uso* – o comportamento de uso de determinado inquilino não afeta a disponibilidade e o desempenho do aplicativo para outros inquilinos.

- *Segurança de dados* – inquilinos não podem acessar dados que pertencem a outros inquilinos.

- *Recuperação* – procedimentos de *backup* e restauração são executados separadamente para os dados de cada inquilino.

- *Upgrades de aplicativo* – inquilinos não são afetados negativamente por *upgrades* síncronos de artefatos compartilhados de *software*.
- *Escalabilidade* – o aplicativo pode dimensionar sua escala de modo a acomodar aumentos de uso por parte de inquilinos existentes e/ou aumento na quantidade de inquilinos.
- *Uso mensurado* – inquilinos são cobrados apenas pelo processamento e pelas funcionalidades de aplicativo que são de fato consumidos.
- *Isolamento de níveis de dados* – inquilinos podem contar com bases de dados, tabelas e/ou esquemas isolados de outros inquilinos. Como alternativa, bases de dados, tabelas e/ou esquemas podem ser projetados para serem intencionalmente compartilhados pelos inquilinos.

Um aplicativo de multi-inquilinato que está sendo usado concomitantemente por dois inquilinos diferentes é ilustrado na Figura 5.12. Esse tipo de aplicativo é típico de implantações SaaS.

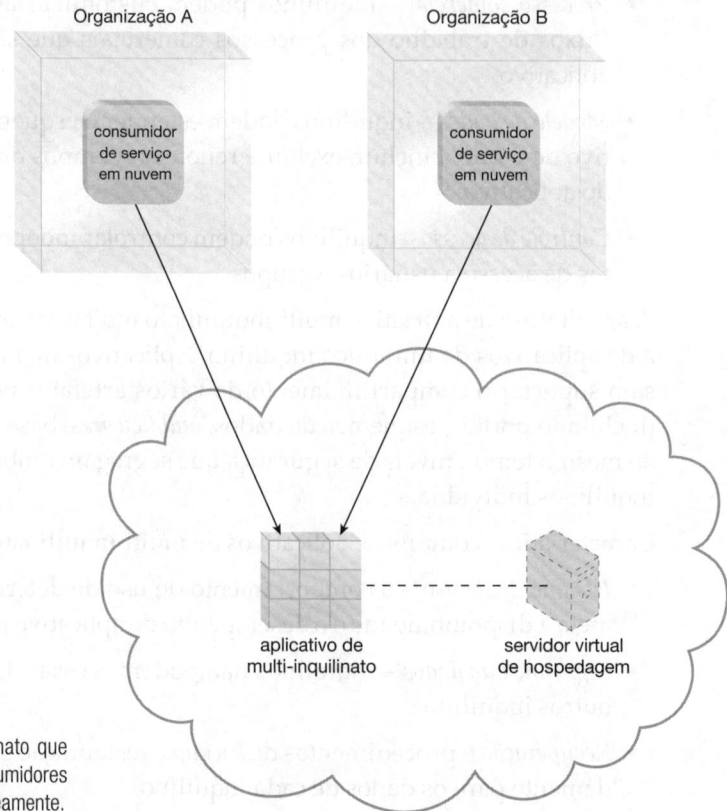

Figura 5.12
Um aplicativo de multi-inquilinato que está atendendo múltiplos consumidores de serviço em nuvem simultaneamente.

> **MULTI-INQUILINATO *VERSUS* VIRTUALIZAÇÃO**
>
> O multi-inquilinato é muitas vezes confundido com virtualização, pois o conceito de vários inquilinos é similar ao conceito de instâncias virtualizadas.
>
> As diferenças estão naquilo que é multiplicado dentro de um servidor físico que atua como *host*:
>
> - Com virtualização: múltiplas cópias virtuais do ambiente do servidor podem ser hospedadas por um único servidor físico. Cada cópia pode ser fornecida a usuários diferentes, pode ser configurada de modo independente e pode conter seus próprios sistemas operacionais e aplicativos.
>
> - Com multi-inquilinato: um servidor físico ou virtual hospedando um aplicativo é projetado para permitir o uso por múltiplos inquilinos. Cada usuário sente como se tivesse uso exclusivo do aplicativo.

5.5 Tecnologia de serviços e APIs de serviços

O campo da tecnologia de serviços é um alicerce da computação em nuvem, a qual formou a base para os modelos de entrega de nuvem "como serviço". Diversas tecnologias proeminentes de serviços que são usadas para realizar e tirar proveito de ambientes baseados em nuvem são descritas nesta seção.

> **SOBRE OS SERVIÇOS BASEADOS NA *WEB***
>
> Apoiados no uso de protocolos padronizados, os *serviços baseados na Web* são unidades autocontidas de lógica que suportam interação interoperável máquina-máquina através de uma rede. Tais serviços costumam ser projetados para se comunicar via tecnologias não proprietárias em conformidade com padrões e convenções do setor. Como sua única função é processar dados entre computadores, esses serviços expõem APIs e não contam com interfaces de usuário. Serviços *Web* e serviços REST representam duas formas de serviços baseados na *Web*.

Serviços REST

Serviços REST são projetados de acordo com um conjunto de restrições que moldam a arquitetura de serviços de modo a emular as propriedades da World Wide Web, resultando em implementações de serviços que dependem do uso de tecnologias *Web* basilares.

As seis restrições de projeto REST são:

- cliente-servidor;
- sem estado;
- *cache*;
- interface/contrato uniforme;
- sistema em camadas;
- código sob demanda.

Serviços REST não contam com interfaces técnicas individuais, mas, em vez disso, compartilham uma interface técnica comum, conhecida como o contrato uniforme, que costuma ser estabelecido mediante o uso de métodos HTTP.

> **OBSERVAÇÃO**
>
> Para saber mais sobre serviços REST, leia *SOA with REST: principles, patterns & constraints for building enterprise solutions with REST*, da coleção *Pearson Digital Enterprise Series from Thomas Erl*.

Serviços *Web*

Também abreviados comumente como "baseados em SOAP", os serviços *Web* representam um meio estabelecido e comum para lógica de serviços sofisticada e baseada na *Web*. Juntamente com XML, as tecnologias basilares por trás desses serviços são representadas pelos seguintes padrões do setor:

- *Web Service Description Language (WSDL)* – essa linguagem de *markup* é usada para criar uma definição WSDL para a interface de programação de aplicativo (API) de um serviço *Web*, incluindo suas operações individuais (funções) e as mensagens de entrada e saída de cada operação.

- *XML Schema Definition Language (Esquema XLM)* – mensagens trocadas pelo serviço *Web* precisam ser expressas usando XML. Esquemas XML são criados para definir a estrutura de dados das mensagens de entrada e saída baseadas em XML trocadas pelos serviços *Web*. Esquemas XML podem ser vinculados diretamente ou embutidos em definições WSDL.

- *SOAP* – anteriormente conhecido como Simple Object Access Protocol, este padrão define um formato comum de mensagens usado para mensagens de solicitação e resposta trocadas pelos serviços *Web*. Mensagens SOAP são compostas por seções de corpo e cabeçalho. A primeira abriga o conteúdo principal da mensagem, enquanto a segunda é usada para conter metadados que podem ser processados em tempo de execução.

- *Universal Description, Discovery and Integration (UDDI)* – este padrão regula registros de serviços em que definições WSDL podem ser publicadas como parte de um catálogo de serviços para fins de descoberta.

Coletivamente, essas quatro tecnologias formam a primeira geração de tecnologias de serviços *Web* (Figura 5.13). Um conjunto abrangente de tecnologias de serviços *Web* de segunda geração (comumente referidas como WS-*) foi desenvolvido para lidar com várias áreas funcionais adicionais, como segurança, confiabilidade, transações, roteamento e automação de processos comerciais.

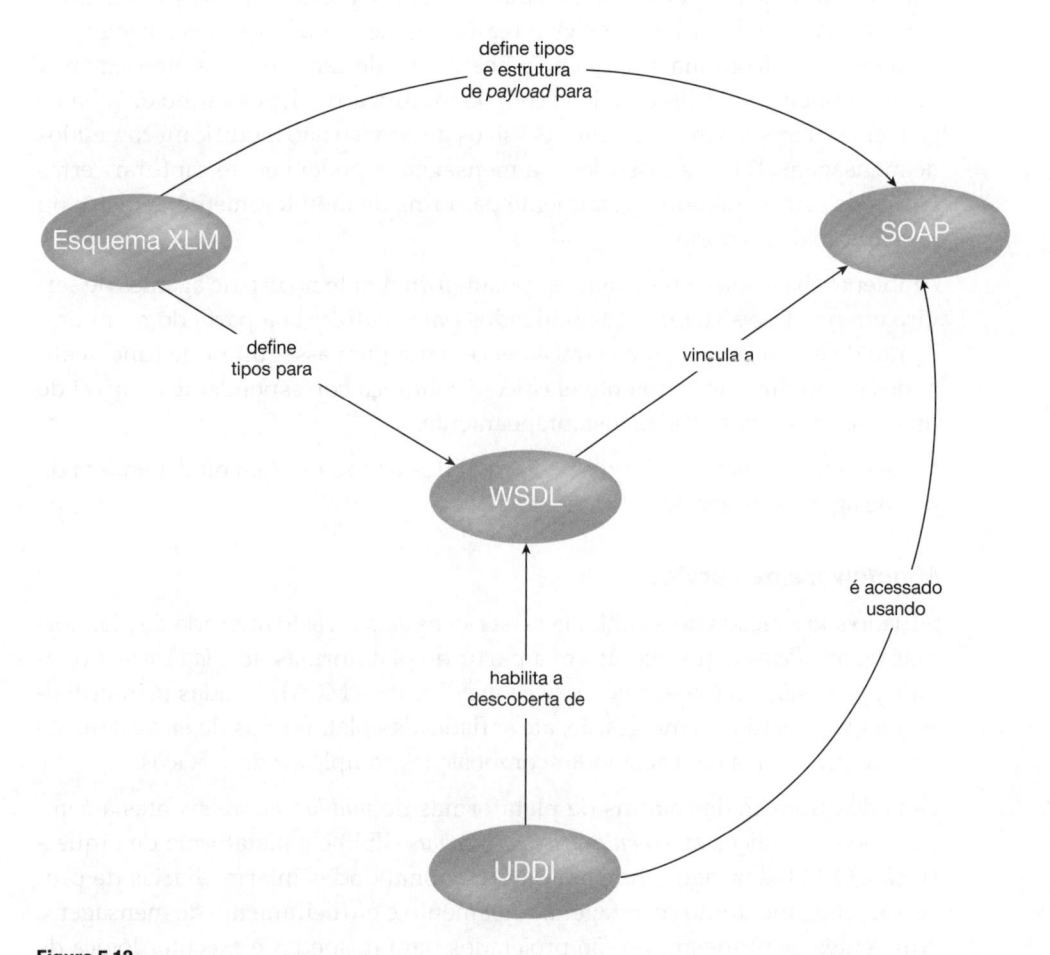

Figura 5.13
Uma visão geral de como tecnologias de serviços *Web* de primeira geração costumam se relacionar entre si.

> **OBSERVAÇÃO**
>
> Para saber mais sobre tecnologias de serviços *Web*, leia *Web service contract design & versioning for SOA*, da coleção *Pearson Digital Enterprise Series from Thomas Erl*. Essa obra cobre em detalhes técnicos padrões de serviços *Web* de primeira e segunda gerações.

Agentes de serviço

Agentes de serviço são programas acionados por eventos e projetados para interceptar mensagens em tempo de execução. São agentes ativos e passivos de serviço, ambos comuns em ambientes em nuvem. Agentes ativos de serviço realizam uma ação quando interceptam e leem os conteúdos de uma mensagem. Tipicamente, essa ação exige a realização de modificações nos conteúdos da mensagem (com mais frequência nos dados de cabeçalho da mensagem, e mais raramente no conteúdo do corpo) ou modificações no caminho da mensagem em si. Por sua vez, os agentes passivos de serviço não modificam conteúdos de mensagens. Em vez disso, leem a mensagem e podem então capturar certas partes de seus conteúdos, geralmente para fins de monitoramento, registro ou preparação de relatório.

Ambientes baseados em nuvem se apoiam fortemente no uso de agentes de serviço em nível de sistema e customizados para realizar boa parte do monitoramento de execução e da mensuração necessária para assegurar que funcionalidades como dimensionamento elástico e cobrança correspondente ao nível de uso possam ser cumpridas instantaneamente.

Diversos mecanismos descritos na Parte II deste livro existem ou dependem do uso de agentes de serviço.

Middleware de serviço

Situado sob a alçada de tecnologia de serviços está o vasto mercado de plataformas de *middleware* que evoluíram a partir de plataformas de *middleware* orientado a mensagens (*messaging-oriented middleware* – MOM), usadas primordialmente para facilitar a integração, até sofisticadas plataformas de *middleware* de serviço projetadas para acomodar composições complexas de serviços.

Dois dos tipos mais comuns de plataformas de *middleware* relevantes à computação de serviços são o *enterprise service bus* (ESB) e a plataforma de orquestração. O ESB abrange uma gama de funcionalidades intermediárias de processamento, incluindo corretagem, roteamento e enfileiramento de mensagens. Ambientes de orquestração são projetados para hospedar e executar lógica de fluxo de trabalho que oriente a composição de execução de serviços.

Ambas as formas de *middleware* de serviço podem ser implantadas e operadas dentro de ambientes baseados em nuvem.

RPC baseada na *Web*

Provedores de nuvem costumam fornecer acesso aos recursos que oferecem via serviços RESTful. A interação entre serviços RESTful e seus consumidores de serviços requer quantias consideráveis de largura de banda em conversas que exigem que múltiplas mensagens sejam trocadas através da rede.

Estruturas RPC tradicionais são capazes de superar alguns dos desafios de desempenho apresentados por arquiteturas RESTful, mas ficam circunscritas a comunicação via TCP/IP, que é uma limitação incompatível com requisitos de aplicativos baseados na *Web*. Para lidar com essas duas limitações, um conjunto de protocolos contemporâneos foi desenvolvido para tirar proveito dos benefícios de desempenho da RPC, dando suporte, ao mesmo tempo, à comunicação baseada na *Web*. Eles incluem:

- gRPC (originalmente desenvolvido pela Google);
- GraphQL (originalmente desenvolvido pelo Facebook);
- Falcor (originalmente desenvolvido pela Netflix).

Cada um desses protocolos foi desenvolvido por uma organização em resposta a uma necessidade de superar limitações envolvendo protocolos mais estabelecidos.

5.6 EXEMPLO DE ESTUDO DE CASO

A DTGOV reuniu infraestruturas sensíveis à nuvem em cada um de seus *data centers*, que são formados pelos seguintes componentes:

- Infraestrutura de instalação Nível 3, que proporciona configurações redundantes para todos os subsistemas centrais na camada de instalação de *data center*.
- Conexões redundantes com prestadores de serviços básicos que têm capacidade local instalada para geração de energia e abastecimento de água a ser ativada em caso de falha geral.
- Uma interligação de rede que fornece uma interconexão de largura de banda ultra alta entre os três *data centers* através de ligações dedicadas.
- Conexões redundantes com a Internet em cada *data center*, com múltiplos ISPs e com a Extranet .GOV, que interconecta a DTGOV a seus principais clientes governamentais.
- *Hardware* padronizado com maior capacidade agregada, que é abstraído por uma plataforma de virtualização ciente de nuvem.

Servidores físicos são organizados em *racks* de servidores, cada um dos quais conta com dois roteadores *switches* no alto da prateleira (camada 3) que estão conectados a cada servidor físico. Esses roteadores *switches* estão interconectados a *core switches* LAN que foram configurados como um agrupamento. Os *core switches* se conectam a roteadores que suprem capacidades de interligação e *firewalls* que fornecem capacidades de controle de acesso à rede. A Figura 5.14 ilustra o leiaute físico das conexões de rede de servidores dentro do *data center*.

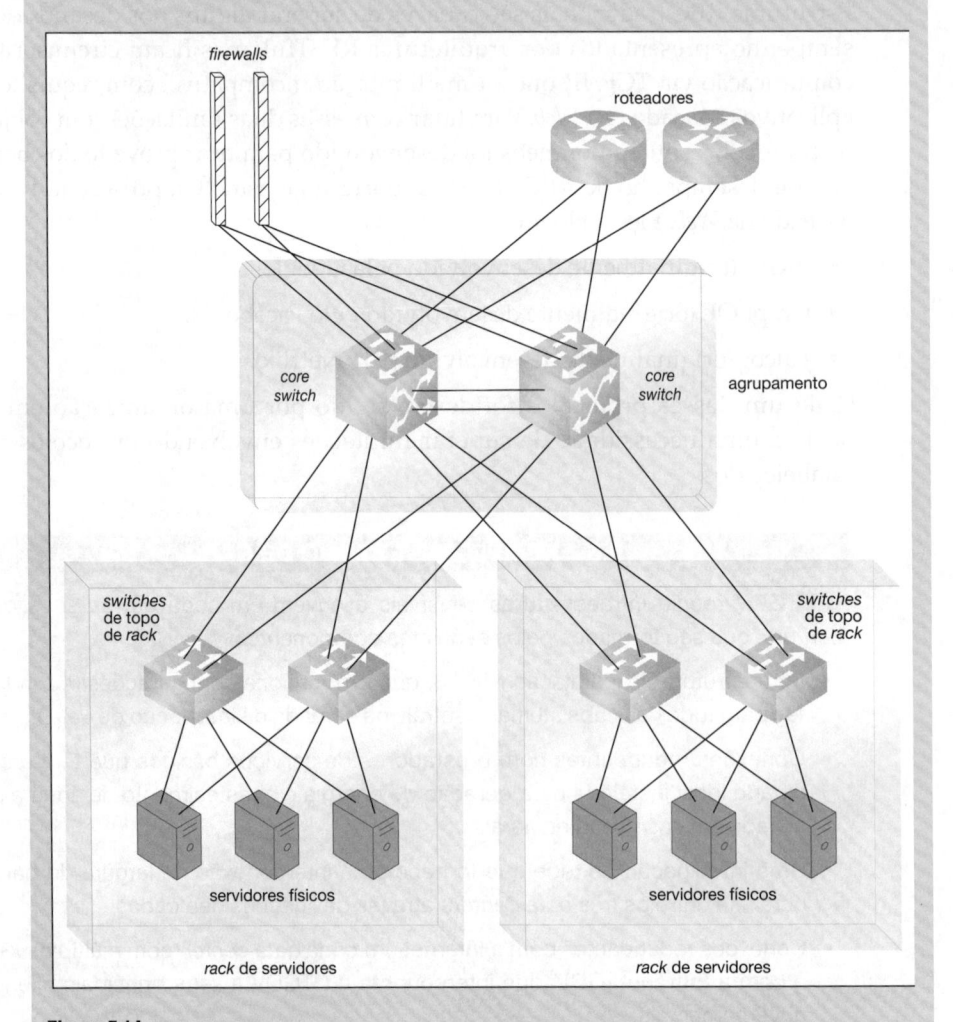

Figura 5.14
Uma visão das conexões de rede de servidores dentro do *data center* da DTGOV.

Uma rede separada que conecta os sistemas de armazenamento e os servidores está instalada com roteadores agrupados de rede de área de armazenamento (SAN) e conexões similares redundantes a vários dispositivos (Figura 5.15).

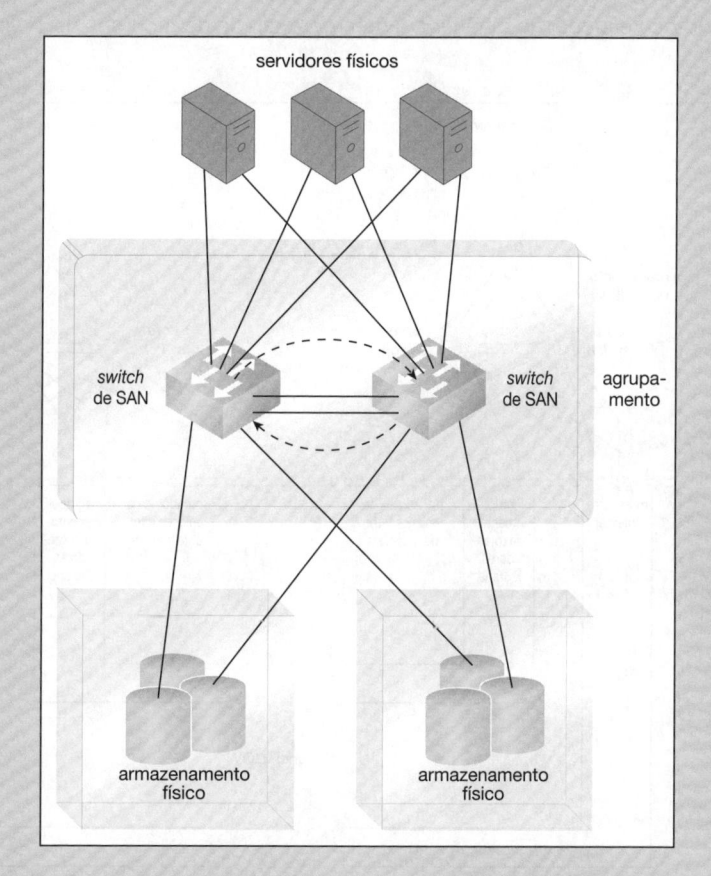

Figura 5.15
Uma visão das conexões de rede de sistema de armazenamento dentro do *data center* da DTGOV.

A Figura 5.16 ilustra uma arquitetura de interligação de redes que é estabelecida entre cada par do *data center* dentro da infraestrutura corporativa da DTGOV.

Conforme mostrado nas Figuras 5.15 e 5.16, a combinação de recursos físicos de TI interconectados com recursos de TI virtualizados na camada física permite a configuração e alocação dinâmica e bem gerenciada de recursos de TI virtuais.

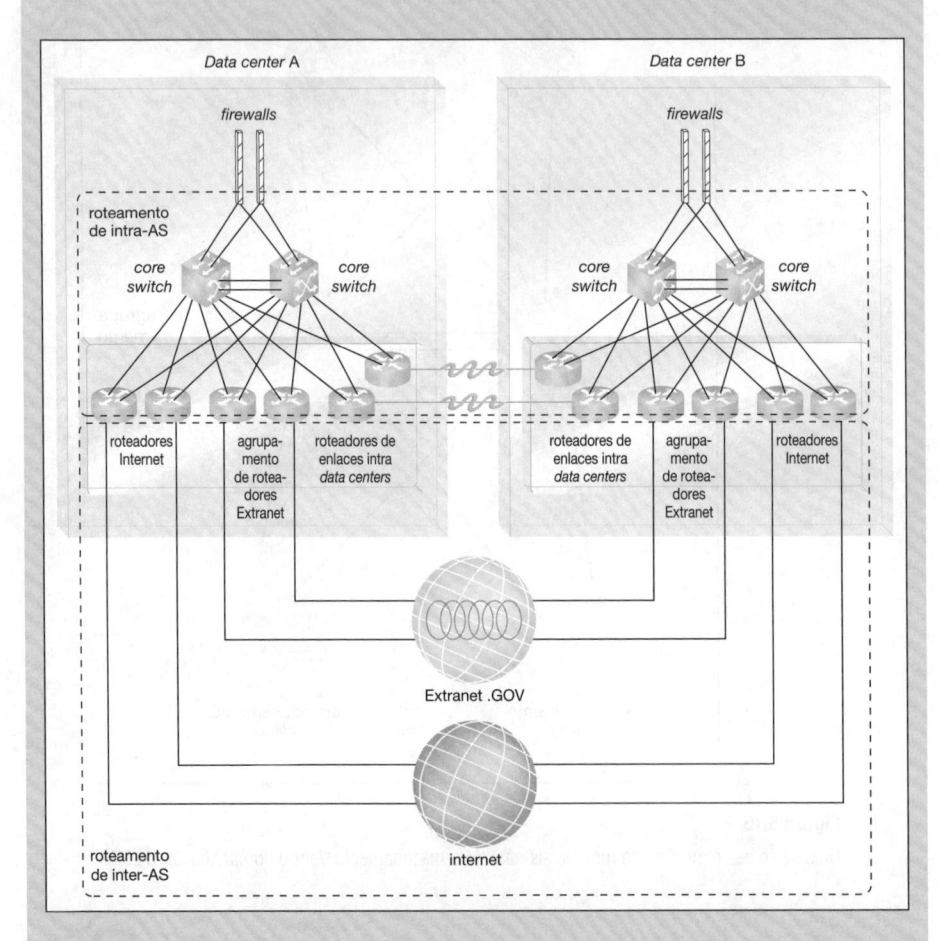

Figura 5.16

A configuração de interligação de rede entre dois *data centers*, que é similarmente implementada entre cada par de *data centers* da DTGOV. A interligação de rede da DTGOV é projetada para ser um sistema autônomo (*autonomous system* – AS) na Internet, o que significa que as ligações que conectam os *data centers* com as LANs definem o domínio de roteamento intra-AS. As interconexões com ISPs externos são controladas por tecnologia de roteamento inter-AS, que molda o tráfego na Internet e possibilita configurações flexíveis para balanceamento de carga e *failover*.

Capítulo 6

Compreendendo a conteinerização

6.1 Origens e influências
6.2 Fundamentos da virtualização e conteinerização
6.3 Compreendendo os contêineres
6.4 Compreendendo as imagens de contêiner
6.5 Tipos de multicontêiner
6.6 Exemplo de estudo de caso

A conteinerização é uma tecnologia de virtualização usada para implantar e rodar aplicativos e serviços sem a necessidade de implantar um servidor virtual para cada solução. Este capítulo aborda tópicos fundamentais referentes à virtualização e depois faz um exame mais aprofundado da tecnologia de conteinerização e da utilização de contêineres.

> **OBSERVAÇÃO**
>
> Este capítulo é suplementado com uma abordagem das tecnologias de conteinerização Docker e Kubernetes, no Apêndice B.

6.1 Origens e influências

Um breve histórico

O conceito de contêineres está presente desde os anos 70, quando se referia originalmente à capacidade usada em sistemas Unix para melhor segregar código de aplicativo. Os primeiros contêineres proporcionavam um ambiente isolado em que serviços e aplicativos podiam operar sem interferir com outros processos, resultando num ambiente similar a um *sandbox* para testagem de aplicativos, serviços e outros processos.

Os contêineres ganharam ampla aplicação décadas depois, devido a uma profusão de distribuições Linux que lançaram novas ferramentas de implantação e gestão. Contêineres que rodam em sistemas Linux foram transformados numa técnica de virtualização em âmbito de sistema operacional especialmente designada a permitir que diversos ambientes Linux isolados rodem num único *host* Linux. No entanto, embora contêineres rodando numa plataforma Linux tenham ampliado sua utilidade, restaram obstáculos-chave a resolver, incluindo administração unificada, portabilidade verdadeira, compatibilidade e controle de escala.

A introdução de Apache Mesos, Google Borg e Facebook Tupperware – todos os quais forneceram graus variados de orquestração de contêineres e capacidades de gestão de *cluster* – marcou um avanço significativo na adoção de contêineres em sistemas Linux. Esses sistemas possibilitaram a criação instantânea de centenas de contêineres, bem como *failover* automático e outras funcionalidades de missão crítica necessárias para a gestão de contêineres em escala. Depois que contêineres Docker foram introduzidos, a conteinerização começou a se tornar parte da TI convencional. A proeminência do Docker levou à inovação de plataformas sofisticadas de conteinerização, incluindo Marathon, Kubernetes e Docker Swarm.

Conteinerização e computação em nuvem

A computação em nuvem ajudou a popularizar a tecnologia de virtualização, e avanços posteriores na tecnologia de computação em nuvem ajudaram a concretizar a tecnologia contemporânea de conteinerização. Atualmente, a conteinerização é uma parte fundamental da infraestrutura de computação em nuvem.

O uso de contêineres pode ajudar a sustentar os principais motivadores comerciais por trás da computação em nuvem.

A arquitetura de implantação simplificada e flexível estabelecida pela conteinerização pode apoiar diretamente os principais motivadores comerciais de redução de custo e agilidade comercial por trás da computação em nuvem (conforme introduzidos no Capítulo 3) e pode ajudar ainda mais as soluções baseadas em nuvem a melhor responder às exigências de flutuação de uso.

6.2 Fundamentos da virtualização e conteinerização

Esta seção aborda os termos e conceitos fundamentais associados a sistemas operacionais e à tecnologia de virtualização. Em seguida, explica os componentes básicos da conteinerização e se encerra com uma comparação entre virtualização e conteinerização.

Fundamentos de sistemas operacionais

Um *sistema operacional* é um *software* instalado num computador que fornece uma gama de programas, ferramentas, bibliotecas e outros recursos usados para gerenciar a máquina, bem como programas usados para hospedar e dar suporte a operações duradouras de aplicativos instalados no sistema operacional. A instalação de um sistema operacional também pode incluir vários aplicativos de consumo.

Os programas do sistema operacional usados para dar suporte à execução e operação ativa de aplicativos são referidos coletivamente como o *runtime* (Figura 6.1). Os aplicativos em si podem introduzir seu próprio *software* de *runtime* que opera sobre um ambiente de *runtime* de sistema operacional.

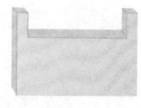

Figura 6.1
O símbolo usado para representar um *runtime*.

Fundamentos de virtualização

Para melhor compreender a conteinerização, é importante estabelecer primeiramente alguns fundamentos sobre a virtualização. Conforme já explicado no Capítulo 3, a *virtualização* é a tecnologia que permite que um recurso de TI físico forneça múltiplas imagens virtuais de si mesmo, de tal modo que suas capacidades subjacentes de processamento possam ser compartilhadas por múltiplas soluções.

Servidores físicos

O recurso de TI físico mais comumente virtualizado é o *servidor físico* (Figura 6.2). Um servidor físico proporciona um ambiente de sistema operacional capaz de hospedar aplicativos, serviços e outros programas de *software*.

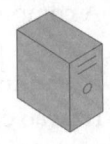

Figura 6.2
O símbolo usado para representar um servidor físico.

Servidores virtuais

Ao utilizar tecnologia de virtualização, o ambiente de hospedagem de sistema operacional fornecido pelo servidor físico pode ser abstraído em um ou mais *servidores virtuais* (Figura 6.3).

Cada servidor virtual pode então proporcionar uma cópia nova e dedicada (ou *imagem*) do ambiente de hospedagem de sistema operacional, que pode, por sua vez, ser referido como um sistema operacional *hóspede*. Cada servidor virtual é capaz de oferecer seu ambiente virtualizado de sistema operacional a um conjunto diferente de aplicativos ou serviços de consumo que não requerem conhecimento algum sobre como o servidor físico subjacente existe ou opera (Figura 6.4). Conforme a demanda de uso dos consumidores flutua, o servidor físico pode ter sua escala redimensionada de acordo.

Figura 6.3
O símbolo usado para representar um servidor virtual.

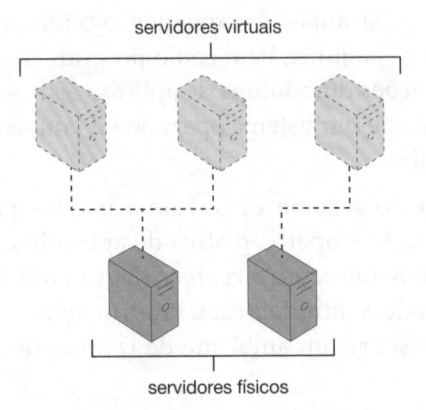

Figura 6.4
Três servidores virtuais que existem em dois servidores físicos.

O administrador responsável pelo servidor físico pode reter controle administrativo do *hardware* do servidor físico e de seu sistema operacional. Os administradores responsáveis pelos servidores virtuais individuais não recebem (nem requerem) acesso ao servidor físico subjacente, mas podem controlar independentemente seus respectivos ambientes virtuais de sistema operacional.

Hipervisores

O componente responsável por criar e rodar múltiplos servidores virtuais a partir de um servidor físico é o *hipervisor* (Figuras 6.5 e 6.6).

Figura 6.5
O símbolo usado para representar o hipervisor.

Servidores virtuais percebem o *hardware* emulado apresentado a eles pelo hipervisor como um *hardware* real.
Cada servidor virtual possui seu próprio sistema operacional (também conhecido como um sistema operacional hóspede) que precisa ser implantado dentro do servidor virtual e gerenciado e mantido como se fosse implantado num servidor físico.

Tipos de virtualização

Há dois tipos de ambientes de virtualização basicamente diferenciados por terem ou não um sistema operacional instalado no servidor físico.

Num ambiente de virtualização do Tipo 1, o servidor físico não tem um sistema operacional instalado. Em vez disso, somente o hipervisor encontra-se instalado no servidor físico, e é responsável por criar os servidores virtuais e por muni-los de ambientes virtualizados de sistema operacional (Figura 6.7).

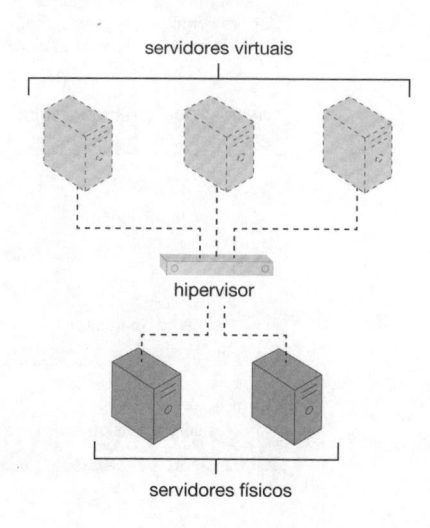

Figura 6.6
Três servidores virtuais criados e rodados por um hipervisor que existe em dois servidores físicos.

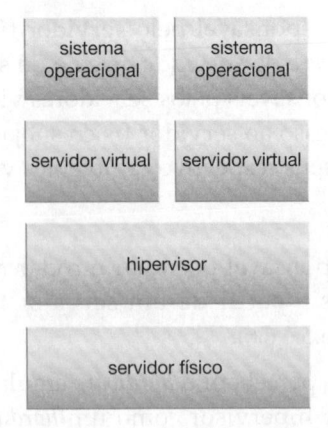

Figura 6.7
O servidor físico hospeda somente o hipervisor que cria servidores virtuais, cada qual com seu próprio sistema operacional.

Num ambiente de virtualização do Tipo 2, o servidor físico tem um sistema operacional instalado e pode ter também um hipervisor instalado. Nesse caso, o servidor físico é acessível via seu sistema operacional, e o hipervisor segue como responsável por criar os servidores virtuais e por muni-los de seus ambientes virtualizados de sistema operacional (Figura 6.8).

Figura 6.8
O servidor físico hospeda seu próprio sistema operacional, bem como um hipervisor que cria servidores virtuais com seus próprios ambientes de sistema operacional.

Fundamentos de conteinerização

Contêineres

Um *contêiner* (Figura 6.9) é um ambiente virtualizado de hospedagem capaz de ser otimizado para fornecer somente os recursos necessários para os programas de *software* que ele hospeda.

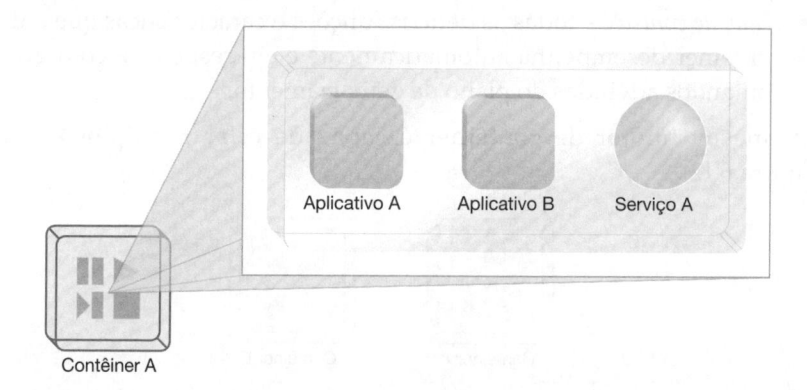

Figura 6.9
O símbolo na esquerda é o ícone de contêiner. O símbolo na direita também é usado para representar um contêiner e para mostrar seus conteúdos.

Os contêineres apresentam várias funcionalidades e características que são exploradas em mais detalhes na seção "Compreendendo os contêineres".

Imagens de contêiner

Uma *imagem de contêiner* (Figura 6.10) para um *template* predefinido que é usado para criar contêineres implantados.

A definição e o uso de imagens de contêiner são determinantes para o modo como plataformas de conteinerização operam. Mais detalhes são fornecidos logo adiante na seção "Compreendendo as imagens de contêiner".

Figura 6.10
O símbolo usado para representar uma imagem de contêiner.

Motores de contêiner

O *motor de contêiner* (Figura 6.11), também referido como o *motor de conteinerização*, é responsável pela criação de contêineres com base em imagens de contêiner predefinidas. O motor de contêiner é implantado no sistema operacional de um servidor físico ou virtual, a partir do qual ele pode abstrair os recursos necessários para um determinado contêiner.

Figura 6.11
O símbolo usado para representar o motor de contêiner.

O motor de contêiner é uma pedra fundamental de uma plataforma de conteinerização e é responsável por muitas de suas principais tarefas de processamento. Sua implementação é organizada em dois "planos", da seguinte forma:

- *Plano de gerenciamento* – a GUI e as ferramentas de linha de comando disponibilizadas para permitir que administradores humanos configurem e mantenham o ambiente de motor de contêiner.

- *Plano de controle* – todas as demais funções e características que o motor de contêiner desempenha automaticamente e em resposta a configurações e comandos advindos do plano de gerenciamento.

Um mesmo motor de contêiner é capaz de criar múltiplos contêineres (Figura 6.12).

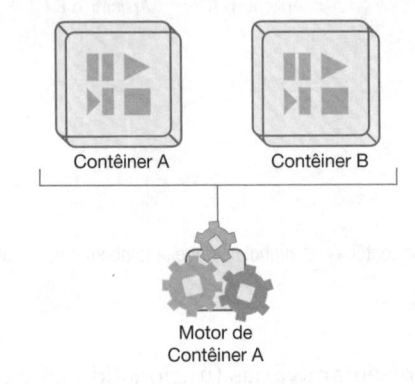

Figura 6.12
Um motor de contêiner criando dois contêineres diferentes.

Pods

Um *pod*, também conhecido como um *contêiner de pod lógico*, é um tipo especial de contêiner de sistema que pode ser usado para hospedar um único contêiner ou um grupo deles (Figura 6.13), com recursos compartilhados de armazenamento e/ou rede, e também com uma configuração compartilhada que determina como os contêineres devem ser rodados.

O modo como os *pods* se relacionam com a implantação de contêineres é explorado mais a fundo na subseção "Contêineres e *pods*", incluída na seção "Compreendendo contêineres".

Hosts

Um *host* é o ambiente em que um contêiner é implantado. Um *host* pode ser referido como um *servidor* ou *nó*. O *host* oferece o sistema operacional a partir do qual o contêiner abstrai os recursos de que precisa para dar suporte aos programas que está hospedando. Múltiplos contêineres podem ser implantados e rodados num mesmo *host* (Figura 6.14).

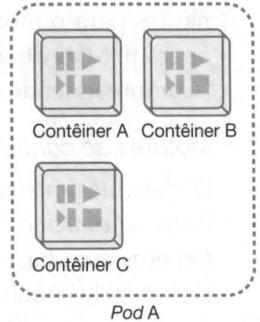

Figura 6.13
Um *pod* é retratado como uma caixa pontilhada mostrando os contêineres que ele está hospedando.

Diferentes combinações de contêineres e *pods* podem ser implantadas em diferentes *hosts* (Figura 6.15). Contudo, um mesmo *pod* não pode estar distribuído por mais de um *host*.

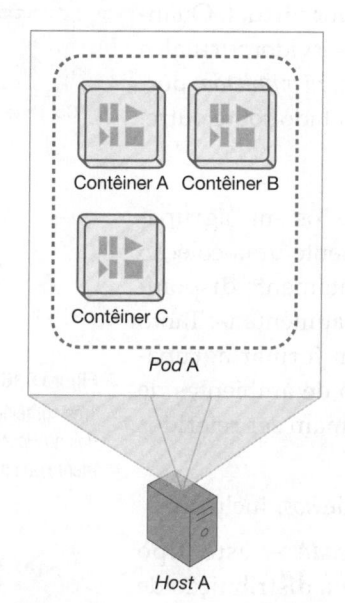

Figura 6.14
Três contêineres num mesmo *pod* residem no *Host* A, que é um servidor físico.

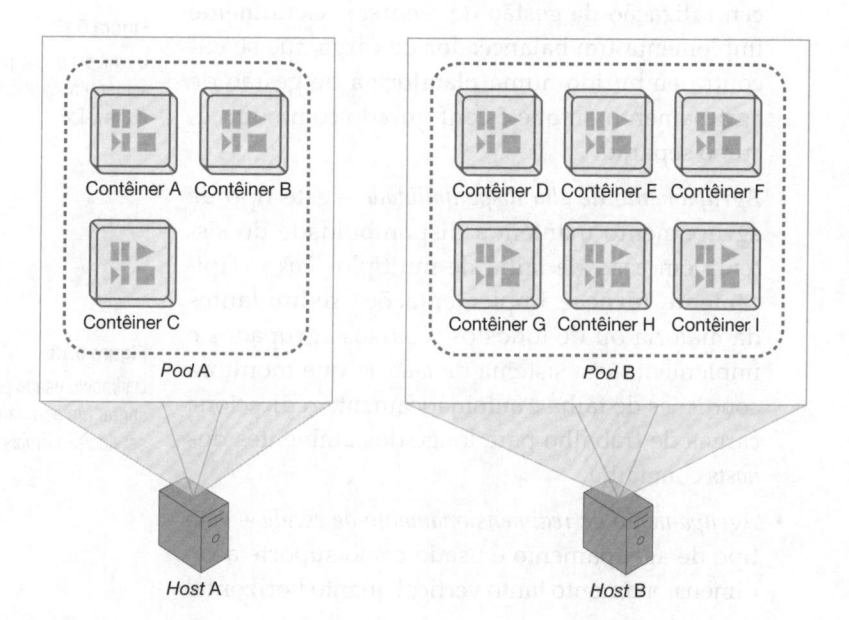

Figura 6.15
O *Host* A possui três contêineres ativos em um *pod*, enquanto há seis contêineres em um *pod* operando no *Host* B.

Contêineres também operam em um *host* sem um *pod* quando o motor de contêiner implantado não possui suporte para *pods* (Figura 6.16).

Hosts costumam existir como servidores físicos, mas um *host* também pode ser um servidor virtual. Quando um contêiner é implantado num servidor virtual, é considerado uma forma de *virtualização aninhada*, porque um sistema virtualizado é implantado sobre outro.

Agrupamentos de hosts

Servidores *host* podem ser combinados em "agrupamentos" que estabelecem coletivamente uma coleção de recursos de processamento prontamente disponíveis com capacidade computacional aumentada. Tanto *hosts* virtuais quanto físicos podem formar agrupamentos (Figuras 6.17 e 6.18). Dentro de ambientes de agrupamento, servidores *host* costumam ser referidos como *nós*.

Figura 6.16
Três contêineres são implantados no *Host* A sem o envolvimento de um *pod*.

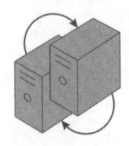

Os tipos comuns de agrupamentos de *host* incluem:

- *Agrupamento de carga balanceada* – este tipo de agrupamento se especializa na distribuição de cargas de trabalho entre *hosts* a fim de elevar a capacidade de recursos sem deixar de preservar a centralização da gestão de recursos. Geralmente implementa um balanceador de carga que se encontra embutido numa plataforma de gestão de agrupamento ou que é configurado como um recurso separado.

Figura 6.17
O símbolo usado para representar um agrupamento de *hosts* físicos.

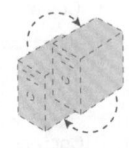

- *Agrupamento de alta disponibilidade* – este tipo de agrupamento mantém a disponibilidade do sistema em caso de falha de múltiplos *hosts*. Tipicamente fornece implementações redundantes da maioria ou de todos os recursos agrupados e implementa um sistema de *failover* que monitora condições de falha e automaticamente redireciona cargas de trabalho para longe dos ambientes dos *hosts* com falha.

Figura 6.18
O símbolo usado para representar um agrupamento de servidores virtuais.

- *Agrupamento de redimensionamento de escala* – este tipo de agrupamento é usado como suporte a redimensionamento tanto vertical quanto horizontal de escala.

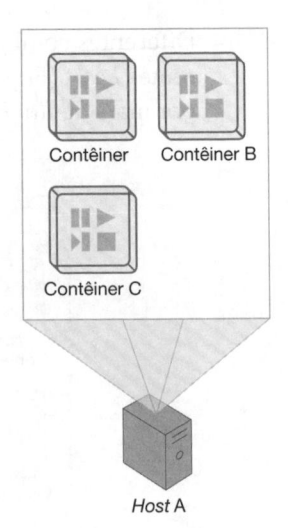

Plataformas de conteinerização utilizam todos os modelos recém-mencionados de agrupamento de *host* em suporte a requisitos de alto desempenho e resiliência, bem como em relação a capacidades otimizadas de implantação.

Redes de host *e redes de* overlay

Cada *host* tem seu próprio motor de contêiner, que é responsável por gerar imagens de contêiner e por implantar e rodar contêineres em tal *host*. Contêineres relacionados dentro de um *host* podem ser comunicar entre si usando uma *rede de host* local. Contêineres e motores de contêiner relacionados que se encontram em *hosts* diferentes podem ser comunicar entre si via uma *rede de overlay*. Esses dois tipos de rede são considerados *redes de contêineres* (Figura 6.19).

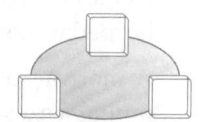

Figura 6.19
O símbolo usado para representar uma rede de contêiner.

Redes de contêiner podem ser configuradas por administradores para dar suporte a várias capacidades de escalabilidade e resiliência e para controlar quais programas hospedados podem acessar recursos fora da rede de contêiner, tema que será explorado mais a fundo na subseção "Redes de contêineres", incluída na seção "Compreendendo os contêineres".

Virtualização e conteinerização

Uma distinção primordial entre um servidor virtual e um contêiner é que o primeiro fornece uma versão virtual do sistema operacional inteiro de um servidor físico, ao passo que o segundo fornece apenas um subconjunto dos recursos de sistema operacional realmente necessários ao programa ou programas de *software* que está rodando. Como resultado, um contêiner consome menos espaço e tem desempenho mais eficiente que um servidor virtual.

Conteinerização em servidores físicos

Ao implantar contêineres num servidor físico, a plataforma de conteinerização não requer ambiente de virtualização algum, já que servidores virtuais não são necessários. O servidor físico subjacente conta com um sistema operacional instalado, e a plataforma de conteinerização é capaz de criar contêineres cada qual abstraindo apenas o subconjunto do sistema operacional relevante aos programas de *software* que ele hospeda (Figura 6.20).

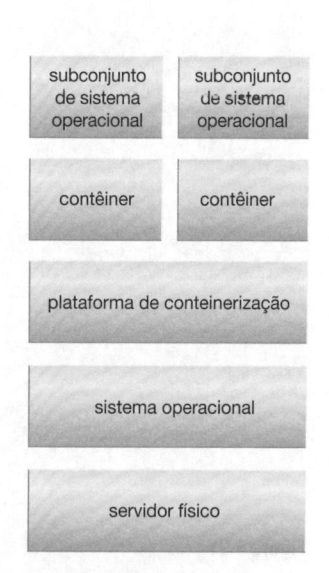

Figura 6.20
Um servidor físico com um sistema operacional hospeda uma plataforma de conteinerização que cria contêineres, cada um com um ambiente que possui somente um subconjunto dos sistema operacional subjacente.

Conteinerização em servidores virtuais

Ao implantar contêineres em um ou mais servidores virtuais, a plataforma de conteinerização pode ser implementada em um ambiente de virtualização Tipo 1 (Figura 6.21) ou Tipo 2 com um hipervisor (Figura 6.22). Ambos tipos de ambientes de virtualização permitem a criação de servidores virtuais capazes de hospedar motores de conteinerização.

A motivação por trás da implantação de contêineres em servidores virtuais muitas vezes tem a ver com vulnerabilidades de segurança surgidas quando um servidor físico tem um sistema operacional instalado. Como resultado, o ambiente de virtualização Tipo 1 é mais comum na maioria dos ambientes de produção. Já a virtualização Tipo 2 costuma ser usada em ambientes de implantação quando soluções conteinerizadas estão sendo desenvolvidas e testadas.

A virtualização Tipo 2 também pode ser usada para soluções menores ou organizações de menor porte quando o servidor físico subjacente requer um sistema operacional a fim de hospedar programas e sistemas adicionais juntamente com a plataforma de conteinerização.

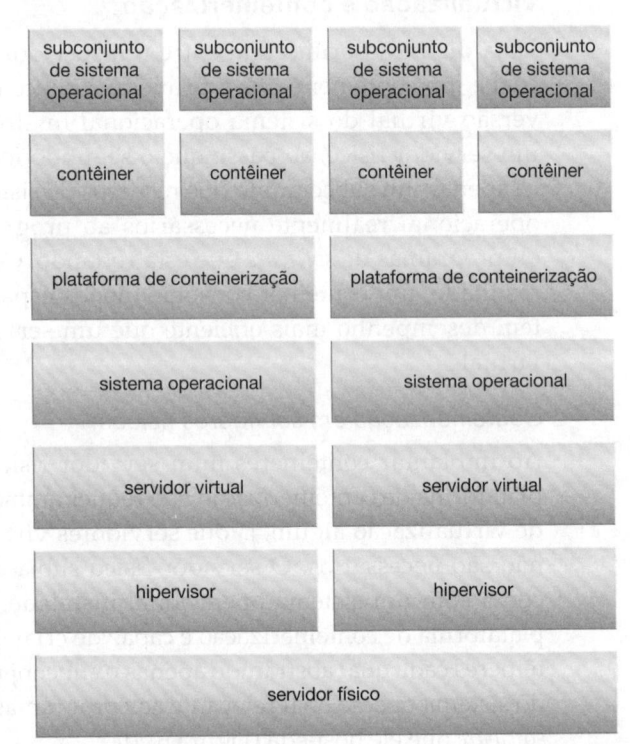

Figura 6.21
Um servidor virtual sem sistema operacional algum hospeda um hipervisor que cria servidores virtuais com sistemas operacionais, cada um dos quais hospeda uma plataforma de conteinerização capaz de criar contêineres que contam somente com um subconjunto de sistema operacional.

Figura 6.22
Um servidor virtual com um sistema operacional hospeda um hipervisor que cria ambientes de servidor virtual com seus próprios sistemas operacionais. Cada servidor virtual hospeda uma plataforma de conteinerização que cria contêineres que hospedam um subconjunto do sistema operacional.

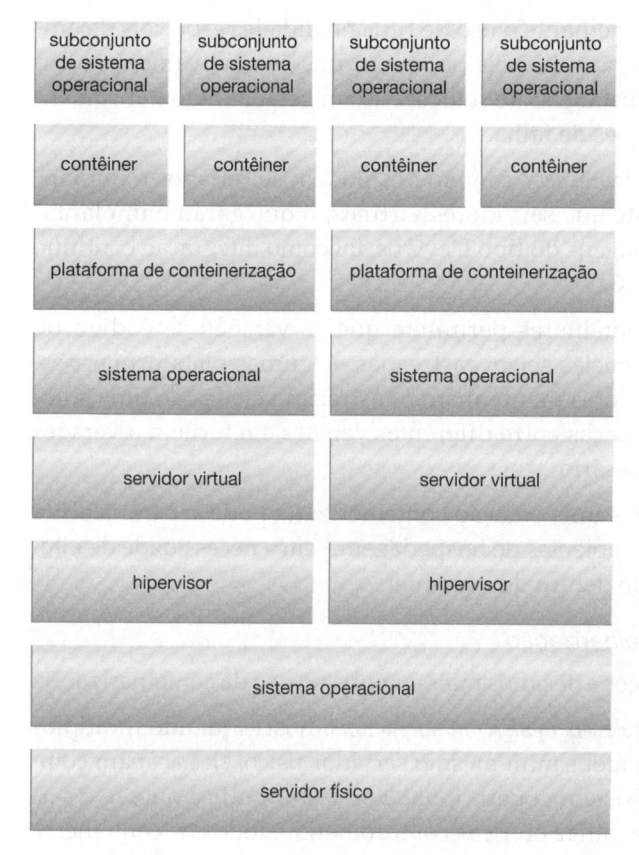

As próximas duas seções destacam os principais benefícios e desafios de utilizar tecnologia de conteinerização, com ênfase no modo como os contêineres se comparam com servidores virtuais.

Benefícios da conteinerização

Esta seção destaca os benefícios-chave da utilização da tecnologia de conteinerização. Muitos desses benefícios são descritos em relação ao modo como os contêineres se comparam com servidores virtuais.

- *Otimização de solução* – a capacidade de customizar um ambiente isolado para uma solução de modo a minimizar sua pegada permite que a solução tenha seu desempenho otimizado, enquanto demanda somente os recursos de infraestrutura que ela realmente requer.

- *Escalabilidade aprimorada* – a menor pegada dos contêineres em termos de CPU, memória e uso de armazenamento também permite que sua escala seja mais eficientemente redimensionada em resposta a demandas de uso.

- *Resiliência aprimorada* – mediante o uso de funcionalidades especiais de ambientes conteinerizados, a resiliência pode ser fornecida nativamente a fim de garantir que novas instâncias de soluções sejam geradas automaticamente em resposta a condições de falha.

- *Maior velocidade de implantação* – contêineres podem ser criados e implantados mais rapidamente que servidores virtuais, o que garante implantação ágil e facilita abordagens do tipo DevOps, tal como integração contínua (*continuous integration* – CI).

- *Suporte de versões* – contêineres permitem que as versões de código de *software* e suas dependências sejam rastreadas. Algumas plataformas permitem que desenvolvedores mantenham e rastreiem versões de uma solução, inspecionem diferenças entre diferentes versões e retornem a versões anteriores quando necessário.

- *Portabilidade aumentada* – uma solução conteinerizada pode ser transferida mais facilmente entre ambientes de hospedagem, sem a necessidade de alterar o *software* da solução dentro do contêiner.

Riscos e desafios da conteinerização

A seguir são listados os riscos e desafios mais comuns no uso da conteinerização:

- *Falta de isolamento em relação ao sistema operacional* host – quando múltiplos contêineres são implantados num mesmo servidor físico, eles acabam compartilhando o mesmo sistema operacional *host*. Isso significa que, se o servidor físico subjacente falhar ou ficar comprometido, todos os contêineres rodando no servidor provavelmente serão impactados.

- *Ameaça de ataque a contêiner* – ao passo que o administrador de um servidor virtual não pode acessar ou modificar o sistema operacional do servidor físico subjacente, o administrador de um contêiner pode, já que o núcleo do sistema operacional é compartilhado entre todos os contêineres rodando no mesmo servidor físico. Isso introduz uma vulnerabilidade significativa à segurança quando plataformas de conteinerização são implantadas sem o envolvimento de servidores virtuais.

- *Complexidade aumentada* – o advento da tecnologia de conteinerização adiciona novas camadas e considerações de *design* que podem elevar a complexidade da infraestrutura de soluções subjacente. Isso pode introduzir esforço e risco, bem como uma curva de aprendizado mais árdua para aqueles responsáveis por desenvolver a solução e seu ambiente de infraestrutura subjacente.

- *Elevação do esforço administrativo* – uma vez que um determinado contêiner oferece a certa versão de uma solução somente os recursos de sistema operacional que ela requer, um esforço administrativo duradouro pode ser necessário para manter a criação de versões subsequentes de contêiner que venham a ser necessárias para acomodar novas demandas de futuras versões da solução. Num ambiente de servidor virtual, essa preocupação é menor, já que o sistema operacional inteiro é sempre fornecido a uma solução e a suas versões subsequentes.

6.3 Compreendendo os contêineres

Embora um contêiner possa conter qualquer tipo de programa de *software*, ele é mais comumente usado para hospedar aplicativos ou serviços que compõem ou fazem parte de uma solução maior de automação (Figura 6.23).

Hospedagem de contêiner

Um único contêiner é capaz de hospedar um único programa de *software*, e múltiplos contêineres podem coexistir lado a lado no mesmo ambiente (Figura 6.24). Quando múltiplos contêineres residem no mesmo ambiente subjacente, ficam seguramente isolados uns dos outros, para que cada contêiner possa operar de modo independente.

Um único contêiner também pode ser usado para hospedar múltiplos programas de *software* relacionados ou diferentes (Figura 6.25).

Figura 6.23
O símbolo à esquerda é usado para representar um programa de *software* que é um aplicativo ou um componente de um aplicativo. O símbolo à direita representa um programa de *software* que é projetado como um serviço.

programa de *software*/aplicativo

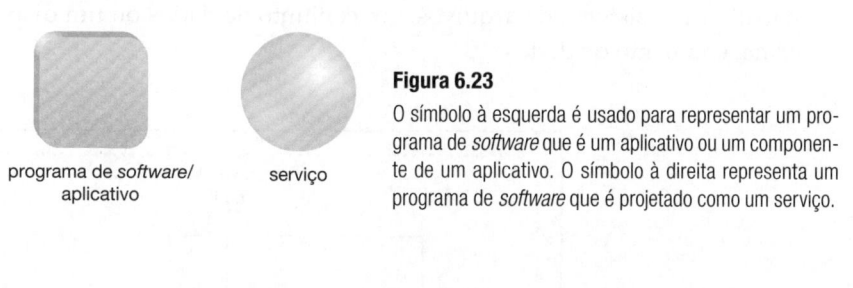

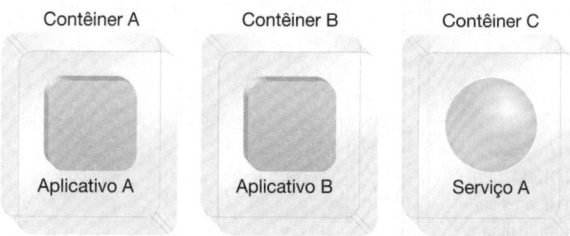

serviço

Contêiner A — Aplicativo A
Contêiner B — Aplicativo B
Contêiner C — Serviço A

Figura 6.24
Três contêineres diferentes hospedam três programas de *software* diferentes.

Figura 6.25
Cada um dos três contêineres hospeda um ou mais programas de *software* diferentes.

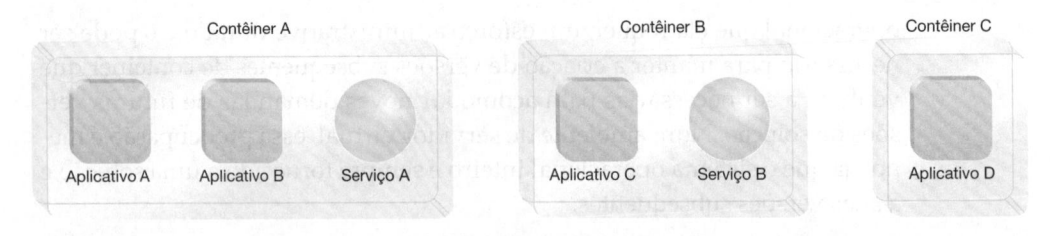

Contêineres são gerados dinamicamente com base em imagens predefinidas de contêiner, como explicado em breve.

Contêineres e *pods*

A agregação de contêineres individuais em um *pod* permite que programas de *software* relacionados sejam mantidos juntos, tal como ao fazerem parte da mesma solução (ou *namespace*) distribuída em geral e quando precisam rodar sob um mesmo endereço de IP (conforme explicado na seção "Endereços de rede de contêineres") (Figura 6.26). Contêineres que se encontram dentro de um *pod* procuram e descobrem uns aos outros via o *host* em que o *pod* está implantado e podem se comunicar entre si usando métodos padronizados de comunicação interprocessual, tal como memória compartilhada. Como será explicado em breve, contêineres que se encontram dentro de um *pod* também podem compartilhar um sistema de arquivos, um conjunto de dados ou um dispositivo de armazenamento de dados.

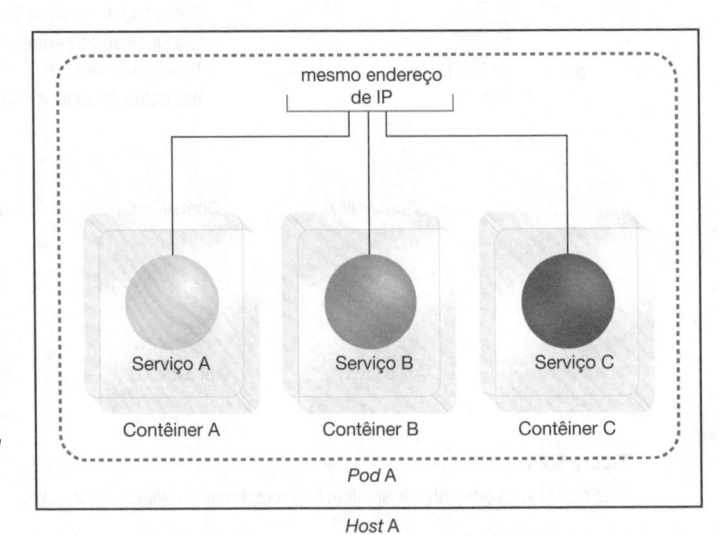

Figura 6.26
Um único *pod* implantado num servidor virtual permite que os serviços hospedados compartilhem o mesmo endereço de IP. O *pod* também pode ser implantado diretamente num servidor físico.

O *pod* estabelece esse ambiente, enquanto garante que programas hospedados ainda estejam isolados uns dos outros. Os *pods* ainda oferecem capacidades especiais de conteinerização associadas a cadeias, orquestração e dimensionamento de escala de contêineres. O uso de *pods* é, portanto, muitas vezes exigido pela plataforma de conteinerização, motivo pelo qual *pods* únicos são frequentemente usados para hospedar contêineres únicos.

Um administrador cria e configura um *pod*, e os contêineres são então adicionados (Figuras 6.27 e 6.28).

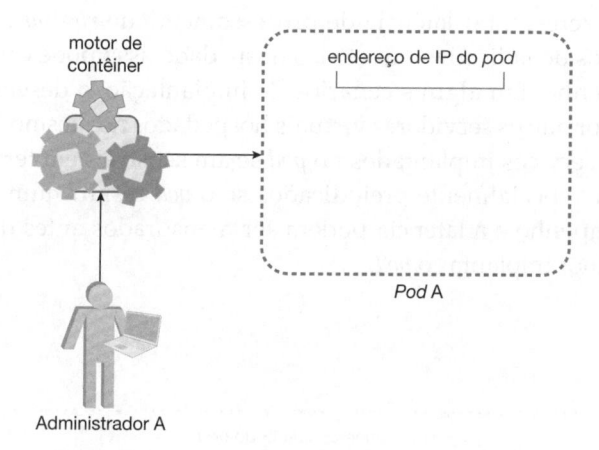

Figura 6.27
Um *Pod* A vazio é criado pelo Administrador A.

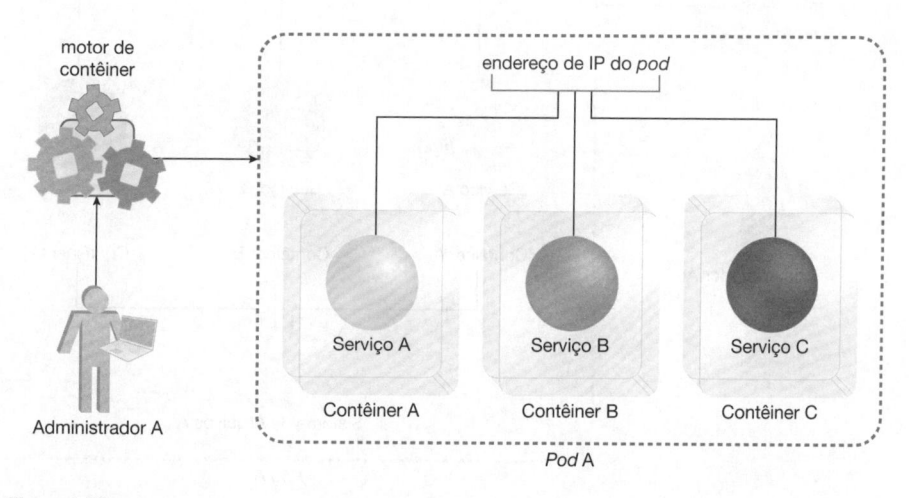

Figura 6.28
O Administrador A instrui o motor de contêiner a adicionar os Contêineres A, B e C ao *Pod* A.

Uma característica usual dos *pods* é sua capacidade de oferecer armazenamento comum aos contêineres que residem em seu interior. O armazenamento existe geralmente como um sistema de arquivos que é referido como um *volume*. Essa forma de armazenamento comum pode ser atraente, pois oferece acesso de alta velocidade a conteúdo armazenado. Entre os tipos de arquivos armazenados num volume estão arquivos de *log*, arquivos de mídia e arquivos de configuração.

O administrador pode configurar um *pod* para habilitar acesso a contêineres residentes (Figura 6.29).

Ao implantar um *pod* hospedado num servidor virtual, a camada adicional de virtualização pode acrescentar latência de processamento de *runtime*. Dependendo dos requisitos do aplicativo ou serviço hospedado, isso pode causar problemas de desempenho. Em alguns cenários de implantação, o desempenho pode ser afetado por outros servidores virtuais hospedados no mesmo *host*. Caso os aplicativos ou serviços implantados no *pod* sejam sensíveis em termos de latência, podem ser especialmente prejudicados se o *pod* residir num servidor virtual. O desempenho e a latência podem ser mensurados antes de se determinar onde é melhor implantar o *pod*.

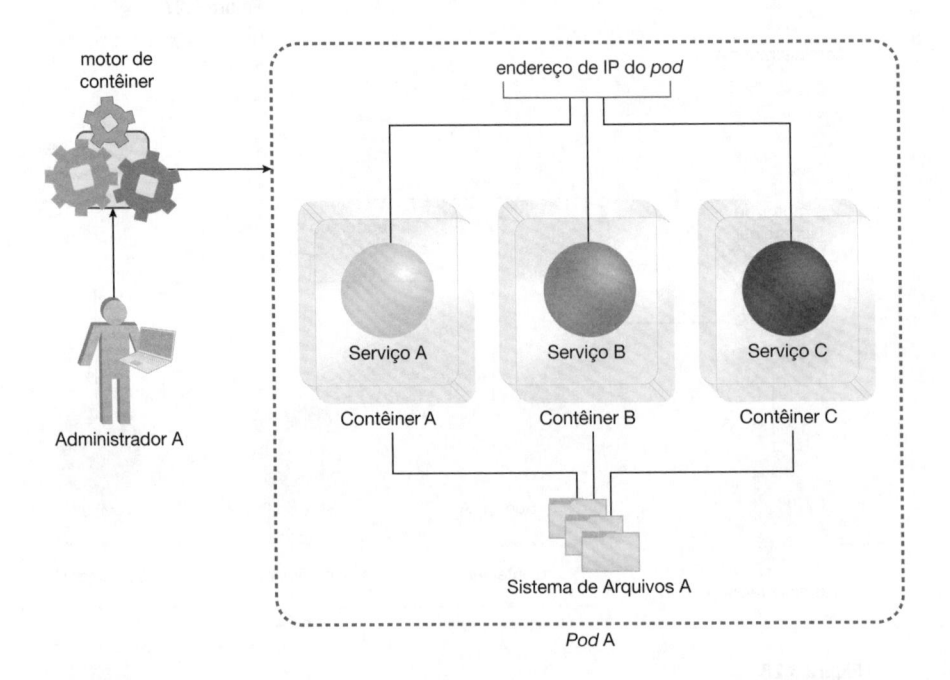

Figura 6.29
O administrador aloca armazenamento em sistema de arquivos que é disponibilizado aos contêineres implantados dentro do *pod*.

Instâncias e agrupamentos de contêineres

Múltiplas *instâncias* do mesmo contêiner com o mesmo programa de *software* podem ser geradas (Figura 6.30). Isso costuma ser necessário quando é preciso haver uso concomitante do programa de *software* hospedado por múltiplos programas consumidores. Instâncias de contêineres são comumente referidas como *réplicas*.

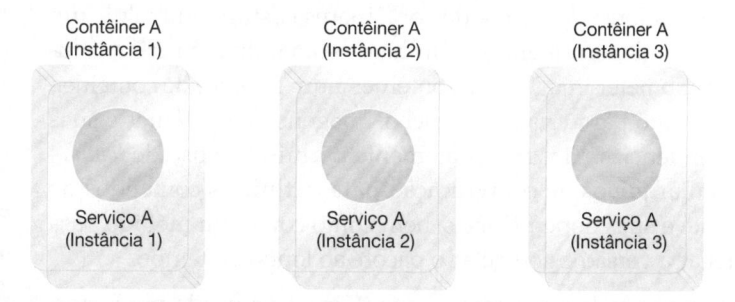

Figura 6.30
Três instâncias do Contêiner A e seu Serviço A hospedado são gerados. Isso permite que cada instância do Serviço A interaja com um diferente programa consumidor.

Agrupamentos de contêineres (Figura 6.31) são coleções de instâncias de contêineres que são instânciadas antes mesmo do uso em si. Esses agrupamentos podem ser criados manualmente ou ser gerados de forma automática. Eles são carregados na memória, onde permanecem ociosos, esperando para serem invocados. Eles podem ser agendados de modo a residirem na memória somente durante períodos predeterminados, como momentos em que picos de uso são previstos.

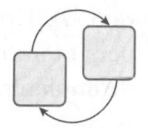

Figura 6.31
O símbolo usado para representar um agrupamento de contêineres.

Agrupamentos de contêineres são criados principalmente em suporte a requisitos de alto desempenho, muitas vezes para soluções baseadas em serviço, a fim de assegurar que instâncias do serviço conteinerizado possam ser provisionadas rapidamente em resposta a demandas de uso. Ambientes de agrupamento de contêineres podem oferecer capacidades de autodimensionamento de escala, permitindo que ajustem dinamicamente o tamanho de um agrupamento com base na demanda.

Gerenciamento de pacote de contêineres

Gerenciamento de pacote de contêineres diz respeito ao processo de gerenciar pacotes de *software* e dependências no âmbito de aplicativos conteinerizados. Isso permite que um aplicativo e suas dependências sejam agregados numa mesma unidade portátil chamada de *pacote*, que pode ser implantada em qualquer sistema que suporte a tecnologia de conteinerização.

Um *gerenciador de pacote de contêineres* é uma ferramenta que facilita a preparação de pacotes e a distribuição de aplicativos conteinerizados. Com isso, é possível agregar imagens de contêiner e suas dependências num único pacote distribuível, que pode ser implantado e gerenciado entre múltiplos orquestradores de contêineres (um mecanismo descrito na próxima seção).

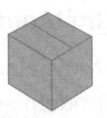

Figura 6.32
O símbolo usado para representar um pacote.

Gerenciadores de pacote de contêineres costumam incluir um conjunto de ferramentas de linha de comando para criar, rotular e submeter imagens de contêiner a um registro de contêiner, bem como para criar e gerenciar imagens de contêiner e suas dependências. Eles frequentemente permitem o uso de *templates* ou arquivos de configuração para definir os conteúdos do pacote e suas dependências, bem como um método para ajustar a versão e gerenciar o pacote ao longo do tempo.

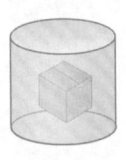

Figura 6.33
O símbolo usado para representar um repositório de pacotes.

Um gerenciador de pacote de contêineres é usado para coordenar a implantação inicial de contêineres com base em lógica predefinida de fluxo de trabalho. A lógica de fluxo de trabalho de implantação é definida em um *pacote*, também conhecido como um *arquivo de implantação de contêiner* (Figura 6.32). Tipicamente, agrupamentos de *hosts* são necessários para oferecer uma coleção de *hosts* em suporte aos requisitos de implantação.

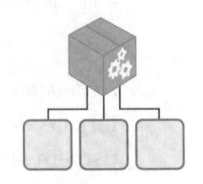

O arquivo de implementação de contêiner é buscado no *repositório de pacotes* (Figura 6.33).

O arquivo de implantação de contêiner é então fornecido ao gerenciador de pacote de contêineres (Figura 6.34).

Figura 6.34
O símbolo usado para representar um gerenciador de pacote de contêineres.

Antes que o gerenciador de pacote de contêineres siga com o fluxo de trabalho de implantação, um programa *otimizador de implantação* especial (Figura 6.35) estuda os conteúdos do pacote e depois avalia os *hosts* disponíveis no agrupamento a fim de determinar o destino ideal para os contêineres a serem implantados.

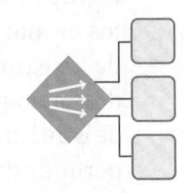

Além da capacidade de processamento de um candidato a *host*, alguns dos outros fatores que o otimizador de implantação pode considerar incluem:

Figura 6.35
O símbolo usado para representar um otimizador de implantação.

- limitações de política de *hardware* e *software*;
- especificações de afinidade e antiafinidade;
- localidade de dados;
- interferência entre cargas de trabalho.

Uma vez que tenha escolhido um *host* destinatário adequado, o otimizador de implantação instrui o gerenciador de pacote de contêineres quanto ao local para onde os contêineres devem ir. Um otimizador de implantação pode monitorar ainda contêineres já implantados, a fim de assegurar que seus *hosts* atuais seguem adequados.

> **OBSERVAÇÃO**
>
> No contexto da conteinerização, a otimização de implantação é muitas vezes referida como "agendamento" (*scheduling*). Além do mais, programas de gerenciador de pacote de contêineres e otimizador de implantação muitas vezes se limitam à implantar contêineres que residem em *pods*.

Tipicamente, um pacote representa os contêineres que compõem uma solução inteira. Gerenciadores de pacote de contêineres são criados, portanto, para um conjunto de contêineres relacionados. Em certo sentido, o repositório de pacotes pode oferecer um meio para gerenciar versões de aplicativo.

Exemplos do que é definido em um pacote incluem:

- em qual *host* um determinado contêiner será implantado;
- em qual *pod* um determinado contêiner será implantado;
- em qual sequência um conjunto de contêineres é implantado.

O administrador prepara um pacote, o armazena no repositório de pacotes e depois o atribui ao gerenciador de pacote de contêineres quando é chegada a hora dos contêineres serem implantados (Figura 6.36).

Após a implantação, pacotes ainda costumam ser mantidos no repositório de pacotes, já que muitas vezes são reutilizáveis. Quando, por exemplo, um conjunto de contêineres precisa ser transportado para um novo *host*, o mesmo arquivo de implantação de contêiner pode ser revisado com as informações do novo *host* e então reutilizado.

Docker Compose e Helm são dois gerenciadores populares de pacote de contêineres. Com essas ferramentas, fica mais fácil para os desenvolvedores implantarem e gerenciarem aplicativos conteinerizados numa variedade de orquestradores de contêineres (descritos na próxima seção), por simplificarem a formação de pacotes e a distribuição de aplicativos conteinerizados.

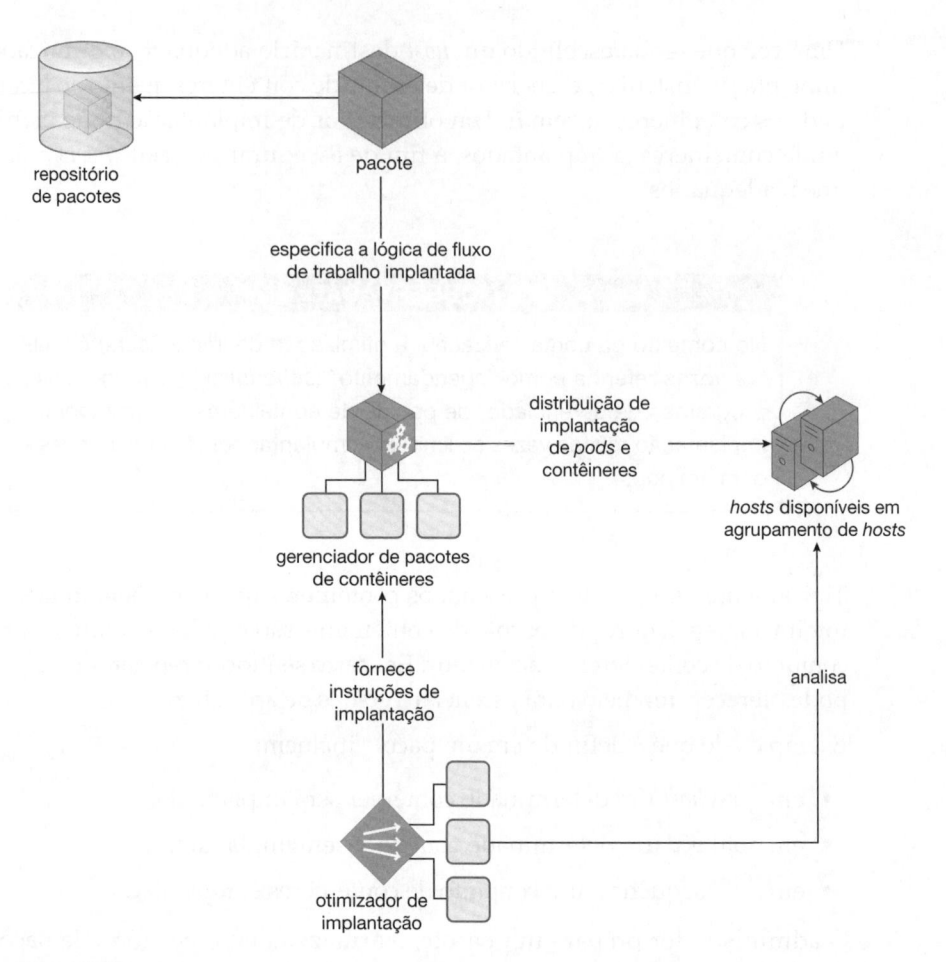

Figura 6.36
O gerenciador de pacote de contêineres coordena a implantação de contêineres, conforme a lógica de fluxo de trabalho fornecida no pacote e as instruções de implantação de *host* que recebe do otimizador de implantação.

Orquestração de contêineres

O processo de automatização da implantação, dimensionamento de escala e gerenciamento de aplicativos conteinerizados num ambiente computacional distribuído é conhecido como *orquestração de contêineres*. Isso envolve o uso de um *orquestrador de contêineres*, também chamado de uma *ferramenta de orquestração de contêineres* ou uma *plataforma de orquestração de contêineres*.

Um orquestrador de contêineres desempenha uma vasta gama de operações num ambiente computacional distribuído. A seguir estão algumas das principais operações desempenhadas por um orquestrador de contêineres:

- *Implantação de contêiner* – um orquestrador implanta contêineres em múltiplos nós de um agrupamento, assegurando que os contêineres sejam configurados e arrannjados apropriadamente em rede.

- *Balanceamento de carga* – o orquestrador distribui tráfego por múltiplos contêineres que rodam no mesmo aplicativo, ajudando a garantir alta disponibilidade e escalabilidade.

- *Dimensionamento de escala* – o orquestrador automaticamente redimensiona a escala vertical e horizontal dos inúmeros contêineres rodando num aplicativo com base na demanda, o que ajuda a maximizar o utilização de recursos e a eficiência de custos.

- *Monitoramento de saúde* – o orquestrador monitora a saúde dos contêineres e pode reiniciar automaticamente aqueles com falha ou susbtituí-los por outros saudáveis.

- *Descoberta de serviço* – o orquestrador mantém um registro de serviços, permitindo que os aplicativos se descubram e se comuniquem entre si pela rede.

- *Orquestração de armazenamento* – o orquestrador gerencia as necessidades de armazenamento persistente dos contêineres, assegurando que os dados sejam armazenados e buscados corretamente.

- *Orquestração de rede* – o orquestrador gerencia as necessidades de rede dos contêineres, fornecendo a cada um deles um endereço de IP único e rotas de tráfego pela rede entre contêineres.

- *Gerenciamento de configuração* – o orquestrador gerencia a configuração dos contêineres e pode aplicar mudanças automaticamente naqueles que estão rodando.

Um orquestrador de contêineres tipicamente é formado por vários componentes que trabalham juntos. Alguns dos componentes-chave de um orquestrador de contêineres são:

- Runtime *de contêiner* – responsável por rodar e gerenciar contêineres em cada nó no agrupamento.

- *Servidor de API* – fornece uma interface central para interagir com o orquestrador. Ele aceita solicitações de API provenientes de clientes e se comunica com outros componentes do orquestrador a fim de desempenhar as ações solicitadas.

- *Agendador* – responsável por decidir qual nó do agrupamento usar para implantar um novo contêiner, com base em fatores como disponibilidade de recursos e balanceamento de carga de trabalho.
- *Gerenciador de controladores* – responsável por gerenciar vários controladores que automatizam diferentes aspectos do ciclo de vida do aplicativo conteinerizado, como dimensionamento de escala, replicação e monitoramento de saúde.
- *Armazenamento de valor-chave distribuído* – usado pelo orquestrador para armazenar dados de configuração, informações de descoberta de serviço e outros metadados.
- *Networking* – um componente que fornece a infraestrutura de rede necessária para permitir que os contêineres se comuniquem uns com os outros através do agrupamento, incluindo roteamento e balanceamento de carga.
- *Armazenamento* – um componente que gerencia as necessidades de armazenamento persistente dos contêineres, incluindo acesso a recursos de armazenamento compartilhados e garantia de integridade de dados.

As etapas básicas envolvidas na orquestração de contêineres são:

1. *Criar uma imagem de contêiner* – desenvolvedores criam uma imagem de contêiner que inclui seu código de aplicativo e todas as suas dependências.
2. *Levar a imagem para um registro de contêineres* – a imagem de contêiner é levada para um registro de contêineres, que é um repositório remoto central de imagem de contêiner.
3. *Definir a implantação de aplicativo* – usando um orquestrador de contêineres, desenvolvedores definem como o aplicativo conteinerizado deve ser implantado, incluindo o número de réplicas, a configuração de rede e quaisquer requisitos de armazenamento.
4. *Implantar o aplicativo* – o orquestrador de contêineres implanta o aplicativo por múltiplos nós num agrupamento, assegurando que o número desejado de réplicas esteja rodando e que o aplicativo seja acessível pelos usuários.
5. *Monitorar e gerenciar o aplicativo* – o orquestrador de contêineres monitora a saúde do aplicativo, automaticamente dimensionando a escala vertical e horizontal conforme necessário, e estabelecendo atualizações e *patches* sem causar *downtime*. Ele também oferece capacidade de *log* e de monitoramento a fim de identificar e solucionar quaisquer problemas que venham a surgir.
6. *Gerenciar múltiplos aplicativos* – o orquestrador é capaz de gerenciar múltiplos aplicativos conteinerizados simultaneamente, assegurando que sejam implantados, dimensionados e gerenciados de acordo com seus requisitos individuais.

Gerenciador de pacote de contêineres *versus* orquestrador de contêineres

Um gerenciador de pacote de contêineres e um orquestrador de contêineres atendem diferentes funções. A seguir são listadas as principais diferenças entre eles:

- *Função* – um gerenciador de pacote de contêineres é responsável por gerenciar imagens de contêiner e suas dependências; um orquestrador de contêineres é responsável por automatizar a implantação, o dimensionamento de escala e o gerenciamento de aplicativos conteinerizados num ambiente computacional distribuído.

- *Escopo* – gerenciadores de pacote de contêineres se concentram especificamente em gerenciar imagens de contêiner e suas dependências; orquestradores de contêineres gerenciam todo o aplicativo conteinerizado, desde a implantação até o dimensionamento de escala e o gerenciamento.

- *Nível de abstração* – gerenciadores de pacote de contêineres operam num nível mais baixo de abstração que os orquestradores de contêineres; gerenciadores de pacote lidam com imagens individuais de contêiner e suas dependências, enquanto orquestradores fornecem uma visão distanciada do aplicativo conteinerizado inteiro.

- *Conjunto de ferramentas* – gerenciadores de pacote de contêineres fornecem um conjunto mais limitado de ferramentas focadas em gerenciar imagens de contêiner e suas dependências; orquestradores de contêineres, por sua vez, fornecem um leque de ferramentas e APIs para gerenciar contêineres, redes, armazenamento e outros recursos de infraestrutura.

Redes de contêineres

Plataformas de conteinerização geralmente oferecem *redes de contêineres* virtuais, a fim de possibilitar a comunicação entre contêineres que precisam se conectar entre si. Uma rede de contêineres é necessária para habilitar diversas capacidades de plataforma e sistema de conteinerização em suporte ao fornecimento de:

- disponibilidade de contêineres;
- escalabilidade de contêineres;
- resiliência de contêineres.

A rede de contêineres costuma existir como uma rede virtual (Figura 6.37) que pode ser independentemente gerenciada, configurada e criptografada.

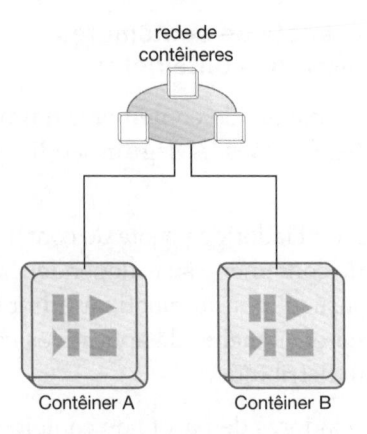

Figura 6.37
Uma rede de contêineres permite que os contêineres se comuniquem entre si independentemente da comunicação entre os programas de *software* que eles hospedam.

Como já descrito na seção "Fundamentos da virtualização e conteinerização", existem dois tipos principais de redes de contêineres:

- Rede *host*
- Rede *overlay*

Ao passo que a rede *host* é gerenciada por um único motor de contêiner de modo a dar suporte à comunicação entre contêineres no mesmo *host*, com a rede *overlay* é possível implantar motores de contêiner em diferentes servidores para habilitar a comunicação entre contêineres em *hosts* diferentes.

Quando, por exemplo, uma solução distribuída abrange dois serviços, cada qual no seu próprio contêiner, então a rede de contêineres é estabelecida para os dois contêineres que fazem parte dessa solução. Se os dois contêineres estiverem no mesmo *host*, então uma rede *host* é criada (Figura 6.38). Se os dois contêineres estiverem em *hosts* diferentes, então uma rede *overlay* é criada (Figura 6.39).

Escopo de rede de contêineres

O escopo de uma rede de contêineres costuma ser igual ao escopo de uma determinada solução porque o escopo de uma solução abrange apenas aqueles contêineres que hospedam programas de *software* que fazem parte da solução. Portanto, quando múltiplas soluções são hospedadas, múltiplas redes de contêineres se fazem necessárias.

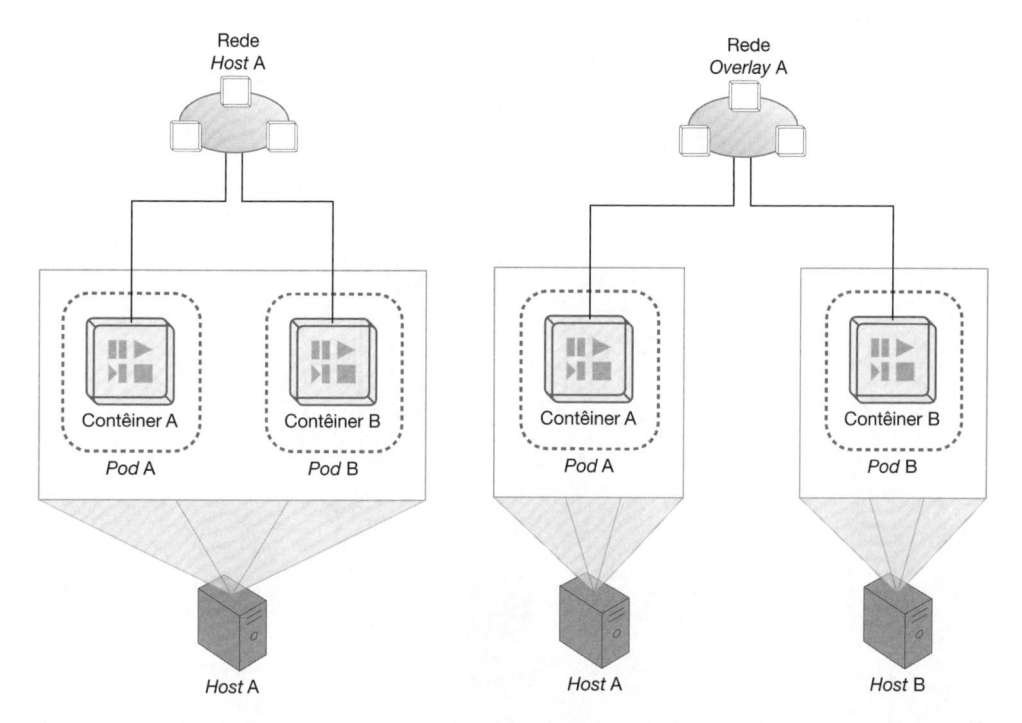

Figura 6.38
Os Contêineres A e B residem em *pods* separados no mesmo *host* e podem se comunicar entre si via a Rede *Host* A.

Figura 6.39
Os Contêineres A e B residem em diferentes *hosts* e podem se comunicar entre si via Rede *Overlay* A.

Algumas soluções compartilham programas de *software*, como serviços utilitários reusáveis ou uma base de dados compartilhada. Se o programa de *software* reusável encontra-se num contêiner, então esse contêiner pode participar de múltiplas redes de contêineres (Figura 6.40).

> **OBSERVAÇÃO**
>
> A rede ou redes de contêineres a que um determinado contêiner pertencerá podem ser especificadas pelo administrador no arquivo *build* da imagem do contêiner e também no pacote de implantação de contêiner. Se rede alguma for especificada, o motor de contêiner pode automaticamente atribuir um contêiner a uma rede *host* "padrão". Arquivos *build* são examinados mais adiante neste capítulo, na subseção "Arquivos *build* de contêiner", por sua vez incluída na seção "Compreendendo as imagens de contêiner".

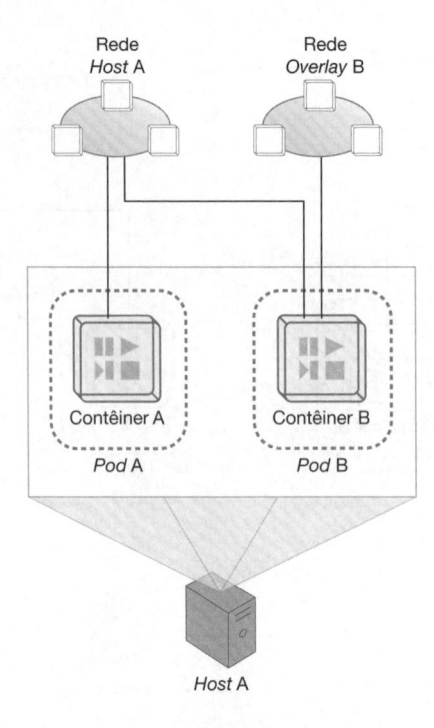

Figura 6.40
Os Contêineres A e B residem no mesmo *host* e podem se comunicar via Rede *Host* A. O Contêiner B ainda faz parte da Rede *Overlay* B, através da qual ele pode se comunicar com outros contêineres.

Gealmente, redes de contêineres são predefinidas para limitar a comunicação dos programas de *software* da solução conteinerizada, de tal modo que só possam se comunicar entre si. No entanto, uma solução às vezes precisa ser capaz de acessar programas de *software* ou recursos de TI que não são conteinerizados e, portanto, que residem fora da rede de contêineres. Nesse caso, a rede de contêineres precisa ser configurada para permitir que a solução se comunique com o lado de fora das fronteiras da rede de contêineres (Figura 6.41).

Endereços de rede de contêineres

Cada contêiner implantado recebe um *endereço de rede* que o permite participar de uma rede de contêineres. Um endereço de rede geralmente assume a forma de um endereço de IP. Quando um contêiner precisa participar de múltiplas redes de contêineres, ele requer um endereço separado para cada rede. Se, por exemplo, um contêiner que hospeda um programa de *software* estiver sendo

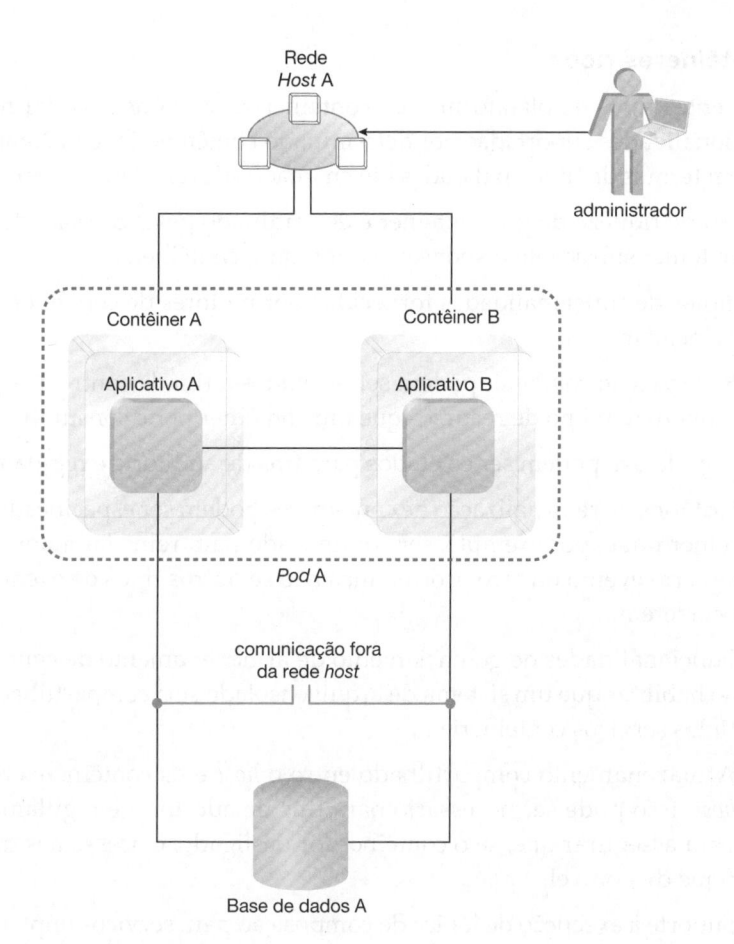

Figura 6.41
Os Contêineres A e B se comunicam um com o outro via Rede *Host* A. Os Aplicativos Conteinerizados A e B precisam se comunicar um com o outro, bem como com a Base de dados A, que reside fora da Rede *Host* A. O administrador habilita isso ao configurar explicitamente a Rede *Host* A a permitir o acesso externo requisitado.

reutilizado em duas redes de contêineres (como na Figura 6.40), então tal contêiner precisará de dois endereços de rede.

Endereços de rede costumam ser atribuídos pelo motor de contêiner após a implantação de contêineres. Eles também podem ser atribuídos manualmente pelo administrador num pacote de implantação. Contêineres que residem no mesmo *pod* compartilham o mesmo endereço de rede e são identificados individualmente por diferentes portas de rede.

Contêineres ricos

Diferentes tipos de plataformas de conteinerização podem variar na gama de funcionalidades suportadas por determinado contêiner. Os contêineres mais ricos em termos de funcionalidades são chamados de *contêineres ricos* (Figura 6.42).

O grau de riqueza de um contêiner é determinado pelas capacidades do motor de contêiner subjacente responsável por criar o contêiner.

Exemplos de funcionalidades fornecidas por motores de contêiner mais avançados incluem:

- Recursos de contêiner podem ser limitados a fim de controlar e governar o número máximo de recursos que um contêiner pode consumir.
- *Logs* de uso podem ser coletados para fins de auditoria e regulamentação.
- Critérios de reinicialização de contêineres podem ser especificados. Um contêiner pode, por exemplo, ser configurado para reiniciar automaticamente se certo evento ou erro ocorrer, mas não se outros tipos de eventos ou erros ocorrerem.
- Funcionalidades de gerenciamento de armazenamento de contêiner, como ao habilitar que um sistema de arquivo isolado seja compartilhado por múltiplos serviços conteinerizados.
- Armazenamento compartilhado entre o *host* e os contêineres rodando no *host*. Isso pode ser necessário para fins de auditoria e regulamentação ou para assegurar que, se o contêiner for desligado, o acesso aos dados ainda fique disponível.
- Suporte à execução de lógica de composição para serviços implantados dentro de um contêiner hospedado no mesmo *host*.

Alguns motores de contêiner oferecem ainda funcionalidades de *proxy* que os permitem atuar como um *proxy* para solicitações de consumidores aos serviços que eles estão hospedando.

Figura 6.42
O Serviço A é implantado dentro de um contêiner rico que fornece funcionalidades extras, incluindo capacidades de monitoramento que informam o *status* momentâneo e a condição de saúde do serviço.

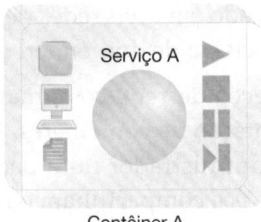

Outras características comuns de contêineres

A seguir, são listadas outras características comuns dos contêineres:

- Com cada programa hospedado em um contêiner, inúmeros programas de suporte (p. ex., bases de dados, utilitários e monitores) também podem ser implantados.
- Contêineres podem ser configurados de tal modo que o volume de infraestrutura que cada um deles consome seja limitado.
- A visibilidade de programas externos e recursos de TI acessáveis por um contêiner e por seus programas hospedados pode ser limitada.
- Os programas hospedados por um contêiner normalmente compartilham o mesmo ciclo de vida que o contêiner em si. Isso significa que um programa hospedado costuma iniciar, parar, pausar e retomar seu funcionamento em sincronia com o contêiner.

6.4 Compreendendo as imagens de contêiner

Imagens de contêiner são uma parte central das plataformas de conteinerização. Elas formam a base da criação duradoura de contêineres. O processamento de imagens de contêiner é uma das principais responsabilidades do motor de contêiner.

Tipos e funções de imagens de contêiner

O modo como imagens de contêiner são usadas, armazenadas e processadas depende do seu tipo e das funções que elas assumem.

Existem dois tipos principais de imagens de contêiner:

- *Imagens de contêiner de base* – essas imagens de contêiner atuam como *templates* para imagens de contêiner customizadas. Neste livro, esse tipo de imagem de contêiner é qualificado como uma imagem de contêiner de "base". Imagens de contêiner de base também são chamadas de imagens de contêiner parciais.
- *Imagens de contêiner customizadas* – essas imagens de contêiner são criadas pelo motor de contêiner, que então as utiliza para criar contêineres reais e implantados. Neste livro, esse tipo de imagem de contêiner pode ou não ser qualificado como uma imagem de contêiner "customizada". Quando um símbolo é rotulado apenas como uma "imagem de contêiner", fica implícito que ele foi customizado.

O motivo pelo qual esses tipos de imagens de contêiner podem ser considerados funções é que uma imagem de contêiner customizada a partir de uma de base pode se tornar a base para ser usada como *template* para futuras e diferentes imagens de contêiner personalizadas.

Conforme ilustrado na Figura 6.43, uma imagem de contêiner classificada como "base" é publicada no registro de imagens, a partir do qual ela pode ser acessada pelo motor de contêiner para formar a base de imagens de contêiner customizadas (conforme explicado em mais detalhes a seguir).

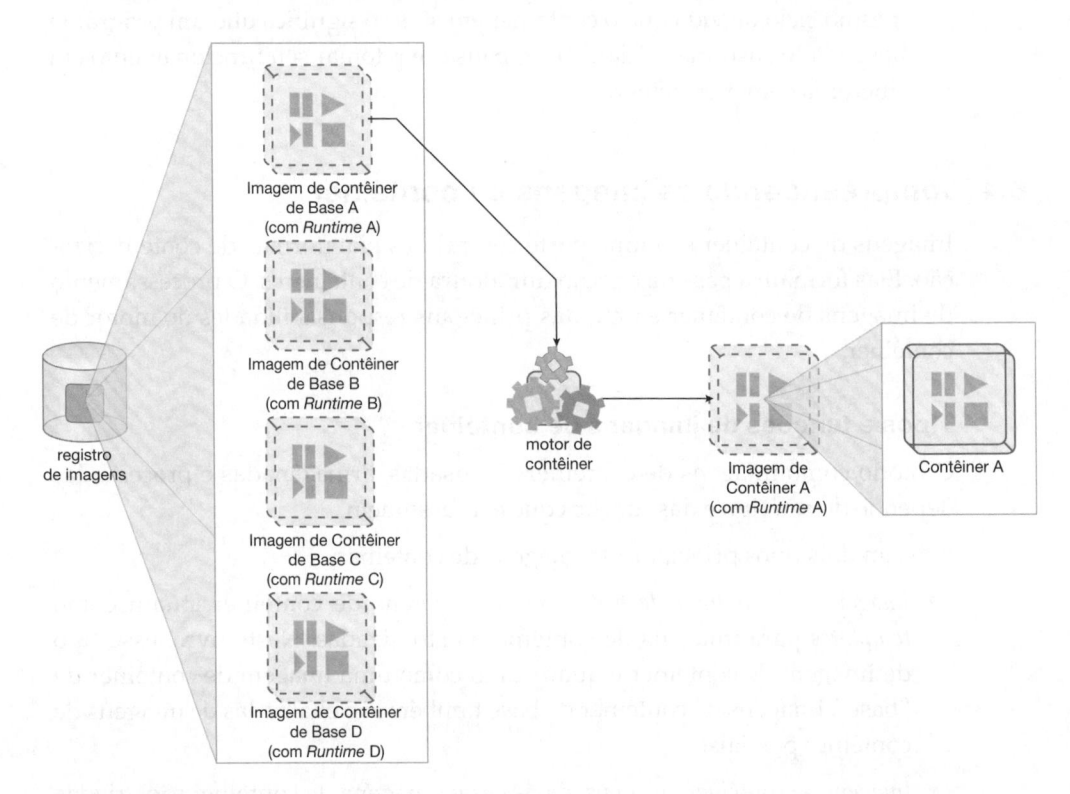

Figura 6.43
Um motor de contêiner dá suporte a quatro *runtimes* diferentes que podem ser implantados em contêineres. O Aplicativo A requer as capacidades de *Runtime* A. A Imagem de Contêiner de Base A é usada pelo motor de contêiner para criar a Imagem de Contêiner Customizada A, que é então usada para criar e implantar o verdadeiro Contêiner A para o Aplicativo A.

Imutabilidade de imagens de contêiner

Uma característica-chave das imagens de contêiner é que, uma vez criadas, elas são *imutáveis*. Isso significa que não podem ser alteradas (nem receber *patches* ou atualizações, ou qualquer tipo de modificação). Caso seja preciso aplicar uma mudança numa imagem de contêiner, então um arquivo *build* novo ou revisado tem de ser criado e uma nova versão da imagem de contêiner tem de ser gerada, o que requer, por sua vez, uma nova versão do contêiner implantado.

O escopo de imutabilidade de um contêiner está relacionado com os conteúdos do arquivo *build*. Ferramentas administrativas permitem modificar ajustes num contêiner. Essas modificações não estão relacionadas com o arquivo *build* e podem, portanto, ser aplicadas sem a necessidade de criar uma nova versão do contêiner.

O motor de contêiner atribui a cada imagem de contêiner individual uma única imagem-chave autogerada, que é mantida onde a imagem de contêiner está armazenada, quer no registro de imagens ou no armazenamento interno do motor de contêiner.

Abstração de imagem de contêiner

Uma imagem de contêiner de base tipicamente fornece um subconjunto das funções oferecidas pelo sistema operacional *host* subjacente. Isso é referido como *abstração de sistema operacional*, ou simplesmente *abstração*. Contudo, nem todas as partes do sistema operacional são abstraídas pela imagem de contêiner, conforme explicado nas duas próximas subseções.

Abstração de kernel *de sistema operacional*

Todo e cada sistema operacional possui um *kernel*, que existe na forma de um conjunto das funções mais essenciais do sistema operacional. *Kernels* em diferentes sistemas operacionais são compostos por funções bastante similares. O *kernel* de um sistema operacional Windows, por exemplo, tem funções similares ao de um sistema operacional Linux.

Entre as funções comuns fornecidas por um *kernel*, estão:

- acesso a recursos da CPU;
- acesso a processamento;
- acesso à memória *host*;
- acesso a dispositivos de entrada/saída no *host*;
- acesso a armazenamento em *hardware*;

- acesso a *drivers* de dispositivos;
- acesso a sistemas de arquivo de servidor;
- acesso a gerenciamento de energia.

O *kernel não* é abstraído pela imagem de contêiner. Na verdade, ele é abrangido pelo motor de contêiner. Como resultado, imagens de contêiner não precisam copiar o *kernel*, o que ajuda ainda mais a reduzir sua pegada.

O motor de contêiner atua como uma espécie de intermediário, permitindo que os contêineres tenham acesso integral ao conjunto inteiro de funções do *kernel* no *runtime*. Motores de contêiner costumam ser capazes de interagir com *kernels* de diferentes sistemas operacionais, o que ajuda a garantir a portabilidade dos contêineres e de suas plataformas por diferentes ambientes de hospedagem.

Abstração de sistema operacional para além do kernel

As partes de um sistema operacional fora do *kernel podem* ser abstraídas e incluídas numa imagem de contêiner.

Entre as funções e recursos comuns de sistema operacional que existem fora do *kernel*, estão:

- bibliotecas e compiladores de linguagens de programação;
- diversas bibliotecas de sistemas;
- plataformas de criptografia;
- monitores de sistema e funções de monitoramento;
- arquivos e editores de configuração;
- funções e plataformas administrativas;
- ferramentas administrativas (a serem usadas por administradores humanos);
- programas de localização.

Essa forma de abstração representa o subconjunto do sistema operacional que uma determinada imagem de contêiner é capaz de fornecer a um ambiente de hospedagem customizado e otimizado para os programas de *software* que serão implantados no contêiner gerado a partir de tal imagem de contêiner.

Ao abstrair esses tipos de funções e recursos, o contêiner segue portátil, já que as funções e recursos abstraídos são copiados e levados com o contêiner.

Arquivos *build* de contêiner

Um *arquivo* build *de contêiner* (ou apenas *arquivo build*) é um arquivo de configuração editável por humanos e processável por máquinas que especifica o que consta ou o que é abstraído por uma imagem de contêiner customizada.

Figura 6.44
O símbolo usado para representar um arquivo *build* de contêiner.

Especificamente, o arquivo *build* é capaz de identificar:

- a imagem de contêiner de base que será usada para formar a base da imagem de contêiner customizada;

- os recursos adicionais de sistema operacional a serem adicionados ou abstraídos pela imagem de contêiner customizada;

- a(s) rede(s) de contêiner(es) em que o contêiner customizado implantado terá participação.

A sintaxe e o formato de um determinado arquivo *build* podem variar, dependendo do tipo de motor de contêiner sendo usado.

Camadas de imagem de contêiner

Uma imagem de contêiner organiza seus conteúdos em *camadas*. Cada camada corresponde a uma declaração ou instrução de um arquivo *build* de contêiner.

Exemplos de conteúdo em camadas de imagem de contêiner incluem:

- arquivos e pastas de dados;
- arquivos de configuração;
- bases de dados e repositórios;
- arquivos executáveis;
- arquivos de programas e *runtimes* de sistema operacional.

A não ser pela camada final, todas as camadas são apenas de leitura. A plataforma de conteinerização utiliza um *sistema de arquivos de união* como a base das camadas de imagem de contêiner. A utilização do sistema de arquivos de união e a formação de camadas é o que possibilita a reutilização das imagens de contêiner de base.

Uma imagem de contêiner de base é composta por inúmeras camadas que representam o que ela abstrai (Figura 6.45).

A imagem de contêiner customizada que é derivada da imagem de contêiner de base adiciona então camadas ao que é fornecido por esta última. Na imagem de contêiner customizada, a imagem de contêiner de base inteira representa a camada mais de baixo (Figura 6.46).

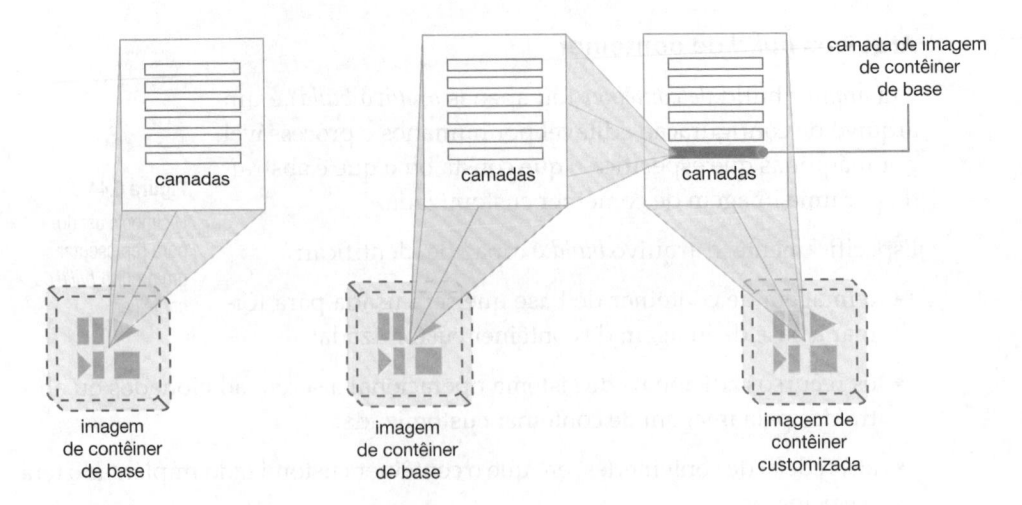

Figura 6.45
A imagem de contêiner de base tem seu próprio conjunto de camadas.

Figura 6.46
A camada mais de baixo da imagem de contêiner customizada é composta pelos conteúdos da imagem de contêiner de base.

Um programa de *software* que venha a ser hospedado pelo contêiner implantado e gerado pela imagem de contêiner customizada pode por si próprio residir numa camada da imagem de contêiner customizada (Figura 6.47).

Como as imagens de contêiner são imutáveis, se uma camada dentro da imagem precisar ser removida ou adicionada, uma nova versão da imagem de contêiner terá de ser criada.

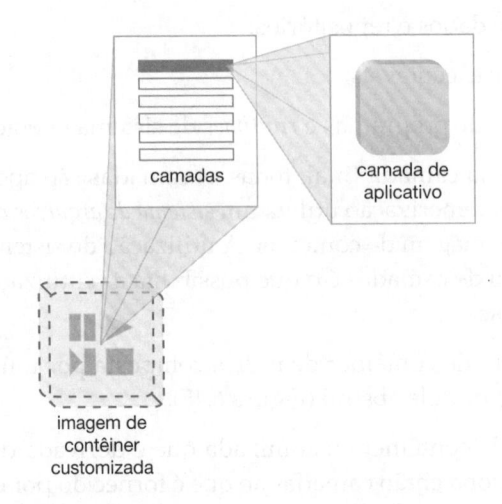

Figura 6.47
Uma camada dentro da imagem de contêiner customizada é composta pelo programa de *software* que o contêiner implantado será responsável por hospedar.

Como imagens de contêiner customizadas são criadas

O motor de contêiner utiliza o arquivo *build* juntamente com a imagem de contêiner de base para gerar a imagem de contêiner customizada (Figura 6.48).

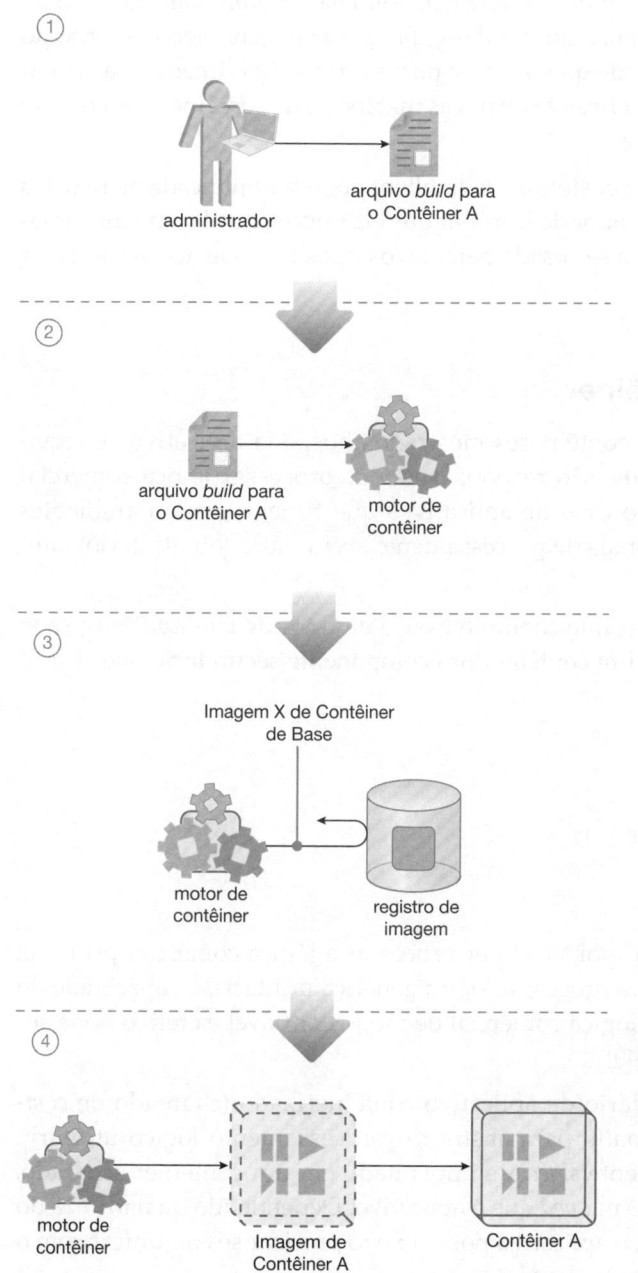

Figura 6.48

O administrador prepara um arquivo *build* para o Contêiner A (1). O administrador fornece o arquivo *build* para o motor de contêiner (2). O motor de contêiner busca a imagem de contêiner de base necessária junto ao registro de imagens (3). O motor de contêiner então utiliza a imagem de contêiner de base e as informações do arquivo *build* para criar uma nova Imagem de Contêiner Customizada A, a partir da qual passa a gerar e implantar o Contêiner A (4).

Uma vez que a verdadeira implementação do contêiner é criada a partir da imagem de contêiner customizada, talvez não haja mais necessidade de manter o arquivo *build*, pois o motor de contêiner agora possui a imagem de contêiner customizada, a qual ele pode usar para criar mais instâncias do verdadeiro contêiner no futuro.

Vale ressaltar que a imagem de contêiner customizada raramente fica armazenada no registro de imagens. Em vez disso, fica no armazenamento interno do motor de contêiner, a fim de que o motor possa reter acesso imediato a ela em suporte à criação rápida e eficiente de novas instâncias de contêiner para fins de escalabilidade e resiliência.

Uma imagem de contêiner customizada também pode ser publicada no registro de imagens se o administrador determinar que ela pode ser útil como uma imagem de contêiner de base a ser usada para novos tipos de imagens de contêiner customizadas.

6.5 Tipos de multicontêiner

Até aqui, a maioria dos contêineres mostrados hospeda aplicativos e serviços que, presumivelmente, são responsáveis por processar lógica comercial primária. No entanto, no caso de aplicativos que funcionam em ambientes distribuídos, tipos adicionais de processamento secundário (ou utilitário) também são necessários.

Esta seção introduz o seguinte conjunto básico de tipos de *multicontêiner*, cada um dos quais adiciona a um contêiner um componente secundário que abstrai processamento utilitário:

- contêiner *sidecar*;
- contêiner adaptador;
- contêiner embaixador.

Contêiner *sidecar*

Quando um aplicativo responsável por processar a lógica comercial primária também é construído para processar lógica genérica utilitária, a capacidade do aplicativo processar sua lógica comercial de modo confiável e efetivo pode ser comprometida (Figura 6.49).

Um componente secundário de aplicativo conteinerizado (chamado de *componente sidecar*) é adicionado para abstrair o processamento lógico utilitário (Figura 6.50). O componente *sidecar* é implantado em um contêiner separado, geralmente dentro do mesmo *pod* que o aplicativo. Dependendo da natureza do processamento utilitário, o aplicativo pode ou não precisar se comunicar com o componente *sidecar*.

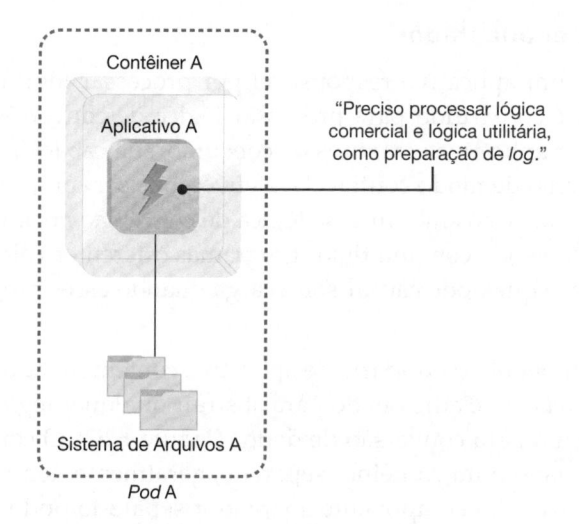

Figura 6.49
O Aplicativo A é encarregado de processar a lógica comercial e a lógica utilitária.

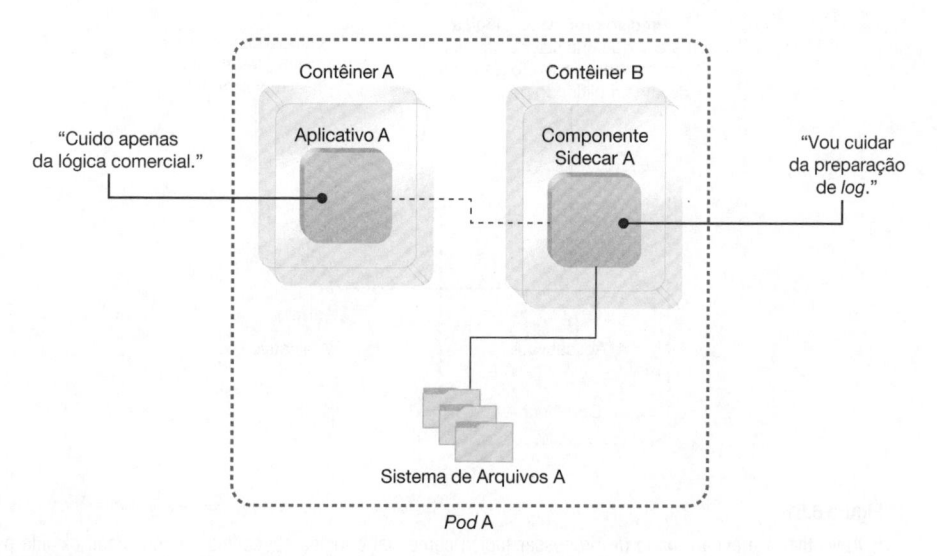

Figura 6.50
A lógica utilitária é colocada no Componente Sidecar A, que reside num Contêiner B separado, no mesmo *pod*. Isso permite que o Aplicativo A se concentre exclusivamente em processar sua lógica comercial.

Contêiner adaptador

Quando um aplicativo responsável por processar lógica comercial primária também é construído para processar lógica de conversão de dados a fim de acomodar aplicativos externos de consumo, sua capacidade de processar lógica comercial de modo confiável e efetivo pode ser comprometida (Figura 6.51). Além do mais, ao embutir essa lógica de conversão no aplicativo, ele pode acabar se acoplando com múltiplos programas diferentes voltados a consumidores externos, o que pode causar sobrecarga quando esses programas mudam com o tempo.

Um componente secundário de aplicativo conteinerizado (chamado de *componente adaptador*) é adicionado para abstrair qualquer lógica necessária de processamento para conversão de dados (Figura 6.52). O componente adaptador é implantado num contêiner separado, geralmente dentro do mesmo *pod* que o aplicativo. Um componente adaptador separado pode ser implantado para cada aplicativo de consumo que exigir uma representação diferente dos dados de saída.

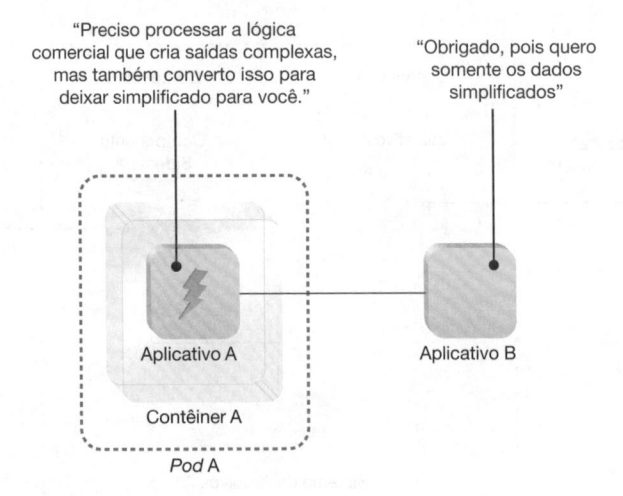

Figura 6.51
O Aplicativo A é encarregado de processar lógica comercial e lógica específica de conversão exigida pelo Aplicativo B.

"Vou cuidar somente da lógica comercial e enviar a você as saídas complexas."

"Vou cuidar da conversão dos dados que você me entrega, para que eles sejam simplificados para o Aplicativo B."

"Obrigado pelos dados simplificados."

Aplicativo A
Contêiner A

Adaptador de Componente A
Contêiner B

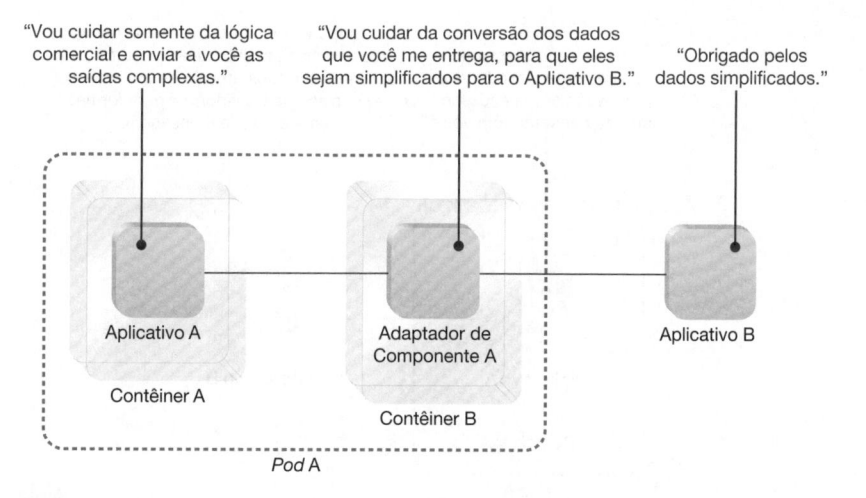

Aplicativo B

Pod A

Figura 6.52
A lógica de conversão é colocada no Componente Adaptador A, que reside num Contêiner B separado, no mesmo *pod*. Isso permite que o Aplicativo A se concentre exclusivamente em processar sua lógica comercial.

Contêiner embaixador

Quando um aplicativo responsável por processar lógica comercial primária também é construído para processar lógica de comunicação externa a fim de se conectar com aplicativos externos de consumo, a capacidade do aplicativo processar lógica comercial de modo confiável e efetivo pode ser comprometida (Figura 6.53). Além disso, ao embutir essa lógica específica de comunicação (p. ex., lógica relacionada a protocolos, troca de mensagens e segurança) no aplicativo, ele pode acabar se acoplando a múltiplos programas externos diferentes, o que pode causar sobrecarga quando as APIs desses programas mudam com o tempo.

Um componente secundário de aplicativo conteinerizado (chamado de *componente embaixador*) é adicionado para abstrair qualquer lógica necessária de

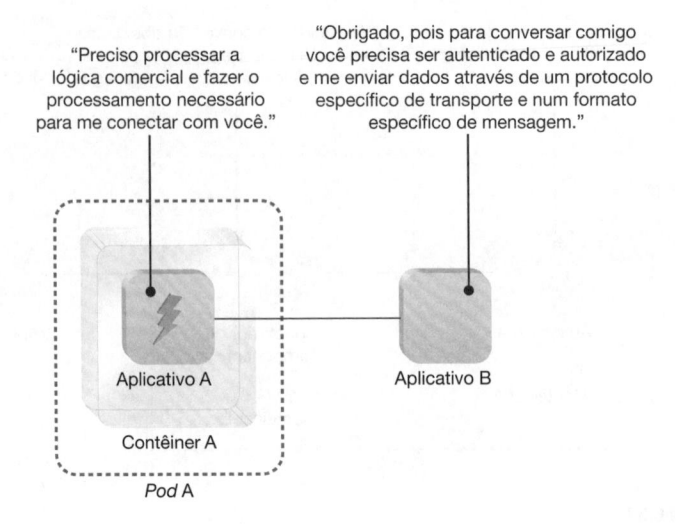

Figura 6.53
O Aplicativo A é encarregado de processar lógica comercial e lógica específica de comunicação necessária para se conectar ao Aplicativo B.

processamento para comunicação (Figura 6.54). O componente embaixador é implantado num contêiner separado, geralmente dentro do mesmo *pod* que o aplicativo. Um componente embaixador separado pode ser implantado para cada aplicativo que tenha um conjunto diferente de requisitos de comunicação.

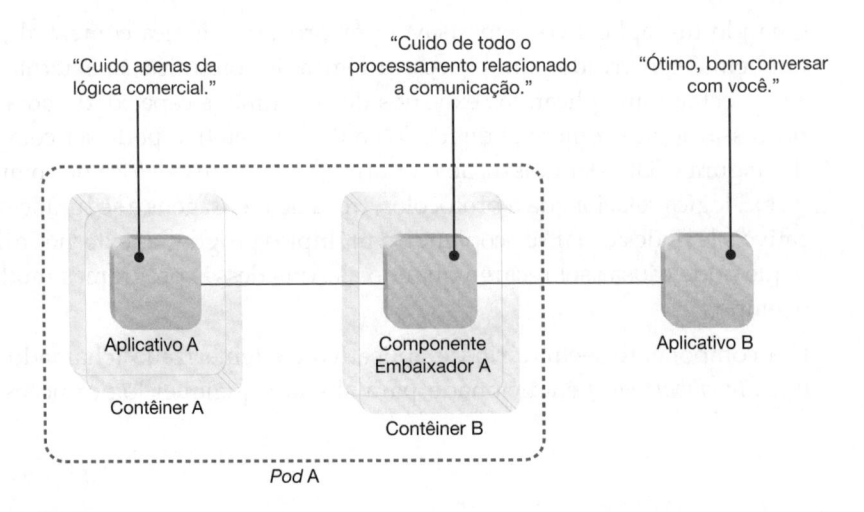

Figura 6.54
A lógica de comunicações é colocada no Componente Embaixador A, que reside num Contêiner B separado, no mesmo *pod*. Isso permite que o Aplicativo A se concentre exclusivamente em processar sua lógica comercial.

Utilização de multicontêineres juntos

Os três tipos de multicontêineres podem ser usados individualmente ou juntos, conforme necessário. Como exemplo, dependendo da natureza dessa lógica comercial, um aplicativo pode exigir que alguns ou todos os contêineres secundários sejam implantados em seu interior (Figura 6.55).

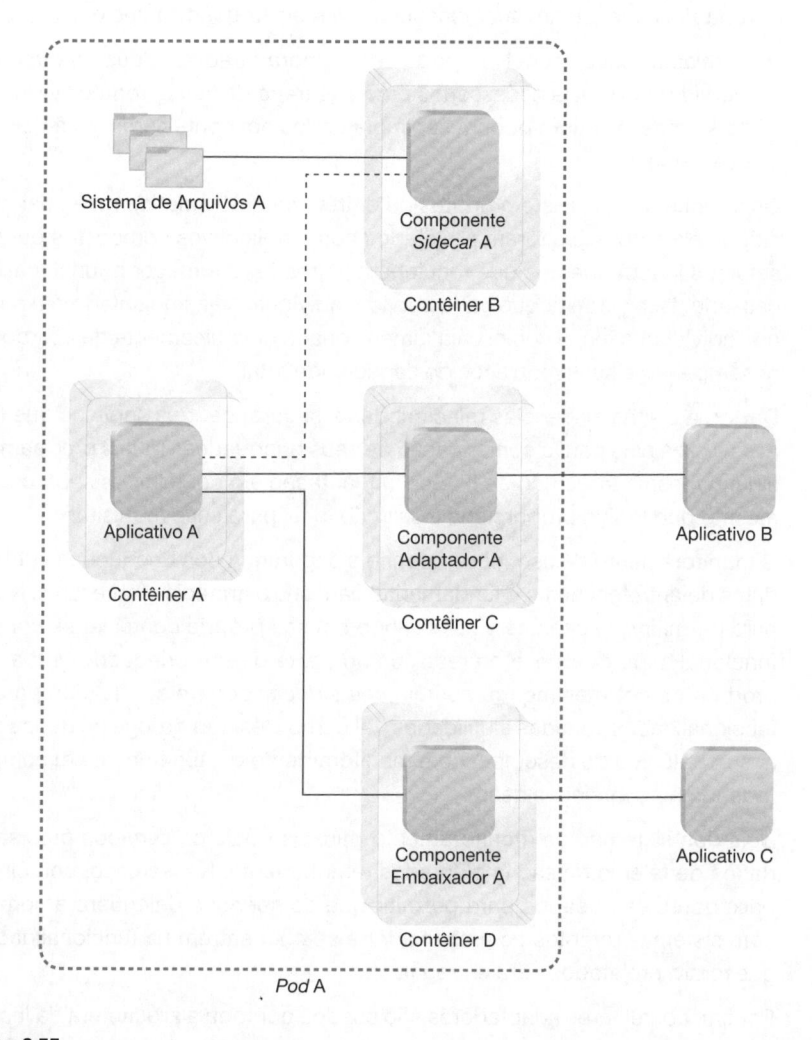

Figura 6.55
O Aplicativo A tem suporte de três contêineres secundários.

6.6 EXEMPLO DE ESTUDO DE CASO

A Innovartus Technologies Inc. identificou múltiplos benefícios do uso da tecnologia de conteinerização em apoio a suas estratégias tecnológicas e empresariais, incluindo os seguintes:

- A escalabilidade pode ser bastante aprimorada para acomodar uma interação maior e menos previsível de consumidores de nuvem.
- Os níveis de serviço podem ser aprimorados de modo a evitar os frequentes apagões que andam acontecendo com mais frequência que o usual.
- A relação custo-benefício pode ser melhorada ao se reduzir a quantidade de servidores virtuais necessários para a entrega de seus produtos virtuais, já que tais produtos agora podem ser implantados em contêineres, e não em servidores virtuais.

Os brinquedos virtuais e produtos de entretenimento didático para crianças oferecidos pela Innovartus foram projetados como aplicativos compostos por múltiplos serviços independentes que funcionam juntos para fornecer a funcionalidade necessária. Isso permite que cada serviço individual seja implantado em seu contêiner individual e tenha sua escala dimensionada dinamicamente de acordo com seu desempenho e seus requisitos de capacidade total.

Devido a certas exigências relacionadas à segurança, três serviços que fornecem acesso aos pais para a configuração de seus brinquedos virtuais precisam compartilhar o mesmo endereço de IP. Sua implantação em contêineres separados em um mesmo *pod* lógico proporciona a solução ideal para esse requisito.

O monitoramento de uso, desempenho e segurança dos brinquedos virtuais e produtos de entretenimento é fundamental para sua estratégia empresarial. No entanto, para permitir que cada serviço rodando em seu próprio contêiner se concentre na funcionalidade que deve entregar como parte de um brinquedo virtual ou outro produto de entretenimento, contêineres *sidecar* podem ser usados para separar funcionalidades voltadas a utilidades, tal como a escrita de *logs* ou dados de relatórios para lógica de desempenho e monitoramento de segurança, em componentes rodando no contêiner sidecar.

Dois dos sistemas de monitoramento para os quais os serviços precisam enviar dados de telemetria são implantados remotamente. Nesse caso, contêineres embaixadores são usados para permitir que os serviços deleguem a comunicação com sistemas remotos ao embaixador e se concentrem na funcionalidade central que foram projetados para entregar.

Por fim, contêineres adaptadores são usados por toda a arquitetura da Innovartus a fim de permitir a utilização de seus produtos por usuários via diferentes dispositivos (como *smartphones*, *tablets* e computadores) com contêineres adaptadores rodando a lógica necessária para que cada dispositivo seja acessado separadamente por pais e crianças.

Capítulo 7

Compreendendo a segurança de nuvens e a cibersegurança

7.1 Terminologia básica de segurança
7.2 Terminologia básica de ameaças
7.3 Agentes ameaçadores
7.4 Ameaças comuns
7.5 Exemplo de estudo de caso
7.6 Considerações adicionais
7.7 Exemplo de estudo de caso

Este capítulo introduz termos e conceitos que envolvem fundamentos da segurança de informações no âmbito das nuvens, e então se encerra definindo um conjunto de ameaças e ataques comuns a ambientes de nuvens públicas. Os mecanismos de segurança de nuvens e cibersegurança abordados nos Capítulos 10 e 11 estabelecem os controles de segurança usados para combater essas ameaças.

7.1 Terminologia básica de segurança

A segurança de informações envolve uma mescla complexa de técnicas, tecnologias, regulamentações e comportamentos que protegem colaborativamente a integridade e o acesso a sistemas e dados computacionais. Medidas de segurança de TI são tomadas como defesa a ameaças e interferências advindas tanto de intenções maliciosas quanto de erros não intencionais de usuários.

As seções a seguir definem termos de segurança fundamentais e relevantes para a computação em nuvem e descrevem conceitos associados.

Confidencialidade

Confidencialidade é a característica de algo disponibilizado somente para partes autorizadas (Figura 7.1) Em ambientes em nuvem, a confidencialidade se refere acima de tudo à restrição de acesso a dados em trânsito e armazenados.

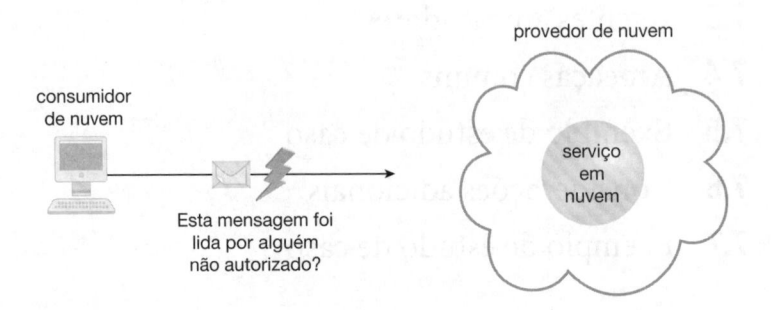

Figura 7.1
A mensagem emitida pelo consumidor de nuvem ao serviço em nuvem é considerada confidencial somente se não é acessada ou lida por uma parte não autorizada.

Integridade

Integridade é a característica de não ter alterações por uma parte não autorizada (Figura 7.2). Uma questão importante envolvendo a integridade de dados na nuvem é se um consumidor de nuvem pode ou não receber a garantia de que os dados que transmite a um serviço em nuvem correspondem aos dados recebidos pelo mesmo serviço. A noção de integridade pode se estender ao modo como dados são armazenados, processados e buscados por serviços em nuvem e recursos de TI baseados em nuvem.

Disponibilidade

Disponibilidade é a característica de estar acessível e usável durante um período específico de tempo. Em ambientes em nuvem típicos, a disponibilidade de serviços em nuvem pode ser uma responsabilidade compartilhada entre o provedor de nuvem e a operadora de nuvem. A disponibilidade de uma solução baseada em nuvem que se estende a consumidores de serviço em nuvem é partilhada ainda por cada um desses consumidores.

A Figura 7.3 retrata um cenário que demonstra como uma coleção de tecnologias de segurança ajuda a assegurar a confidencialidade e a integridade de dados trocados pela Internet, bem como a disponibilidade de uma base de dados que contém dados privados.

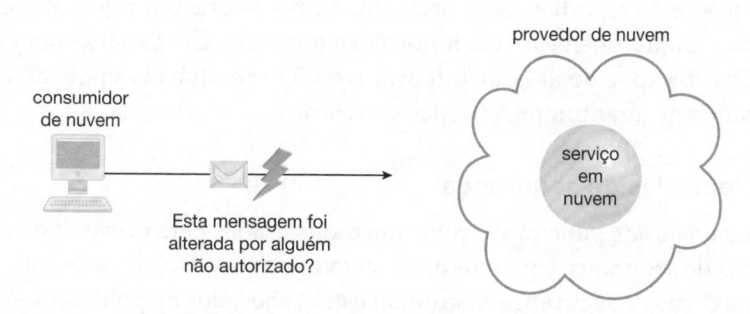

Figura 7.2
A mensagem emitida pelo consumidor de nuvem ao serviço em nuvem é considerada íntegra se não passar por alterações.

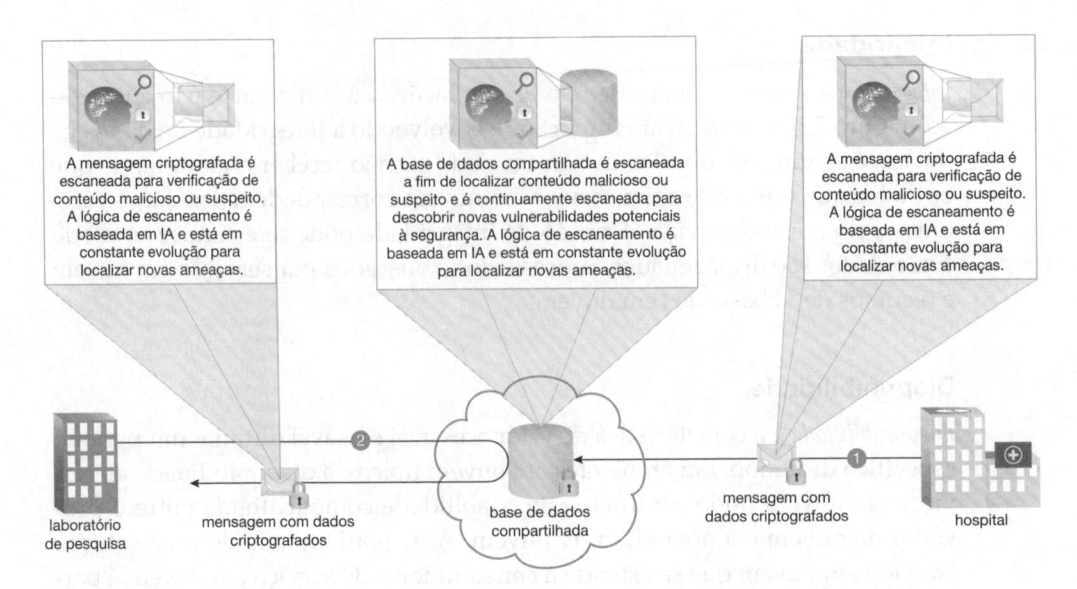

Figura 7.3
Um hospital fornece dados médicos confidenciais para uma base de dados numa nuvem (1) compartilhada por uma instituição de pesquisa, a qual busca os dados (2). Tecnologias de cibersegurança de apoio proporcionam confidencialidade via criptografia, integridade via escaneamento de *runtime* e disponibilidade ao assegurar a proteção duradoura da base de dados compartilhada baseada em nuvem.

Autenticidade

Autenticidade é a característica de algo que foi fornecido por uma fonte autorizada. Esse conceito abrange o não repúdio, que é a incapacidade de uma parte de negar ou contestar a autenticação de uma interação. A autenticação em interações não repudiáveis fornece uma prova de que tais interações estão vinculadas singularmente a uma fonte não autorizada. Um usuário, por exemplo, pode ficar incapaz de acessar um arquivo não repudiável depois de recebê-lo sem também gerar um registro desse acesso.

Controles de segurança

Controles de segurança são contramedidas usadas para prevenir ou reagir a ameaças de segurança e para reduzir ou evitar riscos. Detalhes de como usar contramedidas de segurança costumam estar esboçados na política de segurança, que contém um conjunto de regras e práticas especificando como implementar um sistema, serviço ou plano de segurança para a proteção máxima de recursos de TI sensíveis e críticos.

Mecanismos de segurança

Contramedidas costumam ser descritas em termos de *mecanismos de segurança*, os componentes que abrangem uma estrutura defensiva de proteção a recursos de TI, informações e serviços. Os Capítulos 10 e 11 descrevem uma série de mecanismos de segurança de nuvens e cibersegurança.

Políticas de segurança

Uma *política de segurança* estabelece um conjunto de regras e regulamentações de segurança. Muitas vezes, políticas de segurança ainda definem como tais regras e regulamentações são implementadas e fiscalizadas. O posicionamento e uso de controles e mecanismos de segurança podem, por exemplo, ser definidos por políticas de segurança.

7.2 Terminologia básica de ameaças

Esta seção examina alguns dos temas fundamentais que ajudam a estabelecer o propósito e o escopo primordiais das práticas e tecnologias de cibersegurança, bem como um vocabulário essencial.

Risco

Risco é a potencial perda indesejada e inesperada que pode resultar de uma determinada ação. Riscos envolvem vários aspectos de cibersegurança, incluindo ameaças externas, vulnerabilidades internas e reações tomadas contra ameaças, bem como riscos associados a possíveis erros humanos, mau funcionamento de tecnologia e a qualidade geral de um ambiente de cibersegurança.

Vulnerabilidade

No contexto da cibersegurança, uma *vulnerabilidade* é uma falha, lacuna ou fraqueza num ambiente de TI ou políticas e processos associados que deixam uma organização aberta a potenciais violações bem-sucedidas a sua segurança. Vulnerabilidades podem ser físicas ou digitais. Os responsáveis por ataques exploram vulnerabilidades, enquanto organizações tentam eliminá-las ou mitigá-las.

Exploit

Um *exploit* ocorre quando o responsável por um ataque consegue tirar proveito de uma vulnerabilidade.

Vulnerabilidade de dia zero

Uma *vulnerabilidade de dia zero* é uma vulnerabilidade que uma organização ou ignora ou para a qual ainda não foi capaz de gerar um *patch* ou conserto. Como resultado, um atacante pode ser capaz de explorar mais facilmente essa vulnerabilidade até que a organização consiga saná-la.

Violação de segurança

Uma *violação de segurança* é qualquer incidente que venha a resultar em acesso não autorizado a informações ou sistemas. Geralmente ocorre quando um atacante consegue driblar mecanismos e controles de segurança.

Violação de dados

Uma *violação de dados* é um tipo de violação de segurança em que um atacante consegue roubar informações confidenciais.

Vazamento de dados

Um *vazamento de dados* acontece quando informações sensíveis são compartilhadas com partes não autorizadas sem a ocorrência de um ataque. Vazamentos de dados ocorrem acidental ou intencionalmente e costumam ser feitos por humanos.

Ameaça (ou ameaça cibernética)

Uma *ameaça*, ou *ameaça cibernética*, é um potencial ataque conhecido que põe em perigo e em risco uma organização. A coleção de ameaças relevantes para uma organização é conhecida como a *paisagem de ameaças*, ou *paisagem de ameaças cibernéticas*.

Ataque (ou ataque cibernético)

Quando uma ameaça é imposta por um atacante, ela se torna um *ataque*, ou um *ataque cibernético*.

Atacante ou intruso

No contexto da segurança de nuvens ou cibersegurança, um *atacante* é um indivíduo ou organização que comete ataques cibernéticos.

Existem diferentes tipos de atacantes:

- *Cibercriminosos* – atacantes que tentam roubar informações privadas para obter lucro ou cometer outros tipos de atividades ilegais.
- *Usuários maliciosos* – usuários autorizados, tais como funcionários desonestos, que abusam de seus privilégios concedidos para acessar um sistema com a intenção de causar dano ou perpetrar ações não autorizadas.
- *Ciberativistas* – atacantes que perpetram atividade maliciosa a fim de promover uma pauta política, uma crença religiosa ou uma ideologia social.
- *Atacantes patrocinados pelo estado* – atacantes que são contratados por uma agência governamental.

Um atacante que consegue obter acesso não autorizado a um ambiente dentro de fronteiras organizacionais é conhecido como um *intruso*.

Vetor e superfície de ataque

Um *vetor de ataque* é o trajeto que um atacante percorre para explorar vulnerabilidades. Exemplos de vetores de ataque são anexos de *e-mail*, janelas de *pop-up*, salas de bate-papo e mensagens instantâneas. Quando um determinado vetor de ataque é criado, geralmente costuma contar com a ocorrência de erros humanos ou ignorância. Uma *superfície de ataque* é uma coleção de vetores de ataque a partir da qual um atacante é capaz de acessar um sistema ou extrair informações.

7.3 Agentes ameaçadores

Um *agente ameaçador* é uma entidade que, por ser capaz de colocar em prática um ataque, impõe uma ameaça. Ameaças à segurança de nuvens podem se originar interna ou externamente, advindas de humanos ou de programas de *software*. Agentes ameaçadores correspondentes são descritos nas próximas seções. A Figura 7.4 ilustra a função que um agente ameaçador assume em relação a vulnerabilidades, ameaças e riscos, e as salvaguardas estabelecidas por políticas e mecanismos de segurança.

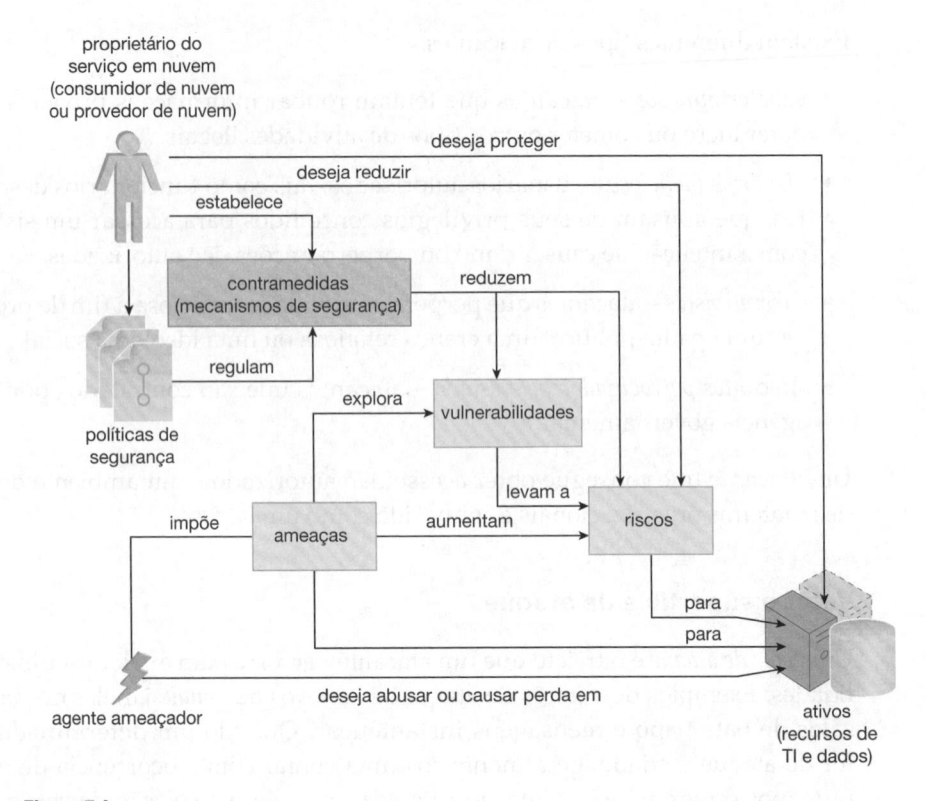

Figura 7.4
Como políticas e mecanismos de segurança são usados para combater ameaças, vulnerabilidades e riscos causados por agentes ameaçadores.

Atacante anônimo

Um *atacante anônimo* é um consumidor de serviço de nuvem não confiável e sem permissões na nuvem (Figura 7.5). Ele costuma existir na forma de um programa externo de *software* que lança ataques no nível de rede através de redes públicas. Quando atacantes anônimos têm informações limitadas sobre políticas de segurança e defesas, isso pode inibir sua capacidade de formular ataques efetivos. Sendo assim, atacantes anônimos muitas vezes optam por contornar contas de usuários ou furtar suas credenciais, enquanto usam métodos que ou garantem seu anonimato ou exigem recursos substanciais para a abertura de processos criminais.

Figura 7.5
A notação usada para um atacante anônimo.

Agente de serviço malicioso

Um *agente de serviço malicioso* é capaz de interceptar e encaminhar o tráfego de rede que flui dentro de uma nuvem (Figura 7.6). Ele costuma existir na forma de um agente de serviço (ou um programa fingindo ser um agente de serviço) com lógica comprometida ou maliciosa. Também pode existir na forma de um programa externo capaz de interceptar remotamente ou corromper conteúdos de mensagem.

Figura 7.6
A notação usada para um agente de serviço malicioso.

Atacante de confiança

Um *atacante de confiança* compartilha recursos de TI no mesmo ambiente de nuvem que o consumidor de nuvem e tenta explorar credenciais legítimas para visar provedores e inquilinos de nuvem com os quais compartilha recursos de TI (Figura 7.7). Ao contrário de atacantes anônimos (que não são de confiança), atacantes de confiança costumam lançar seus ataques de dentro das fronteiras confiáveis da nuvem ao abusarem de credenciais legítimas ou via apropriação de informações sensíveis ou confidenciais.

Figura 7.7
A notação usada para um atacante de confiança.

Atacantes de confiança (também conhecidos como *inquilinos maliciosos*) podem usar recursos de TI baseados em nuvem para uma ampla gama de explorações, incluindo *hacking* de processos deficientes de autenticação, a quebra de criptografia, o envio de *spam* para contas de *e-mail* ou o lançamento de ataques comuns, tais como campanhas de negação de serviço.

Agente interno malicioso

Agentes internos maliciosos são agentes ameaçadores humanos que atuam em nome ou em relação ao provedor de nuvem. Costumam ser funcionários atuais ou passados ou terceiros com acesso às dependências do provedor de nuvem. Esse tipo de agente ameaçador impõe um enorme dano potencial, já que o agente interno malicioso pode ter privilégios administrativos para acessar recursos de TI de consumidores de nuvem.

OBSERVAÇÃO

Uma notação usada para representar uma forma geral de ataque motivado por humanos é a estação de trabalho combinada com o desenho de um raio (Figura 7.8). Esse símbolo genérico não sugere um agente ameaçador específico, apenas que um ataque foi iniciado a partir de uma estação de trabalho.

Figura 7.8
A notação usada para representar um ataque originado numa estação de trabalho. O símbolo humano é opcional.

7.4 Ameaças comuns

Esta seção introduz diversas ameaças e vulnerabilidades comuns em ambientes baseados em nuvem e descreve as funções dos agentes ameaçadores recém-examinados.

Interceptação clandestina de tráfego

A *interceptação clandestina de tráfego* ocorre quando dados que estão sendo transferidos para ou dentro de uma nuvem (geralmente de um consumidor para um provedor de nuvem) são interceptados passivamente por um agente de serviço malicioso para fins de coleta ilegítima de informações (Figura 7.9). O objetivo desse ataque é comprometer diretamente a confidencialidade dos dados e, às vezes, a confidencialidade da relação entre o consumidor e o provedor de nuvem. Devido à natureza passiva do ataque, ele pode passar mais facilmente despercebido por longos períodos.

Intermediário malicioso

Uma ameaça advinda de um *intermediário malicioso* surge quando mensagens são interceptadas e alteradas por um agente de serviço malicioso, o que potencialmente compromete a confidencialidade e/ou a integridade da mensagem. Ele também pode inserir dados danosos na mensagem antes de encaminhá-la para seu destinatário. A Figura 7.10 ilustra um exemplo comum do ataque de um intermediário malicioso.

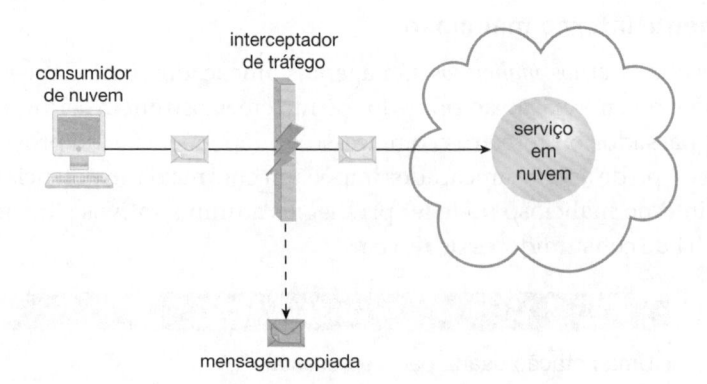

Figura 7.9
Um agente de serviço malicioso posicionado externamente conduz um ataque de interceptação clandestina de tráfego ao interceptar uma mensagem enviada pelo consumidor do serviço em nuvem ao serviço em nuvem. O agente de serviço faz uma cópia não autorizada da mensagem antes de reconduzi-la ao seu caminho original rumo ao serviço em nuvem.

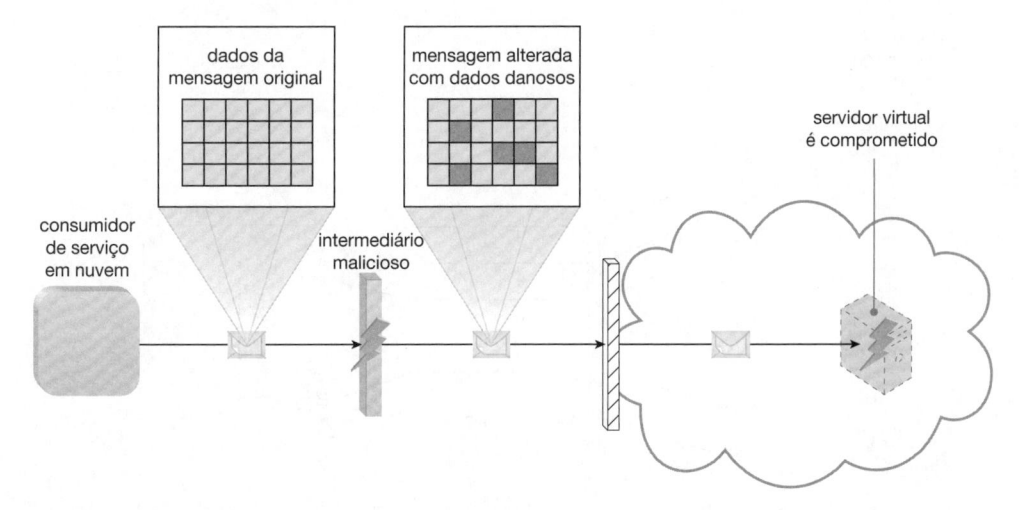

Figura 7.10
O agente de serviço malicioso intercepta e modifica uma mensagem enviada por um consumidor de serviço em nuvem a um serviço em nuvem (não mostrado) sendo hospedado num servidor virtual. Uma vez que dados danosos são incluídos no pacote da mensagem, o servidor virtual é comprometido.

> **OBSERVAÇÃO**
>
> Embora não seja comum, o ataque de um intermediário malicioso também pode ser perpetrado por um programa malicioso do consumidor de serviço em nuvem.

Negação de serviço

O objetivo de um ataque de *negação de serviço* (*denial of service – DoS*) é sobrecarregar os recursos de TI a ponto deles não poderem mais funcionar adequadamente. Essa forma de ataque costuma ser lançada em uma das seguintes maneiras:

- A carga de trabalho em serviços em nuvem é artificialmente elevada por mensagens imitadas ou por solicitações repetidas de comunicação.
- A rede é sobrecarregada com tráfego a fim de reduzir sua responsividade e piorar seu desempenho.
- Inúmeras solicitações de serviço em nuvem são enviadas, cada qual voltada a consumir um excesso de memória e recursos de processamento.

Ataques DoS bem-sucedidos causam degradação e/ou falha de servidor, conforme ilustrado na Figura 7.11.

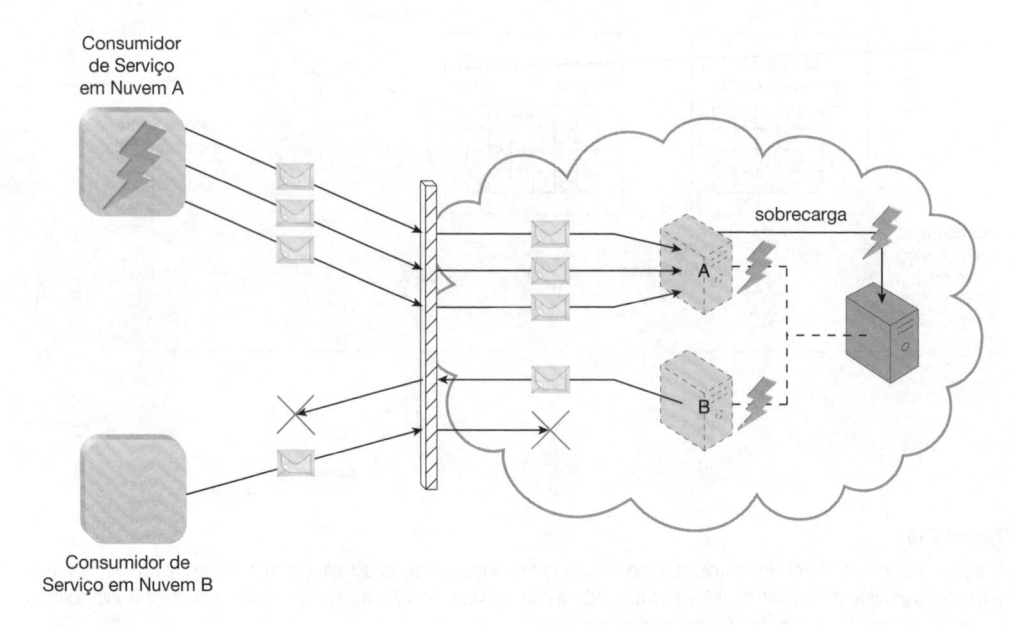

Figura 7.11
O Consumidor de Serviço em Nuvem A envia múltiplas mensagens para um serviço em nuvem (não mostrado) hospedado no Servidor Virtual A. Isso sobrecarrega a capacidade do servidor físico subjacente, o que leva a apagões nos Servidores Virtuais A e B. Como resultado, consumidores legítimos de serviço em nuvem, tal como o Consumidor de Serviço em Nuvem B, ficam incapazes de se comunicar com quaisquer serviços em nuvem hospedados nos Servidores Virtuais A e B.

> **OBSERVAÇÃO**
>
> Uma variação comum do ataque DoS é o ataque de *negação distribuída de serviço* (*distributed denial of service – DDoS*), em que múltiplos sistemas comprometidos são usados para inundar um *website* ou rede com tráfego, numa tentativa de torná-lo indisponível.

Autorização insuficiente

Um ataque de *autorização insuficiente* ocorre quando se concede acesso a um atacante de forma errônea ou ampla demais, conferindo ao atacante acesso a recursos de TI que normalmente ficam protegidos. Isso muitas vezes é resultado da obtenção de acesso direto por parte do atacante a recursos de TI que foram implementados sob a suposição de que seriam acessados apenas por programas consumidores de confiança (Figura 7.12).

Uma variação desse ataque, conhecida como *autenticação fraca*, pode surgir quando senhas fracas ou contas compartilhadas são usadas para proteger recursos de TI. Em ambientes de nuvem, tais tipos de ataques podem levar a impactos significativos, dependendo da gama de recursos de TI e da gama de acesso a esses recursos que o atacante obtém (Figura 7.13).

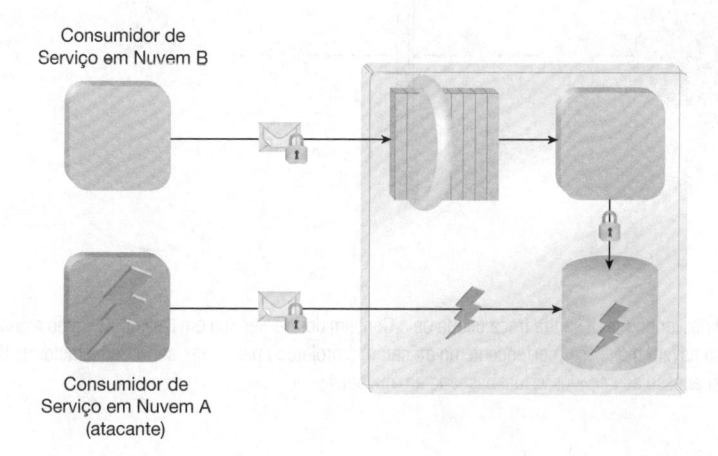

Figura 7.12
O Consumidor de Serviço em Nuvem A obtém acesso a uma base de dados que foi implementada sob a suposição de que seria acessada apenas através de um serviço *Web* com um contrato de serviço publicado (como ocorre com o Consumidor de Serviço em Nuvem B).

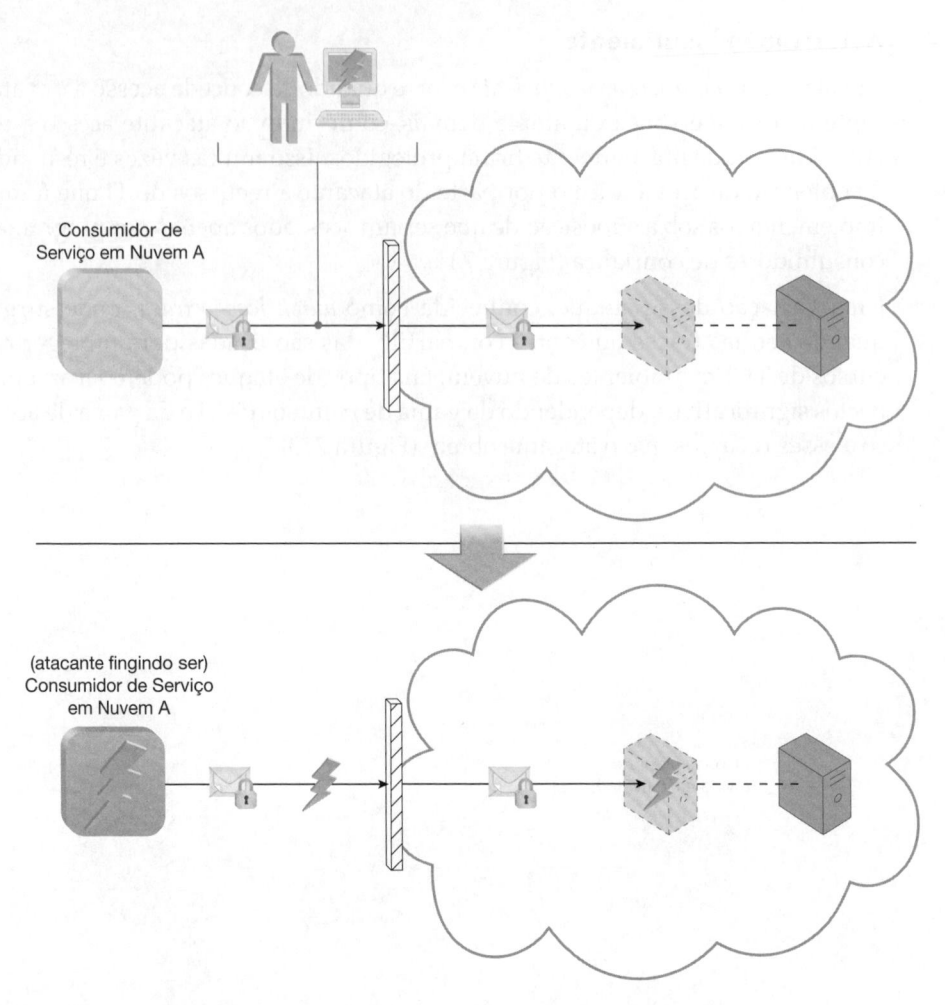

Figura 7.13
Um atacante desvendou uma senha fraca usada pelo Consumidor de Serviço em Nuvem A. Como resultado, um consumidor de serviço em nuvem malicioso (pertencente ao atacante) é projetado para fingir ser o Consumidor de Serviço em Nuvem A, a fim de obter acesso ao servidor virtual baseado em nuvem.

Ataque de virtualização

A virtualização oferece a múltiplos consumidores de nuvem acesso a recursos de TI que compartilham o mesmo *hardware* subjacente, mas que estão isolados logicamente uns dos outros. Uma vez que os provedores de nuvem concedem a seus consumidores acesso administrativo a recursos de TI virtualizados (p. ex., servidores virtuais), há um risco inerente de que os consumidores de nuvem venham a abusar desse acesso para atacar os recursos físicos de TI subjacentes.

Um *ataque de virtualização* explora vulnerabilidades na plataforma de virtualização, pondo em perigo sua confidencialidade, integridade e/ou disponibilidade. Essa ameaça é ilustrada na Figura 7.14, em que um atacante de confiança consegue acessar um servidor virtual a fim de comprometer seu servidor físico subjacente. Com nuvens públicas, em que um único recurso físico de TI às vezes pode oferecer recursos virtualizados de TI para múltiplos consumidores de nuvem, um ataque desse tipo pode ter repercussões significativas.

Fronteiras de confiança sobrepostas

Quando recursos físicos de TI dentro de uma nuvem são compartilhados por diferentes consumidores de serviço em nuvem, tais consumidores têm *fronteiras de confiança sobrepostas*. Consumidores maliciosos de serviços em nuvem podem visar recursos de TI compartilhados com a intenção de comprometer consumidores de nuvem ou outros recursos de TI que partilham da mesma fronteira de confiança. Como consequência, alguns ou todos os outros consumidores de serviço em nuvem podem ser afetados pelo ataque e/ou o atacante pode usar recursos de TI virtuais contra outros que venham a partilhar da mesma fronteira de confiança.

A Figura 7.15 ilustra um exemplo em que dois consumidores de serviços em nuvem compartilham servidores virtuais hospedados pelo mesmo servidor físico e, como resultado, suas respectivas fronteiras de confiança se sobrepõem.

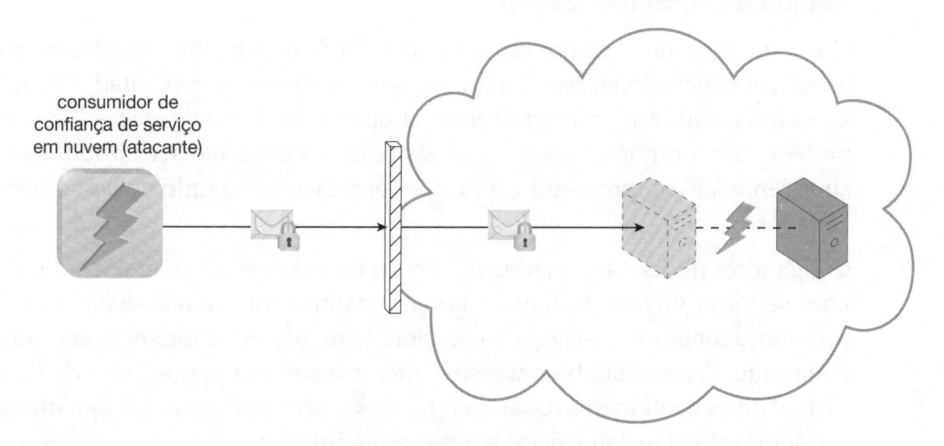

Figura 7.14
Um consumidor autorizado de serviço em nuvem conduz um ataque de virtualização ao abusar de seu acesso administrativo a um servidor virtual a fim de explorar o *hardware* subjacente.

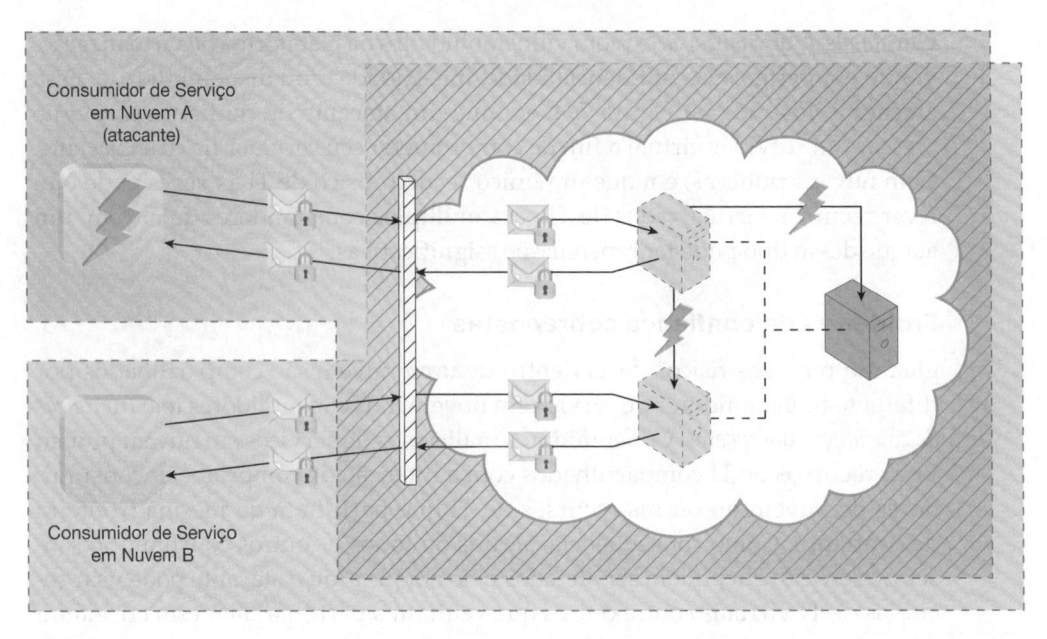

Figura 7.15
O Consumidor de Serviço em Nuvem A é considerado de confiança pela nuvem e, portanto, obtém acesso a um servidor virtual, o qual ele então ataca com a intenção de comprometer o servidor físico subjacente e o servidor virtual usado pelo Consumidor de Serviço em Nuvem B.

Ataque de conteinerização

O uso da conteinerização introduz uma falta de isolamento em relação ao nível do sistema operacional *host*. Uma vez que os contêineres implantados na mesma máquina partilham do mesmo sistema operacional *host*, ameaças à segurança podem aumentar, já que acesso ao sistema inteiro pode ser obtido. Se o *host* subjacente for comprometido, todos os contêineres rodando no *host* podem ser afetados.

Contêineres podem ser criados de dentro de um sistema operacional rodando num servidor virtual. Isso pode ajudar a garantir que, em caso de violação de segurança afetando o sistema operacional em que um contêiner está rodando, o atacante só consiga obter acesso e alterar o sistema operacional do servidor virtual ou os contêineres rodando num único servidor virtual, enquanto outros servidores virtuais (ou físicos) permanecem intactos.

Outra opção é o modelo de implantação de um único serviço por servidor físico, em que todas as imagens de contêiner implantadas no mesmo *host* são as mesmas. Isso pode reduzir os riscos sem a necessidade de virtualizar os recursos de TI. Nesse caso, uma violação de segurança em uma instância de serviço em nuvem permitiria acesso somente a outras instâncias, e o risco residual seria considerado aceitável. No entanto, essa abordagem pode não ser a ideal para a implantação de muitos serviços em nuvem diferentes, já que pode aumentar significativamente a quantidade total de recursos físicos de TI que precisam ser implantados e gerenciados, enquanto aumenta ainda mais os custos e a complexidade operacional.

Malware

Um *malware*, também chamado de *software malicioso*, é um tipo de programa de *software* projetado para causar dano a um sistema ou rede computacional.

Um *malware* pode ser usado para realizar uma variedade de atividades maliciosas, incluindo:

- furto de dados protegidos;
- eliminação de documentos confidenciais;
- interceptação de comunicações privadas;
- coleta de informações sobre atividades confidenciais.

A base fundamental de um ataque de *malware* é a instalação de *software* não autorizado no computador da vítima (Figura 7.16).

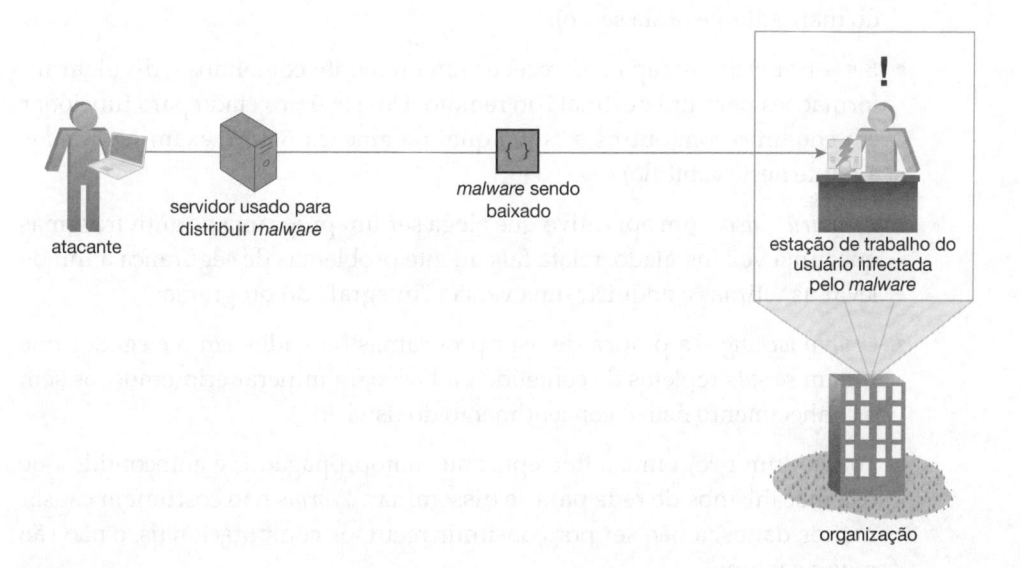

Figura 7.16
Um atacante tornando um servidor disponível para um usuário (p. ex., via um *website*) que inadvertidamente baixa um *malware* em uma estação de trabalho local.

A seguir, são listados tipos comuns de ataques cibernéticos baseados em *malware*:

- *Vírus* – um *malware* capaz de se espalhar ao infectar sistemas e arquivos com um código que permite que o vírus se replique e perpetre ações adicionais no sistema infectado.

- *Cavalo de Troia* – um *software* malicioso que parece ser um aplicativo ou serviço legítimo. Um cavalo de Troia pode ter comportamento malicioso, muitas vezes como parte de processos nos bastidores, a fim de perpetrar atividades como a instalação de código *backdoor* e a injeção de código em outros processos que estão rodando. Um cavalo de Troia pode ou não conter um vírus.

- *Spyware* – um tipo de *malware* que coleta informações sobre usuários e organizações sem seu conhecimento.

- *Adware* – *software* projetado para exibir propagandas ou *pop-ups* indesejados. Um *adware* pode ser considerado uma ameaça de segurança, pois é capaz de coletar informações sensíveis e pode deixar sistemas mais lentos e vulneráveis a outros tipos de *malware*.

- *Ransomware* – um *malware* que restringe ou impede o uso ou o acesso a dados com o propósito de exigir o pagamento de um resgate para descriptografar ou liberar os dados. Um ataque duradouro de *ransomware* pode ser perpetrado usando-se uma execução remota por código (conforme abordado mais adiante nesta seção).

- *Bot* – um *malware* capaz de receber remotamente comandos e divulgar informações para um destinatário remoto. Um *bot* é projetado para funcionar em conjunto com outros *bots* (tal qual na ameaça *Botnet*, examinada mais adiante neste capítulo).

- *Antivírus falso* – um aplicativo que alega ser um programa de antivírus, mas que, uma vez instalado, relata falsamente problemas de segurança a fim de levar as vítimas a adquirir uma versão "integral" do programa.

- *Crypto jacking* – a prática de usar programas baseados em navegador que rodam *scripts* repletos de conteúdo da *Web* para minerar criptomoedas sem o conhecimento nem o consentimento do usuário.

- *Worm* – um programa autorreplicante, autopropagador e autocontido que usa mecanismos de rede para se disseminar. *Worms* não costumam causar muitos danos, a não ser por consumir recursos computacionais, e não são muito comuns.

Tecnologias de ciência de dados podem ser adotadas como apoio a ataques de *malware*, ao analisarem sistemas a fim de descobrir e identificar novas vulnerabilidades que possam ser exploradas. Tais tecnologias ainda podem permitir o desenvolvimento de código malicioso reativo, capaz de procurar novas vulnerabilidades por conta própria.

Ameaça de agente interno

Uma *ameaça de agente interno* está associada com dano potencial que pode ser infligido por membros de uma organização e por outros que podem ter acesso às dependências e sistemas dela.

Tipos comuns de ameaças de agente interno incluem (Figura 7.17):

- *Maliciosa* – tentativas por parte de um agente interno (p. ex., um funcionário contrariado) de acessar e potencialmente danificar os dados, sistemas ou infraestrutura de TI de uma organização.

- *Acidental* – dano acidental causado por agentes internos que cometeram equívocos por ignorância ou devido a erro humano, como ao acidentalmente deletar um arquivo importante ou compartilhar inadvertidamente dados confidenciais com uma parte não autorizada.

- *Negligente* – dano acidental causado por agentes internos por falta de cuidado ou indisposição em obedecer a padrões e políticas de cibersegurança estabelecidas.

Ameaças de agente interno podem colocar os ativos de uma organização sob perigo, incluindo *hardware* físico, estoque de produtos físicos, *websites* corporativos, comunicações pelas redes sociais e ativos informacionais.

Figura 7.17
Exemplos de agentes internos maliciosos (esquerda), negligentes (centro) e acidentais (direita) impondo ameaças a uma organização.

Engenharia social e *phishing*

Engenharia social é uma forma de ataque em que indivíduos são enganados e levados a revelar informações sensíveis ou a realizar ações potencialmente danosas, como conceder acesso a partes não autorizadas (Figura 7.18). Táticas de engenharia social são populares, pois pode ser mais fácil explorar pessoas do que explorar tecnologia.

Phishing é uma forma de engenharia social que usa comunicação eletrônica, como o envio de *e-mails* fraudulentos que parecem vir de remetentes válidos numa tentativa de compelir usuários a liberarem informações sensíveis, a abrirem brechas para violação de segurança ou a realizarem ações danosas.

Botnet

Conforme descrito anteriormente na seção *"Malware"*, um *bot* é uma forma de *malware* capaz de receber e colocar em prática instruções emitidas por um atacante remoto. Um ataque de *botnet* utiliza múltiplos *bots*, que são distribuídos por diferentes *hosts* a fim de perpetrar um ataque via rede (*net* em inglês) coordenada de *bots* (uma *bot-net*).

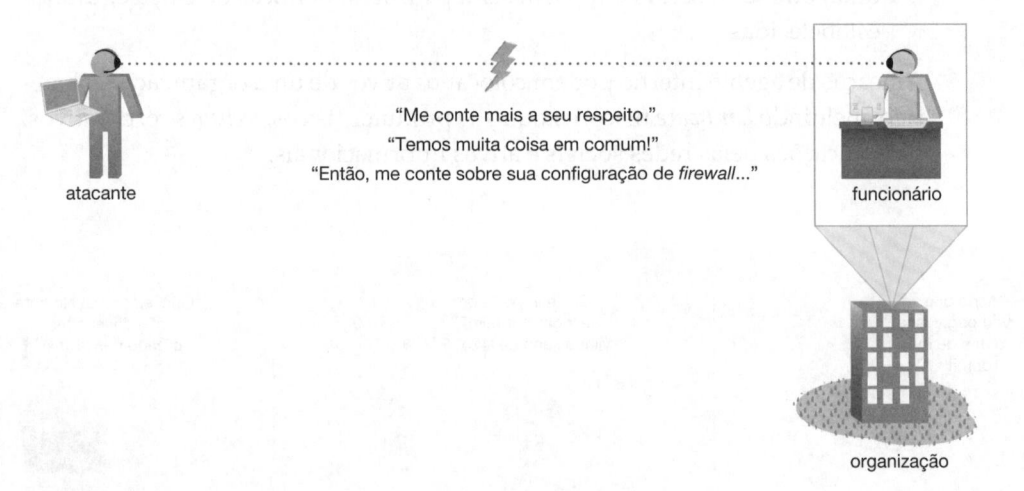

atacante

"Me conte mais a seu respeito."
"Temos muita coisa em comum!"
"Então, me conte sobre sua configuração de *firewall*..."

funcionário

organização

Figura 7.18
Um exemplo de um atacante tentando perpetrar um ataque de engenharia social ao extrair informações sensíveis de um funcionário que pode estar trabalhando para um consumidor de nuvem ou para uma organização provedora de nuvem.

Uma técnica comum para perpetrar um ataque de *botnet* é começar com uma infecção inicial por *malware* a fim de criar *hosts* "zumbis". Um *host* zumbi é um computador que pertence a uma organização desavisada e legítima que teve o controle tomado por um atacante. Em seguida, o atacante tipicamente utiliza o *host* zumbi para perpetrar ataques contra outros (Figura 7.19).

Uma *botnet* pode ser composta por *bots* localizados em servidores *host* que pertencem ao atacante, bem como em servidores zumbis. Depois de instalado, um *bot* busca se conectar com outros *bots* em outros *hosts* e dispositivos infectados a fim de formar uma rede que o atacante pode vir a usar para perpetrar ações maliciosas (Figura 7.20), como ataques DDoS em larga escala e ataques de *crypto jacking*, o envio de *e-mails* em massa com conteúdo danoso, o furto de dados e até mesmo o recrutamento de novos *bots*. *Botnets* podem ser comprados na *dark Web* e até mesmo alugados por curtos períodos.

Vale ressaltar que ataques de *botnet* muitas vezes abrangem outros ataques e técnicas, como execução remota de código, escalada de privilégio, engenharia social e ameaças de agente interno.

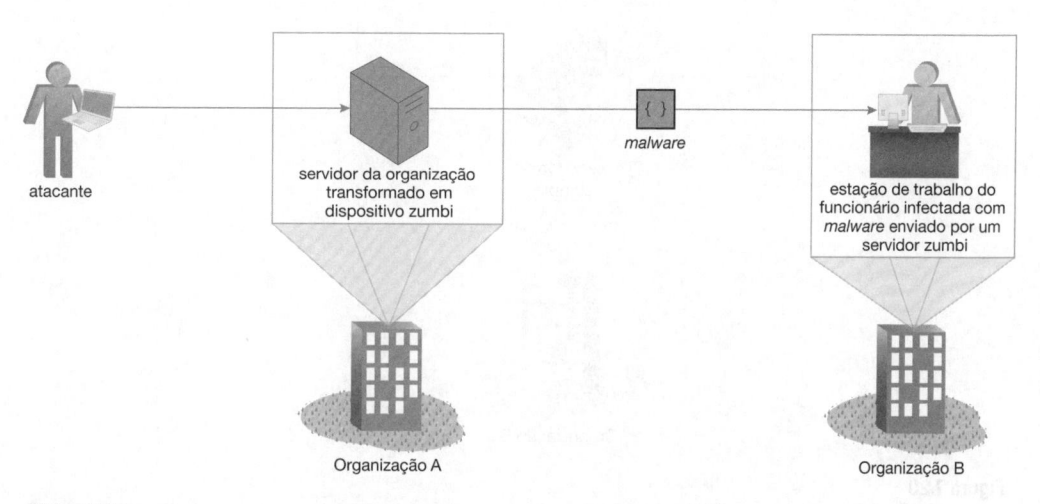

Figura 7.19
Um atacante transformou um servidor regular da Organização A em um servidor zumbi, que é controlado por ele para transmitir *malware* ao computador de um usuário na Organização B.

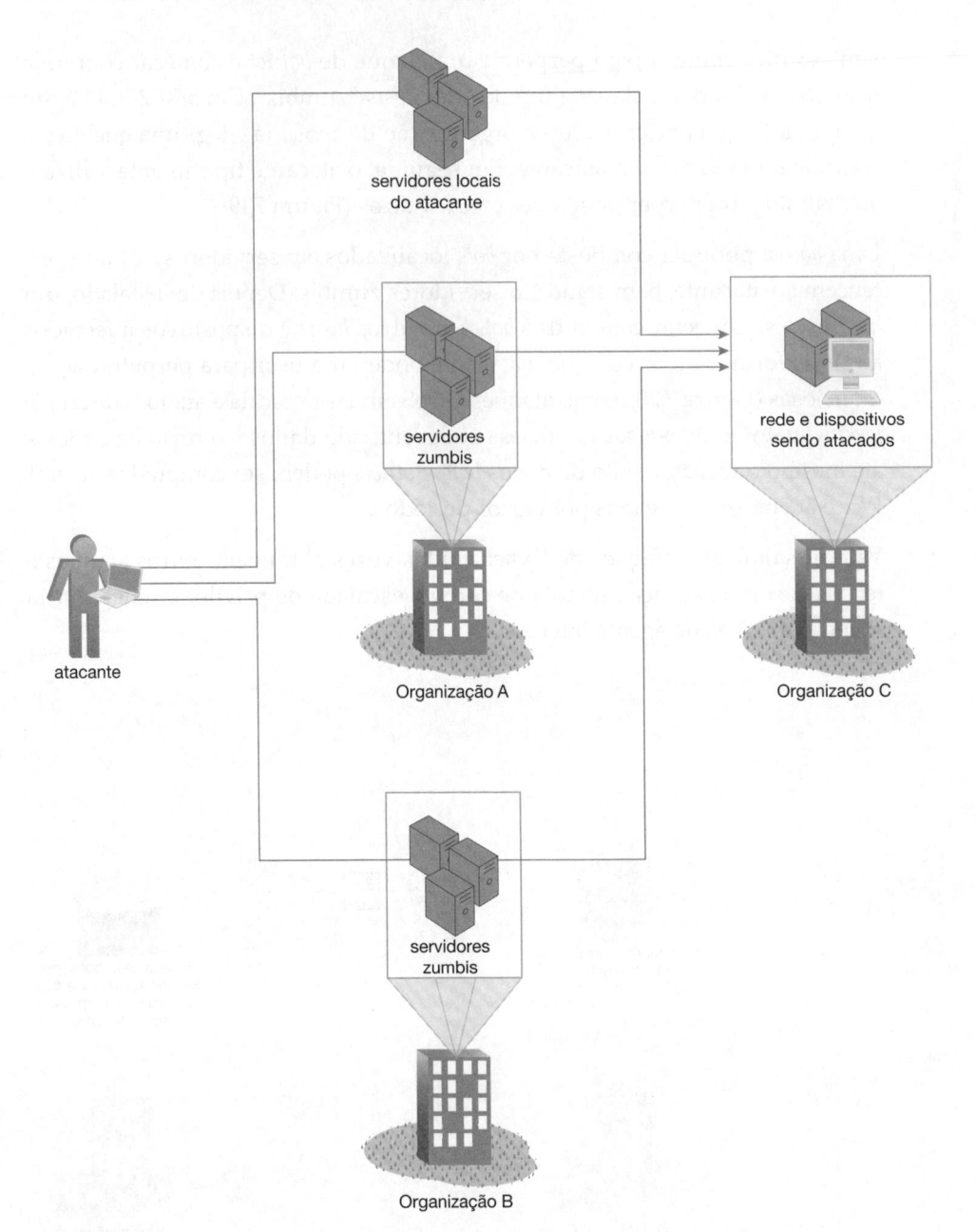

Figura 7.20
Um atacante transformou servidores regulares nas Organizações A e B em servidores zumbis. O atacante usa esses servidores em conjunto com alguns servidores locais para perpetrar um ataque contra a Organização C.

Escalada de privilégio

Um *ataque de escalada* de privilégio ocorre quando um atacante tenta ganhar permissões de administrador após comprometer a conta de um usuário com privilégios limitados de acesso (Figura 7.21). Isso pode ser feito ao se explorar vulnerabilidades que inadvertidamente permitem que os níveis de acesso da conta de um usuário sejam elevados.

Tecnologias de ciência de dados podem ser usadas para apoiar ataques de escalada de privilégio ao desenvolver modelos que podem ser usados para buscar e analisar continuamente contas e sistemas de potenciais vítimas atrás de vulnerabilidades exploráveis. Outro ataque, por exemplo, poderia ser perpetrado para coletar dados sobre o estado de sistemas atuais numa rede com relação a *patches* de *software* de terceiros. O sistema de ciência de dados pode ser capaz de processar essas informações, juntamente com dados adicionais sobre os programas de *software* do terceiro e sobre como eles estão configurados no ambiente-alvo, a fim de produzir um conjunto de áreas-alvo recomendadas.

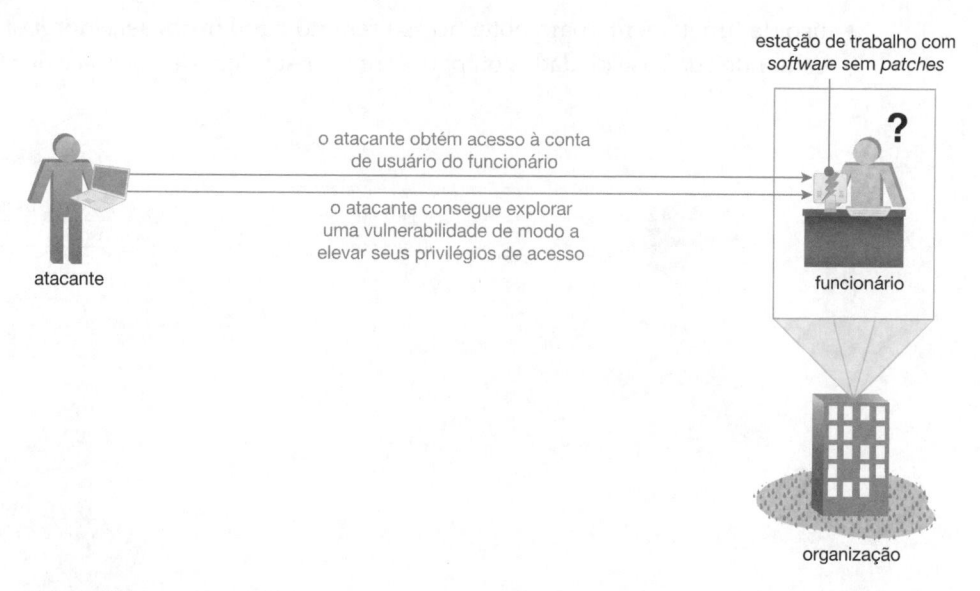

Figura 7.21
Um atacante é capaz de se infiltrar na conta de usuário de um funcionário e explorar uma vulnerabilidade a fim de elevar os privilégios de acesso.

Força bruta

Num ataque de *força bruta*, um atacante experimenta uma ampla gama de combinações possíveis de nome de usuário e senha para tentar determinar a correta e obter acesso não autorizado ao sistema (Figura 7.22).

Desse modo, sistemas protegidos apenas por senha são mais vulneráveis a ataques de força bruta, e contas de usuário com senhas fracas são mais facilmente acessadas.

O tipo mais simples de ataque de força bruta é o do tipo dicionário, em que o atacante consulta um dicionário de senhas possíveis e essencialmente as tenta uma a uma. A reciclagem de credenciais é outra variação, em que nomes de usuário e senhas coletadas em violações de dados anteriores são reutilizados na tentativa de invadir outros sistemas.

Execução remota de código

Execução remota de código é um ataque cibernético em que um atacante executa remotamente comandos no dispositivo computacional de um terceiro.

Exemplos de como esse ataque pode dar certo incluem:

- *software* malicioso (*malware*) sendo baixado pelo *host* (Figura 7.23);
- uso de tunelamento para obter acesso remoto e rodar um servidor *host* ou comandos de base de dados ou para controlar serviços de sistema e de SO.

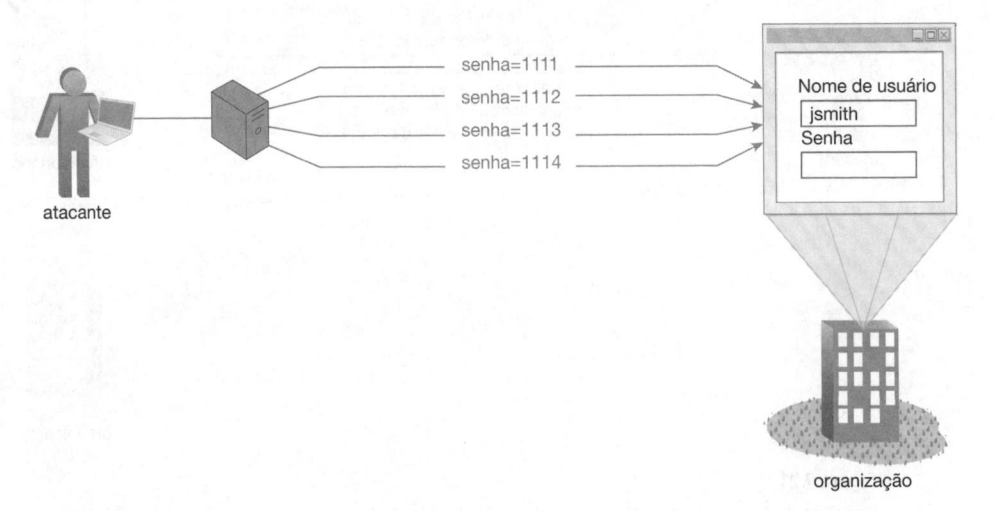

Figura 7.22

Um atacante perpetra um ataque de força bruta ao bombardear um *website* com uma série de combinações de nome de usuário e senha.

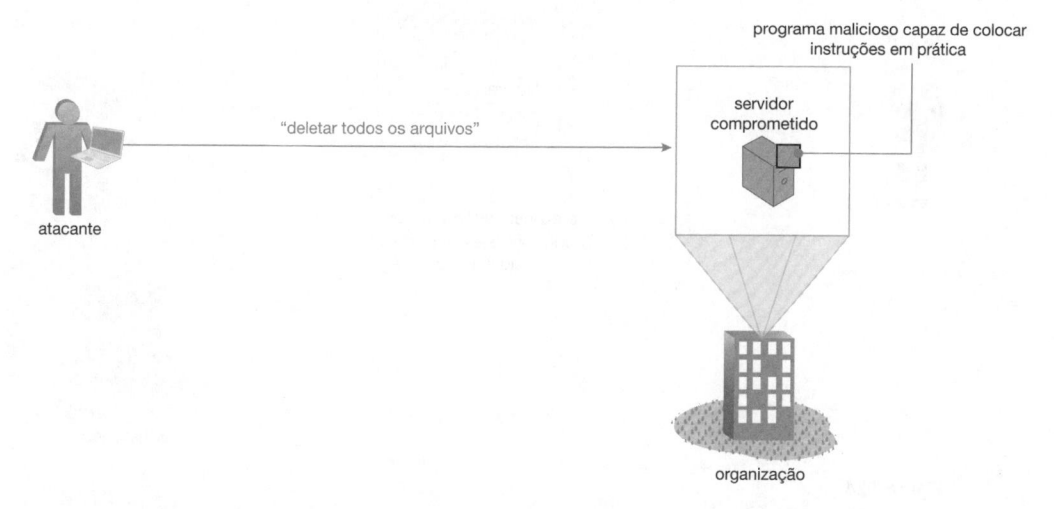

Figura 7.23
Utilizando um programa de *malware* já instalado, um atacante é capaz de emitir comandos a fim de perpetrar ações danosas no servidor de uma organização.

Esse ataque também pode ser habilitado se o atacante obtiver credenciais de *login* ao computador do *host* por força bruta ou por ataque de desautenticação de Wi-Fi, ou via engenharia social e ameaças de agente interno. Um ataque de execução remota de código geralmente é antecedido por um processo de coleta de informações em que o atacante utiliza uma ferramenta de escaneamento automático para identificar vulnerabilidades.

A técnica de execução remota de código pode ser adotada por outros ataques cibernéticos, como ataques com *botnets* e com *malware* que utilizam *ransomware* ou Cavalos de Troia.

Injeção de SQL

Injeção de SQL é uma técnica usada para atacar aplicativos, em que um código malicioso na forma de declarações em SQL é inserido em um campo de entrada na interface de usuário de um aplicativo *Web*, fazendo com que tal aplicativo execute o código malicioso (Figura 7.24).

Quando esse ataque é bem-sucedido, o acesso ao servidor pode ser comprometido, fazendo com que o *malware* passe a ficar escrito na base de dados do servidor. Atacantes costumam usar motores de busca para identificar locais vulneráveis que podem ser alterados usando-se injeção de SQL.

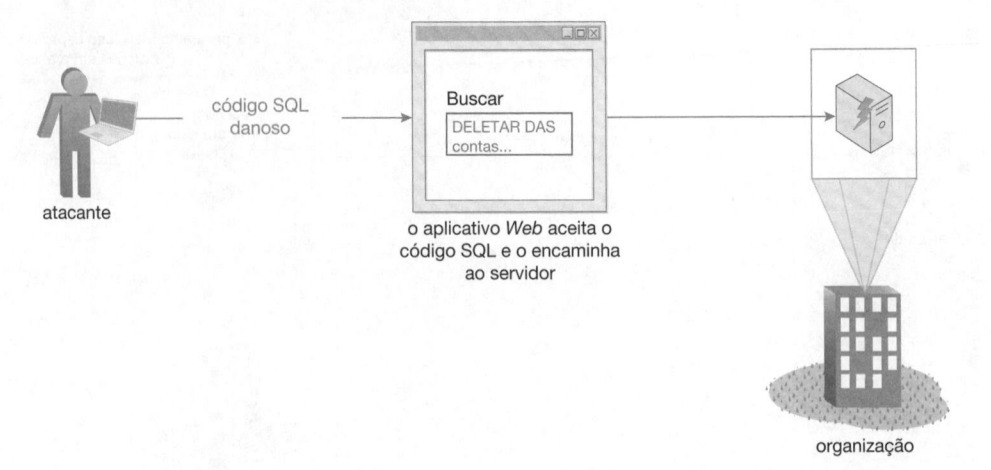

Figura 7.24
Um atacante insere um código malicioso em SQL na interface de usuário de um aplicativo *Web*.

> **OBSERVAÇÃO**
>
> A linguagem SQL (ou *Structured Query Language*) é uma sintaxe usada para emitir comandos para uma base de dados, como consultas e atualizações.

As tecnologias de ciência de dados podem ser usadas para apoiar ataques de injeção de SQL ao analisar o histórico de comandos SQL que foram emitidos contra determinado aplicativo *Web*, a fim de melhor determinar quais são mais ou menos efetivos. O sistema de ciência de dados em si pode ajudar a gerar diferentes combinações de código SQL para ataques automatizados, aprendendo e se aprimorando com o tempo com base em tentativas e erros de cada submissão de código.

Tunelamento

Tunelamento é uma técnica mediante a qual dados são incluídos num pacote de protocolo autorizado a fim de contornar controles de *firewall*, permitindo que dados sensíveis existam na rede e dados não autorizados ou maliciosos entrem sem jamais desencadear um alerta ou uma entrada no *log* (Figura 7.25). O tunelamento pode ser difícil de detectar e bloquear, já que pacotes de tunelamento são projetados para cumprir as regras de *firewalls*.

Para fazer os dados passarem pelo "túnel", o atacante utiliza um programa de *software* que é capaz de fingir que conversa com o protocolo, mas que, na

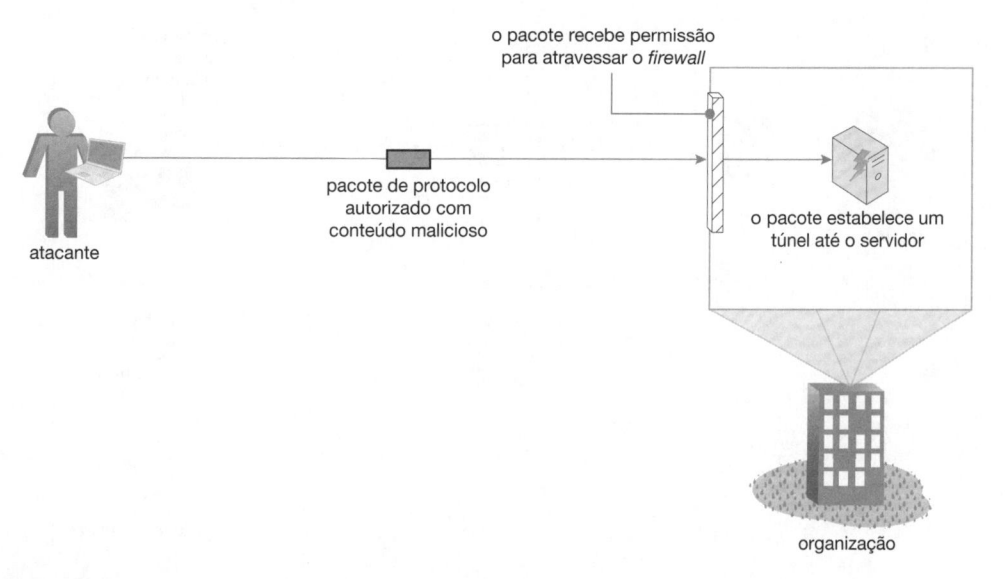

Figura 7.25
Um atacante consegue fazer um pacote malicioso atravessar o *firewall* de uma organização, permitindo que ele prepare um túnel até um servidor interno.

realidade, transfere dados com algum outro propósito. Um túnel já estabelecido pode ser usado, por exemplo, para colocar um *malware* no computador da vítima, tal como um *spyware* que permanece num *host* por um período prolongado a fim de coletar informações confidenciais. Também pode ser usado com execução remota de código como apoio a um ataque de *botnet* ao permitir que o atacante coloque *bots* em *hosts* com o propósito de torná-los servidores zumbis.

> **OBSERVAÇÃO**
> Protocolos comumente usados para atacar sistemas usando técnicas de tunelamento incluem HTTP, SSH, DNS e ICMP.

Ameaça persistente avançada (APT)

Uma *ameaça persistente avançada* (*advanced persistent threat – APT*) é um método pelo qual um atacante perpetra múltiplos ataques como violação de segurança. Frequentemente, os ataques são coordenados a fim de durarem por mais tempo (Figura 7.26). Uma vez que APTs requerem tecnologia sofisticada e preparação e planejamento a longo prazo pelo atacante, são mais usados quando os alvos são organizações de alto valor.

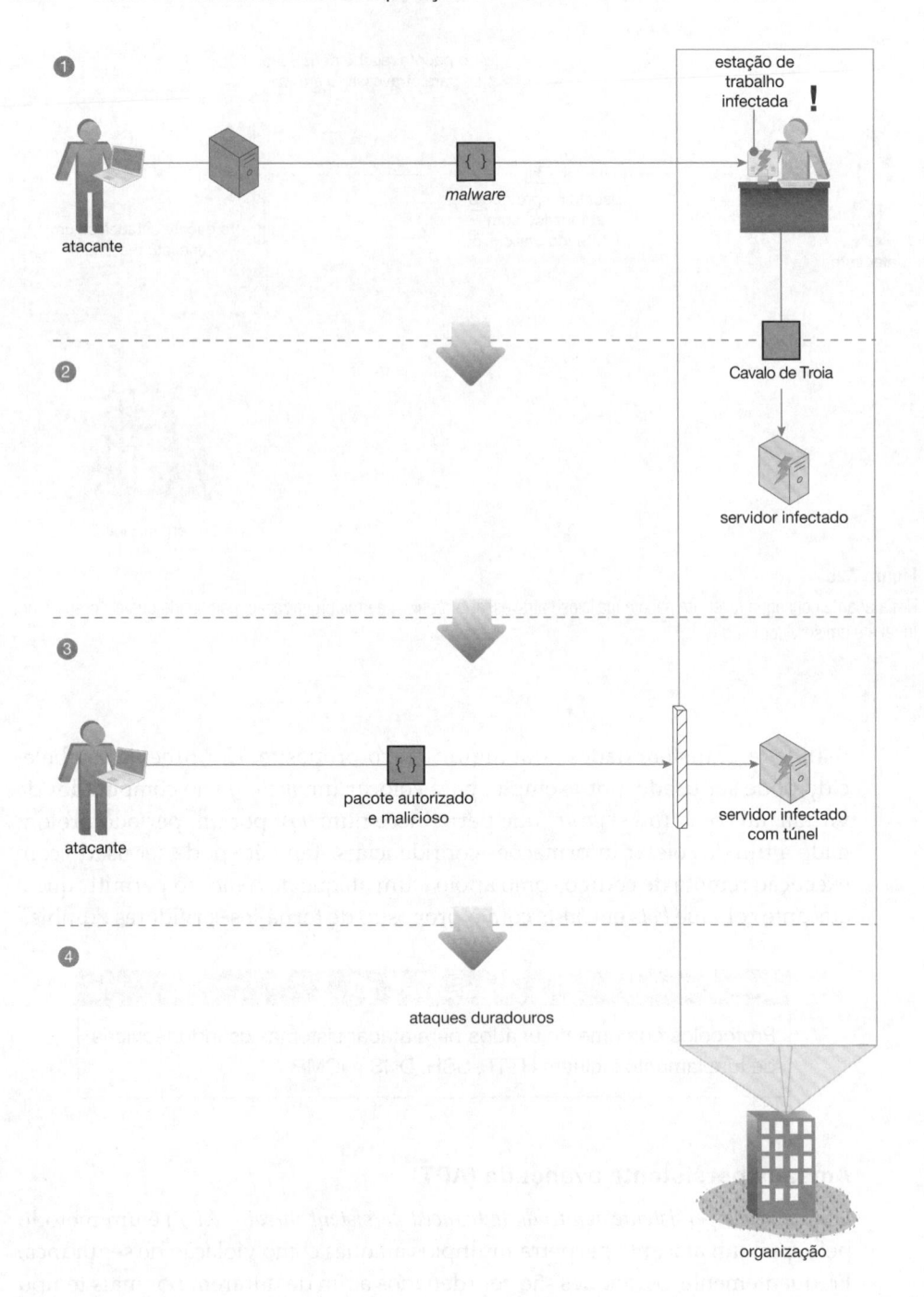

Figura 7.26
Um conjunto de ataques coordenados é perpetrado contra uma organização ao longo de certo período. Os diferentes ataques são conduzidos numa sequência específica e em apoio a um objetivo comum.

Um objetivo por trás das APTs pode ser posicionar recursos dentro do ambiente de uma organização após se obter acesso via uma violação de segurança. Um ataque tipo APT pode, por exemplo, ter sucesso na obtenção de acesso a uma rede, após o que o atacante tenta estabelecer sua presença ao implantar um *malware* que cria *backdoors* e túneis, que então são usados para continuar o ataque *persistente* aos sistemas por um período mais longo.

A partir daí, o atacante pode tentar ampliar seu acesso usando técnicas como ataques de força bruta para obter direitos de administrador, o que o permite tomar o controle dos recursos do sistema e talvez até impedir a entrada de outros.

Uma vez que ataques APT bem-sucedidos são conduzidos no âmbito de uma campanha mais ampla por longos períodos, eles permitem que atacantes observem e aprendam sobre o ambiente, a fim de descobrir mais maneiras de colher informações ou valores (ou causar mais danos) do que o originalmente planejado.

Um fator crucial para o sucesso de ataques do tipo APT é muitas vezes o envolvimento humano. Muitos ataques de APT obtêm sucesso como resultado de uma ameaça de agente interno, que pode ser um humano que (às vezes inadvertidamente) veio a comprometer a segurança via engenharia social ou técnicas de *phishing*.

> **OBSERVAÇÃO**
>
> Grupos de atacantes que conduzem coletivamente um ataque do tipo APT são conhecidos como *grupos APT*. Um grupo APT pode incluir intermediários que apenas obtêm e vendem informações de acesso aos atacantes. O uso de intermediários de acesso é comum, por exemplo, entre atacantes de *ransomware*.

7.5 EXEMPLO DE ESTUDO DE CASO

A DTGOV, atuando como uma provedora terceirizada para diversas organizações governamentais diferentes, passa por uma revisão para identificar a quais ameaças encontra-se mais vulnerável.

Os resultados indicam as seguintes preocupações principais:

- *Ataques de virtualização* – trata-se de um tipo completamente novo de ataque para o qual ela não havia se preparado antes de usar serviços em nuvem em nome de seus clientes.

- *Fronteiras de confiança sobrepostas* – tendo em vista que todos os seus clientes passarão a compartilhar recursos a partir de um provedor de nuvem, eles ficarão sujeitos a essa nova ameaça.

- *Engenharia social e* phishing – na condição de uma prestadora de serviço, a DTGOV não tem controle algum sobre o comportamento dos usuários finais dos sistemas que ela conduz e gerencia.

A DTGOV planeja mitigar todas essas ameaças ao revisar os acordos com seus clientes e ao empregar inúmeros mecanismos de segurança abordados nos Capítulos 10 e 11.

7.6 Considerações adicionais

Esta seção fornece um *checklist* diverso de problemas e diretrizes relacionados a segurança de nuvens. As considerações listadas não estão organizadas em nenhuma ordem específica.

Implementações falhas

O projeto, implementação ou configuração abaixo do padrão de implementações de serviço em nuvem podem ter consequências indesejadas, que vão além de exceções e falhas de *runtime*. Se o *software* e/ou *hardware* do provedor de nuvem apresentar falhas inerentes de segurança e fraquezas operacionais, os atacantes podem explorar tais vulnerabilidades de modo a comprometer a integridade, confidencialidade e/ou disponibilidade dos recursos de TI do provedor de nuvem e os recursos de TI dos consumidores de nuvem hospedados pelo provedor.

A Figura 7.27 retrata um serviço em nuvem mal implementado, o que resulta na queda de um servidor. Embora nesse cenário a falha seja exposta acidentalmente por um consumidor de serviço em nuvem legítimo, ela poderia ter sido facilmente descoberta e explorada por um atacante.

Disparidade entre políticas de segurança

Quando um consumidor de nuvem coloca recursos de TI a cargo de um provedor de nuvem pública, ele talvez precise aceitar que sua abordagem tradicional de segurança de informações talvez não seja idêntica ou mesmo similar à do provedor de nuvem. Essa incompatibilidade precisa ser avaliada para assegurar que quaisquer dados ou outros recursos de TI realocados na nuvem pública estejam adequadamente protegidos. Até mesmo ao arrendar recursos brutos de TI baseados em infraestrutura, o consumidor de nuvem pode não receber controle ou influência administrativa suficiente sobre as políticas de segurança que se aplicam aos recursos de TI arrendados junto ao provedor de nuvem. Isso ocorre sobretudo porque tais recursos de TI ainda são pertencentes legalmente ao provedor de nuvem e seguem sob sua responsabilidade.

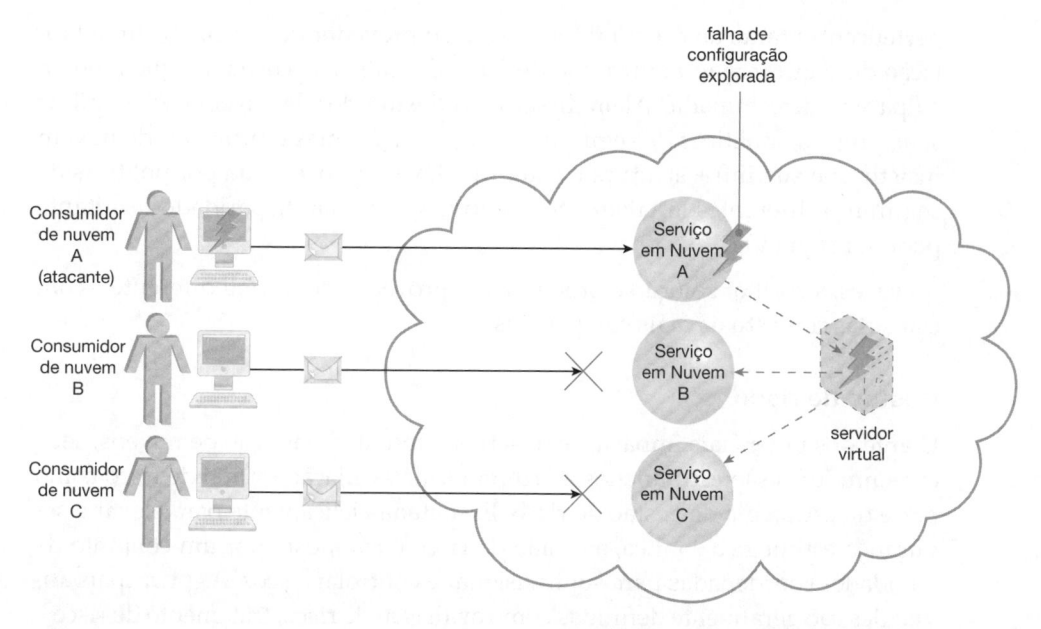

Figura 7.27
A mensagem do Consumidor de Serviço em Nuvem A desencadeia uma falha de configuração no Serviço em Nuvem A, o que por sua vez leva à queda do servidor virtual que também está hospedando os Serviços em Nuvem B e C.

Além do mais, em certas nuvens públicas, terceiros adicionais, como intermediários de segurança e autoridades de certificação, podem introduzir seu próprio conjunto distinto de políticas e práticas de segurança, complicando quaisquer tentativas de padronizar a proteção dos ativos do consumidor de nuvem.

Contratos

Consumidores de nuvem precisam examinar com cuidado contratos e SLAs fornecidos por provedores de nuvem, a fim de assegurar que as políticas de segurança, e outras garantias relevantes, sejam satisfatórias em se tratando da segurança de ativos. A linguagem precisa ser clara na indicação do grau de responsabilização assumido pelo provedor de nuvem e/ou o nível de isenção que ele pode reivindicar. Quanto maior a responsabilização assumida pelo provedor de nuvem, menor o risco para o consumidor de nuvem.

Outro aspecto das obrigações contratuais diz respeito aos limites entre os ativos do consumidor e do provedor de nuvem. Um consumidor de nuvem que implanta sua própria solução sobre a infraestrutura fornecida pelo provedor de nuvem produzirá uma arquitetura tecnológica composta por artefatos pertencentes tanto ao consumidor quanto ao provedor de nuvem. Se uma violação de segurança (ou outro tipo de falha de *runtime*) ocorrer, de que modo a culpa será determinada? Além disso, se o consumidor de nuvem puder aplicar suas próprias políticas de segurança a sua solução, mas o provedor de nuvem insistir que sua infraestrutura de suporte deve ser governada por políticas de segurança diferentes (e talvez incompatíveis), como a disparidade resultante pode ser superada?

Às vezes, a melhor solução é procurar um provedor de nuvem diferente e com cláusulas contratuais mais compatíveis.

Gestão de risco

Diante dos potenciais impactos e desafios referentes a adoção de nuvens, seus consumidores são estimulados a fazerem uma avaliação formal de risco como parte da estratégia de gestão de risco. Executada ciclicamente para elevar a segurança estratégica e tática, a gestão de risco é composta por um conjunto de atividades coordenadas para supervisionar e controlar riscos. As principais atividades são geralmente definidas como avaliação de risco, tratamento de risco e controle de risco (Figura 7.28).

- *Levantamento de risco* – neste estágio, o ambiente em nuvem é analisado a fim de se identificar potenciais vulnerabilidades e pontos fracos que as ameaças podem vir a explorar. O provedor de nuvem pode ser solicitado a fornecer estatísticas e outras informações sobre ataques passados (bem e malsucedidos) perpetrados em sua nuvem. Os riscos identificados são quantificados e qualificados de acordo com a probabilidade de ocorrência e grau de impacto em relação ao modo como o consumidor de nuvem planeja utilizar recursos de TI baseados em nuvem.

- *Tratamento de risco* – políticas e planos de mitigação são projetados durante este estágio com a intenção de tratar com sucesso os riscos que foram descobertos durante o levantamento de risco. Alguns riscos podem ser eliminados, outros podem ser mitigados, enquanto outros podem ser tratados via terceirização ou mesmo ser incorporados aos orçamentos de seguro e/ou perdas operacionais. O próprio provedor de nuvem pode concordar em assumir responsabilidade como parte de suas obrigações contratuais.

- *Controle de risco* – este estágio está relacionado ao monitoramento de risco, um processo em três etapas que é composto por eventos relacionados de levantamento, pela revisão de tais eventos a fim de determinar a efetividade de avaliações e tratamentos prévios e pela identificação de quaisquer necessidades de ajustes em políticas. Dependendo da natureza do monitoramento necessário, este estágio pode ser desempenhado ou compartilhado com o provedor de nuvem.

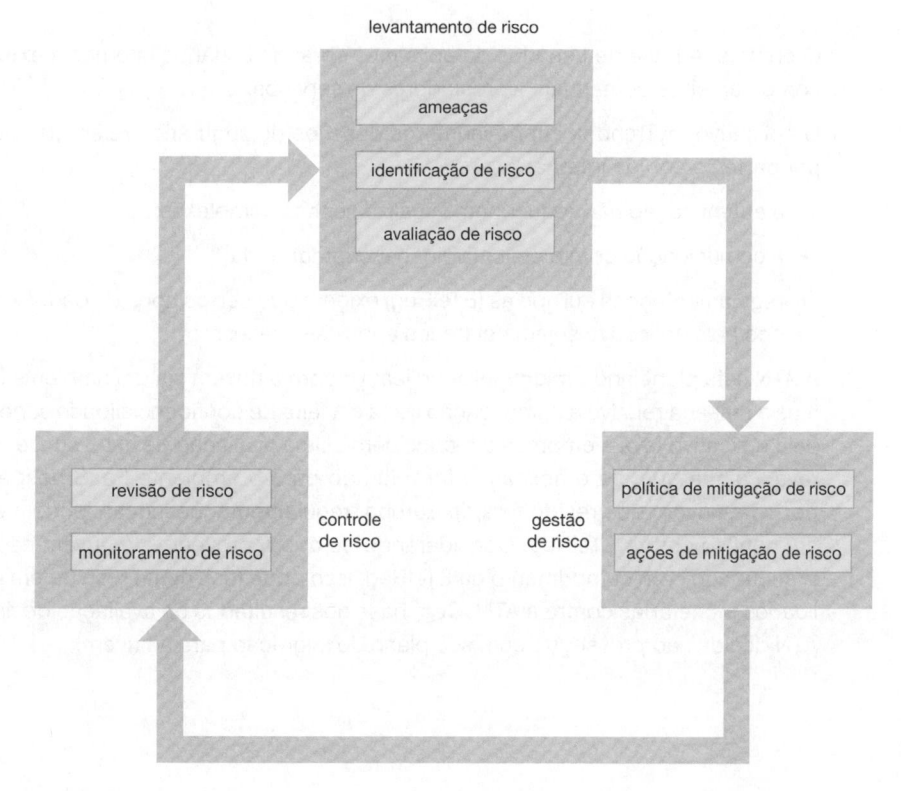

Figura 7.28
O processo duradouro de gestão de risco, que pode ser iniciado a partir de qualquer um dos estágios.

Os agentes ameaçadores e as ameaças à segurança abordados neste capítulo (bem como outros que venham a surgir) podem ser identificados e documentados como parte do estágio de levantamento de risco. A segurança de nuvens e os mecanismos de cibersegurança abordados nos Capítulos 10 e 11 podem ser documentados e referenciados como parte do tratamento de risco correspondente.

7.7 EXEMPLO DE ESTUDO DE CASO

Com base em avaliações de seus aplicativos internos, analistas da ATN identificam um conjunto de riscos. Um deles está associado ao aplicativo myTrendek, que foi adotado junto à OTC, uma empresa que a ATN adquiriu recentemente. Esse aplicativo inclui uma funcionalidade que analisa uso de telefone e de Internet, e habilita um modo de multiuso que concede variados direitos de acesso. Administradores, supervisores, auditores e usuários regulares podem, portanto, receber privilégios diferentes. A base de usuários do aplicativo abrange usuários internos e externos, como parceiros comerciais e prestadores de serviços.

O aplicativo myTrendek impõe inúmeros desafios de segurança referentes ao uso por parte da equipe interna:

- a autenticação não requer nem fiscaliza senhas complexas;
- a comunicação com o aplicativo não é criptografada;
- regulamentações europeias (ETelReg) exigem que certos tipos de dados coletados pelo aplicativo sejam deletados após seis meses.

A ATN está planejando migrar esse aplicativo para a nuvem via um ambiente PaaS, mas a ameaça relativa à autenticação fraca e a falta de confidencialidade suportada pelo aplicativo leva a empresa a reconsiderar. Uma avaliação de risco subsequente revela ainda que, se o aplicativo for migrado para o ambiente PaaS hospedado por uma nuvem que reside fora da Europa, regulamentações locais podem entrar em conflito com a ETelReg. Considerando-se que o provedor de nuvem não está preocupado com cumprimento da ETelReg, isso pode facilmente resultar em penalidades monetárias contra a ATN. Com base nos resultados da avaliação de risco, a ATN decide não prosseguir com seu plano de migração para a nuvem.

Parte II

Mecanismos de computação em nuvem

Capítulo 8 Mecanismos de infraestrutura de nuvem
Capítulo 9 Mecanismos de nuvem especializados
Capítulo 10 Mecanismos de cibersegurança de nuvem orientados a acesso
Capítulo 11 Mecanismos de segurança cibernética e de nuvem orientados a dados
Capítulo 12 Mecanismos de gerenciamento de nuvem

Mecanismos tecnológicos representam artefatos de TI bem definidos que são estabelecidos dentro do setor de TI e geralmente peculiares a um certo modelo ou plataforma computacional. A centralidade tecnológica que caracteriza a computação em nuvem requer o estabelecimento de um conjunto formal de mecanismos para atuar como os tijolos básicos para arquiteturas de tecnologia em nuvem.

Os capítulos nesta parte do livro definem 48 mecanismos comuns na computação em nuvem, que são combinados em variações diferentes e alternativas.

Mecanismos selecionados são examinados em mais profundidade nos modelos arquitetônicos abordados na Parte III: Arquitetura de computação em nuvem.

Capítulo 8

Mecanismos de infraestrutura de nuvem

- **8.1** Perímetro lógico de rede
- **8.2** Servidor virtual
- **8.3** Hipervisor
- **8.4** Dispositivo de armazenamento em nuvem
- **8.5** Monitor de uso de nuvem
- **8.6** Replicação de recursos
- **8.7** Ambiente pronto para uso
- **8.8** Contêiner

Mecanismos de infraestrutura de nuvem são pedras fundamentais dos ambientes em nuvem, estabelecendo os artefatos primordiais para alicerçar a respectiva arquitetura tecnológica.

Os seguintes mecanismos de infraestrutura de nuvem são descritos neste capítulo:

- perímetro lógico de rede;
- servidor virtual;
- hipervisor;
- dispositivo de armazenamento em nuvem;
- monitor de uso de nuvem;
- replicação de recursos;
- ambiente pronto para uso;
- contêiner.

Nem todos esses mecanismos são de grande abrangência, tampouco cada um estabelece uma camada arquitetônica individual. Na verdade, eles devem ser vistos como componentes básicos que são comuns em plataformas em nuvem.

8.1 Perímetro lógico de rede

Definido como o isolamento de um ambiente de rede em relação ao restante de uma rede de comunicação, o *perímetro lógico de rede* estabelece uma fronteira virtual de rede que abrange e isola um grupo de recursos de TI baseados em nuvem, relacionados entre si, que podem estar fisicamente distribuídos (Figura 8.1).

Figura 8.1
A notação de linha tracejada usada para indicar a fronteira de um perímetro lógico de rede.

Esse mecanismo pode ser implementado para:

- isolar recursos de TI numa nuvem em relação a usuários não autorizados;
- isolar recursos de TI numa nuvem em relação a não usuários;

- isolar recursos de TI numa nuvem em relação a consumidores de nuvem;
- controlar a largura de banda disponível para recursos de TI isolados.

Perímetros lógicos de rede costumam ser estabelecidos por meio de dispositivos de rede que fornecem e controlam a conectividade de um *data center*, e geralmente são implantados na forma de ambientes de TI virtualizados que incluem:

- *Firewall virtual* – um recurso de TI que filtra ativamente tráfego de rede que entra e sai de uma rede isolada, enquanto controla suas interações com a Internet.
- *Rede virtual* – geralmente adquirida via VLANs, este recurso de TI isola o ambiente de rede dentro da infraestrutura do *data center*.

A Figura 8.2 introduz a notação usada para denotar esses dois recursos de TI. Já a Figura 8.3 retrata um cenário em que um perímetro lógico de rede contém um ambiente nas próprias dependências de um consumidor de nuvem, enquanto outro contém um ambiente baseado em nuvem de um provedor. Esses perímetros estão conectados por uma VPN que protege as comunicações, já que ela é tipicamente implementada por criptografia ponto a ponto dos pacotes de dados enviados entre os *endpoints* de comunicação.

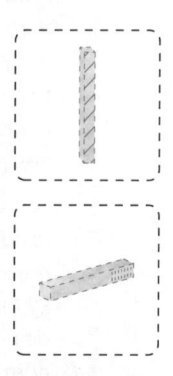

Figura 8.2
Os símbolos usados para representar um *firewall* virtual (acima) e uma rede virtual (abaixo).

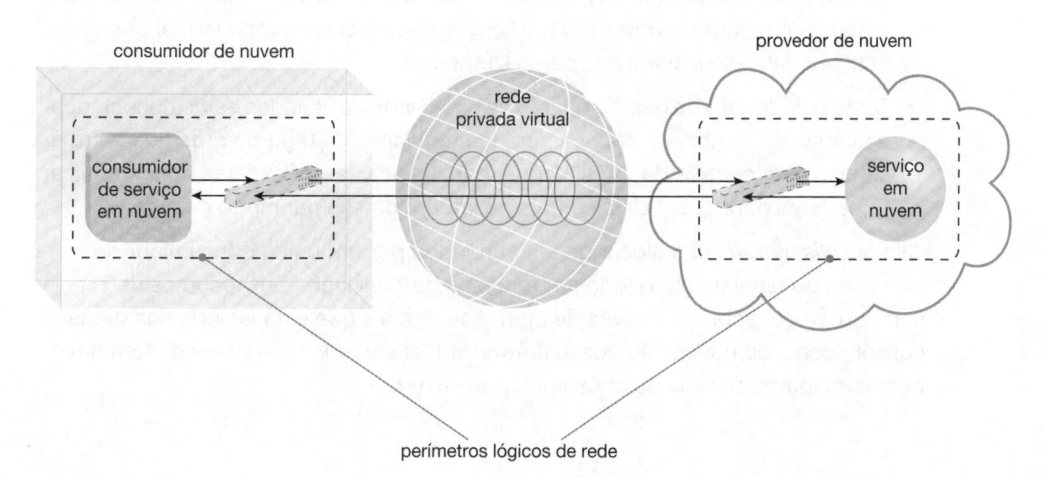

Figura 8.3
Dois perímetros lógicos de rede cercam os ambientes do consumidor de nuvem e do provedor de nuvem.

EXEMPLO DE ESTUDO DE CASO

A DTGOV virtualizou sua infraestrutura de rede a fim de produzir um leiaute lógico favorecendo segmentação e isolamento de rede. A Figura 8.4 retrata o perímetro lógico de rede implementado em cada *data center* da DTGOV, do seguinte modo:

- Os roteadores que conectam à Internet e à Extranet estão em rede com *firewalls* externos, o que fornece controle e proteção de rede até suas fronteiras mais externas usando redes virtuais que abstraem logicamente os perímetros de rede externa e Extranet. Dispositivos conectados a esses perímetros de rede estão vagamente isolados e protegidos dos usuários externos. Nenhum recurso de TI de consumidores de nuvem está disponível dentro desses perímetros.

- Um perímetro lógico de rede classificado como zona desmilitarizada (*demilitarized zone* – DMZ) é estabelecido entre os *firewalls* externos e seus próprios *firewalls*. A DMZ é abstraída como uma rede virtual hospedando os servidores *proxy* (não mostrados na Figura 8.4) que fornecem acesso intermediário a serviços de rede comumente usados (DNS, *e-mail*, portal *Web*), bem como servidores *Web* com funções de gestão externa.

- O tráfego de rede que sai dos servidores *proxy* passa através de um conjunto de *firewalls* de gerenciamento que isolam o perímetro de gestão de rede. Esse perímetro hospeda os servidores que fornecem o grosso dos serviços de gerenciamento que os consumidores de nuvem podem acessar externamente. Esses serviços são fornecidos em suporte direto à alocação de recursos de TI baseados em nuvem de autosserviço e sob demanda.

- Todo o tráfego que chega aos recursos de TI baseados em nuvem flui através da DMZ para *firewalls* de serviço em nuvem que isolam o perímetro de rede de cada consumidor de nuvem, o qual é abstraído por uma rede virtual que também encontra-se isolada das demais redes.

- Tanto o perímetro de gestão quanto as redes virtuais isoladas estão conectados aos *firewalls* dentro do *data center*, que regulam o tráfego de rede que entra e sai dos *data centers* da DTGOV, que, por sua vez, também estão conectadas a roteadores dentro dos *data centers* no interior do seu perímetro de rede.

Os *firewalls* virtuais são alocados e controlados por um único consumidor de nuvem a fim de regular seu tráfego por recursos de TI virtuais. Tais recursos de TI encontram-se conectados através de uma rede virtuais que está isolada dos demais consumidores de nuvem. Juntos, o *firewall* virtual e a rede virtual isolada formam o perímetro lógico de rede do consumidor de nuvem.

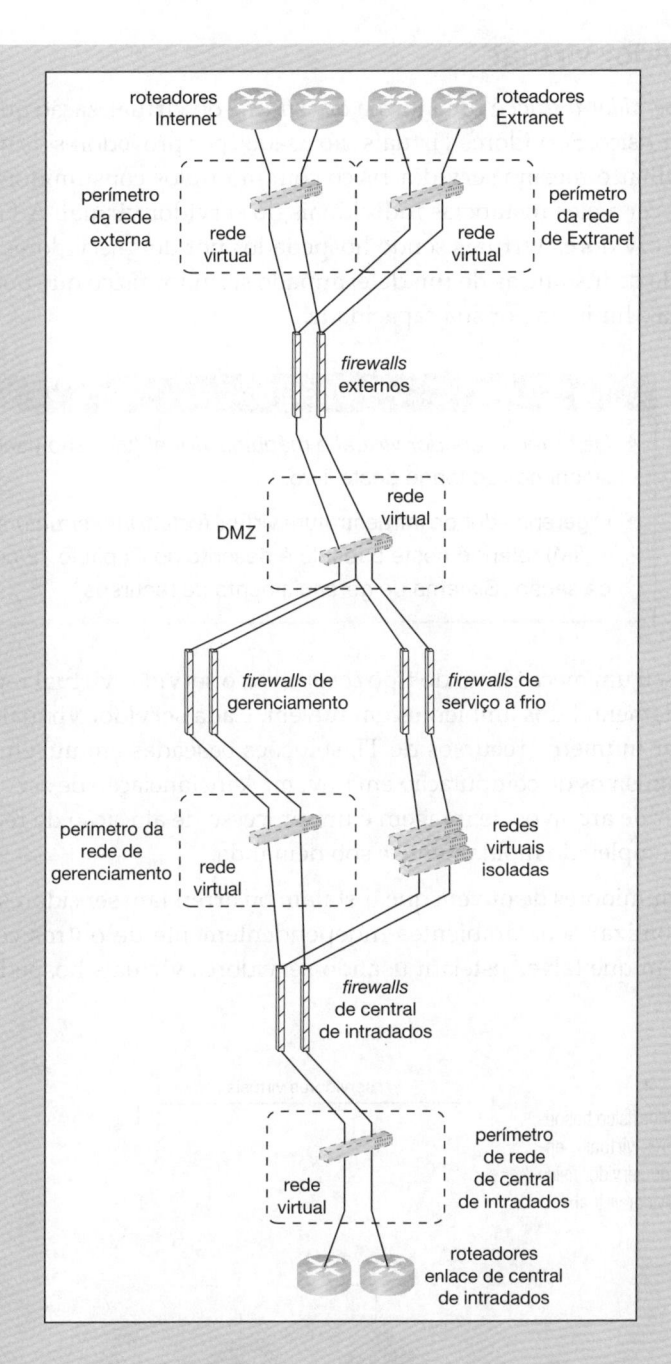

Capítulo 8 Mecanismos de infraestrutura de nuvem 197

Figura 8.4
Um leiaute lógico de rede é estabelecido mediante um conjunto de perímetros lógicos de rede usando vários *firewalls* e redes virtuais.

8.2 Servidor virtual

Um *servidor virtual* é uma forma de *software* de virtualização que emula um servidor físico. Servidores virtuais são usados por provedores de nuvem para compartilhar o mesmo servidor físico com múltiplos consumidores de nuvem, ao fornecer a eles instâncias individuais do servidor virtual. A Figura 8.5 mostra três servidores virtuais sendo hospedados por dois servidores físicos. A quantidade de instâncias de um determinado servidor físico que pode ser compartilhada é limitada por sua capacidade.

> **OBSERVAÇÃO**
>
> - Os termos *servidor virtual* e *máquina virtual (VM)* são usados como sinônimos ao longo deste livro.
>
> - O gerenciador de infraestrutura virtual (*virtual infrastructure manager* – VIM) referido neste capítulo é descrito no Capítulo 12 como parte da seção "Sistema de gerenciamento de recursos".

Por seu um mecanismo do tipo *commodity*, o servidor virtual representa a pedra fundamental dos ambientes em nuvem. Cada servidor virtual é capaz de hospedar inúmeros recursos de TI, soluções baseadas em nuvem e vários outros mecanismos de computação em nuvem. A instanciação de servidores virtuais a partir de arquivos de imagem é um processo de alocação de recursos que pode ser completado rapidamente e sob demanda.

Consumidores de nuvem que instalam ou arrendam servidores virtuais podem customizar seus ambientes independentemente de outros consumidores de nuvem que talvez estejam usando servidores virtuais hospedados no mesmo

Figura 8.5
O primeiro servidor físico hospeda dois servidores virtuais, enquanto o segundo servidor físico hospeda um servidor virtual.

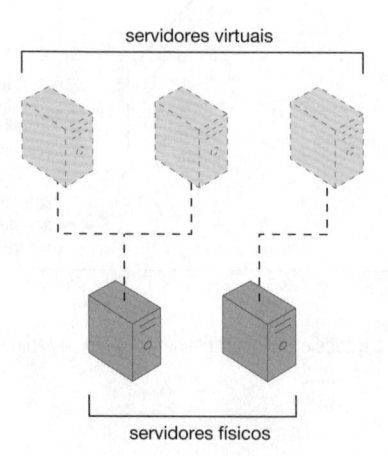

servidor físico subjacente. A Figura 8.6 ilustra um servidor virtual que hospeda um serviço em nuvem sendo acessado pelo Consumidor de Serviço em Nuvem B, enquanto o Consumidor de Serviço em Nuvem A acessa o servidor virtual diretamente para realizar uma tarefa administrativa.

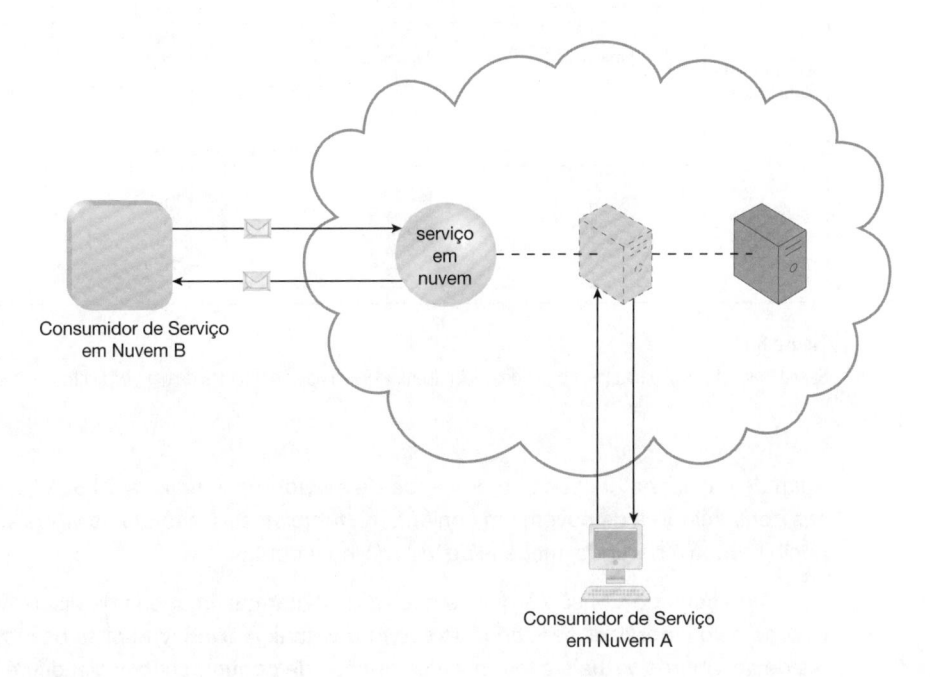

Figura 8.6
Um servidor virtual hospeda um serviço em nuvem ativo e ainda é acessado por um consumidor de nuvem para fins administrativos.

EXEMPLO DE ESTUDO DE CASO

O ambiente IaaS da DTGOV contém servidores virtuais hospedados que foram instanciados em servidores físicos rodando o mesmo *software* hipervisor que controla os servidores virtuais. Seu VIM é usado para coordenar os servidores físicos em relação à criação de instâncias de servidor virtual. Essa abordagem é usada em cada *data center* a fim de aplicar uma implementação uniforme da camada de virtualização.

A Figura 8.7 retrata diversos servidores virtuais rodando sobre servidores físicos, todos os quais são controlados conjuntamente por um VIM central.

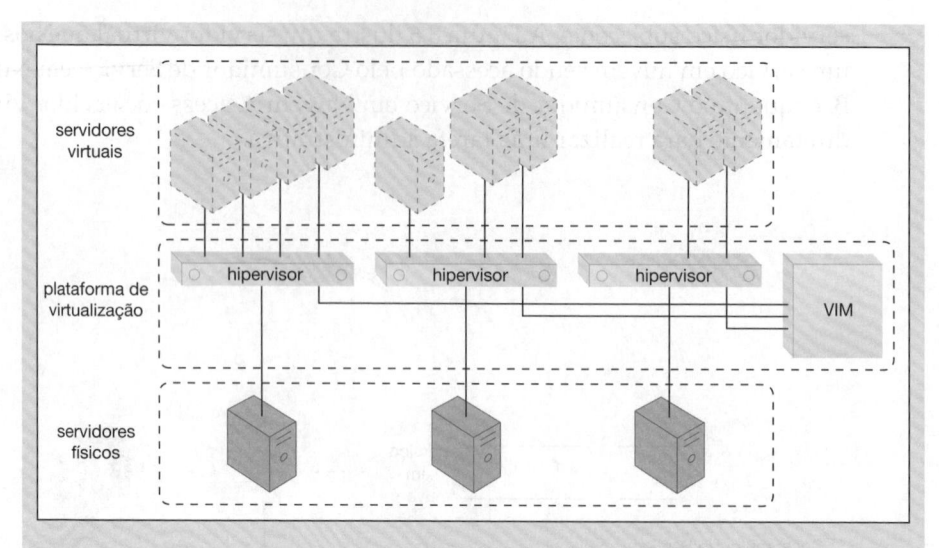

Figura 8.7
Servidores virtuais são criados a partir dos hipervisores dos servidores físicos e de um VIM central.

A fim de habilitar a criação sob demanda de servidores virtuais, a DTGOV fornece aos consumidores de nuvem um conjunto de *templates* de servidores virtuais, disponibilizados a partir de imagens de VM pré-concebidas.

Essas imagens de VM são arquivos que representam as imagens de disco virtual usadas pelo hipervisor para *boot* do servidor virtual. A DTGOV habilita os *templates* de servidores virtuais a terem várias opções de configuração inicial diferentes, baseadas no sistema operacional, nos *drivers* e nas ferramentas de gerenciamento sendo usados. Alguns *templates* de servidores virtuais também contam com *software* adicional pré-instalado de servidor de aplicativos.

Os seguintes pacotes de servidor virtual são oferecidos aos consumidores de nuvem da DTGOV. Cada pacote apresenta diferentes configurações e limitações pré-definidas de desempenho:

- *Instância pequena de servidor virtual* – 1 núcleo de processador virtual, 4 GB de RAM virtual, 20 GB de espaço de armazenamento no sistema de arquivos *root*.

- *Instância média de servidor virtual* – 2 núcleos de processadores virtuais, 8 GB de RAM virtual, 20 GB de espaço de armazenamento no sistema de arquivos *root*.

- *Instância grande de servidor virtual* – 8 núcleos de processadores virtuais, 16 GB de RAM virtual, 20 GB de espaço de armazenamento no sistema de arquivos *root*.

- *Instância grande de servidor virtual de memória* – 8 núcleos de processadores virtuais, 64 GB de RAM virtual, 20 GB de espaço de armazenamento no sistema de arquivos *root*.

- *Instância grande de servidor virtual processador* – 32 núcleos de processadores virtuais, 16 GB de RAM virtual, 20 GB de espaço de armazenamento no sistema de arquivos *root*.

- *Instância ultragrande de servidor virtual* – 128 núcleos de processadores virtuais, 512 GB de RAM virtual, 40 GB de espaço de armazenamento no sistema de arquivos *root*.

Capacidade adicional de armazenamento pode ser adicionada ao servidor virtual anexando-se o disco virtual de um dispositivo de armazenamento em nuvem. Todas as imagens de *template* de máquina virtual ficam armazenadas num dispositivo de armazenamento em nuvem comum, acessível somente através das ferramentas gerenciais do consumidor de nuvem usadas para controlar os recursos de TI implantados. Quando um servidor virtual precisa ser instanciado, o consumidor de nuvem pode escolher o *template* de servidor virtual mais adequado a partir da lista de configurações disponíveis. Uma cópia da imagem de máquina virtual é produzida e alocada no consumidor de nuvem, que pode então assumir as responsabilidades administrativas.

A imagem de VM alocada é atualizada sempre que o consumidor de nuvem customiza o servidor virtual. Depois que o consumidor de nuvem inicia o servidor virtual, a imagem de VM alocada e seu perfil de desempenho associado são passados ao VIM, que cria a instância de servidor virtual a partir do servidor físico apropriado.

A DTGOV emprega o processo ilustrado na Figura 8.8 como suporte à criação e gerenciamento de servidores virtuais que têm diferentes configurações iniciais de *software* e características de desempenho.

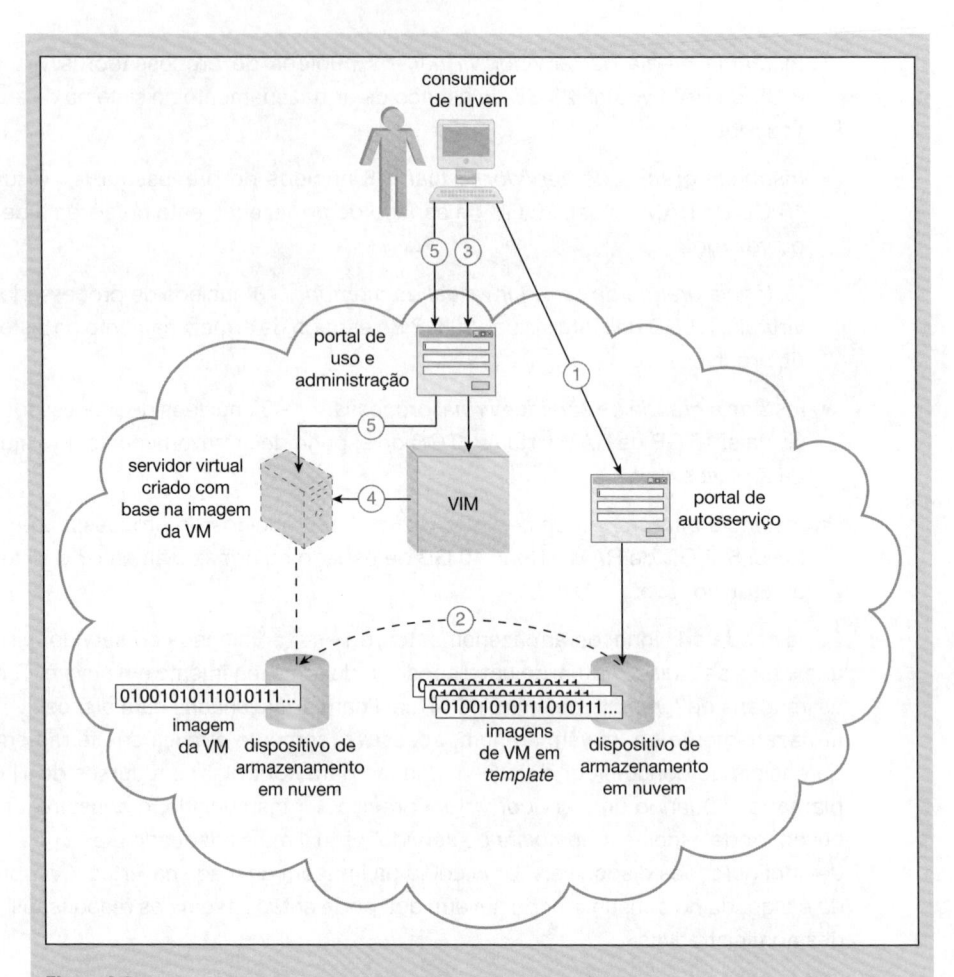

Figura 8.8
O consumidor de nuvem utiliza o portal de autosserviço para selecionar um *template* de servidor virtual para criação (1). Uma cópia da imagem da VM correspondente é criada no dispositivo de armazenamento em nuvem controlado pelo consumidor de nuvem (2). O consumidor de nuvem inicia o servidor virtual no portal de uso e administração (3), que interage com a VM para criar a instância de servidor virtual por meio do *hardware* subjacente (4). O consumidor de nuvem é capaz de usar e customizar o servidor virtual por meio de outras funcionalidades no portal de uso e administração (5). (O portal de autosserviço e o portal de uso e administração são explicados no Capítulo 12.)

8.3 Hipervisor

O mecanismo *hipervisor* é uma parte fundamental da infraestrutura de virtualização, usado principalmente para gerar instâncias de servidor virtual de um servidor físico. Um hipervisor costuma se limitar a um único servidor físico e, portanto, pode criar imagens virtuais somente desse servidor (Figura 8.9). De modo similar, um hipervisor só é capaz de atribuir os servidores virtuais que ele gera a coleções de recursos que residem no mesmo servidor físico subjacente. Um hipervisor tem funcionalidades limitadas de gerenciamento de servidores virtuais, incluindo o aumento de sua capacidade e seu desligamento. A VM fornece uma gama de funcionalidades para administrar múltiplos hipervisores em diversos servidores físicos.

O *software* de hipervisor pode ser instalado diretamente em servidores físicos (*bare-metal*) de modo a proporcionar funcionalidades de controle, compartilhamento e agendamento do uso dos recursos de *hardware*, tais como capacidade de processamento, memória e *input/output* (I/O). Eles podem aparecer para o sistema operacional de cada servidor virtual na forma de recursos dedicados.

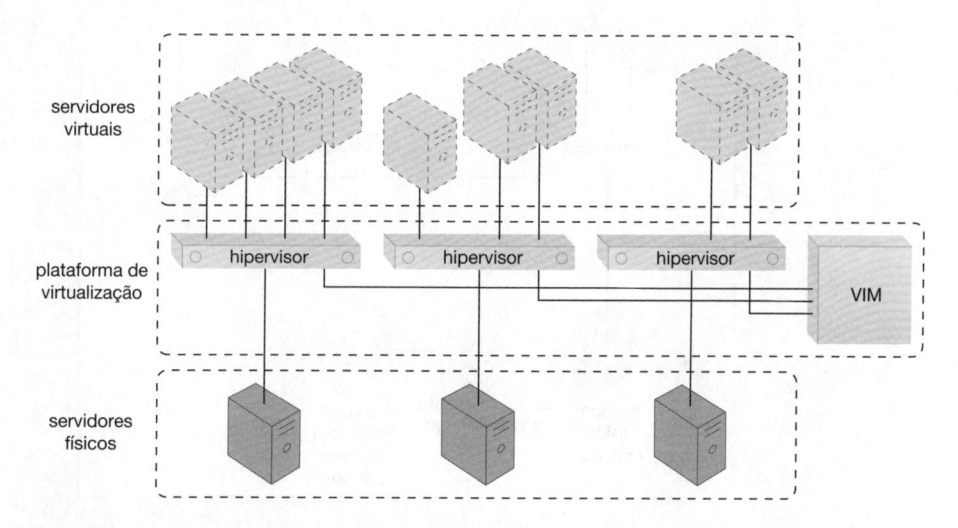

Figura 8.9
Servidores virtuais são criados via hipervisores individuais em servidores físicos individuais. Todos os três hipervisores são controlados conjuntamente pela mesma VM.

EXEMPLO DE ESTUDO DE CASO

A DTGOV estabeleceu uma plataforma de virtualização em que o mesmo produto de *software* hipervisor está rodando em todos os servidores físicos. O VIM coordena os recursos de *hardware* em cada *data center* para que as instâncias de servidor virtual possam ser criadas a partir do servidor virtual subjacente mais vantajoso. Como resultado, os consumidores de nuvem ficam aptos a arrendar servidores virtuais com funcionalidades de dimensionamento automático de escala.

A fim de fornecer configurações flexíveis, a plataforma de virtualização da DTGOV oferece migração ao vivo de VM para servidores virtuais entre servidores físicos dentro do mesmo *data center*. Isso é ilustrado nas Figuras 8.10 e 8.11, nas quais um servidor virtual migra ao vivo de um servidor apinhado para outro que está ocioso, permitindo que ganhe escala vertical em resposta a um aumento em sua carga de trabalho.

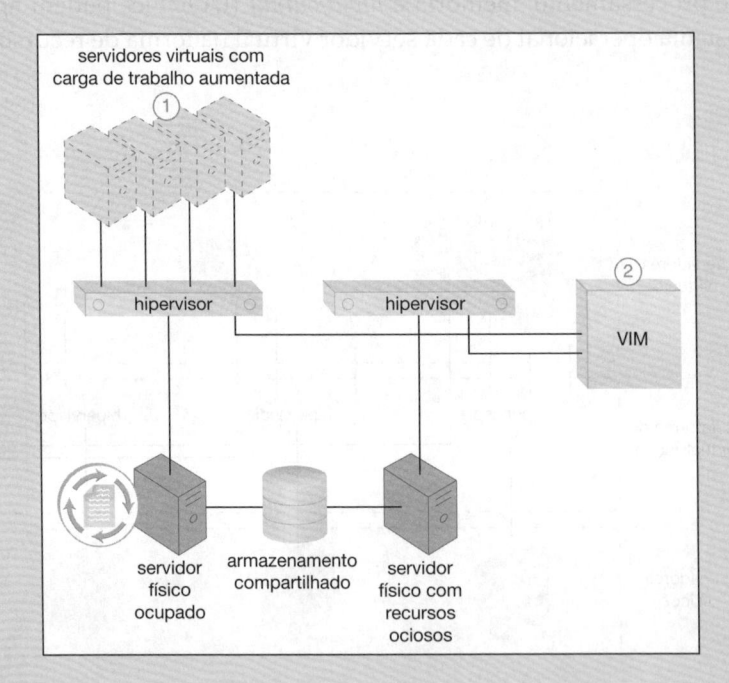

Figura 8.10
Um servidor virtual com capacidade para ganho automático de escala experimenta um aumento em sua carga de trabalho (1). O VIM decide que o servidor virtual não pode ganhar escala vertical porque seu servidor físico subjacente está sendo usado por outros servidores virtuais (2).

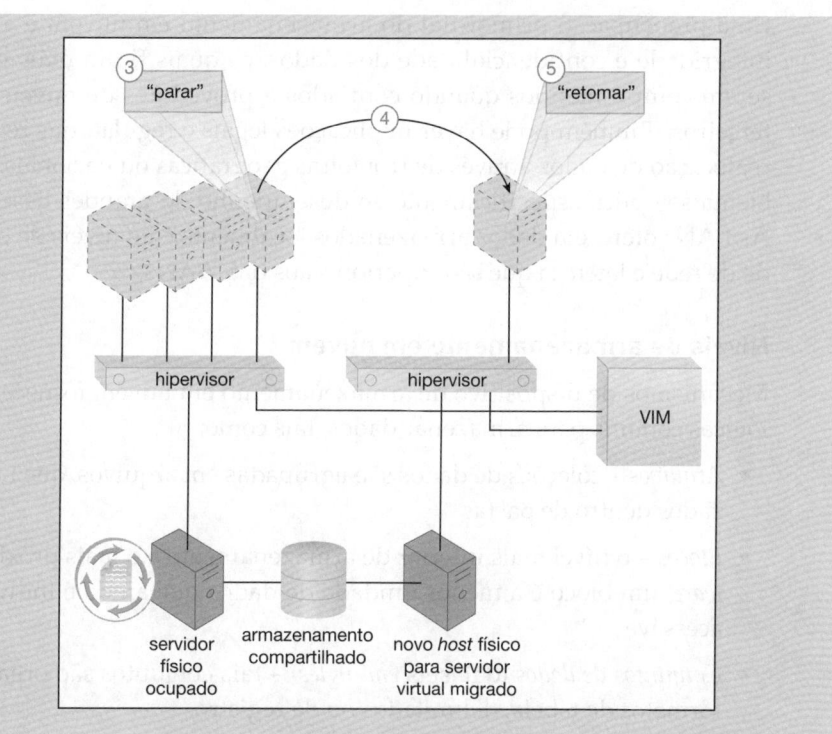

Figura 8.11
O VIM ordena que o hipervisor no servidor físico atarefado suspenda a execução do servidor virtual (3). Em seguida, o VIM ordena a instanciação do servidor virtual no servidor físico ocioso. Informações de estado (p. ex., páginas sujas de memória e registros de processador) são sincronizadas por meio de um dispositivo de armazenamento em nuvem compartilhado (4). Por fim, o VIM ordena que o hipervisor no novo servidor físico retome o processamento do servidor virtual (5).

8.4 Dispositivo de armazenamento em nuvem

O mecanismo de *dispositivo de armazenamento em nuvem* representa dispositivos projetados especificamente para atender nuvens. Instâncias desses dispositivos podem ser virtualizadas, de modo similar a como servidores físicos podem gerar imagens de servidor virtual. Dispositivos de armazenamento em nuvem costumam oferecer alocação de capacidade em incrementos fixos como apoio ao mecanismo de pagamento por uso. Tais dispositivos podem ser expostos para acesso remoto via serviços de armazenamento em nuvem.

OBSERVAÇÃO

Este é um mecanismo-pai que representa dispositivos de armazenamento em nuvem em geral. Existem inúmeros dispositivos especializados em armazenamento em nuvem, muitos dos quais são descritos nos modelos arquitetônicos examinados na Parte III deste livro.

Uma preocupação primordial do armazenamento em nuvem é a segurança, integridade e confidencialidade dos dados, os quais ficam mais propensos a serem comprometidos quando confiados a provedores de nuvem externos e terceiros. Também pode haver implicações legais e regulatórias resultantes da realocação de dados através de fronteiras geográficas ou nacionais. Outro problema se aplica especificamente ao desempenho de grandes bases de dados. As LANs oferecem dados armazenados localmente com níveis de confiabilidade de rede e latência que são superiores aos das WANs.

Níveis de armazenamento em nuvem

Mecanismos de dispositivo de armazenamento em nuvem fornecem unidades lógicas comuns para armazenar dados, tais como:

- *Arquivos* – coleções de dados são agrupadas em arquivos, que ficam organizados dentro de pastas.

- *Blocos* – o nível mais inferior de armazenamento e o mais próximo do *hardware*, um bloco é a menor unidade de dados que ainda é individualmente acessável.

- *Conjuntos de dados* (datasets *em inglês*) – tais conjuntos são organizados em formatos de tabela, delimitados ou de registro.

- *Objetos* – dados e seus metadados associados são organizados em recursos baseados na *Web*.

Cada um desses níveis de armazenamento de dados costuma estar associado a certo tipo de interface técnica que corresponde a um tipo particular de dispositivo de armazenamento em nuvem e serviço de armazenamento em nuvem usado para expor sua API (Figura 8.12).

Interfaces de armazenamento em rede

O armazenamento legado em rede recai mais comumente na categoria de interfaces de armazenamento em rede. Isso inclui dispositivos de armazenamento que obedecem a protocolos padronizados do setor, como SCSI para blocos de armazenamento e blocos de mensagens de servidor (*server message block* – SMB), sistema de arquivo de Internet comum (*common internet file system* – CIFS) e sistema de arquivo de rede (*network file system* – NFS) para armazenamento de arquivos e redes. O armazenamento de arquivos envolve armazenar dados individuais em arquivos separados que podem ter diferentes tamanhos e formatos e se organizar em pastas e subpastas. Arquivos originais muitas vezes são substituídos por novos arquivos que são criados quando os dados passam por modificação.

Quando um mecanismo de dispositivo de armazenamento em nuvem se baseia nesse tipo de interface, seu desempenho de busca e extração de dados tende a

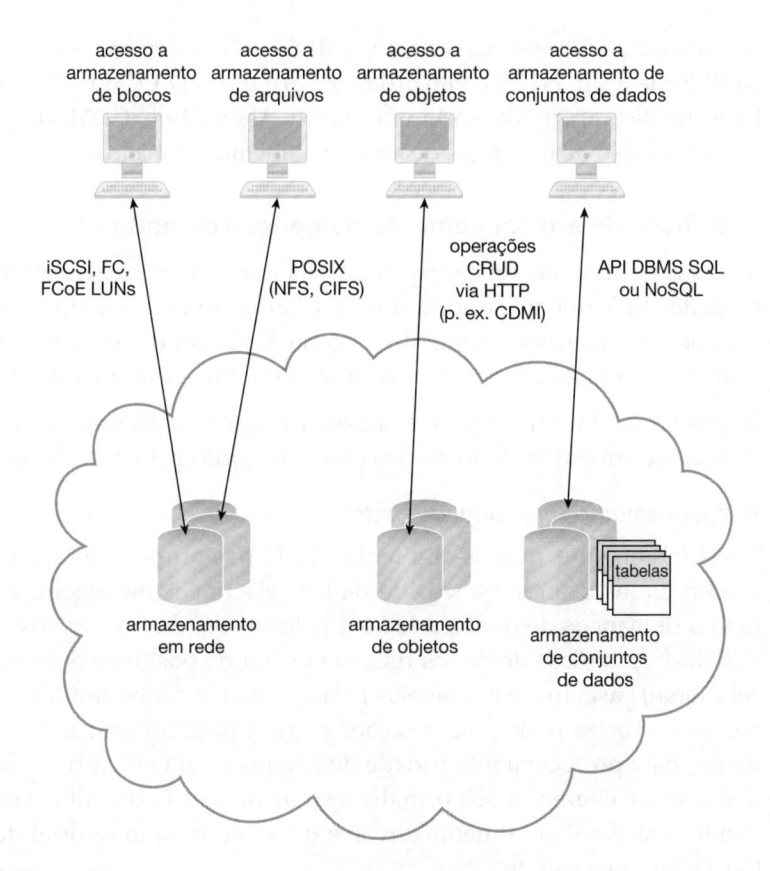

Figura 8.12
Diferentes consumidores de serviço em nuvem utilizam diferentes tecnologias como interface a dispositivos virtualizados de armazenamento em nuvem. (Esquema adaptado do CDMI Cloud Storage Reference Model.)

ficar abaixo do ideal. Níveis e limiares de processamento de armazenamento para alocação de arquivos costumam ser determinados pelo próprio sistema de arquivos. O armazenamento de blocos exige que os dados estejam em formato fixo (conhecido como um *bloco de dados*), que é a menor unidade que pode ser armazenada e acessada e o formato de armazenamento mais próximo do *hardware*. A adoção de armazenamento em blocos do tipo número unitário lógico (*logical unit number* – LUN) ou de volume virtual geralmente garante melhor desempenho do que o armazenamento no nível de arquivos.

Interfaces de armazenamento de objetos

Vários tipos de dados podem ser referenciados e armazenados como recursos *Web*. Isso é chamado de armazenamento de objetos, e se baseia em tecnologias que oferecem suporte a inúmeros tipos de dados e mídias. Mecanismos de dispositivo de armazenamento em nuvem que implementam essa interface geralmente podem ser acessados via REST ou em nuvem de serviços baseados na *Web* que usam HTTP como protocolo primordial. A Cloud Data Management Interface da Storage Networking Industry Association (CDMI da SNIA) oferece suporte ao uso de interfaces de armazenamento de objetos.

Interfaces de armazenamento de bancos de dados

Mecanismos em nuvem baseados em interfaces de armazenamento de bancos de dados tipicamente suportam uma linguagem de consulta além das operações básicas de armazenamento. O gerenciamento do armazenamento é feito usando-se uma API padronizada ou uma interface administrativa de usuário.

Dependendo da estrutura de armazenamento, essa classificação de interfaces de armazenamento é dividida nas duas categorias principais listadas a seguir.

Armazenamento relacional de dados

Tradicionalmente, muitos ambientes de TI nas próprias dependências armazenam dados usando bancos de dados relacionais ou sistemas de gerenciamento de bancos de dados relacionais (*relational database management systems* – RDBMSs). Bancos de dados relacionais (ou dispositivos de armazenamento relacional) baseiam-se em tabelas para organizar dados similares em fileiras e colunas. Tabelas podem ter relações entre si para conferir mais estrutura aos dados, para proteger a integridade dos dados e para evitar redundância de dados (o que é chamado de normalização de dados). O trabalho com armazenamento relacional geralmente envolve o uso do padrão setorial de Structured Query Language (SQL).

Um mecanismo de dispositivo de armazenamento em nuvem implementado usando-se armazenamento relacional de dados pode se basear em um dentre inúmeros produtos comercialmente disponíveis de banco de dados, como IBM DB2, Oracle Database, Microsoft SQL Server e MySQL.

Os desafios encontrados em bancos de dados relacionais em nuvem geralmente dizem respeito a dimensionamento de escala e desempenho. O dimensionamento vertical da escala de um dispositivo de armazenamento em nuvem pode ser mais complexo e caro do que seu dimensionamento horizontal. Bancos de dados com relacionamentos complexos e/ou que contêm vastos volumes de dados podem ser afligidas por maior encargo de processamento e latência, sobretudo quando acessadas remotamente via serviços em nuvem.

Armazenamento não relacional de dados

O armazenamento não relacional de dados (geralmente chamado de armazenamento *NoSQL*) foge do modelo tradicional de bancos de dados relacionais por estabelecer uma estrutura mais "solta" para os dados armazenados, com menos ênfase na definição de relações e na realização de normalização de dados. A principal motivação para a adoção de armazenamento não relacional é evitar a complexidade potencial e o encargo de processamento que pode ser imposto pelos bancos de dados relacionais. Além disso, o armazenamento não relacional facilita mais o dimensionamento horizontal do que o armazenamento relacional.

Em compensação, no armazenamento não relacional os dados perdem boa parte de seu formato e validação nativos devido aos esquemas ou modelos de dados limitados e primitivos. Além do mais, repositórios não relacionais raramente suportam funções de bancos de dados relacionais, como transações e junções.

Dados normalizados exportados para um repositório de armazenamento não relacional geralmente ficam desnormalizados, ou seja, o tamanho dos dados costuma aumentar. Parte da normalização pode ser preservada, mas geralmente não para relações complexas. Provedores de nuvem muitas vezes oferecem armazenamento não relacional de modo a facilitar a escalabilidade e disponibilidade dos dados armazenados entre múltiplos ambientes de servidor. No entanto, muitos mecanismos de armazenamento não relacional são proprietários e, portanto, podem limitar severamente a portabilidade dos dados.

EXEMPLO DE ESTUDO DE CASO

A DTGOV oferece aos consumidores de nuvem acesso a um dispositivo de armazenamento em nuvem baseado em interface de armazenamento de objetos. O serviço em nuvem que expõe essa API oferece funções básicas em objetos armazenados, como buscar, criar, deletar e atualizar. A função de busca utiliza um arranjo hierárquico de objetos que se parece com um sistema de arquivos. A DTGOV oferece ainda um serviço em nuvem que é usado exclusivamente com servidores virtuais e que permite a criação de dispositivos de armazenamento em nuvem via uma interface de armazenamento de blocos em rede. Os dois serviços em nuvem usam APIs em acordo com o CDMI v1.0 da SNIA.

O dispositivo de armazenamento em nuvem baseado em objetos conta com um sistema subjacente com capacidade variável de armazenamento, que é controlado diretamente por um componente de *software* que também expõe a interface. Esse *software* habilita a criação de dispositivos de armazenamento em nuvem isolados que são alocados aos consumidores de nuvem. O sistema de armazenamento utiliza um sistema de segurança de gestão de credenciais para controlar o acesso de usuários aos objetos de dados no dispositivo (Figura 8.13).

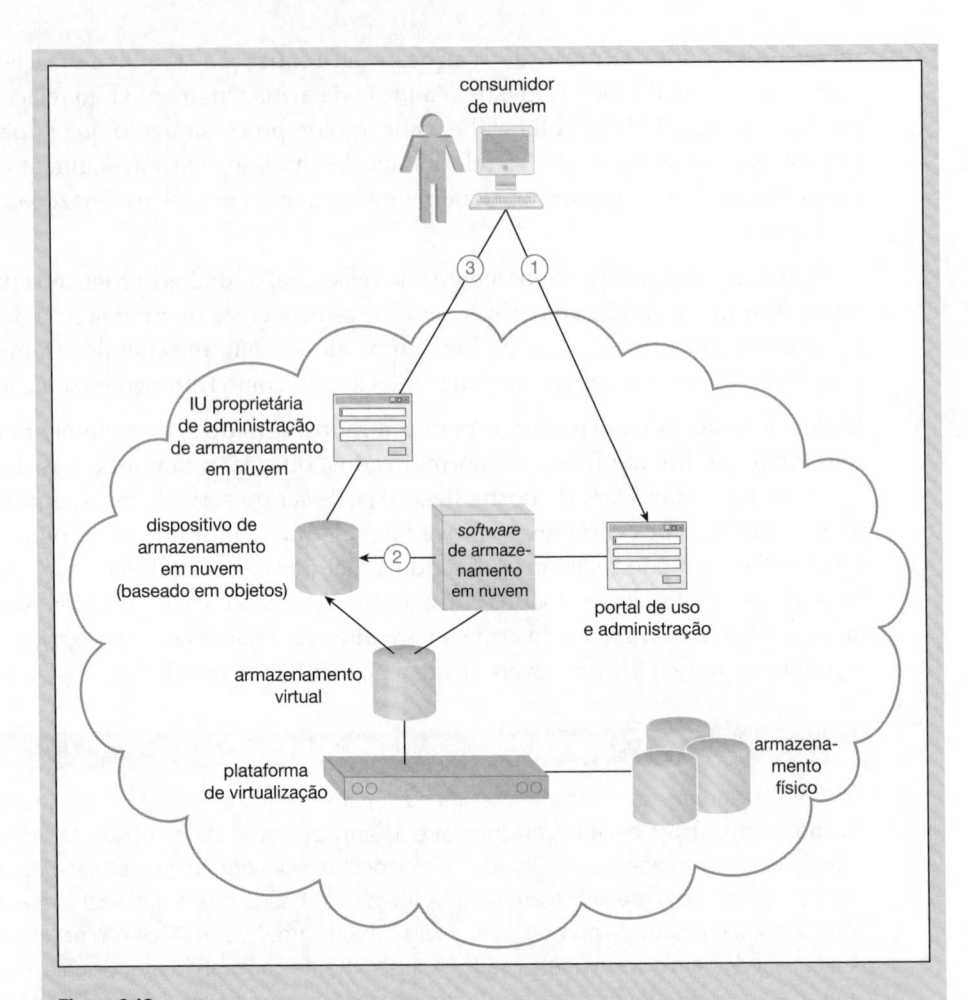

Figura 8.13

O consumidor de nuvem interage com o portal de uso e administração para criar um dispositivo de armazenamento em nuvem e definir políticas de controle de acesso (1). O portal de uso e administração interage com o *software* de armazenamento em nuvem para criar a instância do dispositivo de armazenamento em nuvem e aplicar a política de acesso requisitada a seus objetos de dados (2). Cada objeto de dados é designado a um dispositivo de armazenamento em nuvem, e todos os objetos de dados ficam armazenados no mesmo volume de armazenamento virtual. O consumidor de nuvem utiliza a interface de usuário proprietária do dispositivo de armazenamento em nuvem para interagir diretamente com os objetos de dados (3). (O portal de uso e administração é explicado no Capítulo 12.)

O controle de acesso é concedido para cada objeto individual e aplica políticas separadas para criação, leitura e escrita em cada objeto de dados. Permissões de acesso público são concedidas, mas somente para leitura. Grupos de acesso são formados por usuários indicados, que devem ter registro prévio no sistema de gestão de credenciais. Objetos de dados podem ser acessados tanto de aplicativos *Web* quanto de interfaces de serviços *Web*, que são implementados pelo *software* de armazenamento em nuvem.

A criação dos dispositivos de armazenamento em nuvem baseados em blocos para os consumidores de nuvem é gerenciada pela plataforma de virtualização, que instancia a implementação da LUN do armazenamento virtual (Figura 8.14). O dispositivo de armazenamento em nuvem (ou a LUN) precisa ser atribuído pelo VIM a um servidor virtual existente antes que possa ser usado. A capacidade dos dispositivos de armazenamento em nuvem baseados em blocos é expressa em incrementos de 1 GB. Ela pode ser criada como armazenamento fixo que os consumidores de nuvem podem modificar administrativamente ou como armazenamento de tamanho variável, com uma capacidade inicial de 5 GB, que aumenta e diminui automaticamente em incrementos de 5 GB de acordo com as demandas de uso.

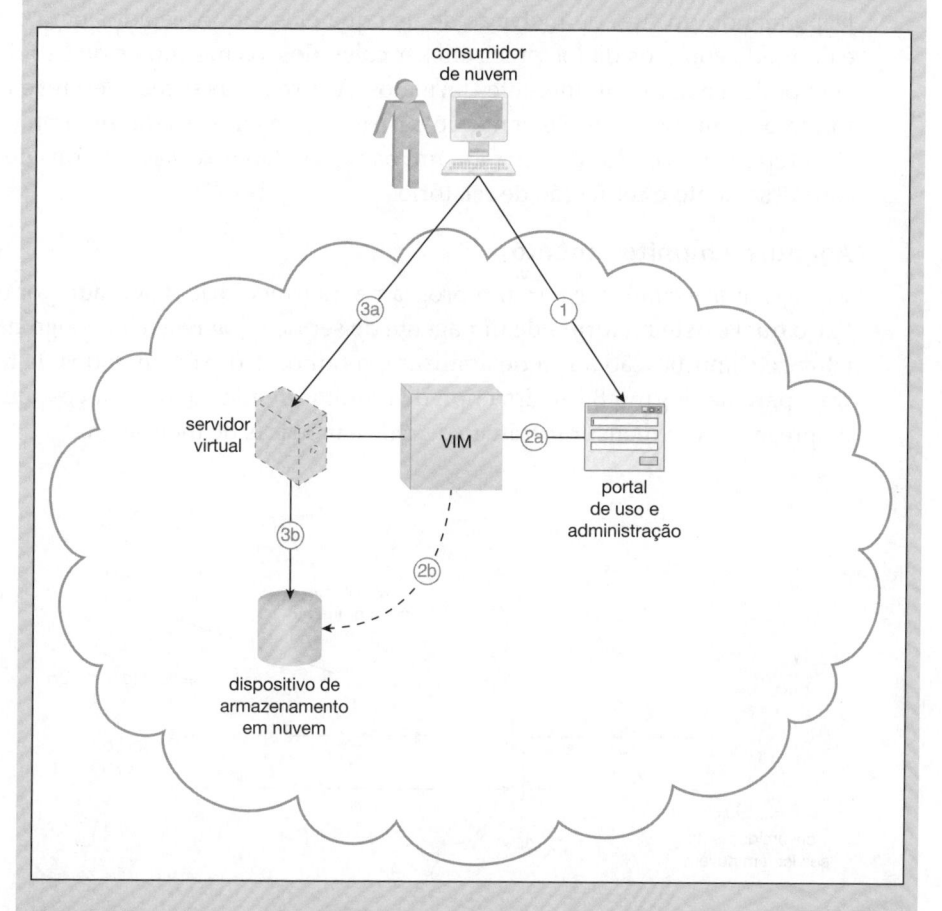

Figura 8.14

O consumidor de nuvem utiliza o portal de uso e administração para criar e atribuir um dispositivo de armazenamento em nuvem a um servidor virtual existente (1). O portal de uso e administração interage com o *software* VIM (2a), o qual cria e configura a LUN apropriada (2b). Cada dispositivo de armazenamento em nuvem utiliza uma LUN separada, controlada pela plataforma de virtualização. De forma remota, o consumidor de nuvem se loga no servidor virtual diretamente (3a) para acessar o dispositivo de armazenamento em nuvem (3b).

8.5 Monitor de uso de nuvem

Um mecanismo de *monitor de uso de nuvem* é um programa de *software* leve e autônomo responsável por coletar e processar dados sobre o uso de recursos de TI.

> **OBSERVAÇÃO**
>
> Este é um mecanismo-pai que representa uma ampla gama de monitores de uso de nuvem, muitos dos quais são abordados na forma de mecanismos especializados no Capítulo 9, e ainda outros são descritos nos modelos arquitetônicos em nuvem examinados na Parte III deste livro.

Dependendo do tipo de métricas de uso que eles são projetados para coletar e do modo como os dados precisam ser coletados, os monitores de uso de nuvem podem existir em diferentes formatos. As próximas seções descrevem três formatos comuns de implementação baseada em agente. Cada um é projetado para repassar os dados de uso para um banco de dados de *log* para fins de pós-processamento e confecção de relatórios.

Agente de monitoramento

Um *agente de monitoramento* é um programa intermediário disparado por eventos, o qual existe na forma de um agente de serviço que reside ao longo de trajetos de comunicação a fim de analisar e monitorar fluxos de dados de forma transparente (Figura 8.15). Esse tipo de monitor de uso de nuvem costuma ser empregado para mensurar tráfego de rede e métricas de mensagens.

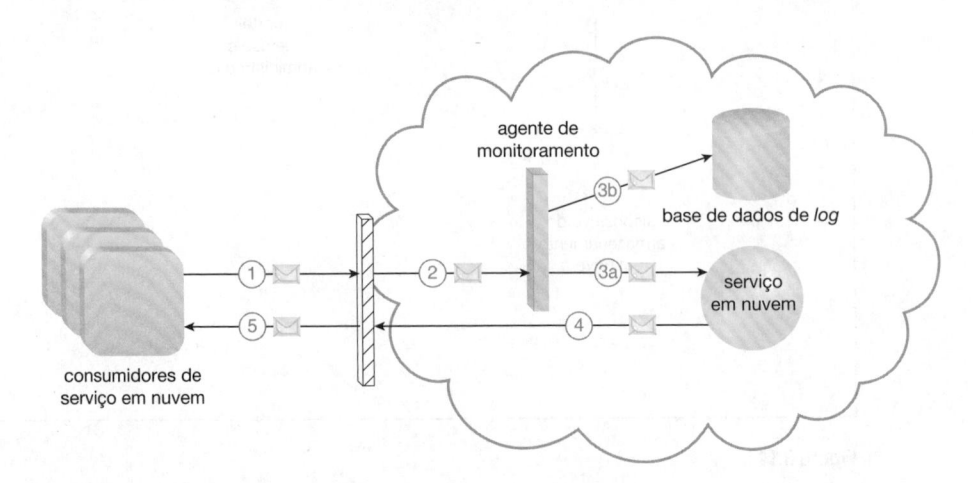

Figura 8.15

Um consumidor de serviço em nuvem envia uma mensagem de solicitação para um serviço em nuvem (1). O agente de monitoramento intercepta a mensagem a fim de coletar dados relevantes de uso (2), e em seguida permite que ela continue para o serviço em nuvem (3a). O agente de monitoramento armazena os dados de uso coletados numa base de dados de *log* (3b). O serviço em nuvem reage com uma mensagem de resposta (4) que é enviada de volta ao consumidor de serviço em nuvem sem ser interceptada pelo agente de monitoramento (5).

Agente de recursos

Um *agente de recursos* é um módulo de processamento que coleta dados de uso ao ter interações disparadas por eventos com *software* de recursos (Figura 8.16). Esse módulo é usado para monitorar métricas de uso baseadas em eventos pre-definidos e observáveis no nível do *software* de recursos, tal como iniciar, sus-pender, retomar e dimensionar a escala verticalmente.

Agente de aferição

Um *agente de aferição* (*polling agent* em inglês) é um módulo de processamento que coleta dados de uso de um serviço em nuvem ao colecionar recursos de TI. Esse tipo de monitor de serviço em nuvem costuma ser usado para monitorar periodicamente o *status* de recursos de TI, como *uptime* e *downtime* (Figura 8.17).

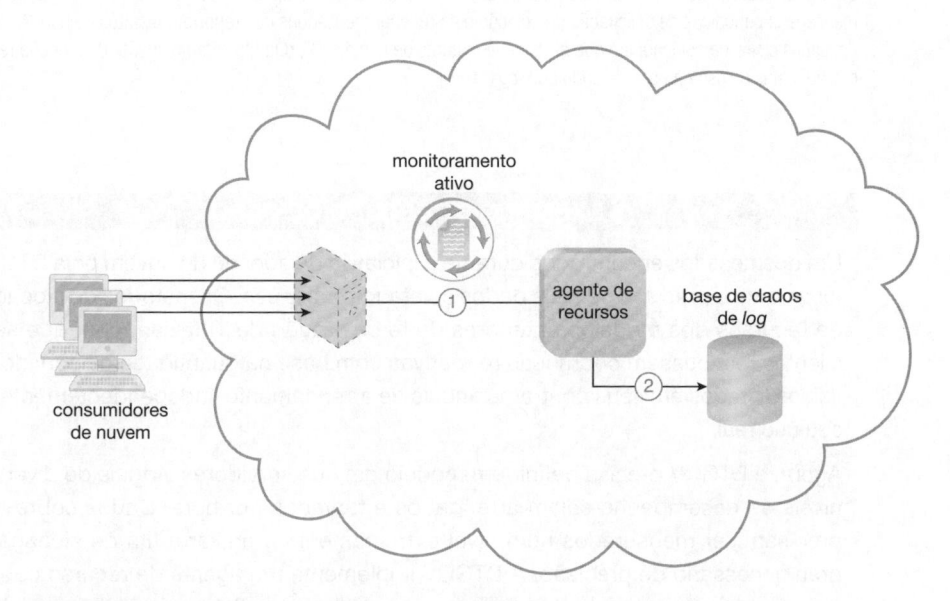

Figura 8.16
O agente de recursos está monitorando ativamente um servidor virtual e detecta um aumento no uso (1). O agente de recursos recebe uma notificação do programa de gerenciamento do recurso subjacente que o servidor virtual está redimensionando e armazena os dados de uso coletados numa base de dados de *log*, em conformidade com suas métricas de monitoramento (2).

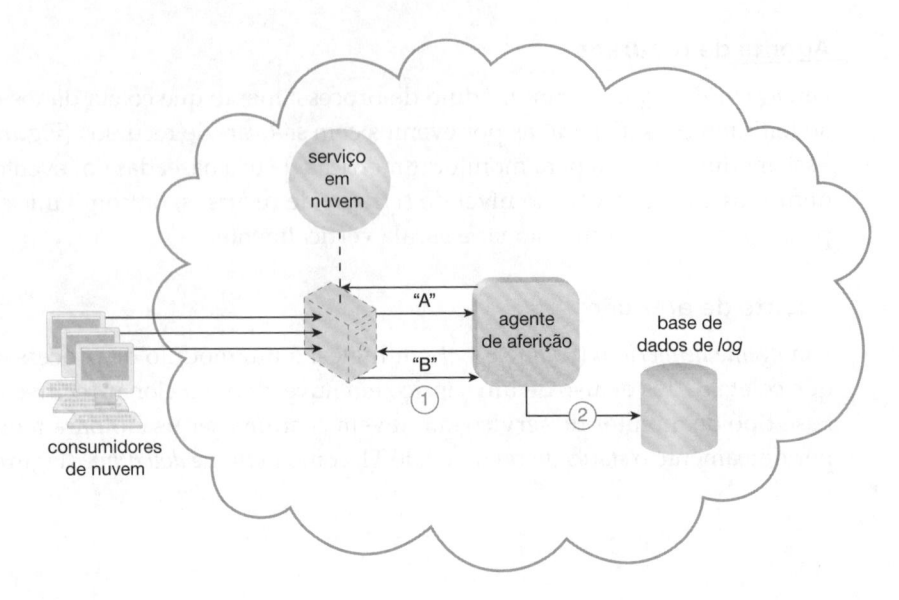

Figura 8.17
Um agente de aferição monitora o status de um serviço em nuvem hospedado por um servidor virtual ao enviar mensagens periódicas de solicitação de coleção e ao receber mensagens que reportam o status de uso "A" depois de alguns ciclos de coleção, até que ele recebe o status de uso de "B", quando então o agente de aferição registra o novo status de uso na base de dados de *log* (2).

EXEMPLO DE ESTUDO DE CASO

Um dos desafios encontrados durante a iniciativa de adoção de nuvem pela DTGOV foi garantir a precisão de seus dados coletados sobre uso. Os métodos de alocação de recursos dos modelos anteriores de terceirização de TI faziam com que seus clientes recebessem cobranças retroativas com base na quantidade de servidores físicos listados em seus contratos anuais de arrendamento, independentemente de seu uso real.

Agora, a DTGOV precisa definir um modelo em que servidores virtuais de diversos níveis de desempenho sejam arrendados e tarifados por hora. Dados sobre uso precisam ser mensurados num nível extremamente granular a fim de alcançar o grau necessário de precisão. A DTGOV implementa um agente de recursos que é disparado por eventos de uso de recursos gerados pela plataforma VIM para calcular os dados de uso de servidor virtual.

O agente de recursos é projetado com lógica e métricas que são baseadas nas seguintes regras:

1. Cada evento de uso de recurso que é gerado pelo *software* VIM pode conter os seguintes dados:

   - *Tipo de evento (TIPO_EV)* – gerado pela plataforma VIM. Existem cinco tipos de eventos:

     Iniciação de VM (criação no hipervisor);

     VM iniciada (conclusão do procedimento de *boot*);

     Interrupção de VM (desligamento);

     VM parada (término no hipervisor);

     VM redimensionada (mudança nos parâmetros de desempenho).

   - *Tipo de VM (TIPO_VM)* – representa um tipo de servidor virtual, conforme dedicado por seus parâmetros de desempenho. Uma lista predefinida de configurações possíveis de servidor virtual fornece os parâmetros que são descritos pelos metadados sempre que uma VM é iniciada ou redimensionada.

   - *Identificador único de VM (ID_VM)* – este identificador é fornecido pela plataforma VIM.

   - *Identificador único de consumidor de nuvem (ID_CN)* – outro identificador fornecido pela plataforma VIM para representar o consumidor de nuvem.

   - *Timestamp de evento (T_EV)* – identificação de ocorrência de um evento que é expressa em formato de data-horário, com a zona de fuso horário do *data center* e referenciado para UTC como definido em RFC 3339 (em conformidade com o perfil ISO 8601).

2. Mensurações de uso são registradas para cada servidor virtual que um consumidor de nuvem cria.

3. Mensurações de uso são registradas por certo período de mensuração cuja extensão é definida por dois *timestamps* chamados t_{inicio} and t_{fim}. O começo do período de mensuração é predefinido como o início do mês do calendário (t_{inicio} = 2012-12-01T00:00:00-08:00) e seu encerramento é o fim do mês do calendário (t_{fim} = 2012-12-31T23:59:59-08:00). Períodos customizados de mensuração também são suportados.

4. Mensurações de uso são registradas a cada minuto de uso. O período de mensuração de um servidor virtual começa quando o servidor virtual é criado no hipervisor e se encerra quando de seu término.

5. Servidores virtuais podem ser iniciados, dimensionados e interrompidos múltiplas vezes durante o período de mensuração. O intervalo de tempo entre cada ocorrência i (i = 1, 2, 3, ...) desses pares de eventos sucessivos que são declarados para um servidor virtual é chamado de um ciclo de uso, também conhecido como T_{ciclo_i}:

   - *Iniciacao_VM, Interrupcao_VM* – o tamanho da máquina virtual segue igual no final do ciclo
   - *Iniciacao_VM, VM_Redimensionada* – o tamanho da VM foi alterado no final do ciclo
   - *VM_Redimensionada, VM_Redimensionada* – o tamanho da VM foi alterado durante o redimensionamento, ao final do ciclo
   - *VM_Redimensionada, Interrupcao_VM* – o tamanho da VM é alterado ao final do ciclo

6. O uso total, U_{total}, de cada servidor virtual durante o período de mensuração é calculado usando-se as seguintes equações de base de dados de *log* de eventos referentes a uso de recursos:

   - Para cada TIPO_VM e ID_CN na base de dados de *log*: $U_{total\_VM\_tipo\_j} = \sum_{t_{inicio}}^{t_{fim}} T_{ciclo_i}$
   - Conforme o tempo total de uso que é mensurado para cada TIPO_VM, o vetor de uso para cada ID_VM é U_{total}: U_{total} = {tipo 1, $U_{total\_VM\_tipo\_1}$, tipo 2, $U_{total\_VM\_tipo\_2}$, ...}

A Figura 8.18 retrata o agente de recursos interagindo com a API disparada por eventos do VIM.

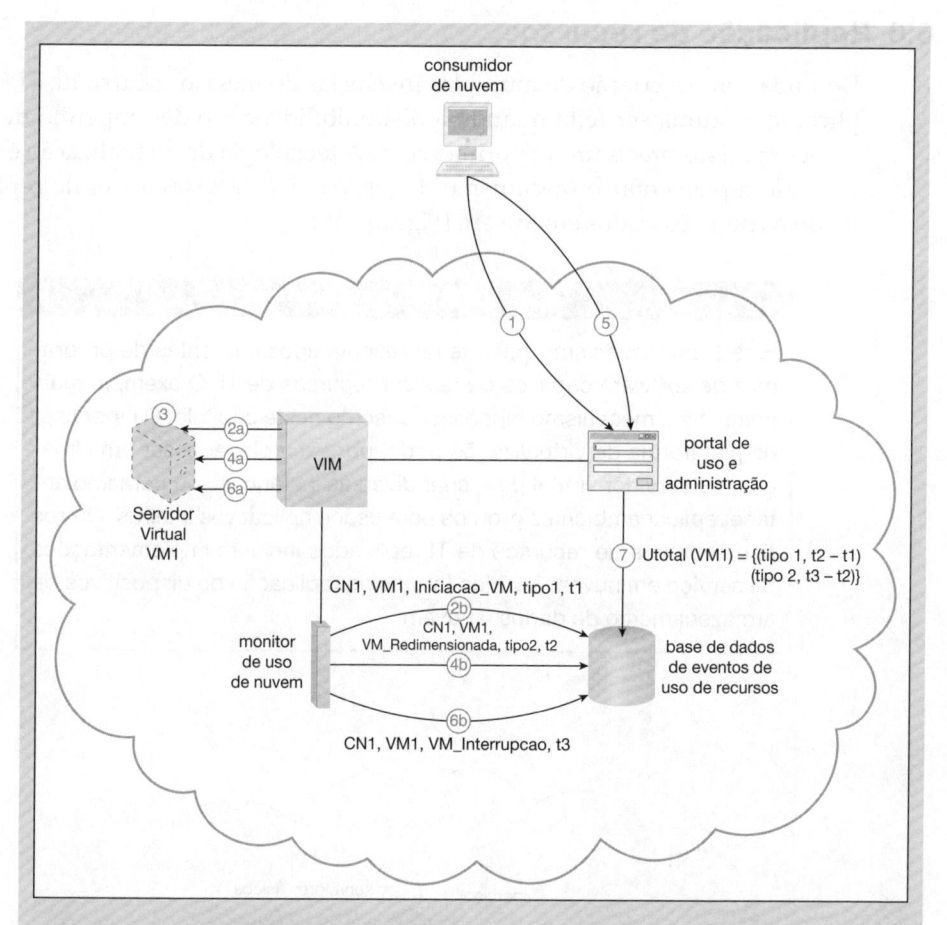

Figura 8.18
O consumidor de nuvem (ID_CN = CN1) solicita a criação de um servidor virtual (ID_VM = VM1) de tamanho de configuração tipo 1 (TIPO_VM = tipo1) (1). O VIM cria o servidor virtual (2a). A API disparada por eventos do VIM gera um evento de uso de recurso com o *timestamp* = t1, o qual o agente de *software* monitor de uso de nuvem captura e registra na base de dados de *log* de eventos referentes a uso de recursos (2b). O uso do servidor virtual aumenta e alcança o limiar de redimensionamento automático (3) O VIM redimensiona o Servidor Virtual VM1 (4a) da configuração tipo 1 para tipo 2 (TIPO_VM = tipo2). A API disparada por eventos do VIM gera um evento de uso de recurso com o *timestamp* = t2, que é capturado e registrado na base de dados de *log* referente a uso de recursos pelo agente de *software* de agente monitor de uso de nuvem (4b). O consumidor de nuvem desliga o servidor virtual (5). O VIM interrompe o Servidor Virtual VM1 (6a) e sua API disparada por eventos gera um evento de uso de recurso com o *timestamp* = t3, que é capturado pelo agente de *software* monitor de uso de nuvem e registrado na base de dados de *log* (6b). O portal de uso e administração acessa a base de dados de *log* e calcula o uso total (Utotal) para Servidor Virtual Utotal VM1 (7).

8.6 Replicação de recursos

Definida como a criação de múltiplas instâncias do mesmo recurso de TI, a replicação costuma ser feita quando a disponibilidade e o desempenho de um desses recursos precisam ser aprimorados. A tecnologia de virtualização é usada para implementar o mecanismo de *replicação de recursos* a fim de replicar recursos de TI baseados em nuvem (Figura 8.19).

> **OBSERVAÇÃO**
>
> Este é um mecanismo-pai que representa tipos diferentes de programas de *software* capazes de replicar recursos de TI. O exemplo mais comum é o mecanismo hipervisor descrito neste capítulo. O hipervisor da plataforma de virtualização pode, por exemplo, acessar uma imagem de servidor virtual para criar diversas instâncias, ou para implantar e replicar ambientes prontos para usar e aplicativos inteiros. Outros tipos comuns de recursos de TI replicados incluem implementações de serviço em nuvem e várias formas de replicação de dispositivos de armazenamento de dados e nuvem.

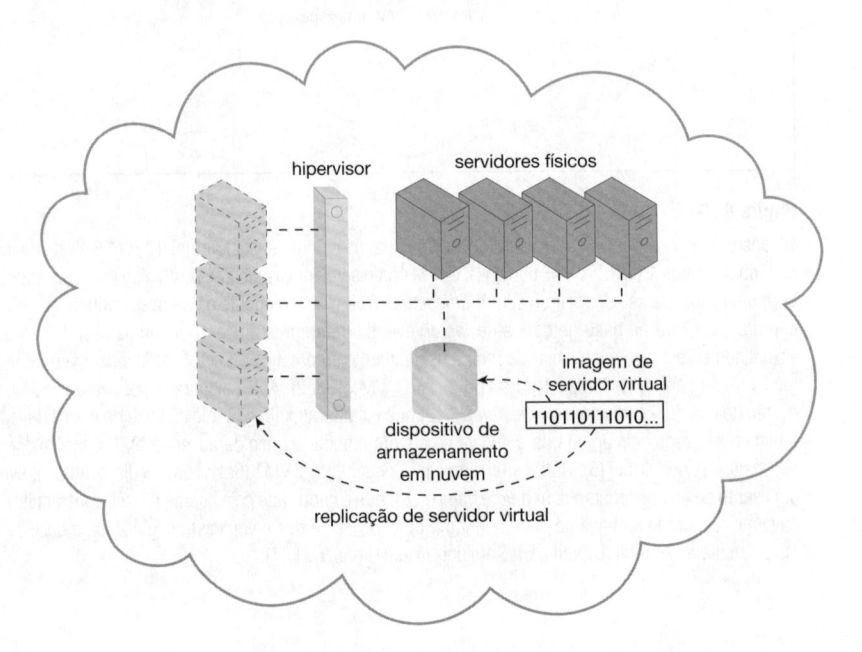

Figura 8.19
O hipervisor replica diversas instâncias de um servidor virtual, usando uma imagem armazenada de servidor virtual.

EXEMPLO DE ESTUDO DE CASO

A DTGOV estabelece um conjunto de servidores virtuais de alta disponibilidade que podem ser realocados automaticamente para servidores físicos rodando em *data centers* diferentes em resposta a graves condições de falha. Isso é ilustrado no cenário retratado nas Figuras 8.20 a 8.22, em que um servidor virtual que reside num servidor físico rodando em determinado *data center* experimenta uma condição de falha. VIMs de diferentes *data centers* se coordenam para solucionar a indisponibilidade, realocando o servidor virtual para um servidor físico diferente rodando em outro *data center*.

Figura 8.20
O servidor virtual de alta disponibilidade está rodando no *Data center* A. Instâncias de VIM nos *Data centers* A e B estão executando uma função de coordenação que permite detectar condições de falha. Imagens armazenadas de VM são replicadas entre *data centers* como resultado da arquitetura de alta disponibilidade.

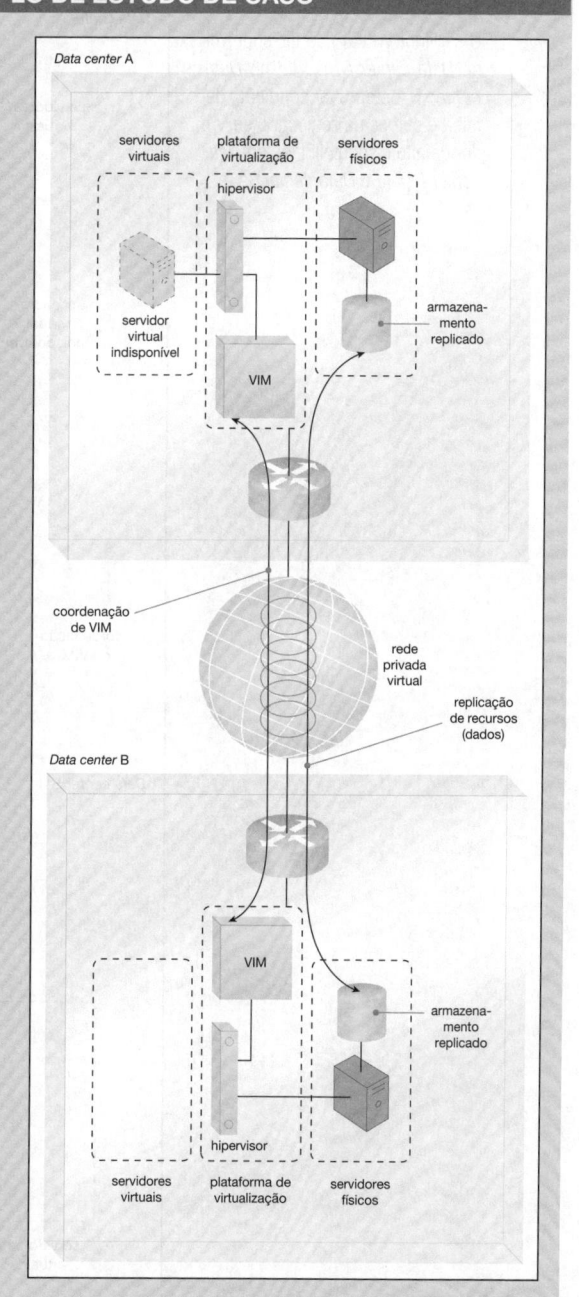

Figura 8.21
O servidor virtual fica indisponível no *Data center* A. O VIM no *Data center* B detecta a condição de falha e começa a realocar o servidor de alta disponibilidade do *Data center* A para o *Data center* B.

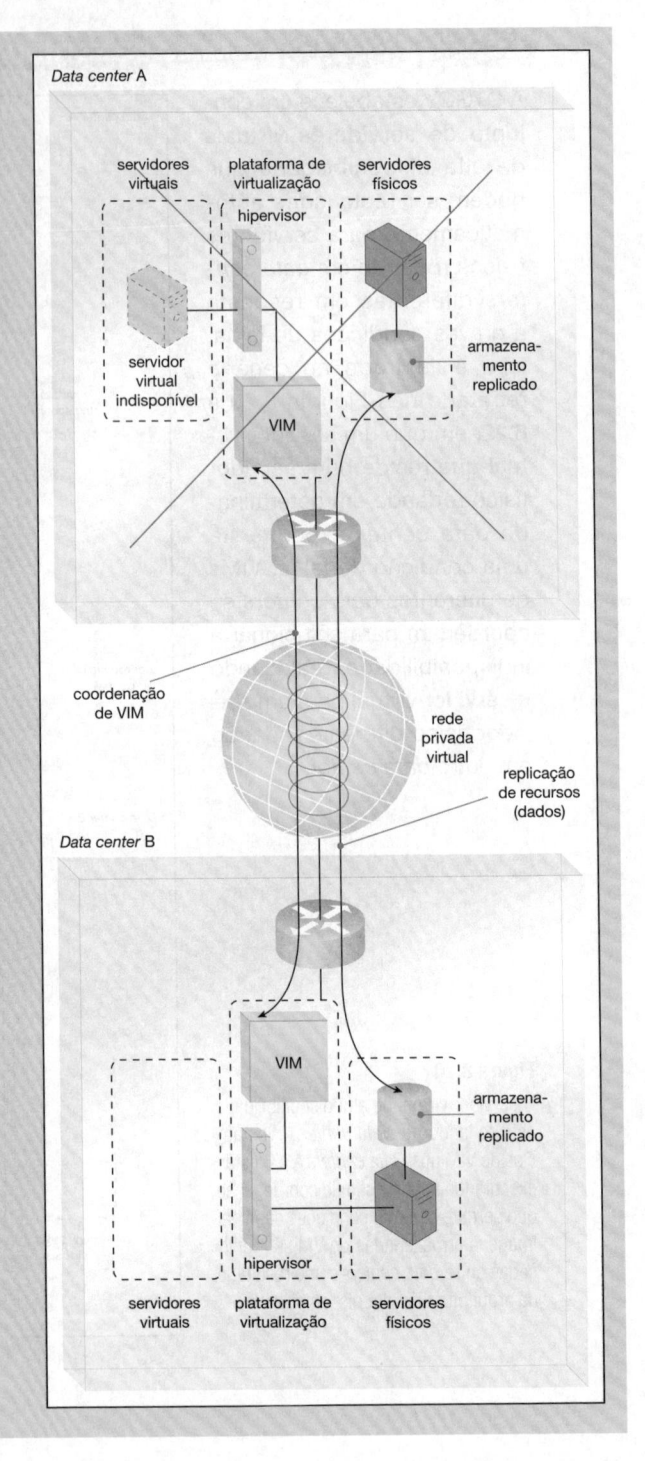

Capítulo 8 Mecanismos de infraestrutura de nuvem 221

Figura 8.22
Uma nova instância do servidor virtual é criada e disponibilizada no *Data center* B.

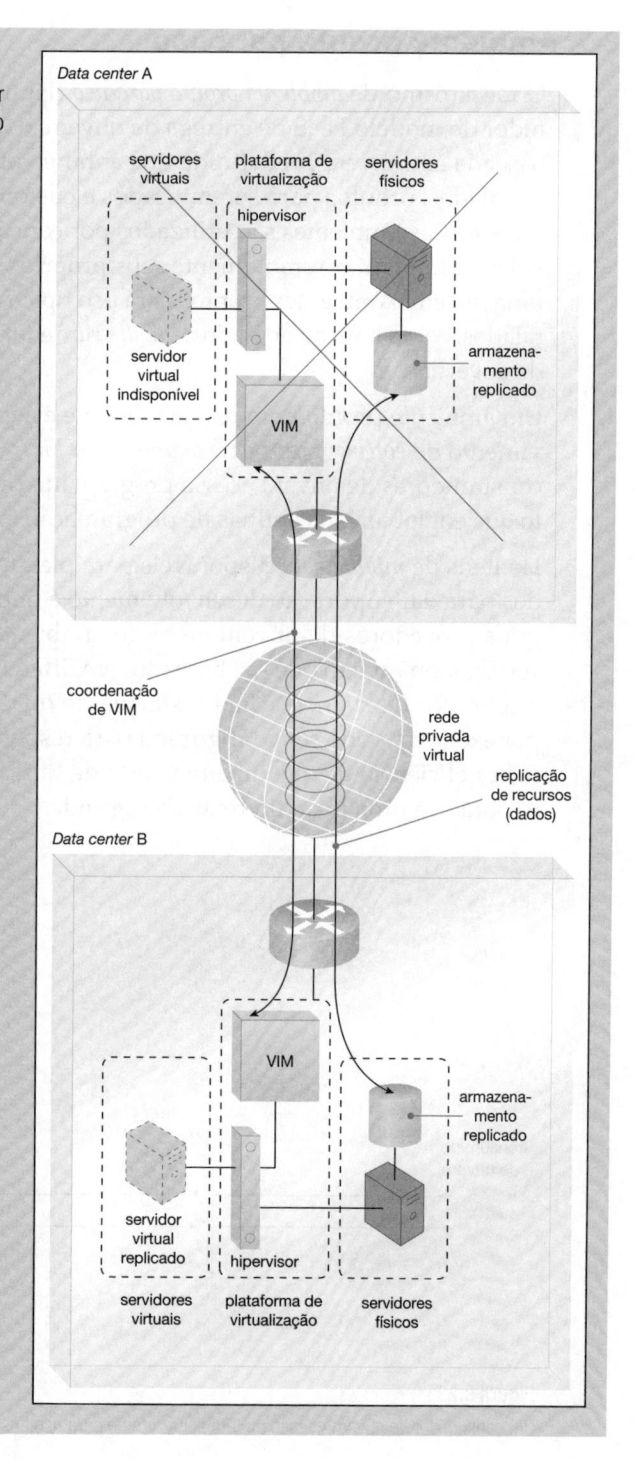

8.7 Ambiente pronto para uso

O mecanismo de *ambiente pronto para uso* (Figura 8.23) é um componente definidor do modelo PaaS de entrega de nuvem, o qual representa uma plataforma baseada em nuvem predefinida que abrange um conjunto de recursos de TI já instalados, prontos para serem usados e customizados por um consumidor de nuvem. Tais ambientes são utilizados por consumidores de nuvem para desenvolver e implantar remotamente seus próprios serviços e aplicativos dentro de uma nuvem. Ambientes prontos para uso típicos incluem recursos de TI pré-instalados, como bancos de dados, *middleware* e ferramentas de desenvolvimento e de governança.

Um ambiente pronto para uso geralmente é equipado com um kit de desenvolvimento de *software* (*software development kit* – SDK) completo, que fornece aos consumidores de nuvem acesso programático a tecnologias de desenvolvimento que englobam suas pilhas de programação preferidas.

Há itens de *middleware* disponíveis para plataformas de multi-inquilinato usados para dar suporte ao desenvolvimento e implantação de aplicativos *Web*. Alguns provedores de nuvem oferecem ambientes de execução de *runtime* para serviços em nuvem que são baseados em diferentes parâmetros de desempenho e cobrança de *runtime*. Uma instância de *front-end* de um serviço em nuvem, por exemplo, pode ser configurada para responder a solicitações urgentes com maior eficiência do que uma instância de *back-end*. A primeira dessas variações é cobrada a uma taxa diferente da segunda.

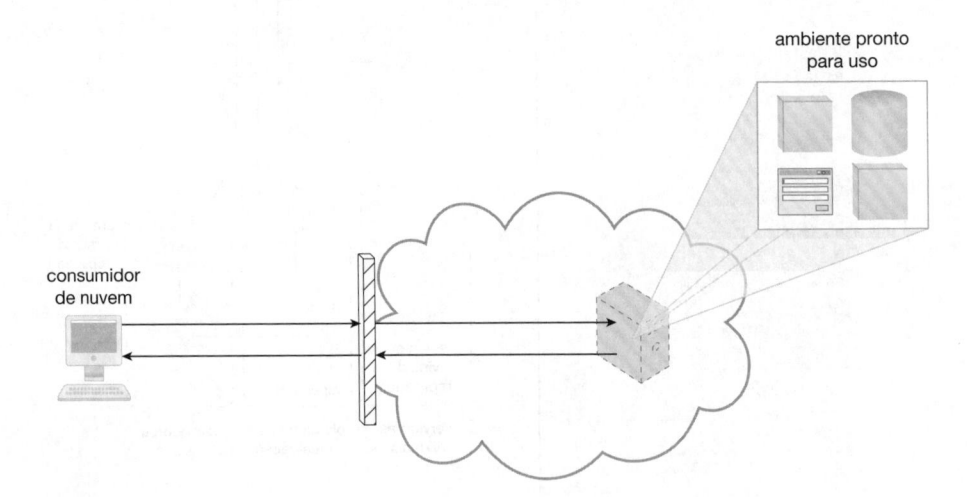

Figura 8.23
Um consumidor de nuvem acessa um ambiente pronto para uso hospedado num servidor virtual.

Conforme demonstrado melhor no estudo de caso exemplar a seguir, uma solução pode ser seccionada em grupos de lógica que podem ser designados para invocação de instância tanto de *front-end* quanto de *back-end* de modo a otimizar a execução e a cobrança de *runtime*.

EXEMPLO DE ESTUDO DE CASO

A ATN desenvolveu e implantou diversos aplicativos comerciais não críticos usando um ambiente PaaS arrendado. Um deles foi o aplicativo *Web* Catálogo de Número de Peças, baseado em Java, usado para os comutadores e roteadores fabricados pela própria empresa. Esse aplicativo é usado por diferentes fábricas, mas não manipula dados de transação, os quais são, na verdade, processados por um sistema separado de controle de estoque.

A lógica do aplicativo foi dividida em lógica de processamento *front-end* e *back-end*. A lógica de *front-end* foi usada para processar consultas simples e atualizações no catálogo. A parte de *back-end* contém a lógica necessária para renderizar o catálogo completo e correlacionar componentes similares e números de peças legadas.

A Figura 8.24 ilustra o ambiente de desenvolvimento e implantação do aplicativo de Catálogo de Número de Peças. Observe que o consumidor de nuvem assume as funções tanto de desenvolvedor quanto de usuário final.

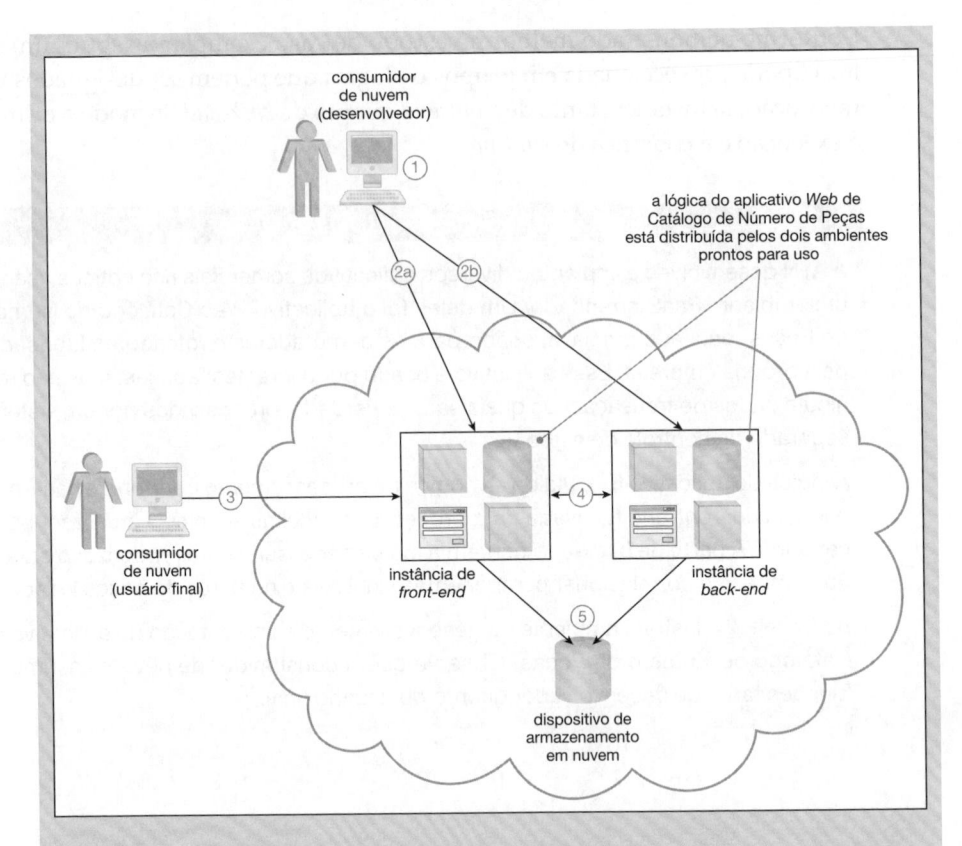

Figura 8.24
O desenvolvedor utiliza o SDK fornecido para desenvolver o aplicativo *Web* de Catálogo de Número de Peças (1). O *software* do aplicativo é implantado na plataforma *Web* que foi estabelecida por dois ambientes prontos para uso, chamados instância de *front-end* (2a) e instância de *back-end* (2b). O aplicativo é disponibilizado para uso, e um de seus usuários finais acessa sua instância de *front-end* (3). O *software* que está rodando na instância de *front-end* invoca uma tarefa de execução longa na instância de *back-end* que corresponde ao processamento requisitado pelo usuário final (4). O *software* do aplicativo implantado nas instâncias de *front-end* e *back-end* é apoiado por um dispositivo de armazenamento em nuvem que fornece armazenamento persistente dos dados do aplicativo (5).

8.8 Contêiner

Contêineres são capazes de proporcionar um meio efetivo de implantar e entregar serviços em nuvem. Um contêiner é representado por um símbolo que é similar àquele de fronteira organizacional introduzido na seção "Funções e fronteiras" do Capítulo 4, a não ser por apresentar arestas arredondadas, e não em ângulo reto. A tecnologia de conteinerização é explicada no Capítulo 6.

Capítulo 9

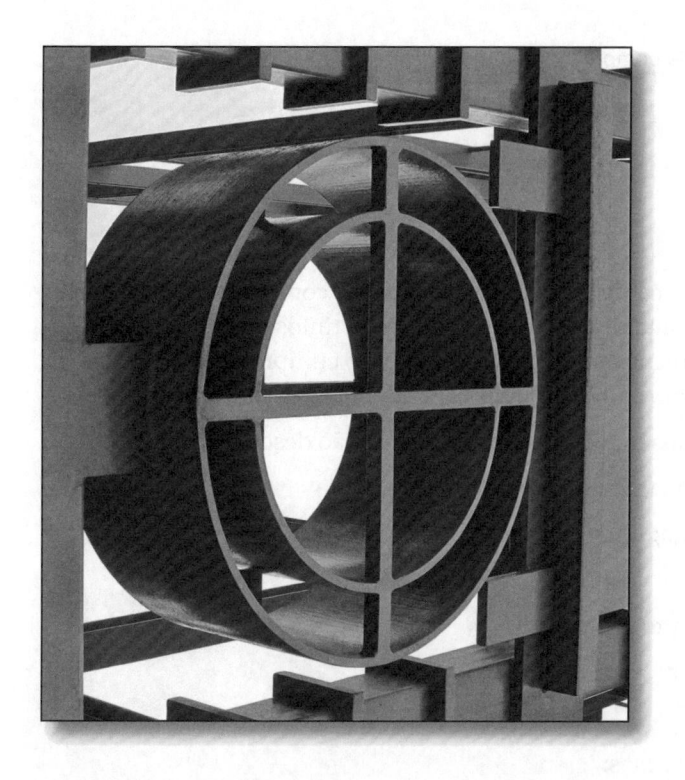

Mecanismos de nuvem especializados

9.1 *Listener* de dimensionamento automatizado
9.2 Balanceador de carga
9.3 Monitor de SLA
9.4 Monitor de pagamento por uso
9.5 Monitor de auditoria
9.6 Sistema de *failover*
9.7 Agrupamento de recursos
9.8 Agente de multidispositivos
9.9 Base de dados de gestão de estado

Uma arquitetura típica de tecnologia em nuvem contém inúmeras partes móveis para dar conta dos requisitos de uso distintos dos recursos e soluções de TI. Cada mecanismo abordado neste capítulo cumpre uma função específica de *runtime* em apoio a uma ou mais características das nuvens.

Os seguintes mecanismos especializados de nuvem são descritos neste capítulo:

- *listener* de dimensionamento automatizado;
- balanceador de carga;
- monitor de SLA;
- monitor de pagamento por uso;
- monitor de auditoria;
- sistema de *failover*;
- agrupamento de recursos;
- agente de multidispositivos;
- base de dados de gestão de estado.

Todos esses mecanismos podem ser considerados extensões da infraestrutura de nuvem e podem ser combinados de inúmeras formas como parte de arquiteturas tecnológicas distintas e customizadas, muitas das quais possuem exemplos na Parte III deste livro.

9.1 *Listener* de dimensionamento automatizado

O mecanismo de *listener de dimensionamento automatizado* é um agente de serviço que monitora e rastreia comunicações entre consumidores de serviço em nuvem e o serviço em si para fins de dimensionamento dinâmico de escala. Os *Listeners* de dimensionamento automatizado são implantados dentro da nuvem, geralmente perto do *firewall*, de onde rastreiam automaticamente informações sobre o *status* da carga de trabalho. As cargas de trabalho podem ser determinadas pelo volume de solicitações geradas por consumidores ou via demandas de processamento em *back-end* desencadeadas por certos tipos de solicitações. Uma pequena quantidade de influxo de dados, por exemplo, pode resultar numa grande quantidade de processamento.

Listeners de dimensionamento automatizado podem oferecer diferentes tipos de respostas a condições de flutuação de carga de trabalho, tais como:

- Aumento ou diminuição automática da escala horizontal de recursos de TI com base em parâmetros definidos previamente pelo consumidor de nuvem (o que costuma ser chamado de *dimensionamento automático de escala*).
- Notificação automática do consumidor de nuvem quando as cargas de trabalho ultrapassam limiares correntes ou ficam aquém dos recursos alocados (Figura 9.1). Dessa forma, o consumidor de nuvem pode optar por ajustar sua alocação corrente de recurso de TI.

Diferentes provedores de nuvem usam diferentes nomes para agentes de serviço que atuam como *listeners* de dimensionamento automatizado.

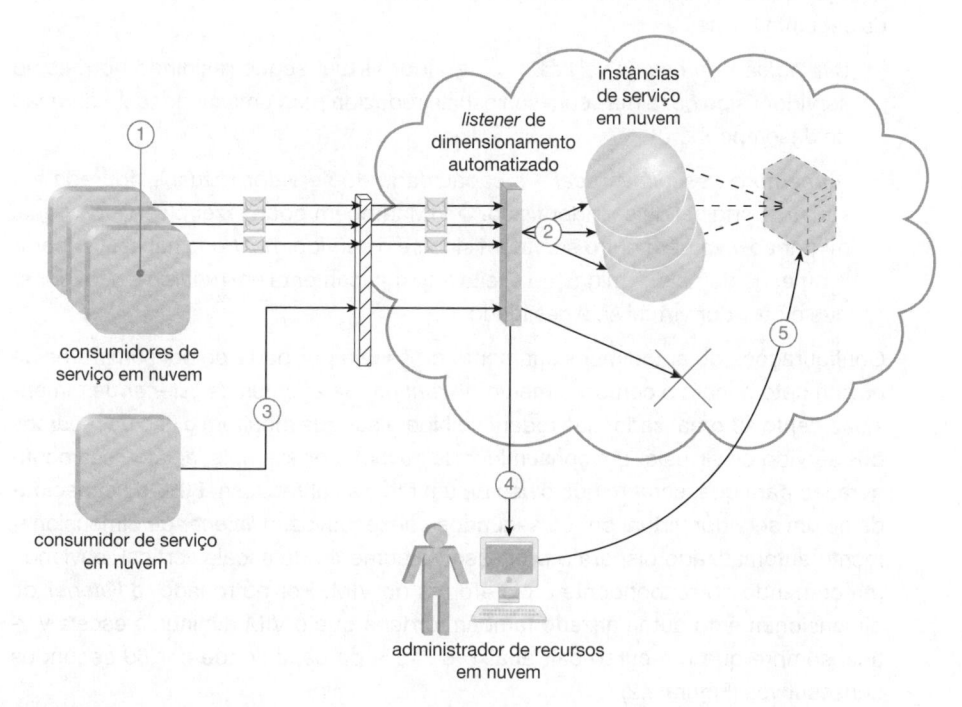

Figura 9.1
Três consumidores de serviço em nuvem tentam acessar um mesmo serviço em nuvem simultaneamente (1). O *listener* de dimensionamento automatizado aumenta a escala horizontal e inicia a criação de três instâncias redundantes do serviço (2). Um quarto consumidor de serviço em nuvem tenta usar o serviço em nuvem (3). Programado para permitir no máximo três instâncias do serviço em nuvem, o *listener* de dimensionamento automatizado rejeita a quarta tentativa e notifica o consumidor de nuvem que o limite de carga de trabalho foi excedido (4). O administrador de recurso em nuvem do consumidor acessa o ambiente remoto de administração para ajustar a configuração de provisionamento e aumentar o limite de instâncias redundantes (5).

EXEMPLO DE ESTUDO DE CASO

OBSERVAÇÃO

Este exemplo de estudo de caso faz referência ao componente de migração de VM ao vivo, que é introduzido na seção "Arquitetura de agrupamento de hipervisores" no Capítulo 14, e descrito e demonstrado em mais detalhes em cenários subsequentes de arquitetura.

Os servidores físicos da DTGOV redimensionam a escala vertical de instâncias de servidor virtual, a começar pela menor configuração de máquina virtual (1 núcleo de processador virtual, 4 GB de RAM virtual) até a maior (128 núcleos de processador virtual, 512 GB de RAM virtual). A plataforma de virtualização é configurada para redimensionar automaticamente a escala do servidor virtual em *runtime* da seguinte forma:

- *Diminuição da escala vertical* – o servidor virtual segue residindo no mesmo servidor físico *host*, mas com sua escala reduzida para uma menor configuração de desempenho.

- *Aumento da escala vertical* – a capacidade do servidor virtual é dobrada em seu *host* original de servidor físico. O VIM também pode fazer o servidor virtual migrar ao vivo para outro servidor físico se o servidor *host* original estiver comprometido demais. A migração é feita automaticamente em *runtime* e não requer que o servidor virtual seja desligado.

Configurações de autodimensionamento de escala por parte de consumidores de nuvem determinam o comportamento de *runtime* de agentes de *listener* de dimensionamento automatizado, que rodam no hipervisor que monitora o uso de recursos dos servidores virtuais. Um consumidor de nuvem, por exemplo, ajustou sua configuração para que, sempre que o uso de um recurso ultrapassar 80% da capacidade de um servidor virtual por 60 segundos consecutivos, o *listener* de dimensionamento automatizado dispara o processo de aumento de escala vertical, enviando um comando correspondente à plataforma do VIM. Por outro lado, o *listener* de dimensionamento automatizado também ordena que o VIM diminua a escala vertical sempre que o recurso cair abaixo de 15% da capacidade por 60 segundos consecutivos (Figura 9.2).

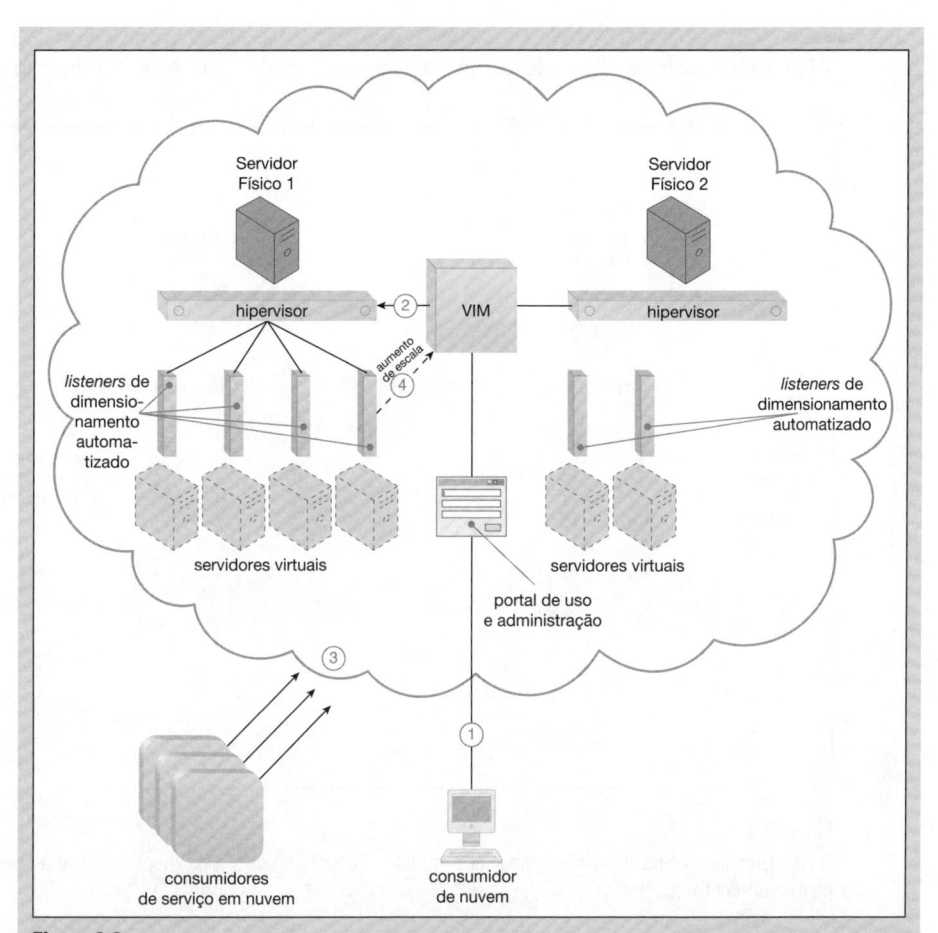

Figura 9.2
Um consumidor de nuvem cria e inicia um servidor virtual com 8 núcleos de processadores virtuais e 16 GB de RAM virtual (1). O VIM cria o servidor virtual atendendo a solicitação do consumidor de serviço em nuvem e o aloca no Servidor Físico 1 para se juntar a outros três servidores virtuais ativos (2). A demanda do consumidor de nuvem faz com que o uso do servidor virtual ultrapasse os 80% de capacidade de CPU por 60 segundos consecutivos (3). O *listener* de dimensionamento automatizado rodando no hipervisor detecta a necessidade de aumentar a escala vertical e envia um comando correspondente ao VIM (4).

A Figura 9.3 ilustra a migração ao vivo da máquina virtual, tal qual realizada pelo VIM.

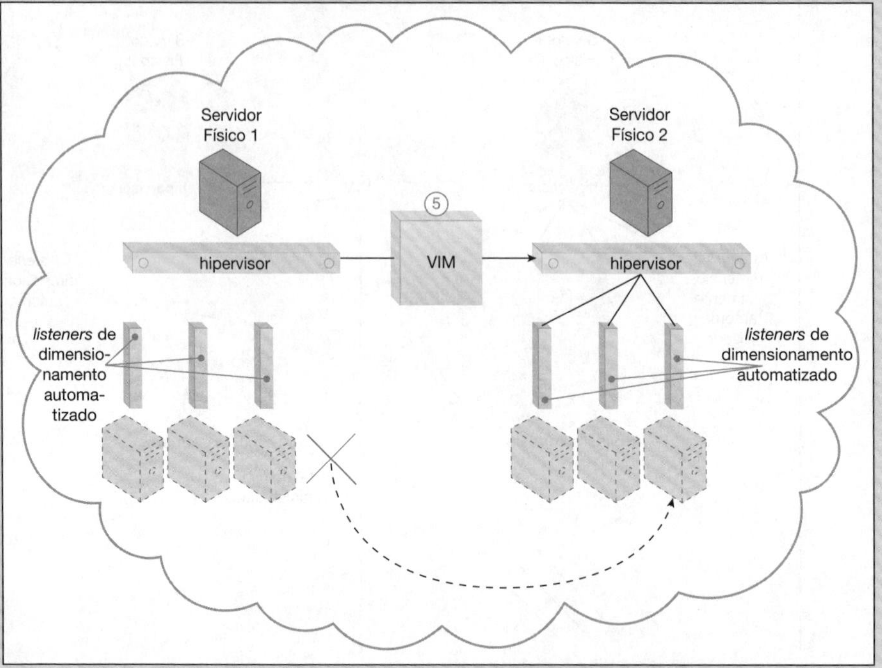

Figura 9.3
O VIM determina que não é possível aumentar a escala vertical do Servidor Físico 1 e passa a migrá-lo ao vivo para o Servidor Físico 2 (5).

A redução da escala vertical do servidor virtual pelo VIM é retratada na Figura 9.4.

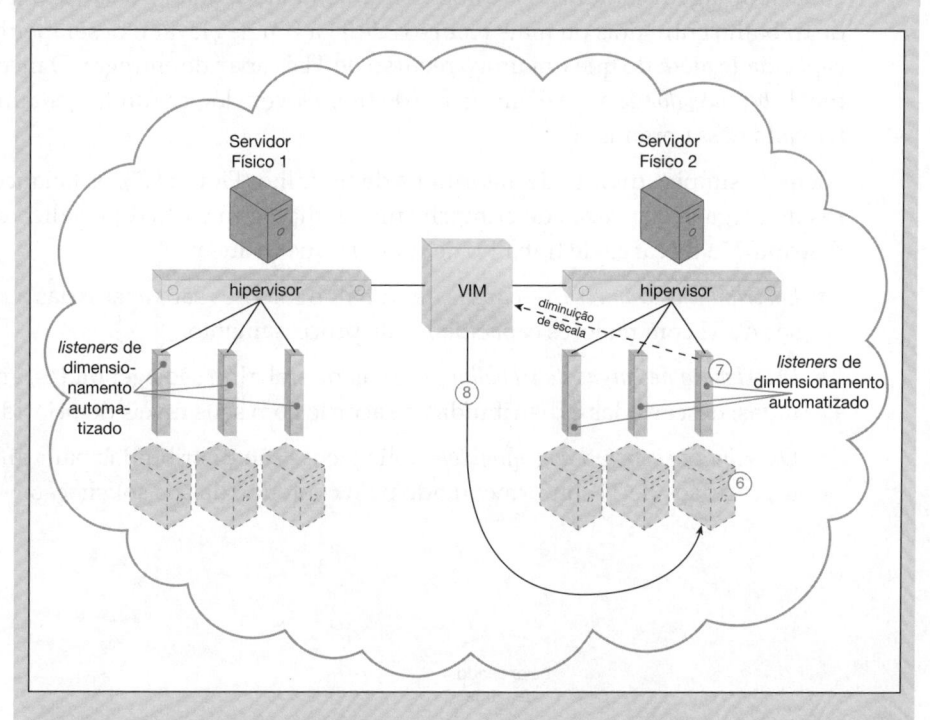

Figura 9.4
O uso de CPU/RAM do servidor virtual fica abaixo de 15% da capacidade por 60 segundos consecutivos (6). O ouvinte de dimensionamento automatizado detecta a necessidade de diminuir a escala vertical e emite o comando ao VIM (7), o qual diminui a escala do servidor virtual (8) enquanto ele permanece ativo no Servidor Físico 2.

9.2 Balanceador de carga

Uma abordagem comum ao redimensionamento horizontal é balancear a carga de trabalho entre dois ou mais recursos de TI a fim de elevar o desempenho e a capacidade além do que um único recurso de TI é capaz de entregar. O mecanismo de *balanceador de carga* é um agente de *runtime* com lógica fundamentalmente baseada nessa premissa.

Além da simples divisão de algoritmos de trabalho (Figura 9.5), os balanceadores de carga são capazes de cumprir uma gama de funções especializadas de distribuição de carga de trabalho de *runtime*, que incluem:

- *Distribuição assimétrica* – cargas de trabalho maiores são repassadas a recursos de TI com maiores capacidades de processamento.

- *Priorização de cargas de trabalho* – cargas de trabalho são agendadas, enfileiradas, descartadas e distribuídas de acordo com seus níveis de prioridade.

- *Distribuição sensível ao conteúdo* – solicitações são distribuídas para diferentes recursos de TI conforme ditado pelo conteúdo da sua solicitação.

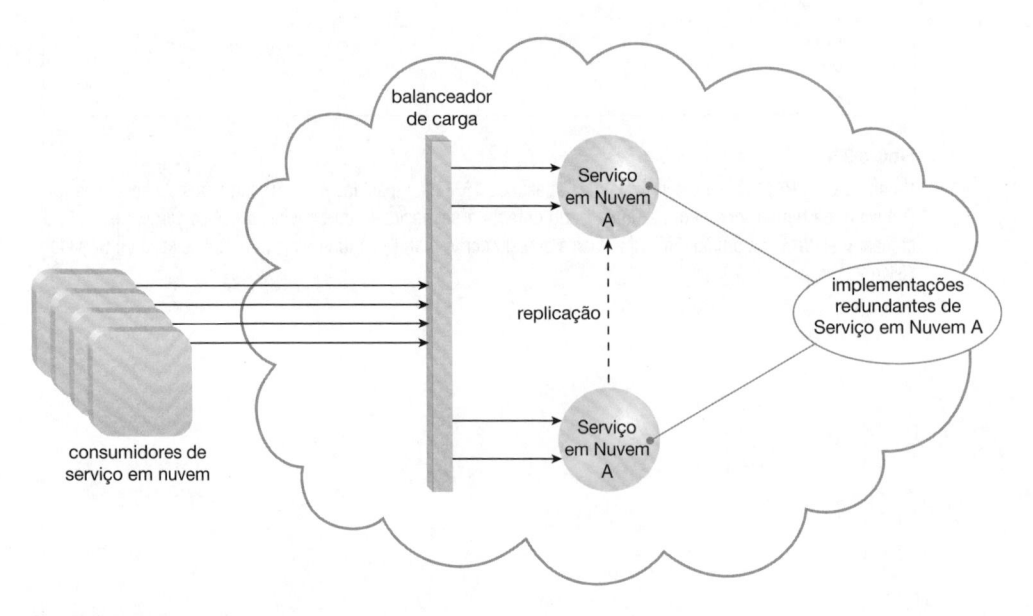

Figura 9.5
Um balanceador de carga implementado na forma de um agente de serviço distribui transparentemente mensagens que entram solicitando carga de trabalho entre implementações redundantes de serviço em nuvem, o que, por sua vez, maximiza o desempenho para os consumidores de serviço em nuvem.

Um balanceador de carga é programado ou configurado com um conjunto de regras QoS e parâmetros de desempenho com os objetivos gerais de otimizar o uso de recurso de TI, evitar sobrecargas e maximizar o rendimento.

O mecanismo de balanceador de carga pode existir como um:

- *switch* de rede multicamadas;
- aparelho de *hardware* dedicado;
- sistema baseado em *software* dedicado (comum em sistemas operacionais de servidor);
- agente de serviço (geralmente controlado pelo *software* de gerenciamento).

O balanceador de carga costuma ficar localizado no trajeto de comunicação entre os recursos de TI que geram a carga de trabalho e os recursos de TI que fazem o processamento dessa carga. Esse mecanismo pode ser projetado como uma agente transparente que fica ocultado dos consumidores de serviço em nuvem, ou como um componente de *proxy* que abstrai os recursos de TI que realizam sua carga de trabalho.

EXEMPLO DE ESTUDO DE CASO

O serviço em nuvem de Catálogo de Número de Peças da ATN não manipula dados de transação, embora seja usado por múltiplas fábricas em diferentes regiões. Ele apresenta períodos de pico de uso durante os primeiros dias de cada mês, que coincidem com o processamento preparatório de rotinas pesadas de controle de estoque nas fábricas. A ATN atendeu às recomendações de seu provedor de nuvem e fez um *upgrade* no serviço em nuvem de modo a tornar sua escala altamente dimensionável para suportar as flutuações previstas na carga de trabalho.

Depois de desenvolver os *upgrades* necessários, a ATN decide testar a escalabilidade usando uma ferramenta de teste com robô de automação que simula as pesadas cargas de trabalho. Os testes precisam determinar se o aplicativo é capaz de ter sua escala redimensionada suavemente para atender cargas de trabalho mil vezes maiores que a média. Os robôs passam então a simular cargas de trabalho que duram 10 minutos.

A funcionalidade resultante de dimensionamento automático de escala do aplicativo é demonstrada na Figura 9.6.

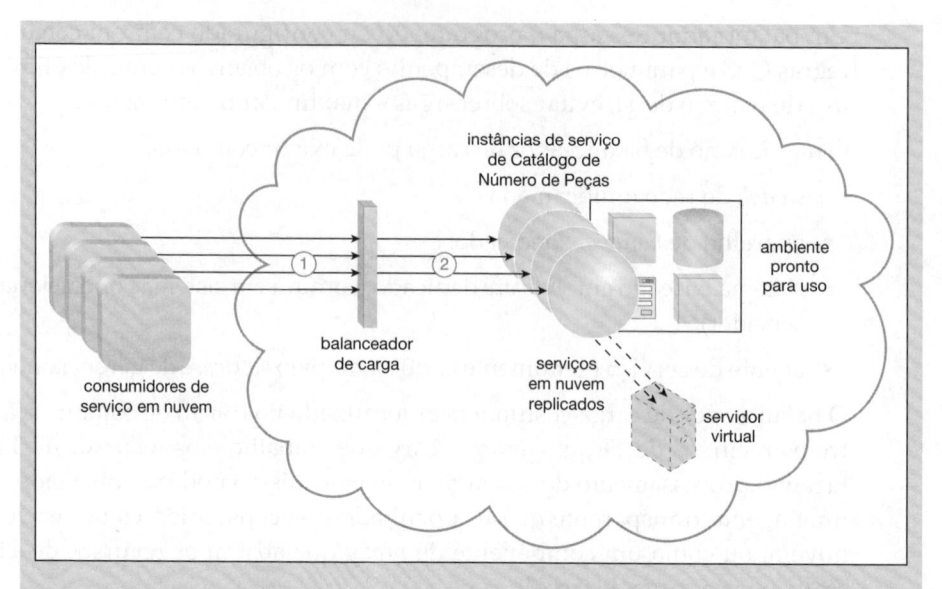

Figura 9.6
Novas instâncias dos serviços em nuvem são criadas automaticamente para atender ao aumento de solicitações de uso. O balanceador de carga utiliza um agendamento circular exaustivo (*round-robin*) para assegurar que o tráfego esteja distribuído homogeneamente entre os serviços em nuvem ativos.

9.3 Monitor de SLA

O mecanismo de *monitor de SLA* é usado para observar especificamente o desempenho de *runtime* dos serviços em nuvem a fim de assegurar que eles estejam cumprindo as exigências contratuais de QoS que estão publicadas em SLAs (Figura 9.7). Os dados coletados pelo monitor de SLA são processados por um sistema de gerenciamento de SLA para serem agregados em métricas de relatoria de SLA. O sistema é capaz de reparar proativamente ou oferecer *failover* a serviços em nuvem quando condições de exceção ocorrem, como quando o monitor de SLA relata que um serviço em nuvem "caiu".

O mecanismo de sistema de gerenciamento de SLA é examinado no Capítulo 12.

Figura 9.7

O monitor de SLA afere o serviço em nuvem ao transmitir mensagens de solicitação de aferição (M_{REQ1} a M_{REQN}). O monitor recebe as mensagens de resposta de aferição (M_{REP1} a M_{REPN}) que reportam que o serviço está "ativo" em cada ciclo de aferição (1a). O monitor de SLA armazena o tempo de "atividade"– o período de tempo de todos os ciclos de aferição de 1 a N – na base de dados de *log* (1b).

O monitor de SLA afere o serviço em nuvem que envia mensagens de solicitação de aferição (M_{REQN+1} a M_{REQN+M}). Mensagens de resposta de aferição não são recebidas (2a). As mensagens de resposta continuam até o tempo acabar, então o monitor de SLA armazena o tempo de "queda" – o período de tempo de todos os ciclos de aferição N+1 a N+M – na base de dados de *log* (2b).

O monitor de SLA envia uma mensagens de solicitação de aferição ($M_{REQN+M+1}$) e recebe a mensagem de resposta de aferição ($M_{REPN+M+1}$) (3a). O monitor de SLA armazena o tempo de "atividade" na base de dados de *log* (3b).

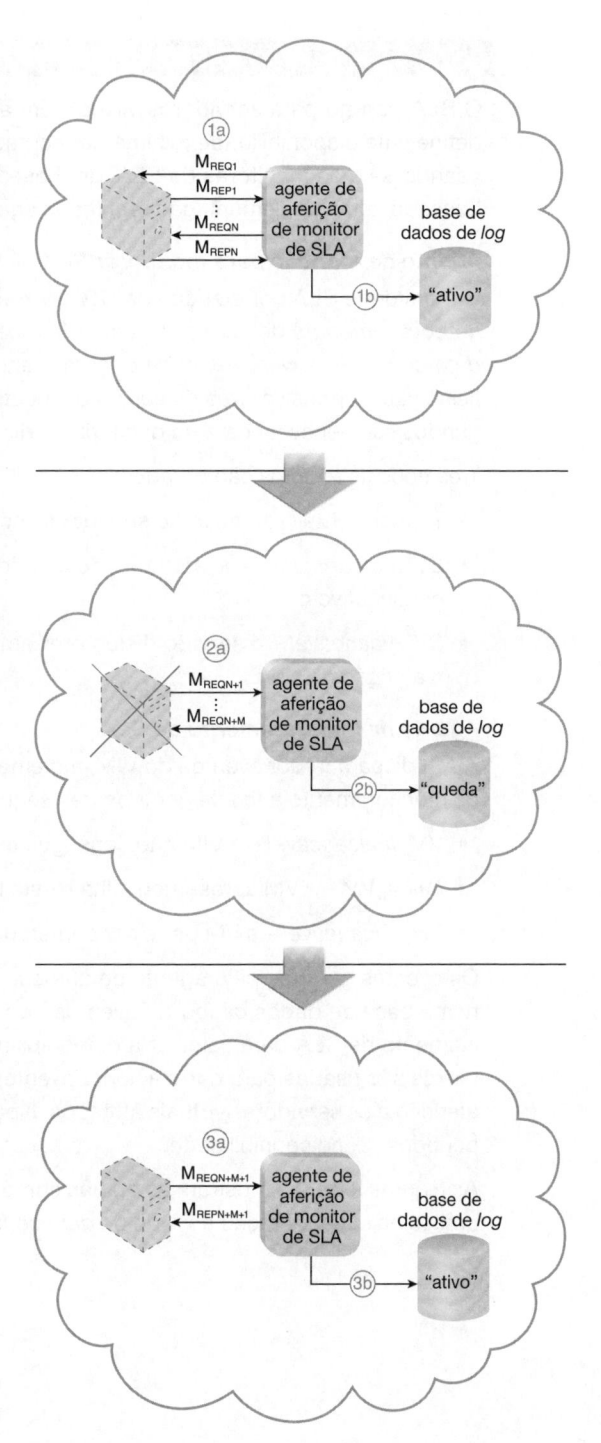

EXEMPLO DE ESTUDO DE CASO

O SLA-padrão para servidores virtuais em acordos de arrendamento da DTGOV define uma disponibilidade mínima de recurso de TI de 99,95%, a qual é rastreada usando-se dois monitores de SLA: um baseado num agente de aferição e o outro baseado numa implementação regular de agente de monitoramento.

Agente de aferição para monitorar SLA

O monitor de SLA por aferição da DTGOV roda na rede perimetral externa a fim de detectar *timeouts* de servidor físico. Ele é capaz de identificar falhas em rede de *data center*, *hardware* e *software* (com granularidade fina) que tornam o servidor físico não responsivo. Três *timeouts* consecutivos de períodos de aferição de 20 segundos são necessários para declarar a indisponibilidade de um recurso de TI.

Três tipos de eventos são gerados:

- *Timeout_SV* – a aferição do servidor físico apresentou *timeout*;

- *SV_Inalcancavel* – a aferição do servidor físico apresentou três *timeouts* consecutivos;

- *SV_Alcancavel* – o servidor físico previamente indisponível se torna responsivo à aferição de novo.

Agente de monitoramento de SLA

A API disparada por eventos do VIM implementa o monitor de SLA como o agente de monitoramento a fim de gerar os três seguintes eventos:

- *VM_Inalcancavel* – o VIM não consegue fazer contato com a VM;

- *Falha_VM* – a VM apresentou falha e está indisponível;

- *VM_Alcancavel* – a VM pode ser contatada.

Os eventos gerados pelo agente de aferição têm *timestamps* que são registrados numa base de dados de *log* de eventos de SLA e usados pelo sistema de gerenciamento de SLA para calcular a disponibilidade de recursos de TI. Regras complexas são usadas para correlacionar eventos de diferentes monitores de SLA por aferição e os servidores virtuais afetados, e para descartar falsos-positivos durante períodos de indisponibilidade.

As Figuras 9.8 e 9.9 mostram as etapas cumpridas pelos monitores de SLA durante uma falha e recuperação de rede de *data centers*.

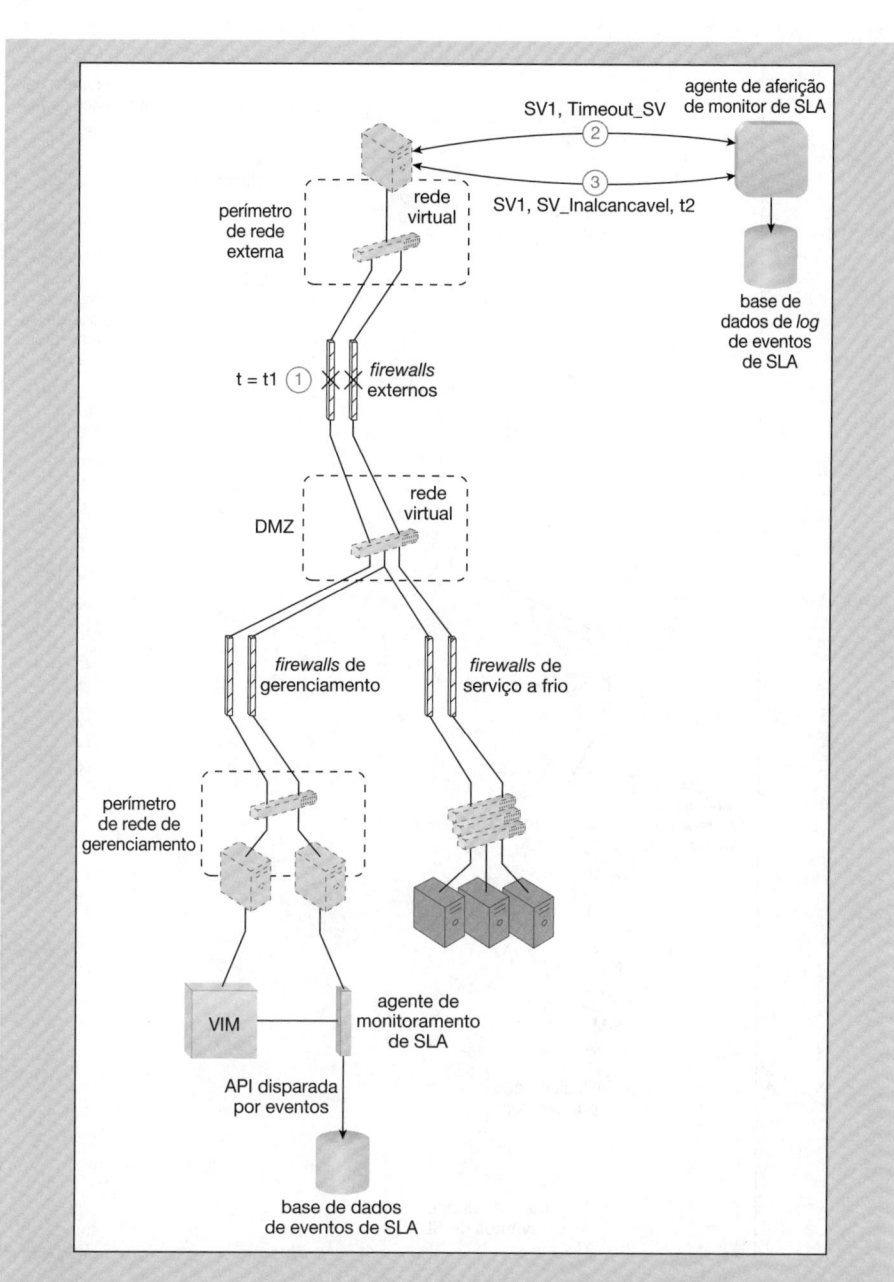

Figura 9.8
No *timestamp* = t1, um agrupamento de *firewalls* apresentou falha e todos os recursos de TI no *data center* ficaram indisponíveis (1). O agente de aferição para monitorar SLA para de receber respostas dos servidores físicos e começa a emitir eventos de Timeout_SV (2). O agente começa a emitir eventos de SV_Inalcancavel após três eventos sucessivos de Timeout_SV. O *timestamp* agora é t2 (3).

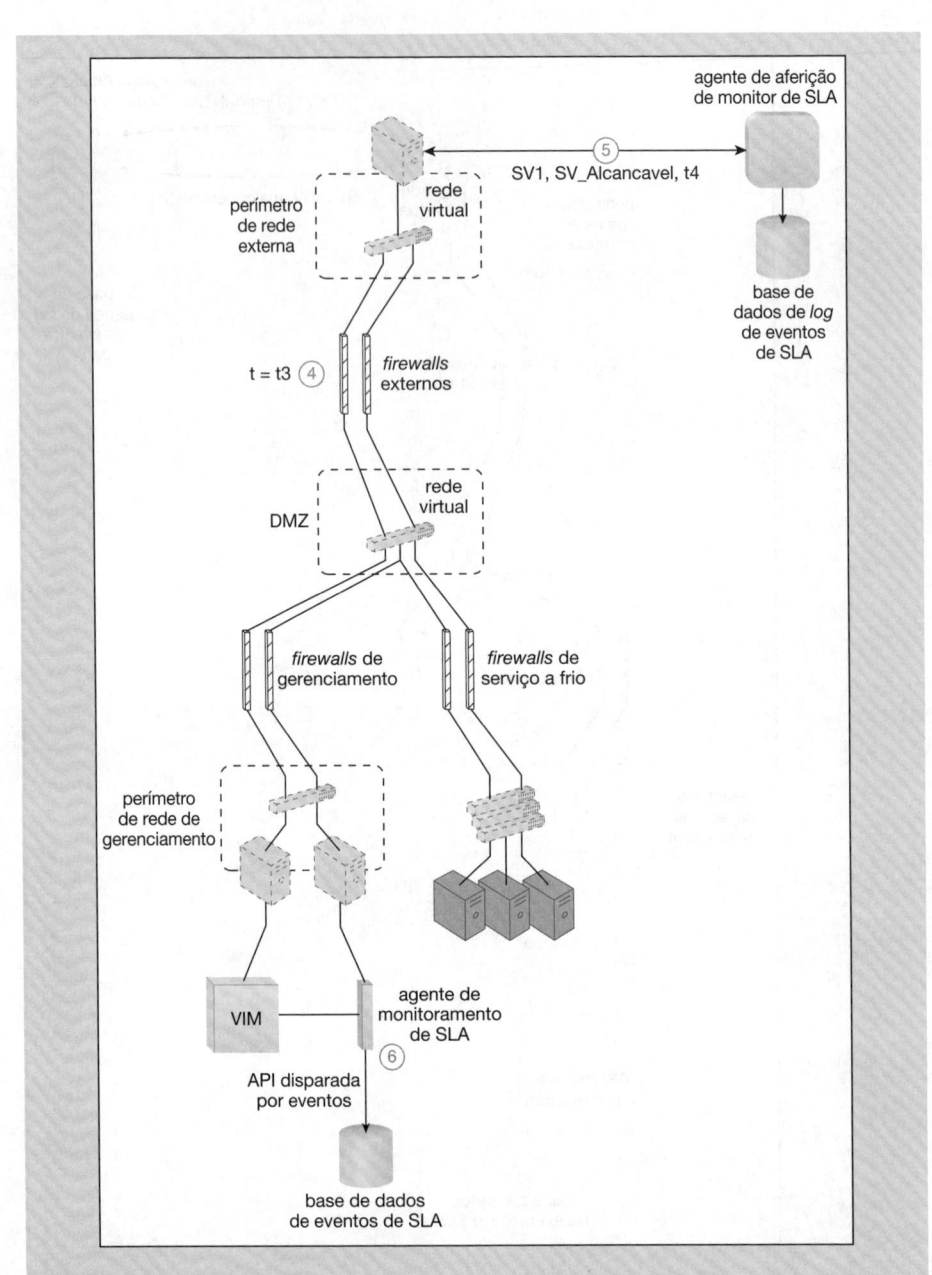

Figura 9.9
O recurso de TI torna-se operacional no *timestamp* = t3 (4). O agente de aferição para monitorar SLA recebe respostas dos servidores físicos e emite eventos de SV_Alcancavel. O *timestamp* agora é t4 (5). O agente de monitoraramento de SLA não detectou indisponibilidade alguma, já que a comunicação entre a plataforma VIM e os servidores físicos não foi afetada pela falha (6).

Capítulo 9 Mecanismos de nuvem especializados

O sistema de gerenciamento de SLA utiliza as informações armazenadas na base de dados de *log* para calcular o período de indisponibilidade como t4 – t3, o qual afetou todos os servidores virtuais no *data center*.

As Figuras 9.10 e 9.11 ilustram as etapas que são cumpridas pelos monitores de SLA durante a falha e a recuperação subsequente do servidor físico que está hospedando três servidores virtuais (VM1, VM2, VM3).

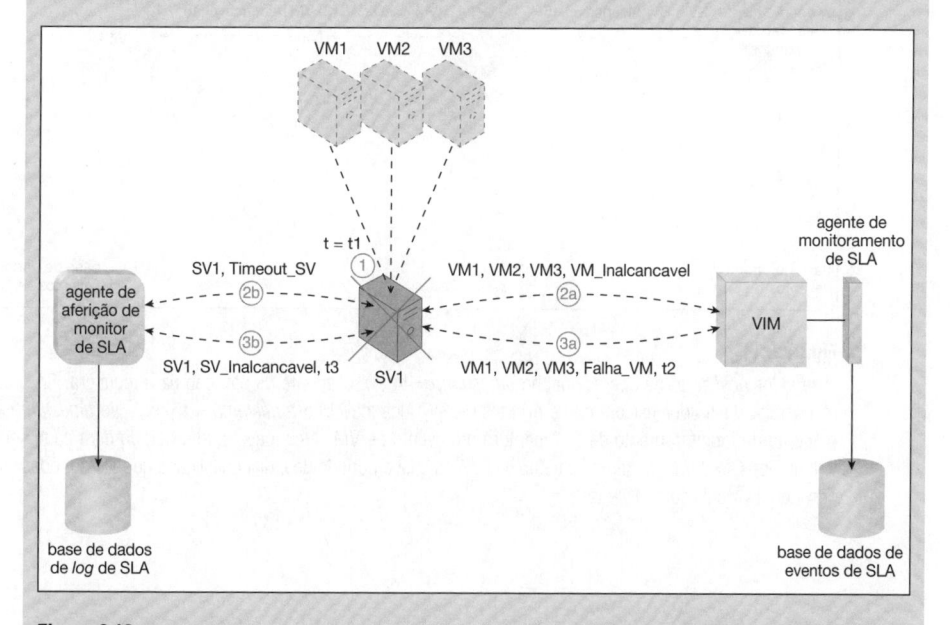

Figura 9.10

No *timestamp* = t1, o servidor físico *host* apresentou falha e ficou indisponível (1). O agente de monitoramento de SLA captura um evento de VM_Inalcancavel que é gerado por cada servidor virtual no servidor *host* em falha (2a). O agente de aferição para monitorar SLA para de receber respostas do servidor *host* e emite eventos de Timeout_SV (2b). No *timestamp* = t2, o agente de monitoramento de SLA captura um evento de Falha_VM que é gerado por cada um dos três servidores virtuais do servidor *host* em falha (3a). O agente de aferição para monitorar SLA começa a emitir eventos de SV_Indisponivel após três eventos sucessivos de Timeout_SV no *timestamp* = t3 (3b).

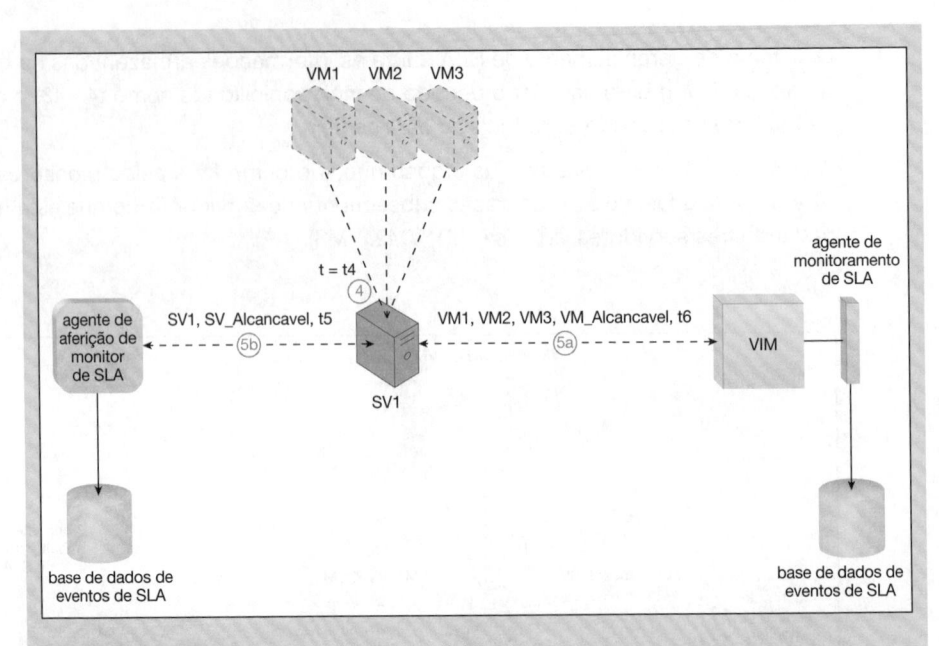

Figura 9.11
O servidor *host* se torna operacional no *timestamp* = t4 (4). O agente de aferição para monitorar SAL recebe respostas do servidor físico e emite eventos de SV_Alcancavel no *timestamp* = t5 (5a). No *timestamp* = t6, o agente de monitoramento de SLA captura um evento de VM_Alcancavel que é gerado para cada servidor virtual (5b). O sistema de gerenciamento de SLA calcula o período de indisponibilidade que afetou todos os três servidores virtuais como t6 – t2.

9.4 Monitor de pagamento por uso

O mecanismo de *monitor de pagamento por uso* mensura o uso de recursos de TI baseados em nuvem de acordo com parâmetros predefinidos de precificação e gera *logs* de uso para fins de cálculo de taxas e cobranças.

Entre as típicas variáveis de monitoraramento, estão:

- quantidade de mensagens de solicitação/resposta;
- volume de dados transmitidos;
- consumo de largura de banda.

Os dados coletados pelo monitor de pagamento por uso são processados pelo sistema de gerenciamento de cobrança, que calcula as taxas de pagamento. O mecanismo de sistema de gerenciamento de cobrança é estudado no Capítulo 12.

Capítulo 9 Mecanismos de nuvem especializados **241**

A Figura 9.12 mostra um monitor de pagamento por uso implementado como um agente de recursos usado para determinar o período de uso de um servidor virtual.

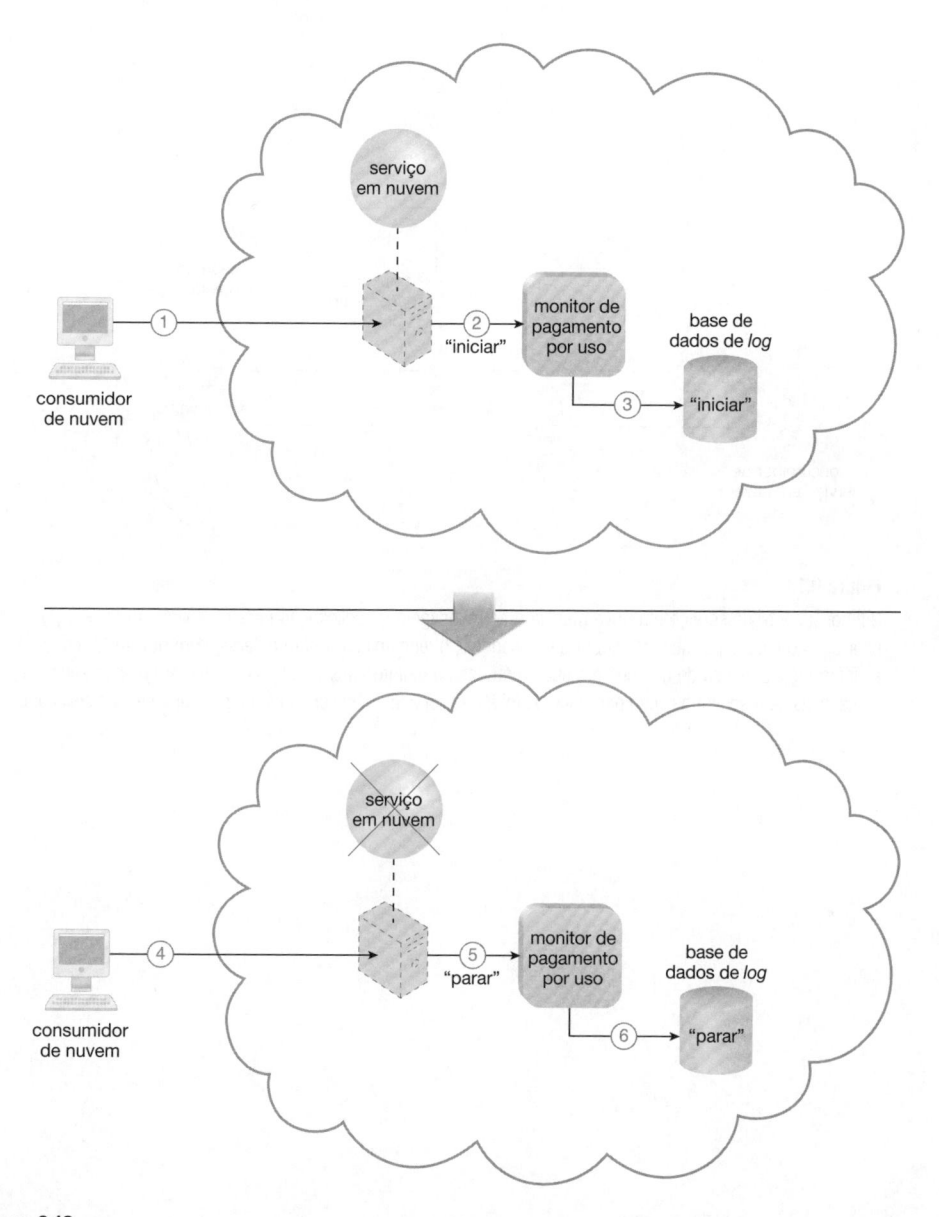

Figura 9.12
Um consumidor de nuvem solicita a criação de uma nova instância de um serviço em nuvem (1). O recurso de TI é instanciado e o monitor de pagamento por uso recebe uma notificação de evento "iniciar" do *software* do recurso (2). O monitor de pagamento por uso armazena o *timestamp* de valor na base de dados de *log* (3). Mais tarde, o consumidor de nuvem solicita que a instância de serviço em nuvem seja interrompida (4). O monitor de pagamento por uso recebe uma notificação de evento "parar" do *software* do recurso (5) e armazena o *timestamp* de valor na base de dados de *log* (6).

A Figura 9.13 ilustra o monitor de pagamento por uso projetado como um agente de monitoramento que intercepta transparentemente e analisa comunicações de *runtime* com o serviço em nuvem.

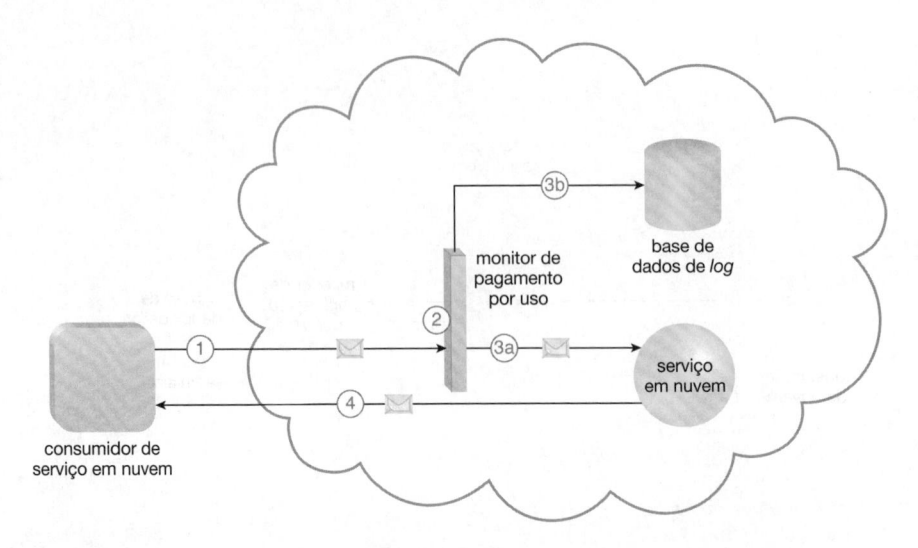

Figura 9.13
Um consumidor de serviço em nuvem envia uma mensagem de solicitação para o serviço em nuvem (1). O monitor de pagamento por uso intercepta a mensagem (2), encaminha-a para o serviço em nuvem (3a) e armazena as informações de uso de acordo com suas métricas de monitoramento (3b). O serviço em nuvem encaminha as mensagens de resposta de volta para o consumidor de serviço em nuvem a fim de prestar o serviço solicitado (4).

EXEMPLO DE ESTUDO DE CASO

A DTGOV decide investir em um sistema comercial capaz de gerar faturas com base em eventos predefinidos como "cobráveis" e em modelos de precificação customizáveis. A instalação do sistema resulta em duas bases de dados proprietárias: a base de dados de eventos de cobrança e a base de dados do esquema de precificação.

Eventos de *runtime* são coletados via monitores de uso de nuvem, que são implementados como extensões da plataforma VIM usando sua respectiva API. O agente de aferição para monitorar o pagamento por uso fornece periodicamente ao sistema de cobrança informações sobre eventos cobráveis. Um agente de monitoramento separado fornece dados suplementares relacionados a cobranças, tais como:

- *Tipo de assinatura do consumidor de nuvem* – essa informação é usada para identificar o tipo de modelo de precificação para cálculos de taxas de uso, incluindo assinatura pré-paga com quota de uso, assinatura pós-paga com quota máxima de uso e assinatura pós-paga com uso ilimitado.

- *Categoria de uso de recursos* – o sistema de gerenciamento de cobrança utiliza essa informação para identificar a gama de taxas de uso que são aplicáveis a cava evento de uso. Exemplos incluem uso normal, uso de recursos de TI reservados e uso de serviços *premium* (geridos).

- *Consumo de quota de uso de recursos* – quando contratos de uso definem quotas de uso de recursos de TI, as condições de eventos de uso costumam ser suplementadas por limites de quota de consumo e quotas atualizadas.

A Figura 9.14 ilustra as etapas que são cumpridas pelo monitor de pagamento por uso da DTGOV durante um típico evento de uso.

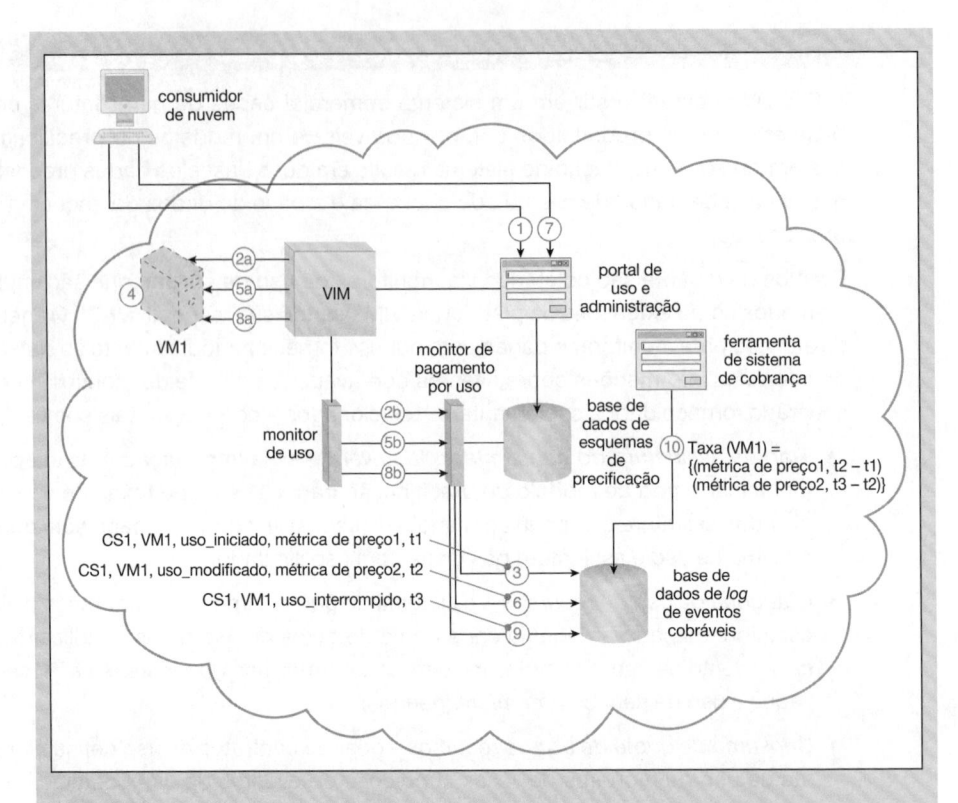

Figura 9.14

O consumidor de nuvem (ID_CS = CS1) cria e inicia um servidor virtual (ID_VM = VM1) tipo 1 de configuração de tamanho (TIPO_VM = tipo1) (1). O VIM cria a instância de servidor virtual conforme solicitado (2a). A API disparada por eventos do VIM gera um evento de uso de recurso com o *timestamp* = t1, que é capturado e encaminhado para o monitor de pagamento por uso pelo monitor de uso de nuvem (2b). O monitor de pagamento por uso interage com a base de dados do esquema de precificação para identificar as métricas de reembolso e uso que se aplicam ao uso do recurso. Um evento cobrável de "uso iniciado" é gerado e armazenado na base de dados de *log* de eventos cobráveis (3). O uso do servidor virtual aumenta e alcança o limiar de dimensionamento automático (4). O VIM aumenta a escala vertical do Servidor Virtual VM1 (5a), da configuração tipo 1 para tipo 2 (TIPO_VM = tipo2). A API disparada por eventos do VIM gera um evento de uso de recurso com o *timestamp* = t2, que é capturado e encaminhado para o monitor de pagamento por uso pelo monitor de uso de nuvem (5b). O monitor de pagamento por uso interage com a base de dados do esquema de precificação para identificar as métricas de reembolso e uso que se aplicam ao uso do recurso. Um evento cobrável de "uso modificado" é gerado na base de dados de *log* de eventos cobráveis (6). O consumidor de nuvem desliga o servidor virtual (7) e o VIM interrompe o Servidor Virtual VM1 (8a). A API disparada por eventos do VIM gera um evento de uso de recurso com o *timestamp* = t3, que é capturado e encaminhado para o monitor de pagamento por uso pelo monitor de uso de nuvem (8b). O monitor de pagamento por uso interage com a base de dados do esquema de precificação para identificar as métricas de reembolso e uso que se aplicam ao uso do recurso. Um evento cobrável de "uso finalizado" é gerado e armazenado na base de dados de *log* de eventos cobráveis (9). A ferramenta de sistema de cobrança agora pode ser usada pelo provedor de nuvem para acessar a base de dados de *log* e calcular a taxa total de uso do servidor virtual como Taxa(VM1) (10).

9.5 Monitor de auditoria

O mecanismo de *monitor de auditoria* é usado para coletar dados de rastreamento de auditoria para redes e recursos de TI em apoio (ou conformidade) a obrigações regulatórias e contratuais. A Figura 9.15 retrata um monitor de auditoria implemetado como um agente de monitoramento que intercepta solicitações de *"login"* e armazena as credenciais de segurança do solicitador, bem como as tentativas mal e bem-sucedidas de *login*, numa base de dados de *log* para fins de relatórios futuros de auditoria.

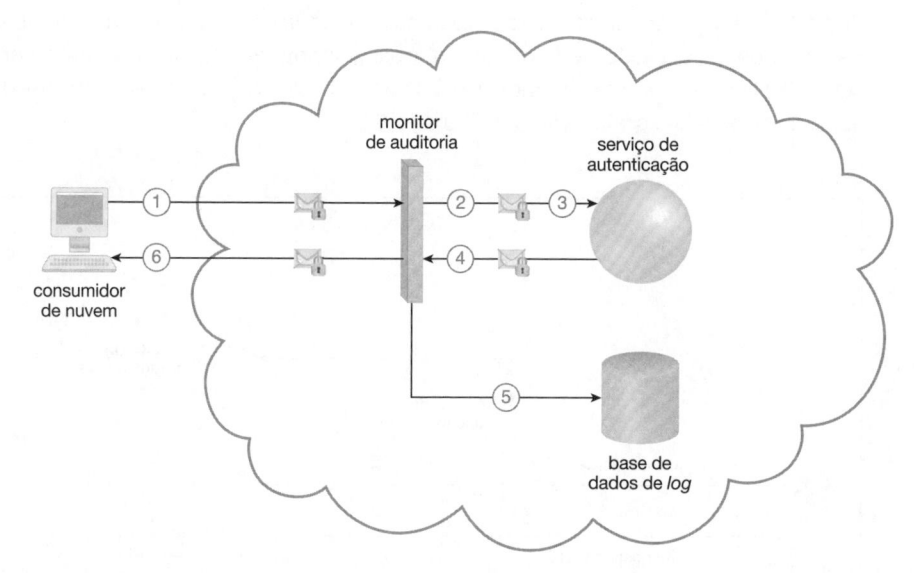

Figura 9.15
Um consumidor de serviço em nuvem solicita acesso a um serviço em nuvem ao enviar uma mensagem de solicitação de *login* com credenciais de segurança (1). O monitor de auditoria intercepta a mensagem (2) e a encaminha para o serviço de autenticação (3). O serviço de autenticação processa as credenciais de segurança. Uma mensagens de resposta é gerada para o consumidor de serviço em nuvem, além dos resultados da tentativa de *login* (4). O monitor de auditoria intercepta a mensagem de resposta e armazena todos os detalhes coletados sobre o evento de *login* na base de dados de *log*, em conformidade com as exigências da política de auditoria da organização (5). O acesso foi concedido, e uma resposta é enviada de volta ao consumidor de serviço em nuvem (6).

EXEMPLO DE ESTUDO DE CASO

Uma funcionalidade-chave da solução de dramatização da Innovartus é sua singular interface de usuário. No entanto, as tecnologias avançadas usadas para seu *design* impuseram restrições de licenciamento que impedem legalmente a Innovartus de cobrar dos usuários em certas regiões geográficas pelo uso da solução.

O departamento jurídico da Innovartus está trabalhando para resolver esses problemas. Enquanto isso, porém, ele forneceu ao departamento de TI uma lista dos países em que o aplicativo pode ou não ser acessado pelos usuários ou em que esse acesso precisa ser gratuito.

A fim de coletar informações sobre a origem dos clientes que acessam o aplicativo, a Innovartus pede ao seu provedor de nuvem para estabelecer um sistema de monitoramento de auditoria. O provedor de nuvem implanta um agente de monitoramento de auditoria para interceptar cada mensagem que chega, para analisar seu cabeçalho HTTP correspondente e para coletar detalhes sobre a origem do usuário final. Por solicitação da Innovartus, o provedor de nuvem adiciona ainda uma base de dados de *log* para coletar dados regionais de cada solicitação de usuário final para fins de preparação de relatórios futuros. A Innovartus faz novo *upgrade* em seu aplicativo para que os usuários finais de países selecionados sejam capazes de acessar o aplicativo gratuitamente (Figura 9.16).

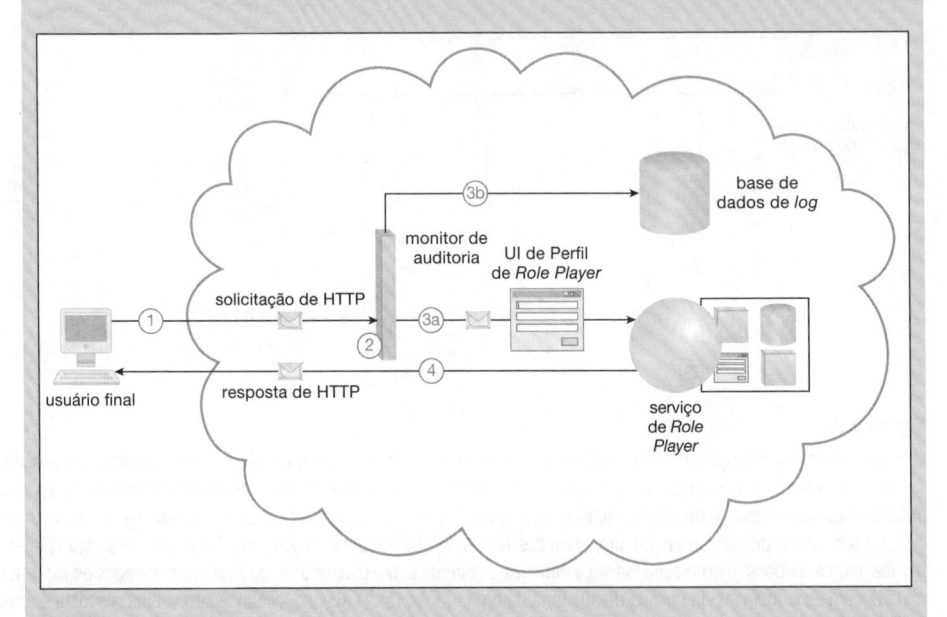

Figura 9.16
Um usuário final tenta acessar o serviço em nuvem de *Role Player* (1). Um monitor de auditoria intercepta transparentemente a mensagem HTTP de solicitação e analisa seu cabeçalho para determinar a origem geográfica do usuário final (2). O agente de monitoramento de auditoria determina que o usuário final é de uma região em que a Innovartus não tem autorização para cobrar pelo acesso ao aplicativo. O agente encaminha a mensagem para o serviço em nuvem (3a) e gera a informação de rastremanento de auditoria a ser armazenada na base de dados de *log* (3b). O serviço em nuvem recebe a mensagem HTTP e concede acesso ao usuário final gratuitamente (4).

9.6 Sistema de *failover*

O mecanismo de *sistema de failover* é usado para aumentar a confiabilidade e disponibilidade de recursos de TI ao usar tecnologias estabelecidas de agrupamento (*cluster* em inglês) para proporcionar implementações redundantes. O sistema de *failover* é configurado para pular automaticamente para uma instância redundante ou em *standby* de recurso de TI sempre que o recurso correntemente ativo se tornar indisponível.

Sistemas de *failover* costumam ser usados para programas de missão crítica e serviços reutilizáveis que podem introduzir um ponto único de falha em múltiplos aplicativos. Um sistema de *failover* pode abranger mais de uma região geográfica, de tal modo que cada local hospeda uma ou mais implementações redundantes do mesmo recurso de TI.

O mecanismo de replicação de recursos às vezes é usado pelo sistema de *failover* a fim de oferecer instâncias redundantes de recurso de TI, que são ativamente monitoradas para detectar erros e condições de indisponibilidade.

Sistemas de *failover* vêm em duas configurações básicas.

Ativo-ativo

Numa configuração *ativo-ativo*, implementações redundantes do recurso de TI servem a carga de trabalho de forma síncrona (Figura 9.17). Um balanceamento de carga entre instâncias ativas é necessário. Quando uma falha é detectada, a instância em falha é removida do agendador balanceador de carga (Figura 9.18). Qualquer recurso de TI que permaneça operacional quando uma falha é detectada assume o controle do processamento (Figura 9.19).

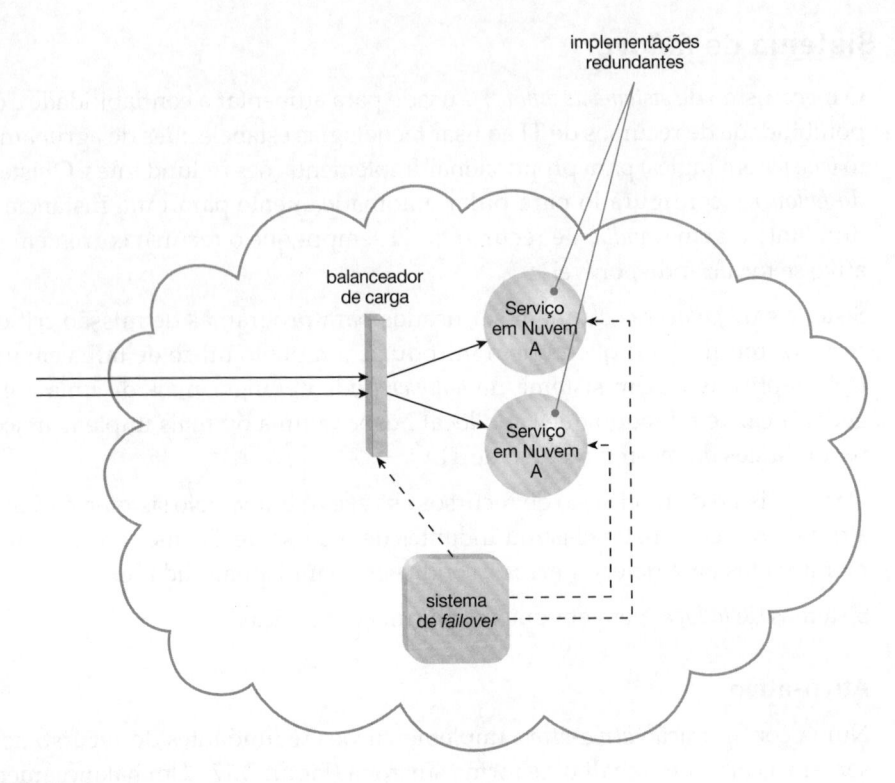

Figura 9.17
O sistema de *failover* monitora o *status* operacional do Serviço em Nuvem A.

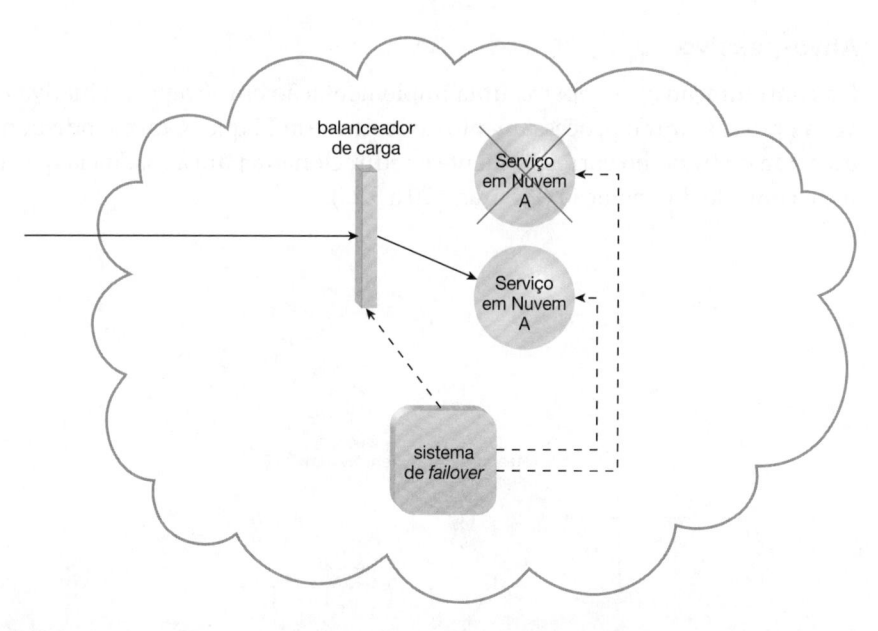

Figura 9.18
Quando uma falha é detectada numa implementação do Serviço em Nuvem A, o sistema de *failover* comanda o balanceador de carga a repassar a carga de trabalho para a implementação redundante do Serviço em Nuvem A.

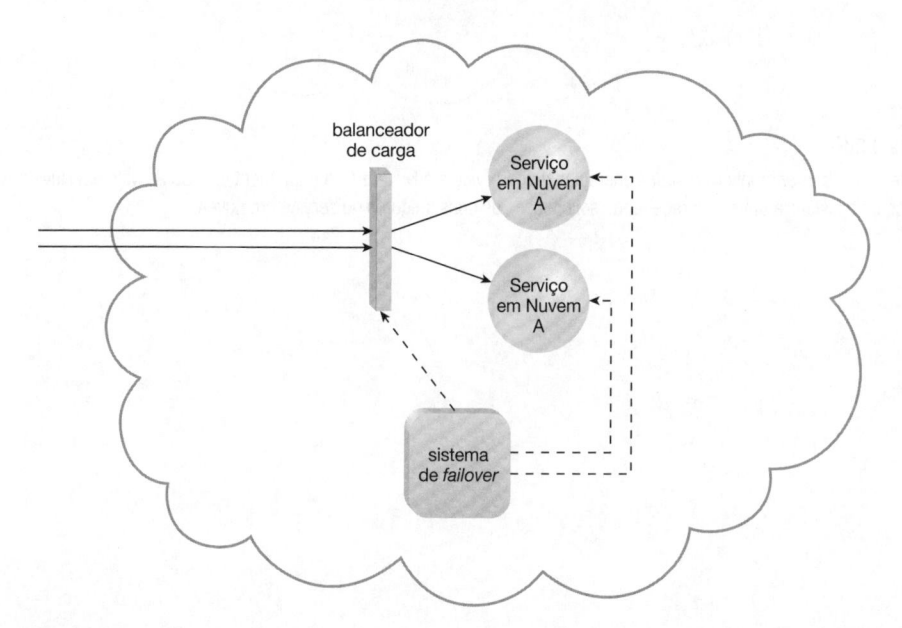

Figura 9.19
A implementação em falha no Servidor em Nuvem A é recuperada e replicada num serviço em nuvem operacional. O sistema de *failover* agora comanda o balanceador de carga a distribuir a carga de trabalho novamente.

Ativo-passivo

Na configuração *ativo-passivo*, uma implementação em *standby* ou inativa é ativada para assumir o processamento do recurso de TI que se torna indisponível, e a carga de trabalho correspondente é redirecionada para a instância que assume o controle da operação (Figuras 9.20 a 9.22).

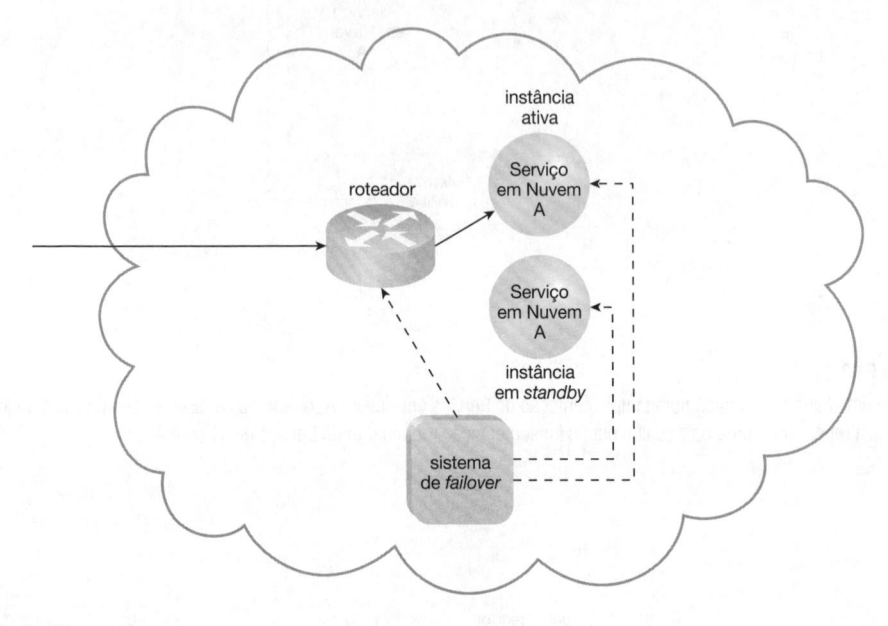

Figura 9.20
O sistema de *failover* monitora o *status* operacional do Serviço em Nuvem A. A implementação do Serviço em Nuvem A que atua como a instância ativa está recebendo solicitações de consumidores de serviço em nuvem.

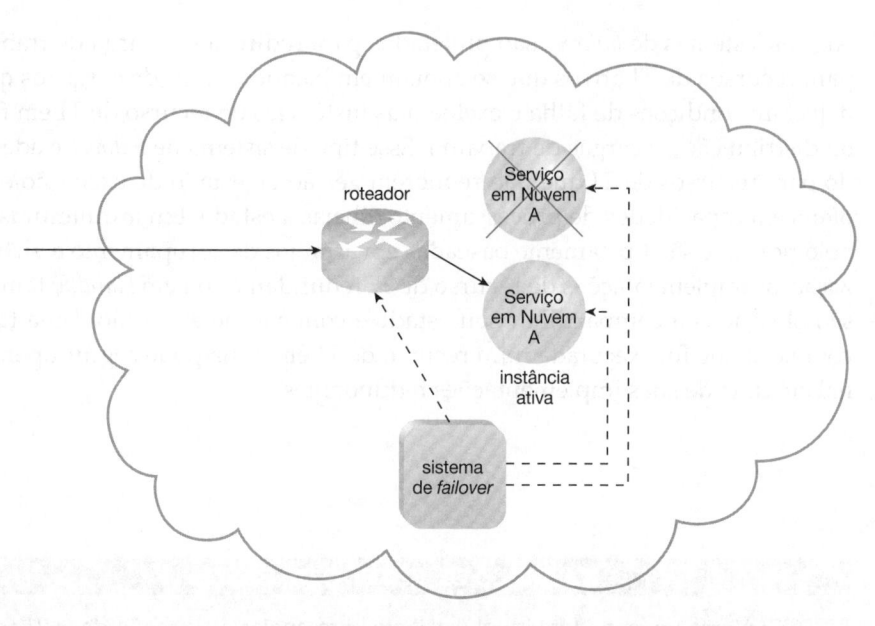

Figura 9.21
A implementação do Serviço em Nuvem A que atua como a instância ativa encontra uma falha que é detectada pelo sistema de *failover*, o qual subsequentemente ativa a implementação inativa do Serviço em Nuvem A e redireciona a carga de trabalho para ele. A implementação recém-invocada do Serviço em Nuvem A agora assume a função de instância ativa.

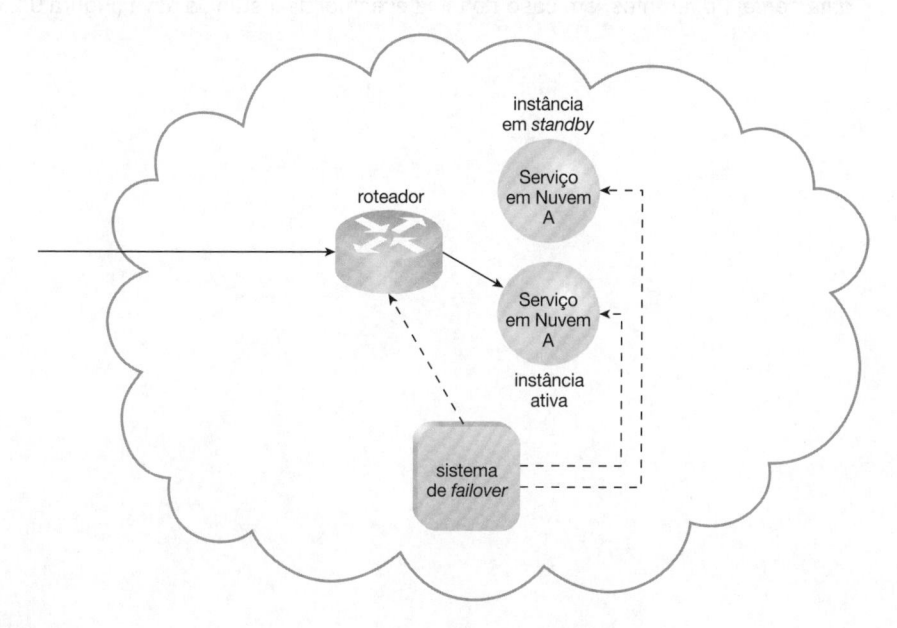

Figura 9.22
A implementação em falha do Serviço em Nuvem A é recuperada ou replicada num serviço em nuvem operacional, e agora é posicionada como a instância em *standby*, enquanto o Serviço em Nuvem A previamente invocado continua a atuar como a instância ativa.

Alguns sistemas de *failover* são projetados para redirecionar carga de trabalho para recursos de TI ativos que se apoiam em balanceadores de carga, os quais detectam condições de falha e excluem as instâncias de recurso de TI em falha da distribuição da cargas de trabalho. Esse tipo de sistema de *failover* é adequado para recursos de TI que não requerem gestão de estado de execução e que oferecem capacidades de processamento alheias a estado. Em arquiteturas tecnológicas que são tipicamente baseadas em arranjos de agrupamento e virtualização, as implementações de recurso de TI redundantes ou em *standby* também são obrigadas a compartilhar seu estado e contexto de execução. Uma tarefa complexa que foi executada num recurso de TI em falha pode seguir operacional em uma de suas implementações redundantes.

EXEMPLO DE ESTUDO DE CASO

A DTGOV cria um servidor virtual resiliente para apoiar a alocação de instâncias de servidor virtual que estão hospedando aplicativos críticos, que estão sendo replicados em múltiplos *data centers*. O servidor virtual resiliente e replicado conta com um sistema associado de *failover* ativo-passivo. Seu fluxo de tráfego de rede pode ser comutado entre as instâncias de recurso de TI que estão residindo em *data centers* diferentes, em caso de falha eventual da instância ativa (Figura 9.23).

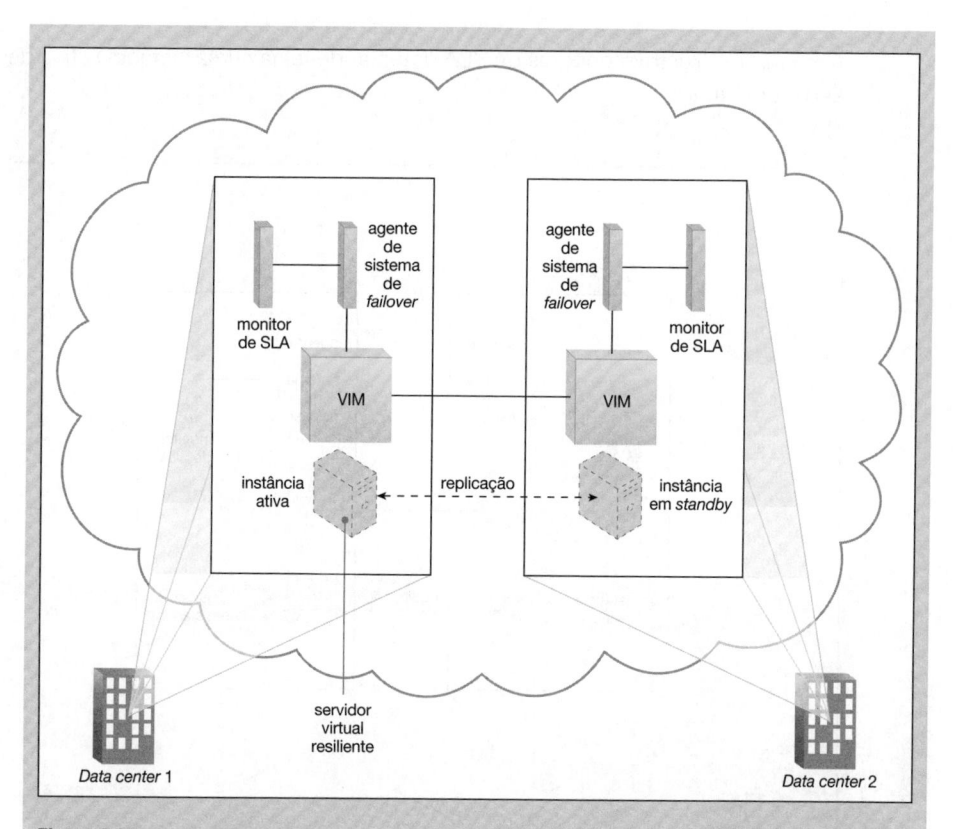

Figura 9.23
Um servidor virtual resiliente é estabelecido pela replicação da instância do servidor virtual em dois *data centers* distintos, conforme realizado pelo VIM que está rodando em ambos *data centers*. A instância ativa recebe o tráfego de rede e tem sua escala redimensionada verticalmente em resposta, enquanto a instância em *standby* não tem carga de trabalho alguma e roda na configuração mínima.

A Figura 9.24 ilustra monitores de SLA detectando falha numa instância ativa de um servidor virtual.

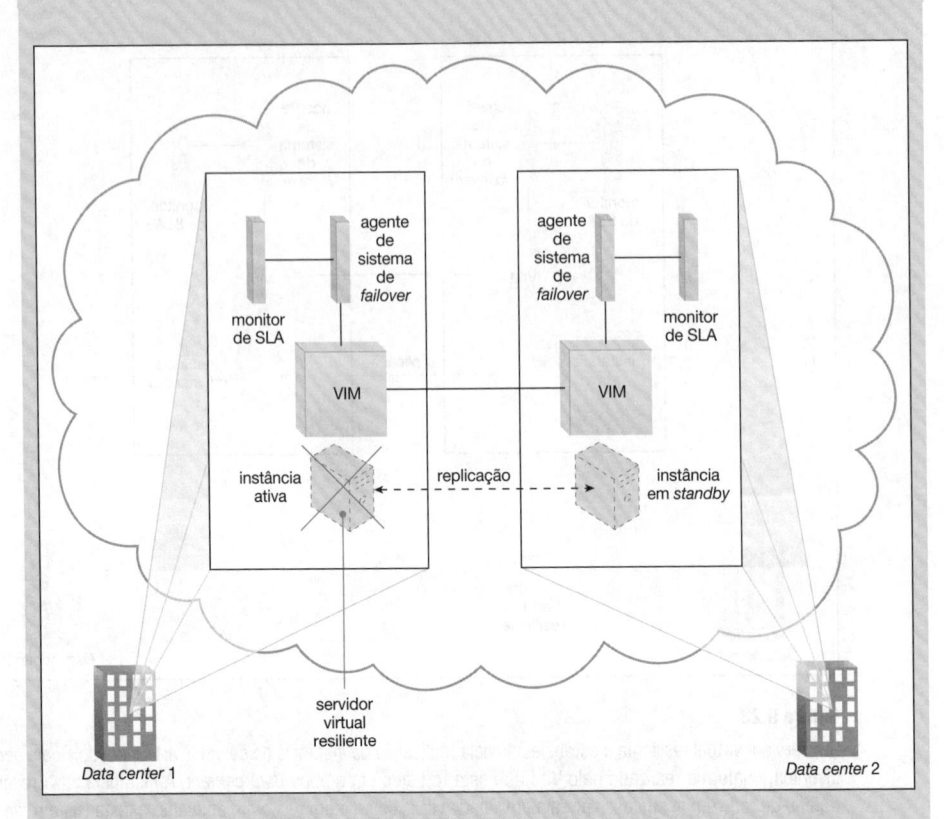

Figura 9.24
Monitores de SLA detectam quando a instância ativa do servidor virtual se torna indisponível.

Capítulo 9 Mecanismos de nuvem especializados **255**

A Figura 9.25 mostra tráfego sendo comutado para a instância em *standby*, que agora se torna ativa.

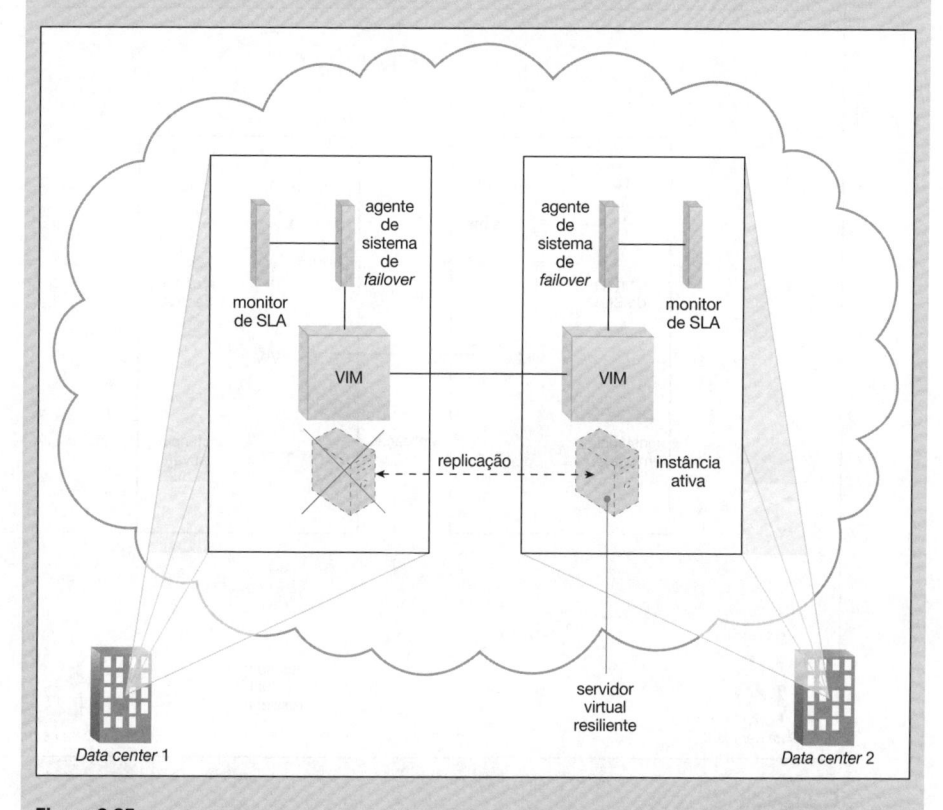

Figura 9.25
O sistema de *failover* é implementado como um agente de *software* disparado por eventos que intercepta as notificações de mensagens que o monitor de SLA envia a respeito da indisponibilidade do servidor. Em resposta, o sistema de *failover* interage com o VIM e as ferramentas de gestão de rede para redirecionar todo o tráfego de rede para aquela instância antes em *standby* e agora ativa.

Na Figura 9.26, o servidor virtual em falha se torna operacional e passa a ser a instância em *standby*.

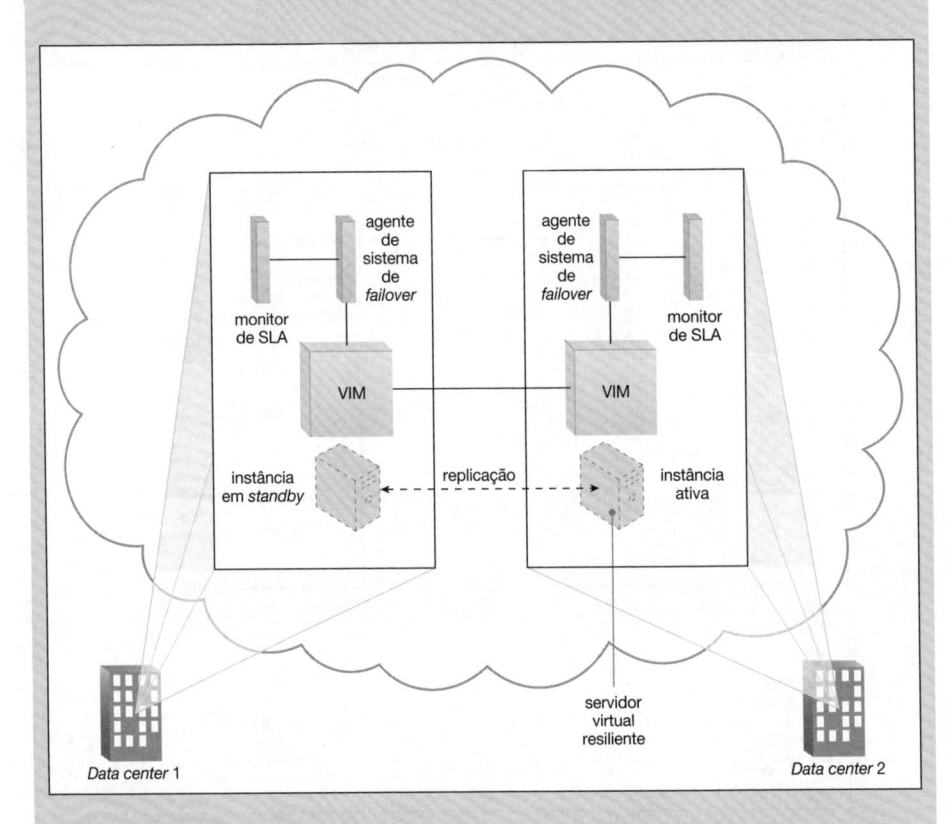

Figura 9.26
A instância de servidor virtual em falha é reativada e tem sua escala diminuída para a configuração mínima de instância em *standby* depois de retomar sua operação normal.

9.7 Agrupamento de recursos

Recursos de TI baseados em nuvem que se encontram geograficamente dispersos podem ser combinados logicamente em grupos a fim de aprimorar sua alocação e utilização. O mecanismo de *agrupamento de recursos* (Figura 9.27) é usado para reunir múltiplas instâncias de recursos de TI para que possam ser operadas como um mesmo recurso de TI. Isso aumenta a capacidade computacional combinada, o balanceamento de carga e a disponibilidade dos recursos de TI agrupados.

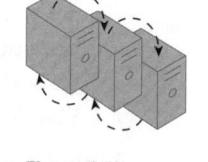

Figura 9.27
As linhas tracejadas em curva são usadas para indicar que os recursos de TI estão agrupados.

Arquiteturas de agrupamento de recursos se apoiam em conexões de rede dedicada de alta velocidade, ou nós de agrupamento, entre as instâncias de recurso de TI para comunicação sobre distribuição de carga de trabalho, agendamento de tarefas, compartilhamento de dados e sincronização do sistema. Uma plataforma de gestão de agrupamento rodando como *middleware* distribuído em todos os nós do agrupamento fica geralmente responsável por essas atividades. Tal plataforma implementa um função de coordenação que permite que os recursos de TI distribuídos apareçam como um único recurso de TI, e também executa recursos de TI dentro do agrupamento.

Tipos comuns de agrupamento de recursos incluem:

- *Agrupamento de servidores* – servidores físicos ou virtuais são agrupados a fim de melhorar o desempenho e a disponibilidade. Hipervisores rodando em diferentes servidores físicos podem ser configurados para compartilhar um estado de execução de servidor virtual (p. ex., estado de páginas de memória e de registrador de processador) a fim de estabelecer servidores virtuais agrupados. Em tais configurações, que geralmente requerem que os servidores físicos tenham acesso a armazenamento compartilhado, os servidores virtuais são capazes de migrar ao vivo de um servidor físico para outro. Nesse processo, a plataforma de virtualização suspende a execução de um determinado servidor virtual em certo servidor físico e a retoma em outro servidor físico. O processo é transparente ao sistema operacional do servidor virtual e pode ser usado para aumentar a escalabilidade ao migrar ao vivo um servidor virtual que esteja rodando num servidor físico sobrecarregado para outro servidor físico que conta com capacidade adequada.

- *Agrupamento de base de dados* – projetado para melhorar a disponibilidade de dados, esse agrupamento de recursos de alta disponibilidade conta com uma funcionalidade de sincronização que mantém a consistência dos dados que estão sendo armazenados em diferentes dispositivos usados no agrupamento. A capacidade redundante costuma se basear em um sistema de *failover* ativo-ativo ou ativo-passivo comprometido em manter as condições de sincronização.

- *Agrupamento de conjunto de dados de grande porte* – o particionamento e distribuição de dados é implementado para que o conjunto de dados-alvo possa ser particionado eficientemente sem comprometer a integridade dos dados ou a precisão computacional. Cada nó do agrupamento processa cargas de trabalho sem se comunicar tanto com os demais nós quando em outros tipos de agrupamento.

Muitos agrupamentos de recursos exigem que nós de agrupamento tenham capacidade computacional e características quase idênticas, a fim de simplificar o *design* e manter a consistência dentro da arquitetura de agrupamento. Os nós de agrupamento em arquiteturas de alta disponibilidade precisam acessar e compartilhar recursos de armazenamento de TI comuns. Isso requer duas camadas de comunicação entre os nós – uma para acessar o dispositivo de armazenamento e outra para executar a orquestração dos recursos de TI (Figura 9.28). Alguns agrupamentos são projetados com recursos de TI mais soltos entre si, exigindo uma única camada de rede (Figura 9.29).

Figura 9.28
Balanceamento de rede e replicação de recursos são implementados por meio de um hipervisor habilitado por agrupamento. Uma rede dedicada de área de armazenamento é usada para conectar o armazenamento agrupado e os servidores agrupados, que são aptos a compartilhar dispositivos comuns de armazenamento em nuvem. Isso simplifica o processo de replicação de armazenamento, o qual é desempenhado independentemente no agrupamento de armazenamento. (Veja a seção "Arquitetura de agrupamento de hipervisores", no Capítulo 14, para uma descrição mais detalhada.)

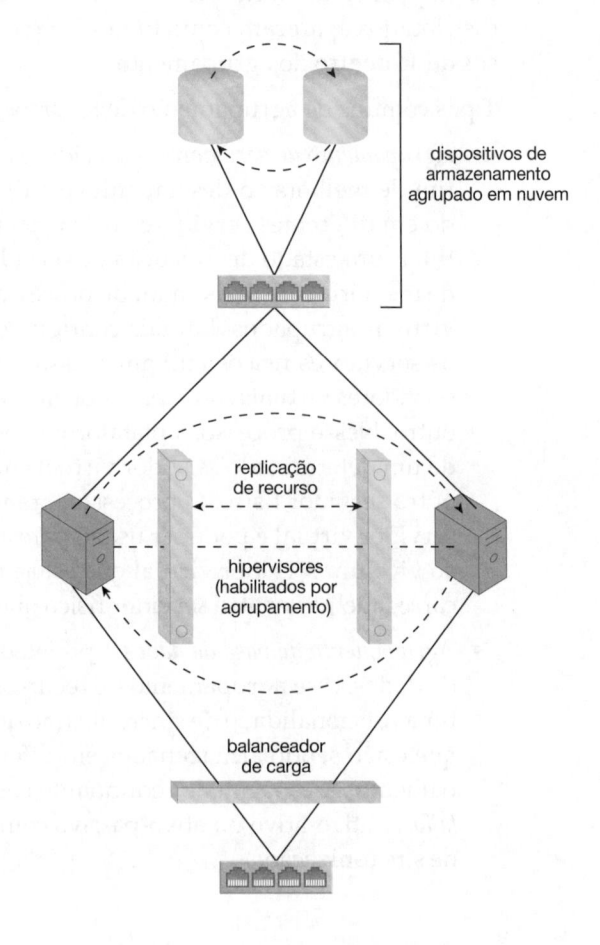

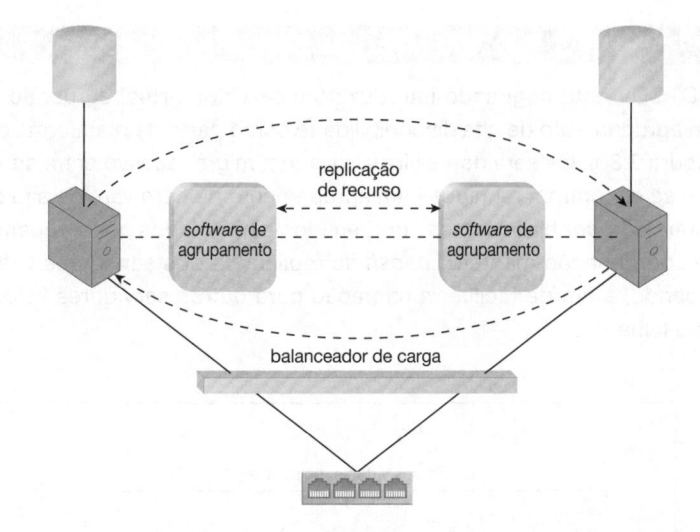

Figura 9.29
Um agrupamento de servidores com vínculos mais soltos e que incorpora um balanceador de carga. Não há armazenamento compartilhado. A replicação de recursos é usada para replicar dispositivos de armazenamento em nuvem por meio da rede via *software* de agrupamento.

Existem dois tipos básicos de agrupamentos de recursos:

- *Agrupamento de carga balanceada* – este agrupamento de recursos se especializa em distribuir cargas de trabalho entre nós do agrupamento a fim de elevar a capacidade dos recursos de TI e ao mesmo tempo preservar a centralização do seu gerenciamento. Ele costuma implementar um mecanismo balanceador de carga que ou encontra-se embutido na plataforma de gestão de agrupamento ou configurado como um recurso de TI em separado.

- *Agrupamento de alta disponibilidade (AD)* – mantém a disponibilidade do sistema em caso de falhas em múltiplos nós e conta com implementações redundantes da maioria ou mesmo de todos os recursos de TI agrupados. Ele implementa um mecanismo de sistema de *failover* que monitora condições de falha e redireciona automaticamente a carga de trabalho para longe dos nós em falha.

O provisionamento de recursos de TI agrupados pode ser consideravelmente mais caro que o provisionamento de recursos de TI individuais com capacidade computacional equivalente.

EXEMPLO DE ESTUDO DE CASO

A DTGOV está cogitando introduzir um servidor virtual agrupado para rodar em um agrupamento de alta disponibilidade como parte da plataforma de virtualização (Figura 9.30). Os servidores virtuais podem migrar ao vivo entre servidores físicos, que se encontram reunidos num agrupamento de *hardware* de alta disponibilidade controlado por hipervisores coordenados e habilitados por agrupamento. A função de coordenação mantém *snapshots* replicados dos servidores virtuais que estão rodando, a fim de facilitar a migração para outros servidores físicos em caso de uma falha.

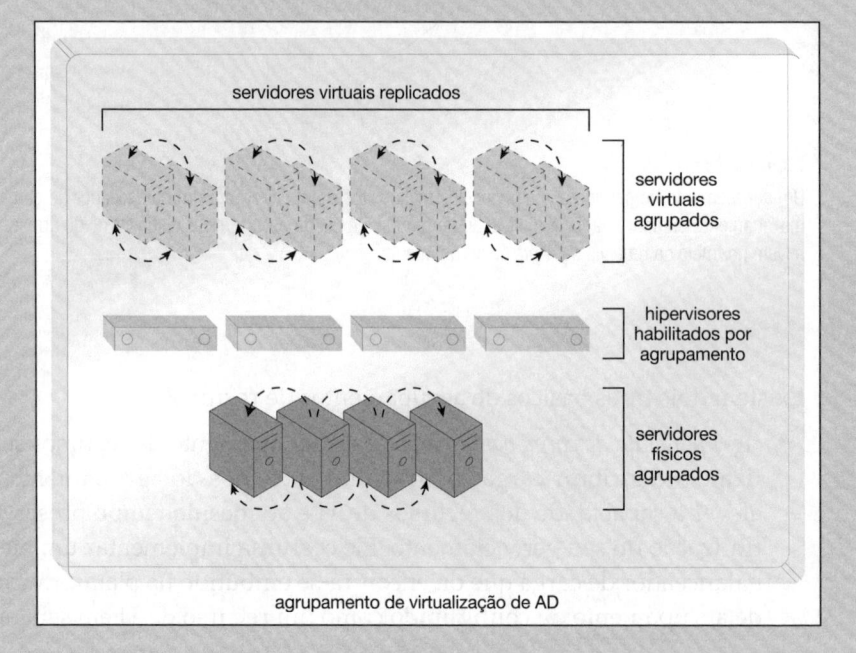

Figura 9.30
Um agrupamento de virtualização de AD de servidores físicos é implantado usando um hipervisor habilitado por agrupamento, o qual garante que os servidores físicos estejam em constante sincronia. Cada servidor virtual que é instanciado no agrupamento é replicado automaticamente em ao menos dois servidores físicos.

A Figura 9.31 identifica os servidores virtuais que são migrados a partir de seu *host* físico em falha para outros servidores físicos disponíveis.

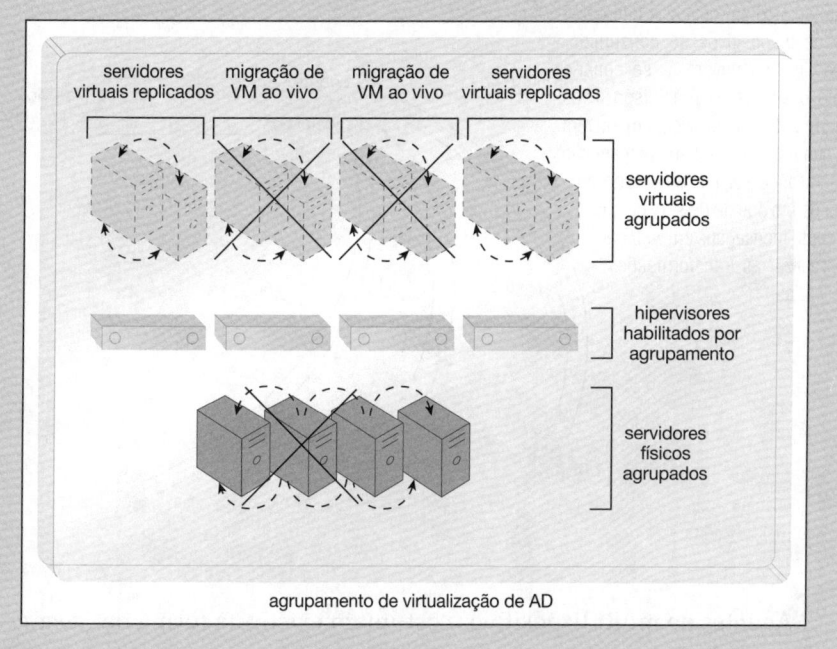

Figura 9.31
Todos os servidores virtuais que estão hospedados em um servidor físico que experimenta falha são migrados automaticamente para outros servidores físicos.

9.8 Agente de multidispositivos

Um serviço em nuvem individual pode precisar ser acessado por uma gama de consumidores de serviço em nuvem diferenciados por seus dispositivos de *hardware* de hospedagem e/ou por seus requisitos de comunicação. Para superar incompatibilidades entre um serviço em nuvem e um consumidor de serviço em nuvem díspar, uma lógica de mapeamento precisa ser criada para transformar (ou converter) informações que são intercambiadas em *runtime*.

O mecanismo *agente de multidispositivos* é usado para facilitar a transformação de dados em *runtime* de modo a tornar um serviço em nuvem acessível por uma ampla gama de programas e dispositivos de consumidor de serviço em nuvem (Figura 9.32).

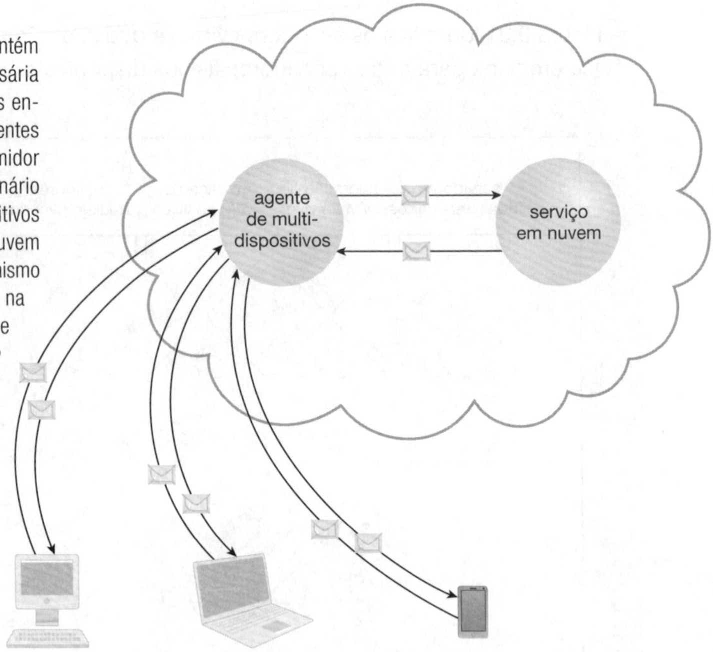

Figura 9.32
Um agente de multidispositivos contém a lógica de mapeamento necessária para transformar trocas de dados entre um serviço em nuvem e diferentes tipos de dispositivos de consumidor de serviço em nuvem. Esse cenário retrata o agente de multidispositivos na forma de um serviço em nuvem com sua própria API. Esse mecanismo também pode ser implementado na forma de um agente de serviço que intercepta mensagens em *runtime* para realizar as transformações necessárias.

Agentes de multidispositivos costumam existir na forma de *gateways* ou incorporando componentes de *gateway*, tais como:

- Gateway *XML* – transmite e valida dados em XML.
- Gateway *de armazenamento em nuvem* – transforma protocolos de armazenamento em nuvem e codifica dispositivos de armazenamento para facilitar a transferência e o armazenamento de dados.
- Gateway *de dispositivo móvel* – transforma os protocolos de comunicação usados pelos dispositivos móveis em protocolos que são compatíveis com um serviço em nuvem.

Os níveis em que a lógica de transformação pode ser criada incluem:

- protocolos de transporte;
- protocolos de mensagens;
- protocolos de dispositivos de armazenamento;
- esquemas/modelos de dados.

Um agente de multidispositivos pode, por exemplo, conter lógica de mapeamento que converte protocolos tanto de transporte quanto de mensagens para um consumidor que está acessando um serviço em nuvem com um dispositivo móvel.

EXEMPLO DE ESTUDO DE CASO

A Innovartus decidiu disponibilizar seu aplicativo de dramatização para vários dispositivos móveis e *smartphones*. Uma complicação que atrapalhou a equipe de desenvolvimento da Innovartus durante a etapa de melhorias para dispositivos móveis foi a dificuldade em reproduzir experiências de usuário idênticas entre diferentes plataformas móveis. Para resolver o problema, a Innovartus implementa um agente de multidispositivos para interceptar mensagens advindas de dispositivos, identificar a plataforma de *software* e converter o formato das mensagens para o modelo nativo usado no servidor do aplicativo (Figura 9.33).

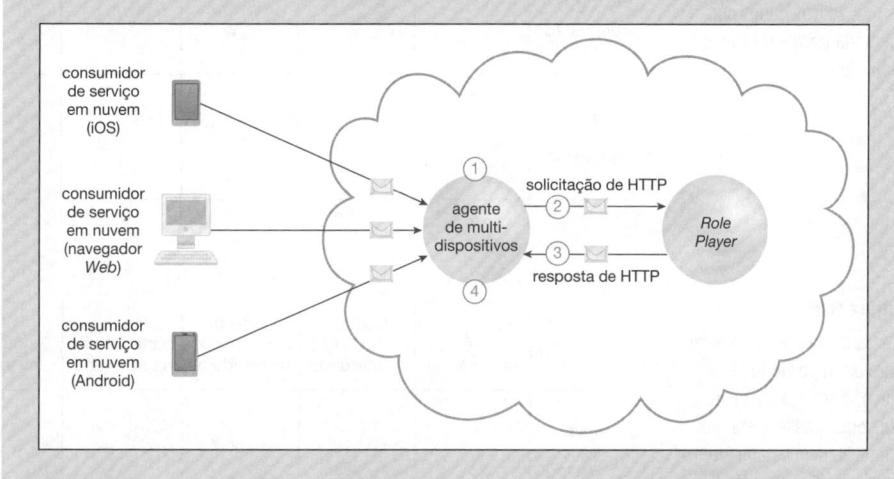

Figura 9.33
O agente de multidispositivos intercepta mensagens recebidas e detecta a plataforma (navegador *Web*, iOS, Android) do dispositivo-fonte (1). O agente de multidispositivos transforma a mensagem para o formato-padrão exigido pelo serviço em nuvem da Innovartus (2). O serviço em nuvem processa a solicitação e responde usando o mesmo formato-padrão (3). O agente de multidispositivos transforma a mensagem de resposta para o formato exigido pelo dispositivo-fonte e entrega a mensagem (4).

9.9 Base de dados de gestão de estado

Uma *base de dados de gestão de estado* é um dispositivo de armazenamento usado para manter temporariamente dados de estado para programas de *software*. Como uma alternativa ao *cache* de dados de estado na memória, programas de *software* podem despejar dados de estado na base de dados a fim de reduzir a quantia de memória de *runtime* que eles consomem (Figuras 9.34 e 9.35).

Ao fazê-lo, os programas de *software* e a infraestrutura ao redor ganham mais escalabilidade. Bases de dados de gestão de estado costumam ser usadas por serviços em nuvem, sobretudo por aqueles envolvidos em atividades de *runtime* que rodam a longo prazo.

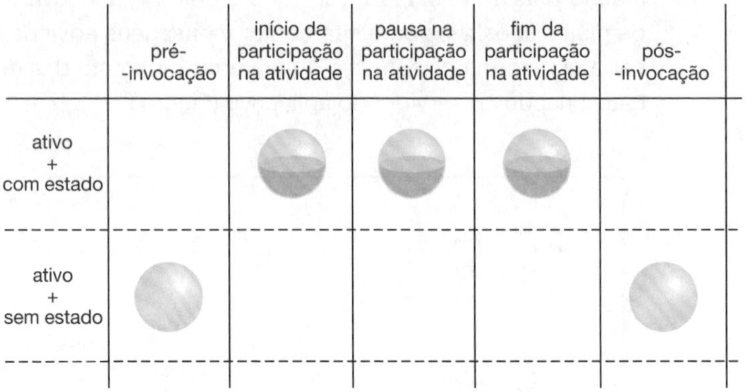

Figura 9.34
Durante a vida útil de uma instância de serviço em nuvem, pode ser necessário manter o estado e armazenar os respectivos dados em memória *cache*, mesmo em inatividade.

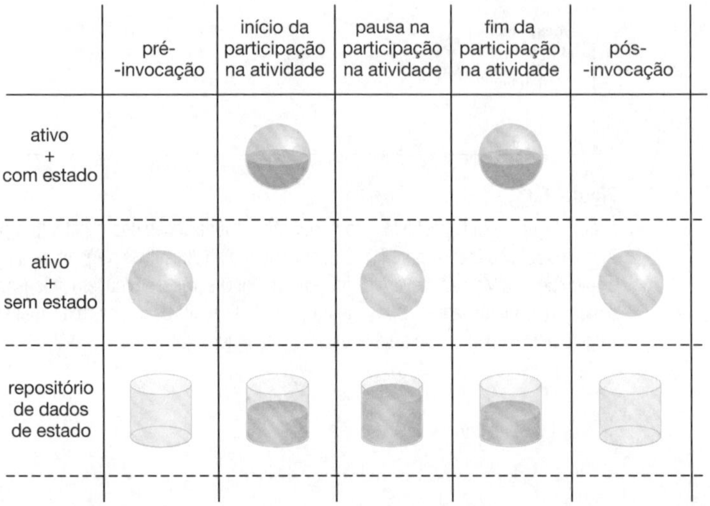

Figura 9.35
Ao transferir dados de estado para um repositório específico, o serviço em nuvem consegue passar para uma condição sem estado (ou parcialmente sem estado), liberando temporariamente recursos do sistema.

EXEMPLO DE ESTUDO DE CASO

A ATN está ampliando sua arquitetura de ambiente pronto para uso para permitir o adiamento de informações de estado por longos períodos, utilizando para isso o mecanismo de base de dados de gestão de estado. A Figura 9.36 demonstra como um consumidor de serviço em nuvem trabalhando com um ambiente pronto para uso pausa a atividade, fazendo o ambiente descarregar dados de estado em *cache*.

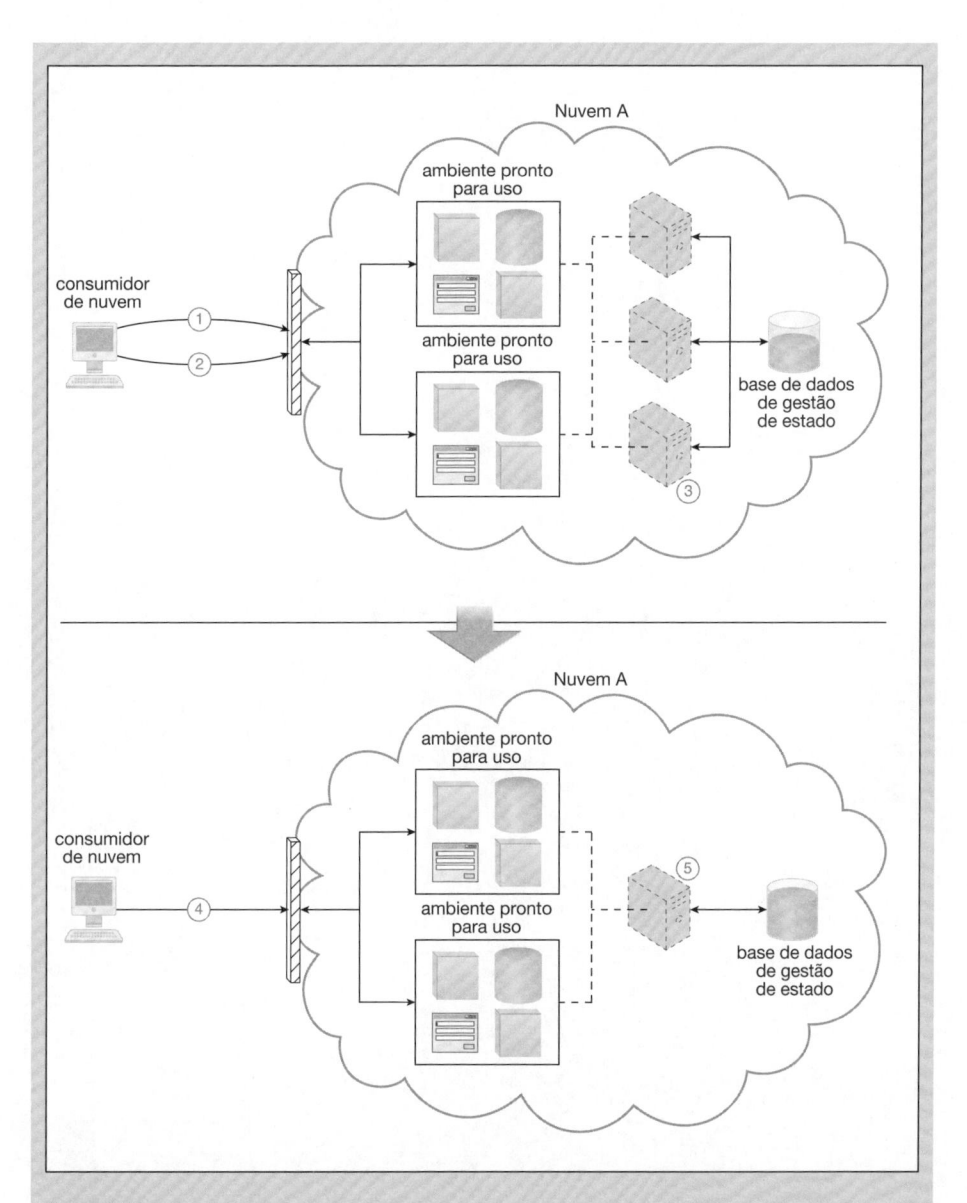

Figura 9.36
O consumidor de nuvem acessa o ambiente pronto para uso e exige que três servidores virtuais realizem todas as atividades (1). O consumidor de nuvem pausa a atividade. Todos os dados de estado precisam ser preservados para acesso futuro ao ambiente pronto para uso (2). A infraestrutura subjacente tem sua escala redimensionada automaticamente pela redução da quantidade de servidores virtuais. Os dados de estado são salvos na base de dados de gestão de estado, e um servidor virtual permanece ativo, a fim de permitir *logins* futuros por parte do consumidor de nuvem (3). Mais tarde, o consumidor de nuvem se loga e acessa o ambiente pronto para uso para continuar a atividade (4). A infraestrutura subjacente tem sua escala redimensionada automaticamente pelo aumento na quantidade de servidores virtuais e pela recuperação dos dados de estado junto à base de dados de gestão de estado (5).

Capítulo 10

Mecanismos de cibersegurança de nuvem orientados a acesso

- **10.1** Criptografia
- **10.2** *Hashing*
- **10.3** Assinatura digital
- **10.4** Grupos de segurança baseados em nuvem
- **10.5** Sistema de infraestrutura de chave pública (PKI)
- **10.6** Sistema de autenticação única (SSO)
- **10.7** Imagem blindada de servidor virtual
- **10.8** *Firewall*
- **10.9** Rede privada virtual (VPN)
- **10.10** Escaneador biométrico
- **10.11** Sistema de autenticação multifatorial (MFA)
- **10.12** Sistema de gerenciamento de identidade e acesso (IAM)
- **10.13** Sistema de detecção de invasão (IDS)
- **10.14** Ferramenta de testagem de penetração
- **10.15** Sistema de análise de comportamento de usuários (UBA)
- **10.16** Utilitário de atualização de *software* de terceiros
- **10.17** Monitor de invasão de rede
- **10.18** Monitor de *log* de autenticação
- **10.19** Monitor de VPN
- **10.20** Tecnologias e práticas adicionais voltadas à segurança de acesso a nuvens

Esta seção descreve os seguintes mecanismos voltados a estabelecer funções de controle e monitoramento de acesso a nuvens:

- criptografia;
- *hashing*;
- assinatura digital;
- grupos de segurança baseados em nuvem;
- sistema de infraestrutura de chave pública (PKI);
- sistema de autenticação única (SSO);
- imagem blindada de servidor virtual;
- *firewall*;
- rede virtual privada (VPN);
- escaneador biométrico;
- sistema de autenticação multifatorial (MFA);
- sistema de gerenciamento de identidade e acesso (IAM);
- sistema de detecção de invasão (IDS);
- ferramenta de testagem de penetração;
- sistema de análise de comportamento de usuários (UBA);
- utilitário de atualização de *software* de terceiros;
- monitor de invasão de rede;
- monitor de *log* de autenticação;
- monitor de VPN.

10.1 Criptografia

Os dados, por padrão, são codificados num formato legível conhecido como *plaintext*. Ao ser transferido através de uma rede, o formato *plaintext* fica vulnerável a acesso não autorizado e potencialmente malicioso. O mecanismo de *criptografia* é um sistema de codificação digital dedicado a preservar a confidencialidade e a integridade dos dados. É usado para codificar dados em *plaintext* em um formato protegido e ilegível.

A tecnologia de criptografia costuma se apoiar num algoritmo padronizado chamado *cifra* (*cipher* em inglês) para transformar os dados originais em *plaintext* em dados criptografados referidos como *ciphertext*. O acesso a *ciphertext* não chega a divulgar os dados originais em *plaintext*, exceto por algumas formas de metadados, tais como comprimento e data de criação. Quando a criptografia é aplicada a dados em *plaintext*, os dados são emparelhados com uma sequência de caracteres chamada de *chave de criptografia*, uma mensagem secreta que é estabelecida e compartilhada entre partes autorizadas. A chave de criptografia é usada para descriptografar o *ciphertext* de volta a seu formato original em *plaintext*.

O mecanismo de criptografia pode ajudar a combater ameaças à segurança na forma de espionagem de tráfego, intermediários maliciosos, autorização insuficiente e sobreposição de fronteiras de confiança. Agentes de serviços maliciosos que tentem, por exemplo, espionar o tráfego serão incapazes de descriptografar mensagens em trânsito caso não possuam a chave criptográfica (Figura 10.1).

Existem duas formas comuns de criptografia, conhecidas como *criptografia simétrica* e *criptografia assimétrica*.

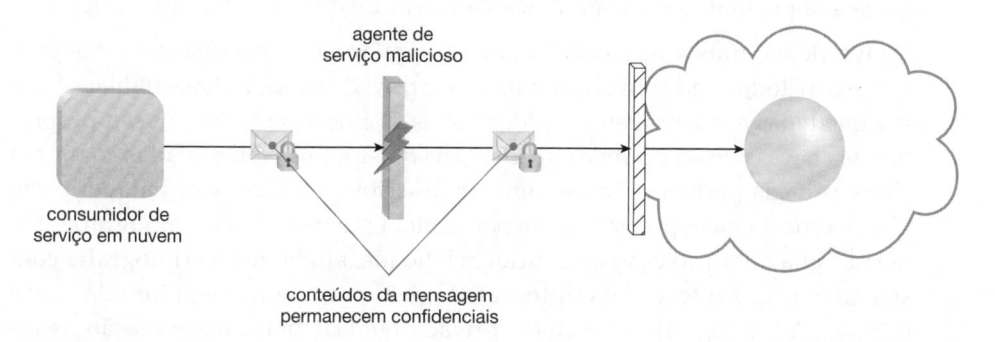

Figura 10.1
Um agente de serviço malicioso é incapaz de recuperar dados a partir de uma mensagem criptografada. Além disso, a tentativa de recuperação pode ser revelada ao consumidor de serviço em nuvem. (Observe o uso do símbolo de cadeado para indicar que um mecanismo de segurança foi aplicado aos conteúdos da mensagem.)

Criptografia simétrica

A *criptografia simétrica* (também conhecida como criptografia de chave simétrica) emprega a mesma chave tanto para criptografar quanto para descriptografar, ambas realizadas por partes autorizadas que utilizam a chave compartilhada. Mensagens que são criptografadas com uma chave específica podem ser descriptografadas somente com essa mesma chave. As partes autorizadas a descriptografar os dados recebem provas de que a criptografia original foi realizada por partes autorizadas que possuem a chave. Uma conferência básica de autenticação sempre é realizada, pois somente partes autorizadas que possuem a chave são capazes de criar mensagens. Isso mantém e atesta a confidencialidade dos dados.

Vale ressaltar que a criptografia simétrica não conta com a característica de não repúdio, já que não é possível determinar exatamente qual parte realizou a criptografia ou descriptografia da mensagem se mais do que uma parte está em posse da chave.

Criptografia assimétrica

A *criptografia assimétrica* depende do uso de duas chaves diferentes: uma chave privada e uma chave pública. Com criptografia assimétrica (que também é chamada de *criptografia de chave pública*), a chave privada é conhecida apenas pelo seu proprietário, enquanto a chave pública fica amplamente disponível. Um documento que foi criptografado com uma chave privada só pode ser corretamente descriptografado com a chave pública correspondente. Por outro lado, um documento que foi criptografada com uma chave pública só pode ser descriptografado usando-se sua chave privada equivalente. Como resultado do uso de duas chaves diferentes, em vez de apenas uma, a criptografia assimétrica é quase sempre mais lenta computacionalmente do que a criptografia simétrica.

O nível de segurança alcançado ao se criptografar dados em *plaintext* vai depender se o método usado envolveu uma chave privada ou uma chave pública. Uma vez que todas as mensagens criptografadas assimetricamente têm seu próprio par de chaves privada-pública, mensagens que foram criptografadas com uma chave privada podem ser corretamente descriptografadas por qualquer parte que possua a chave pública correspondente. Esse método de criptografia não oferece qualquer proteção de confidencialidade, ainda que a criptografia consiga provar que o texto foi criptografado pelo proprietário legítimo da chave privada. A criptografia com chave privada oferece, portanto, proteção de integridade, além de autenticidade e não repúdio. Uma mensagem que foi criptografada com uma chave pública só pode ser descriptografada pelo proprietário legítimo da chave privada, o que confere proteção de confidencialidade. No entanto, qualquer parte que possua a chave pública pode gerar o *ciphertext*, o que significa que este método não oferece nem proteção de integridade nem de autenticidade, devido à natureza comunal da chave pública.

OBSERVAÇÃO

O mecanismo de criptografia, quando usado para proteger transmissões de dados baseadas na *Web*, costuma ser mais aplicado via HTTPS, que se refere ao uso de SSL/TLS como o protocolo subjacente de criptografia para HTTP. A TLS (*transport layer security*, ou segurança de camada de transporte) é a sucessora da tecnologia SSL (*secure sockets layer*, camada de soquetes seguros). Como a criptografia assimétrica geralmente consome mais tempo do que a criptografia simétrica, a TLS a utiliza somente para seu método de troca de chaves. Depois que as chaves são trocadas, os sistemas de TLS migram para a criptografia simétrica.

A maioria das implementações em TLS suportam sobretudo RSA como a principal cifra (*cipher*) de criptografia assimétrica, enquanto cifras como RC4, Triple-DES e AES são suportadas para criptografia simétrica.

EXEMPLO DE ESTUDO DE CASO

Recentemente, a Innovartus ficou sabendo que usuários que acessam seu Portal de Registro de Usuários via *hot zones* de Wi-Fi público e LANs inseguras podem estar transmitindo detalhes pessoais do perfil de usuários via *plaintext*. A Innovartus imediatamente remediou essa vulnerabilidade aplicando o mecanismo de criptografia em seu portal *Web* mediante o uso de HTTPS (Figura 10.2).

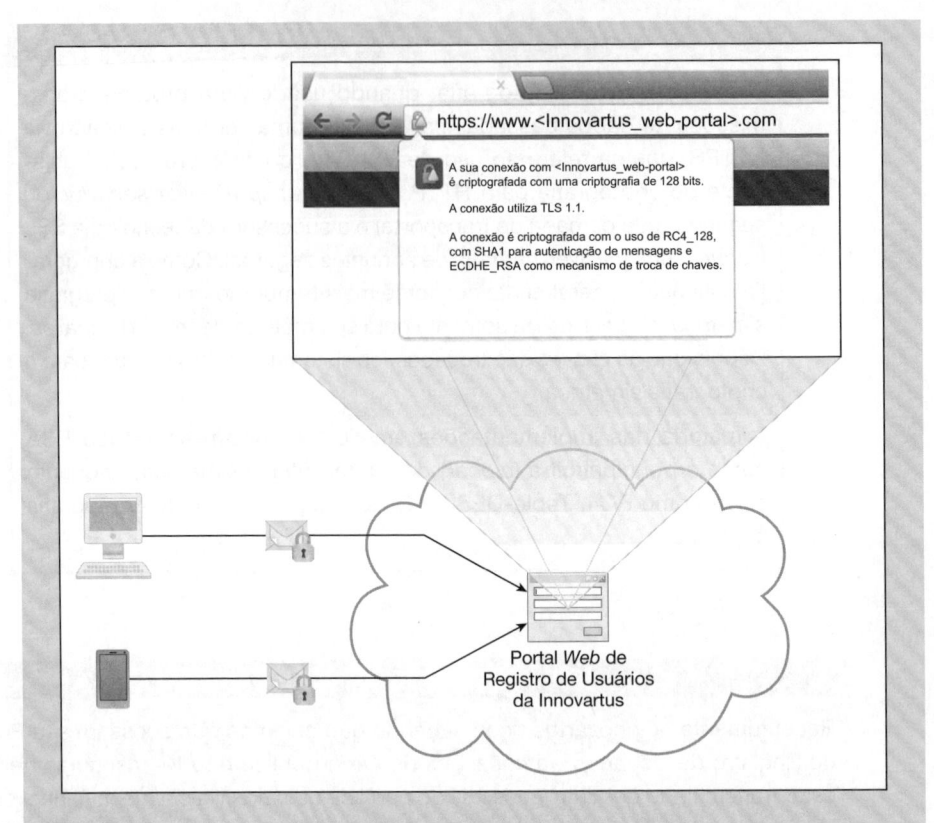

Figura 10.2
O mecanismo de criptografia é adicionado ao canal de comunicação entre usuários externos e o Portal de Registro de Usuários da Innovartus. Isso protege a confidencialidade das mensagens pelo uso de HTTPS.

10.2 *Hashing*

O mecanismo de *hashing* é usado quando uma forma de proteção de dados irreversível e de mão única é necessária. Uma vez que o *hashing* é aplicado a uma mensagem, ela fica bloqueada e nenhuma chave é fornecida para que a mensagem seja desbloqueada. Uma aplicação comum desse mecanismo é o armazenamento de senhas.

A tecnologia de *hashing* pode ser usada para derivar um código de *hashing* ou *resumo de mensagem* a partir de uma mensagem, o que geralmente tem um comprimento fixo ou menor que a mensagem original. O emissor da mensagem pode então utilizar o mecanismo de *hashing* para anexar o resumo da mensagem à própria mensagem. O destinatário aplica a mesma função de *hash* à mensagem a fim de verificar que o resumo de mensagem produzido é idêntico àquele que acompanhava a mensagem. Qualquer alteração em relação aos dados originais resulta num resumo de mensagem completamente diferente e indica claramente que alguma manipulação ocorreu.

Além da sua utilização para proteger dados armazenados, as ameaças à nuvem que podem ser mitigadas pelo mecanismo de *hashing* incluem intermediários maliciosos e autorização insuficiente. Um exemplo dos primeiros é ilustrado na Figura 10.3.

EXEMPLO DE ESTUDO DE CASO

Um subconjunto de aplicativos selecionados para ser levados para a plataforma PaaS da ATN permite que os usuários acessem e alterem dados corporativos altamente sensíveis. Essas informações estão sendo hospedadas numa nuvem para habilitar acesso por parte de parceiros de confiança, que podem usá-las para fins de cálculos críticos e levantamentos. Temendo que os dados possam ser manipulados, a ATN decide aplicar o mecanismo de *hashing* como forma de proteger e preservar a integridade dos dados.

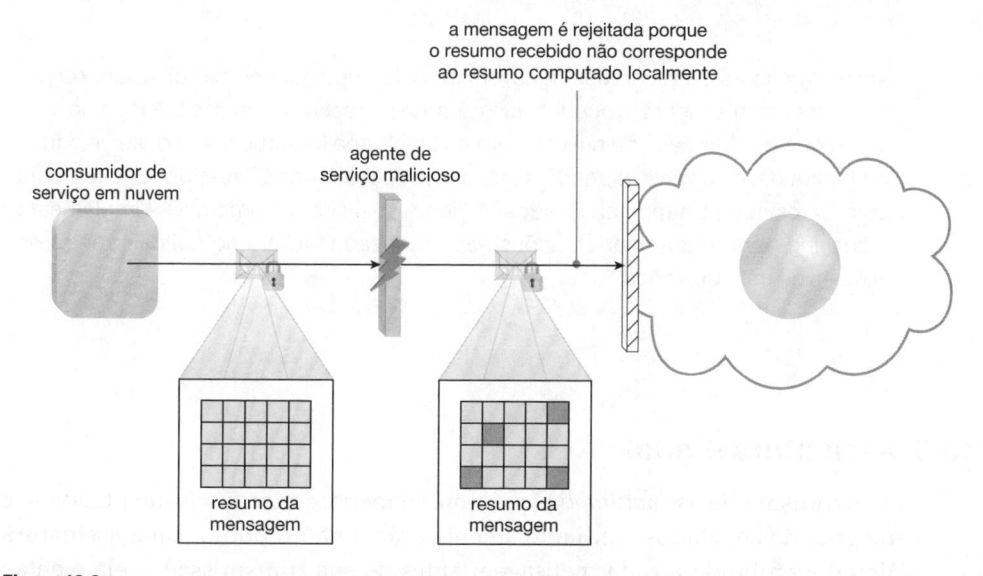

Figura 10.3
Uma função de *hashing* é aplicada para proteger a integridade de uma mensagem que foi interceptada e alterada por um agente de serviço malicioso, antes de ser encaminhada adiante. O *firewall* pode ser configurado para determinar que a mensagem foi alterada, permitindo que ele rejeite a mensagem antes que ela avance para o serviço em nuvem.

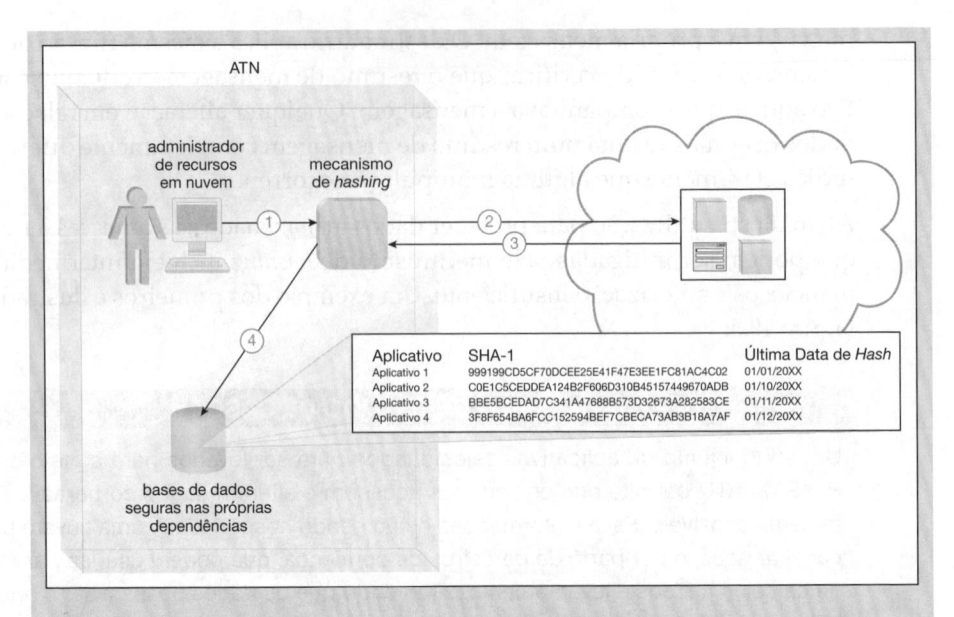

Figura 10.4
Um procedimento de *hashing* é invocado quando o ambiente de PaaS é acessado (1). Os aplicativos que foram transportados para esse ambiente são conferidos (2) e seus resumos de mensagem são calculados (3). Os resumos de mensagem ficam armazenados numa base de dados protegida nas próprias dependências (4), e uma notificação é emitida se qualquer de seus valores não for idêntico àqueles armazenados.

Administradores de recursos em nuvem da ATN trabalham com o provedor de nuvem para incorporar um procedimento gerador de resumos em cada versão de aplicativo que é implantada na nuvem. Valores atuais são logados numa base de dados protegida nas próprias dependências, e o procedimento é repetido regularmente com os resultados sendo analisados. A Figura 10.4 ilustra como a ATN implementa o *hashing* para determinar se ações não autorizadas foram cometidas contra os aplicativos transportados.

10.3 Assinatura digital

O mecanismo de *assinatura digital* é uma maneira de fornecer autenticidade e integridade aos dados mediante autenticação e não repúdio. Uma assinatura digital é atribuída a cada mensagem antes de sua transmissão, e ela é então declarada inválida se a mensagem experimentar quaisquer modificações não autorizadas subsequentes. Uma assinatura digital proporciona evidência de que a mensagem recebida é a mesma que aquela criada pelo legítimo emissário.

Tanto criptografia assimétrica quanto *hashing* são envolvidos na criação de uma assinatura digital, que existe essencialmente na forma de um resumo de mensagem que foi criptografado por uma chave privada e anexado à mensagem original. O destinatário verifica a validade da assinatura e utiliza a chave pública correspondente para descriptografar a assinatura digital, o que produz o resumo de mensagem. O mecanismo de *hashing* também pode ser aplicado na mensagem original a fim de produzir esse resumo de mensagem. Resultados idênticos a partir de dois processos diferentes indicam que a mensagem mantém sua integridade.

O mecanismo de assinatura digital ajuda a mitigar ameaças à segurança na forma de intermediários maliciosos, autorização insuficiente e sobreposição de fronteiras de confiança (Figura 10.5).

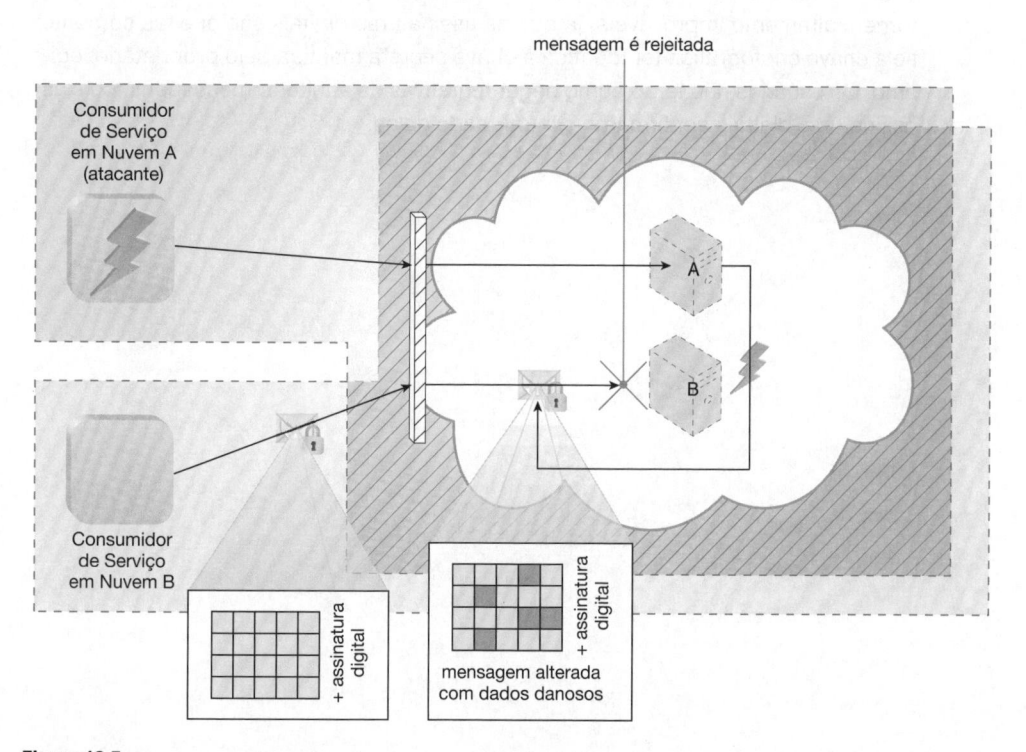

Figura 10.5

O Consumidor de Serviço em Nuvem B envia uma mensagem que foi assinada digitalmente, mas alterada pelo atacante de confiança Consumidor de Serviço em Nuvem A. O Servidor Virtual B está configurado para verificar assinaturas digitais antes de processar mensagens recebidas mesmo que elas estejam dentro de sua fronteira de confiança. A mesma se revela ilegítima, devido à sua assinatura digital inválida, e é portanto rejeitada pelo Servidor Virtual B.

EXEMPLO DE ESTUDO DE CASO

Com a carteira de clientes da DTGOV se expandindo para incluir organizações do setor público, muitas de suas políticas de computação em nuvem se tornaram inadequadas e precisam ser modificadas. Tendo em vista que organizações do setor público frequentemente lidam com informações estratégicas, salvaguardas de segurança precisam ser estabelecidas para impedir a manipulação de dados e estabelecer um meio de auditar atividades capazes de afetar operações governamentais.

Assim, a DTGOV decide implementar o mecanismo de assinatura digital especificamente para proteger seu ambiente de gestão baseado na *Web* (Figura 10.6). O autoprovisionamento de servidor virtual dentro do ambiente de IaaS e a funcionalidade de rastreamento de SLA e cobranças em tempo real são todos realizados via portais *Web*. Sendo assim, erros de usuários ou ações maliciosas podem resultar em consequências legais e financeiras.

Assinaturas digitais proporcionam à DTGOV a garantia de que cada ação realizada está vinculada a seu originador legítimo. Espera-se que acessos não autorizados se tornem altamente improváveis, já que as assinaturas digitais são aceitas somente se a chave criptográfica for idêntica à chave secreta mantida pelo proprietário legítimo. Os usuários não terão como negar tentativas de adulterar mensagens, pois as assinaturas digitais confirmarão a integridade delas.

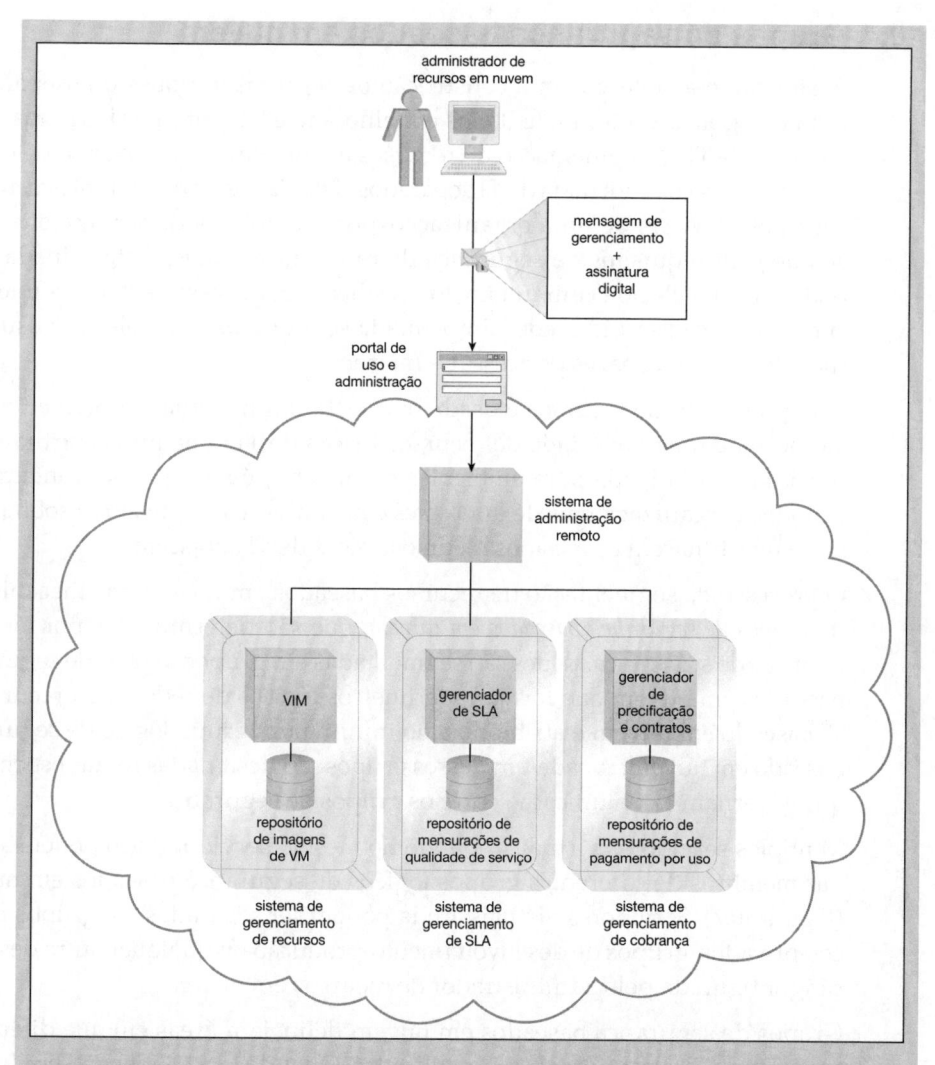

Capítulo 10   Mecanismos de cibersegurança de nuvem orientados a acesso

Figura 10.6
Sempre que um consumidor de nuvem realiza uma ação de gerenciamento que está relacionada a recursos de TI provisionados pela DTGOV, o programa consumidor de serviço em nuvem precisa incluir uma assinatura digital na solicitação de mensagem a fim de comprovar a legitimidade de seu usuário.

10.4 Grupos de segurança baseados em nuvem

Assim como acontece com a construção de represas e diques que separam a terra da água, a proteção de dados é melhorada ao se interpor barreiras entre recursos de TI. A segmentação de recursos em nuvem é um processo pelo qual ambientes físicos e virtuais de TI separados são criados para diferentes usuários e grupos. A WAN de uma organização, por exemplo, pode ser seccionada de acordo com requisitos de segurança de redes individuais. Determinada rede pode ser estabelecida com um *firewall* resiliente para acesso externo à Internet, enquanto uma segunda rede é implantada sem um *firewall*, pois seus usuários são internos e incapazes de acessar a Internet.

A segmentação de recursos é usada para habilitar a virtualização mediante a alocação de uma variedade de recursos físicos de TI a máquinas virtuais. Ela precisa ser otimizada para ambientes de nuvem pública, já que fronteiras de confiança organizacionais de diferentes consumidores de nuvem se sobrepõem ao compartilharem os mesmos recursos físicos de TI subjacentes.

O processo de segmentação de recursos baseados em nuvem cria mecanismos de *grupos de segurança baseados em nuvem*, que são determinados por meio de políticas de segurança. Redes são segmentadas em grupos lógicos de segurança baseados em nuvem que formam perímetros lógicos de rede. Cada recurso de TI baseado em nuvem é atribuído a no mínimo um grupo lógico de segurança baseado em nuvem. A cada um desses grupos são designadas regras específicas que governam a comunicação entre os grupos de segurança.

Múltiplos servidores virtuais rodando no mesmo servidor físico podem se tornar membros de diferentes grupos lógicos de segurança baseados em nuvem (Figura 10.7). Servidores virtuais ainda podem ser separados em grupos públicos-privados, grupos de desenvolvimento-produção ou qualquer outra designação configurada pelo administrador de recursos em nuvem.

Grupos de segurança baseados em nuvem delineiam áreas em que diferentes medidas de segurança podem ser aplicadas. Quando tais grupos são implementados adequadamente, eles ajudam a limitar o acesso não autorizado a recursos de TI em caso de uma violação de segurança. Esse mecanismo pode ser usado para ajudar a combater ameaças de negação de serviço, autorização insuficiente, sobreposição de fronteiras de confiança, ataque de virtualização e ataque a contêiner, e é bastante similar ao mecanismo de perímetro lógico de rede.

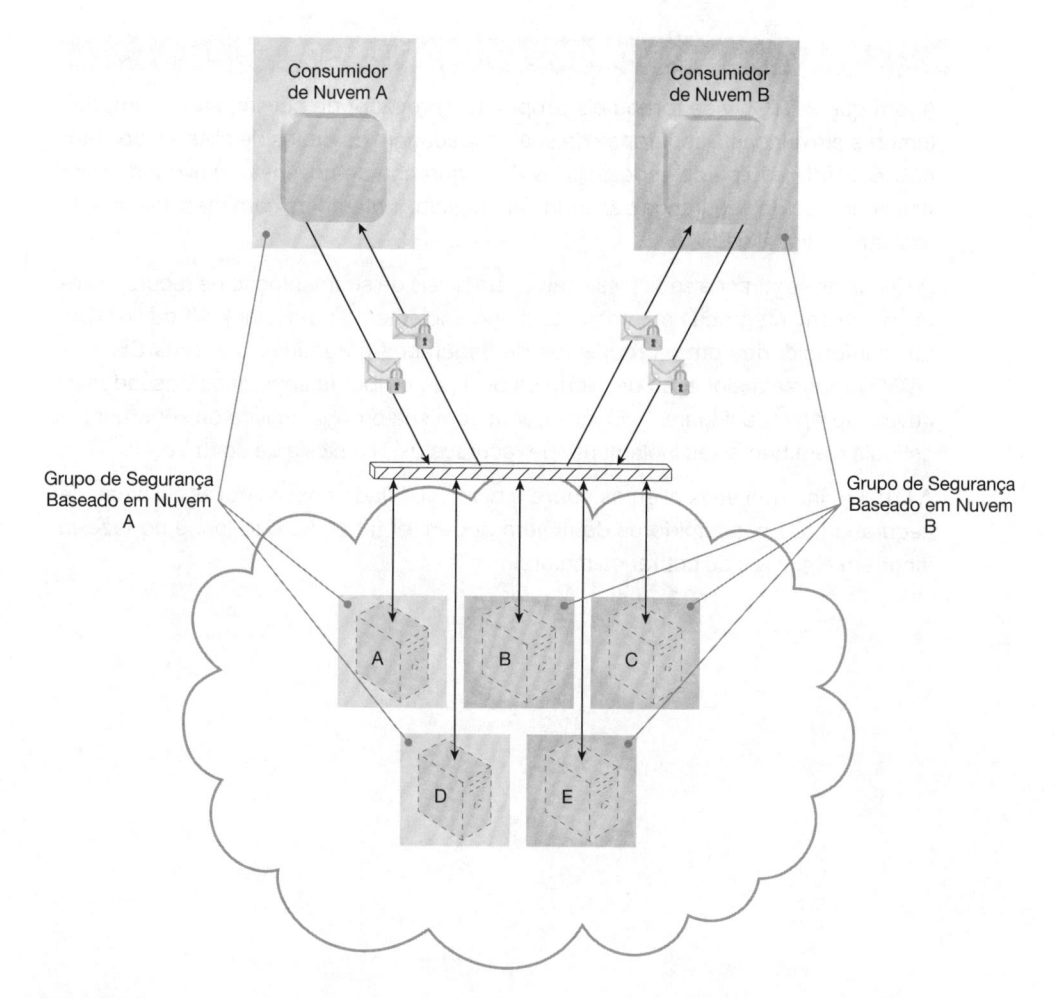

Figura 10.7
O Grupo de Segurança Baseado em Nuvem A engloba os Servidores Virtuais A e D e é atribuído ao Consumidor de Nuvem A. O Grupo de Segurança Baseado em Nuvem B engloba os Servidores Virtuais B, C e E e é atribuído ao Consumidor em Nuvem B. Se as credenciais do Consumidor de Serviço em Nuvem A forem comprometidas, o atacante só seria capaz de acessar e danificar os servidores virtuais no Grupo de Segurança Baseado em Nuvem A, protegendo assim os Servidores Virtuais B, C e E.

> **EXEMPLO DE ESTUDO DE CASO**
>
> Agora que a DTGOV se tornou ela própria um provedor de nuvem, são levantados temores em relação à segurança de sua hospedagem de dados de clientes do setor público. Uma equipe de especialistas de segurança de nuvens é convocada para definir grupos de segurança baseados em nuvem, juntamente com mecanismos de assinatura digital e PKI.
>
> Políticas de segurança são classificadas em níveis de segmentação de recursos antes de serem integradas ao ambiente de gerenciamento do portal *Web* da DTGOV. Em conformidade com os requisitos de segurança garantidos por seus SLAs, a DTGOV mapeia a alocação de recursos de TI ao grupo de segurança baseado em nuvem apropriado (Figura 10.8), que conta com sua própria política de segurança e estipula claramente seu isolamento de recursos de TI e níveis de controle.
>
> A DTGOV informa seus clientes sobre a disponibilidade dessas novas políticas de segurança. Os consumidores de nuvem podem optar por utilizá-las, e ao fazê-lo incorrem em taxas de cobrança maiores.

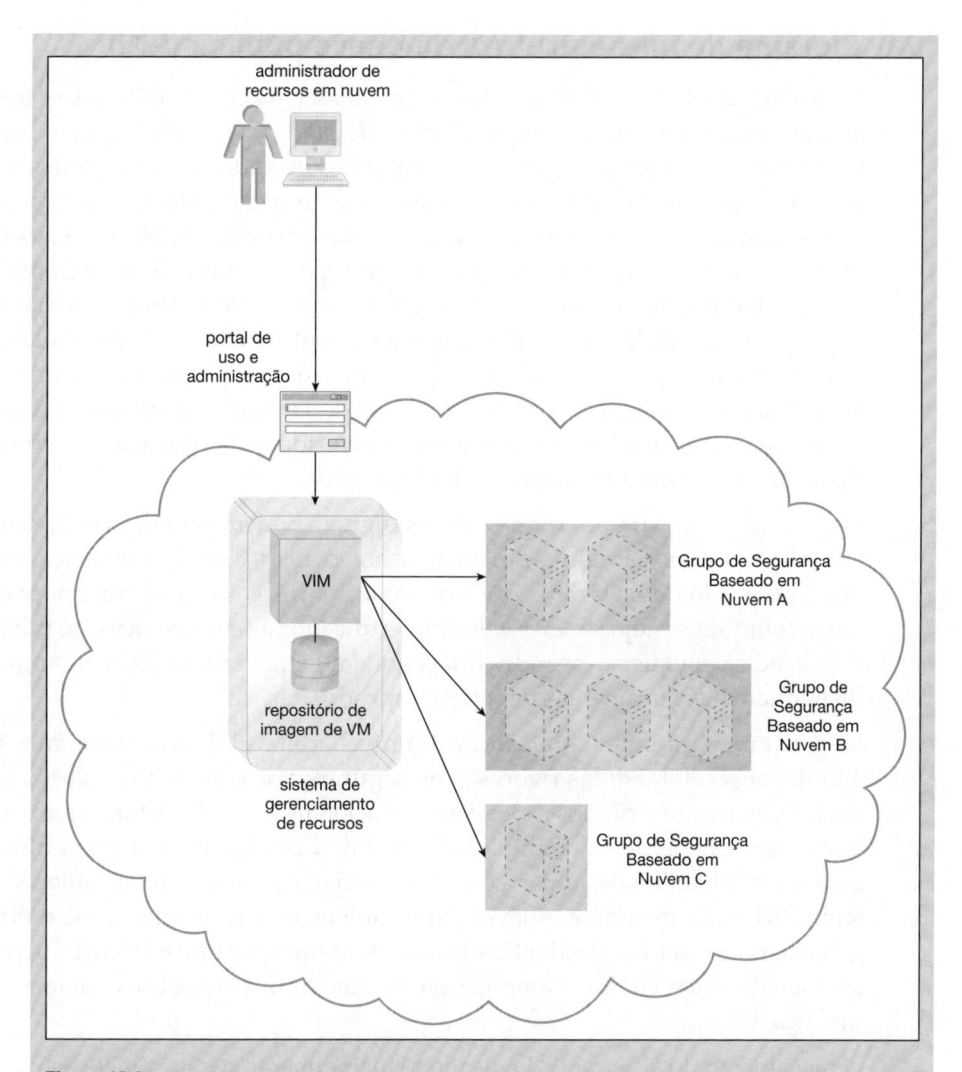

Figura 10.8
Quando um administrador externo de recurso em nuvem acessa o portal *Web* para alocar um servidor virtual, as credenciais de segurança necessárias são avaliadas e mapeadas em uma política interna de segurança, a qual atribui um grupo correspondente de segurança baseado em nuvem ao novo servidor virtual.

10.5 Sistema de infraestrutura de chave pública (PKI)

Uma abordagem comum para gerenciar a emissão de chaves públicas se baseia no mecanismo de *sistema de infraestrutura de chave pública (PKI)*, que existe na forma de um arcabouço de protocolos, formatos de dados, regras e práticas que permitem que sistemas em grande escala utilizem criptografia de chave pública com segurança. Tal sistema é usado para associar chaves públicas a seus proprietários correspondentes (o que é conhecido como *identificação de chave pública*) e ao mesmo tempo permitir a verificação da validade da chave. Sistemas PKI dependem do uso de certificados digitais – estruturas de dados assinadas que vinculam chaves públicas a identidades certificadas de proprietário, bem como a informações relacionadas, como períodos de validade. Certificados digitais costumam ser assinados por uma terceira autoridade de certificação (*certificate authority* – CA), conforme ilustrado na Figura 10.9.

Outros métodos para gerar assinaturas digitais podem ser empregados, muito embora a maioria deles seja emitida por poucas CAs de confiança, como VeriSign e Comodo. Organizações de maior porte, como a Microsoft, podem atuar como suas próprias CAs e emitir certificados a seus clientes e ao público, já que até mesmo usuários individuais podem gerar certificados, contanto que disponham das ferramentas de *software* apropriadas.

Leva tempo para uma CA alcançar um nível aceitável de confiança, mas isso é indispensável. Medidas rigorosas de segurança, investimentos substanciais em infraestrutura e rígidos processos operacionais são todos fatores que contribuem para estabelecer a credibilidade de uma CA. Quanto maior seu nível de crédito e confiabilidade, maior a estima e a reputação de seus certificados. O sistema PKI é um método confiável para implementar criptografia assimétrica, gerenciar informações de identidade de consumidores e provedores de nuvem e ajudar a defender contra as ameaças de intermediários maliciosos e autorização insuficiente.

O mecanismo do sistema PKI é usado principalmente para combate a ameaças de autorização insuficiente.

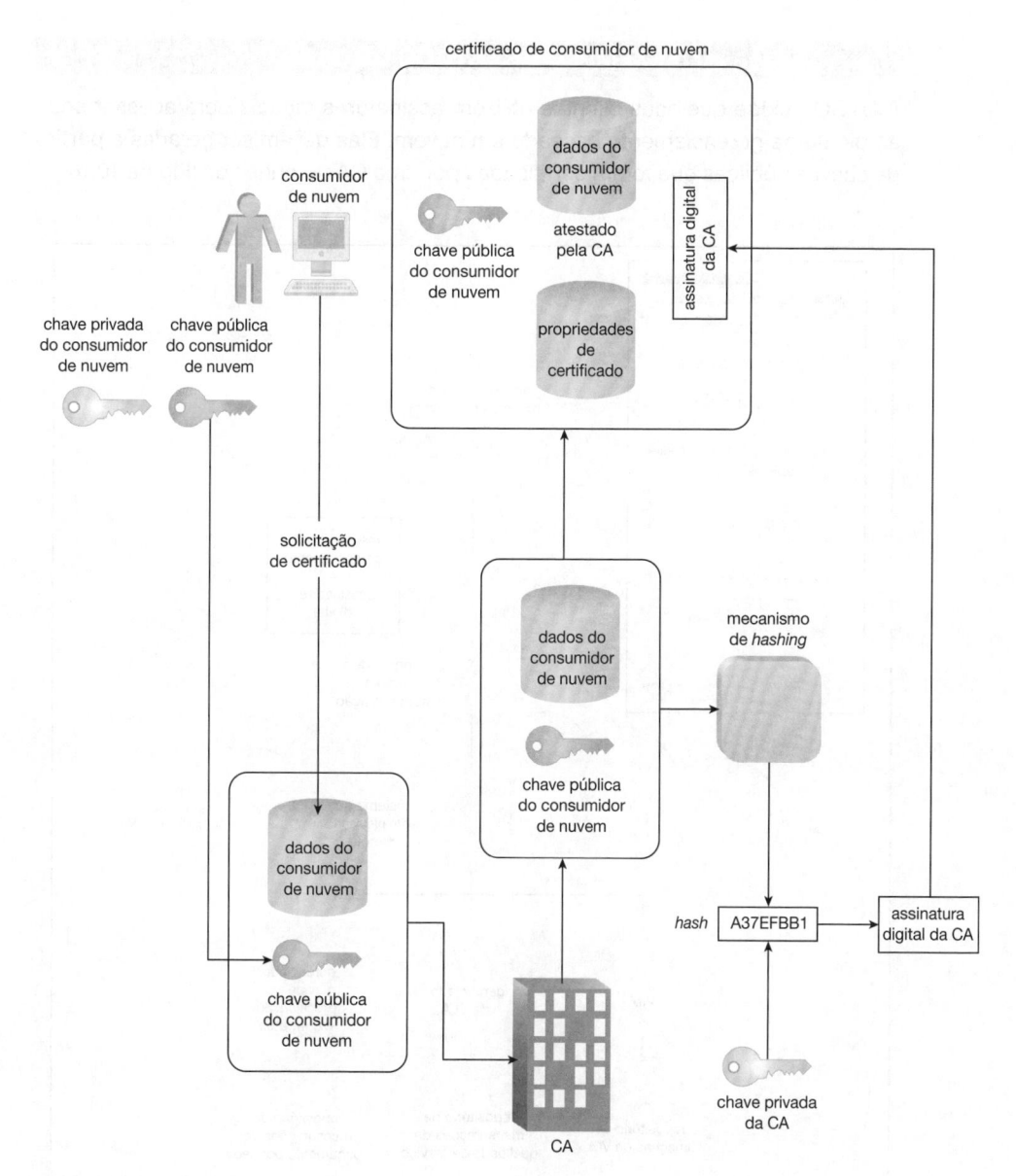

Capítulo 10   Mecanismos de cibersegurança de nuvem orientados a acesso   **283**

Figura 10.9
Os passos comuns envolvidos durante a geração de certificados por uma autoridade de certificação (CA).

EXEMPLO DE ESTUDO DE CASO

A DTGOV exige que seus clientes utilizem assinaturas digitais para acessar seu ambiente de gerenciamento baseado em nuvem. Elas devem ser geradas a partir de chaves públicas que foram certificadas por uma CA reconhecida (Figura 10.10).

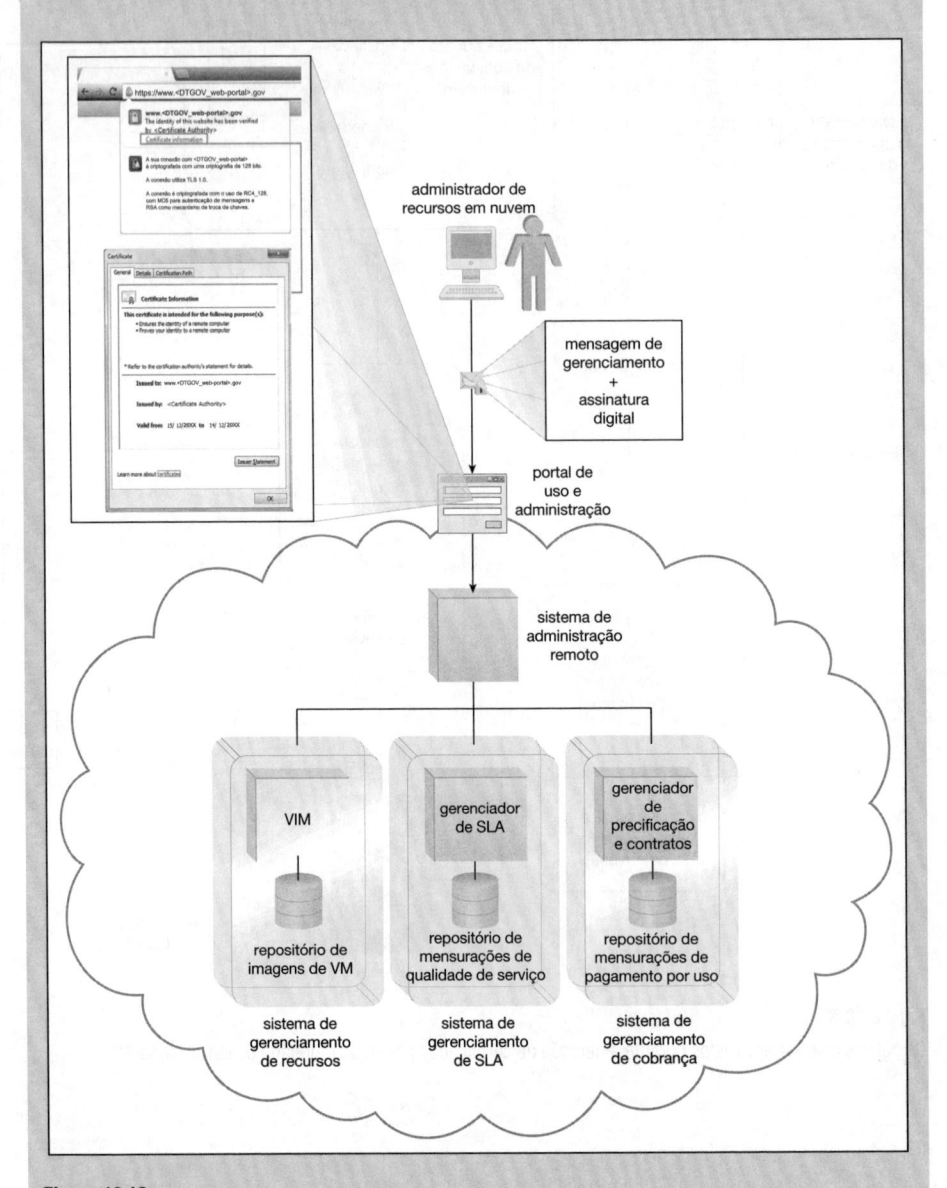

Figura 10.10
Um administrador externo de recurso em nuvem utiliza um certificado digital para acessar o ambiente de gerenciamento baseado em nuvem. O certificado digital da DTGOV é usado na conexão HTTPS e então assinado por uma CA de confiança.

10.6 Sistema de autenticação única (SSO)

Pode ser desafiador propagar as informações de autenticação e autorização de um determinado consumidor por múltiplos serviços em nuvem, especialmente quando inúmeros serviços ou recursos de TI baseados em nuvem precisam ser invocados como parte da mesma atividade de *runtime* em geral. O mecanismo de *sistema de autenticação única (single sign-on – SSO)* permite que um consumidor de serviço em nuvem seja autenticado por um agente de segurança, o qual estabelece um contexto de segurança que persiste enquanto tal consumidor acessa outros serviços ou recursos de TI baseados em nuvem. Caso contrário, o consumidor de serviço em nuvem teria de se reautenticar a cada solicitação subsequente.

Em essência, o mecanismo de sistema SSO habilita serviços em nuvem e recursos de TI mutuamente independentes a gerarem e circularem credenciais de autenticação e autorização de *runtime*. As credenciais inicialmente fornecidas pelo consumidor de serviço em nuvem seguem válidas por toda a duração da sessão, enquanto suas informações de contexto de segurança são compartilhadas (Figura 10.11). O agente de segurança do mecanismo de sistema SSO é especialmente útil quando um consumidor de serviço em nuvem precisa acessar serviços que residem em nuvens diferentes (Figura 10.12).

O mecanismo de sistema SSO não combate diretamente quaisquer das ameaças à segurança de nuvens listadas no Capítulo 7. Ele primordialmente melhora a usabilidade de ambientes baseados em nuvem para acesso e gerenciamento de recursos e soluções de TI distribuídos.

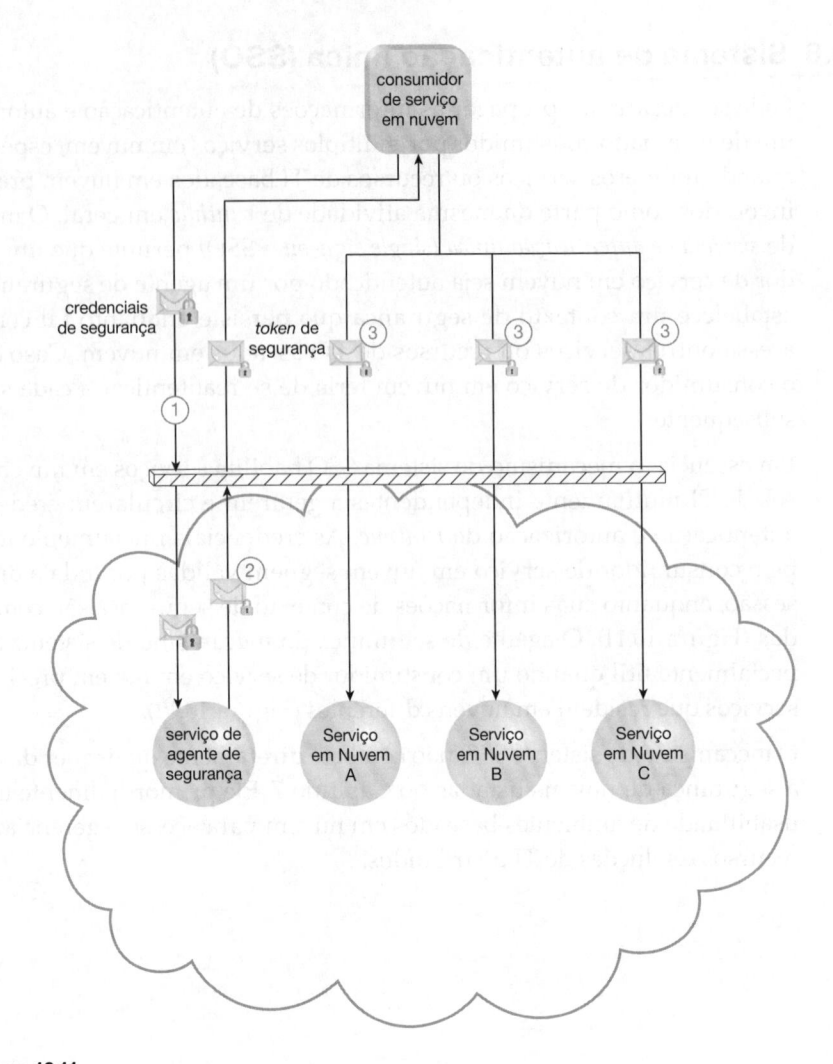

Figura 10.11

Um consumidor de serviço em nuvem fornece ao agente de segurança suas credenciais de *login* (1). O agente de segurança responde com um *token* de autenticação (mensagem com símbolo pequeno de cadeado) em caso de autenticação bem-sucedida, que contém informações de identidade de tal consumidor (2), as quais são usadas para autenticá-lo automaticamente nos Serviços em Nuvem A, B e C (3).

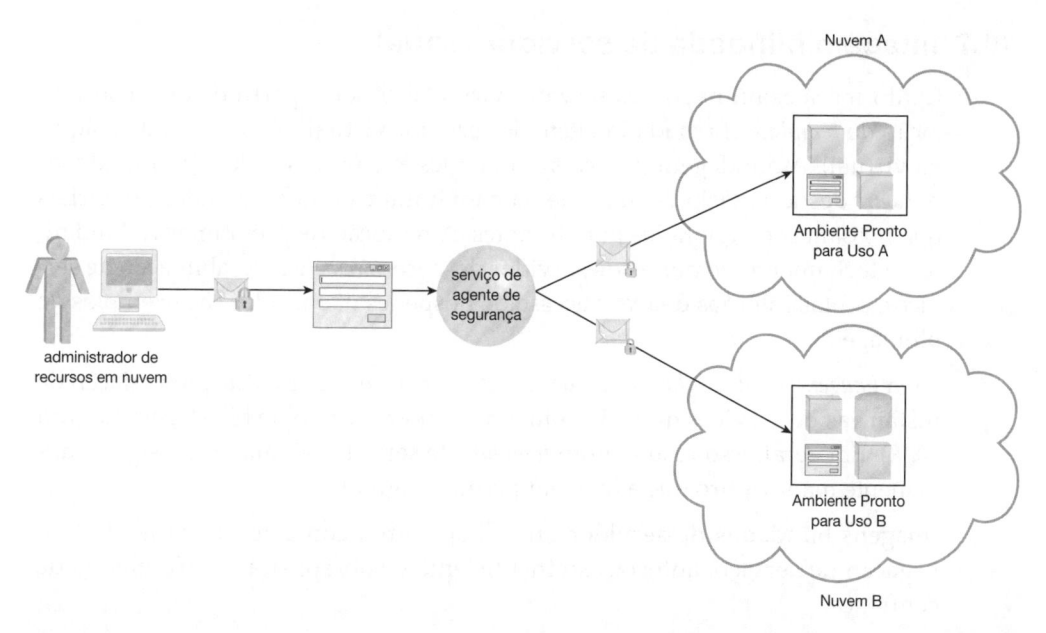

Capítulo 10 Mecanismos de cibersegurança de nuvem orientados a acesso 287

Figura 10.12
As credenciais recebidas pelo agente de segurança são propagadas em ambientes prontos para uso em duas nuvens diferentes. O agente de segurança fica responsável por selecionar o procedimento apropriado de segurança com o qual contatará cada nuvem.

EXEMPLO DE ESTUDO DE CASO

A migração de aplicativos para a nova plataforma de PaaS da ATN foi um sucesso, mas também suscitou novas preocupações referentes à responsividade e disponibilidade dos recursos de TI hospedados em PaaS. A intenção da ATN é levar mais aplicativos para a plataforma de PaaS, mas ela decide fazer isso estabelecendo um segundo ambiente PaaS com um provedor de nuvem diferente. Com isso, será capaz de comparar provedores de nuvem durante um período de avaliação de três meses.

Para acomodar essa arquitetura distribuída em nuvem, o mecanismo de sistema SSO é adotado, a fim de estabelecer um agente de segurança capaz de propagar credenciais de *login* por ambas as nuvens (Figura 10.12). Isso permite que um único administrador de recursos em nuvem acesse recursos de TI em ambos ambientes PaaS sem precisar realizar um *login* separadamente em cada um.

10.7 Imagem blindada de servidor virtual

Conforme já examinado, um servidor virtual é criado a partir de uma configuração de *template* chamada imagem de servidor virtual (ou imagem de máquina virtual). A blindagem (*hardening* em inglês) é o processo de retirar qualquer *software* desnecessário de um sistema para limitar vulnerabilidades potenciais que possam ser exploradas por atacantes. A remoção de programas redundantes, o fechamento de portas de servidor desnecessárias e a desabilitação de serviços, contas internas de *root* e acesso de hóspedes não usados são exemplos de blindagem.

Uma *imagem blindada (hardened) de servidor virtual* é um *template* para criação de instâncias de serviços que foi submetido a um processo de blindagem (Figura 10.13). Em geral, isso resulta num *template* de servidor virtual que é significativamente mais seguro que a imagem-padrão original.

Imagens blindadas de servidor virtual ajudam a combater ameaças do tipo negação de serviço, autorização insuficiente e sobreposição de fronteiras de confiança.

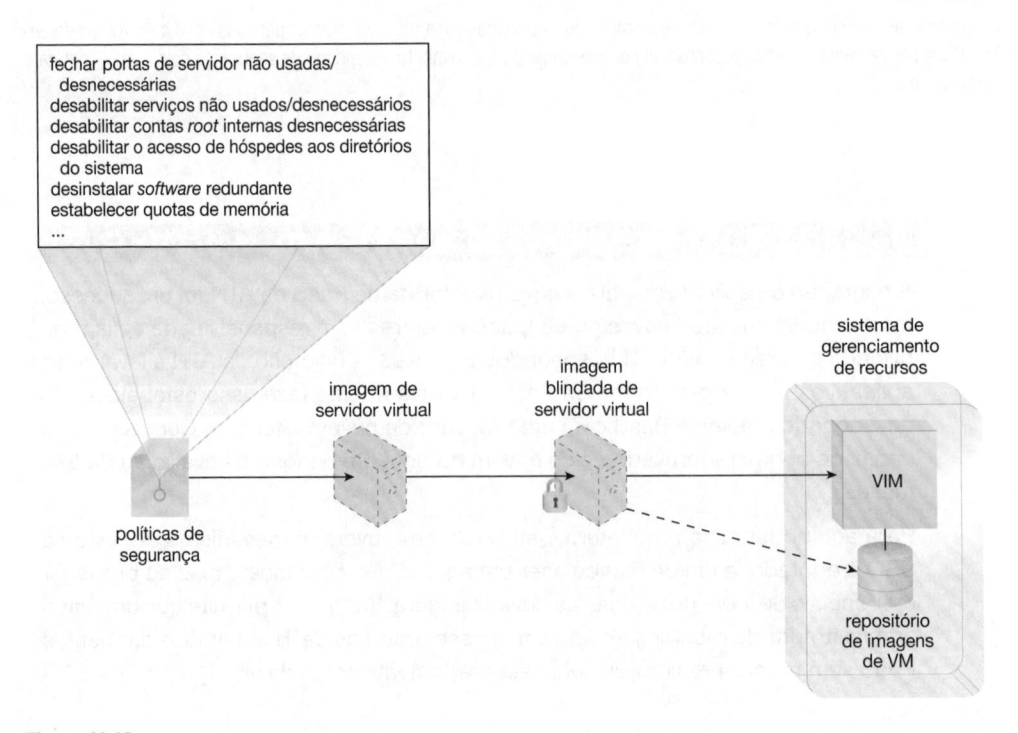

Figura 10.13
Um provedor de nuvem aplica suas políticas de segurança a fim de blindar suas imagens-padrão de servidor virtual. O *template* de imagem blindada é salvo no repositório de imagens de VM como parte de um sistema de gerenciamento de recursos.

EXEMPLO DE ESTUDO DE CASO

Uma das funcionalidades de segurança disponibilizadas para consumidores de nuvem quando a DTGOV adotou grupos de segurança baseados em nuvem é uma opção de blindar alguns ou todos os servidores virtuais em determinado grupo (Figura 10.14). Cada imagem blindada de servidor virtual gera uma nova cobrança, mas poupa os consumidores de nuvem de terem que fazer o processo de blindagem por conta própria.

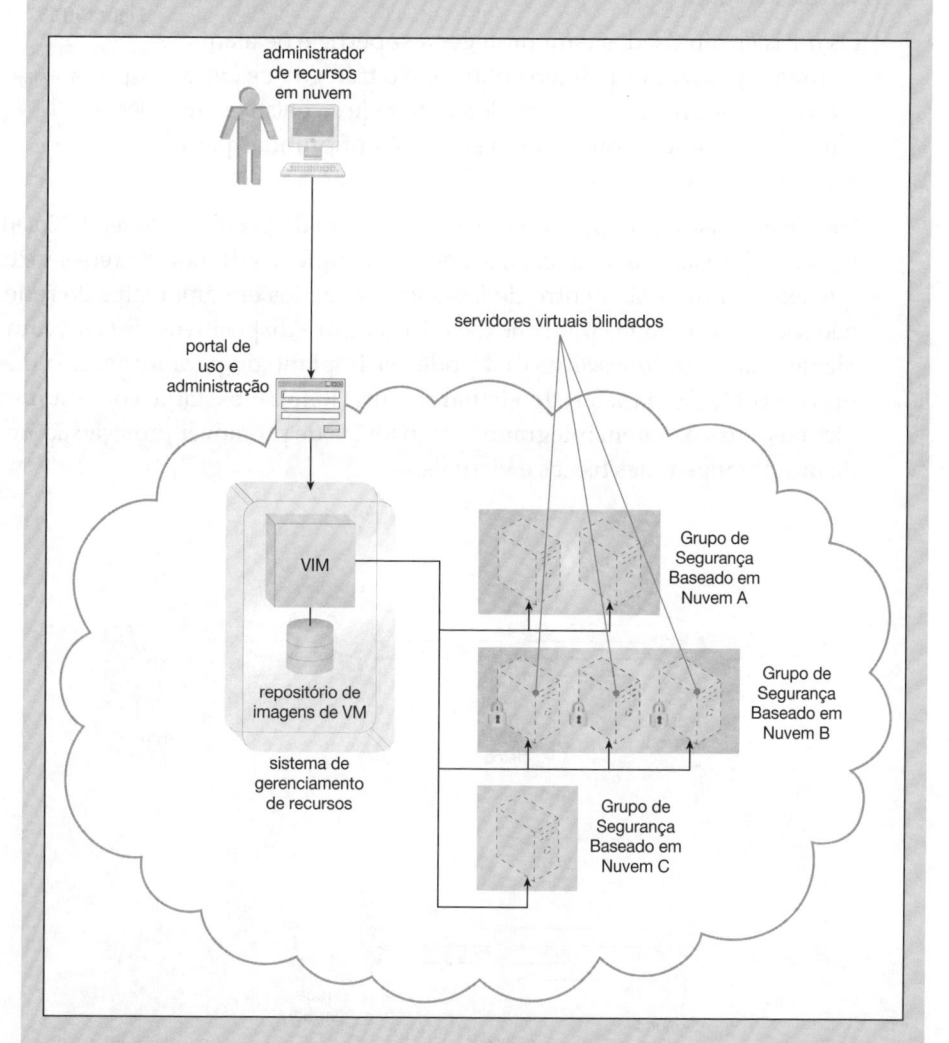

Figura 10.14

O administrador de recurso em nuvem opta por uma imagem blindada (*hardened*) para os servidores virtuais provisionados para o Grupo de Segurança Baseado em Nuvem B.

10.8 *Firewall*

Um *firewall* é um *gateway* de rede que limita o acesso entre redes de acordo com uma política de segurança estabelecida. Ele atua como a interface de uma rede para uma ou mais redes externas e regula o tráfego de rede que passa através dela ao interceptar ou rejeitar pacotes de acordo com um conjunto de critérios. Existem *firewalls* tanto físicos quanto virtuais (Figura 10.15).

Os *firewalls* são usados para proteger a superfície de ataque de uma organização ao interceptar todo o tráfego que entra e sai e ao identificar se algum elemento nele se encaixa em regras predefinidas, que podem ser pré-configuradas para controlar o fluxo de tráfego.

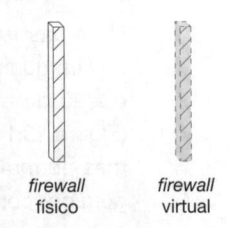

Figura 10.15
Os ícones usados para representar *firewalls* físicos e virtuais.

Um *firewall* físico protege as conexões físicas em dispositivos de rede. No entanto, *firewalls* físicos não são capazes de filtrar tráfego advindo de redes virtuais, que existem somente dentro de *hosts* virtualizados em ambientes de rede que não são representados por conexões físicas entre dispositivos físicos. Num ambiente assim, um *firewall* virtual pode ser implantado para fornecer o mesmo tipo de proteção para a rede virtual (Figura 10.16). É bastante comum *firewalls* virtuais e físicos serem integrados como forma de promover proteção coordenada que abrange redes físicas e virtuais.

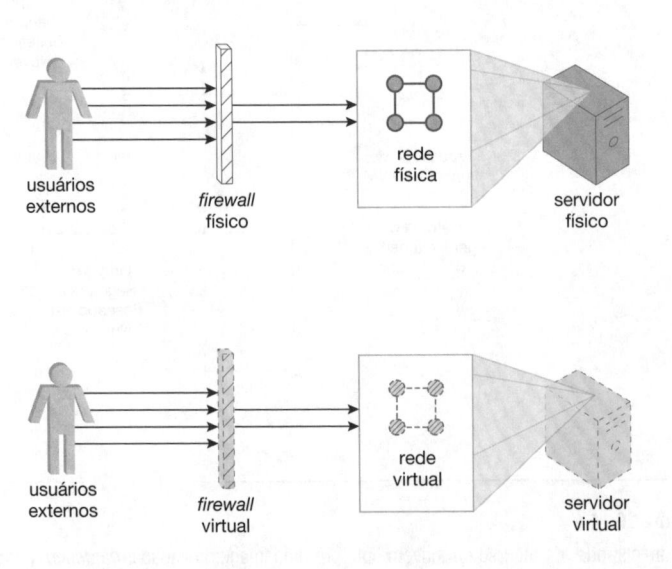

Figura 10.16
Um *firewall* físico filtra o tráfego para uma rede física, enquanto um *firewall* virtual filtra o tráfego para uma rede virtual.

Algumas implementações de *firewall* também lançam mão de agentes de *firewall* – programas implantados para rodar em programas de *software* individuais. Tais agentes podem fornecer um nível mais individualizado de proteção. Um *firewall* com agentes pode ser chamado de um *firewall distribuído,* já que as capacidades gerais de *firewall* são oferecidas coletivamente pelo *firewall* central e seus agentes.

> **OBSERVAÇÃO**
>
> Produtos contemporâneos de *firewall* podem incorporar as capacidades de outros mecanismos, tais como funcionalidades do sistema de detecção de invasão (IDS) e sistema de escaneamento digital de vírus e descriptografia. Alguns desses produtos utilizam tecnologias de ciência de dados, como aprendizado de máquina e inteligência artificial (IA), para permitir que o *firewall* evolua em sua capacidade de proteger tráfego de rede.

> **EXEMPLO DE ESTUDO DE CASO**
>
> Como parte da estratégia da DTGOV de migração de nuvem, a implantação de *firewalls* virtuais na rede de cada cliente individual é fundamental para garantir que todos eles estejam protegidos contra acesso não autorizado não apenas advindo da Internet, como também uns dos outros. Com um *firewall* virtual para cada cliente, a DTGOV poderá customizar o acesso à rede individualmente, conforme requisitado por cada organização governamental diferente.

10.9 Rede privada virtual (VPN)

Uma *rede virtual privada (VPN)* (Figura 10.17) é um mecanismo que existe na forma de uma conexão criptografada que permite que usuários remotos acessem dispositivos numa rede protegida por *firewall*. Esse mecanismo proporciona um túnel de comunicações seguras para dados transmitidos entre redes. Costuma ser adotado para estabelecer uma extensão criptografada de uma rede privada ao longo de uma rede não confiável, como a Internet. VPNs são implementadas como redes virtuais.

rede virtual privada (VPN)

Figura 10.17
O ícone usado para representar o mecanismo de rede virtual privada (VPN).

VPNs protegem o acesso a ativos informacionais internos ao fornecer acesso a dados acessados remotamente apenas por partes autorizadas com liberação de segurança, enquanto bloqueia outras partes. Eles costumam ser desenvolvidos usando-se tecnologias criptográficas para autenticar, autorizar e cifrar todo o tráfego que passa através da conexão de VPN.

Existem dois tipos de VPNs:

- *VPN segura* – este tipo de VPN envia e recebe tráfego de maneira criptografada e autenticada. Tanto o servidor quanto o cliente concordam com as propriedades de segurança, e ninguém fora da VPN pode modificá-las.

- *VPN de confiança* – este tipo de VPN pode não usar criptografia, mas, em vez disso, usuários confiam que o provedor de VPN garantirá que ninguém mais esteja usando o mesmo endereço de IP no caminho de tal VPN. Numa VPN de confiança, somente o provedor é capaz de modificar, injetar ou deletar dados do canal de comunicação da VPN.

VPNs híbridas também existem, combinando a propriedade de criptografia de uma VPN segura com a propriedade de conexão dedicada de uma VPN de confiança.

OBSERVAÇÃO

Protocolos comuns de VPN incluem Open VPN, L2TP/IPSec, SSTP, IKEv2, PPTP e Wireguard. Cada um deles oferece diferentes níveis de velocidade, segurança e facilidade de preparação.

EXEMPLO DE ESTUDO DE CASO

Entre seus clientes, a DTGOV identificou certas organizações governamentais que precisam ser capazes de acessar dados protegidos armazenados em servidores de armazenamento em locais remotos de um modo seguro. Conexões físicas dedicadas não estão disponíveis por toda parte, exigindo que muitos de seus clientes usem a Internet para acessar tais dados. Ao implementar conexões de VPN, a DTGOV pode garantir acesso seguro a dados protegidos via Internet.

10.10 Escaneador biométrico

A biometria é uma tecnologia usada para determinar a identidade de uma pessoa com base em suas características físicas ou comportamentais. Uma vez que dados biométricos podem derivados diretamente desses tipos de características singulares dos usuários, eles não podem ser perdidos ou esquecidos pelo usuário, nem podem ser facilmente forjados por atacantes. Isso elimina alguns dos problemas que usuários possam ter com senhas e *tokens*, que podem ser perdidos, esquecidos, roubados ou comprometidos de algum outro modo por atacantes.

Um *escaneador biométrico* (Figura 10.18) é um mecanismo capaz de atestar a identidade de um humano ao escanear ou capturar uma característica física ou comportamental, como caligrafia, assinaturas, impressões digitais, olhos, voz ou reconhecimento facial.

escaneador biométrico

Figura 10.18
O ícone usado para representar o mecanismo de escaneador biométrico.

Existem dois tipos principais de identificadores que podem ser validados usando-se escaneadores biométricos.

- *Identificadores fisiológicos* – podem ser ou biológicos ou morfológicos. Identificadores biológicos incluem DNA, sangue, saliva e testes de urina, que costumam ser usados por equipes médicas e cientistas forenses e não chegam a se aplicar a mecanismos de proteção de cibersegurança. Identificadores morfológicos incluem impressões digitais, formato da mão ou padrões de veias, olhos (incluindo a íris e a retina) e o formato facial.

- *Identificadores comportamentais* – incluem reconhecimento de voz, dinâmica de assinatura (incluindo a velocidade de movimento da caneta, aceleração, pressão exercida e inclinação), dinâmica de digitação em teclado, o modo de usar certos objetos, a marcha (o som dos passos de uma pessoa ao caminhar) e outros tipos de gestos.

Diferentes tipos de identificadores e mensurações nem sempre têm o mesmo nível de confiabilidade. Mensurações fisiológicas costumam oferecer o benefício da estabilidade ao longo da vida de uma pessoa e não são sujeitas a estresse, ao passo que mensurações fisiológicas podem mudar em diferentes estágios da vida e níveis de estresse (Figura 10.19).

Alguns mecanismos de escaneamento biométrico combinam diferentes tipos de escaneadores a fim de aumentar a gama de validações de segurança e a precisão das identificações. Esses tipos de sistemas são chamados de *escaneamento biométrico multimodal* e exigem no mínimo duas credenciais biométricas para realizar uma identificação. Um sistema multimodal desse tipo pode, por exemplo, exigir reconhecimento tanto facial quanto de impressão digital a fim de validar um usuário.

Figura 10.19
Com o passar do tempo, a impressão digital de uma pessoa não costuma mudar, tornando-a um identificador fisiológico confiável. No entanto, a voz de uma pessoa pode mudar, tornando-a um identificador comportamental menos confiável.

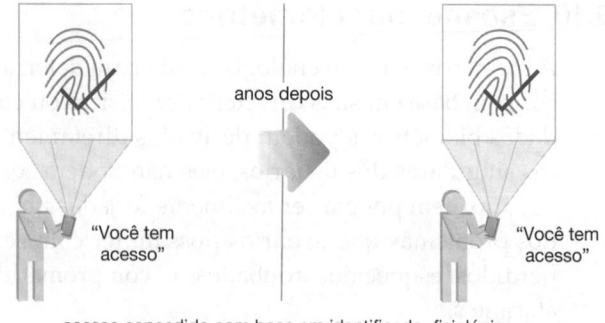

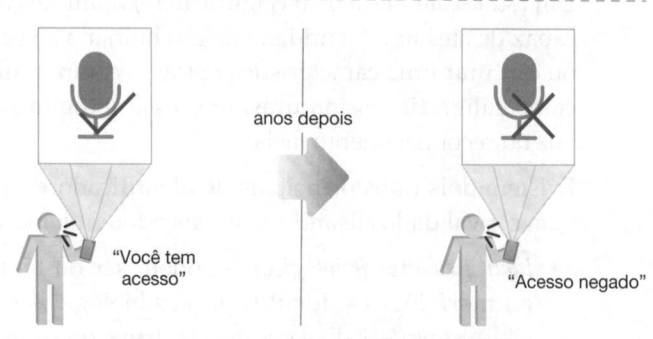

Escaneadores biométricos que se limitam a um único identificador também podem ser chamados de escaneadores biométricos unimodais.

EXEMPLO DE ESTUDO DE CASO

Ao reconhecer a importância crucial de garantir que somente responsáveis autorizados das crianças que usam os produtos da empresa tenham acesso a uma conta baseada em nuvem, a Innovartus decide apoiar a opção de que os pais possam exigir que o acesso ocorra somente mediante o uso de um escaneador de polegar. Para habilitar isso, a Innovartus utiliza o mecanismo de escaneador biométrico e o disponibiliza para dispositivos móveis de usuários. Isso ajuda a garantir que somente os pais e outros responsáveis autorizados ganhem acesso à conta de nuvem que armazena dados privados.

10.11 Sistema de autenticação multifatorial (MFA)

Um *sistema de autenticação multifatorial (MFA)* (Figura 10.20) utiliza dois ou mais fatores (verificadores) para alcançar autenticação. Ele funciona exigindo uma forma de verificação de um usuário durante um processo de autenticação, e depois exigindo uma segunda forma de verificação a fim de completar a autenticação. Os tipos de métodos de autenticação são mantidos independentes um do outro, dificultando assim que usuários maliciosos ganhem acesso não autorizado.

Figura 10.20
O ícone usado para representar o mecanismo de sistema de autenticação multifatorial (MFA).

Os fatores usados em sistemas MFA consumam incluir:

- algo que o usuário saiba, como uma senha ou PIN (Figura 10.21);
- algo que o usuário possua, como uma assinatura digital ou *token*;
- alguma parte do usuário, como um identificador biométrico ou mensuração.

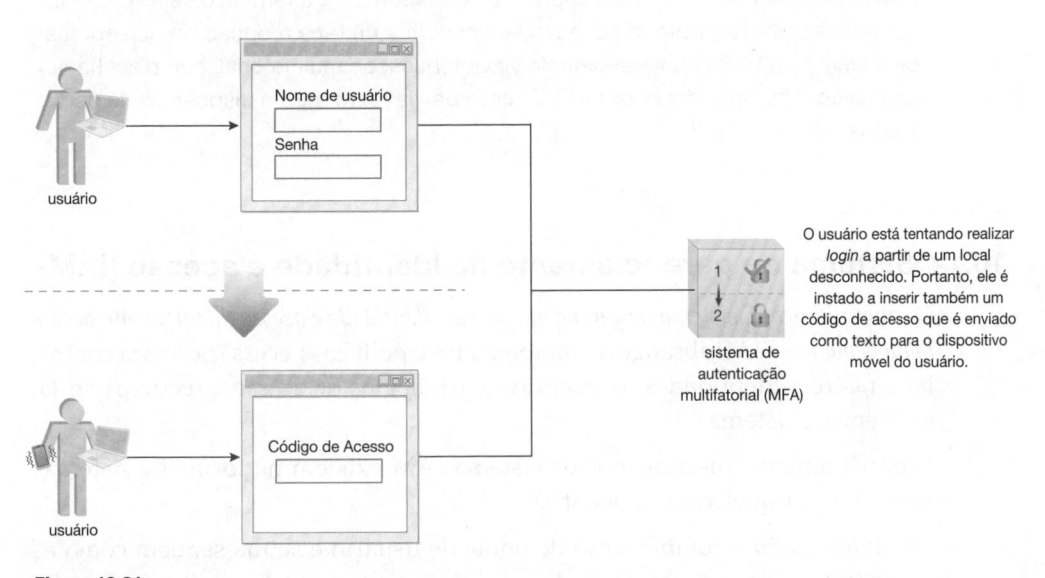

Figura 10.21
Um sistema MFA é usado para exigir etapas de autenticação multifatorial por um usuário quando é determinado que ele está buscando acesso a partir de uma nova localização geográfica.

Sistemas MFA também podem oferecer suporte a:

- *Autenticação baseada em localização* – um tipo mais avançado de MFA que realiza sua verificação com base no endereço de IP ou geolocalização de um usuário.

- *Autenticação baseada em risco* – um tipo de verificação baseado em análise de contexto ou comportamento quando um usuário está tentando acessar uma conta, levando em consideração aspectos como quando ou de onde o usuários está fazendo sua tentativa, se está vindo de um dispositivo já conhecido ou novo, quantas tentativas fracassadas já ocorreram, etc. Isso também é conhecido como *autenticação adaptativa*.

Sistemas MFA costumam ser empregados junto com VPNs dentro de organizações a fim de habilitar funcionários a acessar servidores corporativos remotamente.

EXEMPLO DE ESTUDO DE CASO

Alguns dos pais de crianças que usam produtos da Innovartus Technologies requisitaram que pessoas específicas tenham acesso às contas de seus filhos na nuvem em seu nome. Para assegurar que o responsável alternativo seja verdadeiramente aquele requisitando acesso, a Innovartus oferece a opção de que contas de nuvem sejam acessáveis somente via autenticação multifatorial, como senha de uso único (*one-time password* – OTP) enviada via texto para o dispositivo da parte autorizada.

10.12 Sistema de gerenciamento de identidade e acesso (IAM)

O mecanismo de *sistema de gerenciamento de identidade e acesso (identity and access management – IAM)* abrange os componentes e políticas necessários para controlar e rastrear identidades de usuários e privilégios de acesso a recursos de TI, ambientes e sistemas.

Especificamente, mecanismos de sistema IAM existem na forma de sistemas formados por quatro componentes:

- *Autenticação* – combinações de nome de usuário e senha seguem como as formas mais comuns de credenciais de autenticação de usuários gerenciadas pelo sistema IAM, que também oferece suporte a assinaturas digitais, certificados digitais, *hardware* biométrico (leitores de impressões digitais), *software* especializado (como programas de análise de voz) e a vinculação de contas de usuário a endereços de IP ou MAC registrados.

- *Autorização* – o componente da autorização define a granularidade correta para controles de acesso e supervisiona as relações entre entidades, direitos de controle de acesso e disponibilidade de recursos de TI.

- *Gestão de usuários* – relacionado às capacidades administrativas do sistema, o programa de gerenciamento de usuários é responsável por criar novas identidades de usuário e grupos de acesso, resetar senhas, definir políticas de senhas e gerenciar privilégios.

- *Gestão de credenciais* – o sistema de gestão de credenciais estabelece regras de identidade e controle de acesso para contas de usuários definidas, o que mitiga a ameaça de autorização insuficiente.

Embora seus objetivos sejam similares àqueles do mecanismo de sistema PKI, o escopo de implementação do mecanismo do sistema IAM é distinto, pois sua estrutura engloba controles e políticas de acesso para além da atribuição de níveis específicos de privilégios a usuários.

O mecanismo do sistema IAM é empregado principalmente para combater ameaças do tipo autorização insuficiente, negação de serviço, sobreposição de fronteiras de confiança, ataque de virtualização e ataque de conteinerização.

Um sistema IAM (Figura 10.22) é um mecanismo estabelecido usado para identificar, autenticar e autorizar usuários com base em funções predefinidas e privilégios de acesso.

Um sistema IAM é capaz de:

- verificar usuários;
- atribuir funções a usuários;
- atribuir níveis de acesso a usuários ou grupos de usuários (Figura 10.23).

sistema de gerenciamento de identidade e acesso (IAM)

Figura 10.22
O ícone usado para representar o mecanismo de sistema de gerenciamento de identidade e acesso (IAM).

Um sistema IAM é capaz de desempenhar a identificação, autenticação e autorização de um usuário ao utilizar:

- *Senhas únicas* – tradicionalmente, o tipo mais comum de autenticação digital que um sistema IAM emprega.

- *Chave pré-compartilhada (pre-shared key – PSK)* – um tipo de autenticação digital mediante o qual a senha é compartilhada entre usuários autorizados para acessar os mesmos recursos de TI. Proporciona conveniência, mas é menos segura que o uso de senhas individuais.

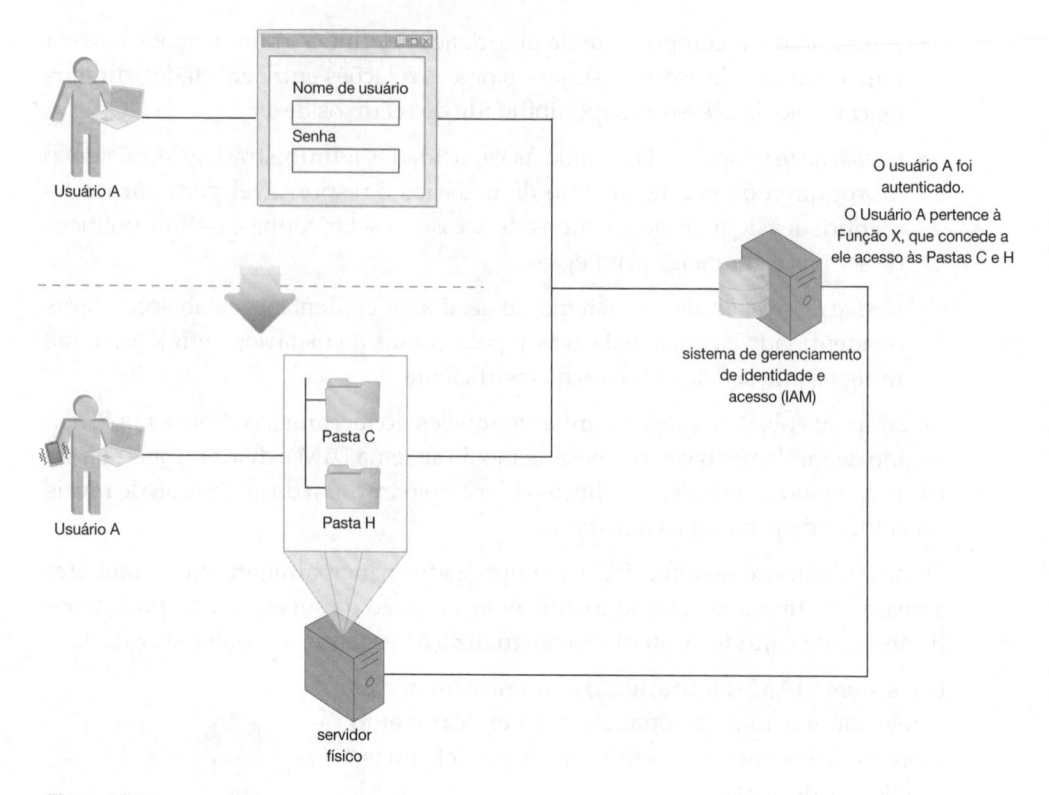

Figura 10.23
O sistema IAM autentica o Usuário A e o identifica como pertencente à Função X. Com base na função do usuário, o sistema IAM o autoriza a acessar duas pastas específicas num servidor físico de arquivos.

- *Autenticação comportamental* – para acesso a informações sensíveis ou a sistemas críticos, o IAM pode englobar ou ser utilizado em conjunto com um escaneador biométrico para fornecer autenticação comportamental. Ele pode analisar, por exemplo, dinâmica de digitação em teclado ou características de uso de *mouse* a fim de determinar instantaneamente se o comportamento de autenticação de determinado usuário mostra-se fora do normal.
- *Outras biometrias* – sistemas IAM podem usar identificadores biométricos para uma autenticação mais precisa.

Sistemas IAM contemporâneos podem incluir tecnologia de IA para ajudar a avaliar padrões e comportamentos de usuários. O sistema é capaz de coletar dados históricos de acesso dos usuários, os quais o sistema de IA pode usar para aprender sobre eles e como referência ao comparar comportamento recente àqueles registrados historicamente.

> **EXEMPLO DE ESTUDO DE CASO**
>
> Como resultado de diversas aquisições corporativas passadas, o cenário legado da ATN se tornou complexo e heterogêneo. Custos de manutenção aumentaram devido a aplicativos redundantes e similares e bases de dados que rodam concomitantemente. Repositórios legados de credenciais de usuários são igualmente diversificados.
>
> Agora que a ATN levou diversos aplicativos para um ambiente de PaaS, novas identidades são criadas e configuradas a fim de conceder acesso a usuários. Os consultores da CloudEnhance sugerem que a ATN deve capitalizar essa oportunidade mediante o lançamento de uma iniciativa-piloto de sistema IAM, especialmente porque um novo grupo de identidades baseadas em nuvem é necessário.
>
> A ATN concorda, e um sistema IAM especializado é projetado especificamente para regular fronteiras de segurança dentro de seu novo ambiente de PaaS. Com esse sistema, as identidades designadas a recursos de TI baseados em nuvem diferem das identidades correspondentes que existem nas próprias dependências, as quais foram originalmente definidas de acordo com políticas de segurança internas da ATN.

10.13 Sistema de detecção de invasão (IDS)

O mecanismo de *sistema de detecção de invasão (IDS)* (Figura 10.24) detecta atividade não autorizada ou invasão. Ele representa a primeira linha de defesa de muitas redes. IDSs usam como referência uma base com dados sobre ataques conhecidos para ajudar a reconhecer atividades suspeitas. Sistemas contemporâneos utilizam tecnologia de aprendizado de máquina e IA para ajudar a reconhecer atividades associadas a novos ataques ou desempenhadas por novos atacantes.

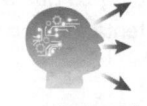

sistema de detecção de invasão (IDS)

Figura 10.24
O ícone usado para representar o mecanismo de sistema de detecção de invasão (IDS).

Com base no tipo de tecnologia de aprendizado de máquina ou IA adotado, diferentes formas de detecção de invasão podem ser empregadas.

Um sistema de detecção baseado em anormalidades, por exemplo, funciona criando uma base referencial para cada elemento informacional que representa um perfil de "comportamento normal". Esse perfil leva em conta uso de largura de banda e outros parâmetros para cada dispositivo na superfície de ataque da organização, gerando um alerta para cada atividade que fuja dessa base referencial. Uma vez que cada elemento informacional é único, esses perfis customizados podem ser criados para dificultar que um atacante saiba qual atividade específica pode ser desempenhada sem disparar um alarme.

Funcionalidades como essa podem ajudar a detectar ataques de dia zero, já que um sistema assim não depende de uma base de dados estabelecida contendo invasões anteriores já conhecidas, e em vez disso se concentra nos desvios em relação às bases referenciais estipuladas.

Existem dois tipos principais de mecanismos de IDS:

- *Passivo* – o cenário recém-descrito é um exemplo de IDS passivo, já que suas principais responsabilidades são detectar invasões e disparar alertas.
- *Dinâmico* – um IDS dinâmico (também conhecido como um sistema de detecção ou prevenção de invasão) é adicionalmente projetado para tomar medidas quando uma suspeita de invasão é detectada.

Em geral, um sistema de detecção e prevenção de invasão é uma combinação de um IDS passivo com dispositivos de controle de acesso que o sistema executa para bloquear um intruso.

EXEMPLO DE ESTUDO DE CASO

Uma vez que dados secretos ou confidenciais não são permitidos fora do perímetro protegido de cada organização cliente, alguns clientes da DTGOV do setor governamental judicial sofreram ataques visando adquirir esse tipo de dados, incluindo aqueles referentes a processos em aberto. Sendo assim, a DTGOV decide instalar um IDS que a ajudará a tomar medidas imediatas sempre que detectar atacantes tentando penetrar no perímetro protegido estabelecido para um desses clientes.

10.14 Ferramenta de testagem de penetração

O mecanismo de *ferramenta de testagem de penetração* (Figura 10.25), também conhecido como *pentesting*, prática de testar uma rede ou sistema a fim de expor vulnerabilidades de segurança. Isso ajuda as organizações a perceberem as capacidades atuais de seus ambientes de cibersegurança e a descobrirem quais ataques são mais propensos a ter sucesso, o que permite que profissionais de segurança façam simulações de ataques reais.

ferramenta de testagem de penetração

Figura 10.25
O ícone usado para representar o mecanismo de ferramenta de testagem de penetração.

Capítulo 10 Mecanismos de cibersegurança de nuvem orientados a acesso

Vetores de ataque contemporâneos precisam ser examinados rigorosamente em termos de vulnerabilidades potenciais usando técnicas modernas e aprimoradas de testagem de penetração, que incluem:

- *pentesting* automatizado;
- *pentesting* baseado em nuvem;
- *pentesting* de engenharia social (a fim de avaliar como humanos podem reagir a ameaças, como *phishing*).

A Figura 10.26 ilustra diversos cenários de *pentesting*.

A testagem de penetração pode ser realizada de modo totalmente automatizado, o que permite que testes mais frequentes sejam conduzidos na infraestrutura de segurança da organização. Isso pode ajudar a estabelecer uma avaliação contínua da efetividade de determinado ambiente de cibersegurança.

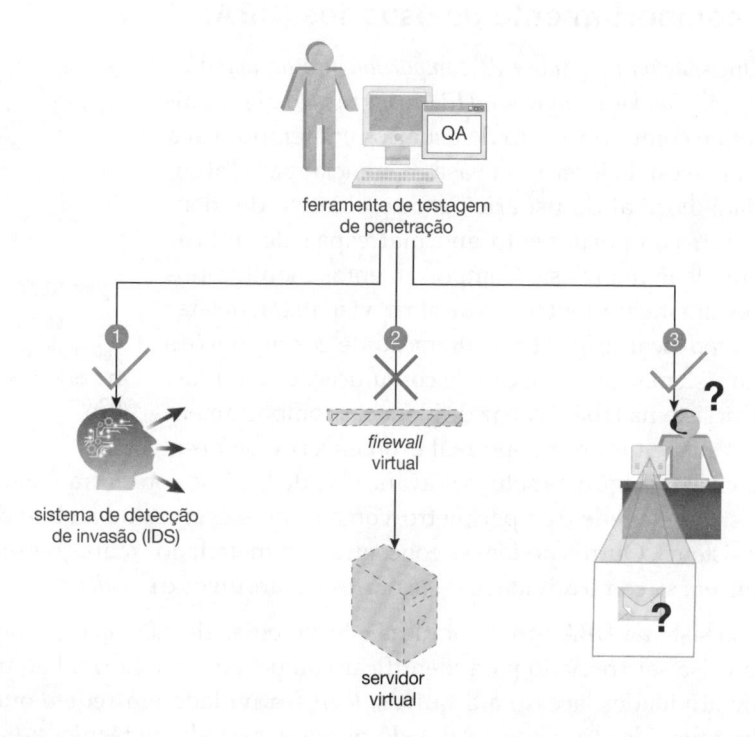

Figura 10.26
Um profissional de segurança utiliza uma ferramenta de testagem de penetração para verificar se um sistema de detecção de invasão (IDS) (1) está funcionando corretamente. Em seguida, a ferramenta de testagem de penetração expõe uma vulnerabilidade em um *firewall* virtual (2). Por fim, ela tenta (sem sucesso) levar um trabalhador humano a abrir um *e-mail* de *phishing* (3).

> **EXEMPLO DE ESTUDO DE CASO**
>
> A DTGOV implementou muitas medidas e controles de segurança a fim de proteger dados e recursos de TI de seus clientes. Porém, a efetividade de todos esses mecanismos, individualmente ou em grupo, jamais foi aferida. A DTGOV emprega uma ferramenta de testagem de penetração para testar periodicamente seus controles de segurança e assegurar sua efetividade.
>
> Especificamente, a ferramenta de testagem de penetração é utilizada em exercícios especiais projetados e agendados para testar e verificar o desempenho de certos mecanismos de segurança de nuvem. Isso ajuda a DTGOV a fazer mais ajustes e melhorias em sua arquitetura de segurança.

10.15 Sistema de análise de comportamento de usuários (UBA)

Um *sistema de análise de comportamento de usuários (user behavior analytics – UBA)* (Figura 10.27) monitora o comportamento de usuários em tempo real a fim de estabelecer uma base referencial para "atividade normal de usuário" com o objetivo de identificar comportamento anormal capaz de indicar atividade maliciosa. Comportamentos monitorados podem incluir tentativas de abrir, visualizar, deletar e modificar arquivos; a alteração de configurações do sistema; e a iniciação de comunicações em rede. Um sistema UBA é capaz de bloquear comportamentos suspeitos em tempo real e/ou encerrar *software* ofensivo. Algumas soluções avançadas de UBA se concentram em atividade no sistema de rede e de perímetro, como *logins* e eventos no âmbito de aplicativos e sistema. Outros podem se concentrar em metadados mais granulares no sistema em si, como atividade de usuários em arquivos e *e-mails*.

sistema de análise de comportamento de usuários (UBA)

Figura 10.27
O ícone usado para representar o mecanismo de sistema de análise de comportamento de usuários (UBA).

Um sistema UBA utiliza práticas e tecnologias de ciência de dados. O sistema precisa ser treinado para identificar comportamento normal ao processar *logs* de atividades, acesso a arquivos, *logins*, atividade em rede e outros tipos de histórico de atividades. Apoiado numa variedade de técnicas de análise com aprendizado de máquina e uso de IA e redes neurais, o sistema é capaz de estabelecer uma base referencial a partir da qual é possível prever o que é e o que não é normal (Figura 10.28).

- geralmente precisa de apenas uma tentativa para fazer *login*
- faz *logoff* consistentemente às 17h todos os dias
- normalmente acessa duas planilhas financeiras específicas
- não envia *e-mails* para partes externas

- precisou de 5 tentativas para fazer *login*
- fez *login* às 19h hoje
- está tentando copiar mais de 20 planilhas financeiras
- está enviando *e-mails* para endereço externo

sistema de análise de comportamento de usuários (UBA)

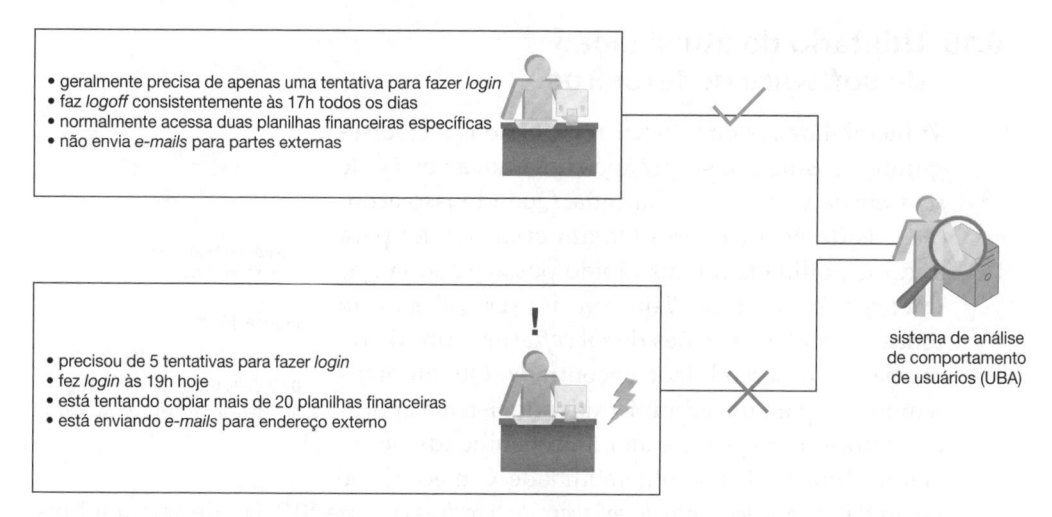

Figura 10.28
Um sistema UBA detecta atividade suspeita quando um usuário demonstra comportamento anormal.

Outras funcionalidades de sistemas UBA incluem:

- *Processamento de alto volume de atividades de usuários* – sistemas de arquivos podem ser enormes e dados sensíveis podem se espalhar escassamente. Para conseguir identificar atacantes, um sistema UBA precisa ser capaz de vasculhar e analisar metadados-chave e a atividade de muitos usuários em quantidades potencialmente massivas de dados.

- *Alertas em tempo real* – algoritmos de detecção de atacantes de um sistema UBA devem ser capazes de disparar alertas quase em tempo real, já que a janela temporal para atacantes acessarem e copiarem dados sensíveis pode ser muito breve.

EXEMPLO DE ESTUDO DE CASO

A DTGOV reconhece que seus usuários não podem ser treinados efetivamente em conscientização sobre segurança de nuvem com a agilidade e eficácia que ela desejaria. A empresa utiliza um sistema UBA que a permite monitorar e reconhecer comportamento de usuários a fim de identificar quando um determinado usuário pode ser na verdade um atacante ou intruso.

O sistema UBA analisa o comportamento de todos os usuários finais de clientes da DTGOV e aprende sobre seu comportamento comum, em preparação a qualquer usuário não autorizado que tente usar uma conta pertencente a um usuário legítimo.

10.16 Utilitário de atualização de *software* de terceiros

Vulnerabilidades de *software* relacionadas a cibersegurança costumam surgir após uma nova versão de *software* de terceiros ser lançada. Quando isso acontece, os desenvolvedores tentam criar *patches* para a vulnerabilidade o mais rápido possível, ao lançar um *upgrade* ou um *patch* que precisa ser aplicado em todas as implementações de tal *software* a fim de remediar a vulnerabilidade encontrada. Quanto mais tempo leva para um administrador de sistema aplicar a atualização ou *patch*, maior a probabilidade de ser atacado através de tal vulnerabilidade. O mecanismo de *utilitário de atualização de software de terceiros* (Figura 10.29) pode ajudar administradores a automatizar o processo de *patching* e atualização de seus programas de *software* de terceiros.

utilitário de atualização de *software* de terceiros

Figura 10.29
O ícone usado para representar o mecanismo de utilitário de atualização de *software* de terceiros.

Esse mecanismo tipicamente funciona da seguinte forma:

- O administrador define uma base referencial que determina o nível de atualização e *patching* necessário.
- Todos os programas de *software* de terceiros são cotejados com essa base referencial e atualizações e *patchings* necessários para cada são identificados.
- *Patches* e atualizações são baixados a partir de um repositório central, geralmente através de um canal protegido, a fim de assegurar que o *software* não foi adulterado. Eles são armazenados localmente para outros fins de remediação.
- O processo de remediação (as atividades de atualização, *upgrading* ou *patching* que são realizadas automaticamente por essa ferramenta) é agendado e/ou realizado sempre que necessário (Figura 10.30).

> **OBSERVAÇÃO**
> Esse mecanismo é específico para programas de *software* de terceiros. *Software* e aplicativos desenvolvidos customizadamente podem receber atualizações e *patches* mais efetivamente pela equipe de desenvolvimento de uma organização usando metodologias como DevOps.

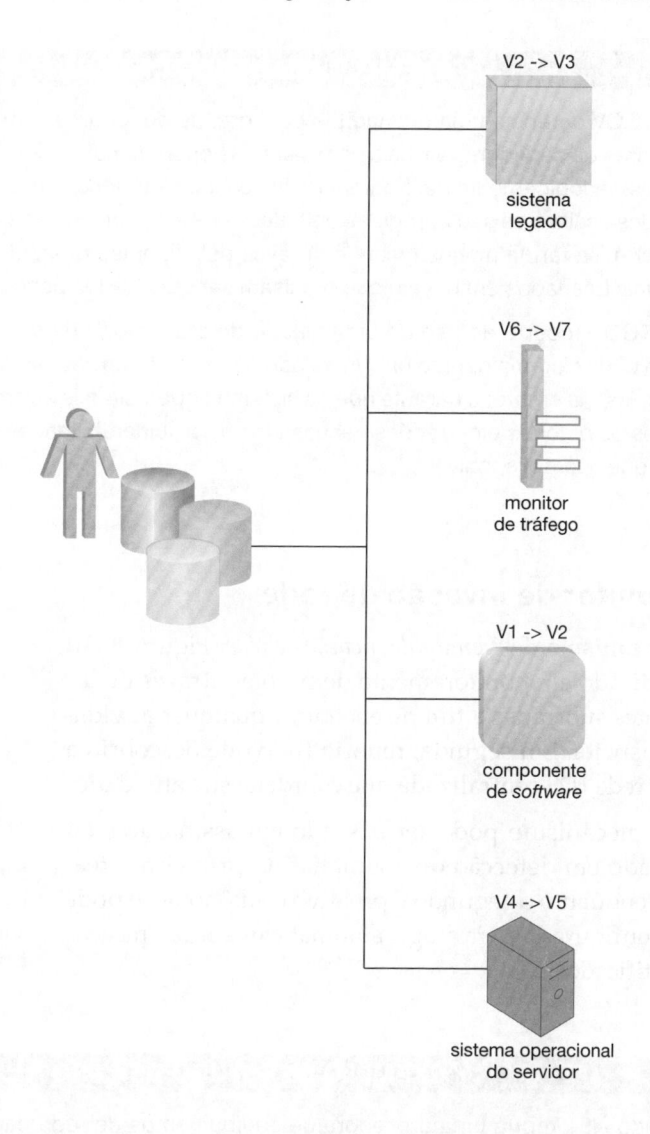

Figura 10.30
O utilitário de atualização de *software* de terceiros executa uma série de atualizações e *patches* agendados em diversos programas de terceiros, incluindo um sistema legado, um componente de *software*, um programa de agente de serviço e um sistema operacional de servidor virtual.

> **EXEMPLO DE ESTUDO DE CASO**
>
> A DTGOV gerencia uma quantidade bem grande de recursos em nuvem, incluindo milhares de servidores virtuais com sistemas operacionais que precisam ser atualizados periodicamente para garantir a aplicação de *patches* em todas as vulnerabilidades assim que são corrigidas pelo desenvolvedor de cada sistema operacional. Fazer essa tarefa manualmente é inviável, pela simples quantidade de servidores virtuais baseados em nuvem que precisam ser atualizados periodicamente.
>
> A DTGOV recorre ao uso de um utilitário de atualização de *software* de terceiros para cada sistema operacional instalado nos servidores virtuais que ela administra. Com isso, a empresa garante que os sistemas operacionais sejam atualizados com todos os *patches* e correções necessários para vulnerabilidades de segurança assim que ficam disponíveis.

10.17 Monitor de invasão de rede

O mecanismo de *monitor de invasão de rede* (Figura 10.31) é dedicado ao monitoramento de pacotes através de diferentes subrredes a fim de encontrar qualquer atividade suspeita. Em seguida, reporta tudo que descobriu a uma rede IDS centralizada que coordena sua atividade.

Esse mecanismo pode ser baseado em assinaturas ou baseado em detecção de anomalias. O primeiro é reativo, enquanto o segundo é proativo e autônomo, e pode ser configurado para reagir automaticamente a ameaças identificadas.

monitor de invasão de rede

Figura 10.31
O ícone usado para representar o mecanismo de monitor de invasão de rede.

> **EXEMPLO DE ESTUDO DE CASO**
>
> Sendo ela própria uma provedora de equipamentos de rede para o setor de telecomunicações, a ATN está preocupada com a segurança de redes virtuais que conectam todos os seus recursos baseados em nuvem. A empresa sabe como suas redes podem ser violadas e deseja assegurar que, se isso ocorrer com sua própria rede baseada em nuvem, será capaz de tomar medidas imediatas para lidar com o intruso apropriadamente.
>
> A ATN reconhece no monitor de invasão de rede um mecanismo que notificará as partes interessadas dentro da organização quando uma rede for violada. Ele fornecerá inclusive informações suficientes sobre a violação para permitir que especialistas em segurança de TI da ATN reajam a tempo e impeçam danos potenciais à organização.

10.18 Monitor de *log* de autenticação

O mecanismo de *monitor de log de autenticação* (Figura 10.32) vasculha *logs* de históricos que incluem informações sobre eventos de autenticação que ocorreram quando usuários tentaram acessar recursos de rede protegidos. Tais informações podem ser usadas para resolver dificuldades e para modificar regras de política de autenticação.

Entre os dados coletados por esse monitor, estão também dados de regras de autenticação, como *timeouts*, que representam o período de tempo pelo qual um usuário pode acessar determinado recurso uma vez que tenha sido autenticado para seu acesso.

monitor de *log* de autenticação

Figura 10.32
O ícone usado para representar o mecanismo de monitor de *log* de autenticação.

EXEMPLO DE ESTUDO DE CASO

A DTGOV precisa gerenciar o acesso de uma quantidade bem grande de usuários. Essa é uma responsabilidade trabalhosa, realizada manualmente pelos administradores dos diferentes recursos baseados em nuvem que a DTGOV gerencia em nome de seus clientes. Como a inserção manual de dados é propensa a erros humanos, isso resultou em queixas sobre possíveis acessos não autorizados a contas de usuários.

Assim, a DTGOV decidiu usar um monitor de *log* de autenticação para analisar com regularidade informações relacionadas a acesso de usuários que reclamam que seus privilégios de acesso foram usados inapropriadamente. Isso os ajuda a determinar quando eventos reais de invasão podem ter ocorrido. Com essas informações, a DTGOV pode então revisar os privilégios de acesso concedidos a usuários afetados para ver se acessos foram feitos em conformidade com os privilégios originalmente requisitados.

10.19 Monitor de VPN

Um *monitor de VPN* (Figura 10.33) rastreia e coleta informações sobre conexões de VPN, incluindo quais usuários se conectaram (ou estão atualmente conectados), os tipos de conexões usadas e o volume de dados trocados durante determinado período. Em caso de tentativas fracassadas de conexão, ele registra os problemas envolvidos e envia notificações para os administradores. Esse mecanismo ajuda a identificar anomalias de rede.

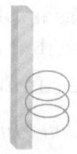

monitor de VPN

Figura 10.33
O ícone usado para representar o mecanismo de monitor de VPN.

> **EXEMPLO DE ESTUDO DE CASO**
>
> Diversos clientes da DTGOV que permitem acesso remoto a seus dados e sistemas baseados em nuvem via uma VPN reclamaram que seus dados podem ter sido acessados por partes não autorizadas. Para ser capaz de verificar esse comportamento, a DTGOV utiliza um monitor de VPN. A empresa analisa as informações coletadas pelo monitor de VPN a fim de identificar potencial acesso não autorizado através da VPN.

10.20 Tecnologias e práticas adicionais voltadas à segurança de acesso a nuvens

A lista a seguir elenca ainda outras práticas e tecnologias de segurança de nuvem voltadas a acesso de terceiros:

- *Cloud Access Security Brokers (CASB)* – soluções de segurança voltadas a proteger aplicativos e serviços baseados em nuvem. Essas soluções costumam ser implantadas entre os consumidores de serviço em nuvem e os provedores, permitindo que organizações imponham políticas de segurança e consigam enxergar o uso da nuvem.

- *Secure Access Service Edge (SASE)* – uma arquitetura de rede que combina segurança de rede com capacidades de interligação de redes em áreas amplas, para entregar acesso protegido a aplicativos e recursos baseados em nuvem.

- *Cloud Security Posture Management (CSPM)* – uma solução de segurança de nuvem que fornece monitoramento e gerenciamento contínuos da infraestrutura de nuvem de uma organização a fim de assegurar a conformidade com políticas de segurança e regulamentações.

- *Cloud Workflow Protection Platforms (CWPP)* – um tipo de ferramenta de segurança de nuvem que é projetado para proteger os vários fluxos de trabalho e processos que ocorrem dentro de ambientes baseados em nuvem. Essas plataformas ajudam a garantir que tais fluxos de trabalho estejam a salvo de acesso não autorizado, violações de dados e outras ameaças de segurança.

- *Cloud Infrastructure Entitlement Management (CIEM)* – um tipo de solução de segurança projetado para gerenciar e monitorar o acesso a recursos em nuvem, como servidores, bases de dados e aplicativos. O CIEM ajuda as organizações a garantirem que somente pessoal autorizado tenha acesso à sua infraestrutura de nuvem, reduzindo o risco de violações de dados e modificações não autorizadas. Essa solução proporciona visibilidade a permissões de acesso e atividades de usuários, permitindo que organizações detectem e reajam a comportamento suspeito em tempo real.

Capítulo 11

Mecanismos de segurança cibernética e de nuvem orientados a dados

11.1 Escaneamento de vírus digitais e sistema de descriptografia
11.2 Sistema de análise de código malicioso
11.3 Sistema de prevenção de perda de dados (DLP)
11.4 Módulo de plataforma de confiança (TPM)
11.5 Sistema de *backup* e recuperação de dados
11.6 Monitor de *log* de atividades
11.7 Monitor de tráfego
11.8 Monitor de proteção contra perda de dados

Este capítulo descreve os seguintes mecanismos que são orientados a estabelecer controles de acesso a dados e funções de monitoramento de dados em nuvem.

- escaneamento de vírus digitais e sistema de descriptografia;
- sistema de análise de código malicioso;
- sistema de prevenção de perda de dados (DLP);
- módulo de plataforma de confiança (TPM);
- sistema de *backup* e recuperação de dados;
- monitor de *log* de atividades;
- monitor de tráfego;
- monitor de proteção contra perda de dados.

11.1 Escaneamento de vírus digitais e sistema de descriptografia

O *sistema de escaneamento de vírus digitais e sistema de descriptografia* (Figura 11.1) é essencialmente um sistema antivírus avançado formado por componentes do lado do cliente e do lado do servidor. O componente do lado do cliente detecta vírus ao escanear arquivos usando métodos de detecção que incluem correspondências de padrões específicos dentro de arquivos executáveis e métodos heurísticos para detectar atividade viral. Ele tenta limpar uma infecção por vírus identificada removendo o código do vírus e restaurando os conteúdos do arquivo original.

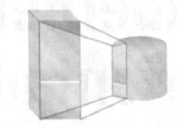

sistema de escaneamento de vírus digital e descriptografia

Figura 11.1
O ícone usado para representar o mecanismo do sistema de escaneamento de vírus digital e descriptografia.

O componente do lado do servidor é responsável por manter uma base de dados de informações coletadas sobre vírus e por usar tecnologias de ciência de dados para analisar e aprender com as informações disponíveis para ajudar a identificar e combater novos vírus potenciais ou variantes. O componente do lado do cliente recebe periodicamente dados de inteligência atualizados do componente do lado do servidor para melhorar sua capacidade de detectar e remover vírus.

O sistema de escaneamento de vírus digital e descriptografia também costuma oferecer as funcionalidades a seguir.

Descriptografia genérica

Esta funcionalidade permite que o sistema detecte vírus altamente complexos enquanto mantém alta velocidade de escaneamento. Arquivos executáveis são rodados através de um escaneador de descriptografia genérica, que consiste em três elementos básicos:

- *Emulador de CPU* – um computador virtual baseado em *software* no qual um arquivo executável é rodado, em vez de ser executado no processador subjacente.

- *Escaneador de assinatura de vírus* – *software* que escaneia o arquivo executável em busca de assinaturas de vírus conhecidos.

- *Módulo de controle de emulação* – *software* que controla a execução do arquivo executável.

Sistema imunológico digital

Esta funcionalidade permite que o sistema capture um vírus, retire dele informações confidenciais e então submeta-o automaticamente a uma central de análise de vírus, onde o vírus é examinado e sua assinatura é criada. A assinatura do vírus é então testada frente à amostra original, e, se bem-sucedida, é enviada de volta ao servidor para ser implantada no componente do mecanismo do lado do cliente (Figura 11.2).

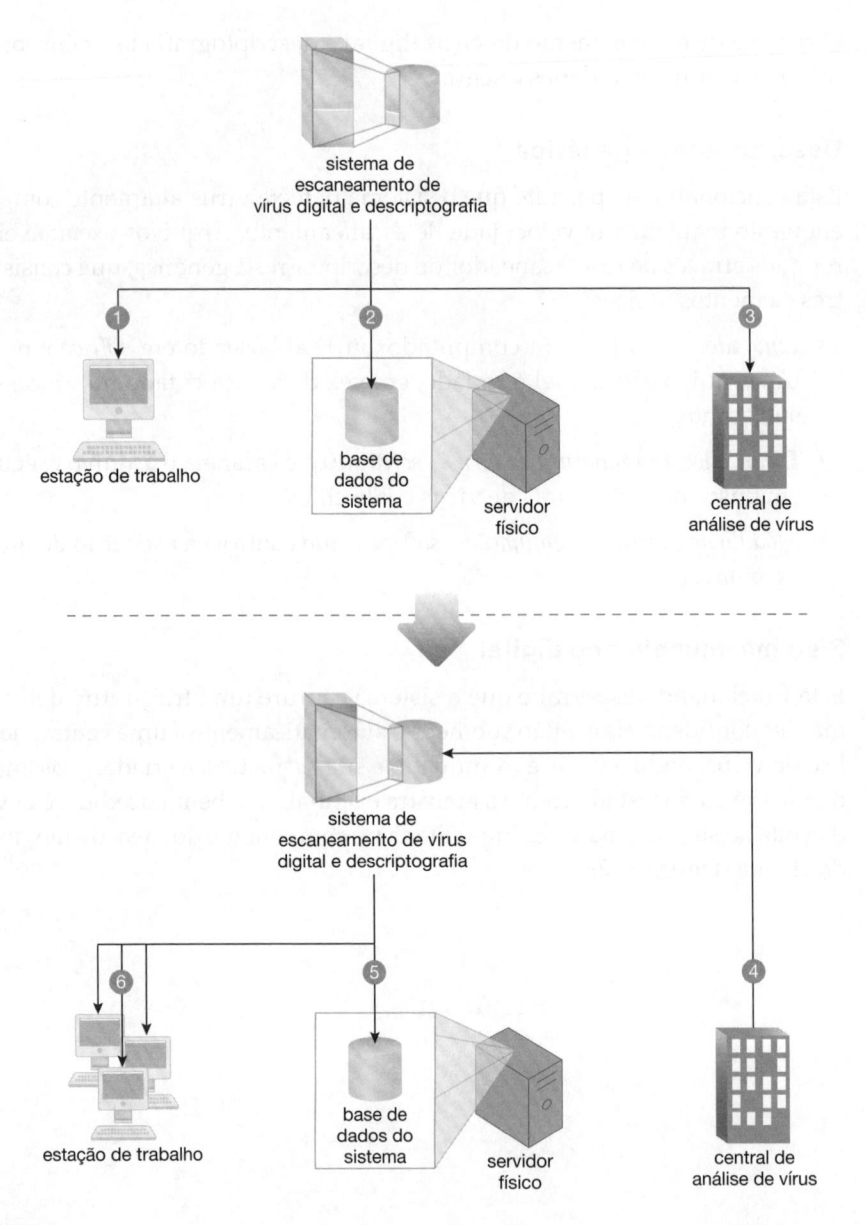

Figura 11.2
O componente do lado do cliente do sistema de escaneamento de vírus digital e descriptografia detecta um vírus numa estação de trabalho (1). O componente do lado do servidor loga a informação sobre o vírus numa base de dados central (2) e então a encaminha para uma central de análise de vírus (3), onde ganha uma assinatura de vírus. A assinatura do vírus é retornada (4), logada no componente do lado do servidor (5) e distribuída a todas as estações de trabalho sob a proteção do sistema (6).

EXEMPLO DE ESTUDO DE CASO

Inúmeros usuários que trabalham para clientes da DTGOV se conectam a sistemas e recursos de TI que a empresa implanta e gerencia na nuvem em seu nome. Infelizmente, diversos vírus conseguiram atacar partes dessa infraestrutura desde que a migração para a nuvem começou.

A DTGOV emprega um sistema de escaneamento de vírus digital e descriptografia como parte de sua nova estratégia de defesa para segurança de nuvem. Esse sistema reduz significativamente a disseminação de vírus por seus recursos baseados em nuvem.

11.2 Sistema de análise de código malicioso

O *sistema de análise de código malicioso* (Figura 11.3) é um mecanismo capaz analisar rapidamente volumes massivos de código malicioso e produzir um relatório que um analista humano pode usar para determinar quais ações o código malicioso realizou. Sistemas contemporâneos de análise de código malicioso se apoiam em tecnologia de aprendizado de máquina para desempenhar e aprimorar constantemente sua capacidade de detecção de *malware*.

Figura 11.3
O ícone usado para representar o mecanismo de sistema de análise de código malicioso.

As vastas capacidades de processamento desses sistemas os permitem acelerar investigações de segurança usando dados detalhados sobre eventos relacionados a carga de trabalho, *logs* de aplicativo, métricas de infraestrutura, auditorias e outras fontes de informação sobre comportamento de código malicioso. O sistema de análise de código malicioso ainda é capaz de emitir alertas sobre padrões maliciosos ou anômalos (Figura 11.4).

Figura 11.4
Um sistema automatizado de análise de código malicioso detecta um código desse tipo numa estação de trabalho (1) e analisa o código em tempo real (2) para alertar e fornecer um relatório a ser revisado por um profissional de segurança (3).

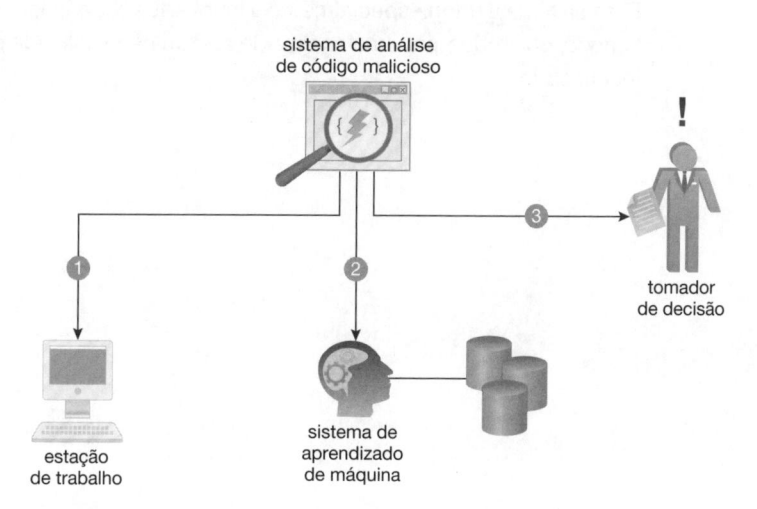

O uso desse mecanismo pode ajudar uma organização a se defender contra ataques de dia zero, já que a inteligência reunida não se baseia necessariamente em detecção de histórico de invasões, e sim nos resultados de análise de dados fornecidos por modelos capazes de identificar um novo *malware* em tempo real.

Existem dois tipos principais de sistemas de análise de código malicioso:

- *Estático* – este tipo de sistema é capaz de executar código malicioso num ambiente seguro e isolado chamado de caixa de areia (*sandbox* em inglês) – um ambiente controlado que permite que profissionais de segurança observem o *malware* em ação sem o risco de seus efeitos potenciais no ambiente comercial da organização.

- *Dinâmico* – este tipo de sistema á capaz de fornecer *insight* profundo nas capacidades de códigos maliciosos. Ele utiliza *sandboxing* automático, o que elimina o tempo que seria necessário para fazer a engenharia reversa de um arquivo após um código malicioso ter realizado ações nele.

Alguns atacantes desenvolvem programas maliciosos que permanecem dormentes enquanto rodam num ambiente de *sandbox*. Portanto, uma combinação híbrida de sistemas estático e dinâmico de análise de código malicioso pode ser usada para proporcionar um meio confiável de detectar códigos maliciosos mais sofisticados, ao ocultar a presença de uma *sandbox*.

EXEMPLO DE ESTUDO DE CASO

A Innovartus foi alvo de múltiplos ataques diferentes de vírus e, portanto, decidiu implementar um sistema de análise de código malicioso para prevenir tais ataques no futuro.

Esse sistema ajudou especialmente a Innovartus a identificar os ataques mais sofisticados, que requerem uma análise de código especializada e profunda para serem identificados.

11.3 Sistema de prevenção de perda de dados (DLP)

Um *sistema de prevenção de perda de dados (DLP)* (Figura 11.5) é uma ferramenta que permite que profissionais da área gerenciem a segurança e configurem o acesso a elementos informacionais distribuídos, o que se torna mais difícil quanto mais remota estiver a força de trabalho. Ele costuma ser usado para evitar o compartilhamento não autorizado ou acidental de dados confidenciais por pessoal interno.

sistema de prevenção de perda de dados (DLP)

Figura 11.5
O ícone usado para representar o mecanismo de sistema de prevenção de perda de dados (DLP).

As capacidades do mecanismo DLP podem incluir:

- *Controle de dispositivos* – permite que o administrador controle em quais dispositivos os usuários podem copiar e armazenar dados. Pode ser usado, por exemplo, para impedir que usuários armazenem dados potencialmente confidenciais em *pendrives* e cartões SD.

- *Proteção sensível a conteúdo* – permite que o administrador monitore e controle arquivos, *e-mails* e outros tipos de artefatos capazes de manter dados, sobretudo para garantir que nenhuma informação confidencial possa ser extraída deles.

- *Escaneamento de dados* – esta função pode escanear arquivos, *e-mails* e documentos digitais espalhados por diferentes dispositivos a fim de marcar aqueles que podem ser considerados confidenciais. Elementos informacionais podem ser rotulados como confidenciais para referência futura por outros mecanismos.

- *Criptografia forçada* – usada para assegurar que qualquer conteúdo que tenha permissão para deixar a organização seja criptografado, garantindo que será acessado somente por partes autorizadas.

A Figura 11.6 demonstra algumas dessas capacidades.

Sistemas DLP podem existir na forma de serviços baseados em nuvem usados para monitorar aplicativos e *sites* de compartilhamento de arquivos em nuvem.

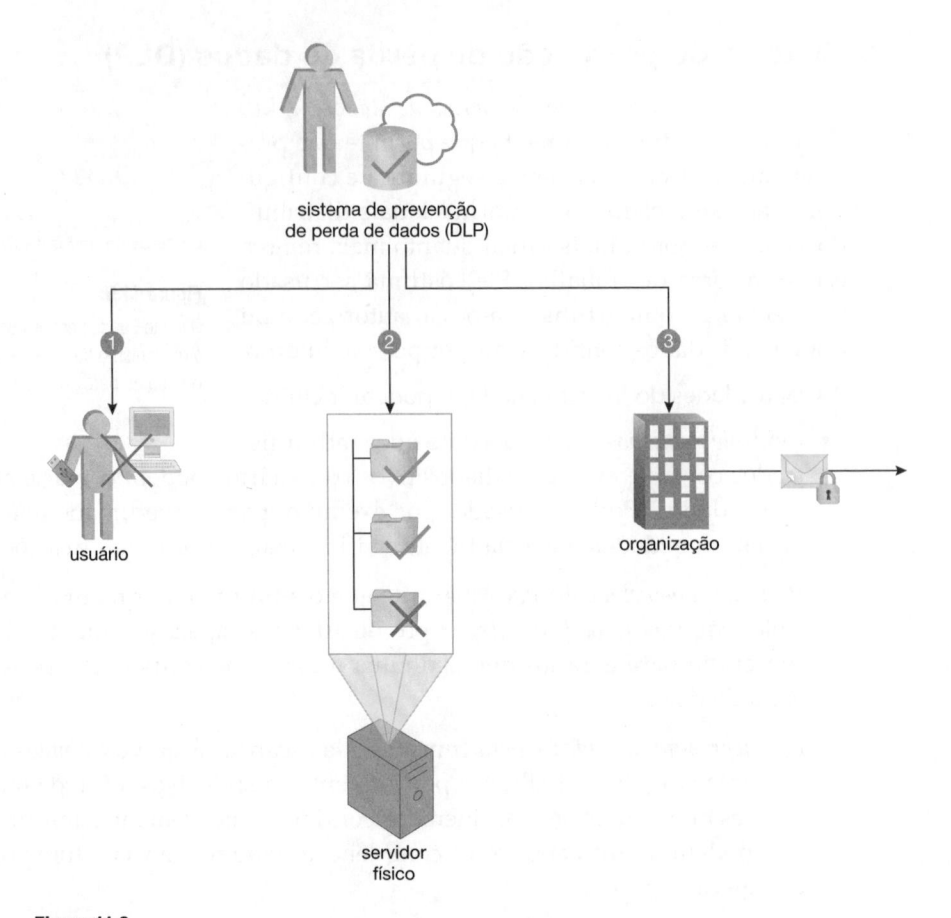

Figura 11.6
Um profissional de segurança com um sistema DLP impede que um usuário armazene dados da empresa num pendrive (1), escaneia um servidor corporativo com arquivos em pastas para identificar aqueles com dados confidenciais (2) e força um *e-mail* enviado para fora da fronteira da organização a ser criptografado (3).

EXEMPLO DE ESTUDO DE CASO

Alguns clientes da DTGOV são organizações governamentais judiciais que precisam manter certos dados confidenciais e secretos. Para impedir que tais dados sejam compartilhados de maneira não autorizada, um sistema de prevenção de perda de dados é estabelecido especificamente para esses clientes.

Esse sistema assegura que qualquer dado copiado ou movimentado seja conferido para ver se é confidencial ou secreto. Se este for o caso, os dados não terão permissão para deixar um perímetro específico dentro do ambiente de nuvem do cliente.

11.4 Módulo de plataforma de confiança (TPM)

Um *módulo de plataforma de confiança (trusted platform module – TPM)* (Figura 11.7) é um mecanismo usado para autenticar dispositivos ("plataformas") tais como PCs, *laptops*, telefones celulares e *tablets*. Um TPM pode existir na forma de um *chip* que possui uma chave única e secreta marcada durante a produção.

O *chip* de TPM realiza certas medições a cada vez que o dispositivo é iniciado. Essas medições incluem a tomada de *hashes* do código BIOS, ajustes de BIOS, *bootloader* de ajustes de TPM e *kernel* de sistema operacional, para que versões alternativas dos módulos mensurados não possam ser produzidos facilmente, e para que as *hashes* levem a medições idênticas. Essas medições são então usadas como padrão de comparação para validar valores adequados conhecidos.

Durante o *boot-up*, o mecanismo verifica as características dos componentes de *hardware* conectadas ao processador *versus* as informações de dispositivo armazenadas no TPM. Caso difiram entre si, então fica confirmado que o *hardware* foi comprometido (Figura 11.8).

Figura 11.7
O ícone usado para representar um mecanismo de módulo de plataforma de confiança (TPM).

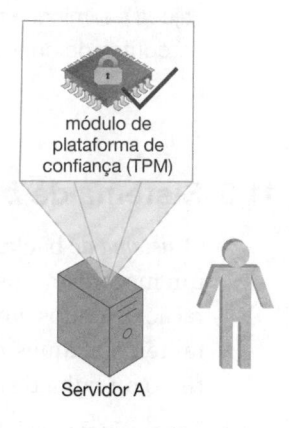

Figura 11.8
No Dia 1, um administrador liga um servidor físico. O mecanismo de TPM verifica que o *hardware* está OK. No Dia 2, o administrador liga o mesmo servidor, mas dessa vez o mecanismo de TPM indica que a confirmação do *hardware* não corresponde a suas medições. O administrador fica ciente de que o servidor pode ter sido adulterado.

> **EXEMPLO DE ESTUDO DE CASO**
>
> A segurança das crianças enquanto usam os brinquedos virtuais fornecidos pela Innovartus é de crucial importância para seus pais. Portanto, também é importante para a Innovartus garantir que nenhum código malicioso possa rodar em quaisquer de seus servidores virtuais baseados em nuvem.
>
> Para isso, a empresa instala um TPM em cada um dos servidores físicos que hospedam seus servidores virtuais baseados em nuvem. Ela emprega os TPMs para verificar se o hipervisor e cada instância de sistema operacional rodando em tais servidores têm sua autenticidade atestada antes de serem carregados para a memória. Isso garante que nenhuma adulteração venha ocorrer no *firmware* do *hardware* físico ou em qualquer lógica que roda em tais servidores. Isso, por sua vez, ajuda a eliminar a possibilidade de que *malware* venha a rodar juntamente com seus produtos de brinquedos virtuais.

11.5 Sistema de *backup* e recuperação de dados

O *sistema de backup e recuperação de dados* (Figura 11.9) é um mecanismo usado para proporcionar rápida recuperação de dados em caso de sua perda ou corrupção resultante de ataques cibernéticos, roubo cibernético, roubo físico ou falha de *hardware* ou *software*.

sistema de *backup* e recuperação de dados

Figura 11.9
O ícone usado para representar um mecanismo de sistema de *backup* e recuperação de dados.

Em essência, o sistema de *backup* e recuperação de dados copia dados importantes em repositórios separados de armazenamento como forma de proporcionar um constante recurso alternativo a partir do qual a organização possa recuperar dados (Figura 11.10).

Muitas variações desse mecanismo dependem da colocação de dados de *backup* em nuvens. Provedores de nuvem muitas vezes oferecem planos de *backup* como serviço (BaaS), o que pode simplificar o *backup* e a recuperação de dados, já que não requerem a instalação e a configuração de um dispositivo de armazenamento e de *software* adicional, tal como um sistema operacional.

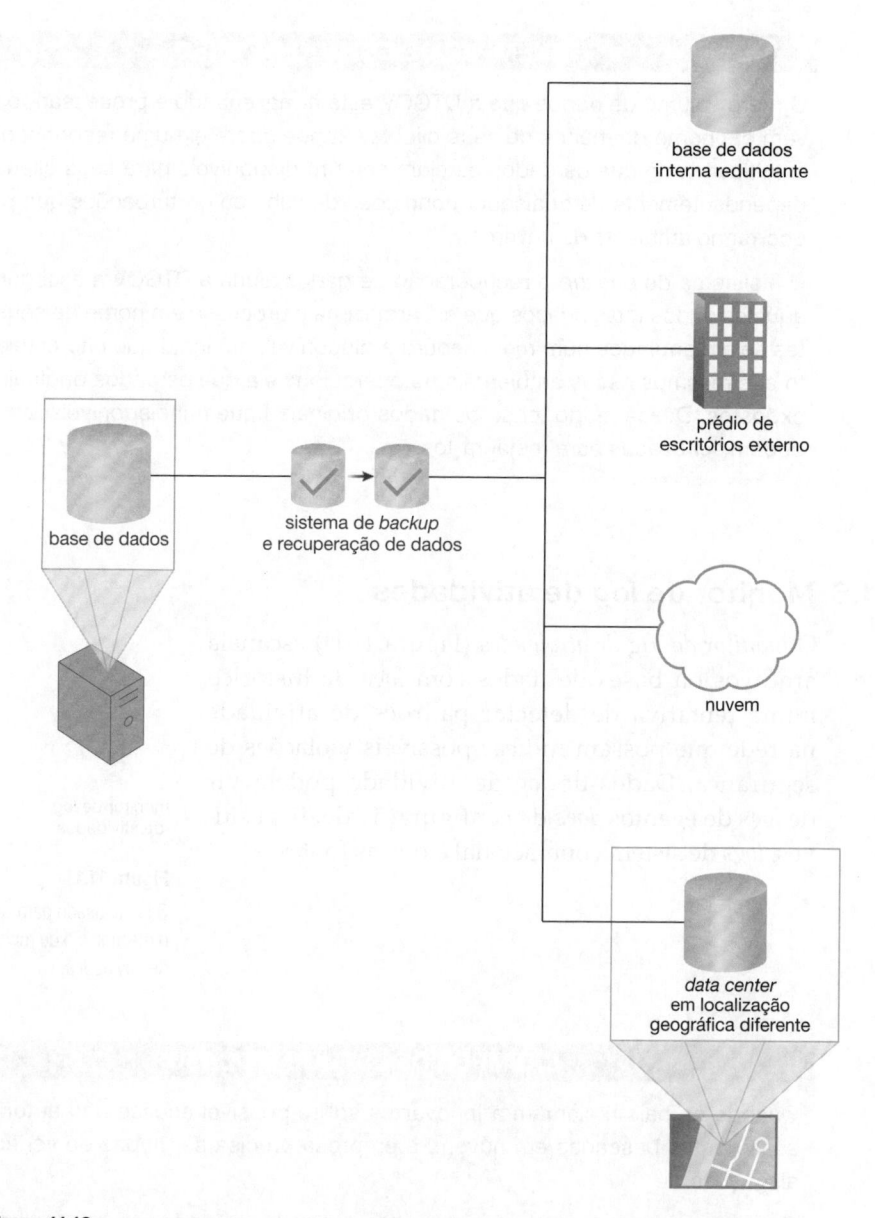

Figura 11.10
Uma técnica comum para usar o mecanismo de sistema de *backup* e recuperação de dados é conhecida como a "abordagem 3-2-1", que requer que os dados sejam mantidos em três locais separados, utilizando dois formatos diferentes de armazenamento e com uma cópia extra mantida em outro local, numa região geográfica diferente.

EXEMPLO DE ESTUDO DE CASO

O mero volume de dados que a DTGOV está armazenando e processando na nuvem em nome de muitos de seus clientes impõe sobre ela uma responsabilidade significativa de que os dados estejam sempre disponíveis para seus clientes, independentemente de quaisquer condições de falha ou perturbações que possam ocorrer no ambiente da nuvem.

Um sistema de *backup* e recuperação de dados ajuda a DTGOV a assegurar que aqueles dados mais críticos que ela armazena e processa em nome de seus clientes sejam copiados num meio seguro e disponível, em local que não esteja sujeito aos mesmos riscos ambientais ou operacionais a que os dados originais estão expostos. Desse modo, caso os dados originais fiquem indisponíveis, as cópias podem ser usadas para restaurá-los.

11.6 Monitor de *log* de atividades

O *monitor de log de atividades* (Figura 11.11) escaneia arquivos ou bases de dados com *logs* de histórico numa tentativa de detectar padrões de atividade na rede que possam indicar possíveis violações de segurança. Dados de *log* de atividade podem vir de *logs* de eventos, *logs* de configuração de dispositivos, *logs* de sistema operacional e outras fontes.

monitor de *log* de atividades

Figura 11.11
O ícone usado para representar o mecanismo de monitor de *log* de atividades.

EXEMPLO DE ESTUDO DE CASO

Quando os pais reclamam à Innovartus sobre possível acesso não autorizado a suas contas baseadas em nuvem, a empresa precisa ser capaz de verificar tais alegações.

Com esse objetivo, ela adota um monitor de *log* de atividades para vasculhar todas as tentativas registradas de acesso, bem ou malsucedidas, na conta em questão. Esse monitor fornece informações sobre quaisquer padrões de atividade que possam indicar comportamento malicioso, os quais a Innovartus pode então estudar para verificar a legitimidade de cada queixa.

Capítulo 11   Mecanismos de segurança cibernética e de nuvem orientados a dados   **321**

11.7 Monitor de tráfego

O mecanismo *monitor de tráfego* (Figura 11.12) é responsável por monitorar o tráfego de rede a fim de revisar e analisar atividade de tráfego em busca de anormalidades que possam prejudicar o desempenho, a disponibilidade e/ou a segurança de rede. Esse mecanismo oferece aos administradores de rede dados em tempo real e tendências de uso a longo prazo em relação aos dispositivos de rede.

monitor
de tráfego

Figura 11.12
O ícone usado para representar o mecanismo de monitor de tráfego.

EXEMPLO DE ESTUDO DE CASO

Muitos tipos de incidentes de segurança desencadeiam eventos específicos relacionados a redes virtuais que se interconectam com recursos baseados em nuvem. Portanto, como um complemento ao monitor de invasão de rede, a ATN instala um mecanismo monitor de tráfego para reunir dados sobre o comportamento da rede, os quais podem ser correlacionados com informações advindas do monitor de invasão de rede para identificar mais especificamente o tipo de invasão ou violação de rede que aconteceu, permitindo que a ATN tome medidas mais efetivas contra a invasão.

11.8 Monitor de proteção contra perda de dados

Um *monitor de proteção contra perda de dados* (Figura 11.13) é projetado para salvaguardar dados vitais utilizando uma tecnologia de captura que atua como um gravador digital capaz de apresentar um *replay* de incidentes de perda de dados *a posteriori*. Essas gravações podem ser usadas para investigações subsequentes. Esse mecanismo é capaz de racionalizar a remediação ao alertar remetentes, destinatários, proprietários de conteúdo e administradores de sistema quanto a uma violação.

módulo de
plataforma de
confiança (TPM)

Figura 11.13
O ícone usado para representar o mecanismo monitor de proteção contra perda de dados.

O monitor de proteção contra perda de dados costuma ser usado para salvaguardar os elementos informacionais mais importantes de uma organização, como código-fonte, memorandos internos e pedidos de patente. Ele detecta muitos tipos diferentes de conteúdos que atravessam qualquer porta ou protocolo para descobrir ameaças desconhecidas. O monitor é capaz de encontrar e analisar informações sensíveis viajando pela rede e de aplicar regras para prevenir riscos futuros. Esse mecanismo pode ainda fornecer contribuições para relatórios que explicam quem enviou dados, para onde eles foram e de que maneira foram enviados.

OBSERVAÇÃO

Um monitor de proteção contra perda de dados pode ajudar uma organização a cumprir requisitos regulatórios de monitoramento de perda de dados, tais como PCI, GLBA, HIPAA e SOX.

EXEMPLO DE ESTUDO DE CASO

Para cumprir os rigorosos requisitos de dados de seus clientes do setor judicial, a DTGOV lança mão de um monitor de proteção contra perda de dados para mantê-la informada quando qualquer atividade, tal como a cópia ou a movimentação de dados, ocorrer em descumprimento de suas regulamentações e políticas.

Capítulo 12

Mecanismos de gerenciamento de nuvem

12.1 Sistema de administração remota
12.2 Sistema de gerenciamento de recursos
12.3 Sistema de gerenciamento de SLA
12.4 Sistema de gerenciamento de cobranças

Recursos de TI baseados em nuvem precisam ser preparados, configurados, mantidos e monitorados. Os sistemas abordados neste capítulo são mecanismos que abrangem e habilitam esses tipos de tarefas de gerenciamento. Eles formam partes-chave das arquiteturas de tecnologia de nuvem, ao facilitar o controle e a evolução dos recursos de TI que formam plataformas e soluções de nuvem.

Os seguintes mecanismos relacionados a gerenciamento são descritos neste capítulo:

- sistema de administração remota;
- sistema de gerenciamento de recursos;
- sistema de gerenciamento de SLA;
- sistema de gerenciamento de cobranças.

Esses sistemas costumam fornecer APIs integradas e podem ser oferecidos como produtos individuais, aplicativos customizados, ou combinados em vários pacotes de produtos ou aplicativos multifunções.

12.1 Sistema de administração remota

O mecanismo de *sistema de administração remota* (Figura 12.1) oferece ferramentas e interfaces de usuário para que administradores externos de recursos em nuvem configurem e administrem recursos de TI baseados em nuvem.

Um sistema de administração remota pode estabelecer um portal para acesso a funcionalidades de administração e gerenciamento de vários sistemas subjacentes, incluindo gerenciamento de recursos, de SLA e de sistemas de cobrança descritos neste capítulo (Figura 12.2).

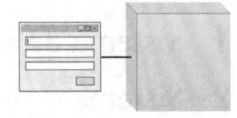

sistema de administração remota

Figura 12.1
O símbolo usado neste livro para o sistema de administração remota. A interface de usuário exibida costuma ser rotulada para indicar um tipo específico de portal.

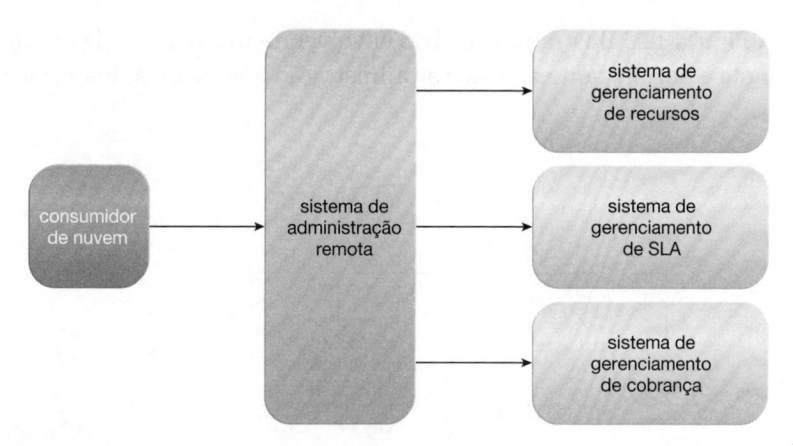

Capítulo 12 Mecanismos de gerenciamento de nuvem

Figura 12.2
O sistema de administração remota abstrai os sistemas de gerenciamento subjacentes para expor e centralizar controles administrativos para administradores externos de recursos em nuvem. O sistema oferece um console customizável de usuário, enquanto estabelece a interface programática com sistemas de gerenciamento subjacentes via suas APIs.

As ferramentas e APIs oferecidas por um sistema de administração remota geralmente são usadas pelo provedor de nuvem para desenvolver e customizar portais *on-line* que fornecem a consumidores de nuvem uma variedade de controles administrativos.

A seguir, são listados os dois tipos principais de portais criados com o sistema de administração remota:

- *Portal de uso e administração* – um portal de uso geral que centraliza controles gerenciais de diferentes recursos de TI baseados em nuvem e que ainda pode fornecer relatórios de uso desses recursos. Esse portal faz parte de inúmeras arquiteturas de tecnologia de nuvem abordadas nos Capítulos 13 a 15.

- *Portal de autosserviço* – trata-se essencialmente de um portal de compras que permite que consumidores de nuvem façam buscas numa lista atualizada de serviços e recursos de TI em nuvem que estão disponíveis junto a um provedor de nuvem (geralmente em arrendamento). O consumidor de nuvem submete seus itens escolhidos ao provedor de nuvem para provisionamento. Esse portal está associado principalmente à arquitetura de provisionamento rápido descrita no Capítulo 14.

A Figura 12.3 ilustra um cenário envolvendo um sistema de administração remota e portais tanto de uso e administração quanto de autosserviço.

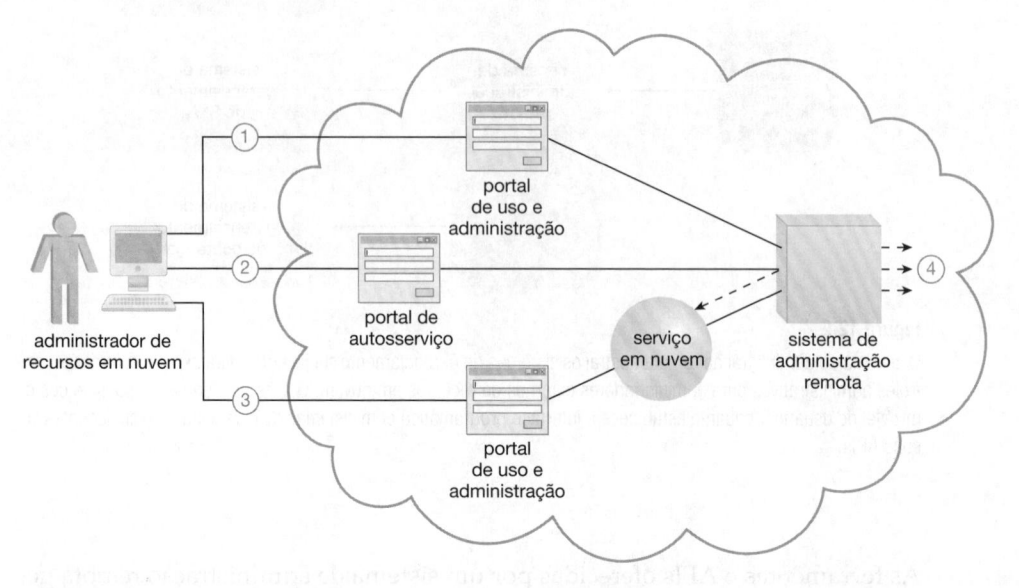

Figura 12.3
Um administrador de recursos em nuvem utiliza um portal de uso e administração para configurar um servidor virtual já arrendado (não mostrado) a fim de prepará-lo para hospedagem (1). O administrador utiliza então o portal de autosserviço para selecionar e solicitar o provisionamento de um novo serviço em nuvem (2). Em seguida, o mesmo administrador acessa o portal de uso e administração novamente para configurar o serviço em nuvem recém-provisionado que está hospedado no servidor virtual (3). Ao longo dessas etapas, o sistema de administração remota interage com os sistemas gerenciais necessários para realizar as ações solicitadas (4).

Dependendo de qual:
- tipo de produto ou modelo de entrega de nuvem que o consumidor de nuvem está arrendando ou usando junto ao provedor de nuvem;
- nível de controle de acesso é concedido pelo provedor ao consumidor de nuvem; e
- sistema ou sistemas de gerenciamento subjacentes estão servindo de interface ao sistema de administração remota;

...as seguintes tarefas costumam ser cumpridas pelos consumidores de nuvem via console de administração remota:

- configuração e ajuste de serviços em nuvem;
- provisionamento e liberação de recurso de TI para serviços em nuvem sob demanda;
- monitoramento de *status*, uso e desempenho de serviço em nuvem;
- monitoramento de cumprimento de QoS e SLA;
- gerenciamento de custos de arrendamento e taxas de uso;
- gerenciamento de contas de usuários, credenciais de segurança, autorização e controle de acesso;
- rastreamento de acesso interno e externo a serviços arrendados;
- planejamento e avaliação de provisionamento de recursos de TI;
- planejamento de capacidade.

Embora a interface de usuário fornecida pelo sistema de administração remota tenda a ser de propriedade do provedor de nuvem, há uma preferência entre os consumidores de nuvem a trabalhar com sistemas de administração remota que oferecem APIs padronizadas. Com isso, um consumidor de nuvem pode investir na criação de seu próprio *front-end*, sabendo de antemão que ele pode reutilizar esse console se decidir migrar para outro provedor de nuvem que suporte a mesma API padronizada. Além disso, o consumidor de nuvem seria capaz de tirar ainda mais proveito de APIs padronizadas se estiver interessado em arrendar e administrar centralmente recursos de TI junto a múltiplos provedores de nuvem e/ou recursos de TI que residem em ambientes de nuvem e nas próprias dependências (Figura 12.4).

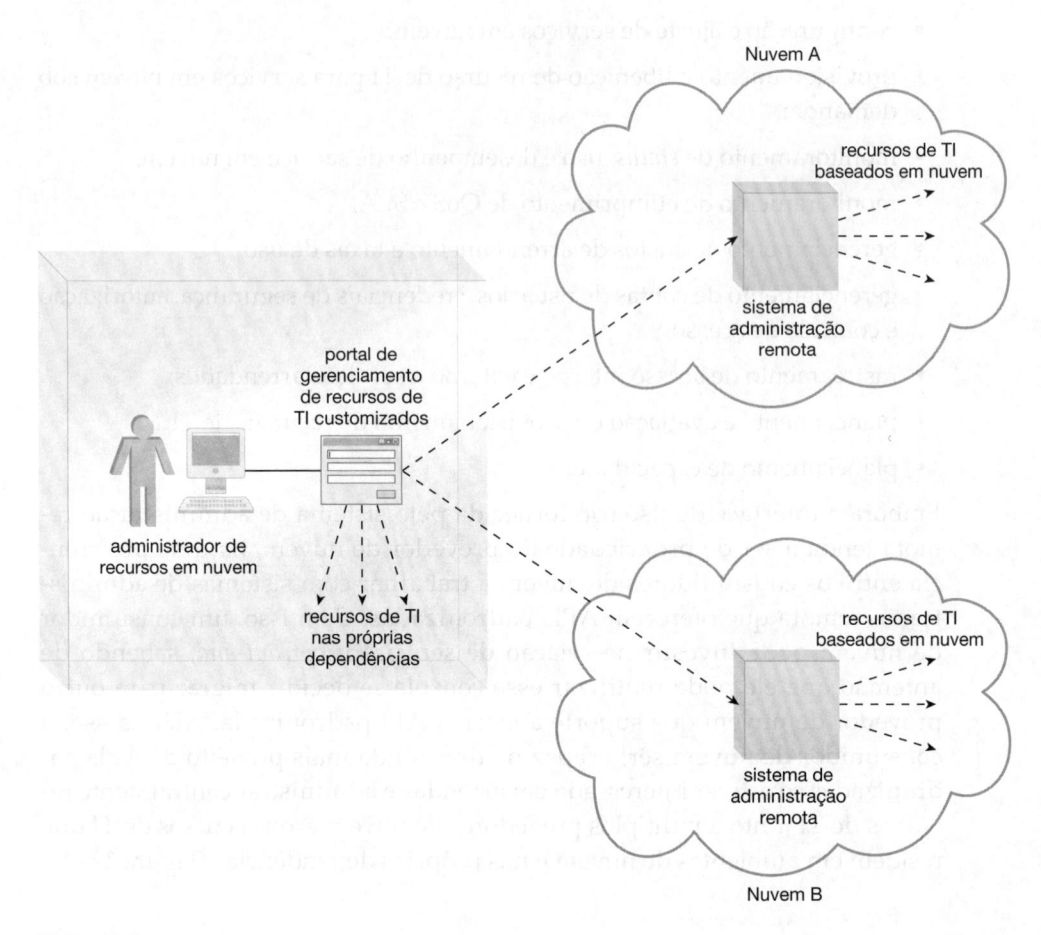

Figura 12.4
APIs padronizadas publicadas por sistemas de administração remota de diferentes nuvens permitem que um consumidor de nuvem desenvolva um mesmo portal customizado para gerenciamento de recursos de TI tanto em nuvem quanto nas dependências.

> **EXEMPLO DE ESTUDO DE CASO**
>
> Faz algum tempo que DTGOV vem oferecendo a seus consumidores de nuvem um sistema de administração remota fácil de usar, e recentemente determinou que *upgrades* são necessários a fim de acomodar o número crescente de consumidores de nuvem e a diversidade cada vez maior de solicitações. A DTGOV está planejando um projeto de desenvolvimento para ampliar o sistema de administração remota de modo a satisfazer os seguintes requisitos:
>
> - Consumidores de nuvem precisam ser capazes de autoprovisionar servidores virtuais e dispositivos de armazenamento virtual. O sistema precisa especificamente interoperar com a API de propriedade da plataforma de VIM habilitada por nuvem a fim de possibilitar capacidades de autoprovisionamento.
>
> - Um mecanismo de autenticação única (descrito no Capítulo 10) precisa ser incorporado para autorizar e controlar centralmente o acesso de consumidores de nuvem.
>
> - Precisa ficar exposta uma API que suporte o provisionamento, a execução, a interrupção, o redimensionamento vertical e a replicação de comandos para servidores virtuais e dispositivos de armazenamento em nuvem.
>
> Como apoio a essas funcionalidades, um portal de autosserviço é desenvolvido e o conjunto de funcionalidades de portal de uso e administração já existente da DTGOV é ampliado.

12.2 Sistema de gerenciamento de recursos

O mecanismo de *sistema de gerenciamento de recursos* ajuda a coordenar recursos de TI em resposta a ações de gerenciamento realizadas tanto por consumidores quanto por provedores de nuvem (Figura 12.5). No cerne desse sistema, encontra-se o gerenciador de infraestrutura virtual (*virtual infrastructure manager* – VIM), que coordena o *hardware* do servidor para que instâncias de servidor virtual possam ser criadas a partir do servidor físico subjacente mais vantajoso. Um VIM é um produto comercial que pode ser usado para gerenciar uma gama de recursos virtuais de TI por múltiplos servidores físicos. Um VIM é capaz de criar e gerenciar, por exemplo, múltiplas instâncias de um hipervisor por diferentes servidores físicos ou alocar um servidor virtual em determinado servidor físico a outro (ou a uma coleção de recursos).

Figura 12.5
Um sistema de gerenciamento de recursos englobando uma plataforma de VIM e um repositório de imagens de máquina virtual. O VIM pode ter repositórios adicionais, incluindo um dedicado a armazenar dados operacionais.

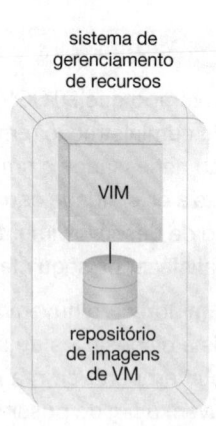

Tarefas que costumam ser automatizadas e implementadas por meio do sistema de gerenciamento de recursos incluem:

- gerenciamento de *templates* de recursos virtuais de TI, que são usados para criar instâncias pré-prontas, como imagens de servidor virtual;
- alocação e liberação de recursos virtuais de TI na infraestrutura física disponível em resposta à execução, pausa, retomada e encerramento de instâncias de recursos virtuais de TI;
- coordenação de recursos de TI em relação ao envolvimento de outros mecanismos, como replicação de recursos, balanceador de carga e sistema de *failover*;
- imposição de políticas de uso e de segurança por todo o ciclo de vida das instâncias de serviços em nuvem;
- monitoramento de condições operacionais de recursos de TI.

As funções do sistema de gerenciamento de recursos podem ser acessadas por administradores de recursos em nuvem empregados pelo provedor ou pelo consumidor de nuvem. Aqueles que trabalham em nome de um provedor de nuvem muitas vezes são capazes de acessar diretamente o console nativo do sistema de gerenciamento de recursos.

Sistemas de gerenciamento de recursos costumam expor APIs que permitem a provedores de nuvem construir portais de sistema de administração remota, que podem ser customizados para oferecer seletivamente controles de gerenciamento de recursos a administradores externos de recursos em nuvem. Esses recursos atuam em nome de organizações consumidoras de nuvem via portais de uso e administração.

Ambas formas de acesso são retratadas na Figura 12.6.

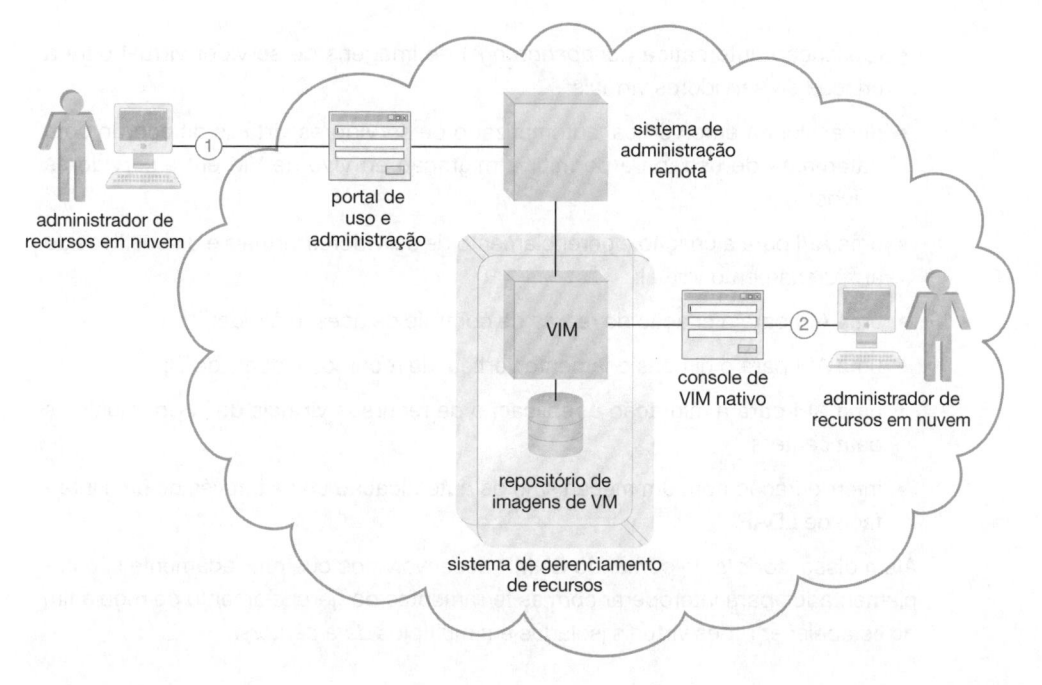

Figura 12.6
O administrador de recursos em nuvem do consumidor de nuvem acessa um portal de uso e administração externamente para administrar um recurso de TI arrendado (1). O administrador de recursos em nuvem do provedor de nuvem utiliza a interface nativa fornecida pelo VIM para realizar tarefas internas de gerenciamento de recursos (2).

EXEMPLO DE ESTUDO DE CASO

O sistema de gerenciamento de recursos da DTGOV é uma extensão de um novo produto de VIM que a empresa adquiriu, e fornece as seguintes funcionalidades principais:

- gerenciamento de recursos virtuais de TI com alocação flexível de uma reunião desses recursos por diferentes *data centers*;
- gerenciamento de bases de dados de consumidores de nuvem;
- isolamento de recursos virtuais de TI em redes de perímetro lógico;
- gerenciamento de uma imagem de *template* de servidor virtual disponível para instanciação imediata;

- replicação automática ("*snapshotting*") de imagens de servidor virtual para a criação de servidores virtuais;
- dimensionamento vertical automatizado de servidores virtuais de acordo com patamares de uso, para permitir a migração ao vivo de VM entre servidores físicos;
- uma API para a criação e gerenciamento de servidores virtuais e dispositivos de armazenamento virtual;
- uma API para a criação de regras de controle de acesso à rede;
- uma API para o dimensionamento vertical de recursos virtuais de TI;
- uma API para a migração e replicação de recursos virtuais de TI por múltiplos *data centers*;
- interoperação com um mecanismo de autenticação única através de uma interface de LDAP.

Além disso, *scripts* de comando SNMP desenvolvidos customizadamente são implementados para interoperar com as ferramentas de gerenciamento de rede a fim de estabelecer redes virtuais isoladas em múltiplos *data centers*.

12.3 Sistema de gerenciamento de SLA

O mecanismo de *sistema de gerenciamento de SLA* representa um leque de produtos comercialmente disponíveis para gerenciamento de nuvem, os quais oferecem funcionalidades referentes à administração, coleta, armazenamento, preparação de relatórios e notificação de *runtime* de dados de SLA (Figura 12.7).

Figura 12.7
Um sistema de gerenciamento de SLA abrangendo um gerenciador de SLA e um repositório de medições de QoS.

A implantação de um sistema de gerenciamento de SLA geralmente inclui um repositório usado para armazenar e coletar dados de SLA baseados em métricas predefinidas e parâmetros de relatórios. Também lança mão de um ou mais mecanismos de monitor de SLA para coletar os dados de SLA, que podem então ser disponibilizados quase em tempo real para portais de uso e administração a fim de fornecer *feedback* duradouro envolvendo serviços em nuvem ativos (Figura 12.8). As métricas monitoradas para serviços em nuvem são alinhadas com garantias de SLA nos contratos correspondentes de provisionamento de nuvem.

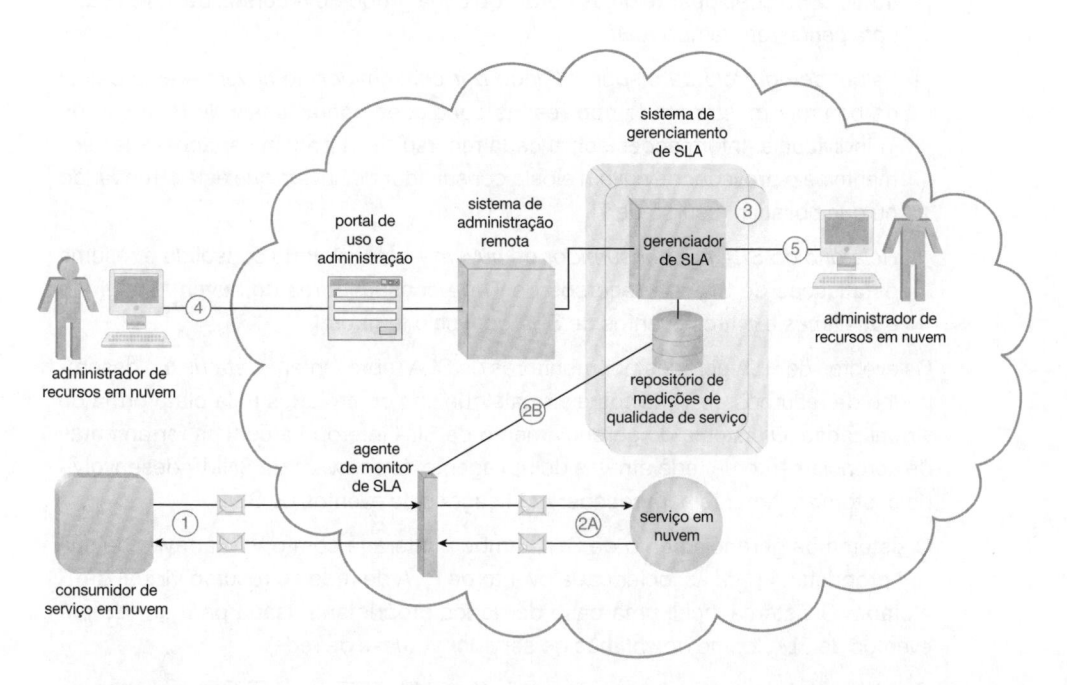

Figura 12.8
Um consumidor de serviço em nuvem interage com um serviço em nuvem (1). Um monitor de SLA intercepta as mensagens trocadas, avalia a interação e coleta dados relevantes de *runtime* em relação a garantias de qualidade de serviço definidas no SLA do serviço em nuvem (2A). Os dados coletados são armazenados em um repositório (2B) que faz parte do sistema de gerenciamento de SLA (3). Consultas podem ser emitidas e relatórios podem ser gerados para um administrador de recurso em nuvem via um portal de uso e administração (4) ou via a interface de usuário nativa do sistema de gerenciamento de SLA (5).

EXEMPLO DE ESTUDO DE CASO

A DTGOV implementa um sistema de gerenciamento de SLA que interopera com seu VIM existente. Essa integração permite que administradores de recursos em nuvem da DTGOV monitorem a disponibilidade de uma gama de recursos de TI hospedados por meio de monitores de SLA.

A DTGOV trabalha com funcionalidades voltadas à preparação de relatórios oferecidas pelo sistema de gerenciamento de SLA, a fim de criar os seguintes relatórios predefinidos que são disponibilizados via painéis de controle customizados:

- *Painel de controle de disponibilidade por data center* – acessável publicamente através do portal corporativo em nuvem da DTGOV, este painel de controle mostra as condições operacionais gerais de cada grupo de recursos de TI em cada *data center*, em tempo real.

- *Painel de controle de disponibilidade por consumidor de nuvem* – este painel de controle mostra em tempo real as condições operacionais de recursos de TI individuais. Informações sobre cada recurso de TI podem ser acessadas somente pelo provedor de nuvem e pelo consumidor de nuvem que está arrendando ou que possui o recurso de TI.

- *Relatório de SLA por consumidor de nuvem* – este relatório consolida e resume estatísticas de SLA de recursos de TI de consumidores de nuvem, incluindo *downtimes* e outros eventos de SLA com selo temporal.

Os eventos de SLA gerados por monitores de SLA representam o *status* e o desempenho de recursos de TI físicos e virtuais que são controlados pela plataforma de virtualização. O sistema de gerenciamento de SLA interopera com as ferramentas de gerenciamento de rede através de um agente de *software* de SNMP desenvolvido customizadamente para receber notificações de eventos de SLA.

O sistema de gerenciamento de SLA também interage com o VIM através de sua API proprietária para associar cada evento de SLA de rede ao recurso virtual de TI afetado. O sistema inclui uma base de dados proprietária usada para armazenar eventos de SLA (como *downtimes* de servidor virtual e de rede).

O sistema de administração remota expõe uma API REST que a DTGOV utiliza como interface para seu sistema central de administração remota. A API proprietária conta com uma implementação de serviço de componente que pode ser usada para processamento de lotes com o sistema de gerenciamento de cobrança. A DTGOV a utiliza para fornecer periodicamente dados sobre *downtime* que são traduzidos em crédito aplicado sobre as taxas de uso de consumidores de nuvem.

12.4 Sistema de gerenciamento de cobranças

O mecanismo de *sistema de gerenciamento de cobrança* se dedica a coletar e processar dados sobre uso para fins de contabilidade do provedor de nuvem e cobrança do consumidor de nuvem. Especificamente, esse sistema lança mão de monitores de pagamento por uso para reunir dados de *runtime* que são armazenados em um repositório, o qual é então consultado pelos componentes do sistema para fins de cobrança, preparação de relatórios e emissão de faturas (Figuras 12.9 e 12.10).

Com o sistema de gerenciamento de cobrança, é possível definir diferentes políticas de preço, bem como modelos customizados de precificação tomando por base cada consumidor de nuvem ou cada recurso de TI. Modelos de precificação podem ir desde o tradicional pagamento pelo que foi usado até o pagamento por alocação, ou uma combinação deles.

Arranjos de cobrança podem prever pagamentos pré ou pós-uso. O primeiro tipo pode incluir limites ou pode ser ajustado (mediante acordo mútuo do consumidor de nuvem) para permitir uso ilimitado (e, consequentemente, uma cobrança subsequente ilimitada). Quando limites são estabelecidos, geralmente se dão na forma de quotas de uso. Quando as quotas são ultrapassadas, o sistema de gerenciamento de cobrança pode bloquear solicitações subsequentes de uso pelos consumidores de nuvem.

Figura 12.9
Um sistema de gerenciamento de cobrança formado por um gerenciador de precificação e contratos e um repositório de medições de pagamento por uso.

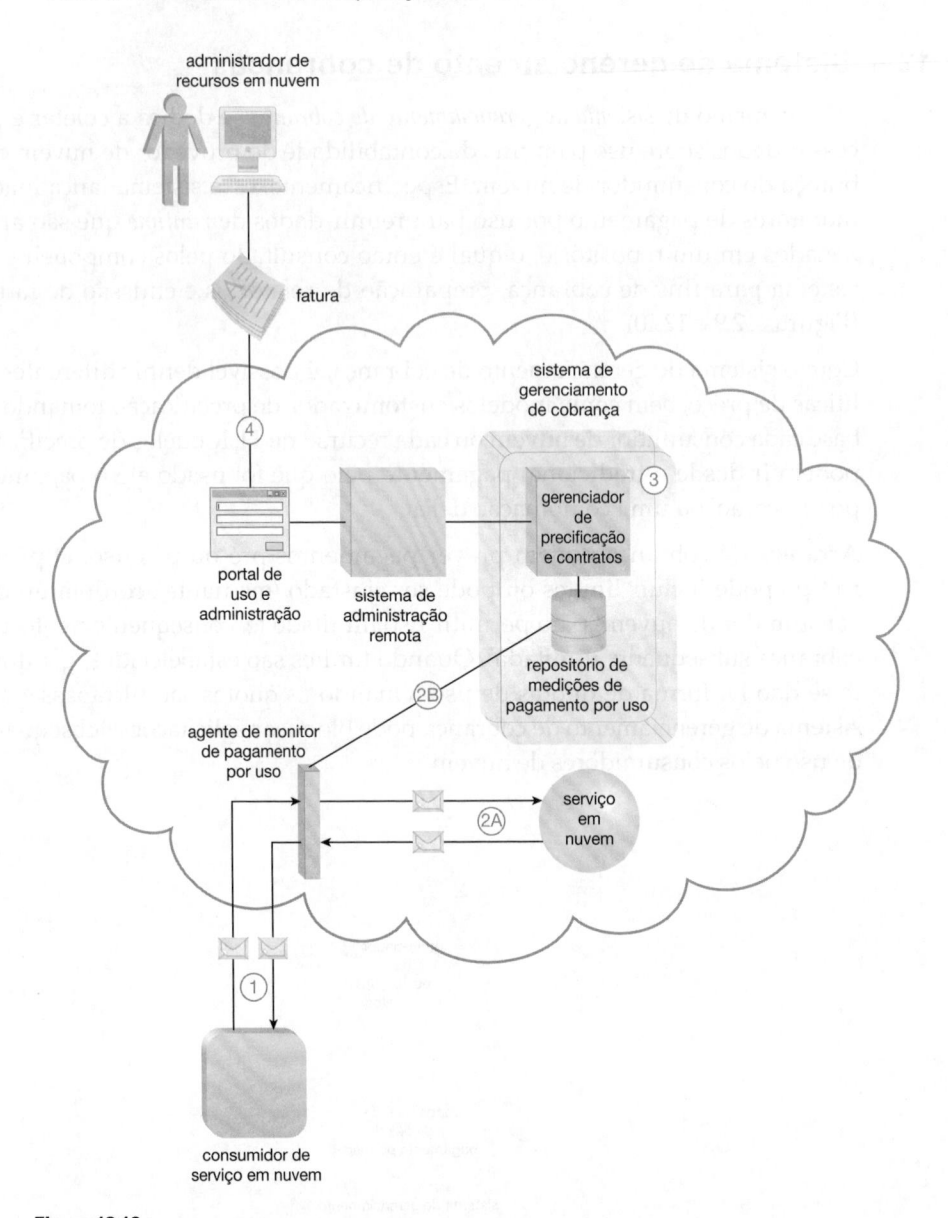

Figura 12.10
Um consumidor de serviço em nuvem troca mensagens com um serviço em nuvem (1). Um monitor de pagamento por uso faz acompanhamento do uso e coleta dados relevantes para cobrança (2A), que são encaminhados para um repositório que faz parte do sistema de gerenciamento de cobrança (2B). O sistema calcula periodicamente as taxas consolidadas de uso de serviço em nuvem e gera uma fatura para o consumidor de nuvem (3). A fatura pode ser fornecida para o consumidor de nuvem através do portal de uso e administração (4).

> **EXEMPLO DE ESTUDO DE CASO**
>
> A DTGOV decide estabelecer um sistema de gerenciamento de cobrança que a permite emitir faturas relativas a eventos cobráveis definidos customizadamente, como assinaturas e uso de volume de recurso de TI. O sistema de gerenciamento de cobrança é customizado com os eventos necessários e metadados de esquemas de precificação.
>
> Isso inclui as duas seguintes bases de dados proprietárias:
>
> - repositório de eventos cobráveis;
> - repositório de esquemas de precificação.
>
> Eventos de uso são coletados a partir de monitores de pagamento por uso, que são implementados como extensões da plataforma de VIM. Eventos de uso de granularidade fina, como iniciação, interrupção, redimensionamento vertical e descomissionamento de servidor virtual, ficam armazenados em um repositório gerenciado pela plataforma de VIM.
>
> Além disso, os monitores de pagamento por uso suprem o sistema de gerenciamento de cobrança regularmente com os eventos cobráveis apropriados. Um modelo-padrão de precificação é aplicado à maioria dos contratos de consumidores de nuvem, embora ele possa ser customizado quando cláusulas especiais são negociadas.

Parte III

Arquitetura de computação em nuvem

Capítulo 13 Arquiteturas básicas de nuvem
Capítulo 14 Arquiteturas de nuvem avançadas
Capítulo 15 Arquiteturas de nuvem especializadas

Arquiteturas de tecnologia de nuvem formalizam domínios funcionais dentro de ambientes de nuvem, ao estabelecerem soluções bem definidas compostas por interações, comportamentos e combinações distintas de mecanismos de computação em nuvem e outros componentes especializados de tecnologia de nuvem.

Os modelos arquitetônicos básicos de nuvem abordados no Capítulo 13 estabelecem as camadas fundamentais de arquitetura tecnológica comuns à maioria das nuvens. Muitos dos modelos avançados e especializados descritos nos Capítulos 14 e 15 partem desses alicerces para adicionar arquiteturas de soluções complexas e de foco mais estrito.

> **OBSERVAÇÃO**
>
> A maioria das arquiteturas de nuvem descritas nos próximos três capítulos é documentada em mais detalhes no livro *Cloud computing design patterns* (de Thomas Erl e Amin Naserpour), também parte da Série Pearson Digital Enterprise de Thomas Erl. Visite www.thomaserl.com/books para mais informações.

Capítulo 13

Arquiteturas básicas de nuvem

13.1 Arquitetura de distribuição de carga de trabalho
13.2 Arquitetura de *pool* de recursos
13.3 Arquitetura de dimensionamento dinâmico de escala
13.4 Arquitetura de capacidade elástica de recursos
13.5 Arquitetura de balanceamento de carga de serviço
13.6 Arquitetura de *cloud bursting*
13.7 Arquitetura de provisionamento elástico de disco
13.8 Arquitetura de armazenamento redundante
13.9 Arquitetura multinuvem
13.10 Exemplo de estudo de caso

Este capítulo descreve os seguintes modelos básicos de arquitetura de nuvem:

- distribuição de carga de trabalho;
- *pool* de recursos;
- dimensionamento dinâmico de escala;
- capacidade elástica de recursos;
- balanceamento de carga de serviço;
- *cloud bursting*;
- provisionamento elástico de disco;
- armazenamento redundante;
- multinuvem.

Para cada arquitetura, o envolvimento típico de mecanismos de computação em nuvem (abordados anteriormente na Parte II) é documentado.

13.1 Arquitetura de distribuição de carga de trabalho

Recursos de TI podem ter sua escala redimensionada horizontalmente mediante o acréscimo de um ou mais recursos de TI e um balanceador de carga, que fornece lógica de *runtime* capaz de distribuir homogeneamente a carga de trabalho entre os recursos de TI disponíveis (Figura 13.1). A *arquitetura de distribuição de carga de trabalho* resultante reduz tanto a super quanto a subutilização de recursos de TI numa medida dependente da sofisticação dos algoritmos de balanceamento de carga e da lógica de *runtime*.

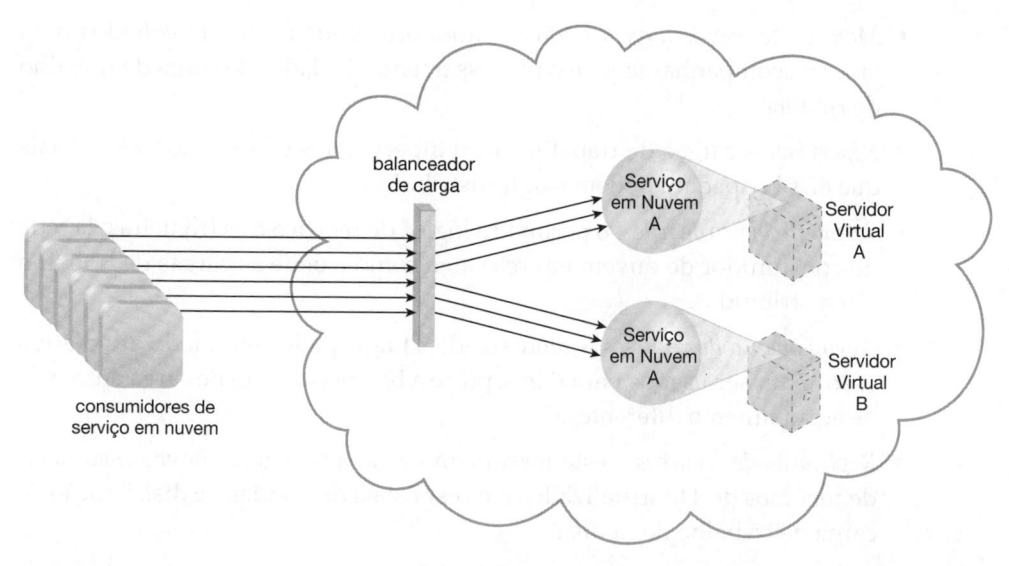

Figura 13.1
Uma cópia redundante do Serviço em Nuvem A é implementada no Servidor Virtual B. O balanceador de carga intercepta solicitações do consumidor de serviço em nuvem e as direciona para os Servidores Virtuais A e B para assegurar uma distribuição de carga de trabalho homogênea.

Esse modelo arquitetônico fundamental pode ser aplicado a qualquer recurso de TI, com a distribuição de carga de trabalho geralmente desempenhada em apoio a servidores virtuais, dispositivos e serviços em nuvem distribuídos. Sistemas de balanceamento de carga aplicados a recursos de TI específicos costumam produzir variações especializadas dessa arquitetura de forma a incorporar aspectos de balanceamento de carga, tais como:

- a arquitetura de balanceamento de carga de serviço explicada mais adiante neste capítulo;
- a arquitetura de servidor virtual de carga balanceada abordada no Capítulo 14;
- a arquitetura de *switches* virtuais de carga balanceada descrita no Capítulo 15.

Além do mecanismo balanceador de carga básico, e dos mecanismos de servidor virtual e dispositivo de armazenamento em nuvem aos quais o balanceamento de carga podem ser aplicados, os seguintes mecanismos também podem fazer parte dessa arquitetura em nuvem:

- *Monitor de auditoria* – ao distribuir cargas de trabalho de *runtime*, o tipo e a localização geográfica dos recursos de TI que processam os dados podem determinar se o monitoramento é necessário para satisfazer requisitos legais e regulatórios.

- *Monitor de uso de nuvem* – vários monitores podem estar envolvidos para fazer o acompanhamento e o processamento de dados de carga de trabalho de *runtime*.

- *Hipervisor* – cargas de trabalho entre hipervisores e os servidores virtuais que eles hospedam podem exigir distribuição.

- *Perímetro lógico de rede* – o perímetro lógico de rede isola as fronteiras da rede do consumidor de nuvem em relação a como e onde as cargas de trabalho são distribuídas.

- *Agrupamento de recursos* – recursos de TI agrupados em modo ativo-ativo costumam ser usados para dar suporte a balanceamento de carga entre nós de agrupamento diferentes.

- *Replicação de recursos* – este mecanismo é capaz de gerar novas instâncias de recursos de TI virtualizados em resposta a demandas de distribuição de carga de trabalho de *runtime*.

13.2 Arquitetura de *pool* de recursos

Uma *arquitetura de* pool *de recursos* se baseia no uso de um ou mais *pools* de recursos, em que recursos de TI idênticos são agrupados e mantidos por um sistema que assegura automaticamente que eles permaneçam sincronizados.

A seguir, são listados alguns exemplos comuns de *pools* de recursos:

Pools de servidores físicos são compostos por servidores em rede que foram instalados com sistemas operacionais e outros programas e/ou aplicativos necessários e que estão prontos para uso imediato.

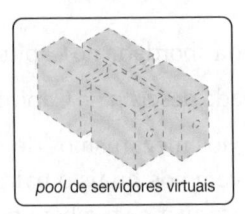

pool de servidores físicos

Pools de servidores virtuais geralmente são configurados usando-se um dentre diversos *templates* disponíveis escolhidos pelo consumidor de nuvem durante o provisionamento. Um consumidor de nuvem pode, por exemplo, organizar um *pool* de servidores Windows de nível médio (*mid-tier*) com 4 GB de RAM ou uma coleção de servidores Ubuntu de nível baixo (*low-tier*) com 2 GB de RAM.

pool de servidores virtuais

Pools de armazenamento, ou *pools* de dispositivo de armazenamento em nuvem, consistem em estruturas de armazenamento em arquivos ou em blocos que contêm dispositivo de armazenamento em nuvem vazios e/ou cheios.

pool de armazenamento

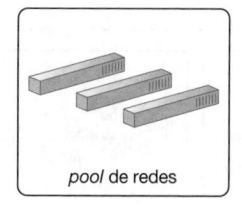

Pools de rede (ou *pools* interconectadas) são compostos por diferentes dispositivos de conectividade de rede pré-configurados. Um *pool* de dispositivos virtuais de *firewall* ou de comutadores físicos de rede, por exemplo, pode ser criado para proporcionar conectividade redundante, balanceamento de carga ou agregação de enlaces.

pool de redes

Pools de CPUs ficam prontos para serem alocados a servidores virtuais, e tipicamente são divididos em núcleos individuais de processamento.

pool de CPUs

Pools de RAM física podem ser usados em servidores físicos recém-provisionados ou para redimensionar a escala vertical de servidores físicos.

pool de memória

Pools dedicados podem ser criados para cada tipo de recurso de TI, e coleções individuais podem ser reunidos em um *pool* maior, na qual cada *pool* individual se torna um sub*pool* (Figura 13.2).

Os *pools* de recursos podem ser tornar altamente complexos, com múltiplos *pools* criados para consumidores de nuvem e aplicativos específicos. Uma estrutura hierárquica pode ser estabelecida a partir de *pools*-pais, *pools*-filhos ou aninhados a fim de facilitar a organização de diversos requisitos de *pool* de recursos (Figura 13.3).

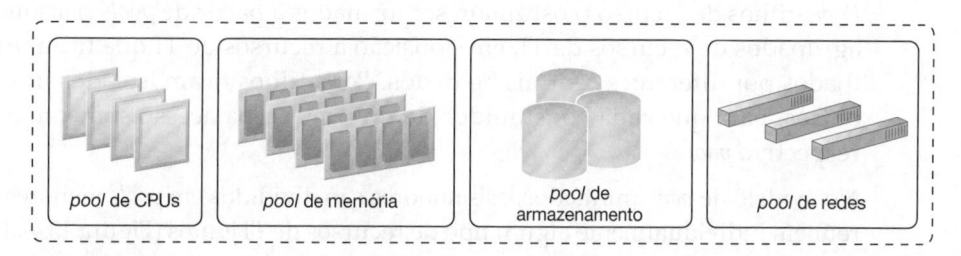

pool de CPUs *pool* de memória *pool* de armazenamento *pool* de redes

Figura 13.2
Uma amostra de *pool* de recursos que é formado por quatro sub*pools* de CPUs, memória, dispositivos de armazenamento em nuvem e dispositivos de rede virtual.

Figura 13.3
Os *Pools* B e C são *pools*-filhos que foram tirados do *Pool* A maior, o qual foi alocado a determinado consumidor de nuvem. Essa é uma alternativa a tirar os recursos de TI do *Pool* B e do *Pool* C de uma reserva geral de recursos de TI que é compartilhada por toda a nuvem.

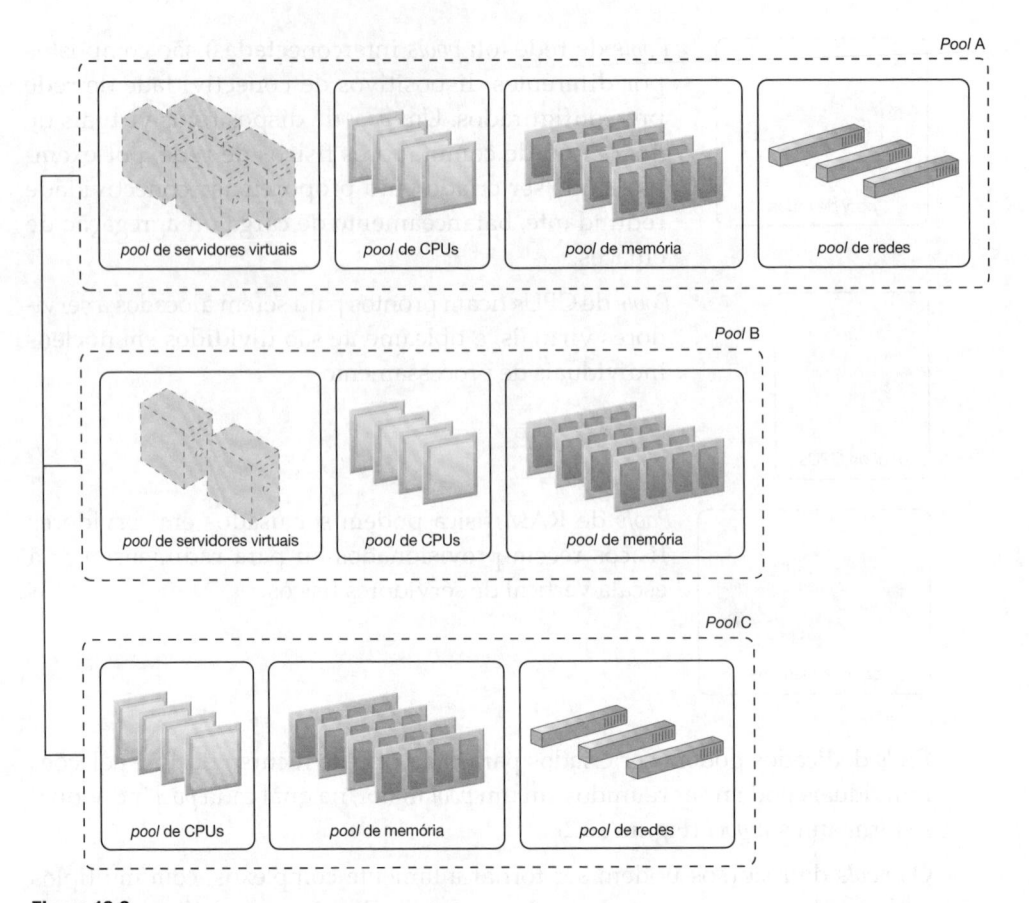

Pools-filhos de recursos costumam ser formados a partir de *pools* fisicamente agrupados de recursos de TI, em oposição a recursos de TI que ficam espalhados por diferentes centrais de dados. *Pools*-filhos ficam isolados uns dos outros, para que cada consumidor de nuvem receba acesso somente a seu respectivo *pool*.

No modelo de *pool* aninhado, *pools* maiores são divididos em *pools* menores que reúnem individualmente algum tipo de recursos de TI juntos (Figura 13.4). *Pools* aninhados podem ser usados para designar *pools* de recursos a diferentes departamentos ou grupos na mesma organização consumidora de nuvem.

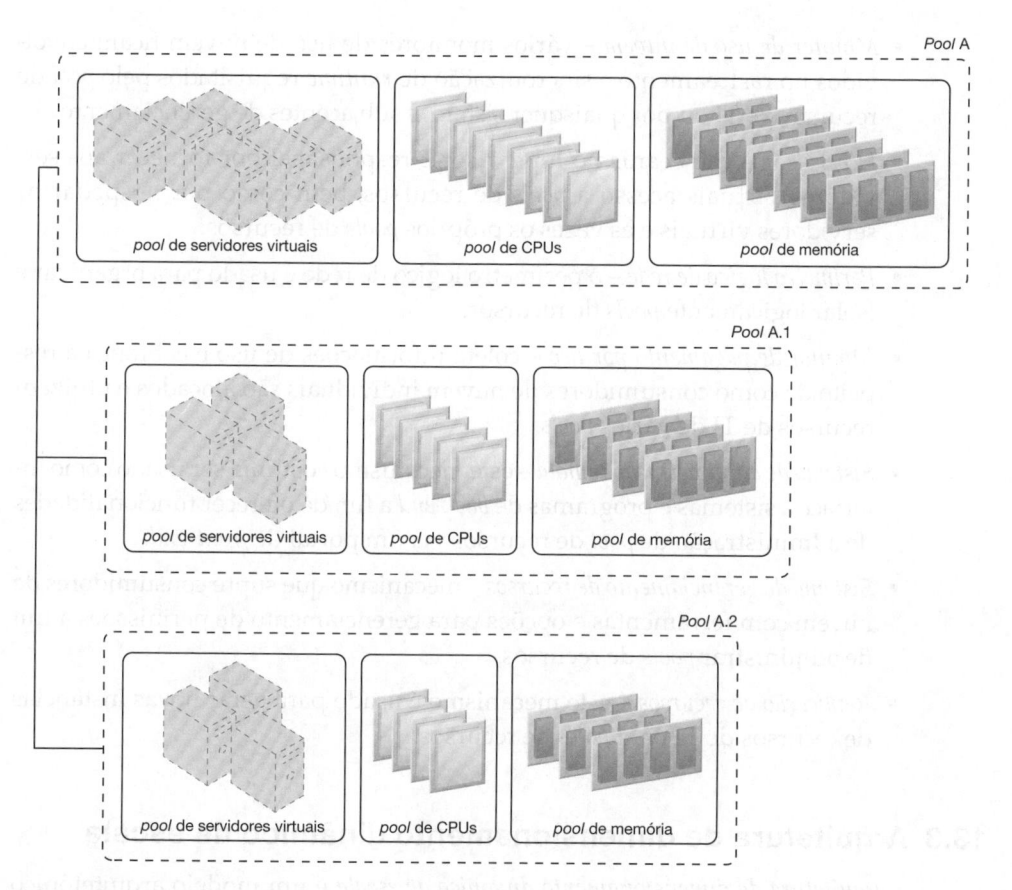

Figura 13.4
Os *Pools* Aninhados A.1 e A.2 são formados pelos mesmos recursos de TI que o *Pool* A, mas em diferentes quantidades. *Pools* aninhados tipicamente são usados para provisionar serviços em nuvem que precisam ser instanciados rapidamente usando o mesmo tipo de recursos de TI com os mesmos ajustes de configuração.

Depois que *pools* de recursos são definidos, múltiplas instâncias de recursos de TI de cada *pool* podem ser criados para proporcionar um *pool* de memória interna de recursos de TI "ao vivo".

Além de dispositivos de armazenamento em nuvem e servidores virtuais, que costumam ser mecanismos reunidos em *pools*, os seguintes mecanismos também podem fazer parte dessa arquitetura de nuvem:

- *Monitor de auditoria* – este mecanismo monitora o uso de *pools* de recursos para assegurar a conformidade com requisitos de privacidade e regulatórios quando os *pools* contêm dispositivos de armazenamento em nuvem ou dados carregados na memória.

- *Monitor de uso de nuvem* – vários monitores de uso de nuvem ficam envolvidos no rastreamento e sincronização de *runtime* requisitados pelo *pool* de recursos de TI ou por quaisquer sistemas subjacentes de gerenciamento.
- *Hipervisor* – o mecanismo hipervisor é responsável por fornecer aos servidores virtuais acesso a *pools* de recursos, bem como por hospedar os servidores virtuais e às vezes os próprios *pools* de recursos.
- *Perímetro lógico de rede* – o perímetro lógico de rede é usado para organizar e isolar logicamente *pools* de recursos.
- *Monitor de pagamento por uso* – coleta informações de uso e cobrança a respeito de como consumidores de nuvem individuais são alocados e utilizam recursos de TI de vários *pools*.
- *Sistema de administração remota* – este mecanismo costuma ser usado como interface a sistemas e programas de *back-end* a fim de oferecer funcionalidades de administração de *pool* de recursos via um portal de *front-end*.
- *Sistema de gerenciamento de recursos* – mecanismo que supre consumidores de nuvem com ferramentas e opções para gerenciamento de permissões a fim de administrar *pools* de recursos.
- *Replicação de recursos* – este mecanismo é usado para gerar novas instâncias de recursos de TI para *pools* de recursos.

13.3 Arquitetura de dimensionamento dinâmico de escala

A *arquitetura de dimensionamento dinâmico de escala* é um modelo arquitetônico baseado em um sistema de condições predefinidas de dimensionamento que desencadeia a alocação dinâmica de recursos de TI a partir de *pools* de recursos. A alocação dinâmica possibilita uma utilização variável ditada por flutuações na demanda de uso, uma vez que recursos de TI desnecessários são recrutados eficientemente sem exigir interação manual.

O *listener* de dimensionamento automatizado é configurado com limiares de carga de trabalho que ditam quando novos recursos de TI precisam ser adicionados ao processamento de carga de trabalho. Esse mecanismo pode ser oferecido com uma lógica que determina quantos recursos de TI adicionais podem ser fornecidos dinamicamente, tomando por base os termos contratuais de provisionamento de determinado consumidor de nuvem.

Os seguintes tipos de dimensionamento dinâmico de escala costumam ser adotados:

- *Dimensionamento horizontal dinâmico* – instâncias de recurso de TI aumentam ou diminuem de escala para lidar com flutuações nas cargas de trabalho. O *listener* de dimensionamento automatizado monitora solicitações e sinaliza aos mecanismos de replicação de recursos para iniciar a duplicação de recursos de TI, em conformidade com requisitos e permissões.

- *Dimensionamento vertical dinâmico* – instâncias de recursos de TI aumentam ou diminuem quando há uma necessidade de ajustar a capacidade de processamento de um único recurso de TI. Um servidor virtual que está sendo sobrecarregado, por exemplo, pode ter sua memória dinamicamente aumentada ou pode ter um núcleo de processamento adicionado.

- *Realocação dinâmica* – o recurso de TI é realocado para um *host* com mais capacidade. Uma base de dados, por exemplo, talvez precise ser transferida de um dispositivo de armazenamento SAN baseado em fita com capacidade I/O de 4 GB por segundo para outro dispositivo de armazenamento SAN baseado em disco com capacidade I/O de 8 GB por segundo.

As Figuras 13.5 a 13.7 ilustram o processo de dimensionamento horizontal dinâmico de escala.

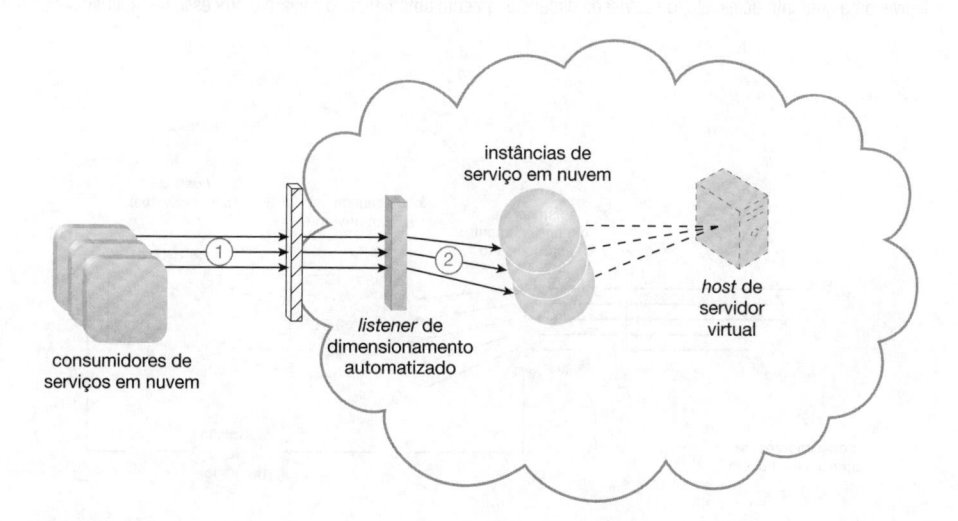

Figura 13.5
Consumidores de serviço em nuvem estão enviando solicitações para um serviço em nuvem (1). O *listener* de dimensionamento automatizado monitora o serviço em nuvem para determinar se limiares predefinidos de capacidade estão sendo excedidos (2).

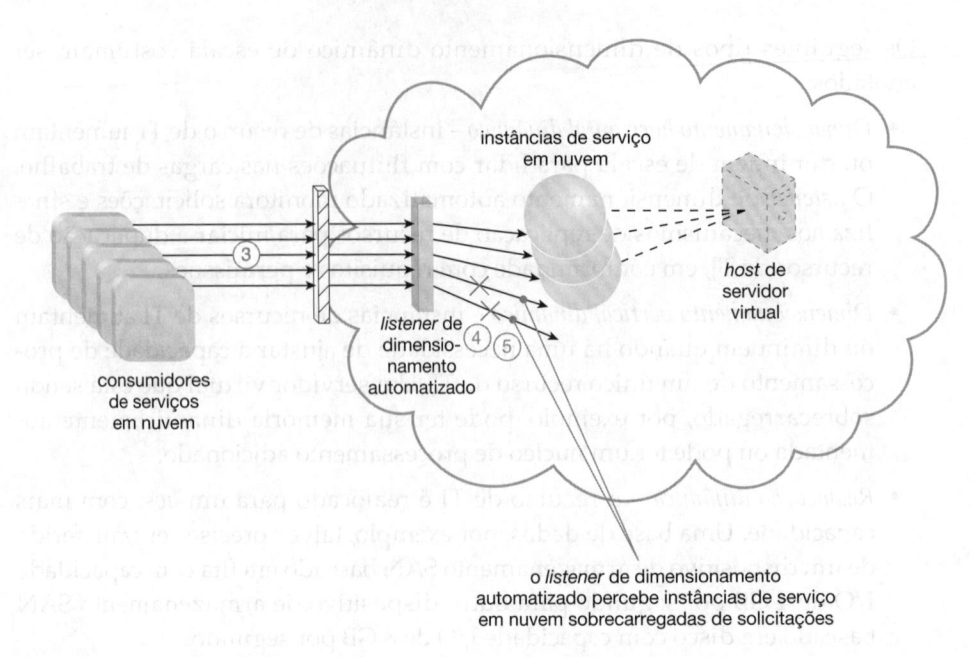

Figura 13.6
A quantidade de solicitações vindas de consumidores de serviço em nuvem aumenta (3). A carga de trabalho excede os limiares de desempenho. O *listener* de dimensionamento automatizado determina a próxima medida a ser tomada com base numa política predefinida de dimensionamento de escala (4). Se a implementação do serviço em nuvem for considerada elegível para aumento de escala, o *listener* de dimensionamento automatizado iniciará o processo de redimensionamento (5).

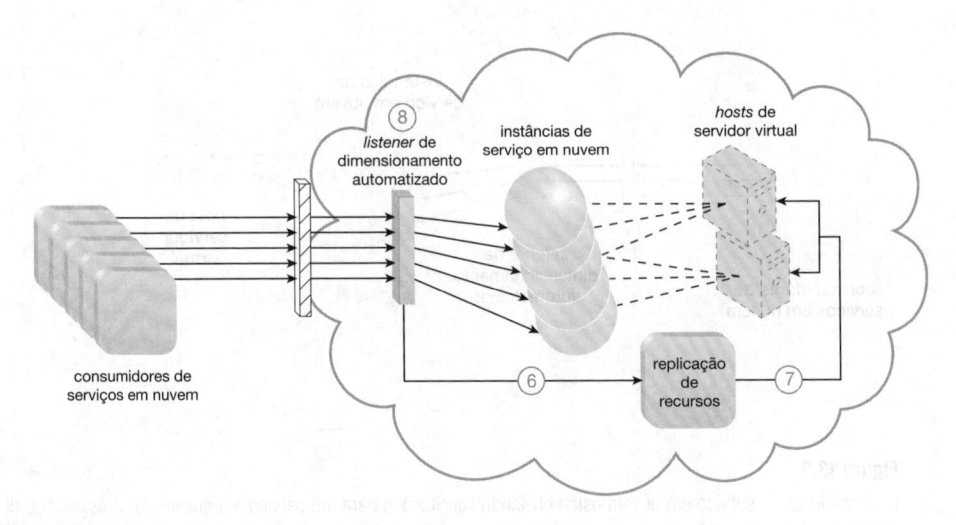

Figura 13.7
O *listener* de dimensionamento envia um sinal para o mecanismo de replicação de recursos (6), que cria mais instâncias do serviço em nuvem (7). Agora que a carga de trabalho aumentada foi acomodada, o *listener* de dimensionamento retoma o monitoramento e o dimensionamento de recursos de TI, conforme requisitado (8).

A arquitetura de dimensionamento dinâmico de escala pode ser aplicada a um leque de recursos de TI, incluindo servidores virtuais e dispositivos de armazenamento em nuvem. Além do *listener* de dimensionamento automatizado básico e dos mecanismos de replicação de recursos, os seguintes mecanismos também podem ser usados dessa forma de arquitetura de nuvem:

- *Monitor de uso de nuvem* – monitores especializados de uso de nuvem são capazes de rastrear uso de *runtime* em resposta a flutuações dinâmicas causadas por essa arquitetura.
- *Hipervisor* – o hipervisor é invocado pelo sistema de dimensionamento dinâmico de escala para criar ou remover instâncias de servidor virtual, ou para ele próprio ter sua escala redimensionada.
- *Monitor de pagamento por uso* – o monitor de pagamento por uso é designado para coletar informações de custo de uso em resposta ao redimensionamento de recursos de TI.

13.4 Arquitetura de capacidade elástica de recursos

A *arquitetura de capacidade elástica de recursos* relaciona-se principalmente com o provisionamento dinâmico de servidores virtuais, usando um sistema que aloca e recruta CPUs e RAM em resposta imediata à flutuação de requisitos de processamento de recursos de TI hospedados (Figuras 13.8 e 13.9).

Pools de recursos são usados por tecnologias de redimensionamento de escala que interagem com o hipervisor e/ou com o VIM a fim de resgatar e retornar recursos de CPU e RAM em *runtime*. O processamento de *runtime* do servidor virtual é monitorado para que o poder adicional seja aproveitado junto ao *pool* de recursos via alocação dinâmica, antes que limiares de capacidade sejam alcançados. O servidor virtual e seus aplicativos e recursos de TI hospedados tem sua escala vertical redimensionada de forma correspondente.

Esse tipo de arquitetura de nuvem pode ser projetada de tal modo que o *script* de motor inteligente de automação envie sua solicitação de redimensionamento por meio do VIM, e não diretamente pelo hipervisor. Servidores virtuais que participam de sistemas de alocação elástica de recursos às vezes precisam passar por *reboot* para que essa alocação tenha efeito.

MOTOR INTELIGENTE DE AUTOMAÇÃO

O motor inteligente de automação automatiza tarefas de administração ao executar *scripts* que contêm lógica de fluxo de trabalho.

lógica de fluxo de trabalho de administração

scripts

motor inteligente de automação

Alguns mecanismos adicionais que podem ser incluídos nessa arquitetura de nuvem são os seguintes:

- *Monitor de uso de nuvem* – monitores de uso de nuvem especializados coletam informações sobre uso de recursos de TI antes, durante e depois do redimensionamento de escala para ajudar a definir limiares futuros de capacidade de processamento para os servidores virtuais.
- *Monitor de pagamento por uso* – é responsável por coletar informações sobre custo de uso de recursos à medida que esse uso flutua com o provisionamento elástico.
- *Replicação de recursos* – é usada por esse modelo arquitetônico para gerar novas instâncias de recursos de TI com escala redimensionada.

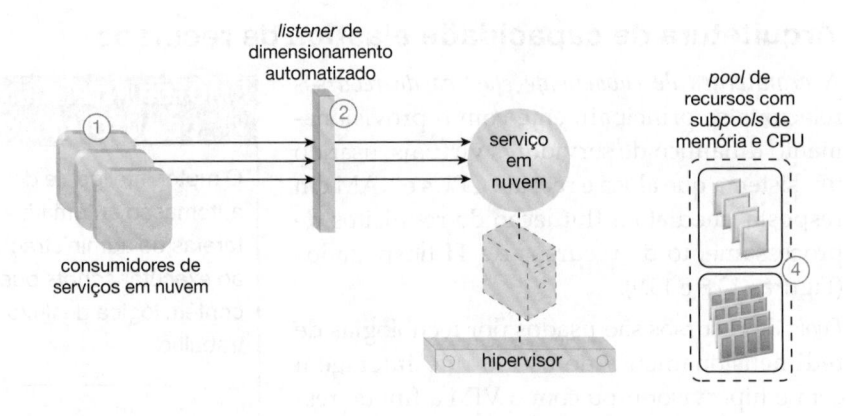

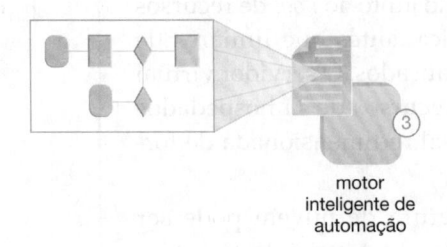

Figura 13.8
Consumidores de serviço em nuvem estão ativamente enviando solicitações para um serviço em nuvem (1), as quais são monitoradas por um *listener* de dimensionamento automatizado (2). Um *script* de motor inteligente de automação é implantado com a lógica de fluxo de trabalho (3), sendo capaz de notificar o *pool* de recursos usando requisitos de alocação (4).

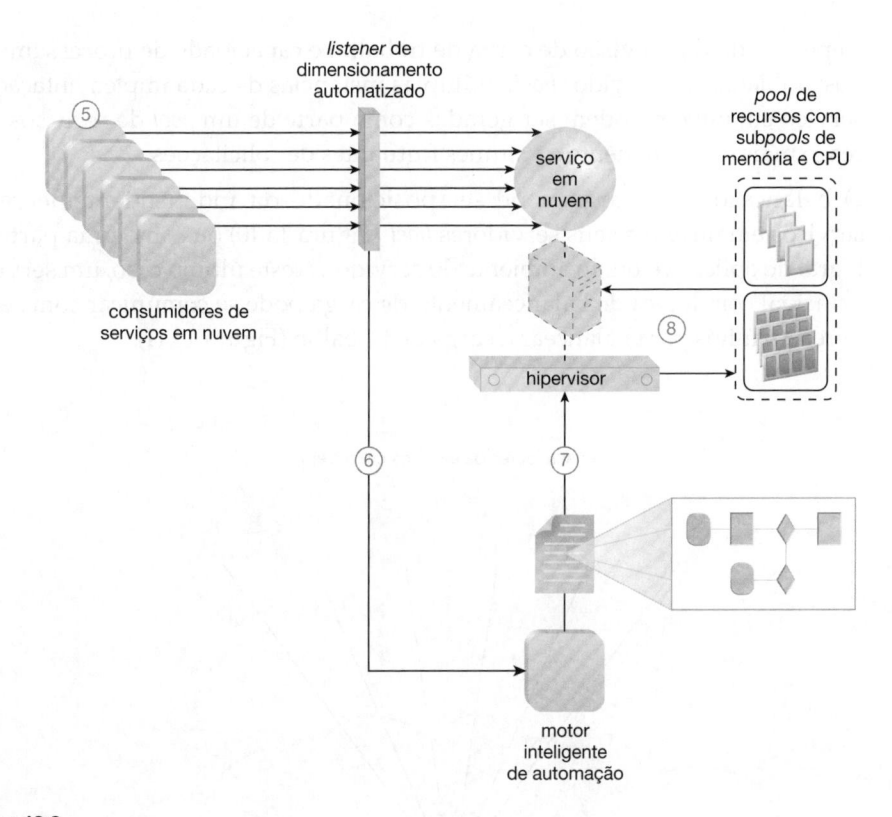

Figura 13.9
O consumidor de serviço em nuvem solicita aumento (5), fazendo com que o *listener* de dimensionamento automatizado sinalize ao motor inteligente de automação para executar o *script* (6). O *script* roda a lógica de fluxo de trabalho que sinaliza ao hipervisor para alocar mais recursos de TI a partir dos *pools* de recursos (7). O hipervisor aloca CPUs e RAM adicionais ao servidor virtual, permitindo lidar com a carga de trabalho aumentada (8).

13.5 Arquitetura de balanceamento de carga de serviço

A *arquitetura de balanceamento de carga de serviço* pode ser considerada uma variação especializada da arquitetura de distribuição de carga de trabalho, gerada especificamente para redimensionar a escala de implementações de serviços em nuvem. Implantações redundantes de serviços em nuvem são criadas, com um sistema de balanceamento de carga adicionado para distribuir dinamicamente cargas de trabalho.

As implementações duplicadas de serviços em nuvem são organizadas em um *pool* de recursos, enquanto o balanceador de carga é posicionado ou como um componente externo ou como *built-in*, para permitir que servidores *host* garantam o balanceamento de cargas de trabalho por conta própria.

Dependendo da previsão de carga de trabalho e capacidade de processamento dos ambientes de servidor *host*, múltiplas instâncias de cada implementação de serviço em nuvem podem ser geradas como parte de um *pool* de recursos que reage mais eficientemente a volumes flutuantes de solicitações.

O balanceador de carga pode ser posicionado ou independentemente de serviços em nuvem e seus servidores *host* (Figura 13.10) ou como uma parte integral do aplicativo ou do ambiente do servidor. Neste último caso, um servidor principal com lógica de balanceamento de carga pode se comunicar com servidores vizinhos para balancear a carga de trabalho (Figura 13.11).

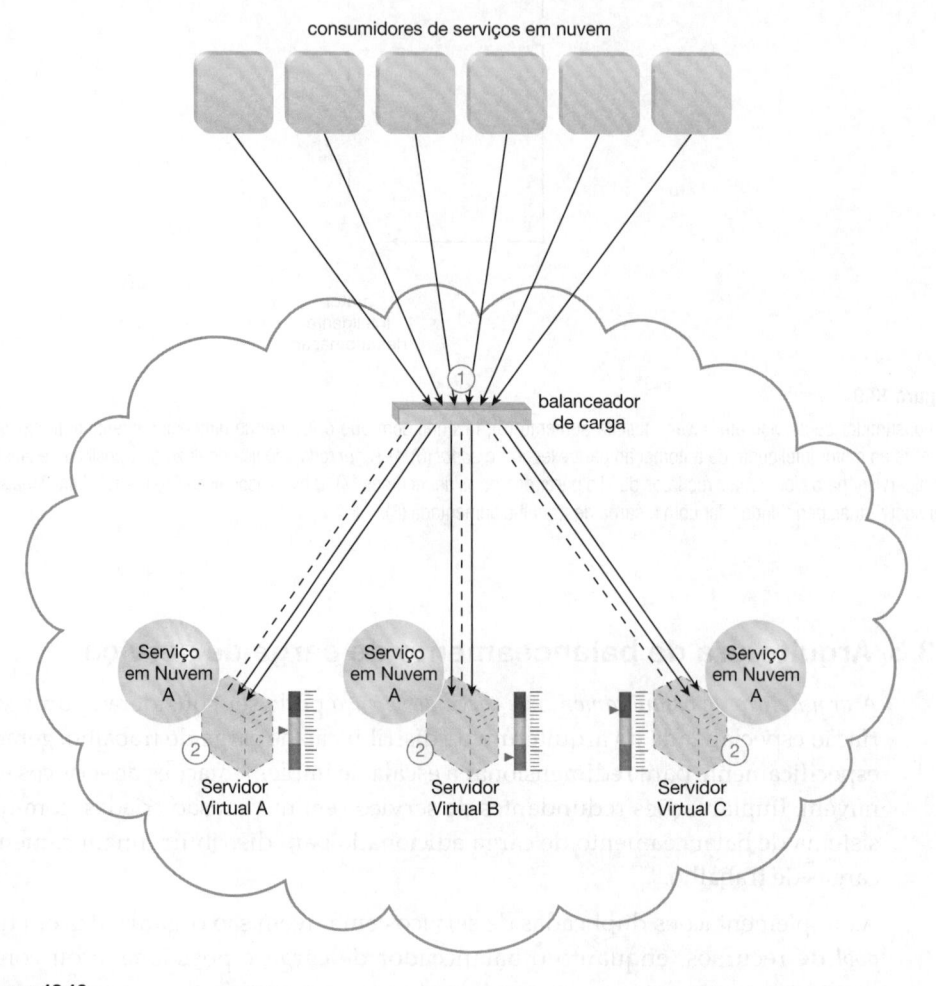

Figura 13.10
O balanceador de carga intercepta mensagens enviadas por consumidores de serviço em nuvem (1) e as encaminha a servidores virtuais para que o processamento de carga de trabalho seja redimensionado horizontalmente (2).

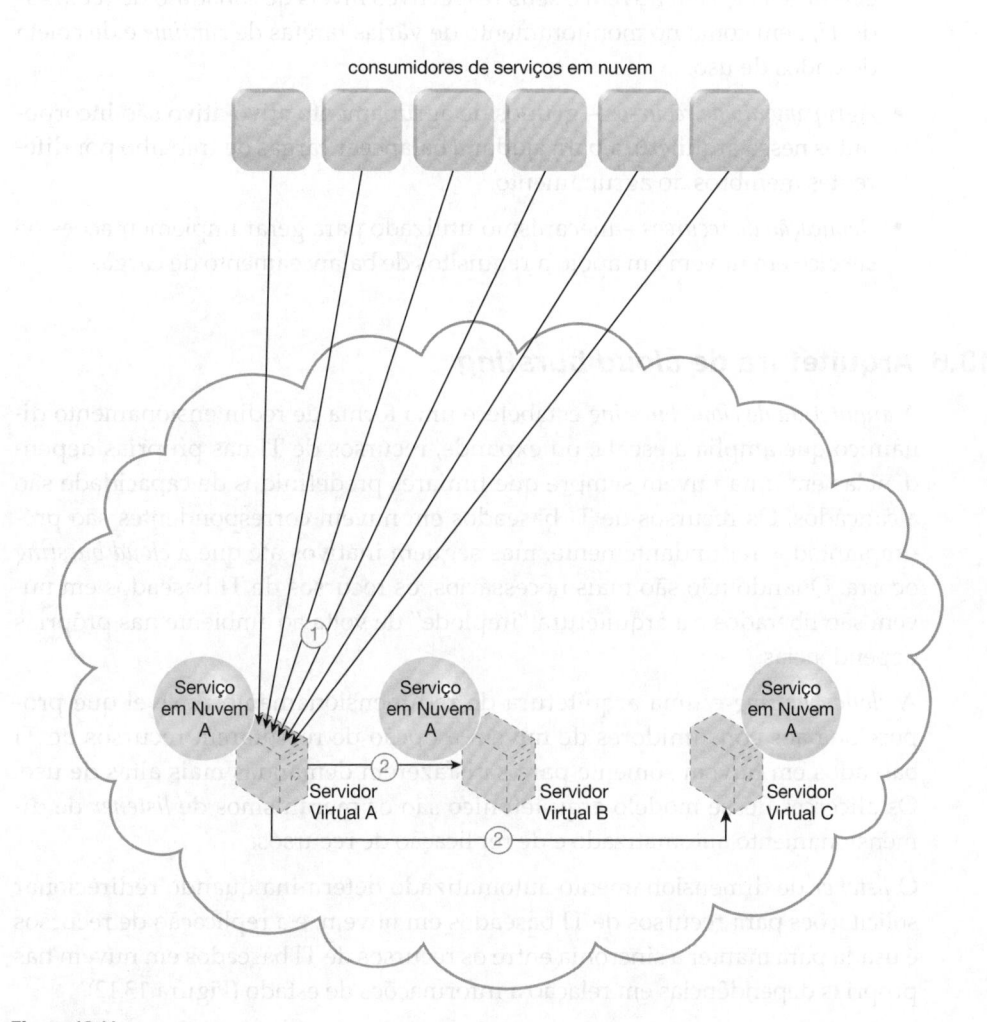

Figura 13.11
Solicitações de um consumidor de serviço em nuvem são enviadas ao Serviço em Nuvem A no Servidor Virtual A (1). A implementação de serviços em nuvem incluem lógica de balanceador de carga embutida capaz de distribuir solicitações às implementações vizinhas do Serviço em Nuvem A nos Servidores Virtuais B e C (2).

Além do balanceador de carga, a arquitetura de balanceamento de carga de serviço pode envolver os seguintes mecanismos:

- *Monitor de uso de nuvem* – pode estar envolvido no monitoramento de instâncias de serviço em nuvem e seus respectivos níveis de consumo de recursos de TI, bem como no monitoramento de várias tarefas de *runtime* e de coleta de dados de uso.

- *Agrupamento de recursos* – grupos de agrupamento ativo-ativo são incorporados nessa arquitetura para ajudar a balancear cargas de trabalho por diferentes membros do agrupamento.

- *Replicação de recursos* – mecanismo utilizado para gerar implementações de serviço em nuvem em apoio a requisitos de balanceamento de carga.

13.6 Arquitetura de *cloud bursting*

A *arquitetura de cloud bursting* estabelece uma forma de redimensionamento dinâmico que amplia a escala, ou expande, recursos de TI nas próprias dependências em uma nuvem sempre que limiares predefinidos de capacidade são alcançados. Os recursos de TI baseados em nuvem correspondentes são pré-implantados redundantemente, mas seguem inativos até que a *cloud bursting* ocorra. Quando não são mais necessários, os recursos de TI baseados em nuvem são liberados e a arquitetura "implode" de volta ao ambiente nas próprias dependências.

A *cloud bursting* é uma arquitetura de redimensionamento flexível que proporciona aos consumidores de nuvem a opção de recrutarem recursos de TI baseados em nuvem somente para satisfazerem demandas mais altas de uso. Os alicerces desse modelo arquitetônico são os mecanismos de *listener* de dimensionamento automatizado e de replicação de recursos.

O *listener* de dimensionamento automatizado determina quando redirecionar solicitações para recursos de TI baseados em nuvem, e a replicação de recursos é usada para manter a sincronia entre os recursos de TI baseados em nuvem nas próprias dependências em relação a informações de estado (Figura 13.12).

Além do *listener* de dimensionamento automatizado e da replicação de recursos, inúmeros outros mecanismos podem ser usados para automatizar a dinâmica de expansão e implosão dessa arquitetura, dependendo principalmente do tipo de recurso de TI cuja escala está sendo redimensionada.

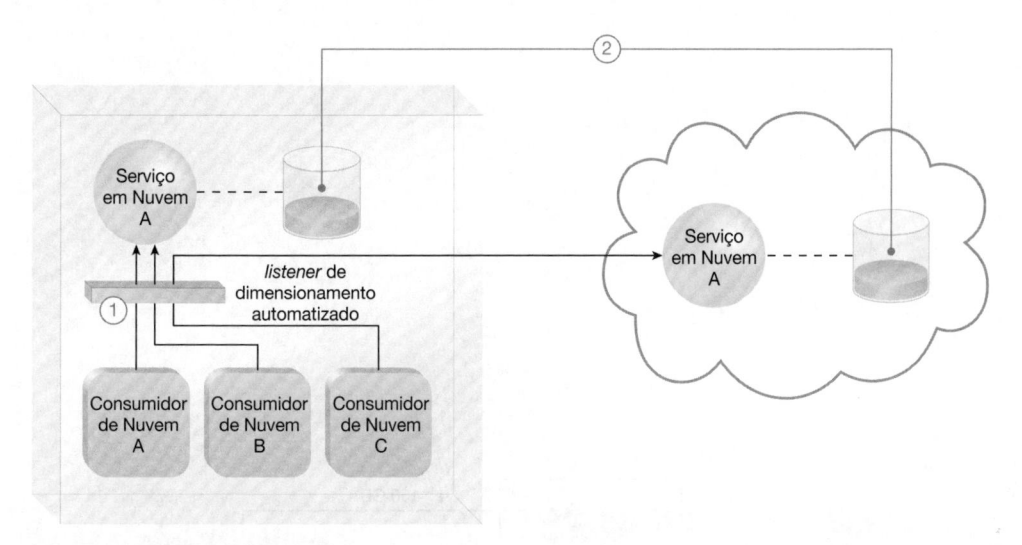

Figura 13.12
Um *listener* de dimensionamento automatizado monitora o uso do Serviço A nas próprias dependências, e redireciona a solicitação do Consumidor de Nuvem C à implementação redundante do Serviço A na nuvem (Serviço em Nuvem A) assim que o limiar de uso do Serviço A é excedido (1). Um sistema de replicação de recursos é usado para manter sincronizadas as bases de dados de gerenciamento de estado (2).

13.7 Arquitetura de provisionamento elástico de disco

Consumidores de nuvem costumam ser cobrados pelo espaço de armazenamento baseado em nuvem com base em alocação de armazenamento em disco fixo, o que significa que as cobranças são predeterminadas por capacidade de disco, e não alinhadas ao consumo real de armazenamento de dados. A Figura 13.13 demonstra essa situação ao ilustrar um cenário em que um consumidor de nuvem provisiona um servidor virtual com o sistema operacional Windows e três discos rígidos de 150 GB. O consumidor de nuvem é cobrado pelo uso de 450 GB de espaço de armazenamento após instalar o sistema operacional, muito embora ainda não tenha instalado *software* algum.

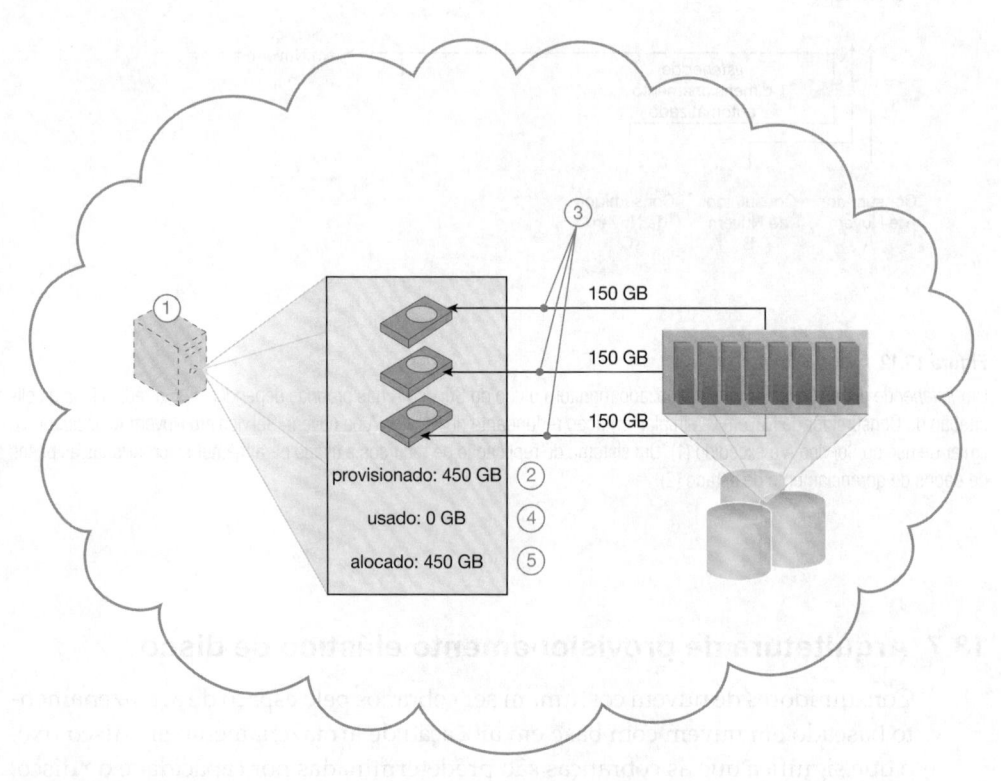

Figura 13.13
O consumidor de nuvem solicita um servidor virtual com três discos rígidos, cada qual com uma capacidade de 150 GB (1). O servidor virtual é provisionado de acordo com a arquitetura de provisionamento elástico de disco, com um total de 450 GB de espaço em disco (2). Os 450 GB são alocados ao servidor virtual pelo provedor de nuvem (3). O consumidor de nuvem ainda não instalou o *software*, o que significa que o espaço real usado atualmente é de 0 GB (4). Como os 450 GB já foram alocados e reservados ao consumidor de nuvem, ele será cobrado pelos 450 GB de uso de disco a partir do momento da alocação (5).

Capítulo 13 Arquiteturas básicas de nuvem

A *arquitetura de provisionamento elástico de disco* estabelece um sistema de provisionamento dinâmico de armazenamento, garantindo que o consumidor de nuvem seja cobrado com granularidade pela quantia exata de armazenamento que ele realmente utiliza. Esse sistema emprega tecnologia de provisionamento fino para a alocação dinâmica de espaço de armazenamento e ainda recebe apoio de monitoramento de uso de *runtime* para coletar dados de uso para fins de cobrança (Figura 13.14).

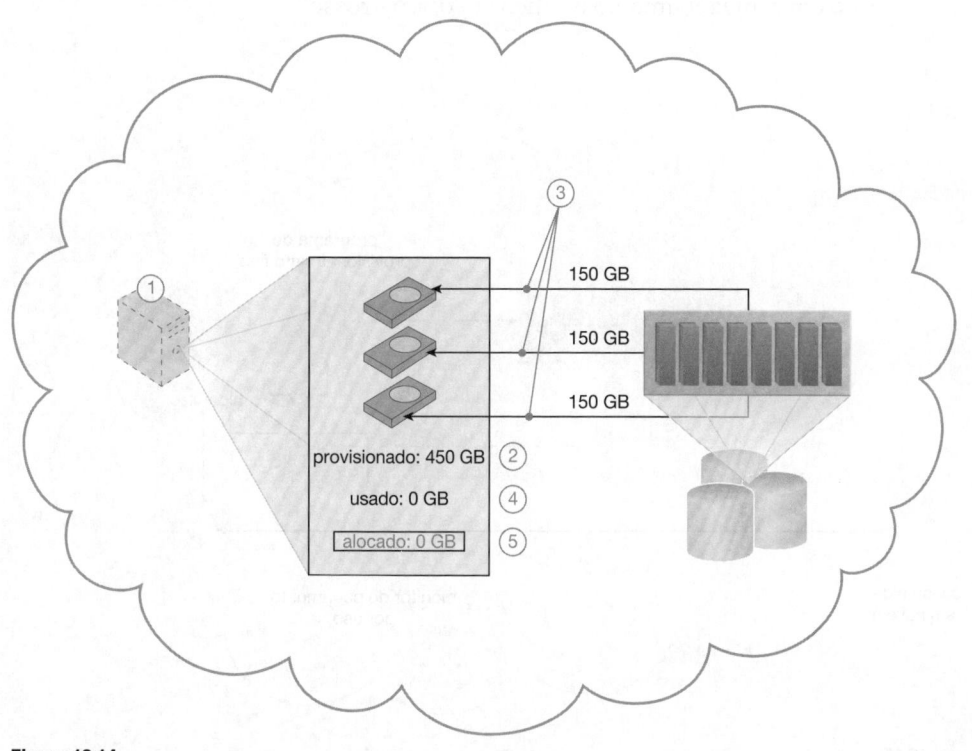

Figura 13.14

O consumidor de nuvem solicita um servidor virtual com três discos rígidos, cada qual com uma capacidade de 150 GB (1). O servidor virtual é provisionado por essa arquitetura com um total de 450 GB de espaço em disco (2). Os 450 GB são estabelecidos como o uso máximo de disco permitido para esse servidor virtual, embora nenhum espaço físico em disco ainda tenha sido reservado ou alocado (3). O consumidor de nuvem ainda não instalou o *software*, o que significa que o espaço real usado atualmente é de 0 GB (4). Como o espaço alocado em disco é igual ao espaço real utilizado (que atualmente é zero), o consumidor de nuvem não é cobrado por qualquer uso de espaço em disco (5).

O *software* de provisionamento fino é instalado em servidores virtuais que processam a alocação dinâmica de armazenamento via o hipervisor, enquanto o monitor de pagamento por uso rastreia e reporta dados granulares de uso de disco relacionados a cobranças (Figura 13.15).

Além do dispositivo de armazenamento em nuvem, do servidor virtual e do hipervisor, os seguintes mecanismos podem ser incluídos nessa arquitetura:

- *Monitor de uso de nuvem* – monitores de uso de nuvem especializados podem ser adotados para rastrear e registrar flutuações no uso de armazenamento.
- *Replicação de recursos* – faz parte de um sistema de provisionamento elástico de disco quando é preciso converter armazenamento dinâmico em disco fino em armazenamento estático em disco grosso.

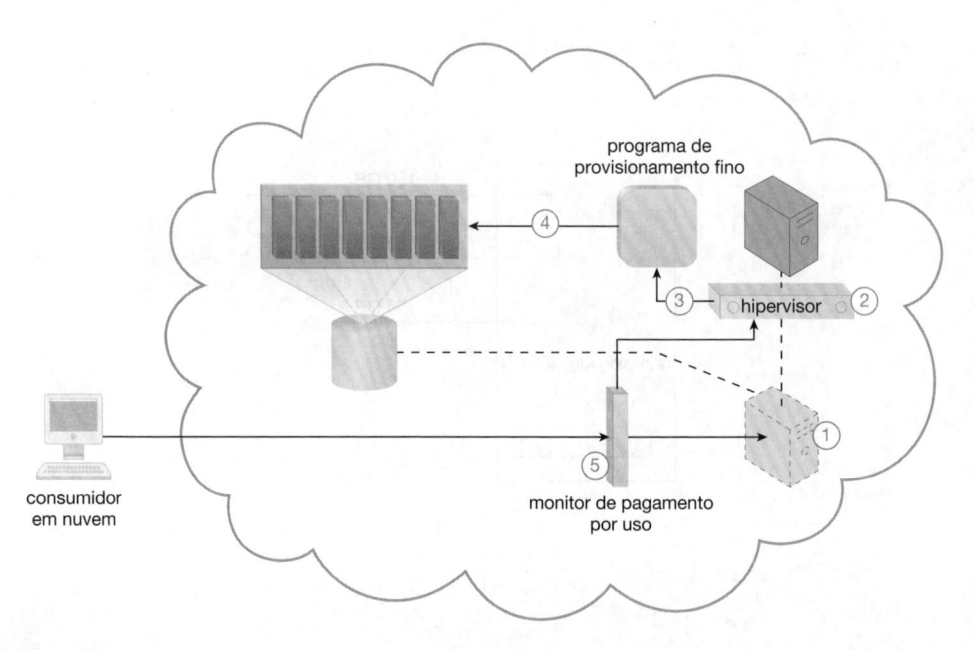

Figura 13.15

Uma solicitação é recebida de um consumidor de nuvem e o provisionamento de uma nova instância de servidor virtual é iniciado (1). Como parte do processo de provisionamento, os discos rígidos são escolhidos como discos dinâmicos ou de provisionamento fino (2). O hipervisor recruta um componente de alocação dinâmica de disco para criar discos finos para o servidor virtual (3). Discos de servidor virtual são criados pelo programa de provisionamento fino e salvos numa pasta de tamanho quase zero. O tamanho dessa pasta e de seus arquivos cresce à medida que aplicativos operacionais são instalados e arquivos adicionais são copiados no servidor virtual (4). O monitor de pagamento por uso rastreia o armazenamento real dinamicamente alocado para fins de cobrança (5).

13.8 Arquitetura de armazenamento redundante

Dispositivos de armazenamento em nuvem são ocasionalmente sujeitos a falhas e perturbações causadas por problemas de conectividade de rede, falha em *hardware* controlador ou geral ou violações de segurança. Quando um dispositivo de armazenamento em nuvem tem sua confiabilidade comprometida, isso pode causar um efeito-cascata e levar a uma falha em todos os serviços, aplicativos e componentes de infraestrutura na nuvem que dependem de sua disponibilidade.

A *arquitetura de armazenamento redundante* introduz um dispositivo de armazenamento em nuvem secundário e duplicado como parte de um sistema de *failover* que sincroniza seus dados com os dados do dispositivo de armazenamento em nuvem principal. Um *gateway* de serviço de armazenamento desvia solicitações de consumidores de nuvem para o dispositivo secundário sempre que o dispositivo principal apresentar falha (Figuras 13.16 e 13.17).

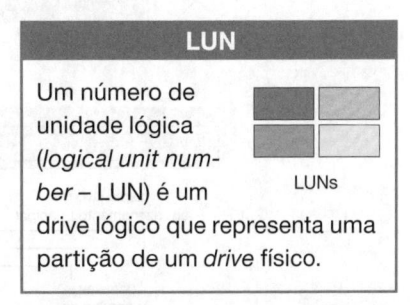

> **LUN**
>
> Um número de unidade lógica (*logical unit number* – LUN) é um drive lógico que representa uma partição de um *drive* físico.

> ***GATEWAY* DE SERVIÇO DE ARMAZENAMENTO**
>
> O *gateway* de serviço de armazenamento é um componente que atua como a interface externa para serviços de armazenamento em nuvem, sendo capaz de redirecionar automaticamente solicitações de consumidores de nuvem sempre que o local dos dados solicitados tiver sido alterado.

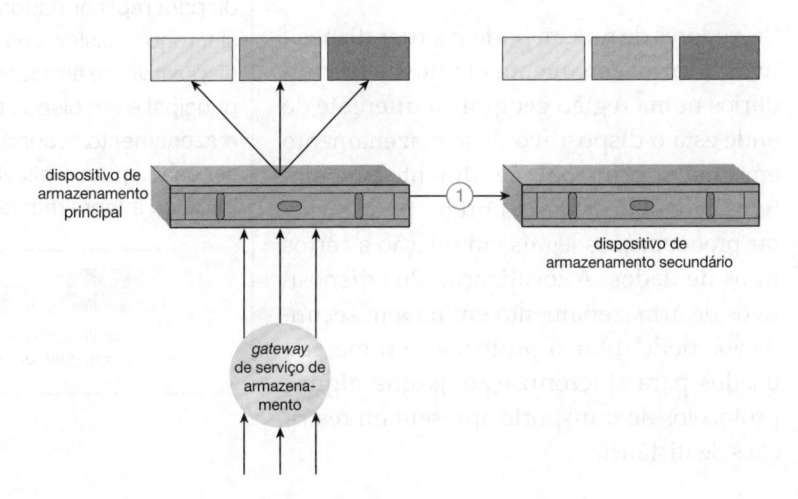

Figura 13.16
O dispositivo de armazenamento em nuvem principal é rotineiramente replicado para o dispositivo de armazenamento em nuvem secundário (1).

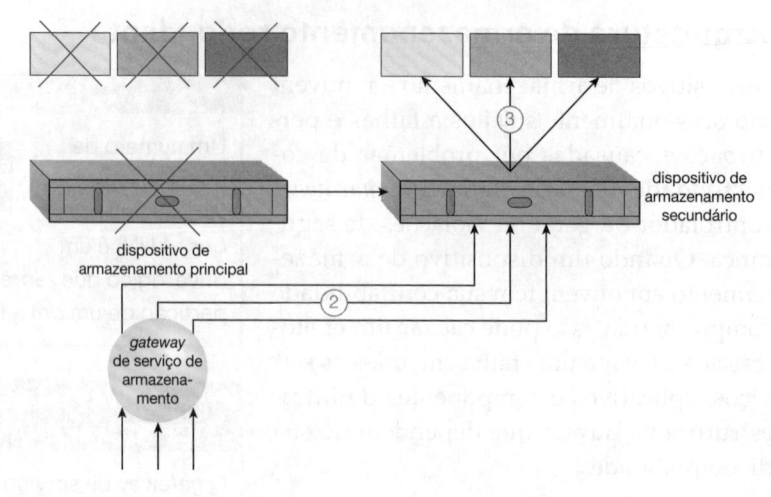

Figura 13.17
O armazenamento principal fica indisponível e o *gateway* de serviço de armazenamento passa a encaminhar solicitações de consumidores de nuvem para o dispositivo de armazenamento secundário (2). O dispositivo de armazenamento secundário encaminha solicitações para os LUNs, permitindo que consumidores de nuvem sigam acessando seus dados (3).

Essa arquitetura de nuvem depende principalmente de um sistema de replicação de armazenamento que mantém o dispositivo de armazenamento em nuvem principal sincronizado com seus dispositivos duplicados e secundários (Figura 13.18).

Provedores de nuvem podem situar dispositivos de armazenamento em nuvem secundários numa região geográfica diferente de onde está o dispositivo de armazenamento em nuvem principal, geralmente por motivos econômicos. Isso, porém, pode suscitar preocupações legais em relação a certos tipos de dados. A localização dos dispositivos de armazenamento em nuvem secundários pode ditar o protocolo e o método usados para sincronização, já que alguns protocolos de transporte apresentam restrições de distância.

REPLICAÇÃO DE ARMAZENAMENTO

A replicação de armazenamento é uma variação dos mecanismos de replicação de recursos, usada para replicar dados de modo síncrono e assíncrono entre um dispositivo de armazenamento principal e um dispositivo de armazenamento secundário. Pode ser usada para replicar LUNs em parte ou integralmente.

replicação de armazenamento

Figura 13.18
A replicação de armazenamento é usada para manter o dispositivo de armazenamento redundante sincronizado com o dispositivo de armazenamento principal.

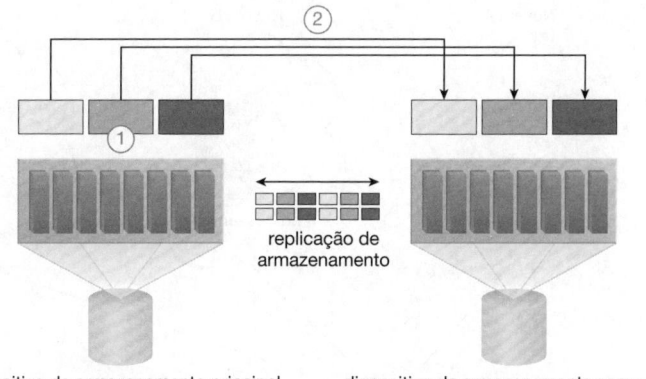

Alguns provedores de nuvem empregam dispositivos de armazenamento com *array* duplo e controladores de armazenamento para elevar a redundância de dispositivos, e situam dispositivos de armazenamento secundários em local físico diferente para fins de balanceamento de nuvem e recuperação pós-desastre. Nesse caso, os provedores de nuvem às vezes precisam arrendar uma conexão de rede via um terceiro provedor de nuvem a fim de estabelecer a replicação entre os dois dispositivos.

13.9 Arquitetura multinuvem

Uma arquitetura que combina duas nuvens públicas ou mais é chamada de uma *arquitetura multinuvem* (Figura 13.19). As diferentes nuvens combinadas nesse tipo de arquitetura podem oferecer seus recursos através de qualquer modelo de entrega de nuvem, ou seja, IaaS, PaaS ou SaaS. Um dos motivos fundamentais para se adotar uma arquitetura multinuvem é evitar ficar dependente de um único provedor.

Ao adotarem arquiteturas multinuvem, consumidores de nuvem costumam selecionar provedores para recursos ou serviços específicos, com base nas vantagens ou benefícios que possam ter sobre os demais.

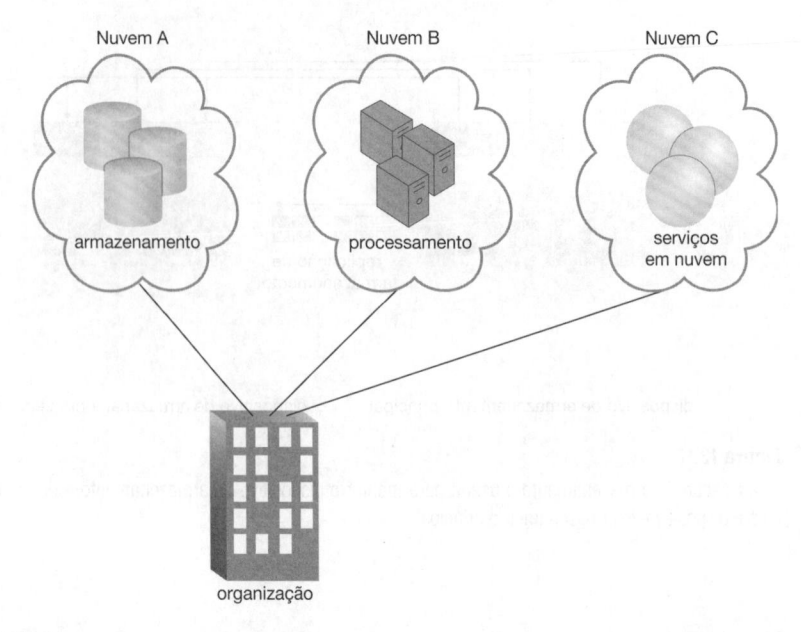

Figura 13.19
Uma organização utiliza diferentes tipos de recursos junto a nuvens variadas, tirando proveito daqueles recursos que são o ponto forte de cada nuvem e evitando ficar preso a um único provedor.

As razões para selecionar determinado provedor de nuvem em detrimento de outro podem incluir:

- *Geografia* – quando as localizações físicas de recursos exigem que consumidores de nuvem utilizem provedores de nuvem para fins regulatórios.
- *Economia* – preços e modelos de cobrança.
- *Operação* – busca por mais capacidade, resiliência e desempenho.
- *Funcionabilidade* – busca por mais funcionalidades, capacidades específicas exigidas pelo consumidor de nuvem ou maior qualidade em geral.

Para que consumidores de nuvem sejam capazes de fazer uso de recursos de TI distribuídos por diferentes nuvens, o administrador de recursos em nuvem utiliza um mecanismo de sistema de administração remota, que se conecta aos sistemas de gerenciamento de cada provedor de nuvem individual via suas respectivas APIs (Figura 13.20). Com isso, o consumidor de nuvem pode gerenciar todos os recursos de TI baseados em nuvem a partir de uma localização central e então usá-los e acessá-los como se viessem de uma mesma nuvem.

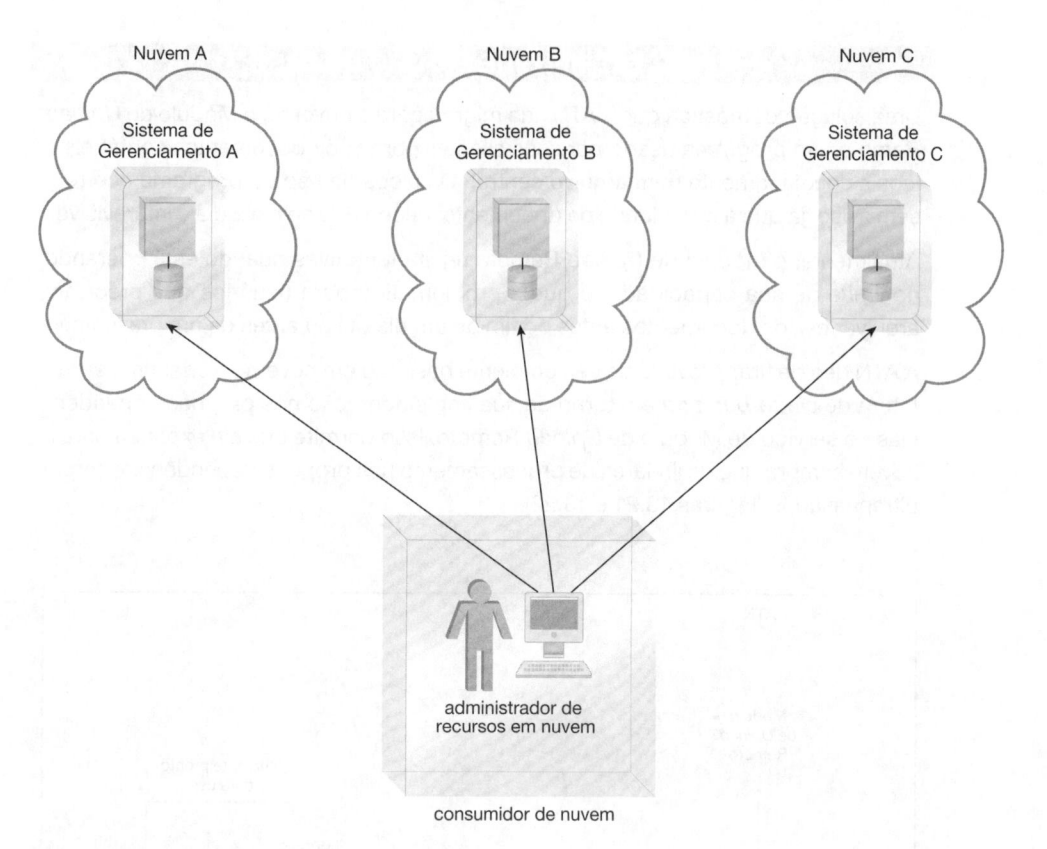

Figura 13.20
Um administrador de recursos em nuvem utiliza um mecanismo de sistema de administração remota para se conectar a sistemas individuais de gerenciamento de cada provedor de nuvem diferente, a fim de gerenciar seus recursos a partir de uma localização central.

Os benefícios empresariais ulteriores resultantes da adoção de uma arquitetura multinuvem podem ser bastante diferentes para cada consumidor de nuvem individual. Quer o objetivo de uma organização seja maximizar sua agilidade empresarial, aumentar a velocidade de entrega de um novo produto ou otimizar seus aplicativos e operações automatizadas, uma arquitetura multinuvem proporcionará a ela a flexibilidade de mesclar e organizar diferentes produtos, inovações e serviços junto a múltiplos provedores de nuvem que concorrem entre si.

13.10 EXEMPLO DE ESTUDO DE CASO

Uma solução doméstica que a ATN não migrou para a nuvem é o Módulo de *Upload* Remoto, um programa usado por seus clientes para subir documentos contábeis e legais cotidianamente num arquivo central. Os picos de uso do programa ocorrem sem aviso, já que a quantidade de documentos recebidos no dia a dia é imprevisível.

Atualmente, o Módulo de *Upload* Remoto rejeita tentativas quando está operando no limite de sua capacidade, o que é problemático para usuários que precisam arquivar certos documentos antes do fim de um dia útil ou antes de um prazo final.

A ATN decide tirar proveito de seu ambiente baseado em nuvem ao criar uma arquitetura de *cloud bursting* em torno de sua implementação nas próprias dependências do serviço de Módulo de *Upload* Remoto. Isso permite que ele expanda para a nuvem sempre que os limiares de processamento nas próprias dependências forem ultrapassados (Figuras 13.21 e 13.22).

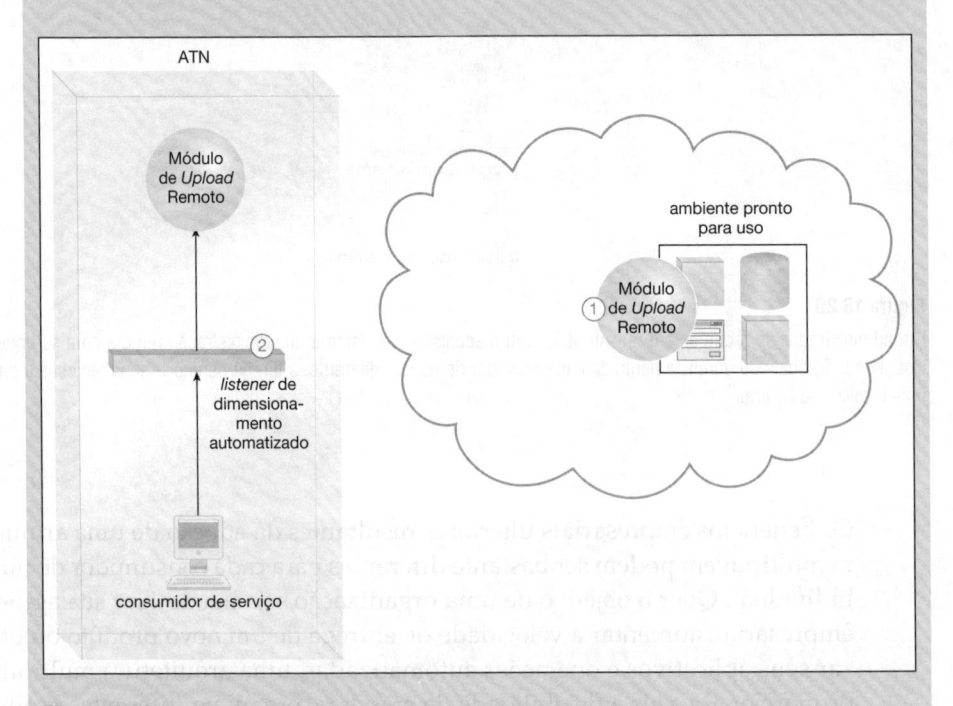

Figura 13.21
Uma versão baseada em nuvem do serviço nas próprias dependências de Módulo de *Upload* Remoto é implantado no ambiente pronto para uso arrendado pela ATN (1). O *listener* de dimensionamento automatizado monitora as solicitações de consumidores do serviço (2).

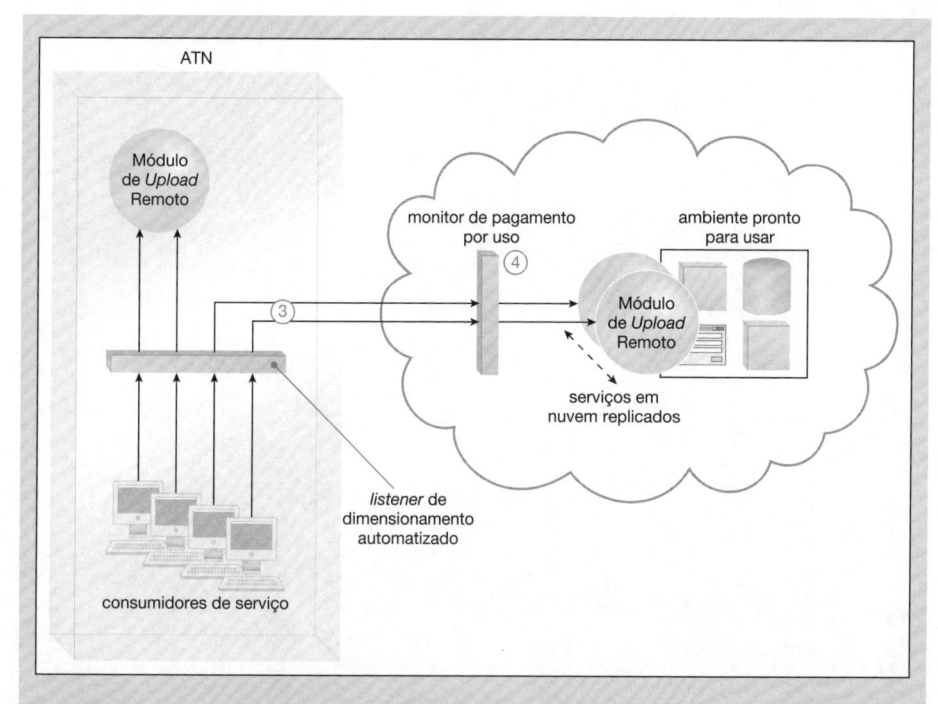

Figura 13.22
O *listener* de dimensionamento automatizado detecta que o uso por consumidores do serviço ultrapassou o limiar local do Módulo de *Upload* Remoto, e começa a desviar solicitações em excesso para sua implementação baseada em nuvem (3). O monitor de pagamento por uso do provedor de nuvem rastreia as solicitações recebidas do *listener* de dimensionamento automatizado nas dependências a fim de coletar dados de cobrança, e instâncias de serviço em nuvem do Módulo de *Upload* Remoto são criadas sob demanda via replicação de recursos (4).

Um sistema "implodido" é invocado depois que o uso do serviço diminui suficientemente para que solicitações de consumidores do serviço possam ser processadas novamente pela implementação nas dependências do Módulo de *Upload* Remoto. Instâncias dos serviços em nuvem são liberadas, e nenhuma taxa adicional de uso relacionado à nuvem é incorrida.

Capítulo 14

Arquiteturas de nuvem avançadas

- **14.1** Arquitetura de agrupamento de hipervisores
- **14.2** Arquitetura de agrupamento de servidores virtuais
- **14.3** Arquitetura de instâncias de servidores virtuais com carga balanceada
- **14.4** Arquitetura de realocação de serviço sem perturbação
- **14.5** Arquitetura de *downtime* zero
- **14.6** Arquitetura de balanceamento de nuvem
- **14.7** Arquitetura resiliente de recuperação de desastres
- **14.8** Arquitetura de soberania de dados distribuídos
- **14.9** Arquitetura de reserva de recursos
- **14.10** Arquitetura de detecção e recuperação dinâmicas de falhas
- **14.11** Arquitetura de provisionamento rápido
- **14.12** Arquitetura de gerenciamento de armazenamento de carga de trabalho
- **14.13** Arquitetura de nuvem privada virtual
- **14.14** Exemplo de estudo de caso

A seguir, são listadas as arquiteturas de tecnologia em nuvem exploradas neste capítulo:

- agrupamento de hipervisores;
- agrupamento de servidores virtuais;
- instâncias de servidores virtuais com carga balanceada;
- realocação de serviço sem perturbação;
- *downtime* zero;
- balanceamento de nuvem;
- recuperação resiliente de desastres;
- soberania distribuída de dados;
- reserva de recursos;
- detecção e recuperação dinâmicas de falhas;
- provisionamento rápido;
- gerenciamento de carga de trabalho de armazenamento;
- nuvem privada virtual.

Esses modelos representam camadas arquitetônicas distintas e sofisticadas, muitas das quais podem se apoiar em ambientes mais fundamentais estabelecidos pelas arquiteturas abordadas no Capítulo 13. Para cada arquitetura, os mecanismos associados também são documentados.

14.1 Arquitetura de agrupamento de hipervisores

Hipervisores podem ser responsáveis por criar e hospedar múltiplos servidores virtuais. Devido a essa dependência, qualquer condição de falha que afete um hipervisor pode ter efeito-cascata em seus servidores virtuais (Figura 14.1).

> **BATIMENTOS CARDÍACOS (*HEARTBEATS*)**
>
> Batimentos cardíacos são mensagens em nível de sistema trocadas entre hipervisores, entre hipervisores e servidores virtuais e entre hipervisores e VIMs.

A *arquitetura de agrupamento de hipervisores* estabelece um agrupamento de alta disponibilidade de hipervisores por múltiplos servidores físicos. Se determinado hipervisor ou se seu servidor físico ficar indisponível, os servidores virtuais hospedados podem ser transferidos para outro servidor físico ou hipervisor para manter operações de *runtime* (Figura 14.2).

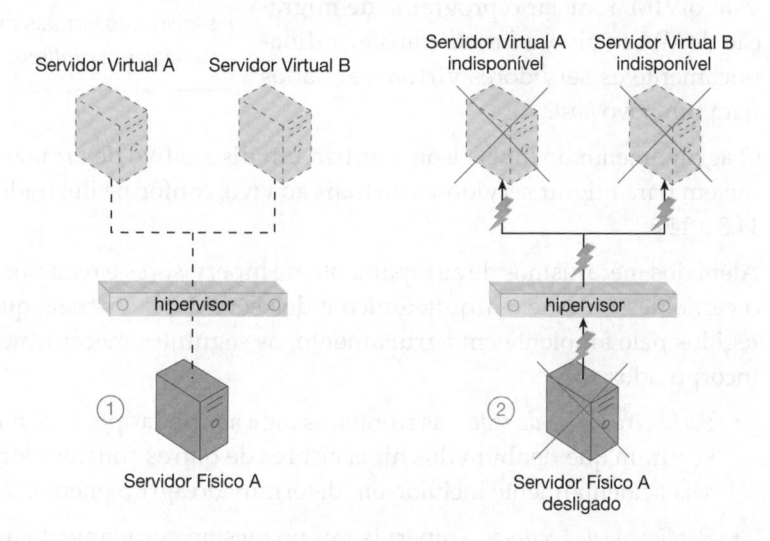

Figura 14.1
O Servidor Físico A está hospedando um hipervisor que hospeda os Servidores Virtuais A e B (1). Quando o Servidor Físico A falha, o hipervisor e dois servidores virtuais consequentemente falham também (2).

Figura 14.2
O Servidor Físico A fica indisponível e causa uma falha em seu hipervisor. O Servidor Virtual A é migrado para o Servidor Físico B, o qual conta com outro hipervisor que faz parte do agrupamento a que o Servidor Físico A pertence.

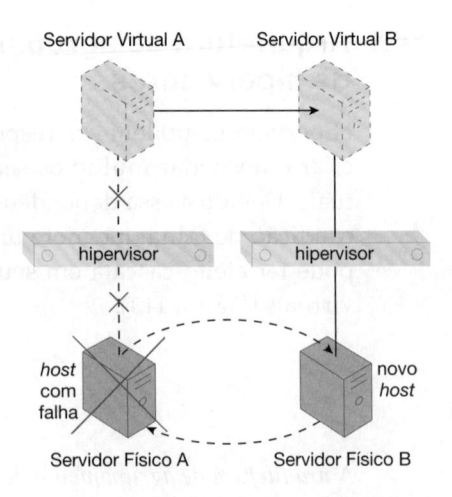

O agrupamento de hipervisores é controlado por um VIM central, que envia mensagens regulares de batimento cardíaco (*heartbeat*) aos hipervisores para confirmar que eles estão ativos e rodando. Mensagens não reconhecidas de batimento cardíaco levam o VIM a iniciar o programa de migração de VM ao vivo, a fim de transferir dinamicamente os servidores virtuais afetados para um novo *host*.

MIGRAÇÃO DE VM AO VIVO
A migração de VM ao vivo é um sistema capaz de realocar servidores virtuais ou suas instâncias em *runtime*.

O agrupamento de hipervisores utiliza um dispositivo de armazenamento em nuvem para migrar servidores virtuais ao vivo, conforme ilustrado nas Figuras 14.3 a 14.6.

Além dos mecanismos de agrupamento de hipervisores e recursos que formam o cerne desse modelo arquitetônico e dos servidores virtuais que ficam protegidos pelo ambiente em agrupamento, os seguintes mecanismos podem ser incorporados:

- *Perímetro lógico de rede* – as fronteiras lógicas criadas por esse mecanismo asseguram que nenhum dos hipervisores de outros consumidores de nuvem seja acidentalmente incluído em determinado agrupamento.

- *Replicação de recursos* – hipervisores no mesmo agrupamento informam uns aos outros sobre seus *status* e disponibilidade. Atualizações a respeito de quaisquer mudanças ocorridas no agrupamento, como a criação ou deleção de um *switch* virtual, precisam ser replicadas para todos os hipervisores por meio do VIM.

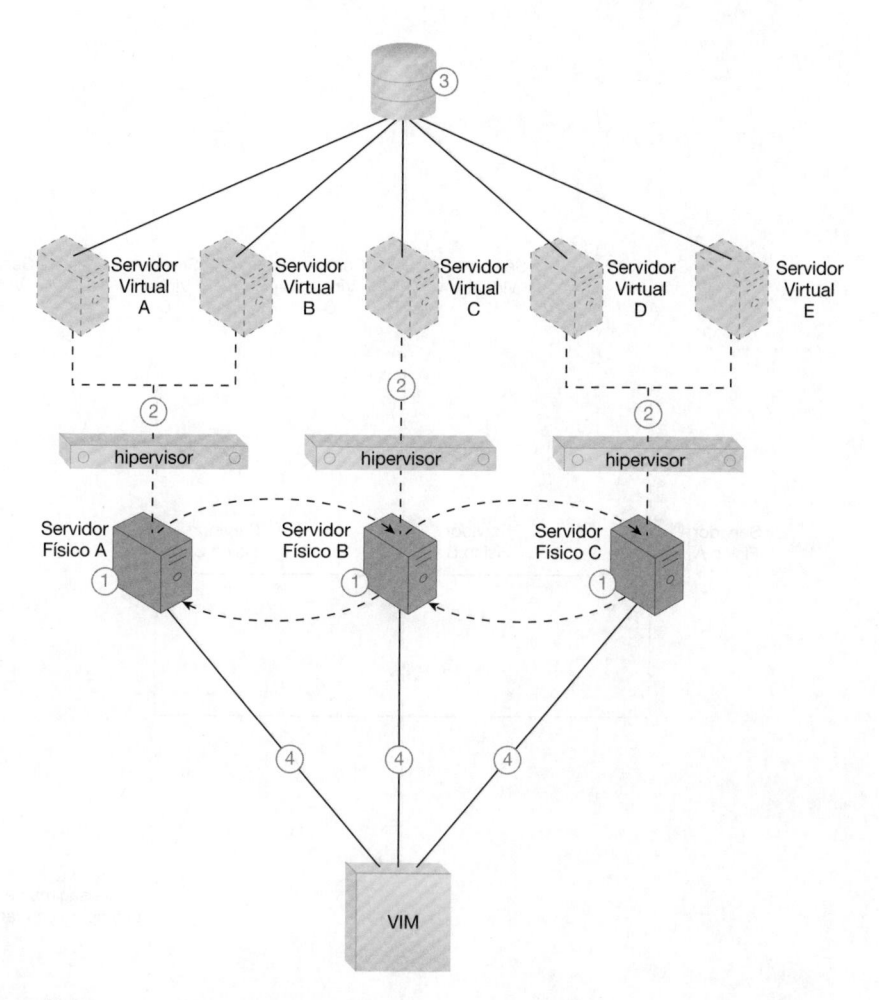

Figura 14.3

Hipervisores são instalados nos Servidores Físicos A, B e C (1). Servidores virtuais são criados pelos hipervisores (2). Um dispositivo de armazenamento em nuvem compartilhado contendo arquivos de configuração de servidores virtuais está posicionado num dispositivo de armazenamento em nuvem compartilhado para acesso por parte de todos os hipervisores (3). O agrupamento de hipervisores está habilitado em três *hosts* de servidor físico via um VIM central (4).

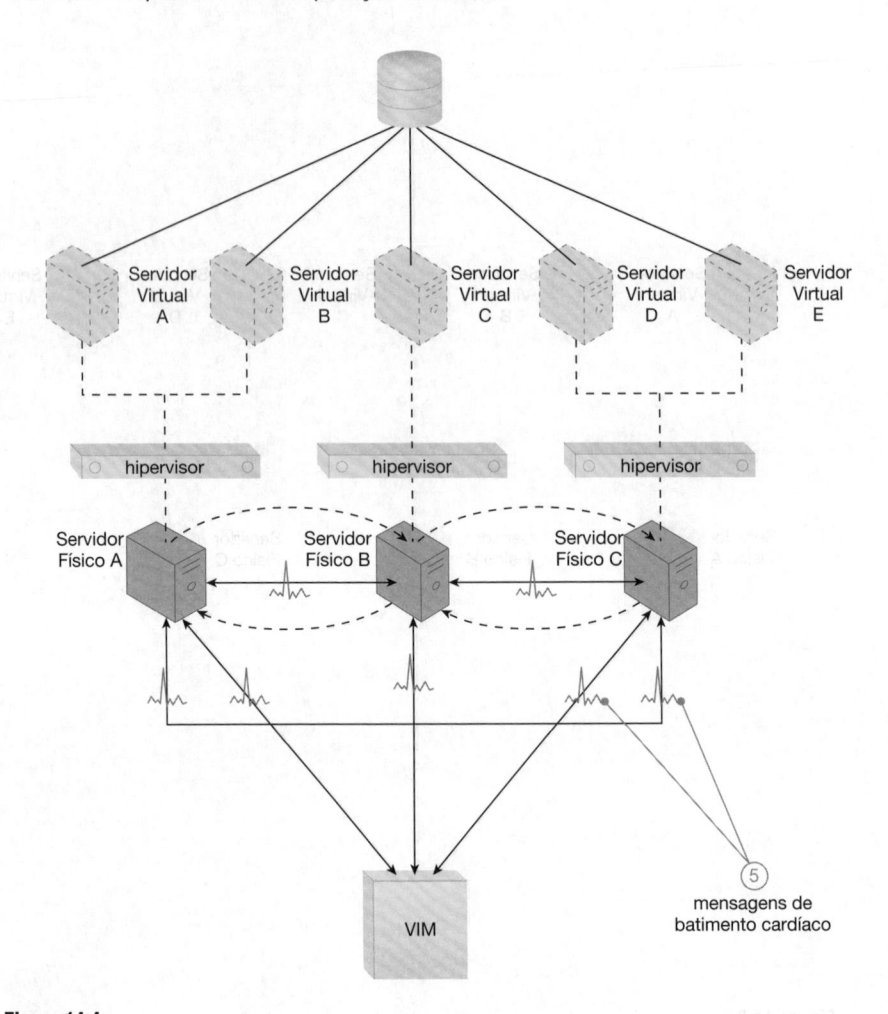

Figura 14.4
Os servidores físicos trocam mensagens de batimento cardíaco entre si e com o VIM de acordo com um cronograma predefinido (5).

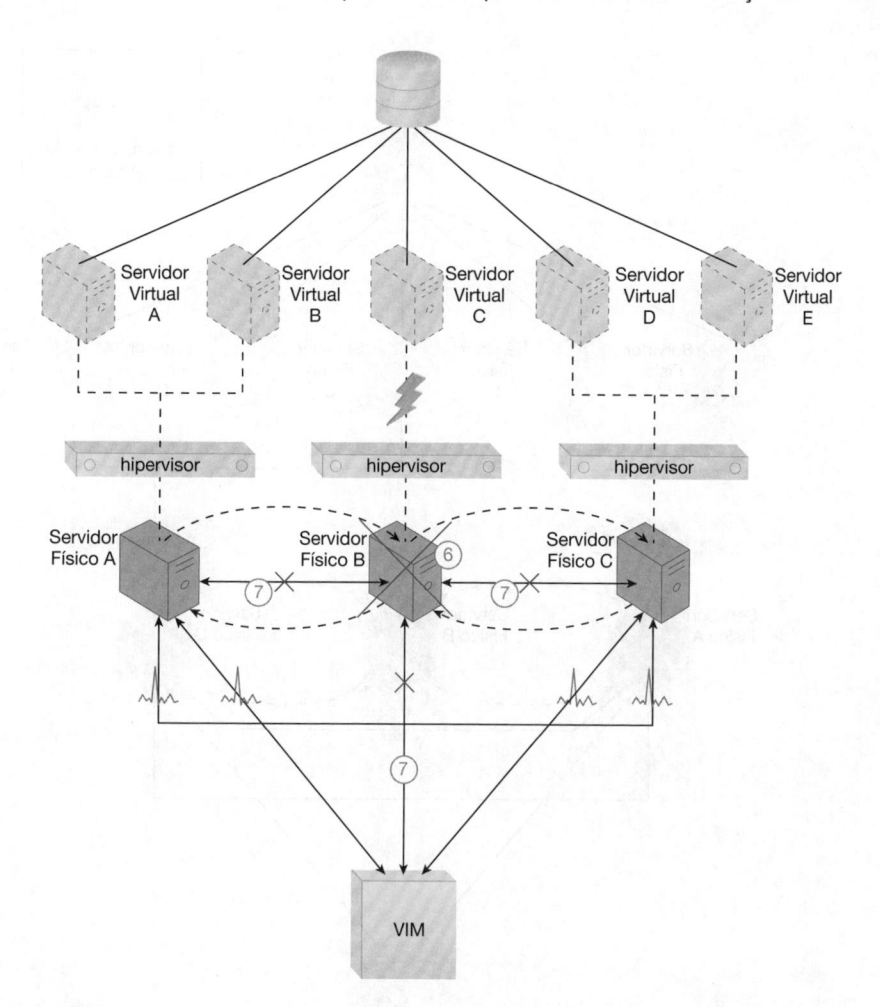

Figura 14.5
O Servidor Físico B apresenta falha e fica indisponível, botando a perder o Servidor Virtual C (6). Os demais servidores físicos e o VIM param de receber mensagens de batimento cardíaco do Servidor Físico B (7).

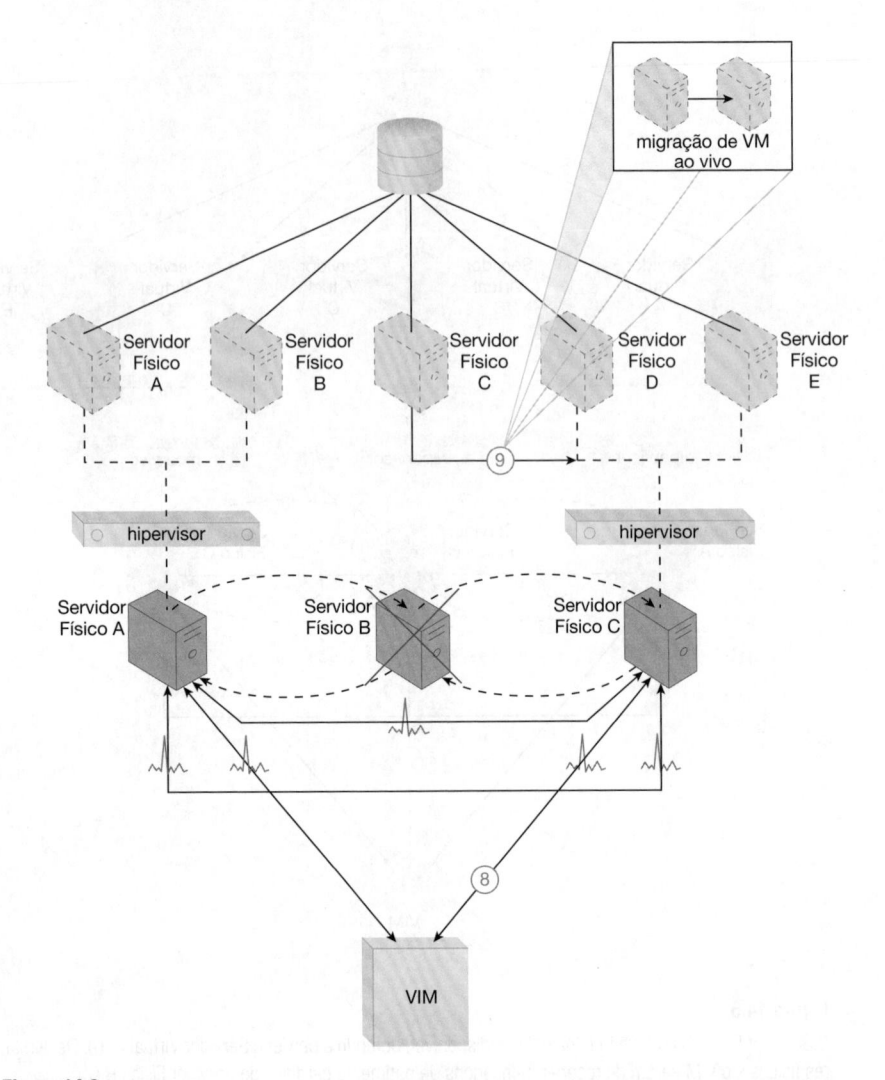

Figura 14.6
O VIM escolhe o Servidor Físico C como o novo *host* para assumir a responsabilidade pelo Servidor Virtual C após investigar a capacidade disponível de outros hipervisores no agrupamento (8). O Servidor Virtual 9 é migrado ao vivo para o hipervisor que está rodando no Servidor Físico C, onde um reinício pode ser necessário antes que as operações normais sejam retomadas (9).

14.2 Arquitetura de agrupamento de servidores virtuais

Uma *arquitetura de agrupamento de servidores virtuais* representa a implantação de um ou mais desses agrupamentos em *hosts* físicos rodando hipervisores. Essa arquitetura é voltada a tirar proveito da eficiência, resiliência e escalabilidade que uma nuvem pode proporcionar para agrupamentos de servidores mediante o uso da virtualização.

Servidores virtuais individuais são instanciados sobre *hosts* físicos separados rodando hipervisores (Figura 14.7). Isso proporciona a infraestrutura virtual sobre a qual agrupamentos de servidores virtuais podem ser configurados para diferentes propósitos, como análise de *big data*, arquiteturas voltadas a serviços, bases de dados NoSQL distribuídas e plataformas avançadas de gerenciamento de contêineres.

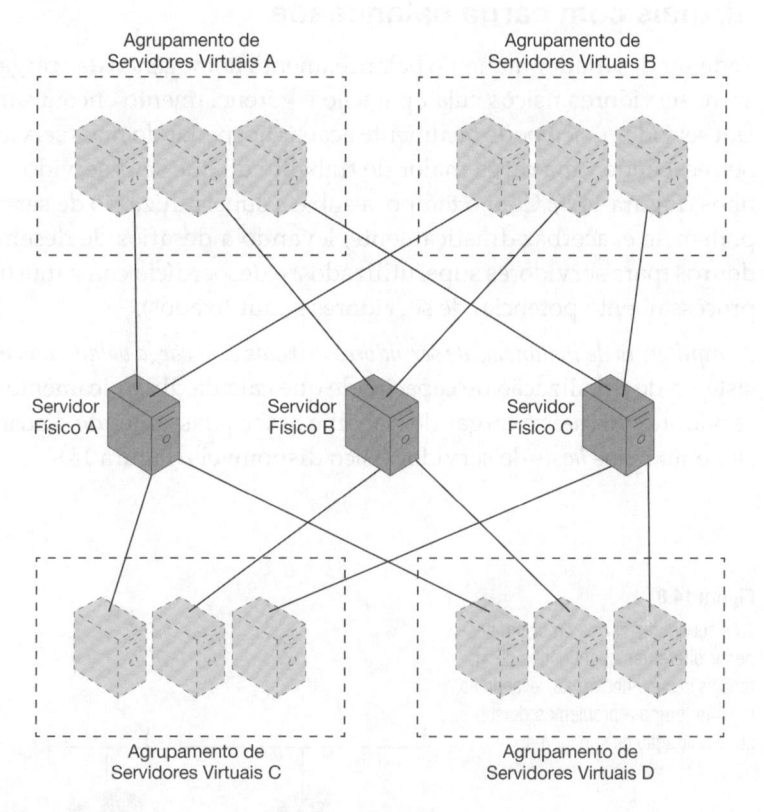

Figura 14.7
Os Servidores Físicos A, B e C estão rodando hipervisores que permitem que múltiplos servidores virtuais sejam hospedados em cada um. (Tais servidores virtuais são então configurados por um mecanismo de agrupamento de recursos em forma de agrupamentos de servidores virtuais.)

Parte III Arquitetura de computação em nuvem

Os mecanismos a seguir podem ser incluídos nessa arquitetura, somando-se a hipervisor, agrupamento de recursos e servidor virtual:

- *Perímetro lógico de rede* – assegura que o agrupamento de servidores virtuais fique englobado num ambiente conectado que permita que todos os seus nós se comuniquem protegidamente entre si.

- *Replicação de recursos* – servidores virtuais no mesmo agrupamento informam uns aos outros sobre seus *status* e disponibilidade. Atualizações a respeito de quaisquer mudanças ocorridas no agrupamento, como a criação ou deleção de um *switch* virtual, precisam ser replicadas para todos os servidores virtuais.

14.3 Arquitetura de instâncias de servidores virtuais com carga balanceada

Pode ser desafiador manter o balanceamento homogêneo das cargas de trabalho entre servidores físicos cuja operação e gerenciamento encontram-se isolados. Um servidor físico pode facilmente acabar hospedando mais servidores virtuais ou recebendo uma carga maior de trabalho do que seus servidores físicos vizinhos (Figura 14.8). Com o tempo, a sub e a superutilização de servidores físicos podem se exacerbar drasticamente, levando a desafios de desempenho duradouros (para servidores superutilizados) e desperdício constante (pela perda de processamento potencial de servidores subutilizados).

A *arquitetura de instâncias de servidores virtuais com carga balanceada* estabelece um sistema de fiscalização de capacidade que calcula dinamicamente instâncias de servidores virtuais e cargas de trabalho associadas, antes de distribuir o processamento pelos *hosts* de servidor físico disponíveis (Figura 14.9).

Figura 14.8
Três servidores físicos precisam hospedar diferentes quantidades de instâncias de servidor virtual, levando ao mesmo tempo a problemas de sub e superutilização de servidores.

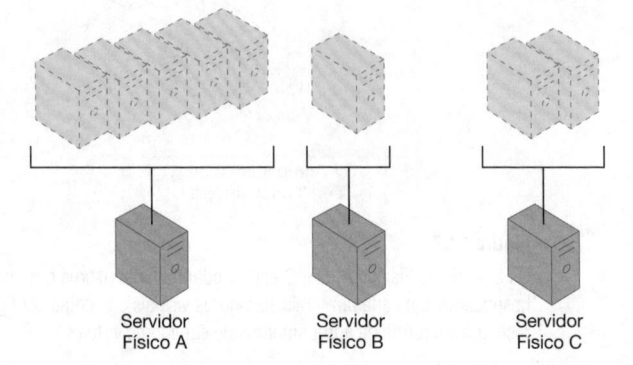

Servidor Físico A   Servidor Físico B   Servidor Físico C

Figura 14.9
As instâncias de servidor virtual estão distribuídas mais homogeneamente entre os *hosts* de servidor físico.

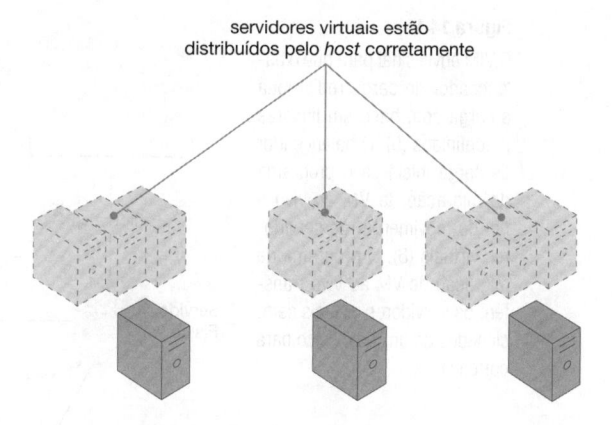

servidores virtuais estão distribuídos pelo host corretamente

O sistema de fiscalização de capacidade é formado por um monitor de fiscalização de uso de nuvem, pelo programa de migração de VM ao vivo e por um planejador de capacidade. O monitor de fiscalização de capacidade rastreia o uso de servidores físicos e virtuais e relata quaisquer flutuações significativas ao planejador de capacidade, que fica responsável por calcular as capacidades computacionais de servidores físicos frente aos requisitos de capacidade de servidores virtuais. Se o planejador de capacidade decidir levar um servidor virtual para outro *host* a fim de distribuir a carga de trabalho, o programa de migração de VM ao vivo recebe um sinal para transferir o servidor virtual (Figuras 14.10 a 14.12).

Figura 14.10
A arquitetura de agrupamento de hipervisores estabelece o alicerce sobre o qual a arquitetura de instâncias de servidores virtuais com carga balanceada é assentada (1). Políticas e limiares são definidos para o monitor de fiscalização de capacidade (2), que compara capacidades de servidores físicos com o processamento de servidores virtuais (3). O monitor de fiscalização de capacidade relata uma superutilização para o VIM (4).

Figura 14.11
O VIM envia sinal para que o balanceador de carga redistribua a carga com base em limiares predefinidos (5). O balanceador de carga inicializa o programa de migração de VM ao vivo a fim de movimentar os servidores virtuais (6). O programa de migração de VM ao vivo transfere os servidores virtuais selecionados de um *host* físico para outro (7).

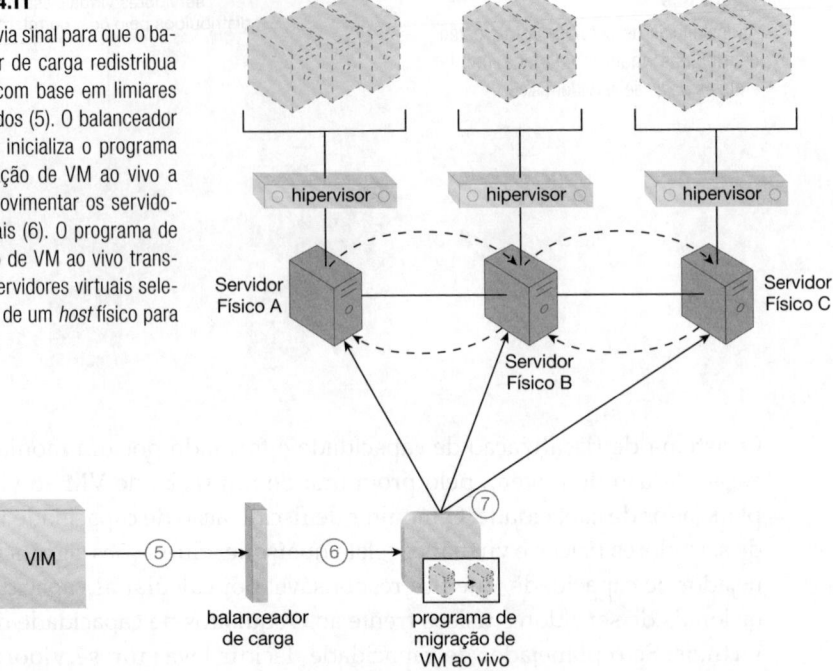

Figura 14.12
A carga de trabalho é balanceada entre os servidores físicos no agrupamento (8). O fiscalizador de capacidade segue monitorando a carga de trabalho e o consumo de recursos (9).

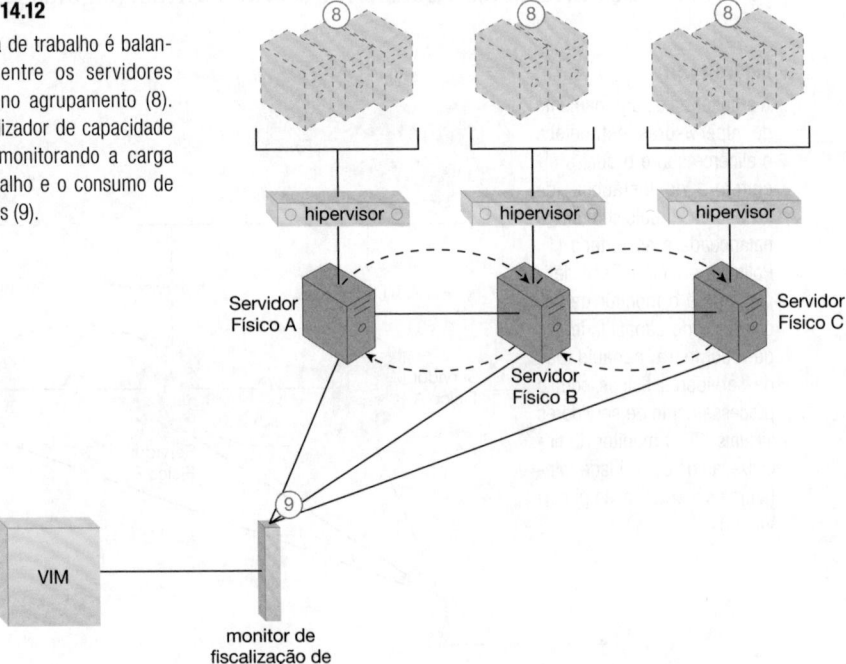

Os seguintes mecanismos podem ser incluídos nessa arquitetura, somando-se a hipervisor, agrupamento de recursos, servidor virtual e monitor de uso de nuvem (fiscalizador de capacidade):

- Listener *de dimensionamento automatizado* – pode ser usado para iniciar o processo de balanceamento de carga e para monitorar dinamicamente a carga de trabalho vinda de servidores virtuais via hipervisores.

- *Balanceador de carga* – mecanismo responsável por distribuir a carga de trabalho dos servidores virtuais entre os hipervisores.

- *Perímetro lógico de rede* – assegura que a destinação de um determinado servidor virtual realocado esteja em conformidade com o SLA e com regulamentações de privacidade.

- *Replicação de recursos* – a replicação de instâncias de servidor virtual pode ser necessária como parte da funcionalidade de balanceamento de carga.

14.4 Arquitetura de realocação de serviço sem perturbação

Um serviço em nuvem pode ficar indisponível por inúmeras razões, tais como:

- demandas de uso de *runtime* excedem sua capacidade de processamento;
- uma atualização de manutenção exige uma parada temporária;
- migração permanente para um novo *host* de servidor físico.

Solicitações de consumidores de serviço em nuvem costumam ser rejeitadas se um serviço em nuvem ficar indisponível, o que tem o potencial de resultar em condições de exceção. Deixar o serviço em nuvem temporariamente indisponível para os consumidores de nuvem não é preferível, mesmo que um desligamento esteja planejado.

A *arquitetura de realocação de serviço sem perturbação* estabelece um sistema mediante o qual um evento predefinido desencadeia a duplicação ou migração de uma implementação de serviço em nuvem em *runtime*, evitando assim qualquer perturbação. Em vez de aumentar ou diminuir a escala de serviços em nuvem com implementações redundantes, a atividade de um serviço em nuvem pode ser temporariamente redirecionada para outro ambiente de hospedagem em *runtime* adicionando-se uma implementação duplicada em um novo *host*. De modo similar, solicitações de consumidores de serviço em nuvem podem ser temporariamente redirecionadas para uma implementação duplicada quando a implementação original precisa ser desligada para fins de manutenção. A realocação da implantação de serviço em nuvem e de qualquer atividade relacionada também pode ser permanente, a fim de acomodar migrações de serviço em nuvem para novos *hosts* de servidor físico.

Um aspecto-chave da arquitetura subjacente é que a nova implementação de serviço em nuvem tem sucesso garantido em receber e responder a solicitações de consumidores de serviço em nuvem *antes* que tal implementação seja desativada ou removida. Uma abordagem comum é que o programa de migração de VM ao vivo transfira a instância inteira de servidor virtual que está hospedando o serviço em nuvem. Os mecanismos de *listener* de dimensionamento automatizado e/ou de balanceador de carga podem ser usados para desencadear um redirecionamento temporário de solicitações de consumidores de serviço em nuvem em resposta a requisitos de mudança de escala e distribuição de carga de trabalho. Quaisquer dos mecanismos podem contatar o VIM para iniciar o processo de migração de VM ao vivo, conforme mostrado nas Figuras 14.13 a 14.15.

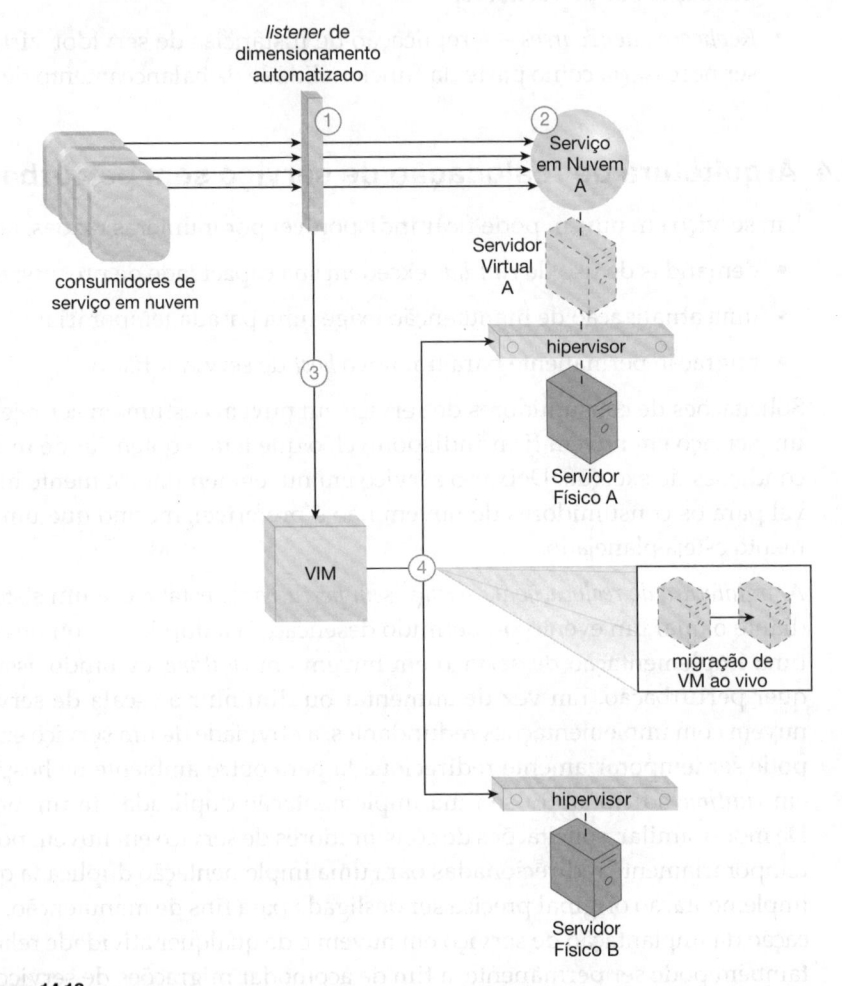

Figura 14.13

O *listener* de dimensionamento automatizado monitora as carga de trabalho para um serviço em nuvem (1). O limiar predefinido do serviço em nuvem é alcançado conforme a carga de trabalho aumenta (2), levando o *listener* de dimensionamento automatizado a sinalizar ao VIM que inicie a realocação (3). O VIM utiliza o programa de migração de VM ao vivo para instruir os hipervisores de origem e de destino a fazerem a realocação em *runtime* (4).

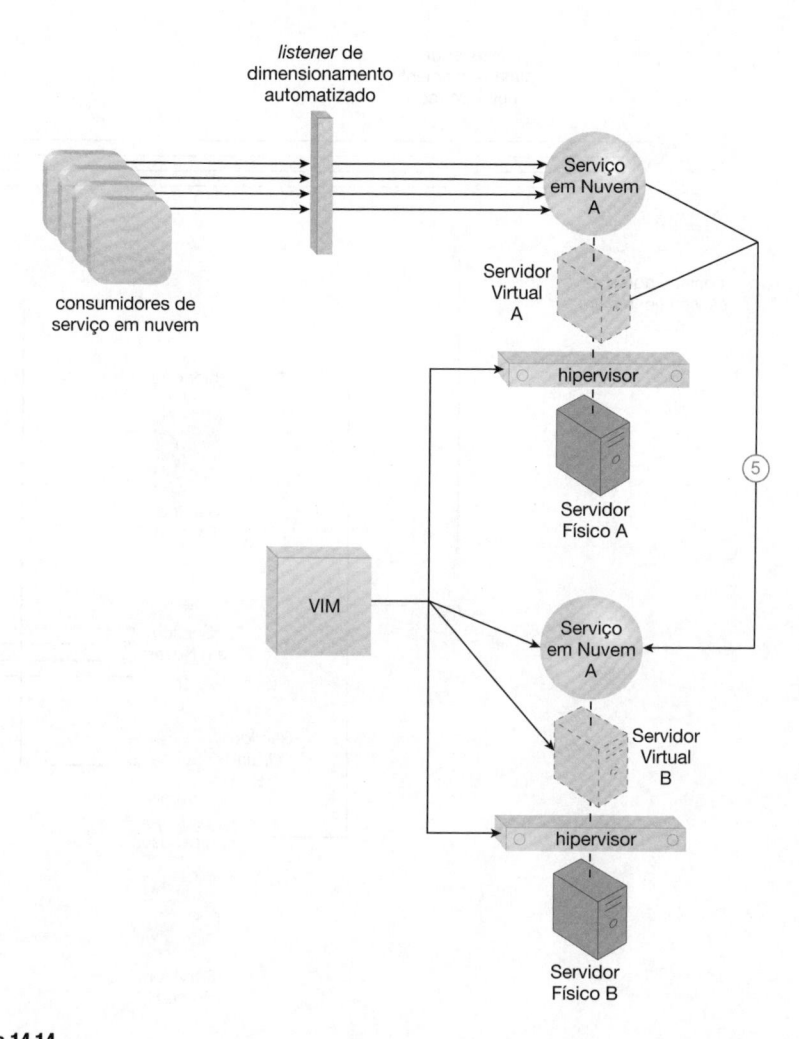

Figura 14.14
Uma segunda cópia do servidor virtual e seu serviço em nuvem hospedado são criados pelo hipervisor de destino no Servidor Físico B (5).

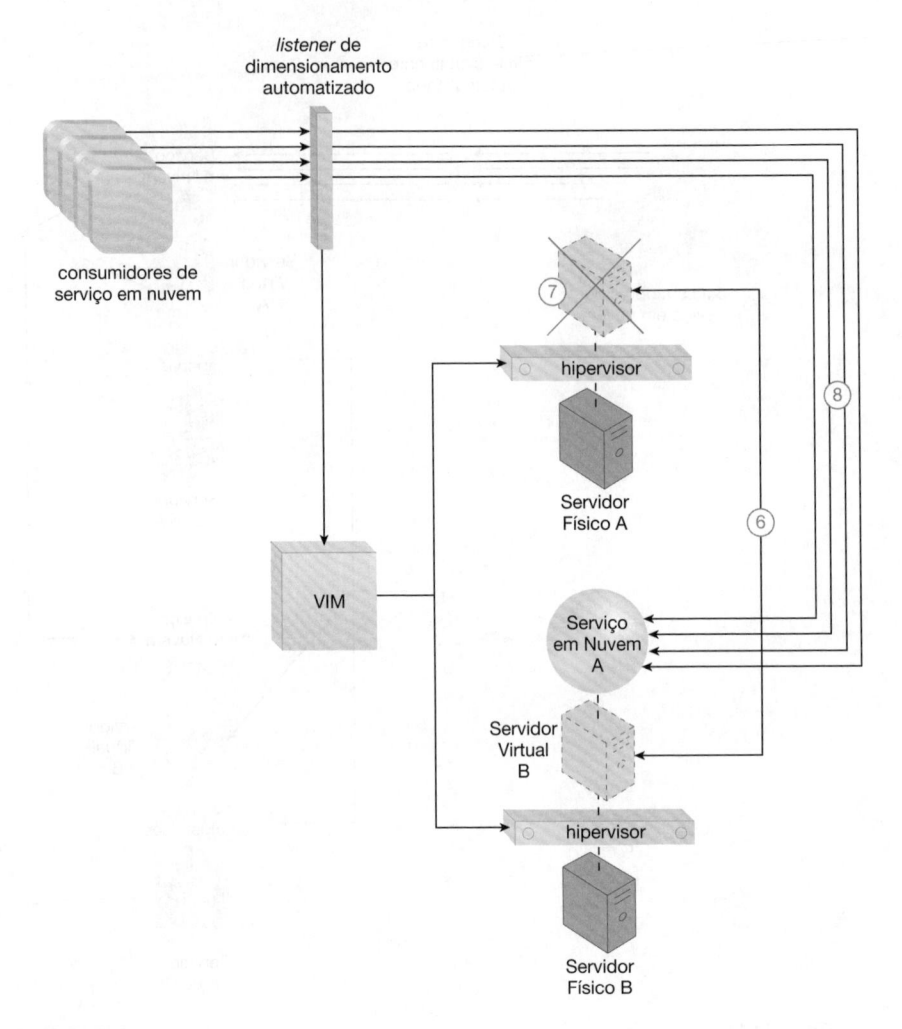

Figura 14.15
O estado de ambas instâncias de servidor virtual está sincronizado (6). A primeira instância de servidor virtual é removida do Servidor Físico A depois que solicitações de consumidores de serviço em nuvem têm sua recepção confirmada pelo serviço em nuvem no Servidor Físico B (7). Solicitações de consumidores de serviço em nuvem agora são enviadas somente para o serviço em nuvem no Servidor Físico B (8).

A migração de servidores virtuais pode ocorrer de uma dentre as duas formas a seguir, dependendo da localização dos discos de servidor virtual e de sua configuração:

- Uma cópia dos discos do servidor virtual é criada no *host* de destino, caso tais discos estejam armazenados em um dispositivo local de armazenamento ou em dispositivos remotos não compartilhados e vinculados ao *host* de origem. Depois que a cópia é criada, ambas instâncias de servidor virtual são sincronizadas e os arquivos do servidor virtual são removidos do *host* de origem.

- É desnecessário copiar discos do servidor virtual caso seus arquivos estejam armazenados em um dispositivo remoto que é compartilhado entre os *hosts* de origem e de destino. A posse do servidor virtual é simplesmente transferida do servidor físico *host* de origem para o de destino, e o estado do servidor virtual é automaticamente sincronizado.

Essa arquitetura pode ter como base a arquitetura de configurações persistentes de rede virtual, para que as configurações de rede definidas dos servidores virtuais migrados sejam preservadas a fim de reter conexão com os consumidores de serviço em nuvem.

Além do *listener* de dimensionamento automatizado, do balanceador de carga, do dispositivo de armazenamento em nuvem e do servidor virtual, outros mecanismos podem fazer parte dessa arquitetura, com destaque para os seguintes:

- *Monitor de uso de nuvem* – tipos diferentes de monitores de uso de nuvem podem ser usados para rastrear continuamente o uso de recursos de TI e a atividade no sistema.

- *Monitor de pagamento por uso* – é usado para coletar dados para fins de cálculo de uso de serviços de recursos de TI tanto em locais de origem quanto de destino.

- *Replicação de recursos* – mecanismo adotado para instanciar uma cópia-sombra do serviço em nuvem em seu destino.

- *Sistema de gerenciamento de SLA* – esse sistema de gerenciamento é responsável por processar dados de SLA fornecidos pelo monitor de SLA a fim de obter garantias de disponibilidade de serviços em nuvem, tanto durante quanto após a duplicação ou realocação de um tal serviço.

- *Monitor de SLA* – mecanismo que coleta informações de SLA exigidas pelo sistema de gerenciamento de SLA, as quais podem ser relevantes se as garantias de disponibilidade dependerem dessa arquitetura.

> **OBSERVAÇÃO**
>
> A arquitetura tecnológica de realocação de serviço sem perturbação conflita e não pode ser aplicada juntamente com a arquitetura de acesso I/O direto abordada no Capítulo 15. Um servidor virtual com acesso I/O direto fica trancado em seu servidor físico *host* e não pode ser transferido para outros *hosts* desse modo.

14.5 Arquitetura de *downtime* zero

Um servidor físico atua naturalmente como um ponto único de falha para os servidores virtuais que ele hospeda. Como resultado, quando um servidor físico apresenta falha ou é comprometido, a disponibilidade de todos e quaisquer servidores virtuais hospedados pode ser afetada. Com isso, torna-se desafiador para um provedor de nuvem dar garantias de *downtime* zero a consumidores de nuvem.

A *arquitetura de* downtime *zero* estabelece um sistema de *failover* sofisticado que permite que servidores virtuais sejam transferidos dinamicamente para diferentes servidores físicos *hosts*, para o caso de seu *host* original apresentar falha (Figura 14.16).

Múltiplos servidores físicos são reunidos em um grupo controlado por um sistema com tolerância a falhas capaz de comutar a atividade de um servidor físico para outro, sem interrupção. O componente de migração de VM ao vivo costuma ser o núcleo dessa forma de arquitetura de nuvem de alta disponibilidade.

A tolerância a falhas daí resultante garante que, em caso de falha de um servidor físico, servidores virtuais hospedados podem ser migrados para um servidor físico secundário. Todos os servidores virtuais ficam armazenados em um volume compartilhado (em conformidade com a arquitetura de

Figura 14.16
Uma falha no Servidor Físico A desencadeia o programa de migração de VM ao vivo a transferir dinamicamente o Servidor Virtual A para o Servidor Físico B.

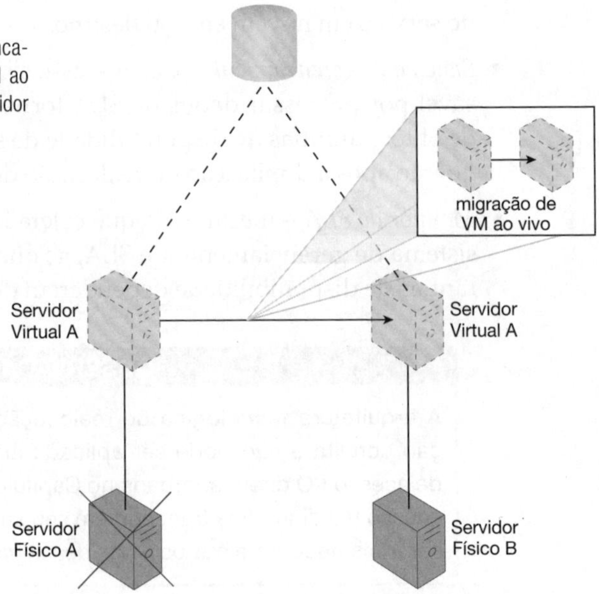

configuração persistente de rede virtual), para que outros servidores físicos *hosts* no mesmo grupo possam acessar seus arquivos.

Além do sistema de *failover*, do dispositivo de armazenamento em nuvem e do servidor virtual, os seguintes mecanismos podem fazer parte dessa arquitetura:

- *Monitor de auditoria* – esse mecanismo pode ser necessário para checar se a realocação dos servidores virtuais também realoca dados hospedados para localizações proibidas.

- *Monitor de uso de nuvem* – implementações desse mecanismo são usadas para monitorar o real uso de recursos de TI dos consumidores de nuvem, visando assegurar que as capacidades do servidor virtual não sejam excedidas.

- *Hipervisor* – o hipervisor de cada servidor físico afetado hospeda os servidores virtuais afetados.

- *Perímetro lógico de rede* – proporciona e mantém o isolamento necessário para assegurar que cada consumidor de nuvem permaneça dentro de suas próprias fronteiras lógicas após a realocação do servidor virtual.

- *Agrupamento de recursos* – mecanismo aplicado para criar diferentes tipos de grupos ativo-ativo que elevam coletivamente a disponibilidade de recursos de TI hospedados em servidor virtual.

- *Replicação de recursos* – mecanismo capaz de criar o novo servidor virtual e as instâncias de serviço em nuvem após falha do servidor virtual primário.

14.6 Arquitetura de balanceamento de nuvem

A *arquitetura de balanceamento de nuvem* estabelece um modelo arquitetônico especializado em que recursos de TI podem ter sua carga balanceada entre múltiplas nuvens.

O balanceamento entre nuvens de solicitações de consumidores de serviço em nuvem pode ajudar a:

- melhorar o desempenho e a escalabilidade de recursos de TI;
- aumentar a disponibilidade e a confiabilidade de recursos de TI;
- melhorar o balanceamento de carga e a otimização de recursos de TI.

A funcionalidade de balanceamento de nuvem baseia-se principalmente na combinação dos mecanismos de *listener* de dimensionamento automatizado e sistema de *failover* (Figura 14.17). Muitos outros componentes (e possivelmente outros mecanismos) podem fazer parte de uma arquitetura completa de balanceamento de nuvem.

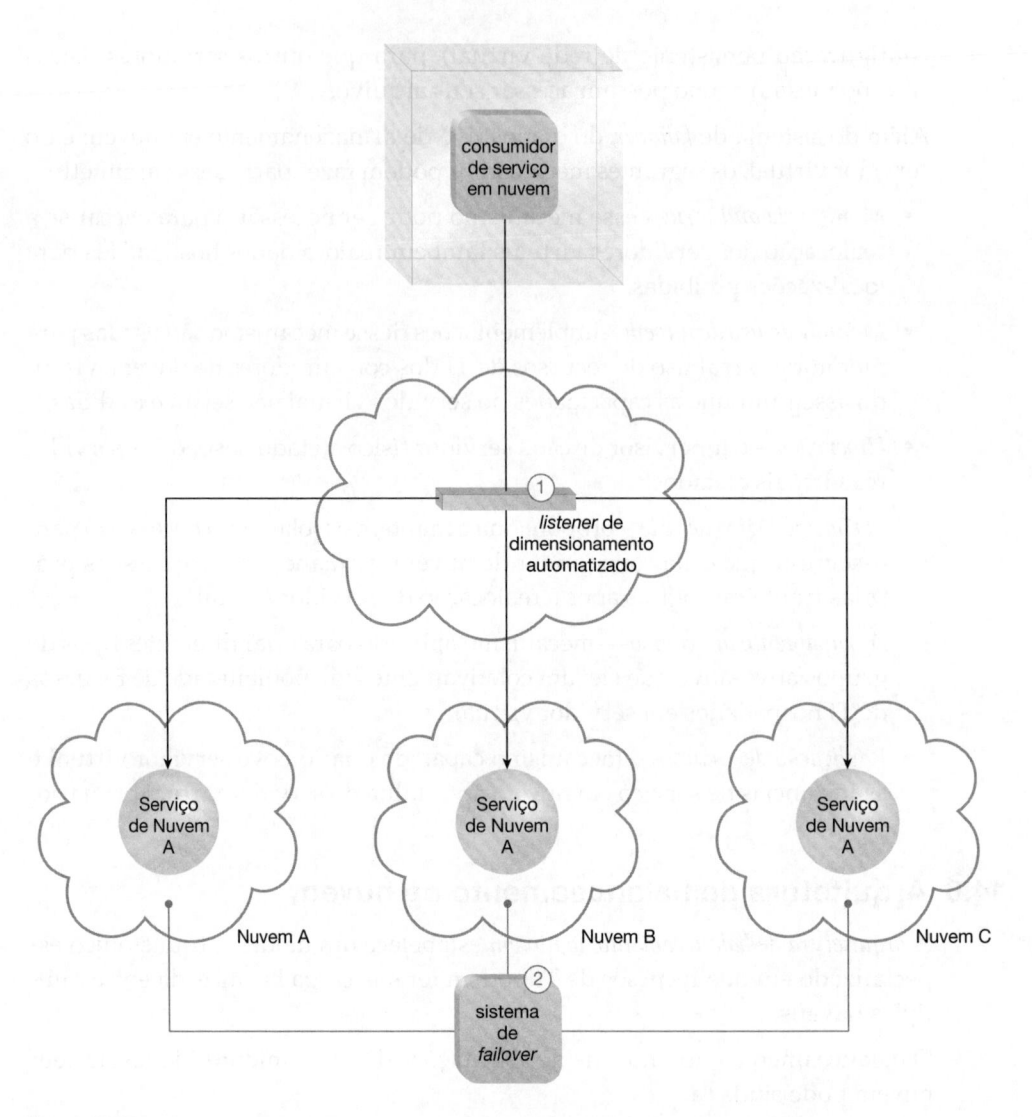

Figura 14.17
Um *listener* de dimensionamento controla o processo de balanceamento de nuvem ao rotear solicitações de consumidores de nuvem para implementações redundantes do Serviço de Nuvem A distribuídas entre múltiplas nuvens (1). O sistema de *failover* infunde resiliência nessa arquitetura, ao proporcionar *failover* entre diferentes nuvens (2).

Como ponto de partida, os dois mecanismos são utilizados do seguinte modo:

- O *listener* de dimensionamento automatizado redireciona solicitações de consumidores de serviço em nuvem para uma dentre diversas implementações redundantes de recursos de TI, com base nos requisitos correntes de escala e desempenho.

- O sistema de *failover* assegura que recursos de TI redundantes proporcionem *failover* entre diferentes nuvens em caso de falha em um recurso de TI ou em seu ambiente subjacente de hospedagem. Falhas de recursos de TI são anunciadas para que o *listener* de dimensionamento automatizado possa evitar o roteamento inadvertido de solicitações de consumidores de serviço em nuvem para recursos de TI indisponíveis ou instáveis.

Para que uma arquitetura de balanceamento de nuvem funcione efetivamente, o *listener* de dimensionamento automatizado precisa estar ciente de todas as implementações redundantes de recursos de TI dentro do escopo da arquitetura de balanceamento de nuvem.

Vale ressaltar que, se a sincronização manual de implementações de recursos de TI entre diferentes nuvens não for possível, o mecanismo de replicação de recursos talvez precise ser incorporado para automatizar a sincronização.

14.7 Arquitetura resiliente de recuperação de desastres

Desastres naturais ou causados por humanos podem ocorrer a qualquer momento e sem aviso prévio. Empreendimentos de TI podem estabelecer estratégias de identificação de desastres para assegurar que, caso um evento destrua ou limite a funcionalidade de sistemas de TI importantes, um local remoto secundário esteja disponível com implementações redundantes desses sistemas prontas para assumir o controle. Esse é o propósito da *arquitetura resiliente de recuperação de desastres*.

Provedores de nuvem oferecem recursos de TI baseados em nuvem com altos níveis de disponibilidade, o que torna os ambientes de nuvem locais secundários ideais para proteger contra desastres aqueles recursos de TI que se encontram nas próprias dependências. As características de acesso ubíquo e resiliência de nuvem dão apoio a essa arquitetura quando implantadas em uma nuvem pública, já que recursos localizados ali ficam disponíveis a qualquer hora, em qualquer lugar, e acessáveis por muitos meios.

Uma arquitetura resiliente de recuperação de desastres emprega mecanismos de replicação de recursos para criar cópias redundantes de todos os recursos críticos de uma arquitetura tecnológica empresarial. Essas cópias são então situadas numa localização remota, onde devem permanecer sincronizadas com suas cópias originais, prontas para substituí-las caso uma catástrofe importante aconteça no local de origem (Figura 14.18).

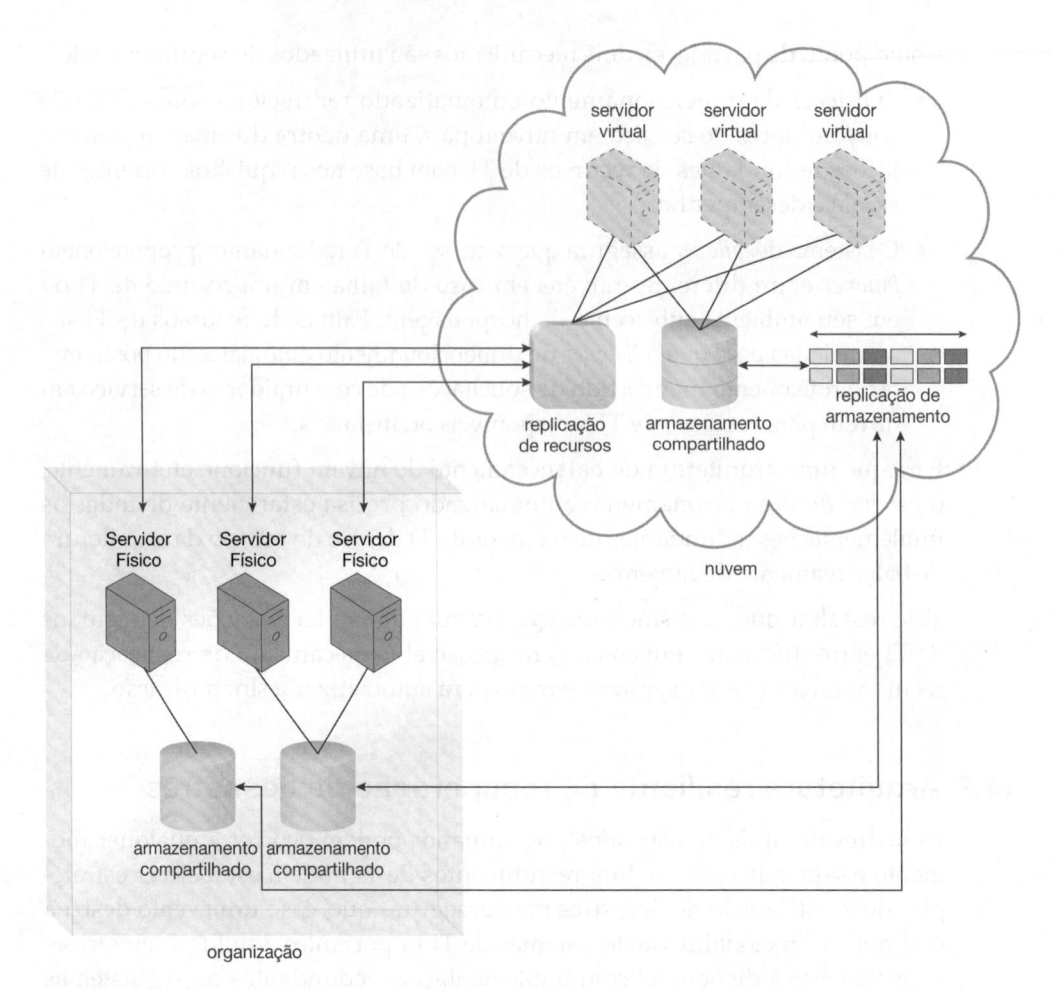

Figura 14.18
Uma organização adota um mecanismo de replicação de recursos para criar instâncias virtuais duplicadas de sua infraestrutura física numa nuvem pública. O mecanismo de replicação de armazenamento sincroniza as fontes de dados nas dependências com suas duplicatas na nuvem.

Esse mecanismo mantém os recursos de TI replicados na seção baseada em nuvem da arquitetura constantemente sincronizados com suas cópias originais. Outros mecanismos que podem fazer parte dessa arquitetura incluem os seguintes:

- *Hipervisor* – o mecanismo hipervisor permite que *hosts* físicos no ambiente de nuvem selecionado para redundância hospedem servidores virtuais que são réplicas dos servidores físicos ou virtuais situados nas dependências.

- *Servidor virtual* – mecanismo usado para manter réplicas sincronizadas dos servidores físicos ou virtuais situados nas dependências dentro da arquitetura redundante em nuvem.

- *Dispositivo de armazenamento em nuvem* – mecanismo que armazena cópias redundantes de dados do local original nas dependências no ambiente replicado em nuvem.

14.8 Arquitetura de soberania de dados distribuídos

Regulamentações envolvendo a governança apropriada de dados, sobretudo dados pessoais, podem variar entre diferentes países e regiões. Tipicamente, tais regulamentações exigem que os detentores dos dados assegurem que eles estejam localizados dentro de fronteiras geográficas específicas. Em geral, consumidores de nuvem são considerados os detentores oficiais de dados baseados em nuvem, ao passo que provedores de nuvem não costumam ser obrigados a obedecer a esses tipos de regulamentações.

Os provedores de nuvem geralmente empregam sistemas sofisticados de replicação de dados para alcançar níveis de redundância que os permitam proporcionar alta disponibilidade para os serviços de armazenamento em nuvem que oferecem. As réplicas ficam muitas vezes distribuídas geograficamente de forma a garantir o nível mais alto de disponibilidade possível, uma vez que essa distribuição proporciona um nível mais alto de isolamento contra potenciais falhas.

No entanto, com essa distribuição geográfica o provedor de nuvem pode acabar mantendo cópias de dados protegidos em locais que violam regulamentações de proteção de dados às quais seus consumidores de nuvem precisam obedecer. A *arquitetura de soberania de dados distribuídos* é um modelo que pode ser usado para evitar essa situação, ao assegurar que dados distribuídos fiquem armazenados em conformidade com regulamentações. Essa arquitetura é projetada para garantir que dados protegidos fiquem armazenados em um ou mais locais físicos específicos.

Uma importante consideração de *design* para a arquitetura de soberania de dados distribuídos é se certificar de que mecanismos de replicação de dados usados pelo provedor de nuvem possam ser configurados de modo a obedecer a regulamentações. Essa arquitetura se apoia ainda em um mecanismo de gerenciamento de governança para coordenar o armazenamento apropriado de dados protegidos dentro da região necessária para obedecer a diferentes regulamentações locais ou regionais (Figura 14.19).

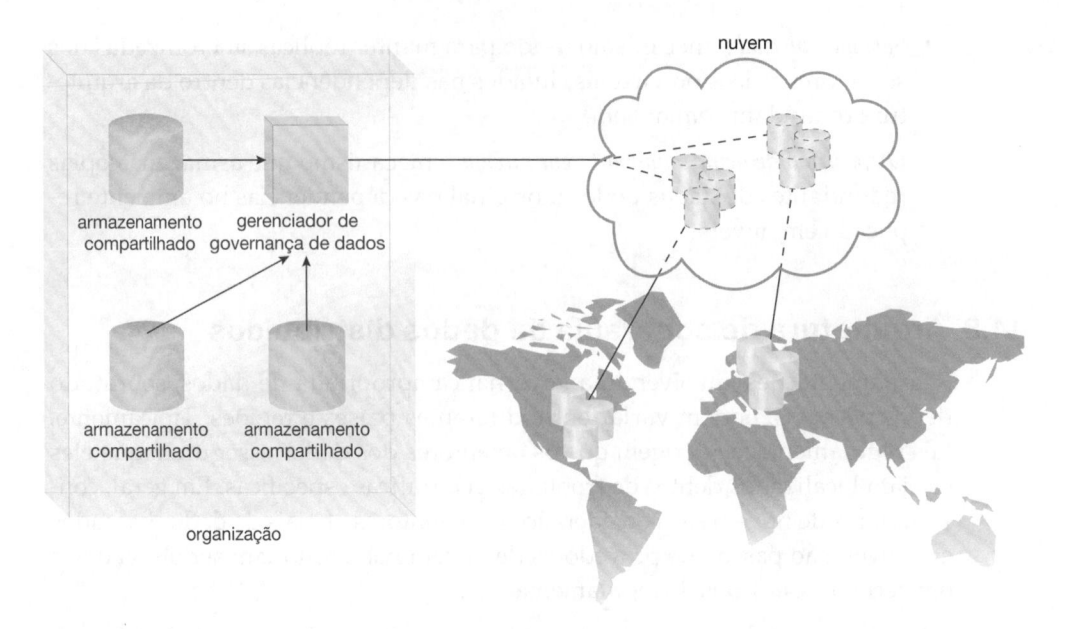

Figura 14.19
Uma organização emprega um mecanismo gerenciador de governança para assegurar que seus dados baseados em nuvem fiquem localizados na região em que devem residir de acordo com regulamentações regionais de proteção de dados.

Além disso, os seguintes mecanismos fazem parte dessa arquitetura:

- *Dispositivo de armazenamento em nuvem* – armazena os dados protegidos no local que permite que a organização obedeça às regulamentações regionais.

- *Monitor de auditoria* – pode ser necessário para conferir se os dados locais foram replicados para localizações proibidas.

- *Replicação de armazenamento* – mecanismo que mantém cópias dos dados para fins de resiliência em dispositivos de armazenamento localizados geograficamente em conformidade com regulamentações de proteção de dados.

> **OBSERVAÇÃO**
>
> Uma abordagem alternativa é que os consumidores de nuvem identifiquem provedores de nuvem locais em cada região diferente em que precisam obedecer a regulamentações, estabelecendo assim uma arquitetura multinuvem (conforme descrita no Capítulo 13), na qual cada nuvem pertence a um provedor diferente.

14.9 Arquitetura de reserva de recursos

Dependendo de como os recursos de TI são projetados para uso compartilhado e dependendo de seus níveis disponíveis de capacidade, acessos concomitantes podem levar a uma condição de exceção de *runtime* chamada *restrição de recursos*. Uma restrição de recursos é uma condição que ocorre quando dois ou mais consumidores nuvem são alocados para compartilhar um recurso de TI que não tem a capacidade para acomodar as solicitações totais de processamento advindas de tais consumidores. Como resultado, um ou mais dos consumidores encontram um desempenho degradado ou podem ser rejeitados por completo. O serviço em nuvem em si pode cair, resultando na rejeição de todos os consumidores de nuvem.

Outros tipos de conflitos de *runtime* podem ocorrer quando um recurso de TI (sobretudo um não projetado especificamente para acomodar compartilhamento) é acessado concomitantemente por diferentes consumidores de serviço em nuvem. *Pools*-irmãos ou aninhados de recursos, por exemplo, introduzem a noção de *empréstimo de recursos*, mediante a qual um *pool* podem temporariamente pegar recursos de TI emprestados de outros *pools*. Um conflito de *runtime* pode ser desencadeado quando o recurso de TI emprestado não é devolvido, devido a um uso prolongado pelo consumidor de serviço em nuvem que o tomou emprestado. Isso pode levar a ocorrência repetida de restrições de recursos.

Frente a isso, a *arquitetura de reserva de recursos* estabelece um sistema pelo qual um dos itens a seguir é deixado de reserva exclusivamente para um determinado consumidor de nuvem (Figuras 14.20 a 14.22):

- recurso único de TI;
- porção de um recurso de TI;
- múltiplos recursos de TI.

Isso protege os consumidores de nuvem uns dos outros ao evitar as condições recém-mencionadas de restrição de recursos e empréstimo de recursos.

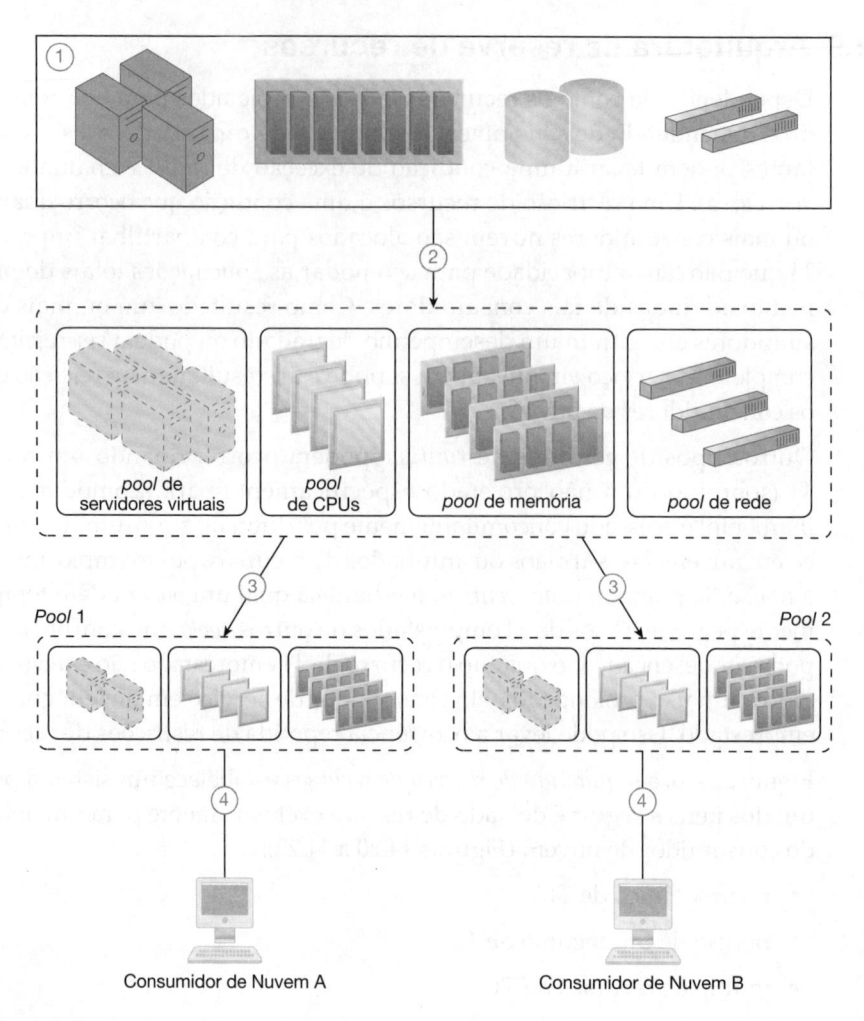

Figura 14.20
Um grupo de recursos físicos é criado (1), a partir do qual um *pool*-pai de recursos é criado, em conformidade com a arquitetura de *pool* de recursos (2). Dois *pools*-filhos menores são criados a partir do *pool*-pai, e limites de recursos são definidos usando-se o sistema de gerenciamento de recursos (3). Consumidores de nuvem recebem acesso a seu próprio e exclusivo *pool* de recursos (4).

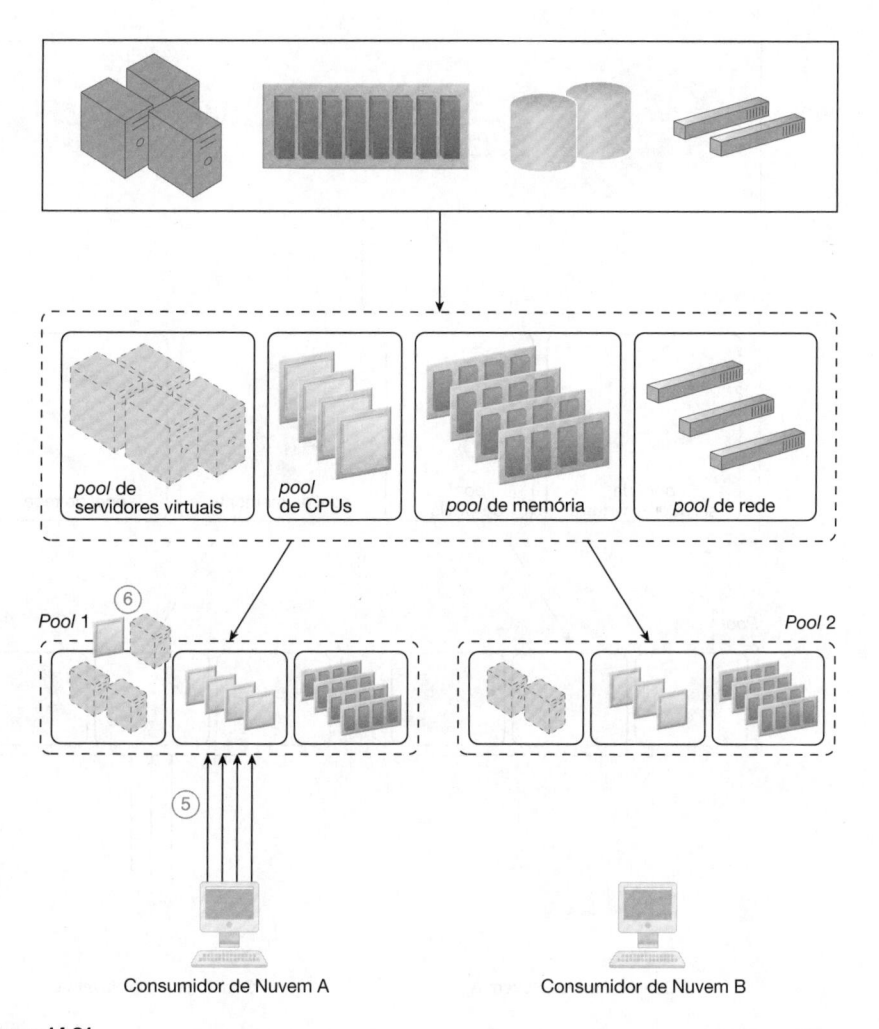

Figura 14.21
Um aumento nas solicitações por parte do Consumidor de Nuvem A resulta em mais recursos de TI sendo alocados para esse consumidor (5), o que significa que alguns recursos de TI precisam ser tomados de empréstimo do *Pool* 2. A quantidade de recursos de TI emprestados esbarra no limite de recursos que foi definido na Etapa (3), para assegurar que o Consumidor de Nuvem B não venha a enfrentar qualquer restrição de recursos (6).

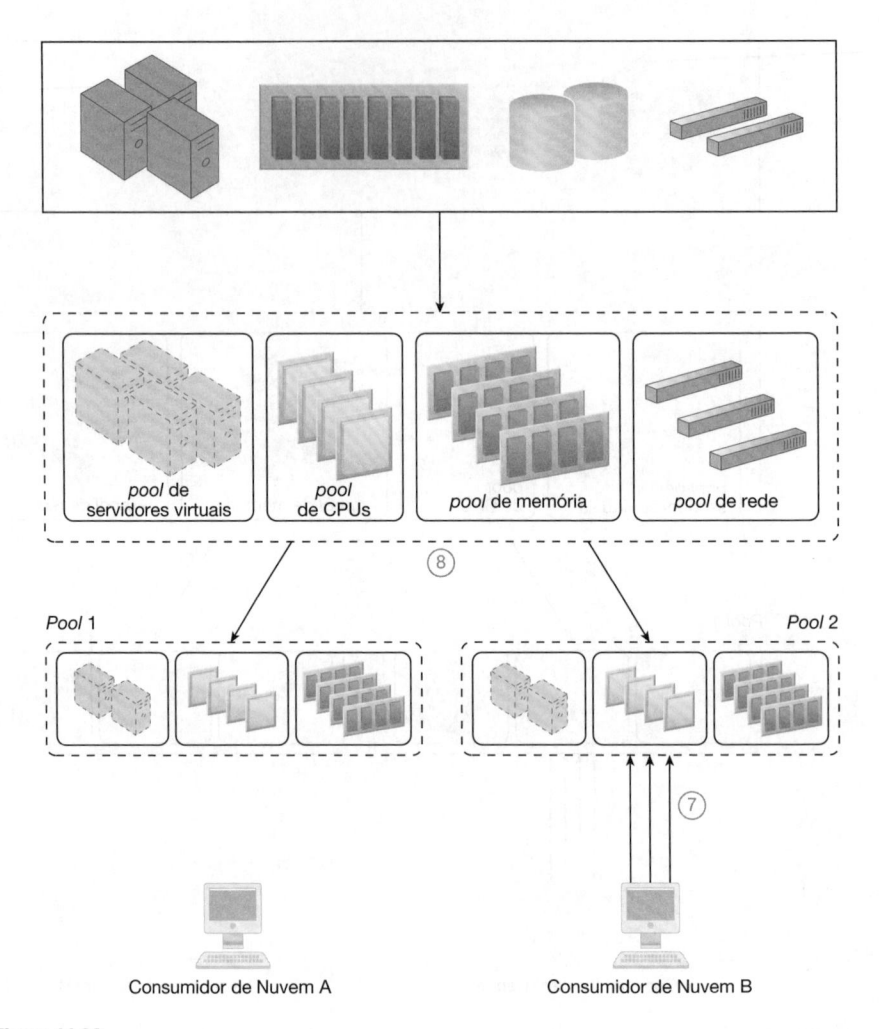

Figura 14.22
O Consumidor de Nuvem B passa a impor mais solicitações e demandas de uso e pode em breve ter de utilizar todos os recursos de TI disponíveis no *pool* (7). O sistema de gerenciamento de recursos força o *Pool* 1 a liberar os recursos de TI e levá-los para o *Pool* 2 para que fiquem disponíveis para o Consumidor de Nuvem B (8).

A criação de um sistema de reserva de recursos de TI pode exigir o envolvimento do mecanismo de sistema de gerenciamento de recursos, que é usado para definir os limiares de uso de recursos de TI individuais e *pools* de recursos. As reservas travam a quantidade de recursos de TI que cada *pool* precisa manter, com o saldo de recursos de TI do *pool* ainda disponível para compartilhamento e empréstimo. O mecanismo de sistema de administração remota também é usado para habilitar customização de *front-end*, para que consumidores de nuvem disponham de controles administrativos para o gerenciamento de suas alocações de recursos de TI reservados.

Os tipos de mecanismos que costumam ser reservados no âmbito dessa arquitetura são os dispositivos de armazenamento em nuvem e os servidores virtuais. Dentre outros mecanismos que podem fazer parte da arquitetura, estão:

- *Monitor de auditoria* – usado para conferir se o sistema de reserva de recursos está cumprindo os requisitos de auditoria de consumidor de nuvem, privacidade e outros. É capaz de rastrear, por exemplo, as localizações geográficas de recursos de TI reservados.

- *Monitor de uso de nuvem* – é capaz de supervisionar os limiares que desencadeiam a alocação de recursos de TI reservados.

- *Hipervisor* – pode aplicar reservas a diferentes consumidores de nuvem para garantir que recebam a alocação correta de seus recursos de TI garantidos.

- *Perímetro lógico de rede* – estabelece as fronteiras necessárias para assegurar que recursos de TI reservados sejam disponibilizados exclusivamente a consumidores de nuvem.

- *Replicação de recursos* – esse componente precisa ser mantido informado sobre os limites de consumo de recursos de TI de cada consumidor de nuvem, a fim de replicar e provisionar prontamente novas instâncias de tais recursos.

14.10 Arquitetura de detecção e recuperação dinâmicas de falhas

Ambientes baseados em nuvem podem ser formados por vastas quantidades de recursos de TI que são simultaneamente acessados por inúmeros consumidores de nuvem. Quaisquer desses recursos de TI podem experimentar condições de falha que exijam mais do que uma intervenção manual para serem resolvidas. A administração e a resolução manuais de falhas em recursos de TI geralmente são ineficientes e pouco práticas.

Frente a isso, a *arquitetura de detecção e recuperação dinâmicas de falhas* estabelece um sistema resiliente de fiscalização para monitorar e dar visibilidade a uma ampla gama de cenários predefinidos de falha (Figuras 14.23 e 14.24). Esse sistema notifica e dimensiona as condições de falha que não é capaz de solucionar automaticamente por conta própria. Ele lança mão de um monitor de uso de nuvem especializado, chamado monitor inteligente de fiscalização, para rastrear ativamente recursos de TI e tomar medidas predefinidas em reação a eventos também predefinidos.

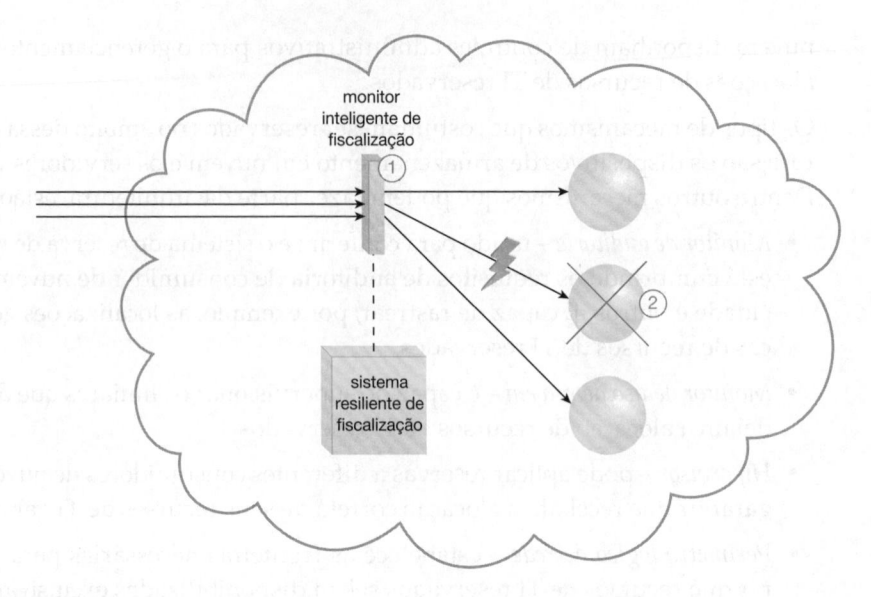

Figura 14.23
O monitor inteligente de fiscalização rastreia continuamente solicitações de consumidores de nuvem (1) e detecta que um serviço em nuvem apresentou falha (2).

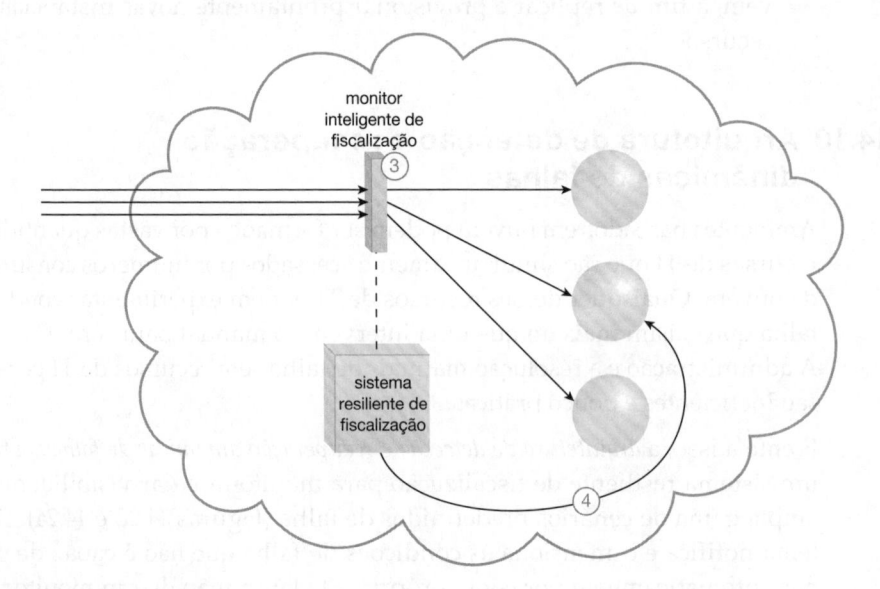

Figura 14.24
O monitor inteligente de fiscalização notifica o sistema de fiscalização (3), que restaura o serviço em nuvem com base em políticas predefinidas. O serviço em nuvem retoma sua operação de *runtime* (4).

Capítulo 14 Arquiteturas de nuvem avançadas **399**

O sistema resiliente de fiscalização desempenha as cinco funções básicas a seguir:

- observação;
- triagem de eventos;
- tomada de medidas frente um evento;
- relato;
- aumento da visibilidade.

Políticas de recuperação sequencial podem ser definidas para cada recurso de TI, a fim de determinar as medidas que o monitor inteligente de fiscalização precisa tomar quando da ocorrência de uma condição de falha. Determinada política de recuperação, por exemplo, pode declarar que uma tentativa de recuperação deve ser feita automaticamente antes da emissão de uma notificação (Figura 14.25).

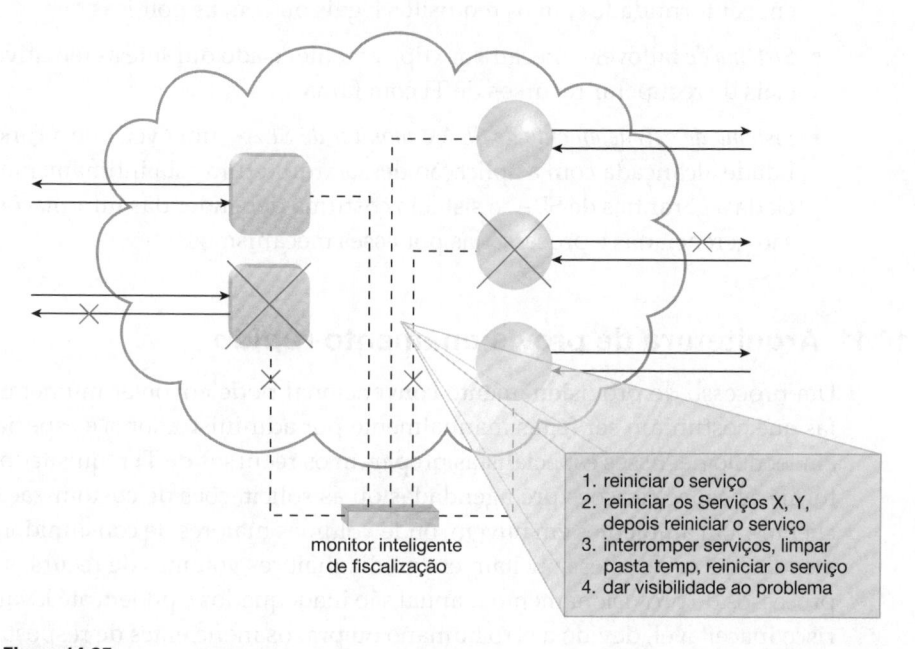

Figura 14.25
Em caso de falha, o monitor inteligente de fiscalização consulta suas políticas predefinidas para recuperar o serviço em nuvem passo a passo, dando visibilidade ao processo quando o problema se revela mais profundo que o esperado.

Eis a seguir algumas medidas que o monitor inteligente de fiscalização costuma tomar para aumentar a visibilidade de um problema:

- rodar um arquivo *batch*;
- enviar uma mensagem de console;
- enviar uma mensagem de texto;
- enviar uma mensagem de *e-mail*;
- enviar uma armadilha (*trap*) SNMP;
- registrar um *ticket*.

Muitos tipos de programas e produtos podem atuar como monitores inteligentes de fiscalização. A maioria deles pode ser integrada com sistemas-padrão de gerenciamento de *tickets* e eventos.

Esse modelo arquitetônico ainda pode incorporar os seguintes mecanismos:

- *Monitor de auditoria* – usado para rastrear se a recuperação de dados é feita em conformidade com os requisitos legais ou com as políticas.
- *Sistema de* failover – mecanismo tipicamente usado durante as tentativas iniciais de recuperar recursos de TI com falha.
- *Sistema de gerenciamento de SLA* e *monitor de SLA* – uma vez que a funcionalidade alcançada com a aplicação dessa arquitetura está intimamente associada a garantias de SLA, o sistema costuma depender das informações que são gerenciadas e processadas por esses mecanismos.

14.11 Arquitetura de provisionamento rápido

Um processo de provisionamento convencional pode envolver inúmeras tarefas que costumam ser feitas manualmente por administradores e especialistas em tecnologia. Esses especialistas preparam os recursos de TI requisitados conforme as especificações pré-agendadas ou as solicitações de customização dos clientes. Em ambientes em nuvem, onde volumes maiores de consumidores são atendidos e onde estes solicitam em média maiores volumes de recursos de TI, processos de provisionamento manual são inadequados e podem até levar a um risco inaceitável, devido a erro humano ou prazos ineficientes de resposta.

Um consumidor de nuvem, por exemplo, que solicita a instalação, configuração e atualização de 25 servidores Windows com diversos aplicativos, exige que metade dos aplicativos seja de instalações idênticas, enquanto a outra metade seja customizada. Cada implantação de sistema operacional pode levar até

30 minutos, seguidos de tempo adicional para *patches* de segurança e atualizações de sistema operacional que requerem reinicialização de servidor. Por fim, os aplicativos precisam ser implantados e configurados. O uso de uma abordagem manual ou semiautomatizada requer períodos excessivos de tempo, e introduz a probabilidade de erro humano, maior a cada instalação.

A *arquitetura de provisionamento rápido* estabelece um sistema que automatiza o provisionamento de uma ampla gama de recursos de TI, seja individual ou coletivamente. A arquitetura tecnológica subjacente para o provisionamento rápido de recursos de TI pode ser sofisticada e complexa, e depende de um sistema formado por um programa de provisionamento automatizado, um motor de provisionamento rápido e *scripts* e *templates* para provisionamento sob demanda.

Além dos componentes exibidos na Figura 14.26, muitos elementos arquitetônicos adicionais estão disponíveis para coordenar e automatizar os diferentes aspectos do provisionamento de recursos de TI, tais como:

- *Templates de servidor* – *templates* de arquivos de imagem virtuais que são usados para automatizar a instanciação de novos servidores virtuais.
- *Imagens de servidor* – essas imagens são similares a *templates* de servidor virtual, mas são usadas para provisionar servidores físicos.
- *Pacotes de aplicativos* – conjuntos de aplicativos e outros programas de *software* que são embalados para implantação automatizada.
- *Empacotador de aplicativos* – o *software* usado para criar pacotes de aplicativos.
- Scripts *customizados* – *scripts* que automatizam tarefas administrativas, como parte de um motor inteligente de automação.
- *Gerenciador de sequências* – um programa que organiza sequências de tarefas automatizadas de provisionamento.
- Logger *de sequências* – um componente que loga a execução de sequências de tarefas automatizadas de provisionamento.
- *Referência básica de sistema operacional* – um *template* de configuração que é aplicado depois que um sistema operacional é instalado, a fim de prepará-lo rapidamente para uso.
- *Referência básica de configuração de aplicativo* – um *template* de configuração com os ajustes e parâmetros de ambiente que são necessários para preparar novos aplicativos para uso.
- *Armazenamento de dados de implantação* – o repositório que armazena imagens virtuais, *templates*, *scripts*, configurações de referência básica e outros dados relacionados.

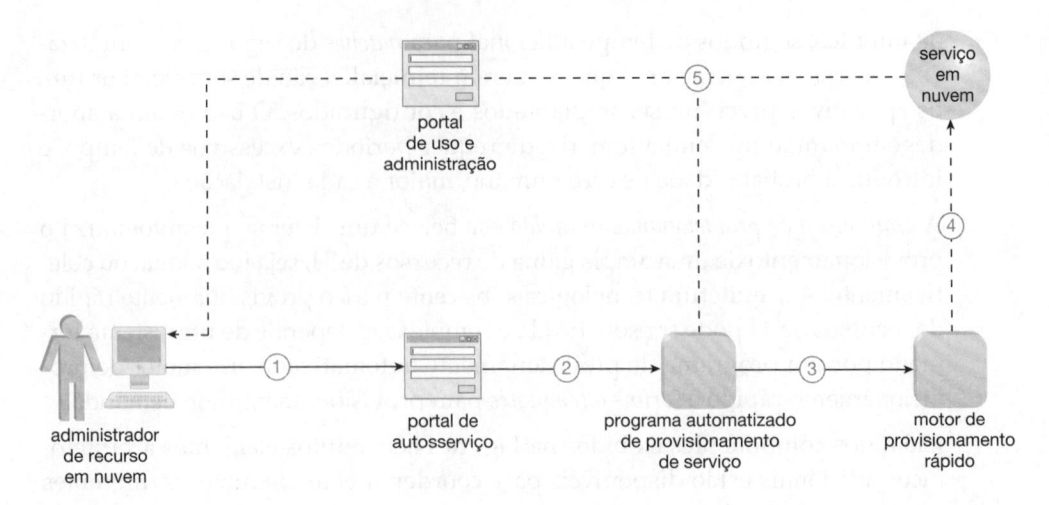

Figura 14.26
Um administrador de recurso em nuvem solicita um novo serviço em nuvem através do portal de autosserviço (1). O portal de autosserviço repassa a solicitação para o programa automatizado de provisionamento de serviço instalado no servidor virtual (2), o qual repassa as tarefas necessárias a serem realizadas para o motor de provisionamento rápido (3). O motor de provisionamento rápido anuncia quando o novo serviço em nuvem está pronto (4). O programa automatizado de provisionamento de serviço finaliza e publica o serviço em nuvem no portal de uso e administração para acesso pelo consumidor de nuvem (5).

A seguinte descrição passo a passo ajuda a esclarecer o funcionamento interno de um motor de provisionamento rápido, envolvendo inúmeros dos componentes de sistema anteriormente listados:

1. Um consumidor de nuvem solicita um novo servidor através do portal de autosserviço.
2. O gerenciador de sequências encaminha a solicitação ao motor de implantação para a preparação de um sistema operacional.
3. O motor de implantação utiliza *templates* de servidor virtual para provisionamento, caso a solicitação seja de um servidor virtual. Caso contrário, o motor de implantação envia a solicitação para provisionar um servidor físico.
4. A imagem predefinida do tipo solicitado de sistema operacional é usada para seu provisionamento, se disponível. Caso contrário, o processo regular de implantação é executado para instalar o sistema operacional.
5. O motor de implantação informa ao gerenciador de sequências quando o sistema operacional está pronto.

6. O gerenciador de sequências atualiza e envia os *logs* ao *logger* de sequência para serem armazenados.

7. O gerenciador de sequências solicita que o motor de implantação aplique a referência básica de sistema operacional ao sistema operacional provisionado.

8. O motor de implantação aplica a referência básica solicitada de sistema operacional.

9. O motor de implantação informa ao gerenciador de sequências que a referência básica de sistema operacional foi aplicada.

10. O gerenciador de sequências atualiza e envia os *logs* das etapas cumpridas para serem armazenadas no *logger* de sequências.

11. O gerenciador de sequências solicita que o motor de implantação instale os aplicativos.

12. O motor de implantação implanta os aplicativos no servidor provisionado.

13. O motor de implantação informa o gerenciador de sequênciass de que os aplicativos foram instalados.

14. O gerenciador de sequências atualiza e envia os *logs* das etapas cumpridas para serem armazenadas no *logger* de sequências.

15. O gerenciador de sequências solicita que o motor de implantação aplique a referência básica de configuração dos aplicativos.

16. O motor de implantação aplica a referência básica de configuração.

17. O motor de implantação informa o gerenciador de sequências de que a referência básica de configuração foi aplicada.

18. O gerenciador de sequências atualiza e envia os *logs* das etapas cumpridas para serem armazenadas no *logger* de sequências.

O mecanismo do dispositivo de armazenamento em nuvem é usado para fornecer armazenamento para informações de referência básica de aplicativos, *templates* e *scripts*, enquanto o hipervisor rapidamente cria, implanta e hospeda os servidores virtuais que são eles próprios provisionados ou que hospedam outros recursos de TI provisionados. O mecanismo de replicação de recursos consuma ser usado para gerar instâncias replicadas de recursos de TI em resposta a exigências de provisionamento rápido.

14.12 Arquitetura de gerenciamento de armazenamento de carga de trabalho

Dispositivos de armazenamento em nuvem sobrecarregados aumentam a carga de trabalho sobre o controlador de armazenamento e podem acabar impondo um leque de desafios de desempenho. Por outro lado, dispositivos de armazenamento em nuvem subutilizados geram desperdício, devido à perda de processamento e potencial capacidade de armazenamento (Figura 14.27).

> **MIGRAÇÃO DE LUN**
>
> A migração de LUN é um programa especializado de armazenamento, usado para transferir LUNs de um dispositivo de armazenamento para outro sem interrupção, permanecendo transparente, ao mesmo tempo, para os consumidores de nuvem.
>
> Migração de LUN

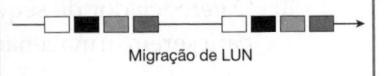

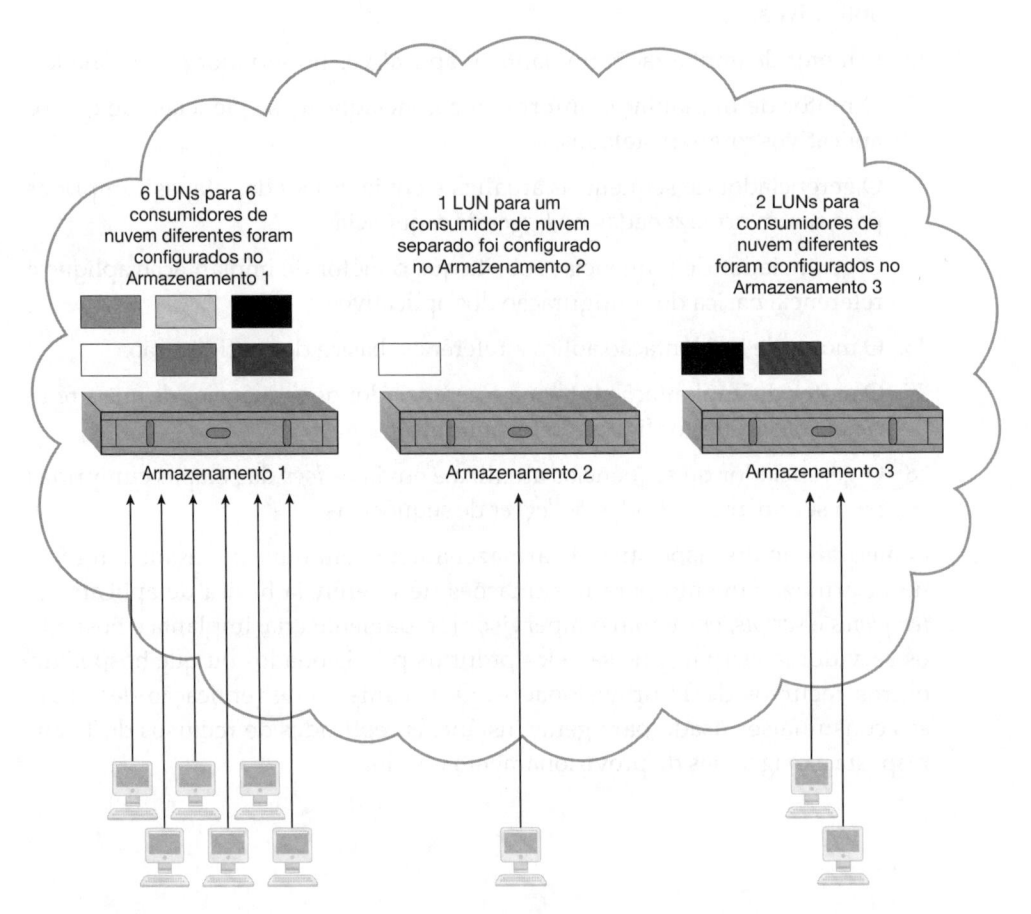

Figura 14.27
Uma arquitetura desbalanceada de armazenamento em nuvem apresenta seis LUNs no Armazenamento 1 para uso dos consumidores de nuvem, enquanto o Armazenamento 2 está hospedando um LUN e o Armazenamento 3 está hospedando dois. A maior parte da carga de trabalho acaba no Armazenamento 1, já que está hospedando a maioria dos LUNs.

A *arquitetura de gerenciamento de armazenamento de carga de trabalho* permite que LUNs sejam distribuídos homogeneamente entre dispositivos de armazenamento em nuvem disponíveis, enquanto um sistema de capacidade de armazenamento é estabelecido para assegurar que cargas de trabalho de *runtime* sejam distribuídas homogeneamente entre os LUNs (Figura 14.28).

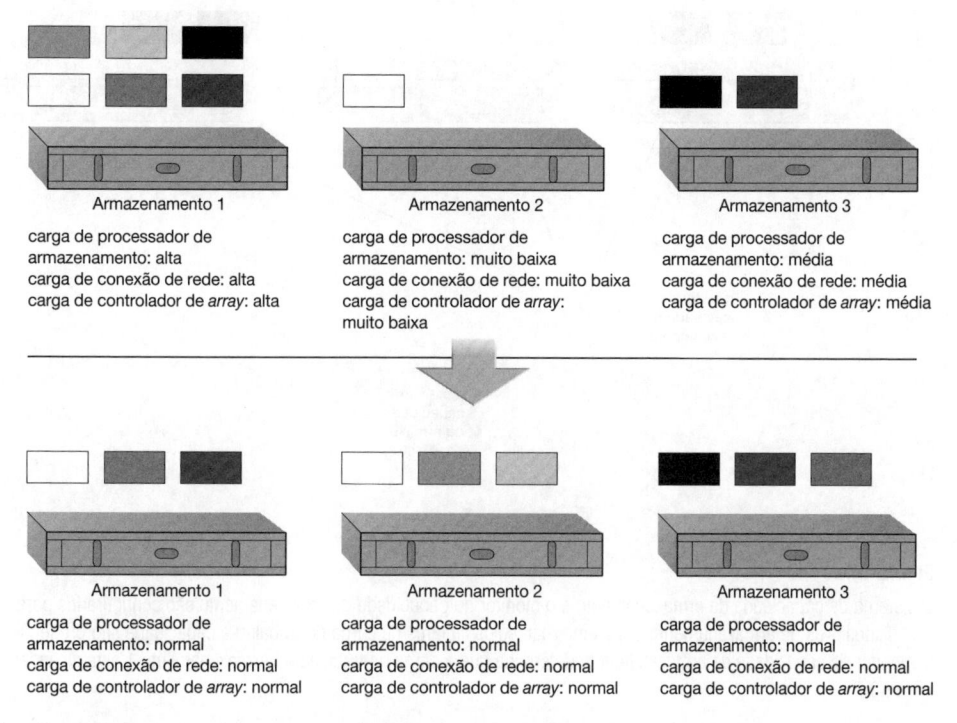

Armazenamento 1
carga de processador de armazenamento: alta
carga de conexão de rede: alta
carga de controlador de *array*: alta

Armazenamento 2
carga de processador de armazenamento: muito baixa
carga de conexão de rede: muito baixa
carga de controlador de *array*: muito baixa

Armazenamento 3
carga de processador de armazenamento: média
carga de conexão de rede: média
carga de controlador de *array*: média

Armazenamento 1
carga de processador de armazenamento: normal
carga de conexão de rede: normal
carga de controlador de *array*: normal

Armazenamento 2
carga de processador de armazenamento: normal
carga de conexão de rede: normal
carga de controlador de *array*: normal

Armazenamento 3
carga de processador de armazenamento: normal
carga de conexão de rede: normal
carga de controlador de *array*: normal

Figura 14.28
LUNs são distribuídos dinamicamente por dispositivos de armazenamento em nuvem, resultando em uma distribuição mais homogênea de tipos associados de cargas de trabalho.

A combinação de dispositivos de armazenamento em nuvem em um grupo permite que dados de LUN sejam distribuídos entre *hosts* de armazenamento disponíveis de forma equânime. Um sistema de gerenciamento de armazenamento é configurado e um *listener* de dimensionamento é posicionado para monitorar e equalizar cargas de trabalho de *runtime* entre dispositivos de armazenamento em nuvem agrupados, conforme ilustrado nas Figuras 14.29 a 14.31.

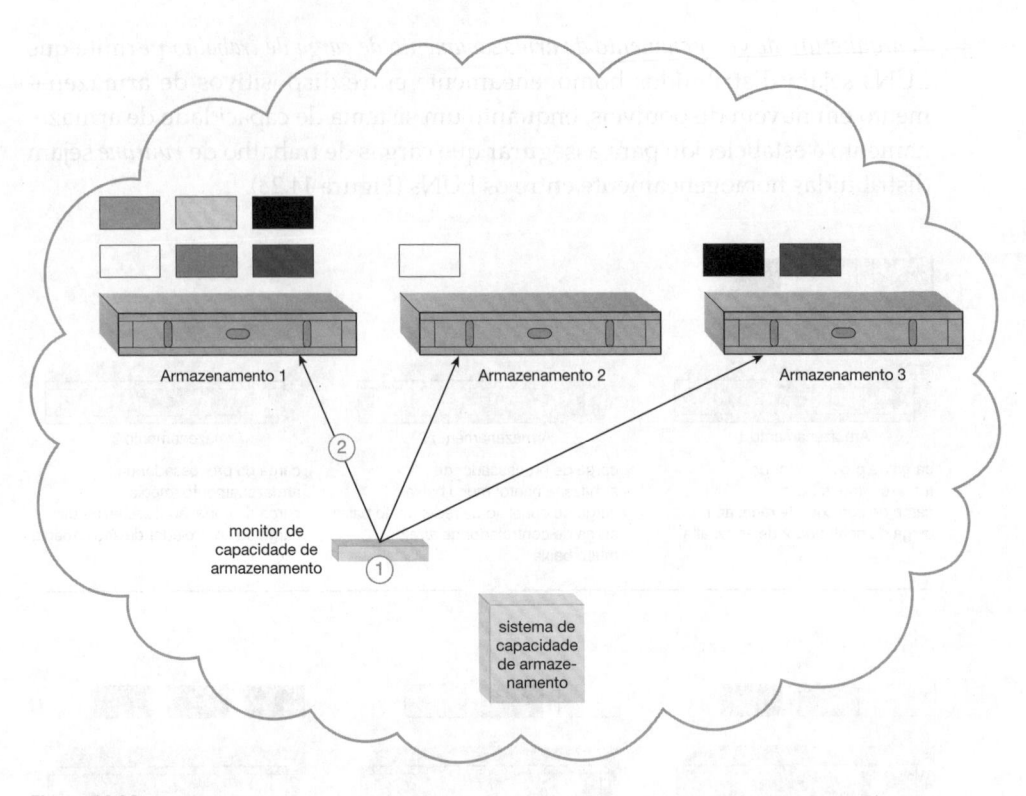

Figura 14.29
O sistema de capacidade de armazenamento e o monitor de capacidade de armazenamento são configurados para sondar três dispositivos de armazenamento em tempo real, cujos limiares de carga de trabalho e capacidade são predefinidos (1). O monitor de capacidade de armazenamento determina que a carga de trabalho no Armazenamento 1 está alcançando seu limiar (2).

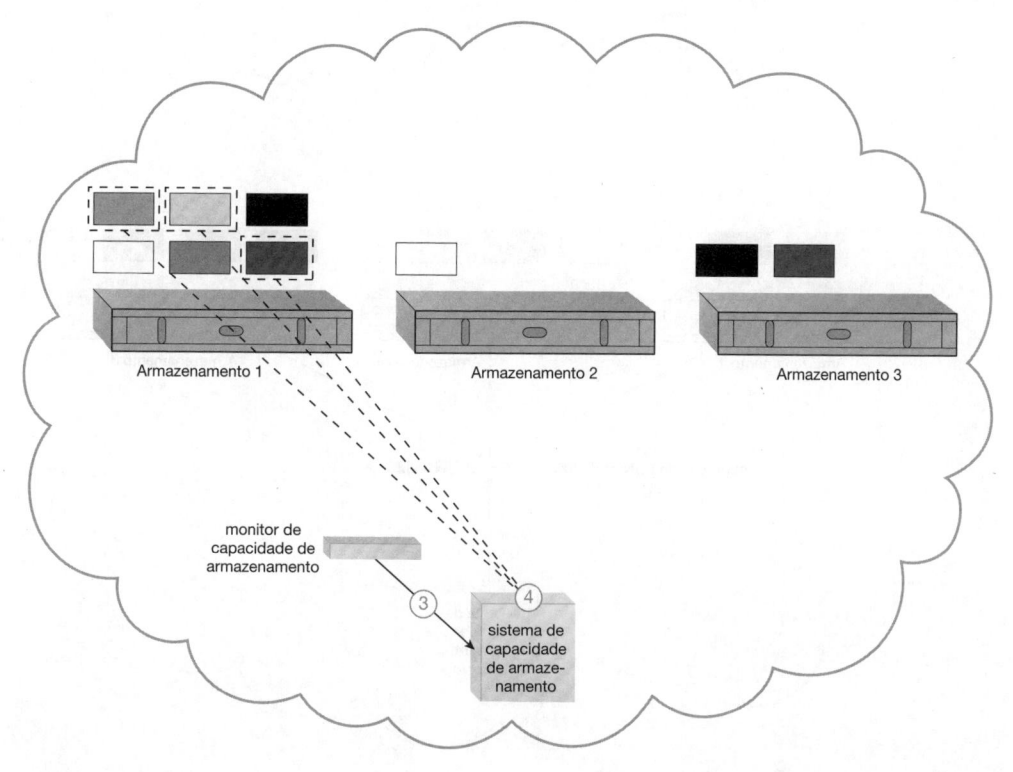

Figura 14.30

O monitor de capacidade de armazenamento informa o sistema de capacidade de armazenamento de que o Armazenamento 1 está superutilizado (3). O sistema de capacidade de armazenamento identifica os LUNs a serem retirados do Armazenamento 1 (4).

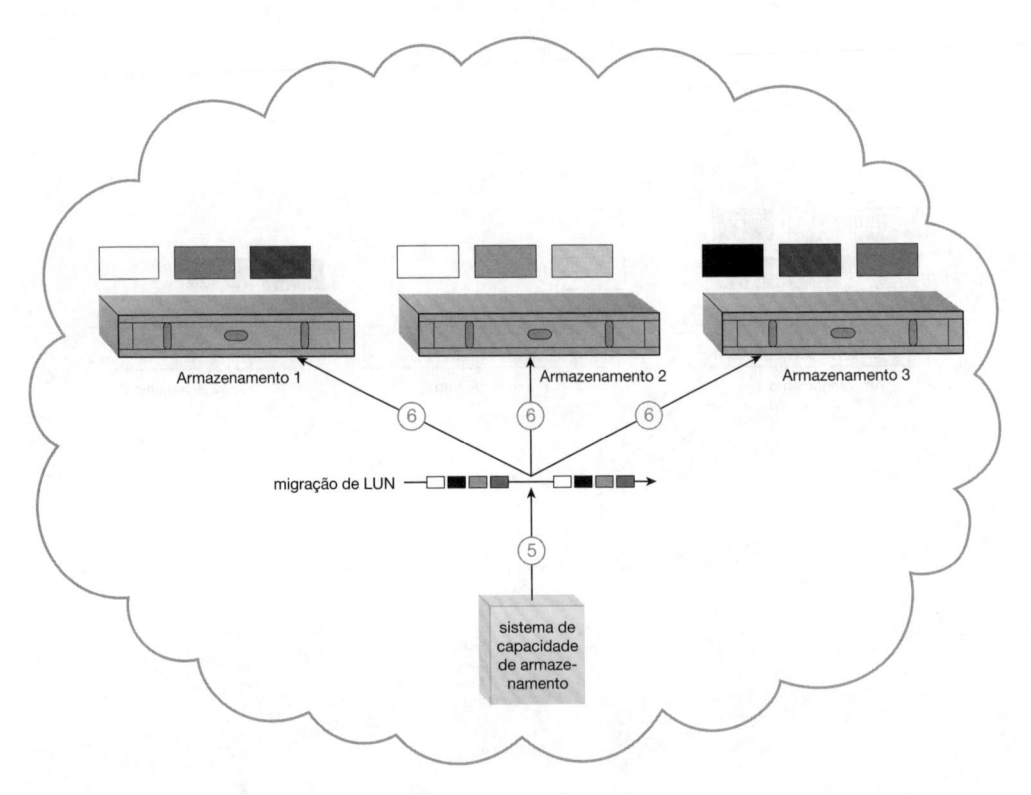

Figura 14.31
O sistema de capacidade de armazenamento recruta a migração de LUN para que alguns LUNs do Armazenamento 1 sejam transferidos para os outros dois dispositivos de armazenamento (5). A migração de LUN transfere LUNs para o Armazenamento 2 e 3 a fim de balancear a carga de trabalho (6).

O sistema de capacidade de armazenamento pode manter o dispositivo de armazenamento de hospedagem em modo de economia de energia durante os períodos em que os LUNs estão sendo acessados menos frequentemente ou apenas em momentos específicos.

Dentre outros mecanismos que podem ser incluídos na arquitetura de gerenciamento de carga de trabalho de armazenamento a fim de acompanhar o dispositivo de armazenamento em nuvem, destacam-se:

- *Monitor de auditoria* – esse mecanismo de monitoramento é usado para conferir o cumprimento de exigências regulatórias, de privacidade e de segurança, já que o sistema estabelecido nessa arquitetura é capaz de realocar dados fisicamente.

- Listener *de dimensionamento automatizado* – é usado para observar e reagir a flutuações em carga de trabalho.

- *Monitor de uso de nuvem* – além do monitor de capacidade de carga de trabalho, monitores especializados de armazenamento em nuvem são usados para rastrear movimentos de LUN e coletar estatísticas de distribuição de carga de trabalho.

- *Balanceador de carga* – esse mecanismo pode ser adicionado para balancear horizontalmente as cargas de trabalho pelos dispositivos de armazenamento em nuvem disponíveis.

- *Perímetro lógico de rede* – esses perímetros proporcionam níveis de isolamento para que dados de consumidores de nuvem submetidos a realocação permaneçam inacessíveis a partes não autorizadas.

14.13 Arquitetura de nuvem privada virtual

A *arquitetura de nuvem privada virtual* estabelece uma nuvem privada com infraestrutura subjacente que pertence a um provedor de nuvem pública, mas que é dedicada exclusivamente a um consumidor de nuvem específico, para o qual a nuvem privada é fornecida. Isso pode ser útil para uma organização que deseje ter uma nuvem privada, mas que não dispõe da infraestrutura necessária para providenciá-la em suas dependências.

Para o consumidor de nuvem com acesso exclusivo, esta é uma nuvem privada. No entanto, do ponto de vista do provedor de nuvem, ela faz parte de sua infraestrutura, e é por isso que ela é chamada de uma nuvem privada "virtual". Os recursos físicos subjacentes, que costumam ser virtualizados para uma utilização mais eficiente, não são compartilhados com outros consumidores de nuvem. Em vez disso, são dedicados singularmente ao "proprietário" (o consumidor de nuvem) da nuvem privada virtual.

Os recursos físicos usados para construir essa arquitetura requerem isolamento especial em relação à infraestrutura restante do provedor de nuvem, incluindo uma rede física separada, à qual o consumidor de nuvem se conecta via uma rede privada virtual (*virtual private network* – VPN) segura, conforme mostrado na Figura 14.32. Às vezes, essa VPN pode ser substituída por um enlace físico dedicado desde o provedor até o consumidor de nuvem (embora isso possa resultar em uma arquitetura bem mais cara).

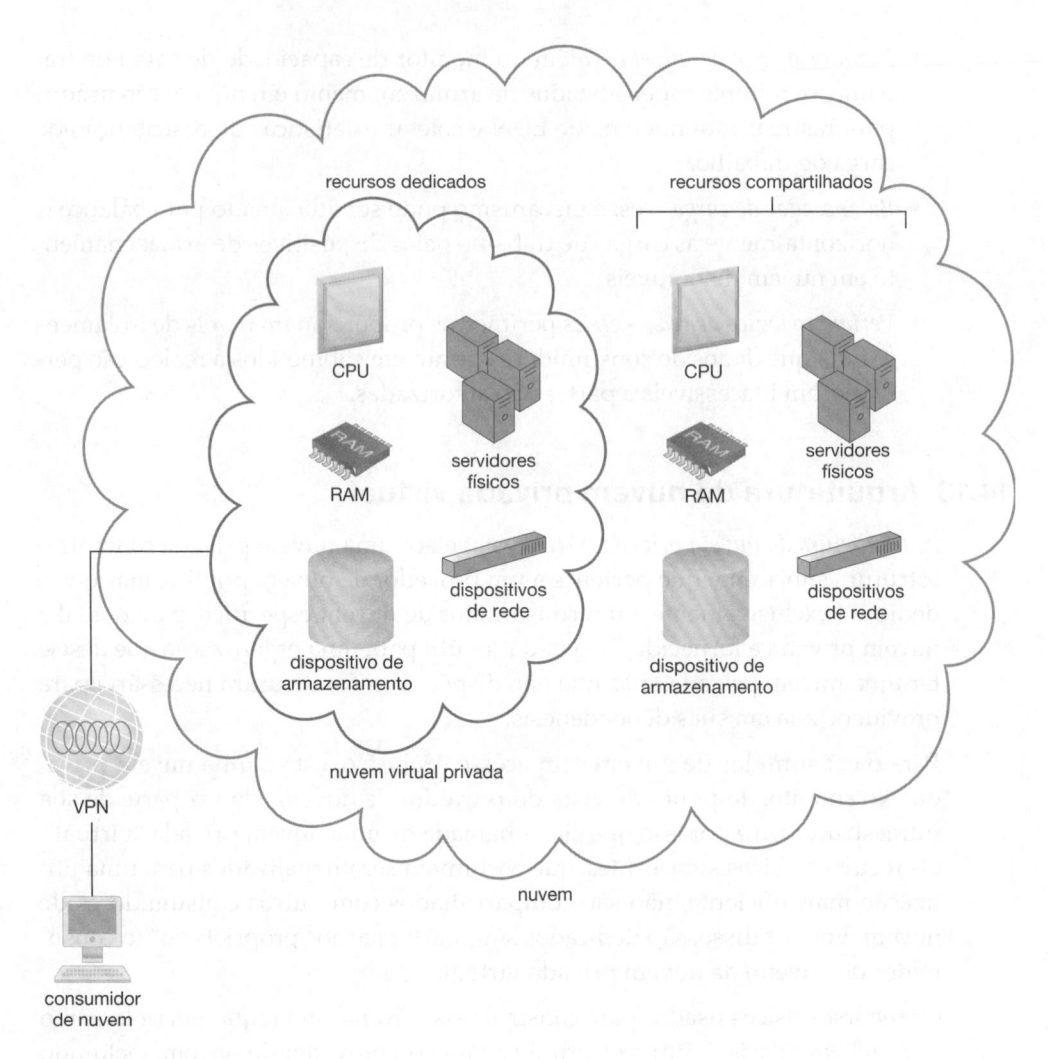

Figura 14.32
Uma arquitetura de nuvem privada virtual utiliza recursos físicos de um provedor de nuvem pública dedicados ao uso exclusivo de um consumidor de nuvem específico, acessível via uma conexão segura, como aquela que pode ser proporcionada por uma VPN.

Os mecanismos envolvidos nessa arquitetura são os mesmos necessários para construir qualquer outra nuvem privada, com a exceção da VPN, que normalmente é dispensável quando uma nuvem privada é implantada numa infraestrutura que reside dentro das fronteiras físicas de determinada organização. Esses mecanismos incluem:

- *Hipervisor* – proporciona uma maneira eficiente para utilizar servidores físicos, ao permitir o desenvolvimento de servidores virtuais em servidores físicos.

- *Servidor virtual* – o tipo mais comum de recurso usado em ambientes de nuvem para hospedar cargas de trabalho de todos os tipos.

- *Dispositivo de armazenamento em nuvem* – oferece capacidades de armazenamento dentro da nuvem privada virtual.

- Switch *virtual* – fornece conectividade entre servidores virtuais e o restante dos recursos na nuvem privada virtual.

14.14 EXEMPLO DE ESTUDO DE CASO

A Innovartus está arrendando dois ambientes baseados em nuvem junto a diferentes provedores, e visa tirar proveito dessa oportunidade para estabelecer uma arquitetura-piloto de balanceamento de nuvem para seu serviço de *Role Player*.

Depois de comparar suas exigências frente a essas respectivas nuvens, os arquitetos de nuvem da Innovartus produzem uma especificação de *design* em que cada nuvem deve ter múltiplas implementações de serviço em nuvem. Essa arquitetura incorpora implementações de *listener* de dimensionamento automatizado e sistema de *failover*, juntamente com um mecanismo de balanceador de carga (Figura 14.33).

O balanceador de carga distribui solicitações de consumidores por diferentes nuvens usando um algoritmo de distribuição de carga de trabalho, enquanto cada *listener* de dimensionamento automatizado encaminha solicitações a implementações locais de serviço em nuvem. Os sistemas de *failover* lançam mão das implementações redundantes de serviço em nuvem que se situam tanto dentro quanto entre nuvens. O *failover* entre nuvens é desempenhado principalmente quando implementações locais de serviço em nuvem estão se aproximando de seus limiares de processamento, ou quando uma nuvem está encontrando uma falha grave de plataforma.

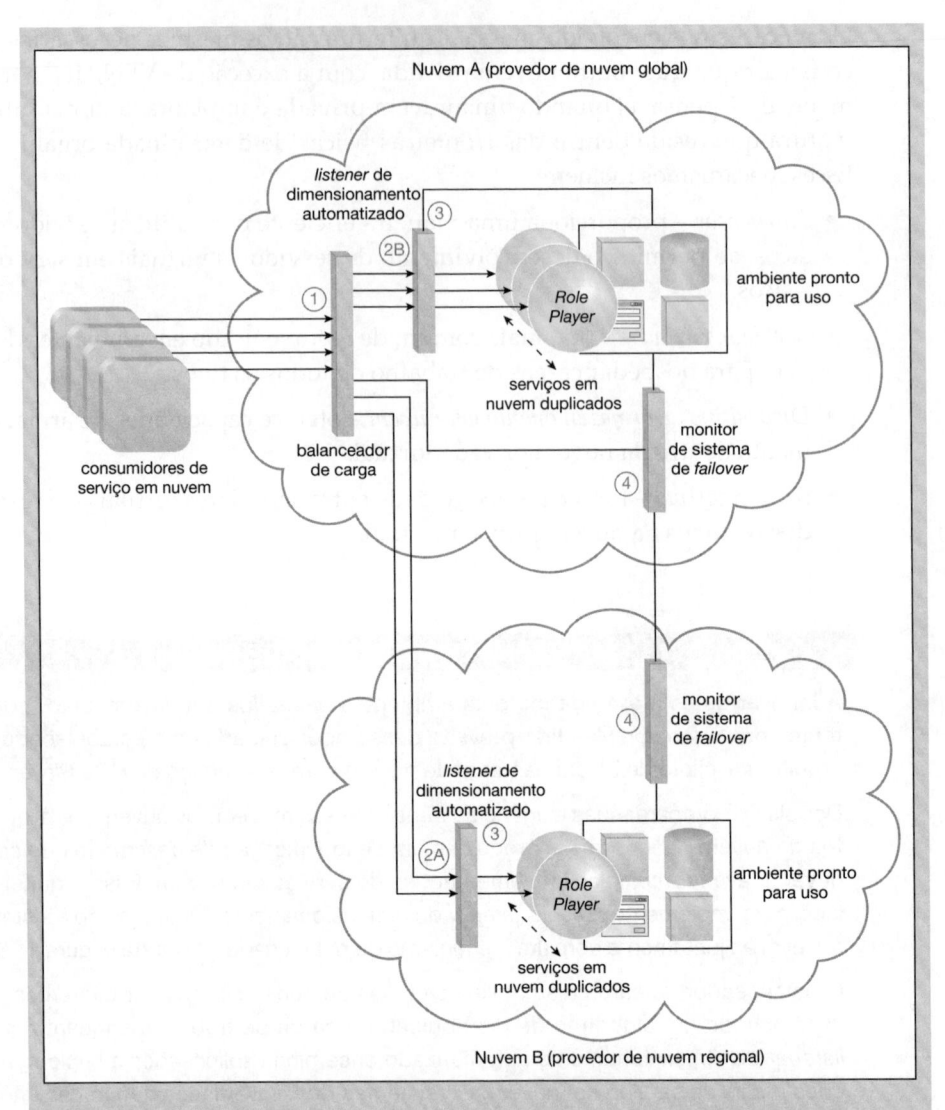

Figura 14.33
Um agente de serviço de balanceamento de carga roteia solicitações de consumidores de nuvem de acordo com um algoritmo predefinido (1). Solicitações são recebidas pelo *listener* de dimensionamento automatizado local ou externo (2A, 2B), que encaminha cada solicitação para uma implementação de serviço em nuvem (3). Monitores de sistema de *failover* são usados para detectar e reagir a falha em serviço em nuvem (4).

Capítulo 15

Arquiteturas de nuvem especializadas

- **15.1** Arquitetura de acesso direto a I/O
- **15.2** Arquitetura de acesso direto a LUN
- **15.3** Arquitetura de normalização dinâmica de dados
- **15.4** Arquitetura de capacidade elástica de rede
- **15.5** Arquitetura de nivelamento vertical cruzado de dispositivos de armazenamento
- **15.6** Arquitetura de nivelamento de dados vertical intradispositivos de armazenamento
- **15.7** Arquitetura de *switches* virtuais de carga balanceada
- **15.8** Arquitetura de acesso a recursos por múltiplos caminhos
- **15.9** Arquitetura de configuração persistente de rede virtual
- **15.10** Arquitetura de conexão física redundante para servidores virtuais
- **15.11** Arquitetura de janela de manutenção de armazenamento
- **15.12** Arquitetura de computação de borda
- **15.13** Arquitetura de computação em névoa
- **15.14** Arquitetura de abstração de dados virtuais
- **15.15** Arquitetura de metanuvem
- **15.16** Arquitetura de aplicativos federados em nuvem

Os modelos arquitetônicos abordados neste capítulo abrangem um amplo leque de áreas funcionais e tópicos que oferecem combinações criativas de mecanismos e componentes especializados.

As seguintes arquiteturas são examinadas:

- acesso direto a I/O;
- acesso direto a LUN;
- normalização dinâmica de dados;
- capacidade elástica de rede;
- nivelamento vertical cruzado de dispositivos de armazenamento;
- nivelamento de dados vertical intradispositivos de armazenamento;
- *switches* virtuais de carga balanceada;
- acesso a recursos por múltiplos caminhos;
- configuração persistente de rede virtual;
- conexão física redundante para servidores virtuais;
- janela de manutenção de armazenamento;
- computação de borda;
- computação em névoa;
- abstração de dados virtuais;
- metanuvem;
- aplicativos federados em nuvem.

Onde aplicável, o envolvimento de mecanismos de nuvem relacionados é descrito.

15.1 Arquitetura de acesso direto a I/O

O acesso a cartões de I/O físicos instalados em um servidor físico geralmente é fornecido a servidores virtuais hospedados via uma camada de processamento baseada em hipervisor chamada virtualização de I/O. Contudo, servidores virtuais às vezes precisam se conectar e usar cartões de I/O sem qualquer interação ou emulação de hipervisores.

Com a *arquitetura de acesso direto a I/O*, servidores virtuais têm permissão para contornar o hipervisor e acessar diretamente o cartão de I/O do servidor físico como uma alternativa a emular uma conexão via o hipervisor (Figuras 15.1 a 15.3).

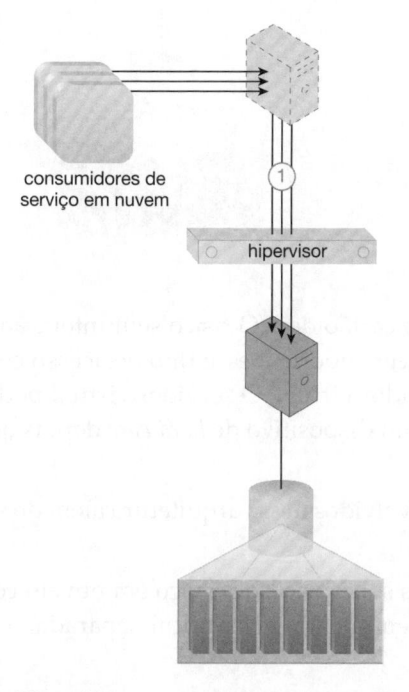

Figura 15.1
Consumidores de serviço em nuvem acessam um servidor virtual, o qual acessa uma base de dados em um LUN de armazenamento SAN (1). A conectividade do servidor virtual até a base de dados ocorre por um *switch* virtual.

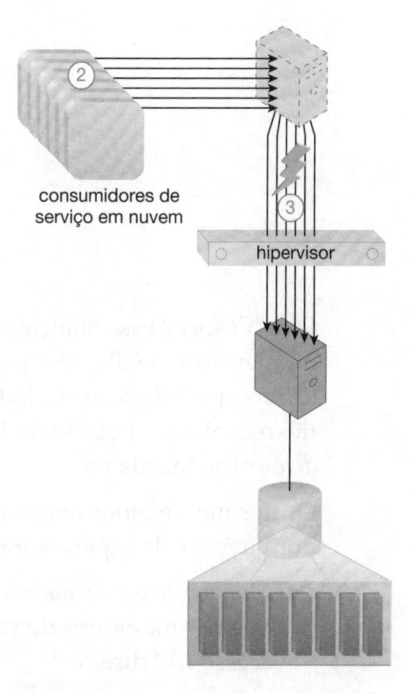

Figura 15.2
Há um aumento na quantidade de solicitações de consumidores de serviço em nuvem (2), levando a largura de banda e o desempenho do *switch* virtual a se tornarem inadequados (3).

Figura 15.3
O servidor virtual contorna o hipervisor para se conectar à base de dados via um enlace físico direto com o servidor físico (4). Com isso, a carga de trabalho aumentada agora pode ser tratada adequadamente.

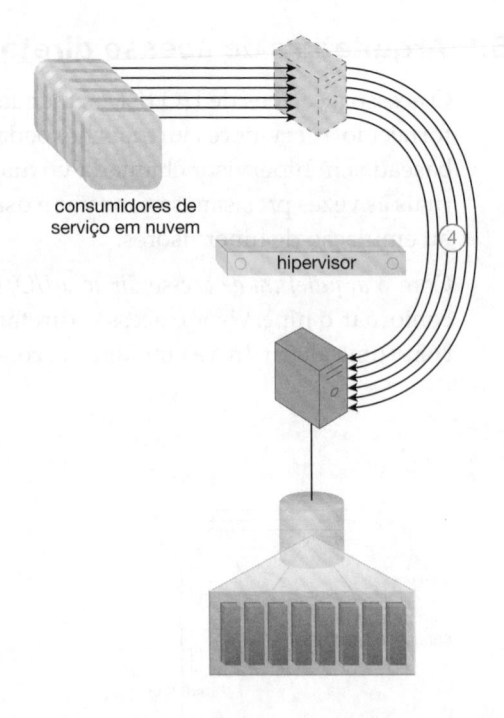

Para alcançar essa solução e acessar o cartão de I/O físico sem interação com o hipervisor, o CPU *host* precisa oferecer suporte a esse tipo de acesso com os *drivers* apropriados instalados no servidor virtual. O servidor virtual pode então reconhecer o cartão de I/O como um dispositivo de *hardware* depois que os *drivers* são instalados.

Outros mecanismos que podem ser envolvidos nessa arquitetura além do servidor virtual e do hipervisor são:

- *Monitor de uso de nuvem* – os dados sobre uso do serviço em nuvem coletados por monitores de *runtime* podem incluir e classificar separadamente o acesso I/O direto.

- *Perímetro lógico de rede* – assegura que o cartão de I/O físico alocado não permita que consumidores de nuvem acessem recursos de TI de outros consumidores.

- *Monitor de pagamento por uso* – esse monitor coleta informações sobre custos de uso relativos ao cartão de I/O físico alocado.

- *Replicação de recursos* – a tecnologia de replicação é empregada para substituir cartões de I/O virtuais por cartões de I/O físicos.

15.2 Arquitetura de acesso direto a LUN

LUNs de armazenamento costumam ser mapeados via um adaptador de *bus* de *host* (*host bus adapter* – HBA) no hipervisor, com o espeço de armazenamento emulado como armazenamento baseado em arquivo em servidores virtuais (Figura 15.4). No entanto, servidores virtuais às vezes precisam de acesso direto a armazenamento baseado em blocos RAW. O acesso via um adaptador emulado, por exemplo, é insuficiente quando um agrupamento é implementado e um LUN é usado como o dispositivo de armazenamento compartilhado entre dois servidores virtuais.

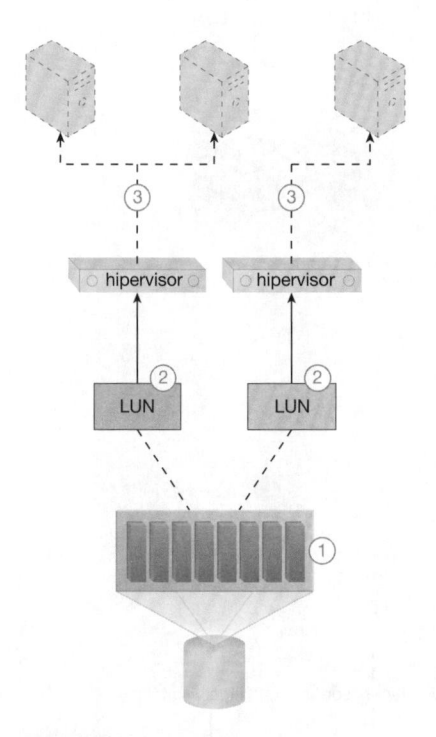

A *arquitetura de acesso direto a LUN* fornece acesso a LUNs para servidores virtuais via um cartão HBA físico, o que é efetivo, já que servidores virtuais no mesmo agrupamento podem usar o LUN como um volume compartilhado para bases de dados agrupadas. Após implementar essa solução, a conectividade física dos servidores virtuais ao LUN a ao dispositivo de armazenamento em nuvem é habilitada pelos *hosts* físicos.

Os LUNs são criados e configurados no dispositivo de armazenamento em nuvem para apresentação de LUNs aos hipervisores. O dispositivo de armazenamento em nuvem precisa ser configurado para usar mapeamento bruto de dispositivos, a fim de tornar os LUNs visíveis para os servidores virtuais como um LUN SAN RAW baseado em blocos, que é um armazenamento sem formato e não particionado. Os LUNs precisam ser representados com um ID LUN único, a ser usado por todos os servidores virtuais como armazenamento compartilhado. As Figuras 15.5 e 15.6 ilustram como os servidores virtuais recebem acesso direto a LUNs de armazenamento baseado em blocos.

Figura 15.4
O dispositivo de armazenamento em nuvem é instalado e configurado (1). O mapeamento de LUN é definido para que cada hipervisor tenha acesso a seu próprio LUN e também possa ver todos os LUNs mapeados (2). O hipervisor mostra os LUNs mapeados aos servidores virtuais como armazenamento normal baseado em arquivo a ser usado de tal modo (3).

Figura 15.5
O dispositivo de armazenamento em nuvem é instalado e configurado (1). Os LUNs necessários são criados e apresentados aos hipervisores (2), que mapeiam os LUNs apresentados diretamente aos servidores virtuais (3). Os servidores virtuais podem ver os LUNs como armazenamento RAW baseado em blocos e podem acessá-los diretamente.

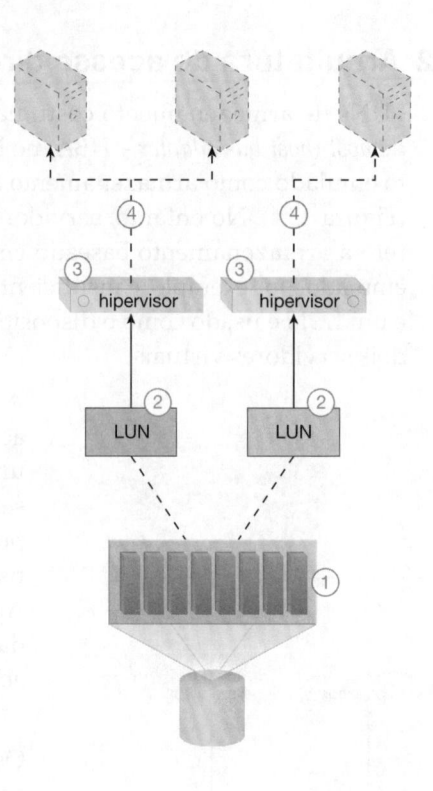

Figura 15.6
Os comandos de armazenamento dos servidores virtuais são recebidos pelos hipervisores (5), que processam e encaminham as solicitações ao processador de armazenamento (6).

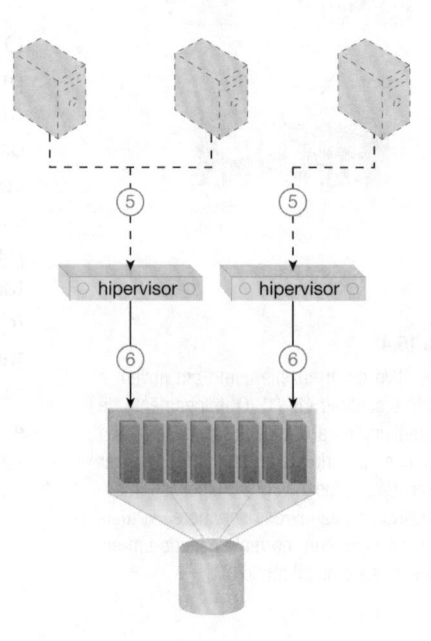

Além do servidor virtual, do hipervisor e do dispositivo de armazenamento em nuvem, os seguintes mecanismos podem ser incorporados nessa arquitetura:

- *Monitor de uso de nuvem* – rastreia e coleta informações sobre uso de armazenamento relacionado ao uso direto de LUNs.

- *Monitor de pagamento por uso* – coleta e classifica separadamente informações sobre custos de uso de acesso LUN direto.

- *Replicação de recursos* – esse mecanismo está relacionado a como os servidores virtuais acessam diretamente armazenamento baseado em blocos em substituição a armazenamento baseado em arquivos.

15.3 Arquitetura de normalização dinâmica de dados

Dados redundantes podem causar uma gama de problemas em ambientes baseados em nuvem, tais como:

- aumento do tempo necessário para armazenar e catalogar arquivos;
- aumento do espaço necessário de armazenamento e *backup*;
- aumento dos custos relacionados a elevação do volume de dados;
- aumento do tempo necessário para replicação para armazenamento secundário;
- aumento do tempo necessário para fazer *backup* de dados.

Se, por exemplo, um consumidor de nuvem copiar 100 MB de arquivos num dispositivo de armazenamento em nuvem e os dados forem redundantemente copiados dez vezes, as consequências podem ser consideráveis:

- O consumidor de nuvem será cobrado pelo uso de 10 × 100 MB de espaço de armazenamento, muito embora somente 100 MB de dados únicos tenham sido verdadeiramente armazenados.

- O provedor de nuvem precisa prover um espaço desnecessário de 900 MB no dispositivo de armazenamento em nuvem *on-line* e em quaisquer sistemas de armazenamento de *backup*.

- Um tempo significativamente maior é necessário para armazenamento e catalogação de dados.

- A duração e desempenho de duplicação de dados são sobrecarregados desnecessariamente sempre que o provedor de nuvem realizar uma recuperação de local, já que 1.000 MB precisam ser replicados, em vez de 100 MB.

Esses impactos podem ser amplificados significativamente em nuvens públicas multi-inquilinos.

A *arquitetura de normalização dinâmica de dados* estabelece um sistema de desduplicação, que impede que consumidores de nuvem inadvertidamente salvem cópias redundantes de dados, ao detectar dados redundantes em dispositivos de armazenamento em nuvem. O sistema pode ser aplicado em dispositivos de armazenamento em blocos e em arquivos, embora seja mais efetivo no primeiro. Esse sistema de desduplicação confere cada bloco recebido para determinar se é redundante em relação a algum bloco que já foi recebido. Blocos redundantes são substituídos por indicadores aos blocos equivalentes que já se encontram em armazenamento (Figura 15.7).

O sistema de desduplicação examina os dados recebidos antes de repassá-los para seus controladores de armazenamento. Como parte do processo de exame, um código de *hash* é atribuído a cada porção de dados que foi processada e armazenada. Um índice de *hashes* e de porções de dados também é mantido. Como resultado, o *hash* gerado de um bloco de dados recém-recebido é comparado com os *hashes* já armazenados, a fim de determinar se é um bloco de dados novo ou duplicado. Novos blocos são salvos, enquanto dados duplicados são eliminados, e um indicador para o bloco de dados original é criado e salvo em vez disso.

Esse modelo arquitetônico pode ser usado tanto para armazenamento em disco quanto para *drives* de fita de *backup*. Determinado provedor de nuvem pode decidir impedir dados redundantes somente em dispositivos de armazenamento em nuvem voltados para *backup*, enquanto outro pode implementar mais agressivamente o sistema de desduplicação de dados em todos os seus dispositivo de armazenamento em nuvem. Existem diferentes métodos e algoritmos para comparar blocos de dados a fim de confirmar sua duplicidade em relação a outros blocos.

Figura 15.7
Conjuntos de dados contendo dados redundantes estão inchando desnecessariamente o armazenamento (esquerda). O sistema de desduplicação normaliza os dados, para que somente dados únicos fiquem armazenados (direita).

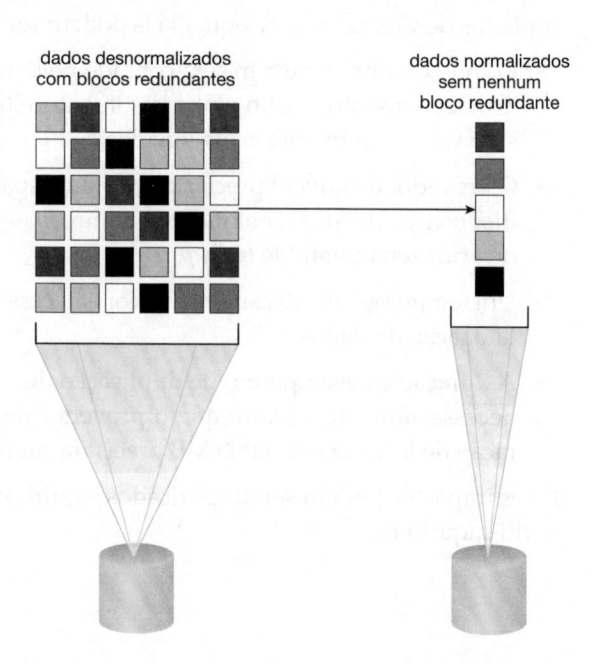

15.4 Arquitetura de capacidade elástica de rede

Mesmo se os recursos de TI forem redimensionados sob demanda por uma plataforma de nuvem, o desempenho e a escalabilidade ainda podem ser prejudicados quando o acesso remoto a tais recursos é afetado por limitações de largura de banda de rede (Figura 15.8).

Figura 15.8
Uma limitação de largura de banda disponível causa problemas de desempenho para solicitações de consumidor de nuvem.

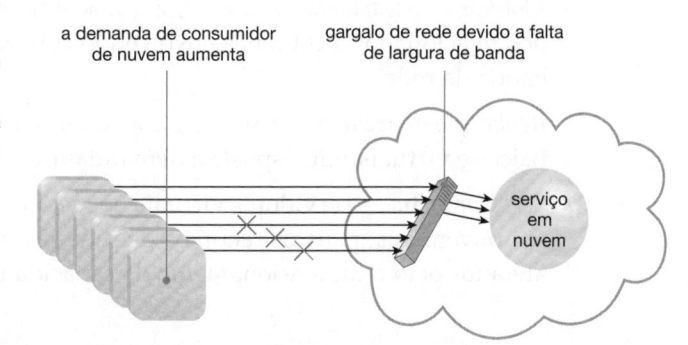

A *arquitetura de capacidade elástica de rede* estabelece um sistema em que largura de banda adicional é alocada dinamicamente à rede a fim de evitar gargalos de *runtime*. Esse sistema assegura que cada consumidor de nuvem esteja usando um conjunto diferente de portas de rede, a fim de isolar fluxos de tráfegos individuais de consumidores de nuvem.

O *listener* de dimensionamento automatizado e *scripts* de motor inteligente de automação são usados para detectar quando o tráfego alcança um limiar de largura de banda, e para alocar dinamicamente largura de banda e/ou portas de rede adicionais quando necessário.

A arquitetura de nuvem pode ser equipada com um *pool* de recursos de rede contendo portas de rede disponibilizadas para uso compartilhado. O *listener* de dimensionamento automatizado monitora a carga de trabalho e o tráfego de rede, e sinaliza ao motor inteligente de automação para modificar a quantidade de portas de rede alocadas e/ou a largura de banda em resposta a flutuações de uso.

Vale ressaltar que, quando esse modelo arquitetônico é implementado no nível do *switch* virtual, o motor inteligente de automação talvez precise rodar um *script* separado para adicional *uplinks* físicos ao *switch* virtual especificamente. Como alternativa, a arquitetura de acesso direto a I/O também pode ser incorporada a fim de aumentar a largura de banda de rede que é alocada ao servidor virtual.

Além do *listener* de dimensionamento automatizado, os seguintes mecanismos podem fazer parte dessa arquitetura:

- *Monitor de uso de nuvem* – esse monitor fica responsável por rastrear a capacidade elástica de rede antes, durante e depois do redimensionamento de escala.

- *Hipervisor* – proporciona aos servidores virtuais acesso à rede física, via *switches* virtuais e *uplinks* físicos.

- *Perímetro lógico de rede* – esse mecanismo estabelece as fronteiras que são necessárias para fornecer a consumidores de nuvem individuais sua capacidade alocada de rede.

- *Monitor de pagamento por uso* – faz um acompanhamento de quaisquer dados relacionados a cobrança envolvendo consumo dinâmico de largura de banda de rede.

- *Replicação de recursos* – é usada para adicionar portas de rede a servidores físicos e virtuais, em resposta a demandas de carga de trabalho.

- *Servidor virtual* – servidores virtuais hospedam os recursos de TI e serviços em nuvem aos quais os recursos de rede são alocados e são eles próprios afetados pelo redimensionamento da capacidade de rede.

15.5 Arquitetura de nivelamento vertical cruzado de dispositivos de armazenamento

Dispositivos de armazenamento em nuvem às vezes são incapazes de atender às exigências de desempenho de consumidores de nuvem, tendo então mais poder de processamento de dados e mais largura de banda adicionados para aumentar as operações de *input/output* por segundo (IOPS). Esses métodos convencionais de redimensionamento vertical costumam ser ineficientes e demorados para implementar, e podem acabar em desperdício quando a capacidade aumentada deixa de ser necessária.

O cenário nas Figuras 15.9 e 15.10 retrata uma abordagem em que a quantidade de solicitações para acesso a um LUN foi aumentada, exigindo sua transferência manual para um dispositivo de armazenamento em nuvem de alto desempenho.

A *arquitetura de nivelamento vertical cruzado de dispositivos de armazenamento* estabelece um sistema que sobrevive a restrições de largura de banda e de poder de processamento de dados ao fazer um redimensionamento vertical entre dispositivos de armazenamento que têm capacidades diferentes. LUNS podem ter sua escala vertical redimensionada automaticamente em múltiplos dispositivos nesse sistema, de tal modo que solicitações possam usar o nível de dispositivo de armazenamento apropriado para realizar tarefas de consumidor de nuvem.

Novos dispositivos de armazenamento em nuvem com capacidade aumentada também podem ser disponibilizados, mesmo se a tecnologia de nivelamento automatizado for capaz de transferir dados para dispositivos com a mesma capacidade de processamento de armazenamento. *Drives* de estado sólido (*solid-state drives* – SSDs), por exemplo, podem ser dispositivos adequados para *upgrades* de poder de processamento de dados.

Figura 15.9

Um provedor de nuvem instala e configura um dispositivo de armazenamento em nuvem (1) e cria LUNs que são disponibilizados para o uso de consumidores de serviço em nuvem (2). Os consumidores de serviço em nuvem iniciam solicitações de acesso a dados para o dispositivo de armazenamento em nuvem (3), o qual encaminha as solicitações para um dos LUNs (4).

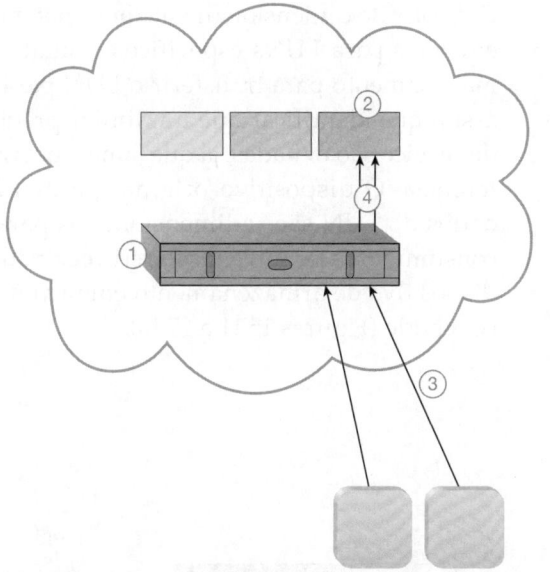

consumidores de serviço em nuvem

Figura 15.10

A quantidade de solicitações aumenta, resultando em altas demandas de largura de banda e desempenho de armazenamento (5). Algumas das solicitações são rejeitadas ou expiram, devido a limitações de capacidade de desempenho dentro do dispositivo de armazenamento em nuvem (6).

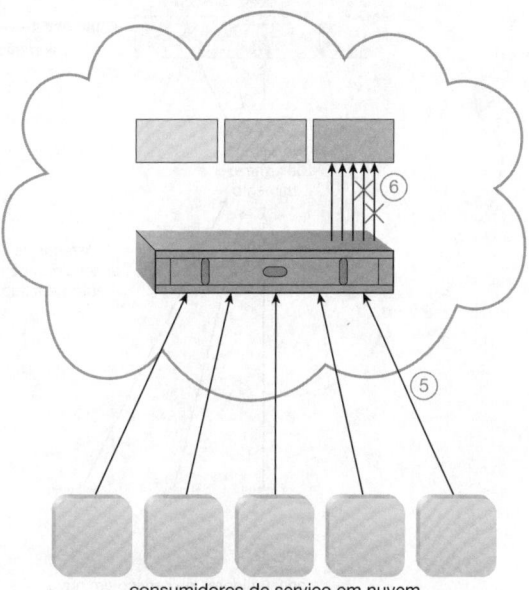

consumidores de serviço em nuvem

O *listener* de dimensionamento automatizado monitora as solicitações que são enviadas para LUNs específicos e sinaliza ao programa gerenciador de armazenamento para transferir o LUN para um dispositivo de alta capacidade assim que identificar que um limiar predefinido foi alcançado. Interrupções de serviço são evitadas, já que jamais ocorre uma desconexão durante a transferência. O dispositivo original permanece ativo e rodando, enquanto os dados do LUN são redimensionados para outro dispositivo. Solicitações de consumidores de nuvem são redirecionadas automaticamente para um novo dispositivo de armazenamento em nuvem assim que o redimensionamento é concluído (Figuras 15.11 a 15.13).

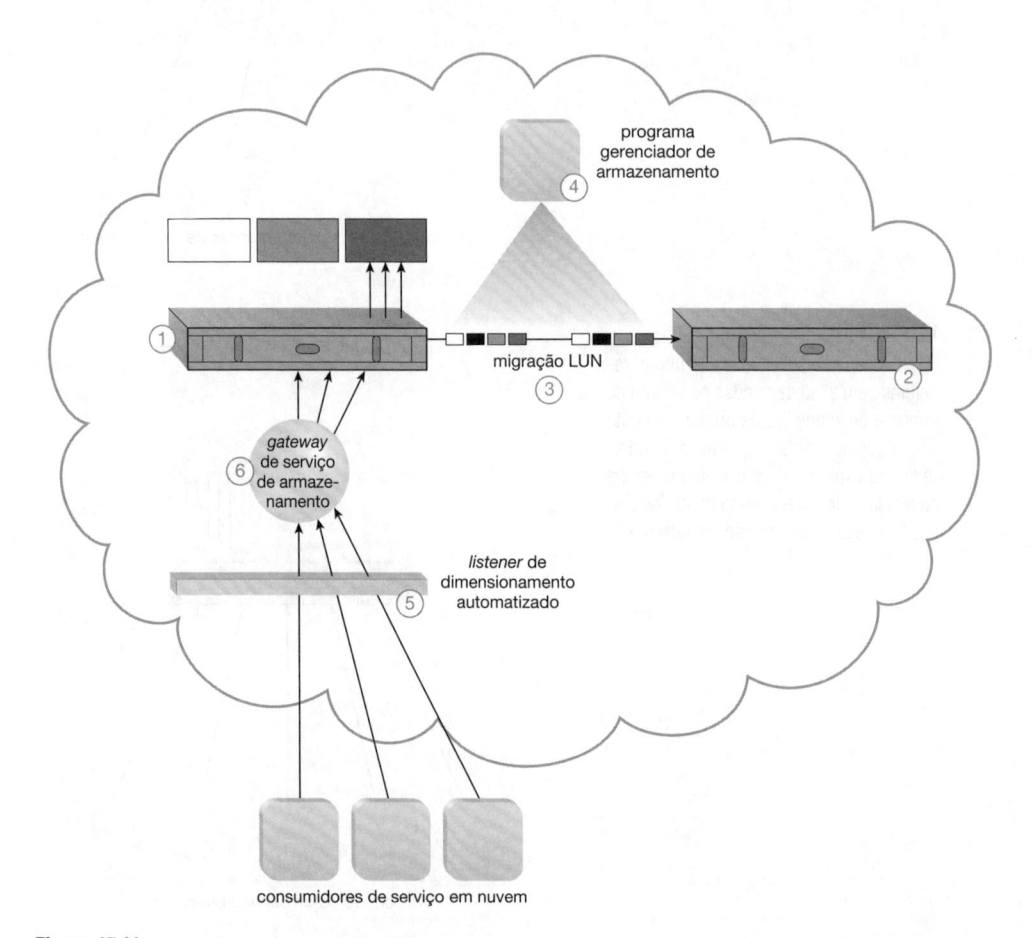

Figura 15.11
O dispositivo de armazenamento em nuvem primário e de capacidade mais baixa está respondendo a solicitações de armazenamento de consumidores de serviço em nuvem (1). Um dispositivo de armazenamento em nuvem secundário com capacidade e desempenho maiores é instalado (2). A migração de LUN (3) é configurada via o programa gerenciador de armazenamento, configurado para categorizar o armazenamento com base no desempenho do dispositivo (4). Os limiares são definidos no *listener* de dimensionamento automatizado, que está monitorando as solicitações (5). Solicitações de consumidores de serviço em nuvem são recebidas pelo *gateway* de serviço de armazenamento e enviadas para o dispositivo de armazenamento em nuvem primário (6).

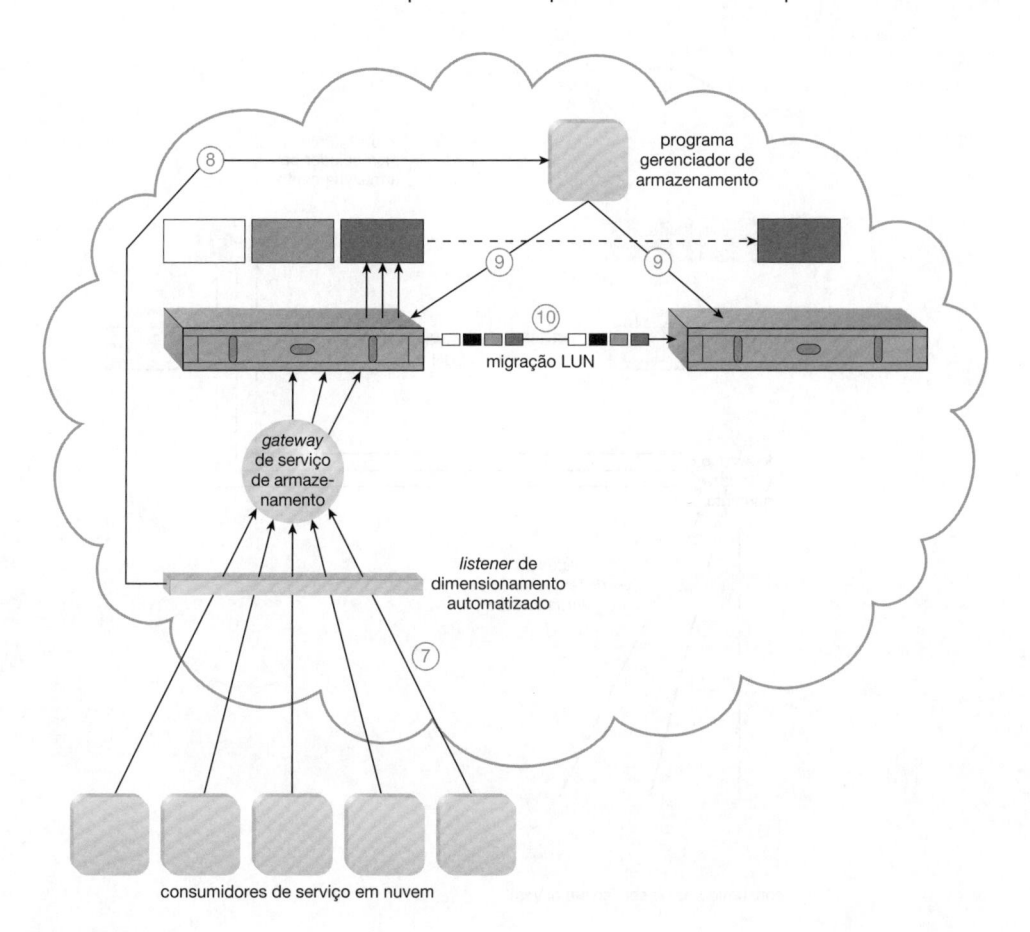

Figura 15.12
A quantidade de solicitações de consumidores de serviço em nuvem alcança um limiar predefinido (7), e o *listener* de dimensionamento automatizado notifica o programa gerenciador de armazenamento que um redimensionamento é necessário (8). O programa gerenciador de armazenamento convoca a migração de LUN para transferir o LUN do consumidor de nuvem para o dispositivo de armazenamento secundário e com maior capacidade (9), e a migração de LUN realiza esse movimento (10).

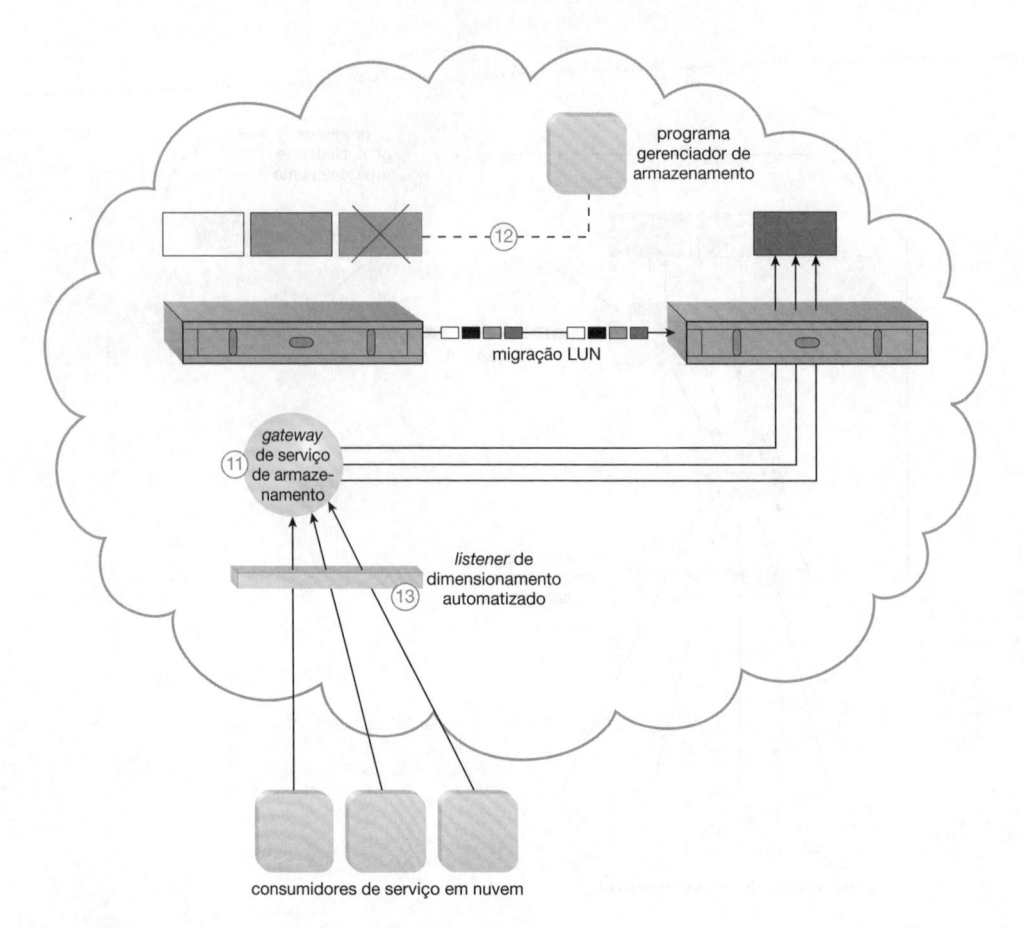

Figura 15.13

O *gateway* de serviço de armazenamento encaminha as solicitações do consumidor de serviço em nuvem do LUN para o novo dispositivo de armazenamento em nuvem (11). O LUN original é deletado do dispositivo de capacidade mais baixa via programa gerenciador de armazenamento e migração de LUN (12). O *listener* de dimensionamento automatizado monitora as solicitações de consumidor de serviço em nuvem para assegurar que o volume de solicitações continua exigindo o armazenamento secundário de maior capacidade para o LUN migrado (13).

Além do *listener* de dimensionamento automatizado e do dispositivo de armazenamento em nuvem, os mecanismos que podem ser incorporados a essa arquitetura tecnológica incluem:

- *Monitor de auditoria* – a auditoria realizada por esse monitor confere se a realocação dos dados do consumidor de nuvem não conflita com quaisquer regulamentações ou políticas legais ou de privacidade de dados.

- *Monitor de uso de nuvem* – esse mecanismo de infraestrutura representa diversas exigências de monitoramento de *runtime* para rastrear e registrar transferência e uso de dados, em locais de armazenamento tanto de fonte quanto de destino.

- *Monitor de pagamento por uso* – no contexto dessa arquitetura, o monitor de pagamento por uso coleta informações sobre uso de armazenamento em locais de fonte e de destino, bem como informações sobre uso de recurso de TI para desempenhar a funcionalidade de nivelamento cruzado de armazenamento.

15.6 Arquitetura de nivelamento de dados vertical intradispositivos de armazenamento

Alguns consumidores de nuvem podem ter exigências bem distintas de armazenamento de dados que restringem a localização física desses dados a um único dispositivo de armazenamento em nuvem. A distribuição por outros dispositivos de armazenamento em nuvem pode ser proibida por razões de segurança, privacidade ou várias questões legais. Esse tipo de limitação pode impor graves limitações de escalabilidade sobre a capacidade armazenamento e desempenho do dispositivo. Tais limitações podem ter um efeito-cascata sobre quaisquer serviços em nuvem ou aplicativos que dependam do uso do dispositivo de armazenamento em nuvem.

A *arquitetura de nivelamento de dados vertical intradispositivos de armazenamento* estabelece um sistema de suporte ao redimensionamento vertical de escala em um mesmo dispositivo de armazenamento em nuvem. Esse sistema de redimensionamento de escala intradispositivo otimiza a disponibilidade de diferentes tipos de discos com capacidades distintas (Figura 15.14).

Figura 15.14
O sistema de dispositivos de intra-armazenamento em nuvem tem sua escala redimensionada através de tipos de disco graduados em diferentes níveis (1). Cada LUN é transferido para um nível que corresponde a suas exigências de processamento e armazenamento (2).

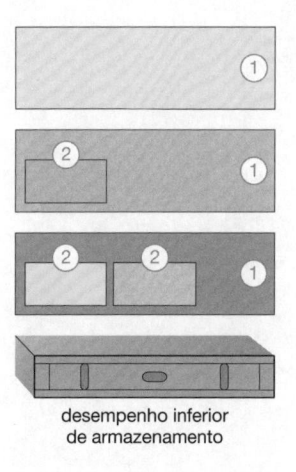

Essa arquitetura de armazenamento em nuvem requer o uso de um sistema complexo de armazenamento, capaz de suportar tipos diferentes de discos rígidos, sobretudo discos de alto desempenho como SATAs, SASs e SSDs. Esses tipos de discos são organizados em níveis de graduação de forma que a migração LUN possa redimensionar verticalmente a escala do dispositivo com base na alocação de tipos de disco, que se alinham com as exigências de processamento e capacidade.

Condições e definições de carga de dados são estabelecidas após a categorização de discos, para que os LUNs possam ir para uma graduação maior ou menor, dependendo de quais condições predefinidas são atendidas. Esses limiares e condições são usados pelos *listeners* de dimensionamento automatizado ao monitorar tráfego de processamento de dados de *runtime* (Figuras 15.15 a 15.17).

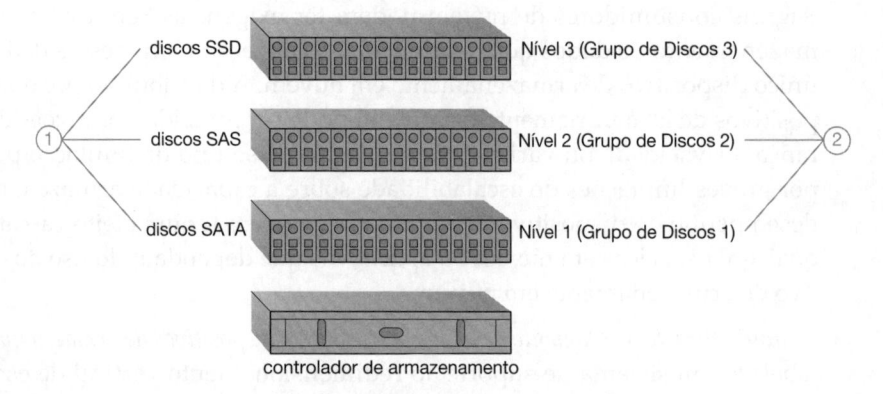

Figura 15.15

Tipos diferentes de discos rígidos são instalados no compartimento de um dispositivo de armazenamento em nuvem (1). Discos de tipos similares são reunidos em níveis para criar graduações diferentes de grupos de discos com base no desempenho de I/O (2).

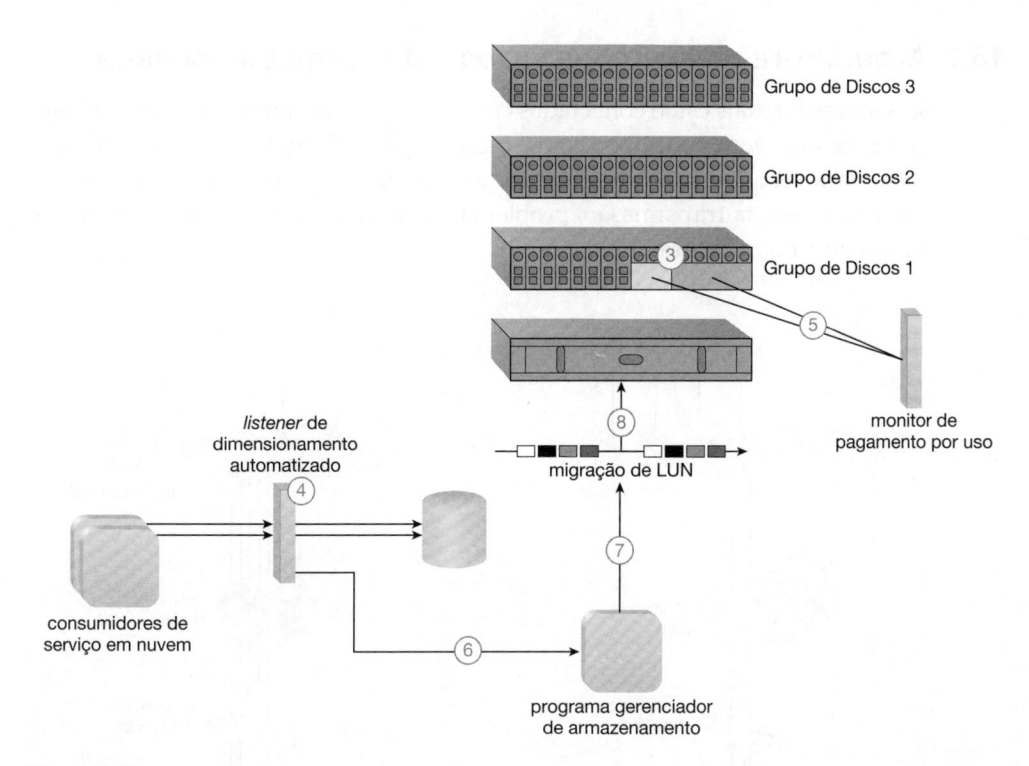

Figura 15.16
Dois LUNs foram criados no Grupo de Discos 1 (3). O *listener* de dimensionamento automatizado monitora as solicitações em relação a limiares predefinidos (4). O monitor de pagamento por uso rastreia a quantia real de uso de disco, com base em espaço livre e desempenho dos grupos de discos (5). O *listener* de dimensionamento automatizado determina que a quantidade de solicitações está alcançando um limiar, e informa ao programa gerenciador de armazenamento que o LUN precisa ser transferido para um grupo de discos de desempenho mais elevado (6). O programa gerenciador de armazenamento sinaliza ao programa de migração de LUN para realizar a transferência necessária (7). O programa de migração de LUN trabalha com o controlador de armazenamento para transferir o LUN para o Grupo de Discos 2, de maior capacidade (8).

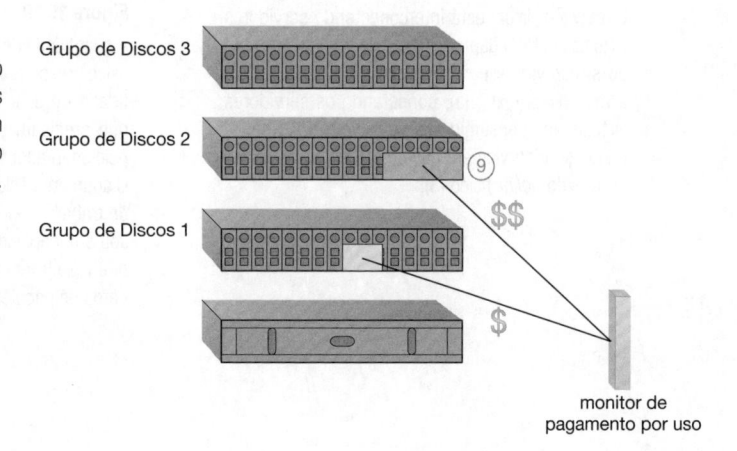

Figura 15.17
O preço para usar o LUN migrado no Grupo de Discos 2 agora é mais alto do que era antes, já que um grupo de discos de desempenho mais elevado está sendo usado (9).

15.7 Arquitetura de *switches* virtuais de carga balanceada

Servidores virtuais estão conectados com o mundo exterior via *switches* virtuais, que enviam e recebem tráfego com o mesmo *uplink*. Gargalos na largura de banda se formam quando o tráfego de rede na porta do *uplink* aumenta a ponto de causar atrasos na transmissão, problemas de desempenho, perda de pacotes e tempo de atraso (Figuras 15.18 e 15.19).

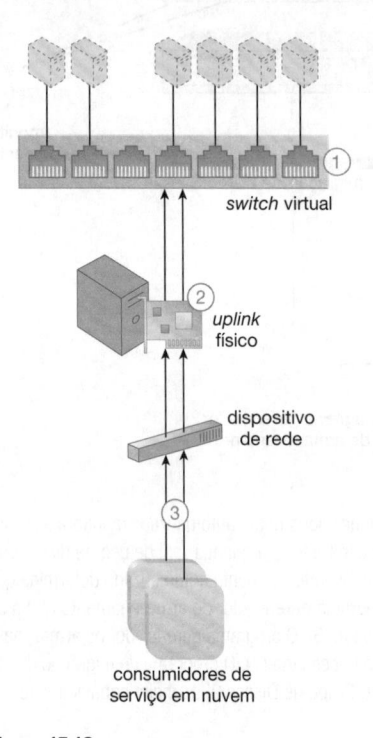

Figura 15.18
Um *switch* virtual está interconectando servidores virtuais (1). Um adaptador físico de rede foi anexado ao *switch* virtual para ser usado como um *uplink* à rede física (externa), conectando os servidores virtuais aos consumidores de nuvem (2). Consumidores de serviço em nuvem enviam solicitações através do *uplink* físico (3).

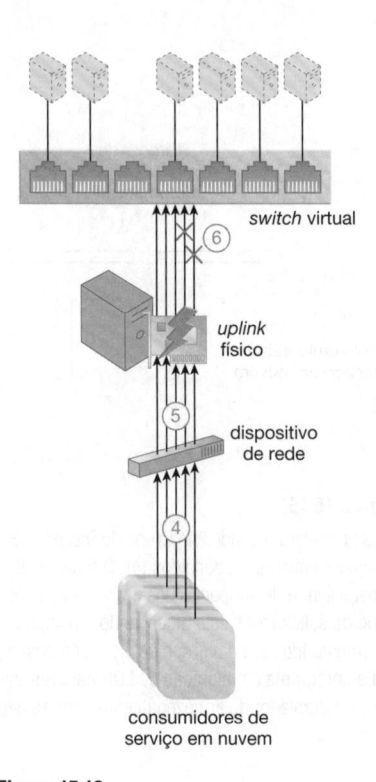

Figura 15.19
A quantidade de tráfego passando através do *uplink* físico cresce em paralelo com o aumento na quantidade de solicitações. A quantidade de pacotes que precisam ser processados e encaminhados pelo adaptador físico de rede também aumenta (4). O adaptador físico não é capaz de lidar com a carga de trabalho, agora que o tráfego de rede ultrapassou sua capacidade (5). A rede forma um gargalo que resulta em degradação de desempenho e na perda de pacotes de dados sensíveis a atrasos (6).

A *arquitetura de* switches *virtuais de carga balanceada* estabelece um sistema de balanceamento de carga em que múltiplos *uplinks* são fornecidos para balancear cargas de trabalho de tráfego de rede por múltiplos *uplinks* ou caminhos redundantes, o que ajuda a evitar transferência lenta e perda de dados (Figura 15.20). A agregação de *links* pode ser executada para balancear o tráfego, o que permite que a carga de trabalho seja distribuída por múltiplos *uplinks* ao mesmo tempo, de tal modo que nenhum dos cartões de rede fique sobrecarregado.

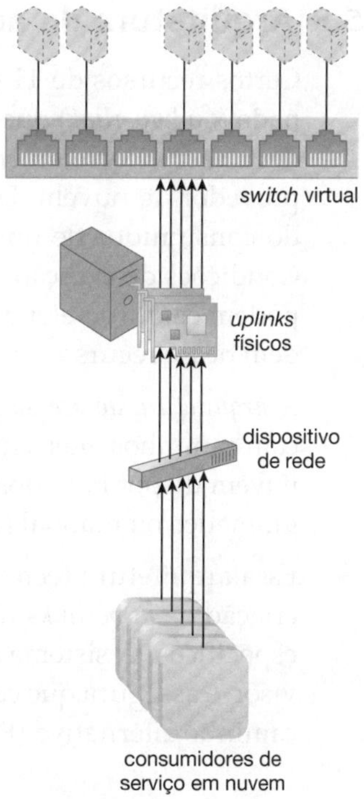

O *switch* virtual pode ser configurado para dar suporte a múltiplos *uplinks* físicos, que geralmente são configurados como time de NIC que tem políticas estabelecidas para moldar o tráfego.

Os seguintes mecanismos podem ser incorporados a essa arquitetura:

- *Monitor de uso de nuvem* – usado para monitorar o tráfego de rede e o uso de largura de banda.
- *Hipervisor* – esse mecanismo hospeda e fornece servidores virtuais com acesso tanto aos *switches* virtuais quanto à rede externa.
- *Balanceador de carga* – o balanceador de carga distribui a carga de trabalho de rede por diferentes *uplinks*.
- *Perímetro lógico de rede* – cria fronteiras que protegem e limitam o uso de largura de banda por cada consumidor de nuvem.
- *Replicação de recursos* – esse mecanismo é usado para gerar *uplinks* adicionais ao *switch* virtual.
- *Servidor virtual* – servidores virtuais hospedam os recursos de TI que se beneficiam de *uplinks* adicionais e largura de banda via *switches* virtuais.

Figura 15.20
Uplinks físicos adicionais são adicionados para distribuir e balancear o tráfego de rede.

15.8 Arquitetura de acesso a recursos por múltiplos caminhos

Certos recursos de TI só podem ser acessados usando-se um caminho designado (ou *hyperlink*) que leva a sua localização exata. Esse caminho pode se perder ou ser incorretamente definido pelo consumidor de nuvem ou alterado pelo provedor de nuvem. Um recurso de TI cujo *hyperlink* não está mais na posse do consumidor de nuvem se torna inacessível e indisponível (Figura 15.21). Condições de exceção que resultam da indisponibilidade de um recurso de TI podem comprometer a estabilidade de grandes soluções de nuvem que dependem desse recurso.

A *arquitetura de acesso a recursos por múltiplos caminhos* estabelece um sistema com caminhos alternativos para recursos de TI, de forma que consumidores de nuvem disponham dos meios para superar falhas em caminhos de modo programático ou manual (Figura 15.22).

Essa arquitetura tecnológica requer o uso de um sistema multicaminhos, e a criação de *hyperlinks* físicos ou virtuais a serem designados a recursos de TI específicos. O sistema de múltiplos caminhos reside no servidor ou no hipervisor, e assegura que cada recurso de TI possa ser visto identicamente via cada caminho alternativo (Figura 15.23).

Figura 15.21
O Servidor Físico A está conectado ao LUN A através de um único canal de fibra, e utiliza o LUN para armazenar diferentes tipos de dados. A conexão de canal de fibra fica indisponível, devido a uma falha em cartão HBA e invalida o caminho usado pelo Servidor Físico A, que agora perdeu acesso ao LUN A e a todos os seus dados armazenados.

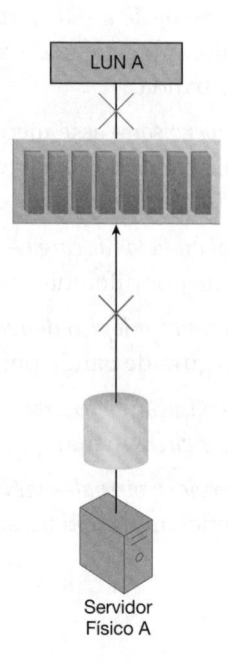

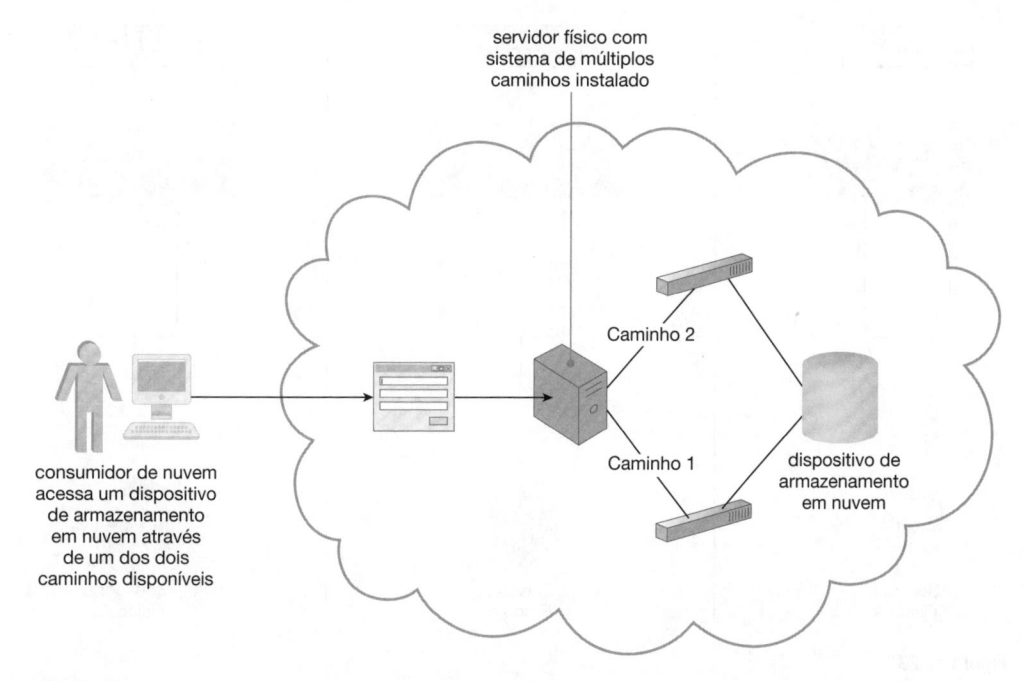

Figura 15.22
Um sistema de múltiplos caminhos está proporcionando caminhos alternativos até um dispositivo de armazenamento em nuvem.

Essa arquitetura pode envolver os seguintes mecanismos:

- *Dispositivo de armazenamento em nuvem* – recurso de TI comum que requer a criação de caminhos alternativos a fim de permanecer acessível a soluções que dependem do acesso a dados.

- *Hipervisor* – caminhos alternativos até um hipervisor são necessários a fim de proporcionar *links* redundantes até os servidores virtuais hospedados.

- *Perímetro lógico de rede* – esse mecanismo garante a manutenção da privacidade do consumidor de nuvem mesmo quando múltiplos caminhos até o mesmo recurso de TI são criados.

- *Replicação de recursos* – mecanismo necessário quando uma nova instância de um recurso de TI precisa ser criada para gerar o caminho alternativo.

- *Servidor virtual* – esses servidores hospedam os recursos de TI que contam com acesso multicaminhos via *links* diferentes ou *switches* virtuais. Hipervisores podem fornecer acesso multicaminhos até os servidores virtuais.

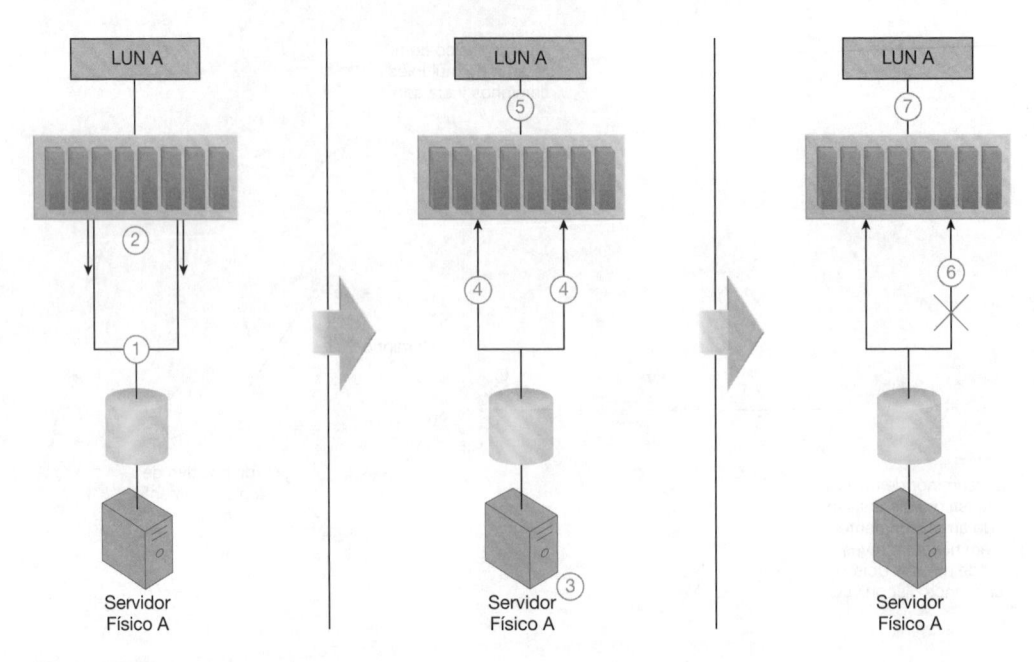

Figura 15.23
O Servidor Físico A está conectado ao dispositivo de armazenamento em nuvem do LUN A através de dois caminhos diferentes (1). O LUN A é visto como LUNs diferentes a partir de cada um dos dois caminhos (2). O sistema de múltiplos caminhos é configurado (3). O LUN A é visto como um LUN idêntico a partir de ambos caminhos (4), e o Servidor Físico A tem acesso ao LUN A por dois caminhos diferentes (5). Uma falha de *link* ocorre e um dos caminhos fica indisponível (6). O Servidor Físico A ainda pode usar o LUN A, já que o outro *link* permanece ativo (7).

15.9 Arquitetura de configuração persistente de rede virtual

Configurações de rede e designações de portas para servidores virtuais são geradas durante a criação do *switch* virtual no servidor físico do *host* e no hipervisor que hospeda o servidor virtual. Essas configurações e designações residem no ambiente de hospedagem imediato do servidor virtual, o que significa que um servidor virtual que é transferido ou migrado para outro *host* perderá conexão de rede, pois seus ambientes de hospedagem de destino não têm as designações necessárias de portas nem informações de configuração de rede (Figura 15.24).

Na *arquitetura de configuração persistente de rede virtual*, informações de configuração de rede ficam armazenadas num local centralizado e são replicadas para *hosts* de servidor físico. Isso permite que o *host* de destino acesse as informações de configuração quando o servidor virtual é transferido de um *host* para outro.

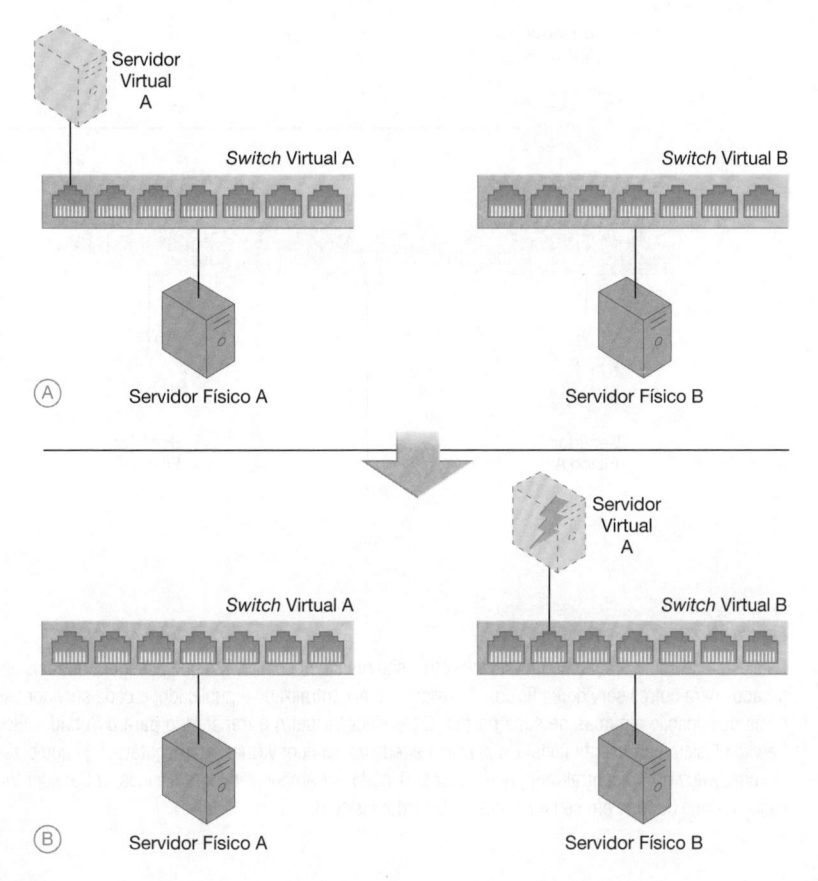

Figura 15.24
A Parte A mostra o Servidor Físico A conectado à rede através do *Switch* Virtual A, o qual foi criado no Servidor Físico A. Na Parte B, o Servidor Físico A está conectado ao *Switch* Virtual B após ser transferido para o Servidor Físico B. O servidor virtual é incapaz de se conectar à rede, por que seus ajustes de configuração estão ausentes.

O sistema estabelecido com essa arquitetura inclui um *switch* virtual centralizado, um VIM e tecnologia de replicação de configuração. O *switch* virtual centralizado é compartilhado pelos servidores físicos e configurado através do VIM, que inicia a replicação dos ajustes de configuração para os servidores físicos (Figura 15.25).

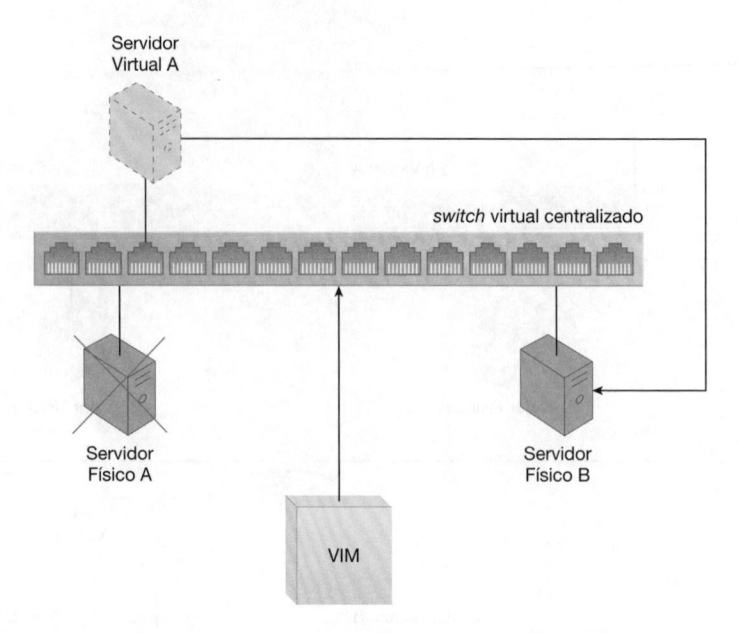

Figura 15.25
Os ajustes de configuração de um *switch* virtual são mantidos pelo VIM, o que assegura que tais ajustes sejam replicados para outros servidores físicos. O *switch* virtual centralizado é publicado, e cada servidor físico *host* recebe como designação algumas de suas portas. O Servidor Virtual A é transferido para o Servidor Físico B quando o Servidor Físico A apresenta falha. Os ajustes de rede do servidor virtual são resgatáveis, já que estão armazenados em um *switch* virtual centralizado, que é compartilhado por ambos servidores físicos. O Servidor Virtual A mantém conectividade de rede em seu novo *host*, o Servidor Físico B.

Além do mecanismo de servidor virtual para o qual essa arquitetura proporciona um sistema de migração, os seguintes mecanismos podem ser incluídos:

- *Hipervisor* – o hipervisor hospeda os servidores virtuais que requerem que os ajustes de configuração sejam replicados pelos *hosts* físicos.

- *Perímetro lógico de rede* – ajuda a assegurar que o acesso ao servidor virtual e a seus recursos de TI fique isolado ao consumidor de nuvem legítimo, antes e após o servidor virtual ser migrado.

- *Replicação de recursos* – o mecanismo de replicação de recursos é usado para replicar configurações de *switch* virtual e alocações de capacidade de rede pelos hipervisores, através do *switch* virtual centralizado.

15.10 Arquitetura de conexão física redundante para servidores virtuais

Um servidor virtual fica conectado a uma rede externa através de uma porta de *uplink* de um *switch* virtual, o que significa que o servidor virtual ficará isolado e desconectado da rede externa se o *uplink* apresentar falha (Figura 15.26).

Figura 15.26
Um adaptador físico de rede instalado no servidor físico *host* está conectado ao *switch* físico na rede (1). Um *switch* virtual é criado para ser usado por dois servidores virtuais. Um adaptador físico de rede é anexado ao *switch* virtual para atuar como um *uplink*, já que ele requer acesso à rede física (externa) (2). Os servidores virtuais se comunicam com a rede externa através do cartão de rede anexado no *uplink* físico (3). Uma falha de conexão ocorre, devido ou a um problema de conectividade de link físico entre o adaptador físico e o *switch* físico (4.1) ou a uma falha no cartão de rede física (4.2). Os servidores virtuais perdem acesso à rede externa física e não são mais acessíveis por seus consumidores de nuvem (5).

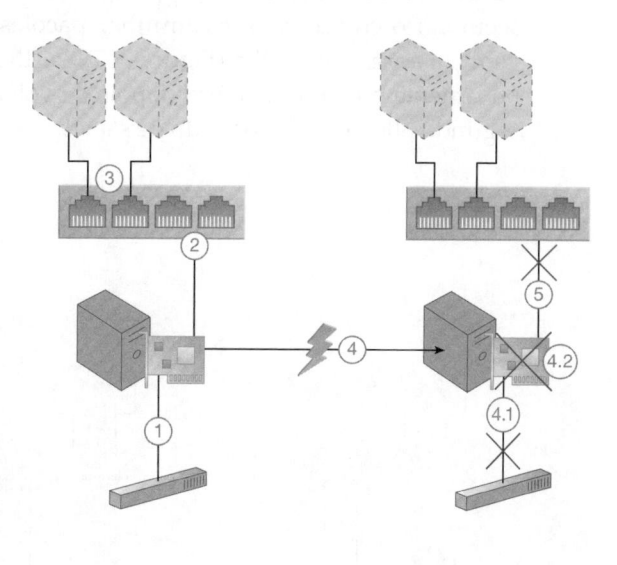

A *arquitetura de conexão física redundante para servidores virtuais* estabelece uma ou mais conexões redundantes de *uplink* e as posiciona em modo de *standby*. Essa arquitetura garante que uma conexão redundante de *uplink* está disponível para conectar o *uplink* ativo sempre que a conexão primária de *uplink* ficar indisponível (Figura 15.27).

Figura 15.27
Uplinks redundantes são instalados num servidor físico que está hospedando diversos servidores virtuais. Quando um *uplink* apresenta falha, outro *uplink* assume seu lugar para manter ativas as conexões de rede dos servidores virtuais.

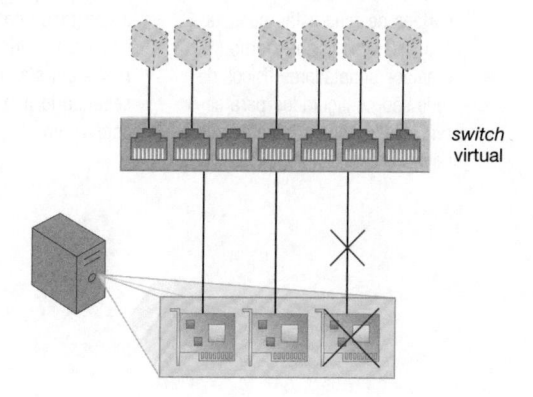

Em um processo transparente tanto para servidores virtuais quanto para seus usuários, um *uplink* em *standby* se torna automaticamente o *uplink* ativo assim que o principal apresenta falha, e os servidores virtuais usam o *uplink* recém-ativado para enviar pacotes externamente.

O segundo NIC não encaminha tráfego algum enquanto o *uplink* primário estiver ativo, muito embora receba pacotes do servidor virtual. No entanto, o *uplink* secundário começará a encaminhar pacotes imediatamente caso o primário venha a apresentar falha (Figuras 15.28 a 15.30). O *uplink* com falha se torna o novamente o *uplink* primário depois de voltar a ficar operacional, enquanto o segundo NIC retorna ao modo de *standby*.

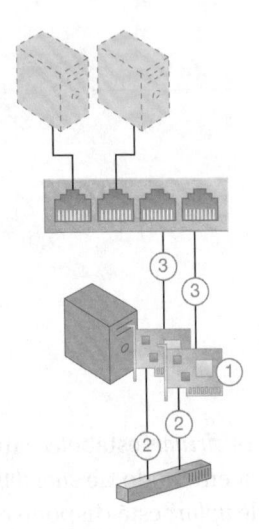

Figura 15.28
Um adaptador de rede é adicionado para dar suporte a um *uplink* redundante (1). Ambos cartões de rede estão conectados ao *switch* físico externo (2), e ambos adaptadores físicos de rede são configurados para serem usados como adaptadores de *uplink* para o *switch* virtual (3).

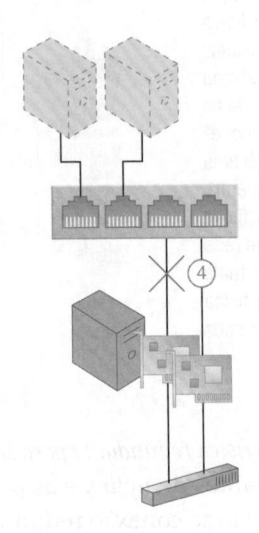

Figura 15.29
Um adaptador físico de rede é designado como o adaptador primário (4), enquanto o outro é designado como o adaptador secundário que proporciona o *uplink* em *standby*. O adaptador secundário não encaminha pacote algum.

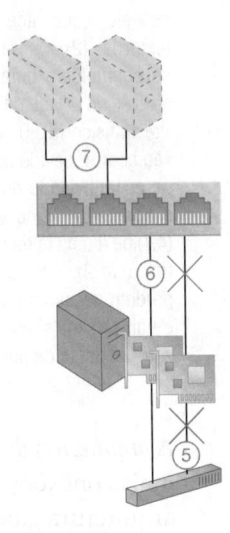

Figura 15.30
O *uplink* primário se torna indisponível (5). O *uplink* secundário em *standby* automaticamente assume o comando e usa o *switch* virtual para encaminhar pacotes dos servidores virtuais para a rede externa (6). Os servidores virtuais não experimentam qualquer interrupção e permanecem conectados à rede externa (7).

Os seguintes mecanismos costumam fazer parte dessa arquitetura, somando-se ao servidor virtual:

- *Sistema de* failover – sistema que realiza a transição dos *uplinks* indisponíveis para os *uplinks* em *standby*.

- *Hipervisor* – esse mecanismo hospeda servidores virtuais e alguns *switches* virtuais, e fornece a redes virtuais e a *switches* virtuais acesso aos servidores virtuais.

- *Perímetro lógico de rede* – assegura que os *switches* virtuais que estão alocados ou definidos para cada consumidor de nuvem permaneçam isolados.

- *Replicação de recurso* – é usada para replicar o *status* corrente de *uplinks* ativos para *uplinks* em *standby*, de modo a manter a conexão de rede.

15.11 Arquitetura de janela de manutenção de armazenamento

Dispositivos de armazenamento em nuvem que estão sujeitos a manutenção e tarefas administrativas às vezes precisam ser desligados temporariamente. Com isso, consumidores de serviços em nuvem e recursos de TI acabam perdendo acesso a esses dispositivos e a seus dados armazenados (Figura 15.31).

Os dados de um dispositivo de armazenamento em nuvem que está prestes a passar por uma queda por manutenção podem ser transferidos temporariamente para um dispositivo secundário e duplicado de armazenamento em nuvem. A *arquitetura de janela de manutenção de armazenamento* permite que consumidores de serviços em nuvem sejam redirecionados automática e transparentemente para o dispositivo secundário sem nem ficarem cientes de que o dispositivo primário foi tirado do ar.

> **MIGRAÇÃO DE ARMAZENAMENTO AO VIVO**
>
> O programa de migração de armazenamento ao vivo é um sistema sofisticado que utiliza o componente de migração de LUN para transferir confiavelmente LUNs ao permitir que a cópia original permaneça ativa até que a cópia de destino tenha sido atestada como completamente funcional.

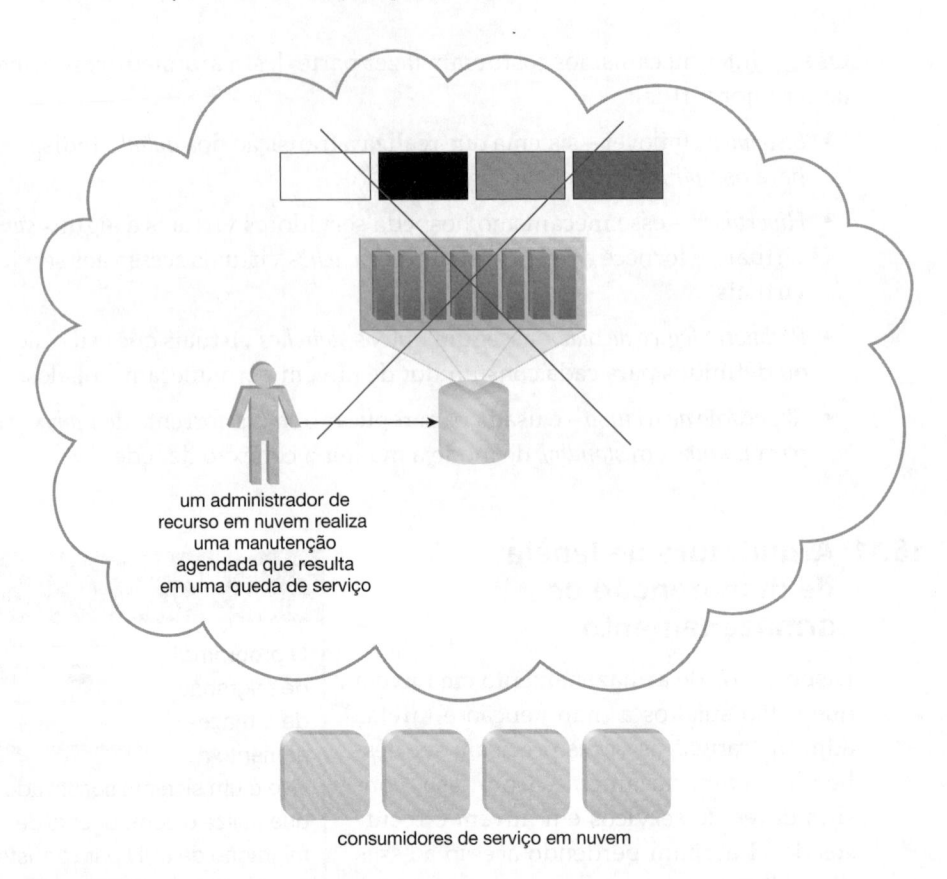

Figura 15.31
Uma tarefa pré-agendada de manutenção desempenhada por um administrador de nuvem causa uma queda do dispositivo de armazenamento em nuvem, que fica indisponível para os consumidores de serviços em nuvem. Como os consumidores de nuvem foram previamente notificados sobre a queda, eles não tentam acessar quaisquer dados.

Essa arquitetura emprega um programa de migração de armazenamento ao vivo, conforme demonstrado nas Figuras 15.32 a 15.37.

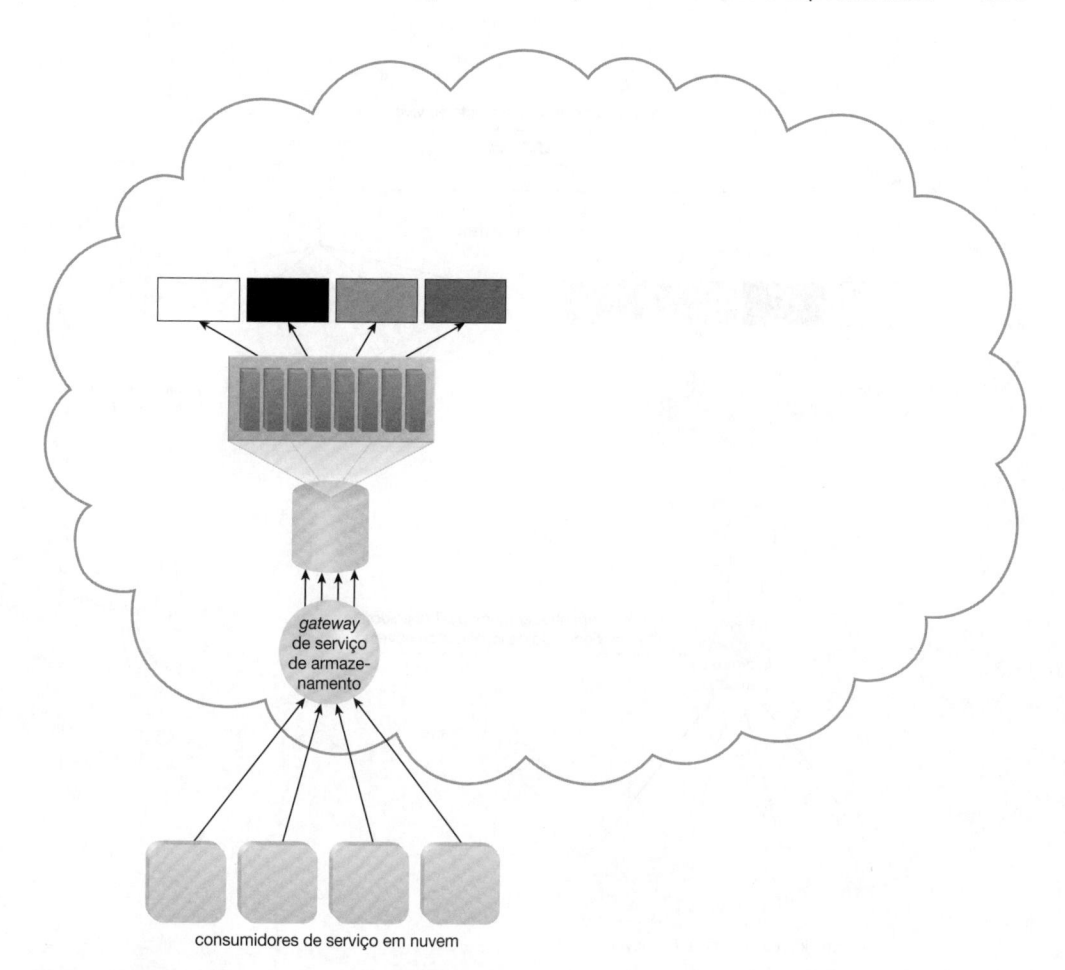

Figura 15.32
O dispositivo de armazenamento em nuvem está agendado para passar por um desligamento para manutenção, mas ao contrário do cenário retratado na Figura 15.31, os consumidores de serviços em nuvem não foram notificados e seguem acessando esse dispositivo.

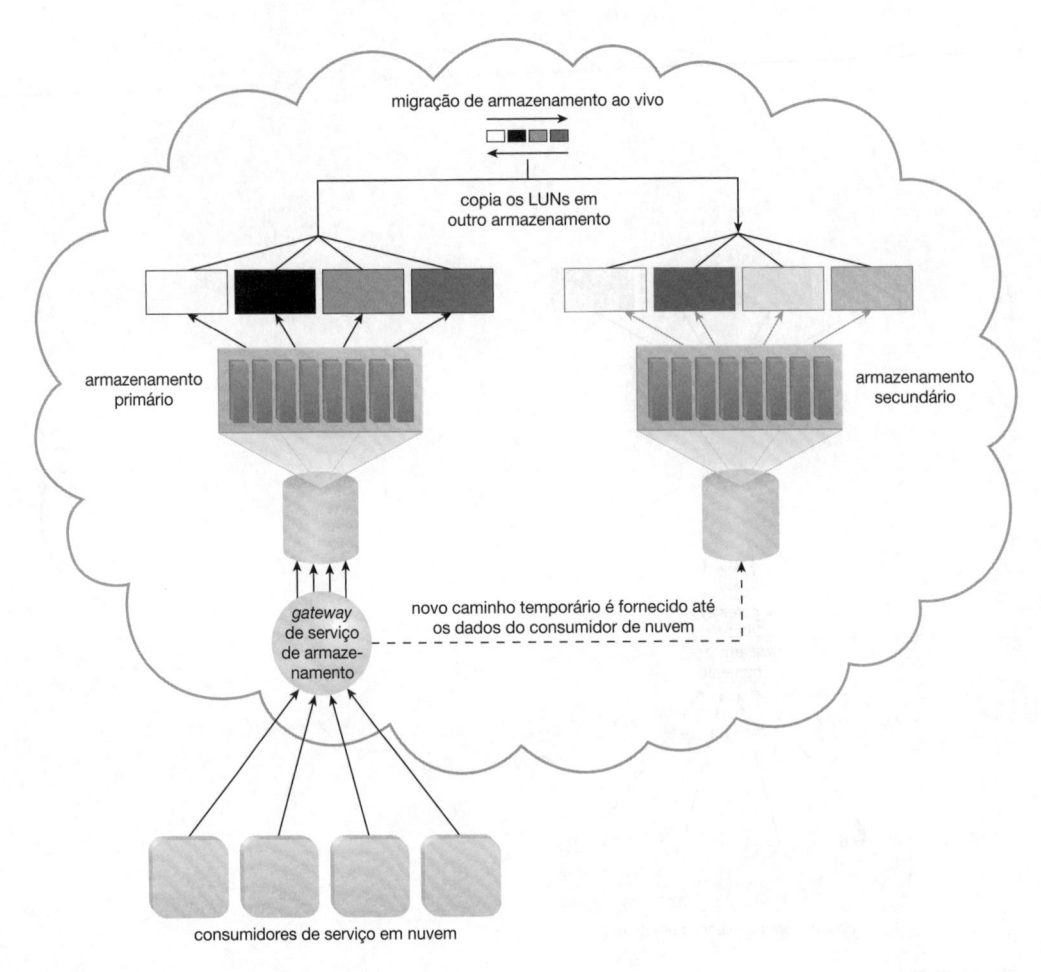

Figura 15.33
A migração de armazenamento ao vivo transfere os LUNs do dispositivo primário para o dispositivo secundário de armazenamento.

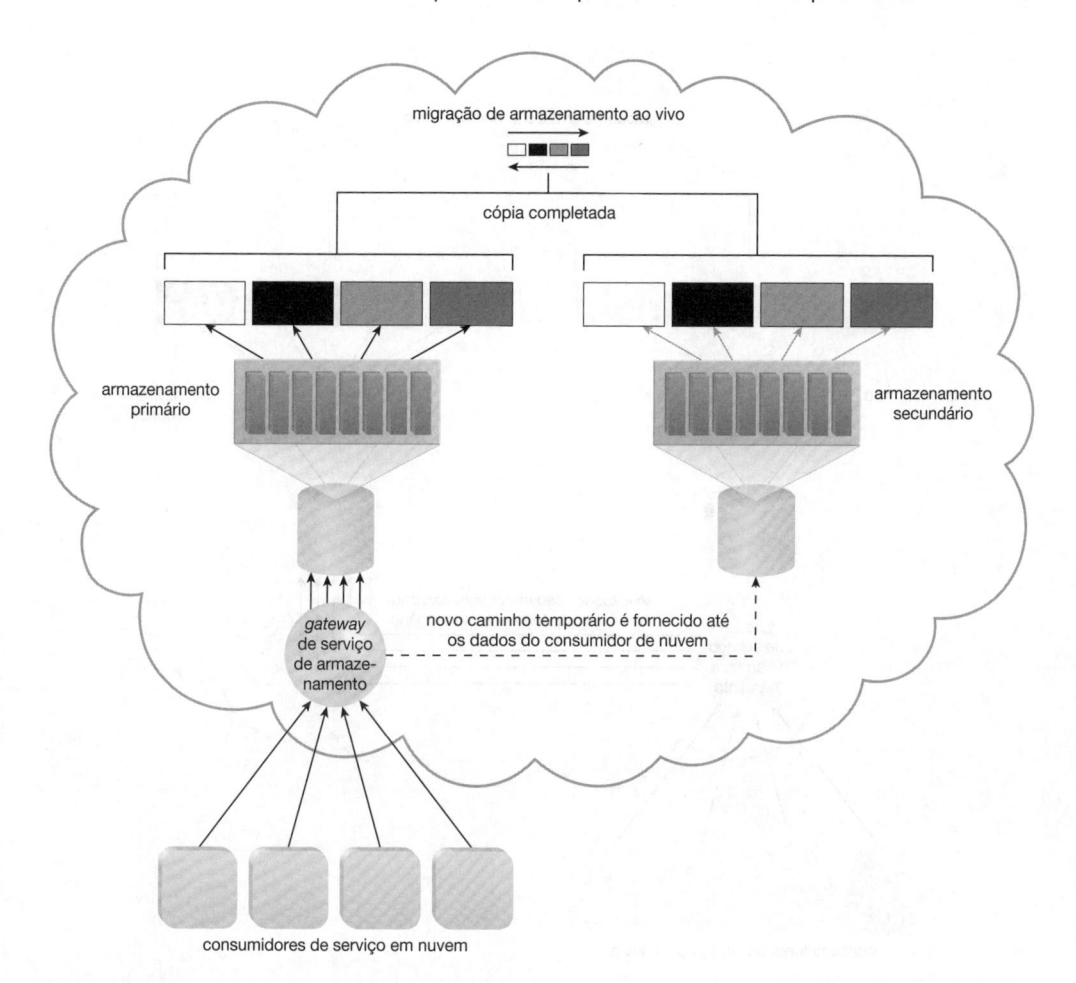

Figura 15.34
Solicitações de dados são encaminhadas para os LUNs duplicados no dispositivo secundário de armazenamento, uma vez que os dados dos LUNs foram migrados.

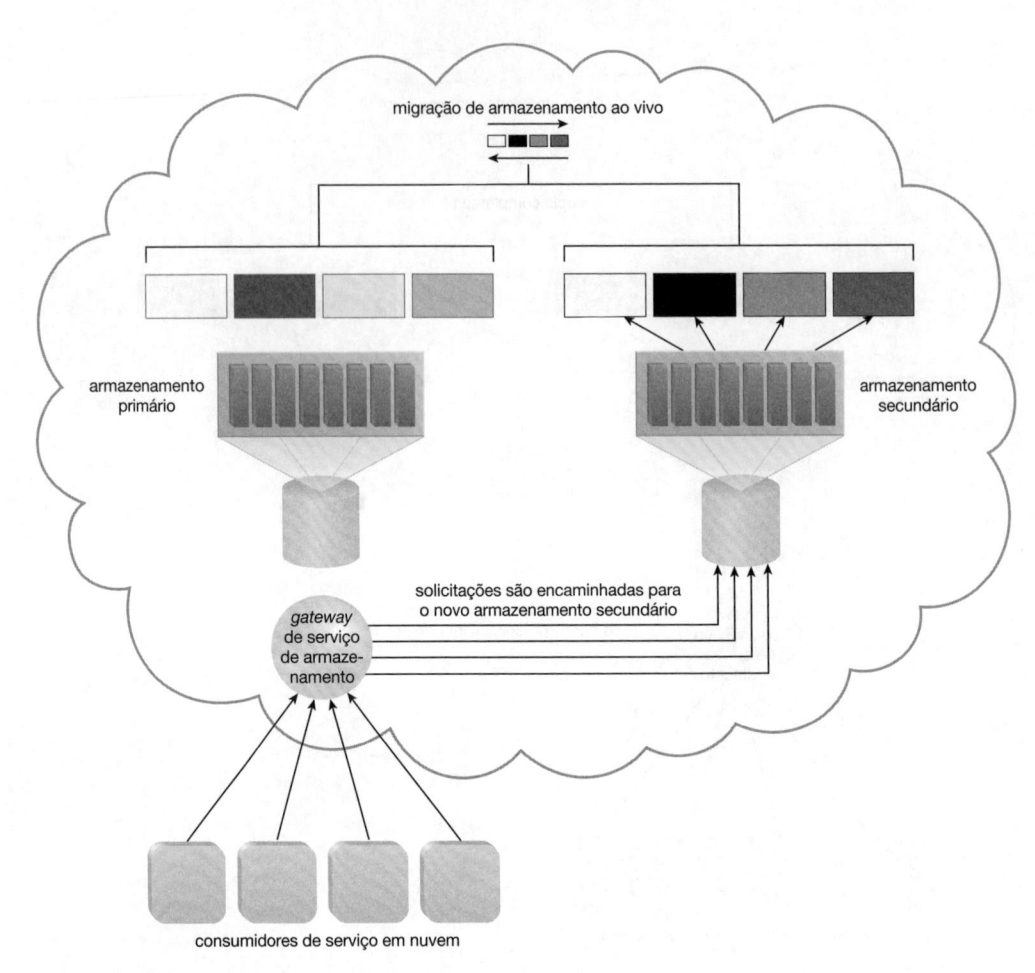

Figura 15.35
O armazenamento primário é desligado para manutenção.

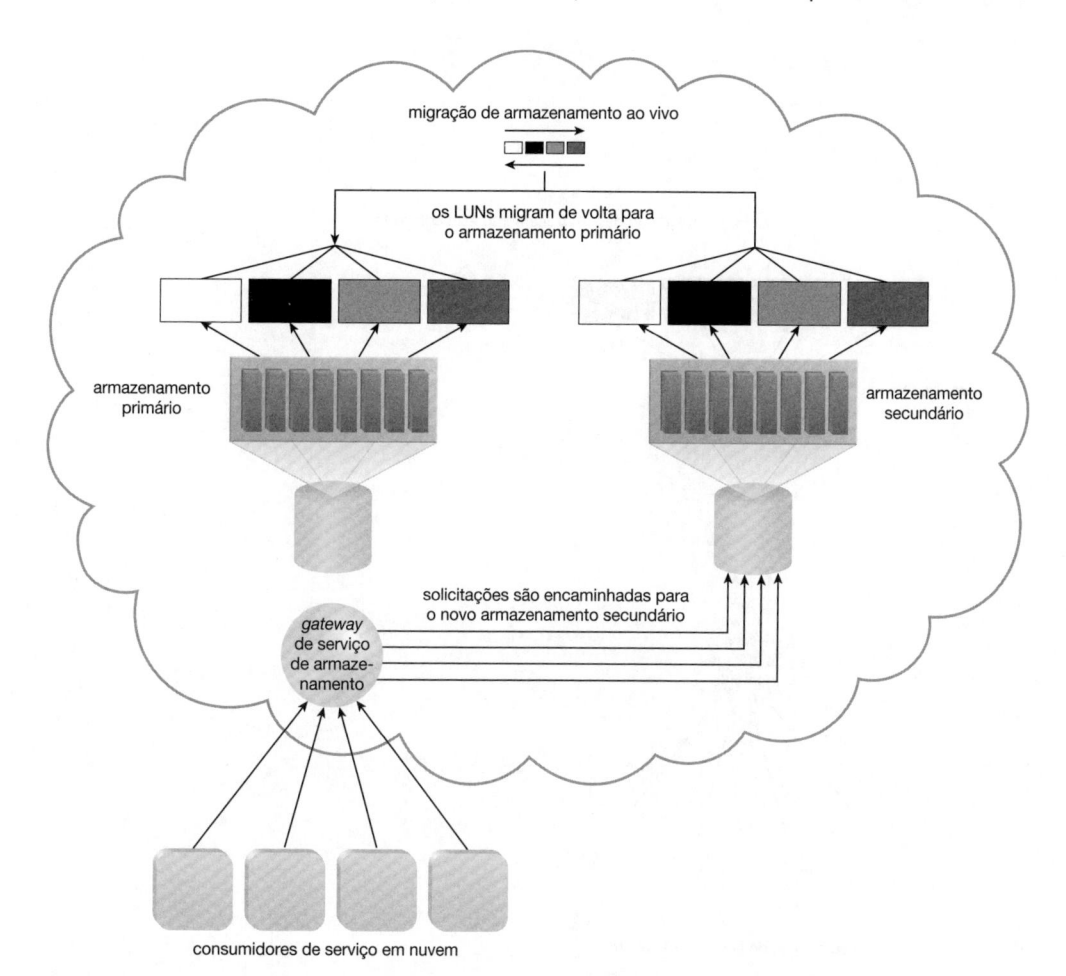

Figura 15.36
O armazenamento primário é religado, após a tarefa de manutenção ter sido concluída. A migração de armazenamento ao vivo restaura os dados de LUN do dispositivo secundário para o dispositivo primário de armazenamento.

Figura 15.37
O processo de migração de armazenamento ao vivo é concluído e todas as solicitações de acesso a dados são encaminhadas de volta para o dispositivo primário de armazenamento em nuvem.

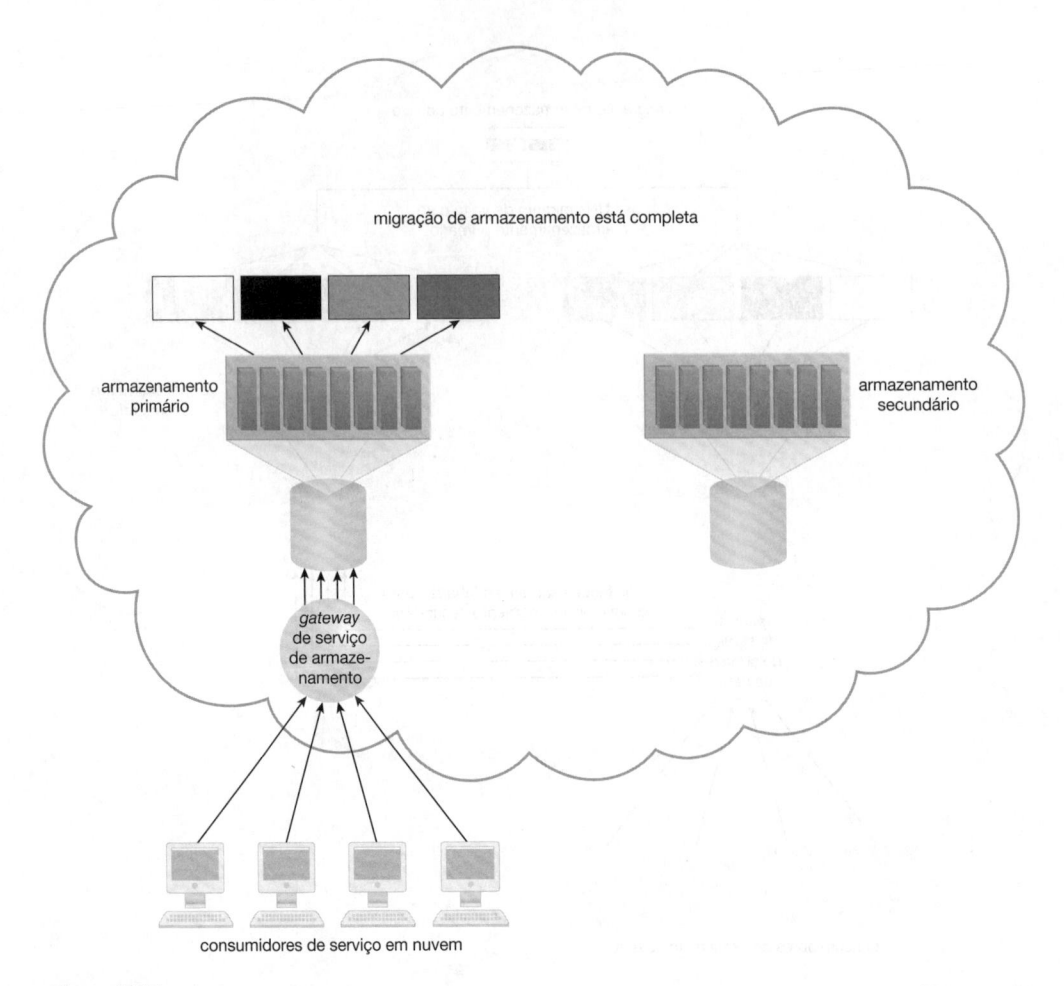

Além do mecanismo de dispositivo de armazenamento em nuvem que é principal nessa arquitetura, o mecanismo de replicação de recursos é usado para manter sincronizados os dispositivos primário e secundário de armazenamento. A essa arquitetura de nuvem, também pode ser incorporado o *failover* iniciado manual ou automaticamente, através do mecanismo de sistema de *failover*, embora a migração muitas vezes seja pré-agendada.

> **OBSERVAÇÃO**
>
> Arquiteturas de computação de borda e em névoa estabelecem ambientes alheios às nuvens, mas são examinadas aqui pois esses ambientes ainda estão relacionados com nuvens e são criados principalmente como modo de aliviar as nuvens de responsabilidades de processamento, bem como para melhorar o desempenho, a responsividade e a escalabilidade de soluções para organizações consumidoras.
>
> Arquiteturas de computação de borda e em névoa oferecem processamento de dados e capacidade de armazenamento similares às dos dispositivos de usuários, a fim de racionalizar o processamento e armazenamento de dados que acabarão sendo processados e armazenados na nuvem.
>
> Arquiteturas de borda e em névoa costumam ser usadas em soluções de TI em suporte a dispositivos de IoT distribuídos geograficamente. No entanto, ambas arquiteturas podem ser utilizadas para melhorar a efetividade de soluções padronizadas para automação de negócios para organizações, sobretudo aquelas com usuários finais em múltiplos locais físicos.

15.12 Arquitetura de computação de borda

Uma *arquitetura de computação de borda* introduz uma camada imediata de processamento que fica posicionada fisicamente entre a nuvem e o seu consumidor. O ambiente de borda é projetado e situado intencionalmente para ser mais acessível e oferecer melhor desempenho para a organização consumidora.

Porções da solução baseada em nuvem são transferidas para o ambiente de borda, onde podem receber suporte de uma infraestrutura dedicada que melhora seu desempenho, sua responsividade e sua escalabilidade. Tipicamente, as responsabilidades de processamento mais pesadas seguirão cabendo à nuvem, enquanto partes de uma solução com menores responsabilidades de processamento são transferidas para a camada de borda.

Arquiteturas de borda costumam ser utilizadas por organizações consumidoras com múltiplos locais físicos distribuídos. Para cada um desses locais, um ambiente separado de borda pode ser estabelecido (Figura 15.38). Ambientes de computação de borda podem ser implementados em locais adequados de terceiros que dispõem dos recursos necessários, como provedores de serviço de Internet e provedores de telecomunicação.

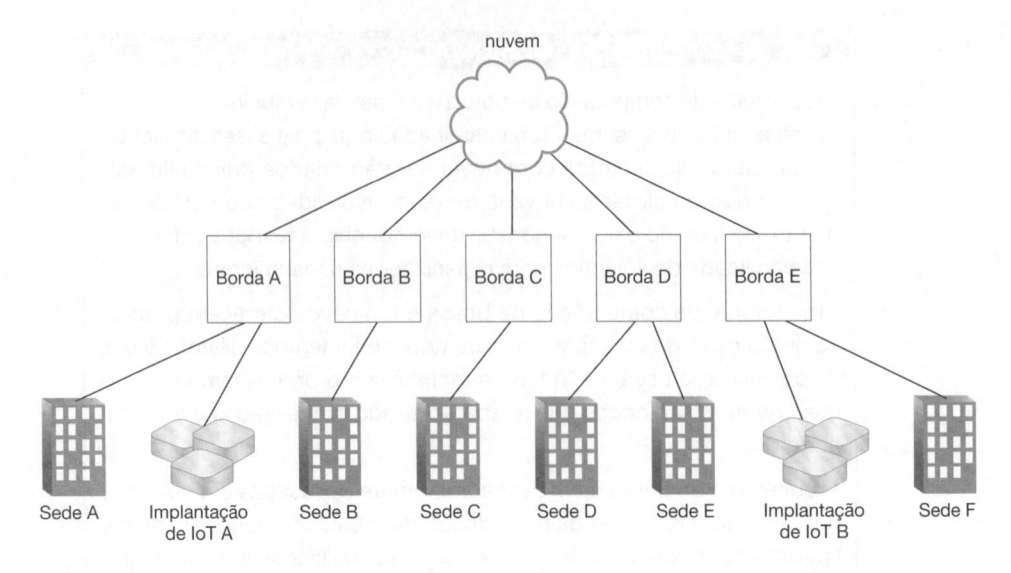

Figura 15.38
Uma arquitetura de computação de borda com um conjunto de ambientes de borda, cada qual acomodando usuários ou dispositivos em um local físico separado.

A computação de borda pode beneficiar arquiteturas de aplicativos ao reduzir exigências de largura de banda ao otimizar a utilização de recursos, ao reforçar a segurança (criptografando dados mais perto de sua origem) e ao reduzir até mesmo o consumo de energia.

15.13 Arquitetura de computação em névoa

Uma *arquitetura de computação em névoa* adiciona uma camada de processamento entre ambientes de borda e uma nuvem (Figura 15.39). Isso permite que responsabilidades de processamento de nível intermediário sejam transferidas da nuvem para ambientes em névoa, cada qual capaz de dar suporte e facilitar múltiplos ambientes de borda.

A computação em névoa empurra certa capacidade de processamento de dados da nuvem para a camada de névoa, onde *gateways* podem existir para retransmitir dados para frente e para trás entre os ambientes de borda e a nuvem. Quando ambientes de borda precisam enviar volumes massivos de dados para a nuvem, o ambiente de névoa pode determinar primeiramente quais dados têm mais valor, a fim de otimizar as transferências de dados. Em seguida, os *gateways* na névoa enviam primeiramente os dados críticos para a nuvem, a fim de serem armazenados e processados, enquanto os dados restantes retransmitidos por computadores de borda podem precisar ser então processados localmente por recursos no ambiente de névoa.

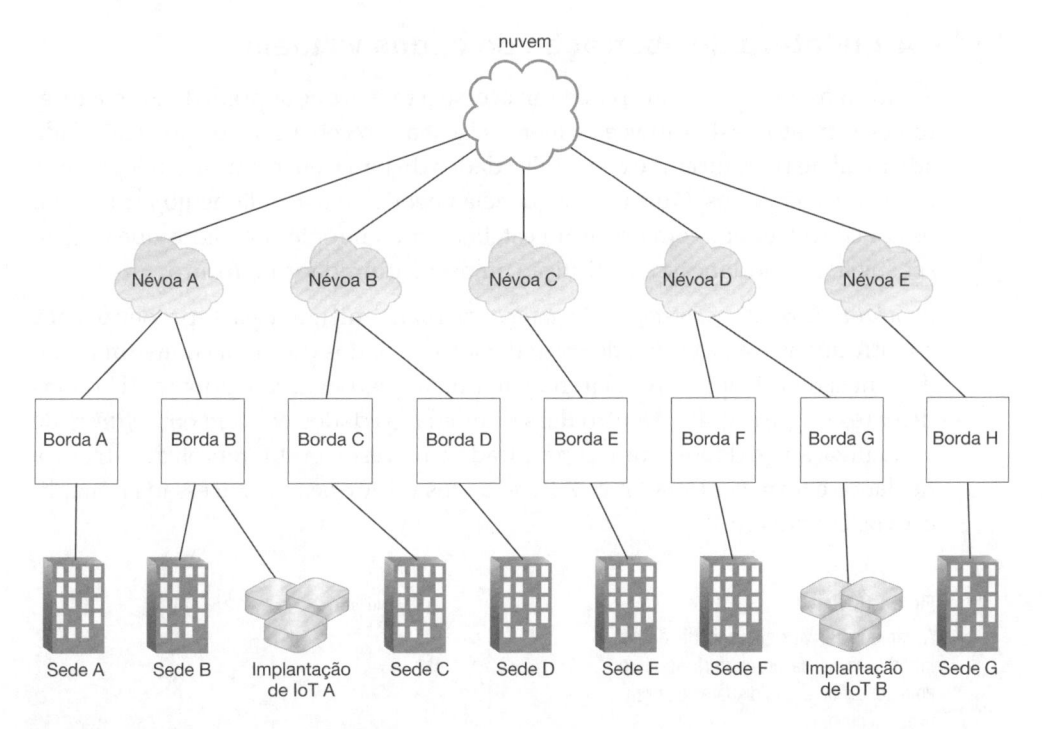

Figura 15.39
O emprego de arquitetura de computação em névoa insere uma camada intermediária de processamento entre a nuvem e os ambientes de borda.

Assim como na computação de borda, a computação em névoa costuma ser adotada para suportar soluções de IoT. O uso de computação em névoa para uma solução de automação empresarial geralmente faz sentido quando a solução precisa oferecer suporte a muitos usuários espalhados por bases altamente distribuídas.

> **OBSERVAÇÃO**
>
> As análises das três arquiteturas restantes neste capítulo se originaram de conteúdo publicado em *An insider's guide to cloud computing* (Pearson Education, ISBN: 9780137935697), de autoria de David Linthicum.

15.14 Arquitetura de abstração de dados virtuais

Aplicativos em nuvem que requerem acesso a fontes que suprem dados em diferentes formatos, estruturas e esquemas, acabam recebendo a responsabilidade adicional de transformar e consolidar dados díspares em conjuntos relevantes e uniformes de dados. Outra consequência negativa é o acoplamento íntimo que os aplicativos em nuvem precisam estabelecer com fontes de dados que podem ser sujeitas a mudanças, substituição ou descontinuidade no futuro.

A *arquitetura de abstração de dados virtuais* mitiga essas preocupações ao introduzir uma camada de virtualização de dados que atua como um ponto de conexão para aplicativos em nuvem que requerem acesso a fontes de dados díspares (Figura 15.40). Dentro dessa camada, os dados existem em *software* de virtualização de dados, que é configurado para resolver diferenças de estrutura de dados e fornecer uma única API de dados uniformes a ser acessada por aplicativos em nuvem.

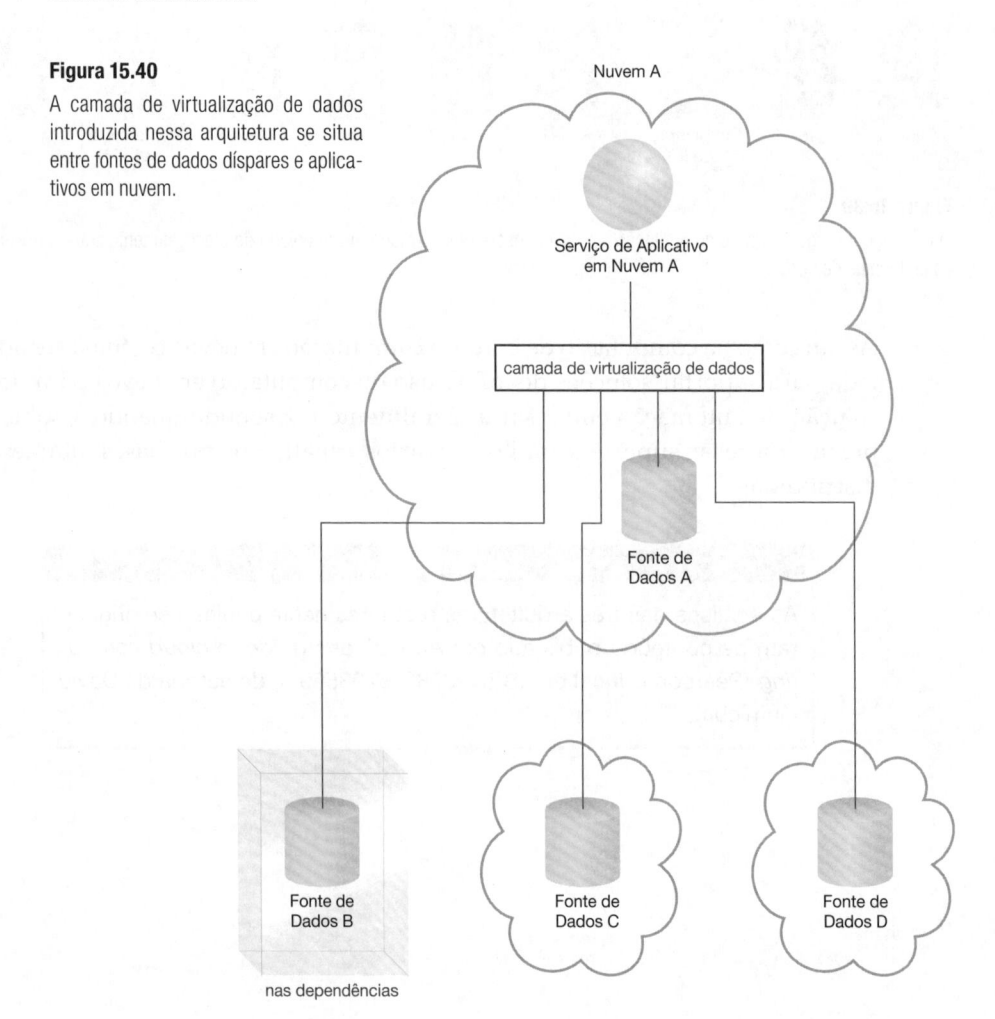

Figura 15.40
A camada de virtualização de dados introduzida nessa arquitetura se situa entre fontes de dados díspares e aplicativos em nuvem.

O uso da camada de virtualização de dados permite que aplicativos em nuvem estabeleçam relações de acoplamento menos rigoroso com fontes de dados díspares. Caso essas fontes de dados passem por mudanças com o tempo, a camada de virtualização de dados poderá ser atualizada, idealmente sem mudanças nas APIs que ela expõe aos aplicativos em nuvem.

15.15 Arquitetura de metanuvem

Enquanto uma arquitetura de metanuvem proporciona a seus consumidores a flexibilidade de utilizar nuvens diversas para melhor atender suas exigências comerciais, ela também pode introduzir complexidade em termos de gerir a heterogeneidade, sendo preciso operar e governar múltiplas nuvens, cada uma com requisitos de administração, questões proprietárias e controles de segurança potencialmente diferentes.

A *arquitetura de metanuvem* (Figura 15.41) abstrai esses controles gerenciais, operacionais e de governança em um único domínio lógico, o qual proporciona um ponto de acesso de administração central para o consumidor de nuvem. Essa arquitetura é idealmente estabelecida antes mesmo do desenvolvimento de uma arquitetura multinuvem, para que a camada centralizada de administração possa ser posicionada desde o início.

Figura 15.41
Uma arquitetura de metanuvem, em que uma camada é introduzida para abstrair o controle operacional, gerencial, de segurança e de governança.

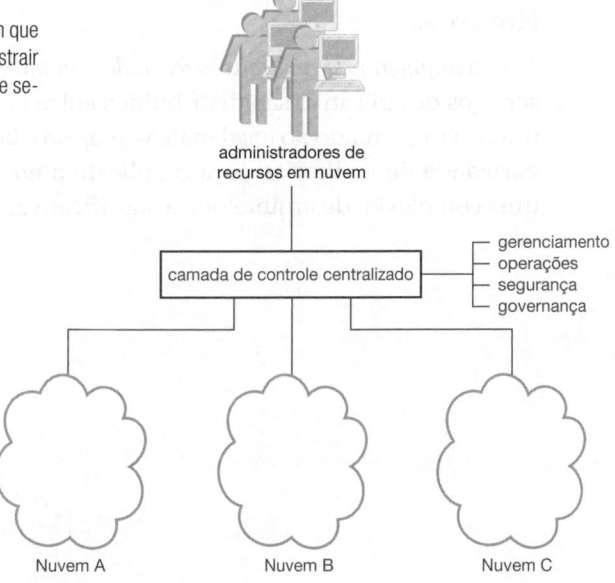

A camada meta pode se situar fisicamente onde o consumidor de nuvem preferir. Ela pode se basear numa nuvem específica, pode ser distribuída por múltiplas nuvens ou mesmo instalada nas próprias dependências. Ao abstrair controles gerenciais, operacionais e de governança numa única localização central, o consumidor de nuvem pode evoluir sua arquitetura multinuvem mais facilmente com o passar do tempo, o que pode aumentar significativamente a agilidade e a responsividade em geral da organização frente a mudanças nos negócios.

15.16 Arquitetura de aplicativos federados em nuvem

Uma limitação comum dos aplicativos distribuídos em nuvem é que seus componentes ou serviços costumam ficar localizados num único ambiente de nuvem. Isso limita o desempenho e o funcionamento dessas partes de aplicativos distribuídos à capacidade e ao conjunto de funcionalidades de uma única infraestrutura da nuvem.

Na adoção de uma arquitetura multinuvem, há uma oportunidade de aproveitar o caráter distribuído de um aplicativo em nuvem ao situar componentes ou serviços individuais de aplicativo em diferentes ambientes de nuvem a fim de maximizar os benefícios que cada um pode oferecer. Para determinado serviço de aplicativo, por exemplo, certa nuvem pode oferecer poder computacional de melhor desempenho, outra mais resiliência, e talvez outra custos de uso mais favoráveis.

Numa *arquitetura de aplicativos federados em nuvem* (Figura 15.42), componentes e serviços de aplicativo são distribuídos entre nuvens disponíveis, para que cada um seja implantado no local mais vantajoso e benéfico. Isso pode resultar numa variedade de melhorias para o aplicativo em nuvem, mas também introduz uma complexidade arquitetônica significativa.

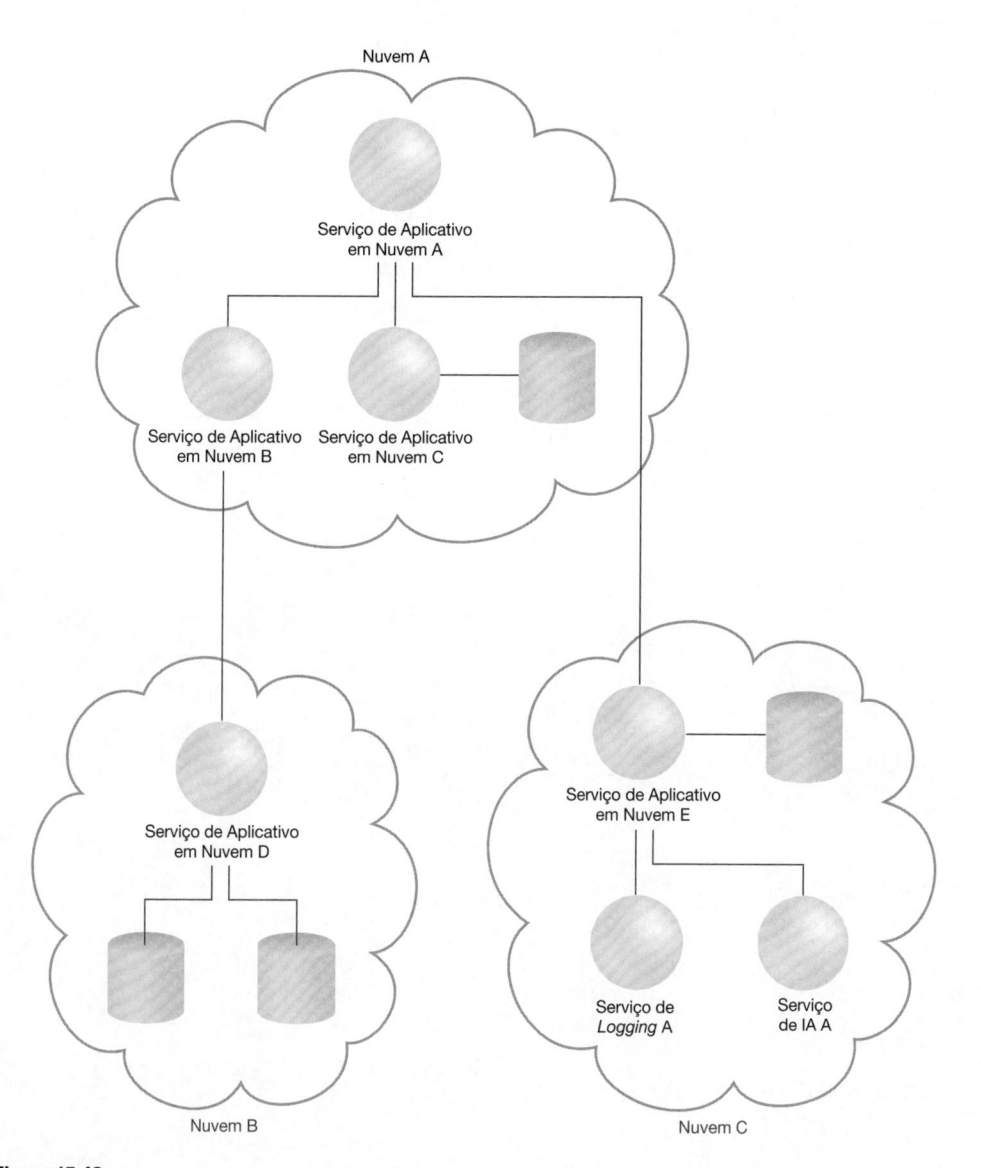

Figura 15.42
Numa arquitetura de aplicativos federados em nuvem, as partes distribuídas do aplicativo podem acabar residindo em diferentes ambientes de hospedagem, incluindo diferentes ambientes em nuvem e nas próprias dependências. Cada parte do aplicativo fica situada num local que melhor apoia seus requisitos distintos.

Parte IV

Trabalhando com nuvens

Capítulo 16 Considerações sobre modelos de entrega de nuvem

Capítulo 17 Métricas de custo e modelos de precificação

Capítulo 18 Métricas de qualidade de serviço e SLAs

Cada um dos capítulos nessa parte do livro aborda uma área diferente que envolve o planejamento ou o uso de ambientes em nuvem e tecnologias baseadas em nuvem. As inúmeras considerações, estratégias e métricas oferecidas nesses capítulos ajudam a amarrar os tópicos abordados em capítulos anteriores com necessidades e restrições do mundo real.

Capítulo 16

Considerações sobre modelos de entrega de nuvem

16.1 Modelos de entrega de nuvem: a perspectiva do provedor de nuvem

16.2 Modelos de entrega de nuvem: a perspectiva do consumidor de nuvem

16.3 Exemplo de estudo de caso

A maior parte dos capítulos anteriores teve como foco as tecnologias e modelos usados para definir e implementar camadas de infraestrutura e arquitetura dentro de ambientes de nuvem. O presente capítulo revisita os modelos de entrega de nuvem que foram introduzidos no Capítulo 4, a fim de abordar inúmeras considerações do mundo real no contexto de ambientes baseados em IaaS, PaaS e SaaS.

Este capítulo está organizado em duas seções principais que exploram questões de modelos de entrega de nuvem referentes a provedores e consumidores de nuvem, respectivamente.

16.1 Modelos de entrega de nuvem: a perspectiva do provedor de nuvem

Esta seção explora a arquitetura e a administração de modelos de entrega de nuvem em IaaS, PaaS e SaaS do ponto de vista do provedor. A seguir, serão examinadas a integração e a gestão desses ambientes baseados em nuvem como parte de ambientes mais amplos e como eles podem se relacionar com diferentes combinações de tecnologias e mecanismos de nuvem.

Construção de ambientes IaaS

Os mecanismos de servidor virtual e dispositivo de armazenamento em nuvem representam os dois recursos de TI mais fundamentais que são entregues como parte de uma arquitetura-padrão de provisionamento rápido dentro de ambientes IaaS. Eles são oferecidos em diversas configurações padronizadas, que são definidas pelas seguintes propriedades:

- sistema operacional;
- capacidade de memória primária;
- capacidade de processamento;
- capacidade de armazenamento virtualizado.

A capacidade de memória e de armazenamento virtualizado geralmente é alocada em incrementos de 1 GB para simplificar o provisionamento de recursos físicos de TI subjacentes. Ao limitar o acesso de consumidores de nuvem a ambientes virtualizados, as ofertas em IaaS são organizadas antecipadamente por provedores de nuvem via imagens de servidor virtual que capturam as configurações predefinidas. Alguns provedores de nuvem podem oferecer a seus consumidores acesso administrativo direto a recursos físicos de TI, e nesse caso o provisionamento da arquitetura física propriamente dita pode entrar em jogo.

Snapshots podem ser tirados de um servidor virtual para registrar os atuais estado, memória e configuração de um ambiente IaaS virtualizado para fins de *backup* e replicação, em apoio a exigências de redimensionamento horizontal e vertical de escala. Um servidor virtual pode, por exemplo, usar seus *snapshots* para se tornar reinicializado em outros ambientes de hospedagem depois que sua capacidade é aumentada para permitir ampliação da escala vertical. Alternativamente, o *snapshot* pode ser usado para duplicar um servidor virtual. O gerenciamento de imagens customizadas de servidor virtual é uma funcionalidade vital que é proporcionada pelo mecanismo de sistema de administração remota. A maioria dos provedores de nuvem também oferece suporte a opções de importação e exportação para imagens de servidor virtual feitas sob medida em formatos tanto proprietários quanto padronizados.

Data centers

Provedores de nuvem podem oferecer recursos de TI baseados em IaaS a partir de múltiplos *data centers* espalhados geograficamente, o que proporciona os seguintes benefícios principais:

- Múltiplos *data centers* podem ser interligados como forma de aumentar a resiliência. Cada *data center* fica situado em um local diferente, para diminuir a probabilidade de que uma única falha force todos eles a saírem do ar simultaneamente.

- Conectados através de redes de comunicação de alta velocidade com baixa latência, *data centers* podem realizar balanceamento de carga, *backup* e replicação de recursos de TI e aumento da capacidade de armazenamento, tudo isso enquanto elevam a disponibilidade e a confiabilidade. A distribuição de múltiplos *data centers* por uma área maior reduz ainda mais a latência de rede.

- *Data centers* implantados em países diferentes tornam o acesso a recursos de TI mais conveniente para consumidores de nuvem que se encontram restritos por exigências legais e regulatórias.

A Figura 16.1 fornece um exemplo de provedor de nuvem que está gerenciando quatro *data centers* divididos entre duas regiões geográficas diferentes.

Quando um ambientes de IaaS é usado para fornecer a consumidores de nuvem ambientes de rede virtualizados, cada um desses consumidores fica segregado em um ambiente de inquilinato que isola certos recursos do restante da nuvem através da Internet. VLANs e *software* de controle de acesso à rede realizam colaborativamente os perímetros lógicos de rede correspondentes.

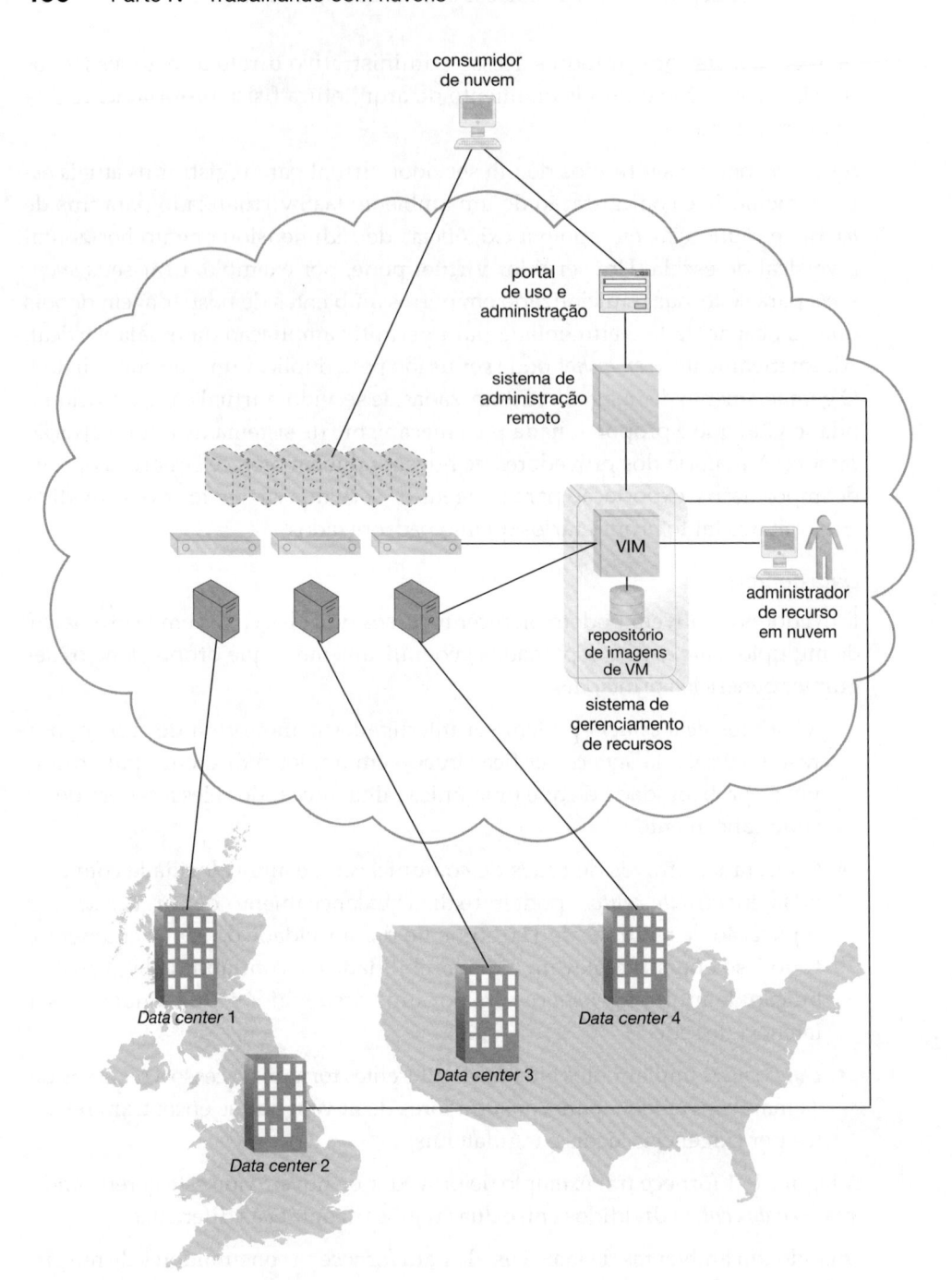

Figura 16.1
Um provedor de nuvem está provisionando e gerenciando um ambiente de IaaS com recursos de TI advindos de diferentes *data centers* nos Estados Unidos e no Reino Unido.

Escalabilidade de confiabilidade

Dentro de ambientes IaaS, provedores de nuvem podem automaticamente provisionar servidores virtuais através do tipo de redimensionamento vertical dinâmico da arquitetura de escalabilidade dinâmica. Isso pode ser feito por meio do VIM, contanto que os servidores físicos *host* tenham capacidade suficiente. O VIM é capaz de dimensionar a escala de servidores virtuais usando replicação de recursos como parte de uma arquitetura de *pool* de recursos, caso um determinado servidor físico tenha capacidade insuficiente para suportar um aumento vertical de escala. O mecanismo de balanceador de carga, como parte de uma arquitetura de distribuição de carga de trabalho, pode ser usado para distribuir a carga de trabalho entre recursos de TI em um *pool* a fim de completar o processo de aumento horizontal da escala.

A escalabilidade manual requer que o consumidor de nuvem interaja com o programa de uso e administração para solicitar explicitamente mudança de escala de recursos de TI. Em contraste, a escalabilidade automática requer que o *listener* de dimensionamento automatizado monitore a carga de trabalho e modifique reativamente a escala de capacidade do recurso. Esse mecanismo tipicamente atua como um agente de monitoramento que rastreia o uso de recursos de TI a fim de notificar o sistema de gerenciamento de recursos quando a capacidade é excedida.

Recursos de TI replicados podem ser arranjados numa configuração de alta disponibilidade que forma um sistema de *failover* para implementação via funcionalidades-padrão do VIM. Como alternativa, um agrupamento de recursos de alta disponibilidade/alto desempenho pode ser criado no nível do servidor físico ou virtual, ou em ambos simultaneamente. A arquitetura de acesso a recursos por múltiplos caminhos costuma ser empregada para aumentar a confiabilidade mediante o uso de caminhos de acesso redundantes, e às vezes alguns provedores de nuvem ainda oferecem o provisionamento de recursos de TI dedicados por meio da arquitetura de reserva de recursos.

Monitoramento

Monitores de uso de nuvem num ambiente IaaS podem ser implementados usando o VIM ou ferramentas especializadas de monitoramento que abrangem diretamente e/ou estabelecem uma interface com a plataforma de virtualização. Diversas capacidades comuns da plataforma de IaaS envolvem o monitoramento de:

- *Ciclos de vida de servidor virtual* – registrando e rastreando períodos de *uptime* e a alocação de recursos de TI, para fins de monitoramento de pagamento por uso e cobrança baseada em tempo.
- *Armazenamento de dados* – rastreamento e atribuição de alocação de capacidade de armazenamento para dispositivos de armazenamento em nuvem em servidores virtuais, para monitores de pagamento por uso que registram uso de armazenamento para fins de cobrança.

- *Tráfego de rede* – para monitores de pagamento por uso que medem uso de rede de entrada e saída e monitores de SLA que rastreiam métricas de QoS, como tempos de resposta e quedas de rede.
- *Condições de falha* – para monitores de SLA que rastreiam métricas de recurso de TI e QoS a fim de emitir alertas em momentos de falha.
- *Gatilhos de eventos* – para monitores de auditoria que aferem e avaliam a conformidade regulatória de recursos de TI selecionados.

Arquiteturas de monitoramento dentro de ambientes de IaaS costumam envolver agentes de serviço que se comunicam diretamente com sistemas gerenciais de *back-end*.

Segurança

Mecanismos de segurança de nuvens que são relevantes para proteger ambientes de IaaS incluem:

- criptografia, *hashing*, assinatura digital e mecanismos de PKI para a transmissão de dados de proteção em geral;
- mecanismos de IAM e SSO para acessar serviços e interfaces em sistemas de segurança que dependem de capacidades de identificação, autenticação e autorização de usuários;
- grupos de segurança baseados em nuvem para isolar ambientes virtuais através de hipervisores e segmentos de rede via *software* de gerenciamento de rede;
- imagens blindadas de servidor virtual para ambientes interna e externamente disponíveis de servidor virtual;
- vários monitores de uso de nuvem para rastrear recursos de TI virtuais, provisionados para detectar padrões de uso anormais.

Equipando ambientes de PaaS

Ambientes de PaaS tipicamente precisam receber uma seleção de plataformas de desenvolvimento e implantação de aplicativos a fim de acomodar diferentes modelos de programação, linguagens e estruturas. Um ambiente pronto para uso costuma ser criado separadamente para cada pilha de programação que contém o *software* necessário para rodar aplicativos desenvolvidos especificamente para a plataforma.

Cada plataforma é acompanhada de SDK e IDE correspondentes, que podem ser feitos sob medida ou habilitados por *plugins* de IDE supridos pelo provedor de nuvem. Kits de ferramentas de IDE são capazes de simular o *runtime* de nuvem localmente dentro do ambiente de PaaS, e geralmente incluem servidores de aplicativos executáveis. As restrições de segurança que são inerentes ao *runtime* também são simuladas no ambiente de desenvolvimento, incluindo conferências de tentativas não autorizadas para acessar recursos de TI do sistema.

Provedores de nuvem muitas vezes oferecem um mecanismo de sistema gerenciador de recursos que é customizado para a plataforma de PaaS, para que os consumidores de nuvem possam criar e controlar imagens de servidor virtual com ambientes prontos para uso. Esse mecanismo também oferece funcionalidades específicas para a plataforma de PaaS, tais como gerenciamento de aplicativos implantados e configuração de multi-inquilinato. Os provedores de nuvem ainda podem se apoiar em uma variação da arquitetura de provisionamento rápido conhecida como provisionamento de plataforma, que é projetada especificamente para provisionar ambientes prontos para uso.

Escalabilidade e confiabilidade

Os requisitos de escalabilidade de serviços e aplicativos em nuvem que são implantados em ambientes de PaaS costumam ser abordados com arquiteturas de escalabilidade dinâmica e de distribuição de carga de trabalho, que se apoiam no uso nativo de *listeners* automatizados de redimensionamento e balanceadores de carga. A arquitetura de *pool* de recursos também é utilizada para provisionar recursos de TI a partir de *pools* de recursos disponibilizadas para múltiplos consumidores de nuvem.

Os provedores de nuvem podem cotejar o tráfego de rede e o uso de conexão do lado do servidor com a carga de trabalho da instância, ao determinar como aumentar a escala de um aplicativo sobrecarregado em conformidade com limitações de parâmetros e custos fornecidas pelo consumidor de nuvem. Como alternativa, consumidores de nuvem podem configurar os *designs* de aplicativos para customizar a incorporação dos próprios mecanismos disponíveis.

A confiabilidade de ambientes prontos para uso e de serviços e aplicativos hospedados em nuvem pode ser garantida por mecanismos padronizados de sistema de *failover* (Figura 16.2), bem como por mecanismos de realocação de serviço sem perturbação, de modo a proteger consumidores de nuvem contra condições de *failover*. A arquitetura de reserva de recursos também pode ser instaurada para oferecer acesso exclusivo a recursos de TI baseados em PaaS. Como em outros recursos de TI, ambientes prontos para uso também podem abranger múltiplas centrais de dados e regiões geográficas, a fim de elevar ainda mais a disponibilidade e a resiliência.

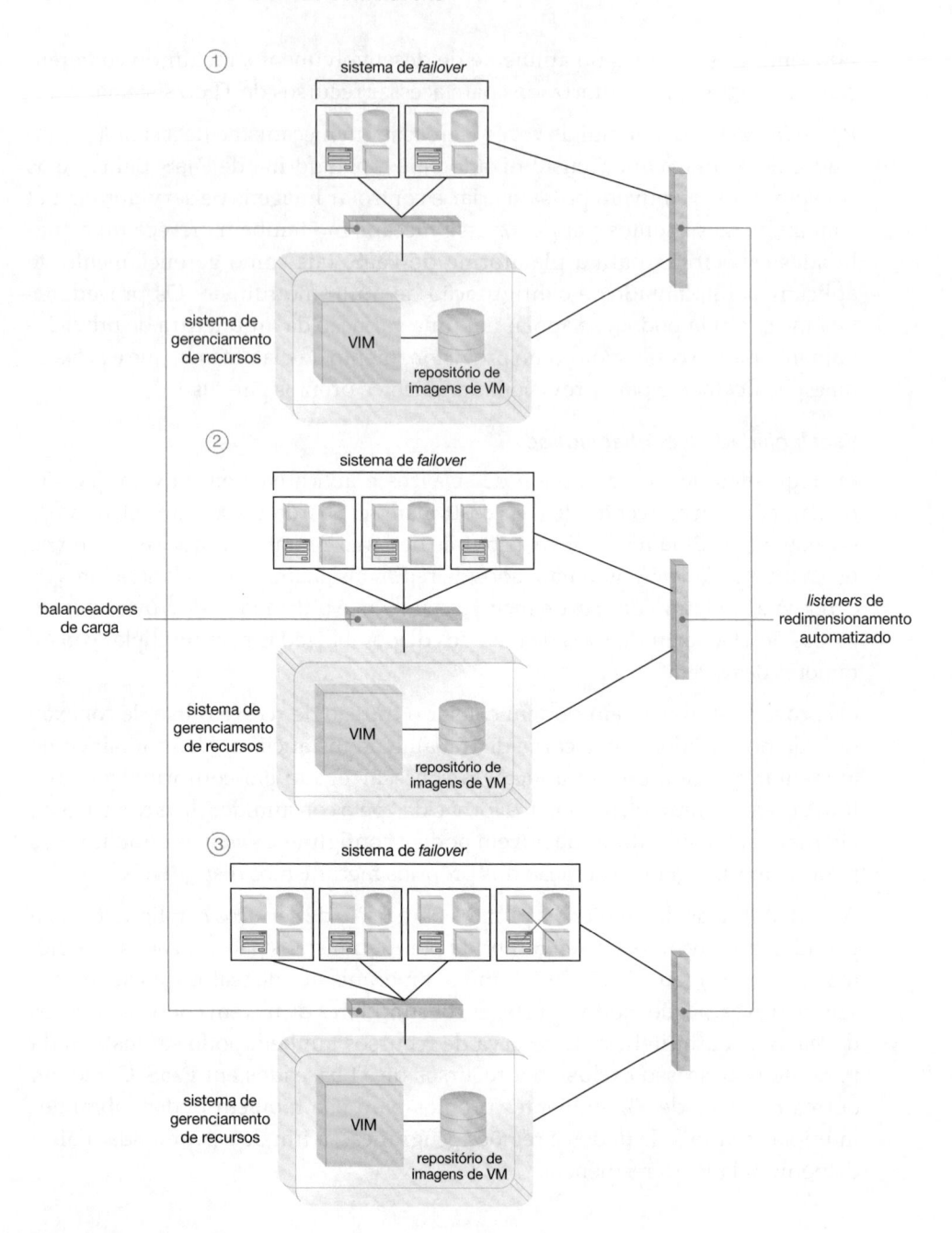

Figura 16.2
Balanceadores de carga são usados para distribuir instâncias de ambientes prontos para uso que fazem parte de um sistema de *failover*, enquanto *listeners* de redimensionamento automatizado são usados para monitorar as cargas de trabalho de rede e de instância (1). Os ambientes prontos para uso têm sua escala horizontal aumentada em resposta a um aumento na carga de trabalho (2), e o sistema de *failover* detecta uma condição de falha e interrompe a replicação de um ambiente pronto para usar com falha (3).

Monitoramento

Monitores de uso de nuvem especializados em ambientes de PaaS são usados para monitorar o seguinte:

- *Instâncias de ambiente pronto para uso* – os aplicativos dessas instâncias são registrados por monitores de pagamento por uso para o cálculo de tarifas de uso baseado em tempo.

- *Persistência de dados* – essa estatística é fornecida pelos monitores de pagamento por uso, que registram a quantidade de objetos, os tamanhos ocupados de armazenamento individual e as transações de base de dados por período de cobrança.

- *Uso de rede* – o uso de rede de entrada e saída é rastreado por monitores de pagamento por uso e por monitores de SLA, que rastreiam métricas de QoS relacionadas à rede.

- *Condições de falha* – monitores de SLA que rastreiam as métricas de QoS referentes a recursos de TI precisam capturar estatísticas de falha.

- *Gatilhos de eventos* – esta métrica é usada principalmente por monitores de auditoria que precisam responder a certos tipos de eventos.

Segurança

O ambiente de PaaS, por padrão, não costuma suscitar a necessidade de novos mecanismos de segurança de nuvem além daqueles já provisionados para ambientes de IaaS.

Otimização de ambientes de SaaS

Em implementações de SaaS, arquiteturas de serviço em nuvem geralmente se baseiam em ambientes de multi-inquilinato que habilitam e regulam acesso concomitante de consumidores de nuvem (Figura 16.3). A segregação de recurso de TI em SaaS não costuma ocorrer no nível da infraestrutura em ambientes de SaaS como ocorrem em ambientes de IaaS e PaaS.

Implementações em SaaS dependem fortemente das funcionalidades oferecidas pelas arquiteturas nativas de escalabilidade dinâmica e distribuição de carga de trabalho, bem como da realocação de serviço sem perturbação, para assegurar que condições de *failover* não prejudiquem a disponibilidade de serviços em nuvem baseados em SaaS.

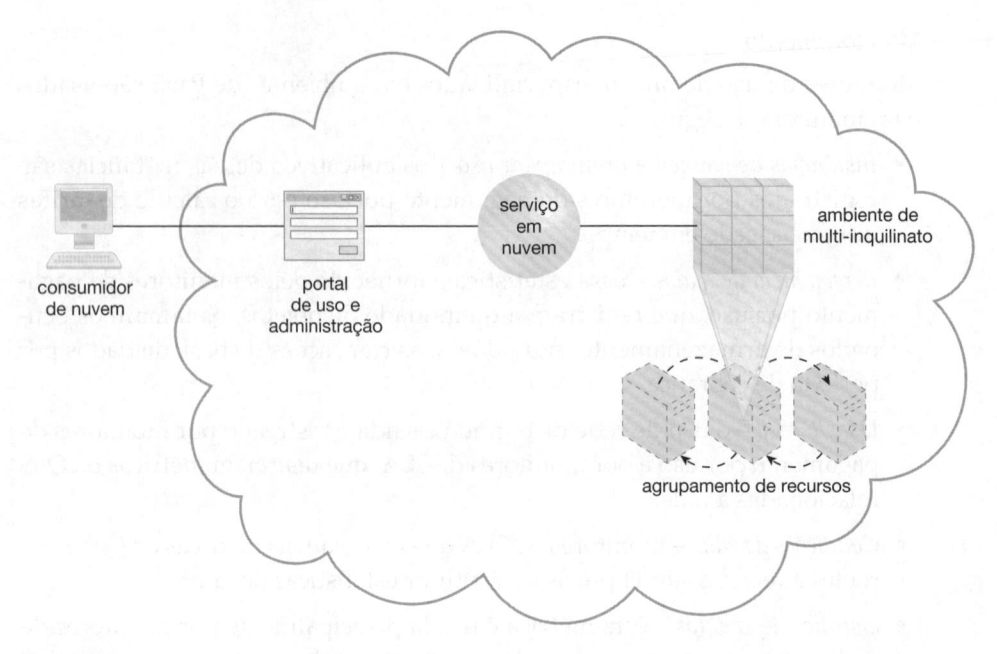

Figura 16.3
O serviço em nuvem baseado em SaaS é hospedado por um ambiente de multi-inquilinato implantado num agrupamento de servidores virtuais de alto desempenho. O portal de uso e administração é usado pelo consumidor de nuvem para acessar e configurar o serviço em nuvem.

No entanto, é vital reconhecer que, ao contrário dos *designs* simples de produtos IaaS e PaaS, cada implantação em SaaS acaba gerando requisitos únicos em termos de arquitetura, funcionalidade e *runtime*. Esses requisitos são específicos da natureza da lógica comercial com que o serviço em nuvem baseado em SaaS é programado, e também dos padrões distintos de uso a que ele é sujeito por seus consumidores.

Considere, por exemplo, a diversidade em funcionalidade e uso dos seguintes oferecimentos reconhecidos de SaaS *on-line*:

- autoria colaborativa e compartilhamento de informações (Wikipédia, Blogger);
- gerenciamento colaborativo (Zimbra, Google Apps);
- serviços de conferências por mensagens instantâneas e comunicações por áudio/vídeo (Zoom, Skype, Google Meet);
- sistemas de gerenciamento empresarial (ERP, CRM, SCM);

- compartilhamento de arquivos e distribuição de conteúdos (YouTube, Dropbox);
- *softwares* de ramos específicos de atuação (engenharia, bioinformática);
- sistemas de troca de mensagens (*e-mail*, *voicemail*);
- *marketplaces* de aplicativos móveis (Google Play Store, Apple App Store);
- pacotes de *softwares* de produtividade para escritório (Microsoft Office, Adobe Creative Cloud);
- motores de busca (Google, Yahoo);
- plataformas de redes sociais (Twitter, LinkedIn).

Considere agora que muitos dos serviços em nuvem recém-listados são oferecidos em um ou mais dos seguintes meios de implementação:

- aplicativo móvel;
- serviço REST;
- serviço *Web*.

Cada um desses meios de implementação em SaaS oferece APIs baseadas na *Web* para estabelecer interface a consumidores de nuvem. Exemplos de serviços em nuvem *on-line* baseados em SaaS com APIs baseadas ne *Web* incluem:

- serviços de pagamento eletrônico (PayPal);
- serviços de mapas e rotas (Google Maps);
- ferramentas de publicação (WordPress).

Implementações com habilitação móvel em SaaS costumam ter suporte do mecanismo de agenciador de multidispositivos, a menos que o serviço em nuvem seja acessado exclusivamente por dispositivos móveis específicos.

A natureza potencialmente diversa de funcionalidade em SaaS, a variação na tecnologia de implementação e a tendência de oferecer um serviço em nuvem baseado em SaaS redundantemente com múltiplos meios diferentes de implementação torna o projeto de ambientes SaaS altamente especializado. Embora não sejam essenciais à implementação em SaaS, requisitos especializados de processamento podem suscitar a necessidade de incorporar modelos arquitetônicos como os seguintes:

- *Balanceamento de carga de serviço* – para distribuição de carga de trabalho por implementações redundantes de serviço em nuvem baseado em SaaS.
- *Detecção e recuperação dinâmicas de falhas* – para estabelecer um sistema capaz de resolver automaticamente algumas condições de falha sem perturbar o serviço da implementação em SaaS.

- *Janela de manutenção de armazenamento* – para permitir que quedas por manutenção programada não afetem a disponibilidade da implementação em SaaS.

- *Capacidade elástica de recursos/capacidade elástica de rede* – para estabelecer elasticidade inerente dentro da arquitetura de serviço em nuvem baseado em SaaS para habilitá-la a acomodar automaticamente uma gama de requisitos de escalabilidade de *runtime*.

- *Balanceamento de nuvem* – para incutir ampla resiliência dentro da implementação em SaaS, o que pode ser especialmente importante para serviços em nuvem sujeitos a volumes extremos de uso concomitante.

Monitores especializados de uso de nuvem podem ser adotados em ambientes de SaaS para rastrear os seguintes tipos de métricas:

- *Período de subscrição de inquilinos* – essa métrica é usada por monitores de pagamento por uso para registrar e rastrear uso de aplicativos para cobrança baseada em tempo. Esse tipo de monitoramento geralmente incorpora licenciamento de aplicativos e avaliações regulares de períodos de arrendamento que vão além dos períodos horários de ambientes de IaaS e PaaS.

- *Uso de aplicativos* – essa métrica, baseada em grupos de usuários ou de segurança, é usada com monitores de pagamento por uso para registrar e rastrear uso de aplicativos para fins de cobrança.

- *Módulo funcional de aplicativos para inquilinos* – essa métrica é usada por monitores de pagamento por uso para cobrança baseada em funções. Serviços em nuvem podem ter níveis diferentes de funcionalidades dependendo se o consumidor de nuvem tem assinatura de níveis liberados ou pagos.

De modo similar ao monitoramento de uso de nuvem que é realizado em implementações de IaaS e PaaS, ambientes de SaaS também costumam ser monitorados em termos de armazenamento de dados, tráfego de rede, condições de falha e gatilhos de eventos.

Segurança

Implementações de SaaS geralmente estão alicerçadas em controles de segurança inerentes a seu ambiente de implantação. Lógicas distintas de processamento comercial acabam adicionando camadas de mecanismos adicionais de segurança de nuvem ou tecnologias especializadas de segurança.

16.2 Modelos de entrega de nuvem: a perspectiva do consumidor de nuvem

Esta seção explora várias considerações envolvendo os diferentes modos como modelos de entrega de nuvem são administrados e utilizados por consumidores de nuvem.

Trabalhando com ambientes de IaaS

Servidores virtuais são acessados no nível do sistema operacional através do uso de aplicativos terminais remotos. Correspondentemente, o tipo de *software* cliente usado diretamente depende do tipo de sistema operacional que está rodando no servidor virtual, dentre os quais duas opções comuns são:

- *Cliente com* desktop *remoto (ou com conexão remota de* desktop*)* – para ambientes baseados em Windows e que apresentam um *desktop* de GUI Windows.
- *Cliente de SSH* – para ambientes baseados em Mac e Linux, para permitir conexões com canais protegidos para contas *shell* baseadas em texto rodando no sistema operacional do servidor.

A Figura 16.4 ilustra um típico cenário de uso para servidores virtuais que estão sendo oferecidos como serviços IaaS após terem sido criados com interfaces de gerenciamento.

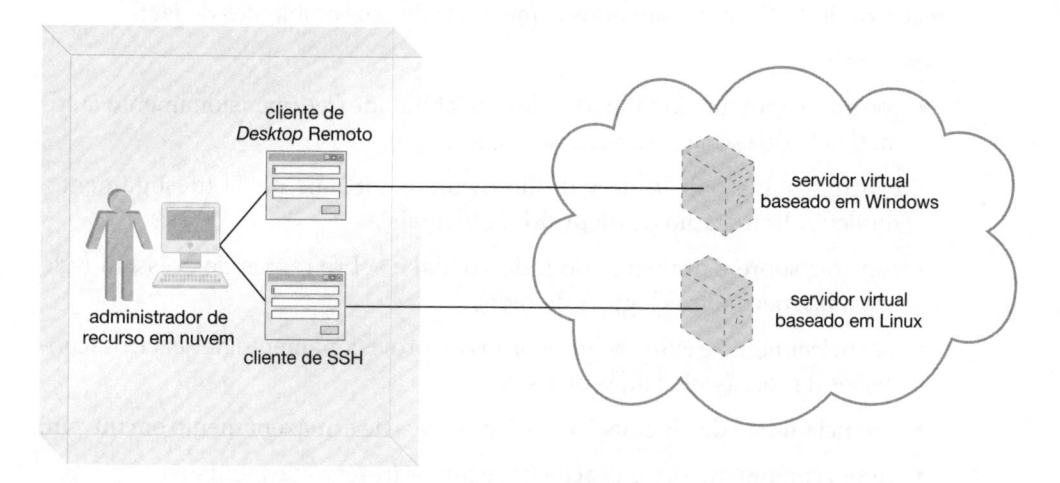

Figura 16.4
Um administrador de recurso em nuvem utiliza o cliente de *Desktop* Remoto baseado em Windows para administrar um servidor virtual baseado em Windows e o cliente de SSH para o servidor virtual baseado em Linux.

Um dispositivo de armazenamento em nuvem pode ser vinculado diretamente aos servidores virtuais e acessado através de suas interfaces funcionais para gerenciamento pelo sistema operacional. Como alternativa, um dispositivo de armazenamento em nuvem pode ser vinculado a um recurso de TI que está sendo hospedado fora da nuvem, como um dispositivo nas próprias dependências através de uma WAN ou VPN. Nesses casos, os seguintes formatos para a manipulação e transmissão de dados de armazenamento em nuvem costumam ser usados:

- *Sistema de arquivos em rede* – acesso a armazenamento baseado em rede, cuja renderização de arquivos é similar a como pastas são organizadas em sistemas operacionais (NFS, CIFS).

- *Dispositivos em rede por área de armazenamento* – o acesso a armazenamento baseado em blocos compila e formata dados geograficamente diversos em arquivos coesos para maximizar a transmissão em rede (iSCSI, Fibre Channel).

- *Recursos baseados na* Web – acesso a armazenamento baseado em objetos, mediante o qual uma interface que não está integrada ao sistema operacional representa logicamente arquivos, os quais podem ser acessados através de uma interface baseada na *Web* (Amazon S3).

Considerações sobre provisionamento de recursos de TI

Consumidores de nuvem têm alto grau de controle sobre como e em que medida recursos de TI são provisionados como parte de seus ambientes de IaaS.

Por exemplo:

- controle sobre funcionalidades de escalabilidade (redimensionamento automatizado de escala, balanceamento de carga);
- controle sobre o ciclo de vida de recursos virtuais de TI (desligamento, reinício, alimentação de dispositivos virtuais);
- controle sobre o ambiente de rede virtual e sobre regras de acesso à rede (*firewalls*, perímetros lógicos de rede);
- estabelecimento e exibição de acordos de provisionamento de serviços (condições de contas, cláusulas de uso);
- gerenciamento de vinculação de dispositivos de armazenamento em nuvem;
- gerenciamento da pré-alocação de recursos (reserva de recursos);
- gerenciamento de credenciais e senhas para administradores de recursos em nuvem;
- gerenciamento de credenciais pra grupos de segurança baseados em nuvem que acessam recursos de TI virtualizados através de um IAM;

- gerenciamento de configurações relacionadas à segurança;
- gerenciamento de armazenamento de imagem de servidor virtual customizado (importação, exportação, *backup*);
- seleção de opções de alta disponibilidade (*failover*, agrupamento de recursos de TI);
- seleção e monitoramento de métricas de SLA;
- seleção de configurações básicas de *software* (sistema operacional, *software* pré-instalado para novos servidores virtuais);
- seleção de instâncias de recursos em IaaS a partir de inúmeras configurações e opções disponíveis em termos de *hardware* (capacidades de processamento, RAM, armazenamento);
- seleção de regiões geográficas em que recursos de TI baseados em nuvem devem ficar hospedados;
- acompanhamento e gerenciamento de custos.

A interface de gerenciamento para esses tipos de tarefas de provisionamento é tipicamente um portal de uso e administração, mas também pode ser oferecida mediante o uso de ferramentas de interface de linha de comando (CLI), que simplificam a execução de muitas ações administrativas em *script*.

Muito embora seja mais comum padronizar as funcionalidades e controles de apresentação e administração, o uso de diferentes ferramentas e interfaces de usuário pode ser justificado. Pode-se, por exemplo, fazer com que um *script* ligue e desligue servidores virtuais a cada noite através de uma CLI, enquanto o acréscimo ou a remoção de capacidade de armazenamento pode ser mais facilmente desempenhado por meio de um portal.

Trabalhando com ambientes de PaaS

Um típico IDE de PaaS pode oferecer uma ampla gama de ferramentas e recursos de programação, como bibliotecas de *software*, bibliotecas de classes, *frameworks*, APIs e diversas capacidades de *runtime* que emulam o ambiente de implantação baseado em nuvem que se deseja produzir. Essas funcionalidades permitem que desenvolvedores criem, testem e rodem códigos de aplicativos dentro da nuvem ou localmente (nas próprias dependências) enquanto usam IDE para emular o ambiente de implantação de nuvem. Aplicativos compilados ou completados são então reunidos em pacotes e subidos na nuvem, para serem implantados via os ambientes prontos para uso. Esse processo de implantação também pode ser controlado através do IDE.

O modelo PaaS também permite que aplicativos usem dispositivos de armazenamento em nuvem como sistemas independentes para guardar dados específicos para desenvolvimento (tal como em um repositório que fica disponível fora do ambiente de nuvem). Estruturas de base de dados tanto SQL quanto NoSQL são geralmente suportadas.

Considerações sobre provisionamento de recursos de TI

Ambientes de PaaS fornecem menos controle administrativo que ambientes de IaaS, mas ainda oferecem uma gama significativa de funcionalidades de gerenciamento.

Por exemplo:

- estabelecer e exibir acordos de provisionamento de serviços, como condições de conta e cláusulas de uso;
- selecionar *frameworks* de plataforma de *software* e de desenvolvimento para ambientes prontos para uso;
- selecionar tipos de instâncias, que são mais comumente instâncias de *front-end* e *back-end*;
- selecionar dispositivos de armazenamento em nuvem para ambientes prontos para uso;
- controlar o ciclo de vida de aplicativos desenvolvidos para PaaS (implantação, inicialização, desligamento, reinício e liberação);
- controlar as versões de aplicativos e módulos implantados;
- configurar mecanismos relacionados a disponibilidade e confiabilidade;
- gerenciar credenciais de desenvolvedores e administradores de recursos em nuvem usando IAM;
- gerenciar ajustes gerais de segurança, como portas de rede acessíveis;
- selecionar e monitorar métricas de SLA relacionadas a PaaS;
- gerenciar e monitorar custos de uso e de recursos de TI;
- controlar funcionalidades de escalabilidade como uso de quotas, limiares de instâncias ativas e a configuração e implantação dos mecanismos de *listener* de dimensionamento automatizado e balanceador de carga.

O portal de uso e administração que é usado para acessar funcionalidades de gerenciamento de PaaS pode oferecer a opção de seleção preventiva dos horários em que um recurso de TI é iniciado e interrompido. Um administrador de recurso em nuvem pode, por exemplo, ajustar um dispositivo de armazenamento em nuvem para que seja ligado às 9:00 e desligado 12 horas depois. Usando esse sistema como base, é possível habilitar a opção de fazer um ambiente pronto para uso se autoativar sempre que receber solicitações de dados referentes a um aplicativo específico e se desativar após determinado período de inatividade.

Trabalhando com serviços em SaaS

Como os serviços em nuvem baseados em SaaS são quase sempre acompanhados de APIs refinadas e genéricas, eles geralmente são projetados para serem incorporados como parte de soluções distribuídas maiores. Um exemplo é o Google Maps, que oferece uma API abrangente, que permite informações e imagens de mapeamento serem incorporadas em *websites* e aplicativos *Web*.

Muitos oferecimentos em SaaS são fornecidos gratuitamente, embora esses serviços em nuvem muitas vezes venham com subprogramas de coleta de dados, que extraem dados de uso em benefício do provedor de nuvem. Ao usar qualquer produto SaaS que seja patrocinado por terceiros, há uma chance razoável de que ele esteja realizando uma forma de coleta de informações nos bastidores. A leitura do acordo do provedor de nuvem geralmente esclarece sobre qualquer atividade secundária que o serviço em nuvem seja projetado para fazer.

Consumidores de nuvem que usam produtos em SaaS fornecidos por provedores de nuvem ficam liberados das responsabilidades de implementar e administrar seus ambientes de hospedagem subjacentes. Opções de customização costumam estar disponíveis para consumidores de nuvem; porém, tais opções geralmente ficam limitadas ao controle de uso de *runtime* das instâncias do serviço em nuvem que são geradas especificamente por e para o consumidor de nuvem.

Por exemplo:

- gerenciamento de configurações relacionadas à segurança;
- gerenciamento de opções selecionadas de disponibilidade e confiabilidade;
- gerenciamento de custos de uso;
- gerenciamento de contas de usuários, perfis e autorização de acesso;
- seleção e monitoramento de SLAs;
- ajuste de opções e limitações de escalabilidade manual e automatizada.

16.3 EXEMPLO DE ESTUDO DE CASO

A DTGOV descobre que inúmeros mecanismos e tecnologias adicionais precisam ser reunidos a fim de completar sua arquitetura de gerenciamento de IaaS (Figura 16.5).

- A virtualização de rede é incorporada nas topologias lógicas de rede e perímetros lógicos de rede são estabelecidos usando-se diferentes *firewalls* e redes virtuais.

- O VIM está posicionado como a ferramenta central para controlar a plataforma de IaaS e equipá-la com capacidades de autoprovisionamento.

- Mecanismos adicionais de servidor virtual e dispositivo de armazenamento em nuvem são implementados através da plataforma de virtualização, enquanto são criadas diversas imagens de servidor virtual que fornecem configurações básicas de *template* para servidores virtuais.

- O dimensionamento dinâmico de escala é adicionado usando-se o API do VIM mediante a adoção de *listeners* de dimensionamento automatizado.

- Agrupamentos de servidores virtuais de alta disponibilidade são criados usando-se mecanismos de replicação de recursos, balanceador de carga, sistema de *failover* e agrupamento de recursos.

- Um aplicativo customizado que usa diretamente os mecanismos de sistemas SSO e IAM é desenvolvido para habilitar a interoperabilidade entre o sistema de administração remota, ferramentas de gerenciamento de rede e VIM.

A DTGOV utiliza uma ferramenta comercial de gerenciamento de rede que é customizada para armazenar informações de eventos reunidas pelo VIM e por agentes de monitoramento de SLA numa base de dados de mensuração de SLA. A ferramenta de gerenciamento e a base de dados são usadas como parte de um sistema maior de gerenciamento de SLA. A fim de habilitar o processamento de cobranças, a DTGOV amplia uma ferramenta de *software* proprietária que se baseia em um conjunto de medições de uso a partir da base de dados populada por monitores de pagamento por uso. O *software* de cobrança é usado como a implementação básica para o mecanismo de sistema de gestão de cobrança.

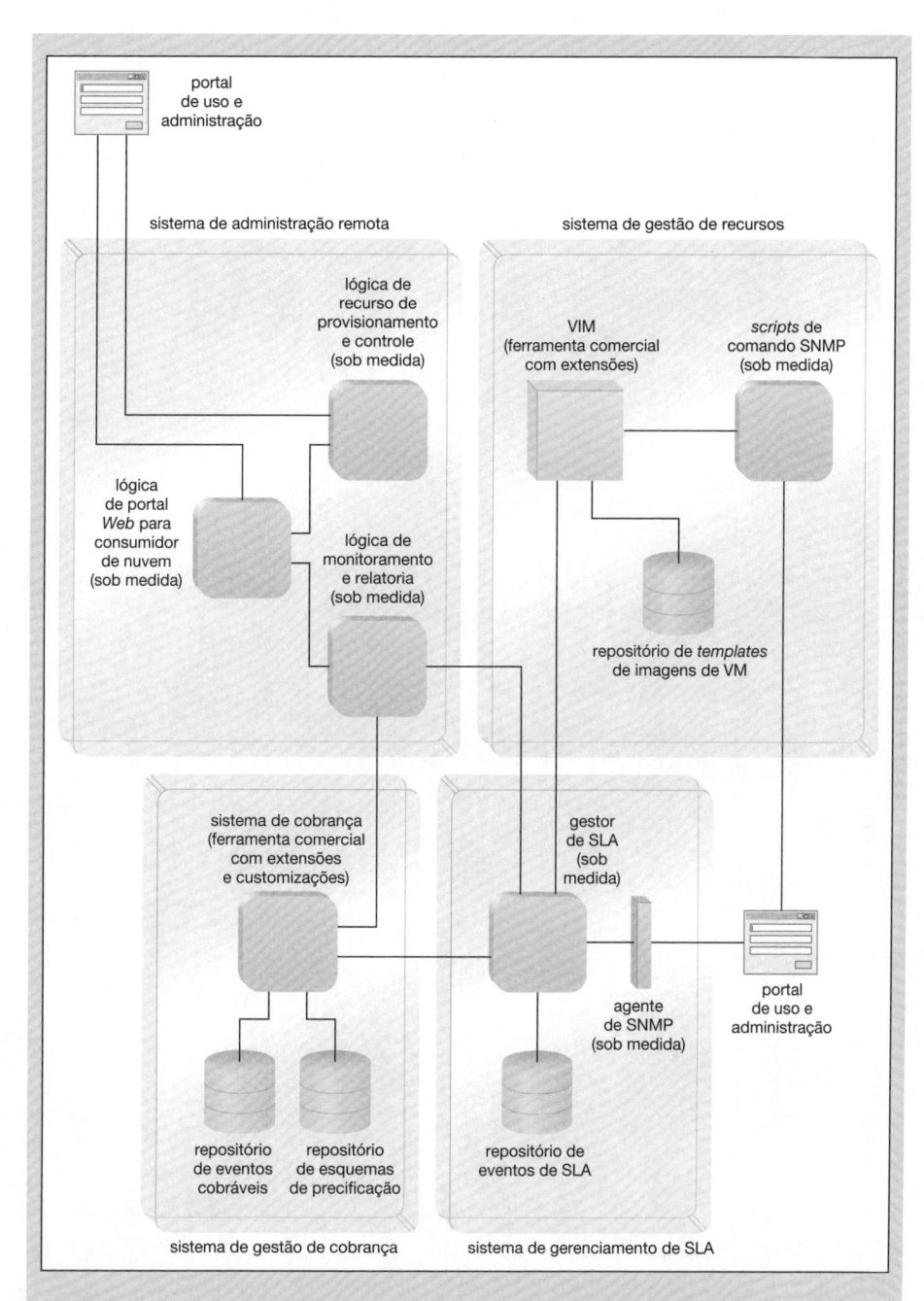

Figura 16.5
Uma visão geral da arquitetura de gerenciamento da DTGOV.

Capítulo 17

Métricas de custo e modelos de precificação

17.1 Métricas de custos comerciais
17.2 Métricas de custos de uso de nuvem
17.3 Considerações sobre gerenciamento de custos

A redução dos custos operacionais e a otimização dos ambientes de TI são primordiais para compreender e ser capaz de comparar os modelos por trás dos ambientes de provisionamento nas próprias dependências e aqueles baseados em nuvem. As estruturas de precificação adotadas por nuvens públicas são tipicamente baseadas em modelos de pagamento por uso similares ao de fornecimento de água e eletricidade, permitindo que organizações evitem investimentos iniciais em infraestrutura. Tais modelos precisam ser cotejados com as implicações financeiras de investimentos em infraestrutura nas próprias dependências e comprometimentos totais associados de custo de propriedade.

Este capítulo fornece métricas, fórmulas e práticas para ajudar consumidores de nuvem a fazerem uma análise financeira precisa de planos de adoção de nuvem.

17.1 Métricas de custos comerciais

Esta seção começa descrevendo os tipos comuns de métricas usadas para avaliar os custos estimados e o valor comercial de arrendar recursos de TI baseados em nuvem quando comparados à aquisição de recursos de TI nas próprias dependências.

Custos iniciais e contínuos

Custos iniciais estão associados com os investimentos prévios que organizações precisam fazer a fim de custear os recursos de TI que pretendem usar. Isso inclui os custos associados com a obtenção dos recursos de TI, bem como as despesas necessárias para implantá-los e administrá-los.

- Os custos iniciais para a aquisição e implantação de recursos de TI nas próprias dependências tendem a ser altos. Exemplos de custos iniciais para ambientes nas próprias dependências podem incluir *hardware*, *software* e a mão de obra necessária para a implantação.

- Os custos iniciais para o arrendamento de recursos de TI baseados em nuvem tendem a ser baixos. Exemplos de custos iniciais para ambientes baseados em nuvem podem incluir custos com mão de obra necessária para avaliar e preparar um ambiente em nuvem.

Custos contínuos representam as despesas necessárias para que uma organização toque a mantenha os recursos de TI que ela usa.

- Os custos contínuos para a operação de recursos de TI nas próprias dependências podem variar. Exemplos incluem tarifas de licenciamento, eletricidade, seguro e mão de obra.

- Os custos contínuos para a operação de recursos de TI baseados em nuvem também podem variar, mas muitas vezes excedem os custos contínuos vinculados a recursos de TI nas próprias dependências (sobretudo durante períodos mais longos). Exemplos incluem tarifas de arrendamento de *software*, tarifas de uso de largura de banda, tarifas de licenciamento e mão de obra.

Custos adicionais

Para suplementar e ampliar uma análise financeira além do cálculo e comparação de métricas de custos comerciais iniciais e contínuos, diversos outros parâmetros relevantes podem ser levados em consideração.

Por exemplo:

- *Custo de capital* – é o valor que representa o custo incorrido pelo aumento da verba necessária. Em geral, costuma ser bem mais caro, por exemplo, fazer um investimento inicial de US$ 150 mil do que investir esse montante ao longo de um período de três anos. A relevância desse custo depende de como a organização consegue levantar a verba de que precisa. Se o custo de capital de um investimento inicial for alto, então isso ajuda mais ainda a justificar o arrendamento de recursos de TI baseados em nuvem.

- *Custo perdido* – uma organização geralmente conta com recursos de TI que já estão quitados e operacionais. O investimento prévio já feito nesses recursos de TI nas próprias dependências é chamado de *custo perdido*. Ao comparar custos iniciais com custos perdidos significativos, pode ser mais difícil justificar o arrendamento de recursos de TI baseados em nuvem como uma alterativa.

- *Custos de integração* – o teste de integração é uma forma de teste obrigatória para mensurar o esforço necessário para tornar os recursos de TI compatíveis e interoperáveis com um ambiente estranho, tal como uma nova plataforma de nuvem. Dependendo do modelo de implantação de nuvem e do modelo de entrega de nuvem sendo cogitados por uma organização, pode ser necessário alocar ainda mais fundos para fazer o teste de integração e para arcar com mão de obra adicional para habilitar a interoperabilidade entre consumidores de serviços em nuvem e tais serviços. Essas despesas são chamadas de *custos de integração*. Altos custos de integração podem tornar menos atraente a opção de arrendar recursos de TI baseados em nuvem.

- *Custos comprometidos* – como explicado na seção "Riscos e desafios" do Capítulo 3, ambientes de nuvem podem impor limitações de portabilidade. Ao realizar uma análise de métricas abrangendo um período mais longo, pode ser necessário levar em consideração a possibilidade de precisar mudar de um provedor de nuvem para outro. Uma vez que consumidores de serviço em nuvem podem se tornar dependentes de características proprietárias de um ambiente de nuvem, existem *custos comprometidos* associados a esse tipo de movimento. Custos comprometidos pode diminuir ainda mais o valor comercial a longo prazo de arrendar recursos de TI baseados em nuvem.

EXEMPLO DE ESTUDO DE CASO

A ATN realiza uma análise de custo total de propriedade (CTP) relativa à migração de dois de seus aplicativos legados para um ambiente de PaaS. O relatório produzido pela análise examina avaliações comparativas de implementações nas próprias dependências e na nuvem para um horizonte de três anos.

As seguintes seções fornecem um resumo do relatório para cada um dos aplicativos.

Navegador de Catálogo de Produtos

O Navegador de Catálogo de Produtos é um aplicativo *Web* usado globalmente que interopera com o portal *Web* da ATN e com diversos outros sistemas. Esse aplicativo foi implantado em um agrupamento que abrange quatro servidores virtuais rodando em dois servidores físicos dedicados. O aplicativo conta com sua própria base de dados de 300 GB que reside em um agrupamento de alta disponibilidade (AD) separado. Seu código foi gerado recentemente a partir de um projeto de refatoração. Poucos problemas de portabilidade precisaram ser resolvidos antes que ele estivesse pronto para uma migração para a nuvem.

A análise de CTP revela o seguinte:

Custos iniciais nas próprias dependências

- Licenciamento: o preço de compra de cada servidor físico que hospeda o aplicativo é de US$ 7.000, enquanto o *software* necessário para rodar todos os quatro servidores totaliza US$ 30.500.
- Mão de obra: custos com mão de obra foram estimados em US$ 5.500, incluindo trabalho de preparação e implantação do aplicativo.

Os custos iniciais totais são de:
(US$ 7.500 × 2) + U$ 30.500 + US$ 5.500 = US$ 51.000

A configuração dos servidores é derivada de um plano de capacidade que leva em conta picos de carga de trabalho. O armazenamento não foi avaliado como parte desse plano, já que se presume que a base de dados do aplicativo será afetada de forma insignificante pela implantação do aplicativo.

Custos contínuos nas dependências

A seguir são listados os custos contínuos mensais:

- Taxas ambientais: US$ 750
- Taxas de licenciamento: US$ 520
- Manutenção de *hardware*: US$ 100
- Mão de obra: US$ 2.600

Os custos contínuos totais nas dependências são de:
US$ 750 + US$ 520 + US$ 100 + US$ 2.600 = US$ 3.970

Custos iniciais baseados em nuvem

Se os servidores forem arrendados junto a um provedor de nuvem, não haverá custo inicial com *hardware* ou *software*. Os custos com mão de obra foram estimados em US$ 5.000, o que inclui despesas para solucionar problemas de interoperabilidade e preparação de aplicativo.

Custos contínuos baseados em nuvem

A seguir são listados os custos contínuos mensais:

- Instância de servidor: a tarifa de uso é calculada por servidor virtual com taxa de US$ 1,25/hora por servidor virtual. Para quatro servidores virtuais, isso resulta em: 4 × (US$ 1,25 × 720) = US$ 3.600. No entanto, o consumo do aplicativo é equivalente a 2,3 servidores quando o aumento da escala da instância de servidor é levada em conta, o que significa que o verdadeiro custo contínuo de uso de servidor é de US$ 2.070.
- Armazenamento na base de dados do servidor: as tarifas de uso são calculadas por tamanho de base de dados, a uma taxa de US$ 1,09/GB ao mês = US$ 327.
- Rede: as tarifas de uso são calculadas por tráfego WAN de saída a uma taxa de US$ 0,10/GB, com um volume mensal de 420 GB = US$ 42.
- Mão de obra: estimada em US$ 800 ao mês, incluindo despesas em tarefas de administração de recurso em nuvem.

Os custos contínuos totais são de:
US$ 2.070 + US$ 327 + US$ 42 + US$ 800 = US$ 3.139

A discriminação de cálculo de CTP para o aplicativo Navegador de Catálogo de Produtos é fornecida na Tabela 17.1.

Tabela 17.1	A análise de CTP para o aplicativo Navegador de Catálogo de Produtos	
Custos iniciais	**Ambiente em nuvem**	**Ambiente nas dependências**
Hardware	US$ 0	US$ 15.000
Licenciamento	US$ 0	US$ 30.500
Mão de obra	US$ 5.000	US$ 5.500
Custos iniciais totais	**US$ 5.000**	**US$ 51.000**

Custos contínuos mensais	**Ambiente em nuvem**	**Ambiente nas dependências**
Servidores de aplicativo	US$ 2.070	US$ 0
Servidores de base de dados	US$ 327	US$ 0
Rede WAN	US$ 42	US$ 0
Ambiente	US$ 0	US$ 750
Licenciamento de *software*	US$ 0	US$ 520
Manutenção de *hardware*	US$ 0	US$ 100
Administração	US$ 800	US$ 2.600
Custos contínuos totais	**US$ 3.139**	**US$ 3.970**

Uma comparação entre os respectivos CTPs por um período de três anos para ambas as abordagens revela o seguinte:

- CTP nas dependências: US$ 51.000 iniciais + (US$ 3.970 × 36) contínuos = US$ 193.920.
- CTP baseado em nuvem: US$ 5.000 iniciais + (US$ 3.139 × 36) contínuos = US$ 118.004.

Com base nos resultados da análise de CTP, a ATN decide migrar o aplicativo para a nuvem.

17.2 Métricas de custos de uso de nuvem

Esta seção descreve um conjunto de métricas para calcular os custos associados a mensurações de uso de recursos de TI baseados em nuvem:

- *Uso de rede* – tráfego de rede de entrada e de saída, bem como tráfego de rede intranuvem.
- *Uso de servidor* – alocação de servidores virtuais (e reserva de recursos).
- *Dispositivo de armazenamento em nuvem* – alocação de capacidade de armazenamento.
- *Serviço em nuvem* – duração da assinatura, quantidade de usuários indicados, quantidade de transações (de aplicativos com serviços em nuvem e baseados em nuvem).

Para cada métrica de custo de uso, uma descrição, uma unidade de medida e uma frequência de mensuração são fornecidos, juntamente com o modelo de entrega de nuvem mais aplicável para a métrica. Cada métrica é suplementada ainda com um breve exemplo.

Uso de rede

Definido como a quantidade de dados que são transferidos através de uma conexão de rede, o uso de rede costuma ser calculado usando-se métricas aferidas separadamente de *tráfego de uso de rede de entrada* e *tráfego de uso de rede de saída* em relação a serviços em nuvem ou outros recursos de TI.

Métrica de uso de rede de entrada

- *Descrição* – tráfego de rede de entrada.
- *Mensuração* – Σ (soma), tráfego de rede de entrada em *bytes*.
- *Frequência* – contínua e cumulativa por um período predefinido.

- *Modelo de entrega de nuvem* – IaaS, PaaS, SaaS.
- *Exemplo* – até 1 GB livre, US$ 0,001/GB até 10 TB ao mês.

Métrica de uso de rede de saída
- *Descrição* – tráfego de rede de saída.
- *Mensuração* – Σ, tráfego de rede de saída em *bytes*.
- *Frequência* – contínua e cumulativa por um período predefinido.
- *Modelo de entrega de nuvem* – IaaS, PaaS, SaaS.
- *Exemplo* – até 1 GB livre, US$ 0,01/GB entre 1 GB e 10 TB ao mês.

Métricas de uso de rede podem ser aplicadas a tráfego WAN entre os recursos de TI de uma nuvem que estão localizados em diferentes regiões geográficas a fim de calcular custos para sincronização, replicação de dados e formas relacionadas de processamento. Por outro lado, o uso de LAN e outros tráfegos de rede entre recursos de TI que residem no mesmo *data center* não costumam ser rastreados.

Métrica de uso de WAN intranuvem
- *Descrição* – tráfego de rede entre recursos de TI da mesma nuvem que se encontram em locais geográficos diferentes.
- *Mensuração* – Σ, tráfego WAN intranuvem em *bytes*.
- *Frequência* – contínua e cumulativa por um período predefinido.
- *Modelo de entrega de nuvem* – IaaS, PaaS, SaaS.
- *Exemplo* – até 500 MB livre diariamente e a US$ 0,01/GB a partir daí, US$ 0,005/GB até 1 TB ao mês.

Muitos provedores de nuvem não cobram por tráfego de saída, a fim de estimular consumidores a migrarem seus dados para a nuvem. Alguns tampouco cobram por tráfego WAN dentro da mesma nuvem.

Métricas de custos relacionados a rede são determinados pelas seguintes propriedades.

- *Uso de endereço de IP estático* – tempo de alocação de endereço de IP (caso um IP estático seja necessário).
- *Balanceamento de carga de rede* – a quantia de tráfego de rede com carga balanceada (em *bytes*).
- Firewall *virtual* – a quantia de tráfego de rede processada por *firewall* (por tempo de alocação).

Uso de servidor

A alocação de servidores virtuais é mensurada usando-se métricas comuns de pagamento por uso em ambientes de IaaS e PaaS que são quantificados pela quantidade de servidores virtuais e ambientes prontos para uso. Essa forma de mensuração de uso de servidor é dividida em métricas de *alocação de instância de máquina virtual sob demanda* e *alocação de instância de máquina virtual reservada*.

A primeira métrica mensura tarifas de pagamento por uso a curto prazo, enquanto a segunda calcula tarifas de reserva prévia para o uso de servidores virtuais por períodos mais longos. A tarifa de reserva prévia costuma ser aplicada em conjunto com as tarifas de pagamento por uso descontado.

Métrica de alocação de instância de máquina virtual sob demanda

- *Descrição* – *uptime* de uma instância de servidor virtual.
- *Mensuração* – Σ, data de início e de parada de servidor virtual.
- *Frequência* – contínua e cumulativa por um período predefinido.
- *Modelo de entrega de nuvem* – IaaS, PaaS.
- *Exemplo* – US$ 0,10/hora para instância pequena, US$ 0,20/hora para instância média, US$ 0,90/hora para instância grande.

Métrica de alocação de instância de máquina virtual reservada

- *Descrição* – custo inicial para reservar uma instância de servidor virtual.
- *Mensuração* – Σ, data de reserva de servidor virtual até data de expiração.
- *Frequência* – diária, mensal, anual.
- *Modelo de entrega de nuvem* – IaaS, PaaS.
- *Exemplo* – US$ 55,10/instância pequena, US$ 99,90/instância média, US$ 249,90/instância grande.

Outra métrica de custo comum para uso de servidor virtual mensura capacidades de desempenho. Provedores de nuvem com ambientes em IaaS e PaaS tendem a provisionar servidores virtuais com uma gama de atributos de desempenho que são geralmente determinados por consumo de CPU e RAM e pela quantidade de armazenamento alocado dedicado disponível.

Uso de dispositivo de armazenamento em nuvem

O armazenamento em nuvem geralmente é cobrado com base na quantidade de espaço alocado em um período predefinido, mensurado pela métrica de *alocação de armazenamento sob demanda*. De modo similar às métricas de custo baseadas em IaaS, as tarifas de alocação de armazenamento costumam se basear em breves incrementos de tempo (tal como horas). Outra métrica comum de custo para armazenamento em nuvem é *dados I/O transferidos*, que mede a quantidade de dados de entrada e saída transferidos.

Métrica de alocação de espaço de armazenamento sob demanda

- *Descrição* – duração e tamanho de alocação de espaço de armazenamento sob demanda (em *bytes*).
- *Mensuração* – Σ, da data de liberação/realocação de armazenamento até a data de alocação de armazenamento (reinicia mediante mudança de tamanho de armazenamento).
- *Frequência* – contínua.
- *Modelo de entrega de nuvem* – IaaS, PaaS, SaaS.
- *Exemplo* – US$ 0,01/GB por hora (tipicamente expresso como GB/mês).

Métrica de dados I/O transferidos

- *Descrição* – quantidade de dados I/O transferidos.
- *Mensuração* – Σ, dados I/O em *bytes*.
- *Frequência* – contínua.
- *Modelo de entrega de nuvem* – IaaS, PaaS.
- *Exemplo* – US$ 0,10/TB.

Vale ressaltar que alguns provedores de nuvem não cobram por uso de implementações em IaaS e PaaS, e limitam as cobranças somente a alocação de espaço de armazenamento.

Uso de serviço em nuvem

O uso de serviço em nuvem em ambientes SaaS é tipicamente mensurado usando-se as três seguintes métricas.

Métrica de duração de assinatura de aplicativo

- *Descrição* – duração da assinatura de uso de serviço em nuvem.
- *Mensuração* – Σ, da data de assinatura à data de expiração.

- *Frequência* – diária, mensal, anual.
- *Modelo de entrega de nuvem* – SaaS.
- *Exemplo* – US$ 69,90 por mês.

Métrica de quantidade de usuários indicados

- *Descrição* – quantidade de usuários registrados com acesso legítimo.
- *Mensuração* – quantidade de usuários.
- *Frequência* – mensal, anual.
- *Modelo de entrega de nuvem* – SaaS.
- *Exemplo* – US$ 0,90/usuário adicional por mês.

Métrica de quantidade de transações de usuários

- *Descrição* – quantidade de transações atendidas pelo serviço em nuvem.
- *Mensuração* – quantidade de transações (trocas de mensagens de solicitação--resposta).
- *Frequência* – contínua.
- *Modelo de entrega de nuvem* – PaaS, SaaS.
- *Exemplo* – US$ 0,05 por mil transações.

17.3 Considerações sobre gerenciamento de custos

A gestão de custos costuma ser centrada nas fases do ciclo de vida dos serviços em nuvem do seguinte modo:

- *Projeto e desenvolvimento de serviço em nuvem* – durante este estágio, os modelos de precificação básicos e os *templates* de custos costumam ser definidos pela organização que entrega o serviço em nuvem.
- *Implantação de serviço em nuvem* – antes ou ao longo da implantação de um serviço em nuvem, a arquitetura de *back-end* para mensuração de uso e coleta de dados relacionados a cobranças é determinada e implementada, incluindo o posicionamento de mecanismos de monitor de pagamento por uso e sistema de gestão de cobrança.
- *Contratação de serviço em nuvem* – esta fase consistem em negociações entre o consumidor de nuvem e seu provedor, com o objetivo de chegar a um acordo mútuo sobre as taxas baseadas em métricas de custo por uso.

- *Oferecimento de serviço em nuvem* – este estágio envolve o oferecimento concreto de modelos de precificação para um serviço em nuvem a partir de moldes de custos, bem como quaisquer opções de customização disponíveis.
- *Provisionamento de serviço em nuvem* – limiares de uso e criação de instâncias de serviço em nuvem podem ser impostos pelo provedor de nuvem ou estabelecidos pelo seu consumidor. Seja como for, esta e outras opções de provisionamento podem afetar os custos por uso e outras tarifas.
- *Operação de serviço em nuvem* – esta é a fase durante a qual o uso ativo do serviço em nuvem produz dados sobre métricas de custo por uso.
- *Descomissionamento de serviço em nuvem* – quando um serviço em nuvem é desativado temporária ou permanentemente, dados estatísticos sobre custos podem ser arquivados.

Tanto os provedores quanto os consumidores de nuvem podem implementar sistemas de gerenciamento de custos que referenciam ou ampliam as fases recém-mencionadas de ciclo de vida (Figura 17.1). Também é possível que o provedor de nuvem realize alguns estágios de gerenciamento de custos em nome do consumidor de nuvem, para então fornecer a ele relatórios regulares.

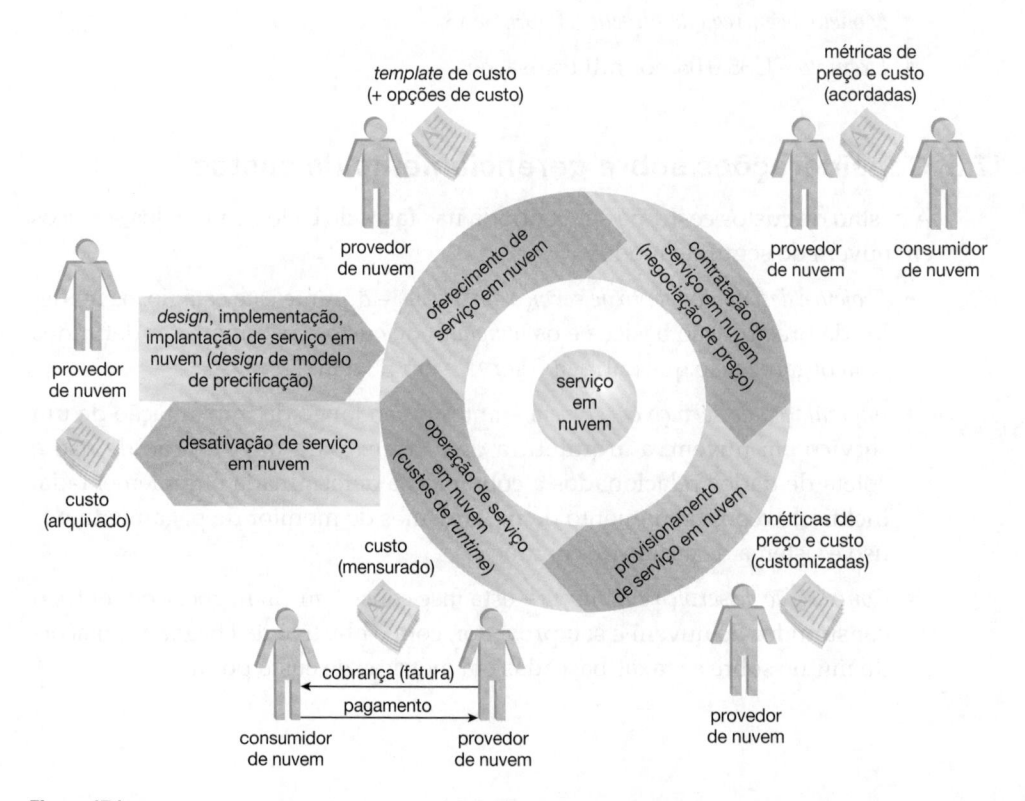

Figura 17.1

Estágios comuns de ciclo de vida de serviços em nuvem, segundo considerações de gerenciamento de custos.

Modelos de precificação

Os modelos de precificação usados pelos provedores de nuvem são definidos usando *templates* que especificam custos unitários bastante granulares para uso de recursos, de acordo com métricas de custos por uso. Vários fatores podem influenciar um modelo de precificação, tais como:

- concorrência de mercado e exigências regulatórias;
- custos fixos incorridos durante o projeto, desenvolvimento, implantação e operação de serviços em nuvem e outros recursos de TI;
- oportunidades para reduzir despesas via compartilhamento de recursos de TI e otimização de *data center*.

A maioria dos grandes provedores de nuvem oferece serviços a preços relativamente estáveis e competitivos, muito embora suas próprias despesas possam ser voláteis. Um *template* de preços ou plano de precificação contém um conjunto padronizado de custos e métricas que especifica como tarifas de serviço em nuvem são mensuradas e calculadas. Os *templates* de preços definem uma estrutura do modelo de precificação ao estabelecerem diversas unidades de medida, quotas de uso, descontos e outras taxas codificadas. Um modelo de precificação pode conter múltiplos *templates* de preços, cuja formulação é determinada por variáveis como:

- *Métricas de custo e preços associados* – são custos que dependem do tipo de alocação de recursos de TI (como alocação sob demanda *versus* reservada).
- *Definições de taxas fixas e variáveis* – taxas fixas se baseiam em alocação de recursos e definem quotas de uso inclusas no preço fixo, enquanto taxas variáveis ficam alinhadas ao uso real dos recursos.
- *Descontos por volume* – mais recursos de TI são consumidos quanto maior o aumento progressivo da escala de tais recursos, o que possivelmente qualifica um consumidor de nuvem a receber maiores descontos.
- *Opções de customização de custos e preços* – esta variável está associada a opções e cronogramas de pagamento. Consumidores de nuvem, por exemplo, podem estar aptos a optar por pagamentos mensais, semestrais ou anuais.

Templates de preços são importantes para consumidores de nuvem que estão comparando provedores de nuvem e negociando taxas, já que elas podem variar dependendo do modelos de entrega de nuvem adotado.

Por exemplo:

- *IaaS* – a precificação costuma se basear na alocação e uso de recursos de TI, o que inclui a quantidade de dados transferidos pela rede, quantidade de servidores virtuais e capacidade de armazenamento alocada.
- *PaaS* – similar ao IaaS, este modelo tipicamente define precificação por dados transferidos pela rede, servidores virtuais e armazenamento. Os preços variam dependendo de fatores como configurações de *software*, ferramentas de desenvolvimento e taxas de licenciamento.
- *SaaS* – como este modelo envolve exclusivamente o uso de *software* de aplicativo, a precificação é determinada pela quantidade de módulos de aplicativos na assinatura, quantidade de consumidores de serviço em nuvem indicados e quantidade de transações.

É possível que um serviço em nuvem oferecido por determinado provedor de nuvem esteja apoiado em recursos de TI provisionados por outro provedor de nuvem. As Figuras 17.2 e 17.3 exploram dois cenários amostrais.

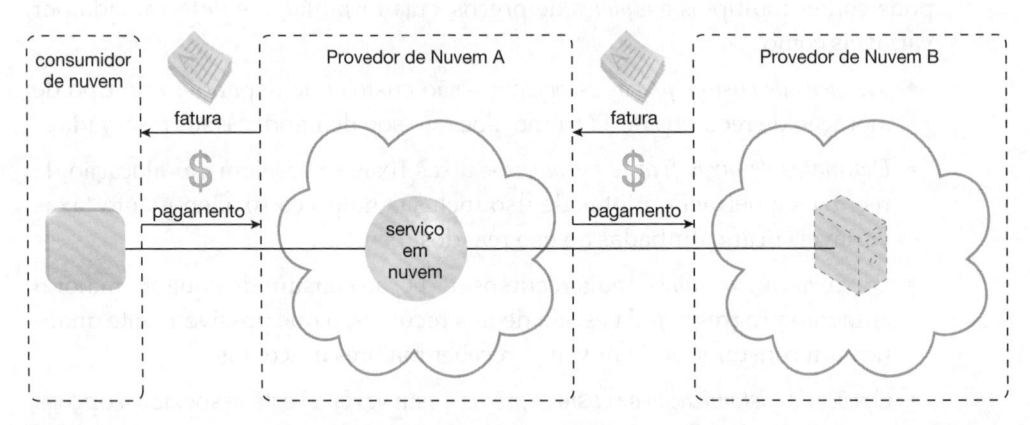

Figura 17.2
Um modelo de precificação integrado, mediante o qual o consumidor de nuvem arrenda um produto em SaaS do Provedor de Nuvem A, o qual está arrendando um ambiente em IaaS (incluindo o servidor virtual usado para hospedar o serviço em nuvem) junto ao Provedor de Nuvem B. O consumidor de nuvem paga ao Provedor de Nuvem A. O Provedor de Nuvem A paga ao Provedor de Nuvem B.

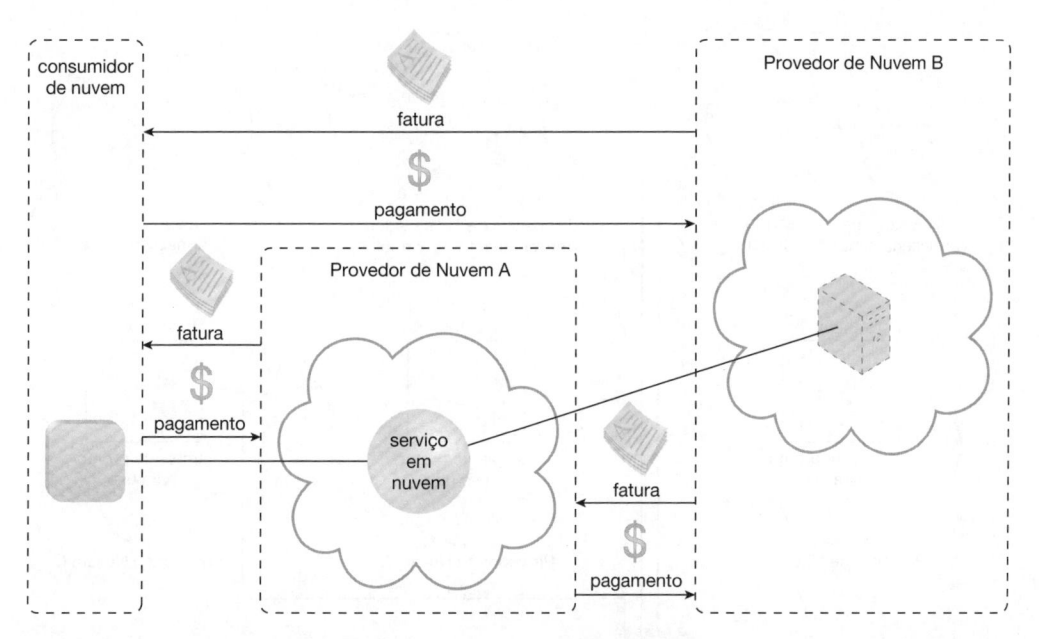

Figura 17.3
Modelos de precificação separados são usados nesse cenário, mediante os quais o consumidor de nuvem arrenda um servidor virtual junto ao Provedor de Nuvem B para hospedar o serviço em nuvem do Provedor de Nuvem A. Ambos os acordos de arrendamento podem ter sido providenciados ao consumidor de nuvem pelo Provedor de Nuvem A. Como parte desse arranjo, ainda pode haver algumas taxas cobradas diretamente pelo Provedor de Nuvem B ao Provedor de Nuvem A.

Gerenciamento de custos multinuvens

No âmbito de um ambiente multinuvem, torna-se importante gerenciar os diferentes arranjos de cobrança, precificação e provisionamento que são estabelecidos junto aos diferentes provedores de nuvem (Figura 17.4).

Alguns provedores de nuvem oferecem recursos de TI reservados, os quais o consumidor de nuvem pode se comprometer a pagar por determinado período, em troca de um desconto. Outros oferecem a compra de "pontos" ou "vales" que são calculados para cobrir custos estimados, permitindo a cobrança de tarifas mensais fixas, o que é adequado frente a exigências orçamentárias periódicas frequentemente preferidas por setores contábeis e financeiros de organizações. Uma terceira opção é a cobrança com base em instâncias pontuais que rodam com capacidade artificial por um preço com grande desconto, o que pode ser usado para fins de desenvolvimento ou testes a baixíssimo custo. Numa arquitetura multinuvem, todos esses benefícios podem ser combinados a partir de diferentes provedores de nuvem, permitindo que a organização selecione somente as opções mais convenientes.

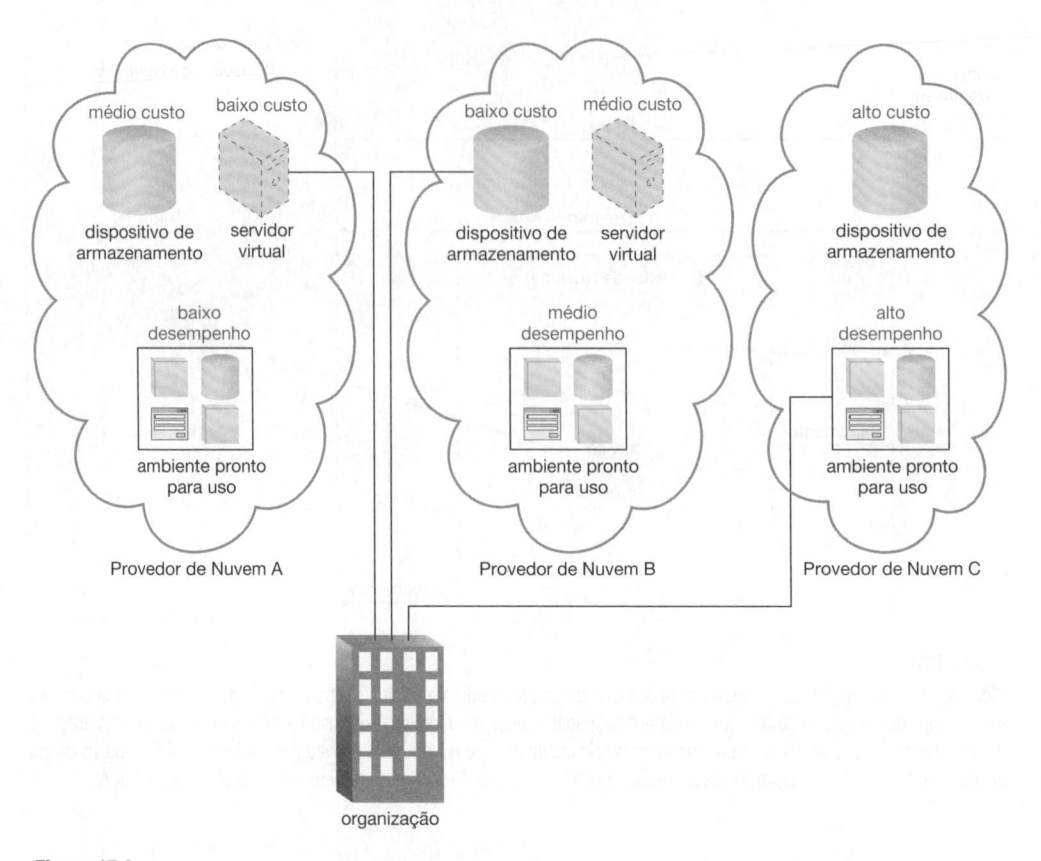

Figura 17.4
Uma organização que adota uma arquitetura multinuvem identifica e seleciona junto a cada provedor de nuvem aqueles serviços que lhe oferecem uma vantagem econômica ideal.

Antes de migrar para a nuvem, uma organização precisa prever as despesas associadas a seu novo provisionamento de recursos de TI. Além do mais, ao cogitar a implementação de uma arquitetura multinuvem, um planejamento específico para diminuir as despesas ou obter descontos deve fazer parte do processo. Algumas estratégias que uma organização pode adotar são:

- *Preparação de um plano de recursos para cada provedor de nuvem* – este plano deve incluir as verdadeiras necessidades do consumidor de nuvem e buscar satisfazê-las buscando padrões que não apenas permitam o uso desses recursos, mas também estabeleçam orçamentos e notificações de despesas em conformidade com as capacidades de cada provedor de nuvem quando limiares forem alcançados. Uma tarefa crucial de governança de nuvem é supervisionar para que o plano seja colocado em prática tal qual estipulado.

- *Rotulagem (tagging) de recursos* – o uso de rótulos permite que uma empresa agrupe logicamente os recursos em seu ambiente de nuvem para rápida identificação. Isso também permite que a organização determine quais despesas estão associadas com cada departamento ou setor comercial. Cada provedor de nuvem conta com seu próprio sistema de rotulagem. Quando se usa um sistema de administração remota, a rotulagem pode ser padronizada para todos os provedores de nuvem numa arquitetura multinuvem.

- *Estabelecimento de diretrizes e regras sobre a implantação de recursos* – as organizações devem especificar como, quando e por quem diferentes tipos de recursos devem ser implantados para cada provedor de nuvem diferente. O tipo de recursos voltados a serem disponibilizados também deve ser padronizado, considerando-se as diversas opções de implantação que cada provedor de nuvem oferece.

Considerações adicionais

- *Negociação* – a precificação com provedores de nuvem muitas vezes está aberta a negociação, especialmente para consumidores dispostos a se comprometer com volumes mais altos ou prazos mais dilatados. Negociações de preço às vezes podem ser executadas *on-line* através do *website* do provedor de nuvem, ao submeter volumes estimados de uso, juntamente com descontos propostos. Há inclusive ferramentas disponíveis para consumidores de nuvem para ajudar a gerar estimativas precisas de uso de recursos de TI para esse propósito.

- *Opções de pagamento* – após a conclusão de cada período de mensuração, o sistema de gestão de cobrança do provedor de nuvem calcula o montante devido pelo consumidor de nuvem. Há duas opções comuns de pagamento disponíveis: modelo pré-pago e modelo pós-pago. No modelo pré-pago, consumidores de nuvem recebem créditos para uso de recursos de TI que podem ser aplicados sobre futuras cobranças por uso. Com o modelo pós-pago, consumidores de nuvem recebem cobranças e faturas referentes a cada período de consumo de recurso de TI, geralmente de mês a mês.

- *Arquivamento de custos* – ao rastrear informações de histórico de cobrança, tanto os provedores quanto os consumidores de nuvem podem gerar relatórios reveladores que ajudam a identificar tendências de uso e financeiras.

EXEMPLO DE ESTUDO DE CASO

A DTGOV estrutura seu modelo de precificação em torno de pacotes de arrendamento para servidores virtuais e dispositivos de armazenamento em nuvem baseados em blocos, sob o pressuposto de que a alocação de recursos é realizada ou sob demanda ou com base em recursos de TI já reservados.

A alocação de recursos sob demanda é mensurada e cobrada por hora, enquanto a alocação reservada de recursos requer um comprometimento de um a três anos por parte do consumidor de nuvem, com cobranças mensais.

Já que a escala vertical dos recursos de TI pode ser aumentada ou diminuída automaticamente, qualquer capacidade adicional usada é cobrada com base em pagamento por uso sempre que um recurso de TI tiver sua escala ampliada além da sua capacidade alocada. Servidores virtuais baseados em Windows ou Linux são disponibilizados nos seguintes perfis básicos de desempenho:

- *Instância pequena de servidor virtual* – 1 núcleo processador virtual, 4 GB de RAM virtual e 32 GB de espaço de armazenamento no sistema de arquivos *root*.

- *Instância média de servidor virtual* – 2 núcleos processadores virtuais, 8 GB de RAM virtual e 540 GB de espaço de armazenamento no sistema de arquivos *root*.

- *Instância grande de servidor virtual* – 8 núcleos processadores virtuais, 16 GB de RAM virtual e 1,2 TB de espaço de armazenamento no sistema de arquivos *root*.

- *Instância grande de servidor virtual de memória* – 8 núcleos processadores virtuais, 64 GB de RAM virtual e 1,2 TB de espaço de armazenamento no sistema de arquivos *root*.

- *Instância grande de servidor virtual processador* – 32 núcleos processadores virtuais, 16 GB de RAM virtual e 1,2 TB de espaço de armazenamento no sistema de arquivos *root*.

- *Instância ultragrande de servidor virtual* – 128 núcleos processadores virtuais, 512 GB de RAM virtual e 1,2 TB de espaço de armazenamento no sistema de arquivos *root*.

Servidores virtuais também estão disponíveis em formatos "resilientes" ou "agrupados". Na primeira opção, os servidores virtuais são replicados em ao menos dois *data centers* diferentes. Na segunda, os servidores virtuais rodam em um agrupamento de alta disponibilidade que é implementado pela plataforma de virtualização.

Além disso, o modelo de precificação ainda é baseado na capacidade dos dispositivos de armazenamento em nuvem, expressa em múltiplos de 1 GB, com um mínimo de 40 GB. A capacidade de dispositivos de armazenamento pode ser fixada e administrativamente ajustada para mais ou para menos pelo consumidor de nuvem em incrementos de 40 GB, ao passo que o armazenamento em blocos tem uma capacidade máxima de 1,2 TB. Transferências I/O de e para dispositivos de armazenamento em nuvem também estão sujeitas a cobranças, que se somam às taxas de pagamento por uso aplicadas a tráfego WAN de saída. Tráfego WAN de entrada e intranuvem é livre de cobrança.

Uma quota gratuita de uso permite que consumidores de nuvem arrendem até três instâncias pequenas de servidor virtual e um dispositivo de armazenamento em nuvem de 60 GB baseado em blocos, 5 GB de transferências I/O ao mês, bem como 5 GB de tráfego WAN de saída ao mês, tudo isso nos primeiros 90 dias. Quando os profissionais da DTGOV preparam seu modelo de publicação para divulgação pública, eles percebem que a marcação de preços para serviço em nuvem é mais desafiadora do que eles esperavam, porque:

- Seus preços precisam refletir e reagir às condições de mercado e ao mesmo tempo seguir competitivos com outras ofertas em nuvem e lucrativos para a DTGOV.

- A carteira de clientes ainda não foi estabelecida, já que a DTGOV está esperando novos clientes. Espera-se que seus clientes que não têm a ver com a nuvem comecem progressivamente a migrar para ela, ainda que seja difícil demais prever a verdadeira taxa de migração.

Depois de realizar mais pesquisas de mercado, a DTGOV opta pelo seguinte *template* de preços para a alocação de instância de servidor virtual:

Alocação de instância de servidor virtual sob demanda
- Métrica: alocação de instância sob demanda.
- Mensuração: cobranças de pagamento por uso calculadas pelo consumo total de serviço em cada mês do calendário (uma taxa por hora é usada para o tamanho real da instância quando sua escala é aumentada verticalmente).
- Período de cobrança: mensal.

O *template* de preços é delineado na Tabela 17.2.

Tabela 17.2 O *template* de preços para alocação de instância de servidor virtual sob demanda

Nome da instância	Tamanho da instância	Sistema operacional	Por hora
Instância pequena de servidor virtual	1 núcleo processador virtual 4 GB de RAM virtual 20 GB de armazenamento	Linux Ubuntu	US$ 0,06
		Linux Red Hat	US$ 0,08
		Windows	US$ 0,09
Instância média de servidor virtual	2 núcleos processadores virtuais 8 GB de RAM virtual 20 GB de armazenamento	Linux Ubuntu	US$ 0,14
		Linux Red Hat	US$ 0,17
		Windows	US$ 0,19
Instância grande de servidor virtual	8 núcleos processadores virtuais 16 GB de RAM virtual 20 GB de armazenamento	Linux Ubuntu	US$ 0,32
		Linux Red Hat	US$ 0,37
		Windows	US$ 0,39
Instância grande de servidor virtual de memória	8 núcleos processadores virtuais 64 GB de RAM virtual 20 GB de armazenamento	Linux Ubuntu	US$ 0,89
		Linux Red Hat	US$ 0,95
		Windows	US$ 0,99
Instância grande de servidor virtual processador	32 núcleos processadores virtuais 16 GB de RAM virtual 20 GB de armazenamento	Linux Ubuntu	US$ 0,89
		Linux Red Hat	US$ 0,95
		Windows	US$ 0,99
Instância ultra-grande de servidor virtual	128 núcleos processadores virtuais 512 GB de RAM virtual 20 GB de armazenamento	Linux Ubuntu	US$ 1,29
		Linux Red Hat	US$ 1,69
		Windows	US$ 1,89

Sobretaxa por recursos de TI agrupados: 120%.

Sobretaxa por recursos de TI resilientes: 150%.

Alocação de instância de servidor virtual reservada

- Métrica: alocação de instância reservada.

- Mensuração: taxa de alocação de instância reservada cobrada previamente, com taxas de pagamento por uso calculadas pelo consumo total em cada mês do calendário (cobranças adicionais se aplicam em períodos em que a escala da instância é aumentada verticalmente).

- Período de cobrança: mensal.

O *template* de preços é delineado na Tabela 17.3.

Tabela 17.3 O *template* de preços para alocação de instância de servidor virtual reservada

Nome da instância	Tamanho da instância	Sistema operacional	Precificação para o prazo de 1 ano		Precificação para o prazo de 3 anos	
			Antecipado	Por hora	Antecipado	Por hora
Instância pequena de servidor virtual	1 núcleo processador virtual 4 GB de RAM virtual 20 GB de armazenamento	Linux Ubuntu	US$ 57,10	US$ 0,032	US$ 87,97	US$ 0,026
		Linux Red Hat	US$ 76,14	US$ 0,043	US$ 117,30	US$ 0,034
		Windows	US$ 85,66	US$ 0,048	US$ 131,96	US$ 0,038
Instância média de servidor virtual	2 núcleos processadores virtuais 8 GB de RAM virtual 20 GB de armazenamento	Linux Ubuntu	US$ 133,24	US$ 0,075	US$ 205,27	US$ 0,060
		Linux Red Hat	US$ 161,79	US$ 0,091	US$ 249,26	US$ 0,073
		Windows	US$ 180,83	US$ 0,102	US$ 278,58	US$ 0,081

(Continua)

Tabela 17.3 O *template* de preços para alocação de instância de servidor virtual reservada *(Continuação)*

Nome da instância	Tamanho da instância	Sistema operacional	Precificação para o prazo de 1 ano		Precificação para o prazo de 3 anos	
			Antecipado	Por hora	Antecipado	Por hora
Instância grande de servidor virtual	8 núcleos processadores virtuais 16 GB de RAM virtual 20 GB de armazenamento	Linux Ubuntu	US$ 304,55	US$ 0,172	US$ 469,19	US$ 0,137
		Linux Red Hat	US$ 352,14	US$ 0,199	US$ 542,50	US$ 0,158
		Windows	US$ 371,17	US$ 0,210	US$ 571,82	US$ 0,167
Instância grande de servidor virtual de memória	8 núcleos processadores virtuais 64 GB de RAM virtual 20 GB de armazenamento	Linux Ubuntu	US$ 751,86	US$ 0,425	US$ 1.158,30	US$ 0,338
		Linux Red Hat	US$ 808,97	US$ 0,457	US$ 1.246,28	US$ 0,363
		Windows	US$ 847,03	US$ 0,479	US$ 1.304,92	US$ 0,381
Instância grande de servidor virtual processador	32 núcleos processadores virtuais 16 GB de RAM virtual 20 GB de armazenamento	Linux Ubuntu	US$ 751,86	US$ 0,425	US$ 1.158,30	US$ 0,338
		Linux Red Hat	US$ 808,97	US$ 0,457	US$ 1.246,28	US$ 0,363
		Windows	US$ 847,03	US$ 0,479	US$ 1.304,92	US$ 0,381
Instância ultra-grande de servidor virtual	128 núcleos processadores virtuais 512 GB de RAM virtual 20 GB de armazenamento	Linux Ubuntu	US$ 1.132,55	US$ 0,640	US$ 1.744,79	US$ 0,509
		Linux Red Hat	US$ 1.322,90	US$ 0,748	US$ 2.038,03	US$ 0,594
		Windows	US$ 1.418,07	US$ 0,802	US$ 2.184,65	US$ 0,637

Capítulo 17 Métricas de custo e modelos de precificação

Sobretaxa por recursos de TI agrupados: 100%.

Sobretaxa por recursos de TI resilientes: 120%.

A DTGOV fornece ainda os seguintes *templates* simplificados de preços para alocação de dispositivo de armazenamento em nuvem e uso de largura de banda de WAN.

Dispositivo de armazenamento em nuvem
- Métrica: alocação de armazenamento sob demanda, dados I/O transferidos.
- Mensuração: cobranças de pagamento por uso calculadas pelo consumo total em cada mês do calendário (alocação de armazenamento calculada com granularidade horária e volume cumulativo de transferência I/O).
- Período de cobrança: mensal.
- *Template* de preços: US$ 0,10/GB por mês de armazenamento alocado, US$ 0,001/GB para transferências I/O.

Tráfego WAN
- Métrica: uso de rede de saída.
- Mensuração: cobranças de pagamento por uso calculadas pelo consumo total em cada mês do calendário (volume de tráfego WAN calculado cumulativamente).
- Período de cobrança: mensal.
- *Template* de preços: US 0,01/GB para dados de rede de saída.

Capítulo 18

Métricas de qualidade de serviço e SLAs

18.1 Métricas de qualidade de serviço
18.2 Exemplo de estudo de caso
18.3 Diretrizes de SLA
18.4 Exemplo de estudo de caso

Acordos de nível de serviço (*service-level agreements* – SLAs) são um ponto focal de negociações, cláusulas contratuais, obrigações legais e métricas e medidas de *runtime*. SLAs formalizam as garantias propostas por provedores de nuvem, e influenciam ou determinam os modelos de precificação e os prazos de pagamento. SLAs estabelecem as expectativas do consumidor de nuvem e são decisivas para o modo como as organizações desenvolvem a automação comercial em torno da utilização de recursos de TI baseados em nuvem.

As garantias feitas por um provedor de nuvem a um consumidor de nuvem são muitas vezes repassadas adiante, no sentido de que as mesmas garantias são feitas por uma organização consumidora de nuvem a seus clientes, parceiros comerciais e a quem quer que dependa dos serviços e soluções hospedados pelo provedor de nuvem. É portanto crucial que os SLAs e as métricas relacionadas de qualidade de serviço sejam compreendidas e estejam alinhadas para satisfazer as necessidades comerciais do consumidor de nuvem, ao mesmo tempo assegurando que as garantias sejam, de fato, cumpridas de modo consistente e confiável por parte do provedor de nuvem. Esta última consideração é especialmente relevante no caso de provedores de nuvem que hospedam recursos de TI compartilhados para grandes volumes de consumidores de nuvem, cada qual deve receber suas próprias garantias de SLA.

18.1 Métricas de qualidade de serviço

SLAs produzidos por provedores de nuvem são documentos legíveis por humanos que descrevem as funcionalidades, garantias e limitações de qualidade de serviço (*Quality of Service* – QoS) de um ou mais recursos de TI baseados em nuvem.

SLAs usam métricas de qualidade de serviço para expressar características mensuráveis de QoS.

Por exemplo:

- *Disponibilidade* – *uptime*, quedas, duração de serviço.
- *Confiabilidade* – tempo mínimo entre falhas, taxa garantida de respostas bem-sucedidas.
- *Desempenho* – garantias de capacidade, tempo de resposta e tempo de entrega.
- *Escalabilidade* – garantias de flutuação de capacidade e responsividade.
- *Resiliência* – tempo médio para substituições e recuperação.

Sistemas de gerenciamento de SLA empregam essas métricas para realizar mensurações periódicas que verificam a conformidade com garantias de SLA, além de coletar dados relacionados a SLA para diversos tipos de análises estatísticas.

Cada métrica de qualidade de serviço é idealmente definida promovendo-se as seguintes características:

- *Quantificável* – a unidade de medida é claramente definida, absoluta e apropriada, para que a métrica possa se basear em mensurações quantitativas.

- *Repetível* – os métodos de mensuração da métrica precisam extrair resultados idênticos quando repetidos sob condições idênticas.

- *Comparável* – as unidades de medida usadas por uma métrica devem ser padronizadas e comparáveis. Uma métrica de qualidade de serviço não pode, por exemplo, mensurar quantidades menores de dados em *bits* e quantidades maiores em *bytes*.

- *Facilmente obtenível* – a métrica precisa se basear numa forma comum e não proprietária de mensuração, que possa ser facilmente obtenível e compreendida por consumidores de nuvem.

As seções por vir apresentam uma série de métricas comuns de qualidade de serviço, cada uma das quais é documentada com uma descrição, uma unidade de medida, uma frequência de mensuração e valores aplicáveis ao modelo de entrega de nuvem, bem como com um breve exemplo.

Métricas de disponibilidade de serviço

Métrica de taxa de disponibilidade

A disponibilidade geral de um recurso de TI costuma ser expressa como um percentual de *uptime*. Um recurso de TI que está sempre disponível, por exemplo, terá um *uptime* de 100%.

- *Descrição* – percentual de *uptime* de serviço.
- *Mensuração* – *uptime* total/tempo total.
- *Frequência* – semanal, mensal, anual.
- *Modelo de entrega de nuvem* – IaaS, PaaS, SaaS.
- *Exemplo* – mínimo de 99,5% de *uptime*.

Taxas de disponibilidade são calculadas cumulativamente, o que significa que períodos de indisponibilidade são combinados a fim de computar o *downtime* total (Tabela 18.1).

Tabela 18.1 Amostra de taxas de disponibilidade mensuradas em unidades de segundos			
Disponibilidade (%)	Downtime/semana (segundos)	Downtime/mês (segundos)	Downtime/ano (segundos)
99,5	3.024	12.930	158.112
99,8	1.210	5.174	63.072
99,9	606	2.592	31.536
99,95	302	1.294	15.768
99,99	60,6	259,2	3.154
99.999	6,05	25,9	316,6
99.9999	0,605	2,59	31,5

Métrica de duração de quedas

Esta métrica de qualidade de serviço é usada para definir os alvos máximo e médio de queda contínua de nível de serviço.

- *Descrição* – duração de uma única queda.
- *Mensuração* – data/horário de final da queda – data/horário do início da queda.
- *Frequência* – por evento.
- *Modelo de entrega de nuvem* – IaaS, PaaS, SaaS.
- *Exemplo* – máximo de 1 hora, média de 15 minutos.

> **OBSERVAÇÃO**
>
> Além de ser quantitativamente mensurada, a disponibilidade pode ser descrita qualitativamente usando-se termos como alta disponibilidade (AD), que é usado para rotular um recurso de TI com um *downtime* excepcionalmente baixo, geralmente devido a uma infraestrutura subjacente de replicação e/ou agrupamento de recursos.

Métricas de confiabilidade de serviço

Uma característica vagamente relacionada com a disponibilidade, a confiabilidade é a probabilidade de que um recurso de TI possa cumprir sua função pretendida sob condições predefinidas sem experimentar falha. A confiabilidade se concentra na frequência com que um serviço desempenha conforme o esperado, o que requer que o serviço permaneça em um estado operacional e disponível. Certas métricas de confiabilidade consideram somente erros de *runtime* e condições de exceção como falhas, que costumam ser mensurados apenas quando o recurso de TI está disponível.

Métrica de tempo médio entre falhas (TMEF)

- *Descrição* – tempo esperado entre falhas consecutivas de serviço.
- *Mensuração* – Σ, duração do período operacional normal / quantidade de falhas.
- *Frequência* – mensal, anual.
- *Modelo de entrega de nuvem* – IaaS, PaaS.
- *Exemplo* – 90 dias de média.

Métrica de taxa de confiabilidade

A confiabilidade em geral é mais complicada de mensurar e costuma ser definida por uma taxa de confiabilidade que representa o percentual de resultados bem-sucedidos de serviço. Essa métrica mensura os efeitos de erros e falhas não fatais que ocorrem durante períodos de *uptime*. A confiabilidade de um recurso de TI é de 100%, por exemplo, quando ele funciona conforme o esperado todas as vezes que é invocado, mas é de apenas 80% quando deixa de funcionar um quinto das vezes.

- *Descrição* – percentual de resultados bem-sucedidos de serviço sob condições predefinidas.
- *Mensuração* – quantidade total de respostas bem-sucedidas / quantidade total de solicitações.
- *Frequência* – semanal, mensal, anual.
- *Modelo de entrega de nuvem* – SaaS.
- *Exemplo* – mínimo de 99,5%.

Métricas de desempenho de serviço

O desempenho de serviço diz respeito à capacidade de um recurso de TI desempenhar suas funções dentro de parâmetros esperados. Essa qualidade é mensurada usando-se métricas de capacidade de serviço, cada uma das quais se concentra numa característica mensurável relacionada de capacidade de recurso de TI. Um conjunto de métricas de capacidade de desempenho é fornecido nesta seção. Observe que diferentes métricas podem se aplicar, dependendo do tipo de recurso de TI sendo mensurado.

Métrica de capacidade de rede

- *Descrição* – características mensuráveis de capacidade de rede.
- *Mensuração* – largura de banda / produtividade em *bits* por segundo.
- *Frequência* – contínua.
- *Modelo de entrega de nuvem* – IaaS, PaaS, SaaS.
- *Exemplo* – 10 MB por segundo.

Métrica de capacidade de dispositivo de armazenamento

- *Descrição* – características mensuráveis de capacidade de dispositivo de armazenamento.
- *Mensuração* – tamanho de armazenamento em GB.
- *Frequência* – contínua.
- *Modelo de entrega de nuvem* – IaaS, PaaS, SaaS.
- *Exemplo* – 80 GB de armazenamento.

Métrica de capacidade de servidor

- *Descrição* – características mensuráveis de capacidade de servidor.
- *Mensuração* – quantidade de CPUs, frequência de CPU em GHz, tamanho de RAM em GB, tamanho de armazenamento em GB.
- *Frequência* – contínua.
- *Modelo de entrega de nuvem* – IaaS, PaaS.
- *Exemplo* – 1 núcleo a 1,7 GHz, 16 GB de RAM, 80 GB de armazenamento.

Métrica de capacidade de aplicativo Web

- *Descrição* – características mensuráveis de capacidade de aplicativo *Web*.
- *Mensuração* – taxa de solicitações por minuto.
- *Frequência* – contínua.

- *Modelo de entrega de nuvem* – SaaS.
- *Exemplo* – máximo de 100 mil solicitações por minuto.

Métrica de tempo de iniciação de instância

- *Descrição* – prazo necessário para inicializar uma nova instância.
- *Mensuração* – data/horário de início de instância / data/horário de solicitação de início.
- *Frequência* – por evento.
- *Modelo de entrega de nuvem* – IaaS, PaaS.
- *Exemplo* – máximo de 5 minutos, média de 3 minutos.

Métrica de tempo de resposta

- *Descrição* – tempo necessário para realizar uma operação síncrona.
- *Mensuração* – data/horário de solicitação – data/horário de resposta / quantidade total de solicitações.
- *Frequência* – diária, semanal, mensal.
- *Modelo de entrega de nuvem* – SaaS.
- *Exemplo* – média de 5 milissegundos.

Métrica de tempo até a finalização

- *Descrição* – tempo necessário para completar uma tarefa assíncrona.
- *Mensuração* – data da solicitação – data da resposta / quantidade total de solicitações.
- *Frequência* – diária, semanal, mensal.
- *Modelo de entrega de nuvem* – PaaS, SaaS.
- *Exemplo* – média de 1 segundo.

Métricas de escalabilidade de serviço

Métricas de escalabilidade de serviço estão relacionadas à capacidade de elasticidade de recursos de TI, o que, por sua vez, está relacionado à capacidade máxima que um recurso de TI pode alcançar, bem como mensurações de sua margem de adaptabilidade a flutuações de carga de trabalho. Um servidor, por exemplo, pode ter sua escala vertical aumentada até um máximo de 128 núcleos de CPU e 512 GB de RAM, ou sua escala horizontal aumentada até um máximo de 16 instâncias replicadas com balanceamento de carga.

As métricas listadas a seguir ajudam a determinar se demandas dinâmicas de serviço serão satisfeitas proativa ou reativamente, bem como os impactos de processo de alocação manual ou automatizada de recursos de TI.

Métrica de escalabilidade (horizontal) de armazenamento
- *Descrição* – mudanças permissíveis na capacidade de dispositivo de armazenamento em resposta a aumentos nas cargas de trabalho.
- *Mensuração* – tamanho de armazenamento em GB.
- *Frequência* – contínua.
- *Modelo de entrega de nuvem* – IaaS, PaaS, SaaS.
- *Exemplo* – máximo de 1.000 GB (dimensionamento automatizado de escala).

Métrica de escalabilidade (horizontal) de servidor
- *Descrição* – mudanças permissíveis na capacidade de servidor em resposta a aumento nas cargas de trabalho.
- *Mensuração* – quantidade de servidores virtuais em *pool* de recursos.
- *Frequência* – contínua.
- *Modelo de entrega de nuvem* – IaaS, PaaS.
- *Exemplo* – mínimo de 1 servidor virtual, máximo de 10 servidores virtuais (dimensionamento automatizado de escala).

Métrica de escalabilidade (vertical) de servidor
- *Descrição* – flutuações permissíveis de capacidade de servidor em resposta a flutuações na carga de trabalho.
- *Mensuração* – quantidade de CPUs, tamanho de RAM em GB.
- *Frequência* – contínua.
- *Modelo de entrega de nuvem* – IaaS, PaaS.
- *Exemplo* – máximo de 510 núcleos, 512 GB de RAM.

Métricas de resiliência de serviço

A capacidade de um recurso de TI se recuperar de perturbações operacionais é muitas vezes mensurada usando-se métricas de resiliência de serviço. Quando a resiliência é descrita no âmbito ou em relação com garantias em SLA, geralmente é com base em implementações redundantes e replicação de recursos por diferentes locais físicos, bem como em sistemas de recuperação pós-desastre.

O tipo de modelo de entrega de nuvem determina como a resiliência é implementada e mensurada. Os locais físicos, por exemplo, de servidores virtuais replicados que estão implementando serviços em nuvem resilientes podem ser expressos explicitamente nos SLAs para ambientes de IaaS, ao passo que são implicitamente expressos para ambientes correspondentes de PaaS e SaaS.

Métricas de resiliência podem ser aplicadas em três fases diferentes para enfrentar os desafios e eventos capazes de ameaçar o nível regular de determinado serviço:

- *Fase de design* – métricas que mensuram o quanto sistemas e serviços estão preparados para lidar com desafios.
- *Fase operacional* – métricas que mensuram a diferença em níveis de serviço antes, durante e depois um evento de *downtime* ou queda de serviço, que são ainda mais qualificadas por métricas de disponibilidade, confiabilidade e desempenho.
- *Fase de recuperação* – métricas que mensuram o ritmo com que recursos de TI se recuperam de *downtime,* tal como o prazo médio para que um sistema registre uma queda ou migre para um novo servidor virtual.

Duas métricas comuns relacionadas à mensuração da resiliência são descritas a seguir.

Métrica de prazo médio para migração (PMM)
- *Descrição* – o prazo esperado para completar uma migração desde uma instância com falha grave para uma instância replicada numa área geográfica diferente.
- *Mensuração* – data/horário de conclusão da migração – data/horário da falha / quantidade total de falhas.
- *Frequência* – mensal, anual.
- *Modelo de entrega de nuvem* – IaaS, PaaS, SaaS.
- *Exemplo* – média de 10 minutos.

Métrica de prazo médio para recuperação de sistema (PMRS)

- *Descrição* – o prazo esperado até que um sistema resiliente complete a recuperação depois de uma falha grave.
- *Mensuração* – data/horário de recuperação – data/horário da falha / quantidade total de falhas.
- *Frequência* – mensal, anual.
- *Modelo de entrega de nuvem* – IaaS, PaaS, SaaS.
- *Exemplo* – média de 120 minutos.

18.2 EXEMPLO DE ESTUDO DE CASO

Depois de sofrer uma queda de nuvem que deixou seu portal *Web* indisponível por cerca de uma hora, a Innovartus decide fazer uma revisão rigorosa das cláusulas e condições de seu SLA. A empresa começa a pesquisar as garantias de disponibilidade do provedor de nuvem, que se revelam ambíguas, já que não declaram claramente quais eventos no sistema de gerenciamento de SLA do provedor de nuvem são classificados como "*downtime*". A Innovartus também descobre que o SLA carece de métricas de confiabilidade e resiliência, que se tornaram essenciais em suas operações de serviço em nuvem.

Em preparação para a renegociação das cláusulas do SLA com o provedor de nuvem, a Innovartus decide compilar uma lista de exigências adicionais e estipulações de garantias:

- A taxa de disponibilidade precisa ser descrita em mais detalhes para habilitar o gerenciamento mais efetivo das condições de disponibilidade de serviço.
- Dados técnicos que apoiam modelos de operação de serviço precisam ser incluídos, a fim de assegurar que a operação de serviços críticos selecionados permaneça tolerante a falhas e resiliente.
- Métricas adicionais que ajudam a avaliar a qualidade do serviço precisam ser incluídas.
- Quaisquer eventos a serem excluídos do que é mensurado com métricas de disponibilidade precisam ser claramente definidos.

Depois de diversas conversas com o representante de vendas do provedor de nuvem, a Innovartus recebe a proposta de um SLA revisado, com as seguintes inclusões:

- O método pelo qual se dá a disponibilidade dos serviços em nuvem será mensurado, além de quaisquer recursos de TI dos quais os processos básicos da Innovartus dependam.
- Acréscimo de um conjunto de métricas de confiabilidade e desempenho aprovado pela Innovartus.

Seis meses depois, a Innovartus faz mais uma avaliação das métricas do SLA e compara os valores recém-gerados com aqueles que foram produzidos antes das melhorias no SLA (Tabela 18.2).

Tabela 18.2 A evolução da avaliação do SLA da Innovartus, monitorada por seus administradores de recursos em nuvem

Métricas do SLA	Estatísticas do SLA anterior	Estatísticas do SLA revisado
Disponibilidade média	98,10%	99,98%
Modelo de alta disponibilidade	*Standby* frio	*Standby* quente
Qualidade média do serviço (*baseada em enquetes de satisfação de clientes)	52%	70%

18.3 Diretrizes de SLA

Esta seção apresenta diversas práticas e recomendações para trabalhar com SLAs, a maioria é aplicável a consumidores de nuvem:

- *Correspondência de cada negócio com os SLAs* – pode ser útil identificar os requisitos de QoS necessários para uma determinada solução de automação para então vinculá-los concretamente às garantias expressas nos SLAs para os recursos de TI responsáveis por realizar a automação. Isso pode evitar situações em que SLAs mostram-se inadvertidamente desalinhados, ou talvez desviando de forma inapropriada de suas garantias, após o uso de recursos de TI.

- *Trabalho com SLAs para nuvem e para as próprias dependências* – devido à vasta infraestrutura disponível como suporte a recursos de TI em nuvens públicas, as garantias de QoS anunciadas em SLAs para recursos de TI baseados em nuvem são geralmente superiores àquelas oferecidas para recursos de TI nas próprias dependências. Essa variância precisa ser compreendida, sobretudo ao construir soluções híbridas distribuídas que utilizam serviços tanto baseados em nuvem quanto nas dependências ou ao incorporar arquiteturas tecnológicas de ambientes mistos, como *cloud bursting*.

- *Compreensão do escopo de um SLA* – ambientes em nuvem consistem em muitas camadas arquitetônicas e infraestruturais de apoio, sobre as quais recursos de TI residem e são integrados. É importante reconhecer até onde se aplica uma determinada garantia de recurso de TI. Um SLA pode ser, por exemplo, limitado à implementação de recursos de TI, mas não a seu ambiente subjacente de hospedagem.

- *Compreensão do escopo de monitoramento de SLA* – SLAs precisam especificar onde o monitoramento é realizado e onde as mensurações são calculadas, sobretudo em relação ao *firewall* da nuvem. O monitoramento do lado de dentro do *firewall* da nuvem, por exemplo, nem sempre é vantajoso ou relevante para as garantias de QoS exigidas pelo consumidor de nuvem. Até mesmo os *firewalls* mais eficientes têm um grau mensurável de influência sobre o desempenho e podem apresentar mais um ponto de falha.

- *Documentação de garantias na granularidade apropriada* – *templates* de SLA usados por provedores de nuvem às vezes definem garantias em amplos termos. Se um consumidor de nuvem tiver exigências específicas, o nível correspondente de detalhamento deve ser usado para descrever as garantias. Se dados sobre replicação, por exemplo, precisam advir de locais geográficos específicos, então tais necessidades têm de ser especificadas diretamente no SLA.

- *Definição de penalidades por inconformidades* – se um provedor de nuvem for incapaz de cumprir garantias de QoS prometidas nos SLAs, uma reclamação pode ser formalmente documentada em termos de compensação, penalidades, reembolsos ou outros.

- *Incorporação de exigências não mensuráveis* – algumas garantias não podem ser facilmente mensuradas usando-se métricas de qualidade de serviço, mas ainda assim são relevantes para QoS, e devem, portanto, ser documentadas mesmo assim no SLA. Um consumidor de nuvem pode, por exemplo, ter exigências específicas de segurança e privacidade relativas a dados hospedados pelo provedor de nuvem, as quais podem ser abordadas por garantias no SLA para o dispositivo de armazenamento em nuvem que está sendo arrendado.

- *Divulgação de verificação e gerenciamento de conformidade* – provedores de nuvem muitas vezes são responsáveis por monitorar recursos de TI para assegurar conformidade com seus próprios SLAs. Nesse caso, os próprios SLAs devem estipular quais ferramentas e práticas estão sendo aplicadas para realizar o processo de conferência de conformidade, além de qualquer auditoria legal que possa estar ocorrendo.

- *Inclusão de fórmula para métricas específicas* – alguns provedores de nuvem não mencionam métricas comuns de SLA ou os cálculos relativos às métricas em seus SLAs, concentrando-se, em vez disso, em descrições de nível de serviço que destacam o uso de melhores práticas e suporte ao consumidor. Métricas sendo usadas para mensurar SLAs devem fazer parte do documento de SLA, incluindo fórmulas e cálculos em que as métricas se baseiam.

- *Cogitação de um monitoramento independente de SLA* – embora os provedores de nuvem contem frequentemente com sistemas sofisticados de gerenciamento de SLA e monitores de SLA, pode ser do melhor interesse de um consumidor de nuvem contratar também uma organização terceirizada para realizar monitoramento independente, sobretudo se houver suspeitas de que as garantias do SLA nem sempre estão sendo cumpridas pelo provedor de nuvem (apesar dos resultados mostrados periodicamente em relatórios de monitoramento divulgados).

- *Arquivamento de dados de SLA* – as estatísticas relacionadas a SLA coletadas por monitores de SLA costumam ser armazenadas e arquivadas pelo provedor de nuvem para fins de preparação relatórios futuros. Quando um provedor de nuvem tem a intenção de manter dados de SLA de um consumidor de nuvem específico mesmo depois de encerrada a relação comercial com ele, esse fato deve ser divulgado. O consumidor de nuvem pode ter requisitos de privacidade que vetam o armazenamento não autorizado desse tipo de informação. De modo similar, durante e após o engajamento de um consumidor de nuvem com um provedor, ele talvez deseje manter também uma cópia dos dados relacionados a SLA. Isso pode ser especialmente útil para comparar provedores de nuvem no futuro.

- *Divulgação de dependências entre nuvens* – provedores de nuvem podem estar arrendando recursos de TI junto a outros provedores de nuvem, o que resulta em uma perda de controle sobre as garantias que eles podem fazer a consumidores de nuvem. Ainda que um provedor de nuvem confie em garantias de SLA estipuladas por outros provedores de nuvem, o consumidor de nuvem pode ter interesse em saber que os recursos de TI que ele próprio está arrendando talvez tenham dependências que vão além do ambiente da organização com a qual acordou seu arrendamento.

18.4 EXEMPLO DE ESTUDO DE CASO

A DTGOV inicia seu processo preparação de *template* de SLA trabalhando com uma equipe de consultoria legal. Essa equipe é taxativa quanto a uma abordagem mediante a qual uma página *on-line* da *Web* seja apresentada a consumidores de nuvem para delinear as garantias de SLA, juntamente com um botão de "clique uma vez para aceitar". O acordo-padrão contém limitações extensivas da responsabilidade da DTGOV para com possíveis inconformidades em relação ao SLA:

- O SLA define garantias somente para disponibilidade de serviço.
- A disponibilidade de serviço é definida para todos os serviços em nuvem simultaneamente.
- Métricas de disponibilidade de serviço são definidas vagamente, para estabelecer um nível de flexibilidade quanto a quedas inesperadas.
- As cláusulas e condições estão vinculadas ao Acordo de Consumidor de Serviços em Nuvem, que é aceito implicitamente por todos os consumidores de nuvem que usam o portal de autosserviço.
- Períodos mais dilatados de indisponibilidade serão compensados por "créditos de serviço", a serem descontados de faturas futuras, sem ter valor monetário algum.

A seguir são apresentados trechos-chave do *template* de SLA da DTGOV.

Escopo e aplicabilidade

Este Acordo de Nível de Serviço ("SLA") estabelece os parâmetros de qualidade de serviço a serem aplicados para o uso de serviços em nuvem da DTGOV ("Nuvem DTGOV"), e faz parte do Acordo de Consumidor de Serviços em Nuvem da DTGOV ("Acordo de Nuvem DTGOV").

As cláusulas e condições especificadas neste acordo se aplicam exclusivamente a serviços de servidor virtual e dispositivo de armazenamento em nuvem, chamados aqui de "Serviços Cobertos". Este SLA se aplica separadamente a cada consumidor de nuvem ("Consumidor") que esteja usando a Nuvem DTGOV. A DTGOV se reserva o direito de alterar as cláusulas deste SLA em concordância com o Acordo de Nuvem DTGOV a qualquer momento.

Garantias de qualidade de serviço

Os Serviços Cobertos estarão operacionais e disponíveis aos Consumidores pelo menos 99,5% do tempo em qualquer mês do calendário. Se a DTGOV não cumprir esta exigência de SLA enquanto o Consumidor cumpre suas respectivas obrigações de SLA, o Consumidor terá o direito de receber Créditos Financeiros como compensação. Este SLA estipula o direito exclusivo do Consumidor a compensação por qualquer falha de parte da DTGOV em cumprir as exigências de SLA.

Definições

As seguintes definições serão aplicadas ao SLA da DTGOV:

- "Indisponibilidade" é definida como a totalidade das instâncias rodando para um Consumidor sem ter conectividade externa alguma por um prazo de no mínimo cinco minutos consecutivos em duração, durante o qual o Consumidor é incapaz de lançar comandos no sistema de administração remota através do aplicativo *Web* ou da API de serviço *Web*.

- "Período de *Downtime*" é definido como um período de cinco ou mais minutos consecutivos de serviço em estado de Indisponibilidade. Períodos de "*Downtime* Intermitente" que duram menos de cinco minutos não contam como Períodos de *Downtime*.

- "Percentual Mensal de *Uptime*" (PMU) é calculado como: (número total de minutos em um mês – número total de minutos de período de *downtime* em um mês) / (número total de minutos em um mês).

- "Crédito Financeiro" é definido como o percentual da fatura mensal total que é creditado em faturas mensais futuras do Consumidor, o que é calculado do seguinte modo:

  99,0% < *PMU* % < 99,95% – 10% da fatura mensal é creditado em favor da fatura do Consumidor.

  89,00% < *PMU* % < 99,00% – 30% da fatura mensal é creditado em favor da fatura do Consumidor.

  PMU % < 89,00% – 100% da fatura mensal é creditado em favor da fatura do Consumidor.

Uso de créditos financeiros

O PMU para cada período de cobrança será apresentado em cada fatura mensal. O Consumidor deverá submeter uma solicitação de Crédito Financeiro a fim de ficar elegível a receber Créditos Financeiros. Para esse fim, o Consumidor deverá notificar a DTGOV dentro de 30 dias a contar do momento em que o Consumidor receber a fatura que declara o PMU abaixo do definido no SLA. Uma notificação deve ser enviada para a DTGOV via *e-mail*. Qualquer falha em obedecer a esta exigência põe a perder o direito do Consumidor em receber os Créditos Financeiros.

Exclusões de SLA

O SLA não se aplica a quaisquer dos seguintes:

- Períodos de indisponibilidade causados por fatores que não possam ser razoavelmente previstos ou prevenidos pela DTGOV.

- Períodos de indisponibilidade resultantes de mau funcionamento do *software* e/ou *hardware* do Consumidor, *software* e/ou *hardware* de terceiros ou ambos.

- Períodos de indisponibilidade resultantes de abuso ou comportamento ou ações detrimentais que representem violação do Acordo de Nuvem da DTGOV.

- Consumidores com faturas em atraso ou que estejam em situação irregular perante a DTGOV de qualquer outra forma.

Parte V

Apêndices

Apêndice A Conclusões dos estudos de caso
Apêndice B Tecnologias comuns de conteinerização

Parte V

Apêndices

Apêndice A - Conclusões dos estudos de caso
Apêndice B - Tecnologias mais de conhecimento ão

Apêndice A

Conclusões dos estudos de caso

A.1 ATN
A.2 DTGOV
A.3 Innovartus

Este apêndice apresenta breves conclusões das linhas narrativas dos três estudos de caso que foram introduzidos pela primeira vez no Capítulo 2.

A.1 ATN

A iniciativa de nuvem exigiu a migração de aplicativos e recursos de TI selecionados para a nuvem, permitindo a consolidação e a desativação de soluções em um portfólio carregado de aplicativos. Nem todos os aplicativos puderam ser migrados, e a seleção dos mais apropriados foi uma questão importantíssima. Alguns dos aplicativos escolhidos exigiram um esforço significativo de redesenvolvimento para se adaptarem ao novo ambiente em nuvem.

Os custos foram efetivamente reduzidos para a maioria dos aplicativos levados à nuvem. Essa descoberta ocorreu depois que seis meses de gastos foram comparados com os custos de aplicativos tradicionais ao longo de três anos. Despesas operacionais e de capital foram usadas na avaliação de ROI.

O nível de serviço da ATN melhorou em áreas comerciais que adotam aplicativos baseados em nuvem. No passado, a maioria desses aplicativos revelava uma deterioração perceptível de desempenho durante horários de pico de uso. Agora os aplicativos baseados em nuvem podem ter sua escala horizontal ampliada sempre que surge um pico de carga de trabalho.

A ATN está atualmente avaliando outros aplicativos com potencial de migração para a nuvem.

A.2 DTGOV

Embora a DTGOV venha há mais de 30 anos terceirizando recursos de TI em nome de organizações do setor público, o estabelecimento da nuvem e de sua infraestrutura associada foi uma importantíssima empreitada que levou dois anos. A DTGOV agora oferece serviços em IaaS ao setor governamental e está construindo sua própria carteira de novos serviços em nuvem voltados a organizações do setor privado.

A diversificação de suas carteiras de clientes e serviços é o próximo passo lógico para a DTGOV, após toda as mudanças que fez em sua arquitetura tecnológica para produzir uma nuvem madura. Antes de avançar para essa próxima fase, a DTGOV produz um relatório para documentar aspectos de sua transição concluída para a adoção de nuvem. Um resumo do relatório é documentado na Tabela A.1.

Tabela A.1 Os resultados de uma análise da iniciativa de nuvem da DTGOV

Status pré-nuvem	Mudança necessária	Benefício comercial	Desafios
O *data center* e os recursos de TI relacionados não foram completamente padronizados.	A padronização de recursos de TI, incluindo servidores, sistemas de armazenamento, dispositivos de rede, plataforma de virtualização e sistemas de gerenciamento.	Os custos necessários de investimento são reduzidos ao fazer aquisições em grandes lotes de infraestrutura de TI. Os custos operacionais são reduzidos otimizando-se a infraestrutura de TI.	Estabelecimento de novas práticas de licitação de TI, gerenciamento de ciclo de vida tecnológico e gerenciamento de *data center*.
Recursos de TI foram implantados reativamente devido ao comprometimento de clientes a longo prazo.	Implantação de recursos de TI suportados pela infraestrutura com capacidade computacional de larga escala.	Os investimentos são reduzidos mediante aquisições de grandes lotes de infraestrutura de TI e ampliação da escala de recursos de TI sob demanda de clientes.	O planejamento da capacidade e cálculos de ROI relacionados são tarefas desafiadoras que exigem treinamento duradouro.
Recursos de TI foram provisionados mediante contratos de comprometimento a longo prazo.	Alocação flexível, realocação, liberação e controle de recursos de TI disponíveis mediante a aplicação abrangente de virtualização.	O provisionamento de serviços em nuvem é ágil e sob demanda para os clientes, desempenhado por alocação flexível (baseada em *software*) e gerenciamento de recursos de TI.	Estabelecimento da plataforma de virtualização relacionada ao provisionamento de recursos de TI.
As capacidades de monitoramento eram básicas.	Monitoramento detalhado de uso de serviços em nuvem e de QoS.	Provisionamento de serviço é sob demanda e pagável conforme o uso por clientes. Cobranças por serviços são proporcionais ao consumo real de recursos de TI. O gerenciamento de qualidade de serviço utiliza SLAs relevantes aos negócios.	Estabelecimento de monitores de SLA, monitores de cobrança e mecanismos de gerenciamento, todos eles novidades para a arquitetura da DTGOV.

(Continua)

Tabela A.1 Os resultados de uma análise da iniciativa de nuvem da DTGOV *(Continuação)*			
Status pré-nuvem	Mudança necessária	Benefício comercial	Desafios
A resiliência da arquitetura de TI em geral era básica.	Aumento da resiliência da arquitetura de TI, com *data centers* totalmente interconectados e alocação e gerenciamento de recursos de TI cooperativos.	A resiliência computacional é aumentada para os clientes.	Esforços de governança e gerenciamento para regular e administrar a resiliência em larga escala são significativos.
Contratos de terceirização e provisões relacionadas foram substituídos por uma base "por contrato" e "por cliente".	Nova precificação e contratos de SLA para o provisionamento de serviços em nuvem.	Serviços rápidos (ágeis), sob demanda e com escala redimensionável (capacidade computacional) para clientes.	Negociação de contratos com clientes já existentes sob o novo modelo contratual baseado em nuvem.

A.3 Innovartus

O objetivo comercial de aumentar o crescimento da empresa exigiu que a nuvem original passasse por grandes modificações, já que a organização precisava deixar um provedor de nuvem regional em favor de um provedor de nuvem global em larga escala. Problemas de portabilidade foram descobertos somente depois da mudança, e um processo de licitação de um novo provedor de nuvem teve de ser criado quando o provedor de nuvem regional foi incapaz de satisfazer todas as necessidades da Innovartus. Problemas de recuperação de dados, migração de aplicativos e interoperabilidade também foram enfrentados.

Recursos computacionais de TI de alta disponibilidade e a possibilidade de pagamento por uso eram decisivos no desenvolvimento da viabilidade comercial da Innovartus, já que recursos para financiamento e investimento não estavam disponíveis inicialmente.

A Innovartus definiu diversas metas comerciais que planeja alcançar nos próximos anos:

- Mais aplicativos serão migrados para diferentes nuvens, usando múltiplos provedores de nuvem para aumentar a resiliência e reduzir a dependência em relação a um provedor individual.
- Uma nova área comercial exclusivamente móvel será criada, já que o acesso móvel a seus serviços em nuvem passou por um crescimento de 20%.
- A plataforma de aplicativos desenvolvida pela Innovartus está sendo avaliada como um PaaS de valor agregado a ser oferecido a empresas que requerem funcionalidades ampliadas e inovadoras centradas em UI para o desenvolvimento de aplicativos tanto baseados na *Web* quanto móveis.

Apêndice B

Tecnologias comuns de conteinerização

B.1 Docker
B.2 Kubernetes

Como um suplemento ao Capítulo 6, este apêndice explora o motor de contêiner Docker e a plataforma de conteinerização Kubernetes e explica em mais detalhes como eles costumam ser utilizados. Este conteúdo ajuda a ilustrar como os termos, conceitos e tecnologias descritos no Capítulo 6 existem em ambientes do mundo real.

Vale ressaltar:

- Uma plataforma Kubernetes precisa ser implantada em um agrupamento *host*. O motor de contêiner Docker precisa ser implantado separadamente em cada *host* desse agrupamento.
- Tanto Docker quanto Kubernetes introduzem uma terminologia distinta. Sempre que aplicável, os termos estabelecidos no Capítulo 6 serão referenciados nas seções a seguir. Muitas vezes, eles são mostrados entre parênteses ao lado dos termos correspondentes de Docker ou Kubernetes.

B.1 Docker

Docker foi o primeiro motor de conteinerização a se popularizar amplamente no setor. Contêineres Docker, também conhecidos como Dockers, introduzem muitos benefícios e possibilidades importantes, os quais serão abordados nas próximas seções.

De um ponto de vista arquitetônico, uma solução de contêiner Docker pode ser dividida em quatro áreas principais:

- Servidor Docker.
- Cliente Docker.
- Registro Docker.
- Objetos Docker.

Servidor Docker

Um *servidor Docker*, também conhecido como um *host* Docker, é um *host* que está rodando um motor de conteinerização Docker. De uma perspectiva tecnológica, um *host* Docker é um servidor físico ou uma máquina virtual rodando um sistema operacional Windows ou Linux. Um servidor Docker pode ser instalado em qualquer máquina Windows ou Linux que suporte X86-64 ou ARM e algumas outras arquiteturas de CPU. Um motor de contêiner Docker pode ser instalado em qualquer sistema capaz de rodar esses sistemas operacionais.

Servidores Docker oferecem as seguintes funcionalidades-chave para uma solução de conteinerização:

- Servidores Docker fornecem serviços funcionais determinantes para rodar a solução de conteinerização e para conteinerizar aplicativos. Esses serviços são prestados pelo *daemon Docker*, o motor de conteinerização na solução de contêiner Docker. O *daemon* Docker tem muitos componentes e subsistemas diferentes projetados e implantados como parte de cada versão do *software* Docker. Ele é responsável por agendar, reiniciar e desligar contêineres, além de gerenciar qualquer interação com contêiner.

- Servidores Docker hospedam os contêineres que hospedam os aplicativos. Cada contêiner é implantado em um contêiner *host*. Uma solução pode ter um ou mais servidores Docker hospedando contêineres e seus aplicativos.

- Servidores Docker também hospedam as imagens usadas pelos contêineres que eles hospedam, o que permite que contêineres diferentes usem e compartilhem a mesma imagem-base sem a necessidade de implantar múltiplas imagens para múltiplos contêineres.

Cliente Docker

Um *cliente Docker* é um componente que roda diferentes ferramentas que possibilitam que usuários e consumidores de serviços interajam com o servidor Docker e seus serviços.

Soluções de contêiner Docker suportam dois tipos de clientes:

- Interface de Programação de Aplicativos (API).
- Interface de Linha de Comando (CLI).

Um contêiner Docker não proporciona uma interface gráfica de usuário (GUI) para interagir ou configurar serviços. Isso reduz sua pegada computacional, já que não requer que GUIs pesadas sejam renderizadas e disponibilizadas para interagirem com os usuários. Também resulta em menos código a ser mantido e gerido, o que reduz ainda mais o risco à segurança da solução de conteinerização.

Conforme mostrado na Figura B.1, o cliente Docker pode ser usado para interagir com o servidor Docker ou com o *host* Docker a fim de implantar, manter ou gerir contêineres e seus aplicativos. Todas as interações mostradas no diagrama ocorrem pelo uso do serviço de *daemon* Docker, que atua como o motor de contêiner nas soluções Docker. O *daemon* Docker controla o acesso a contêineres e oferece um caminho para que os clientes interajam com cada contêiner.

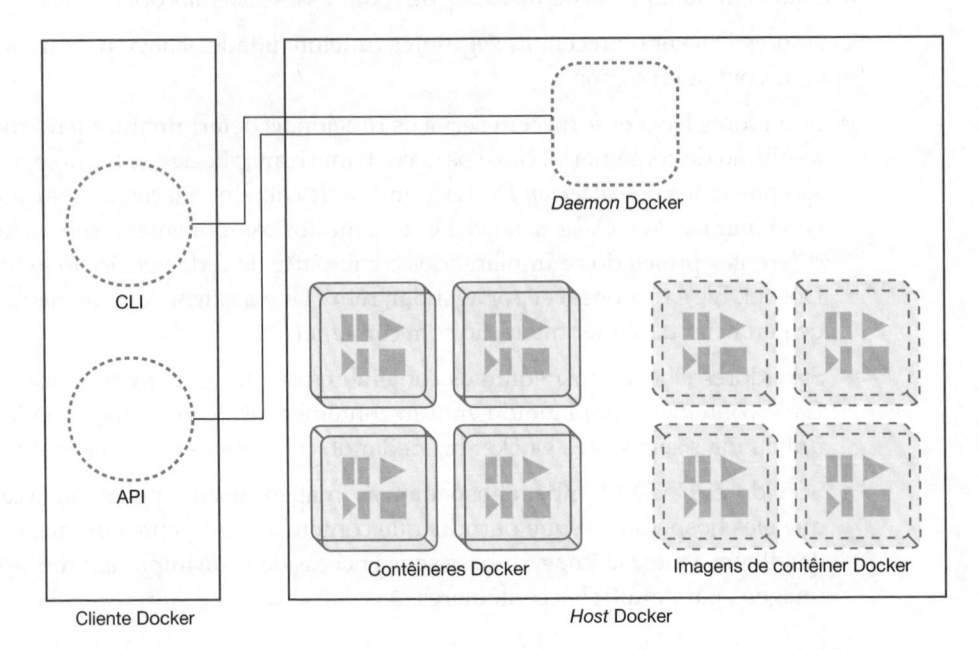

Figura B.1
O cliente Docker usa uma API ou uma CLI para interagir com contêineres via o serviço *daemon* Docker.

O serviço *daemon* Docker fornece APIs baseadas em REST que o cliente Docker pode consumir como um cliente de API. O propósito dessas APIs é fornecer interfaces-padrão através das quais o consumidor do serviço pode interagir com o motor Docker a fim de implantar e gerir seus contêineres.

Um cliente Docker pode ser rodado numa variedade de sistemas operacionais, incluindo Windows, Linux e Mac.

Registro Docker

Um *registro Docker* é um repositório (registro de imagens) *que é* usado para armazenar tipos diferentes de imagens Docker usadas pelo *host* Docker para implantar contêineres (Figura B.2). O registro Docker é capaz de hospedar e implantar múltiplas imagens de contêiner, bem como diferentes versões das mesmas imagens. Isso permite que proprietários de aplicativos e administradores de sistema decidam qual imagem ou qual versão de imagem de contêiner usar ao implantar contêineres e seus aplicativos.

A separação do registro em relação ao *host* e ao serviço de *daemon* Docker (motor de contêiner) ainda possibilita que contêineres Docker ofereçam um repositório de imagens diferentes sem aumentar em nada a carga ou o espaço de armazenamento no *host* Docker.

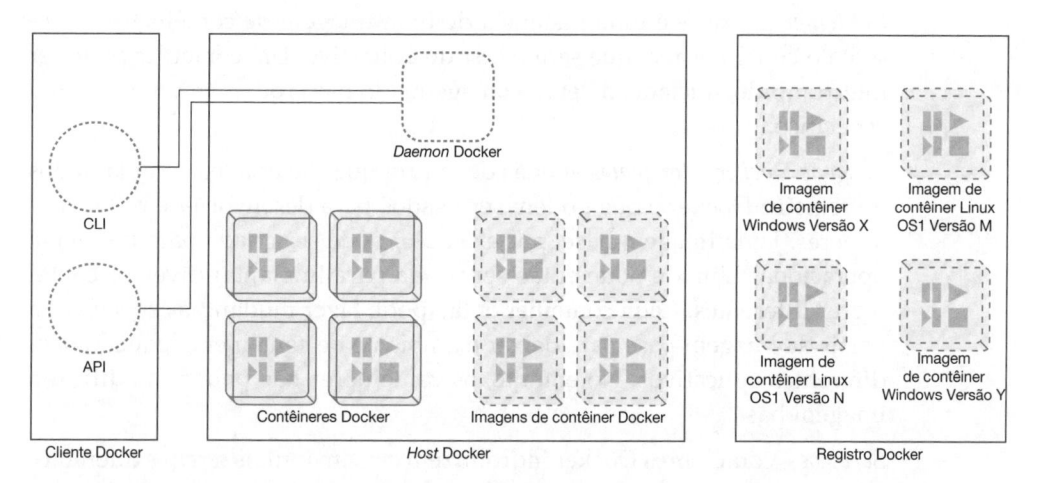

Figura B.2
O registro Docker hospeda imagens de contêiner que podem ser usadas para implantar contêineres Docker.

O Docker proporciona um repositório público de imagens diferentes baseado em sistemas operacionais-padrão, como Windows e Linux. Esse repositório público também é conhecido como *hub* Docker, e as imagens contidas no repositório podem ser usadas para implantar contêineres. Se as imagens Docker-padrão fornecidas pelo *hub* Docker estiverem sendo usadas, não será preciso implantar o registro Docker nem alocar qualquer armazenamento adicional para formar um registro.

Ademais, o Docker permite que usuários tenham registros Docker privados. Devido a requisitos de segurança, por exemplo, imagens Docker talvez precisem ser guardadas internamente por uma organização e ficar inacessíveis a quem se encontre do lado de fora dela. Nesse caso, um registro Docker privado pode ser implantado para abrigar as imagens que serão configuradas e usadas pela solução da organização.

O Docker oferece os três comandos-chave a seguir:

- *Docker Push* – usado para adicionar uma imagem ao registro.
- *Docker Pull* – usado para baixar uma imagem junto ao registro Docker a fim de rodar um contêiner.
- *Docker Run* – usado para rodar e iniciar o contêiner usando uma imagem específica.

Objetos Docker

Uma solução de contêiner Docker pode ter diferentes subcomponentes e elementos-chave referenciados coletivamente como *objetos Docker*. Esta seção introduz os seguintes objetos Docker em destaque:

- *Contêiner Docker* – é uma instância de uma imagem de contêiner e representa o contêiner real que será o *host* do aplicativo. Um contêiner pode ser interrompido, iniciado, deletado ou agendado para rodar em um momento específico.

- *Imagens Docker* – *templates* apenas de leitura que são criados e implantados no registro Docker e que podem ser usados para desenvolver e rodar contêineres. Uma imagem-base, por exemplo, pode ser criada para o sistema operacional Linux e pode então ser usada para implantar diversos contêineres diferentes. Cada contêiner então pode fazer mudanças específicas a partir da imagem-base para deixar o ambiente de contêiner adequado para diferentes aplicativos. No entanto, os contêineres não podem modificar a imagem-base.

- *Serviços* – contêineres Docker indroduzem e usam muitos *serviços* diferentes para rodar a solução de contêiner Docker, muitos dos quais são internos ao motor Docker e inacessíveis a interações diretas. Os serviços Docker mais críticos são o *daemon* Docker (motor de contêiner) e o *swarm* (orquestrador de contêiner).

- *Namespaces* – a fim de oferecer a capacidade de hospedar diversos contêineres diferentes no mesmo *host* Docker, o motor de conteinerização Docker requer um meio de isolar contêineres uns dos outros a fim de proporcionar um ambiente seguro onde múltiplos contêineres possam ser implantados. O Docker usa uma tecnologia chamada *namespaces* para oferecer isolamento seguro entre os diferentes contêineres. Isso permite que os contêineres Docker isolem seguramente os processos nas interfaces de rede e muitos outros elementos de contêineres uns dos outros, muito embora estejam hospedados no mesmo *host* Docker.

- *Grupos de controle Docker* – para assegurar que os contêineres Docker utilizem certos recursos do sistema para rodar e se tornar operacionais e funcionais, o Docker e o *daemon* Docker precisam possibilitar que o contêiner acesse os recursos fornecidos pelo *host* Docker. Isso é estabelecido por meio dos *grupos de controle*, que limitam um aplicativo implantado dentro de um contêiner a um conjunto específico de recursos do *host* Docker.

- *Sistema de arquivo de união (camadas de imagem de contêiner)* – *sistemas de arquivo de união*, também conhecidos como unionFS, são sistemas de arquivo que permitem que um motor de contêiner Docker crie camadas redigíveis leves e rápidas por sobre a imagem-base de contêiner, a fim de criar um ambiente redigível para que aplicativos e contêineres façam suas próprias configurações específicas, conforme necessário. Isso permite que o motor de contêiner opere conforme o esperado sem a necessidade de modificar a imagem-base.

- *Orquestrador de Docker (orquestrador de contêiner)* – contêineres Docker oferecem seus próprios componentes embutidos de orquestração, que podem ser usados para orquestrar a solução de contêiner a fim de melhorar sua produtividade e automatizar tarefas repetíveis que ele precisa realizar. O *orquestrador Docker* é embutido no motor de contêiner Docker e pode ser usado por administradores de sistema ou desenvolvedores de aplicativos para orquestrar tarefas.

Swarm Docker (orquestrador de contêiner)

Embora a implantação de múltiplos contêineres diferentes no mesmo *host* Docker possa introduzir muitos benefícios em termos de poupar e compartilhar recursos entre contêineres e aplicativos, também pode introduzir o risco de que, se o *host* for perdido, os aplicativos e contêineres que hospedam tais aplicativos também venham a ser perdidos. Para impedir esse problema, contêineres Docker podem usar o Swarm Docker.

Swarm Docker é um orquestrador de contêiner que é implantado como parte de uma solução de contêiner Docker. A funcionalidade do Swarm Docker é controlada pelo serviço de *swarm*, um serviço-chave de contêiner Docker que é usado para criar e gerenciar um agrupamento de *hosts* Docker como um enxame (*swarm*), a fim de balancear a carga por diferentes *hosts* físicos. Ele também pode ser usado para elevar a disponibilidade dos contêineres Docker, permitindo que proprietários de aplicativos implantem múltiplas instâncias do mesmo contêiner em diferentes *hosts* Docker enquanto o agrupamento é gerenciado pelo Swarm Docker. Cada agrupamento de *hosts* de contêiner Docker dentro do *swarm* é gerenciado por um serviço conhecido como gerenciador de agrupamento.

A Figura B.3 mostra a arquitetura lógica do Swarm Docker.

Soluções de contêiner Docker podem ser implantadas em sistemas privados em centrais de dados ou servidores particulares, ou em diferentes plataformas de nuvem junto a provedores de nuvem pública que fornecem contêineres como um serviço com o uso de Docker, incluindo Amazon Web Services, Microsoft Azure e Google Cloud.

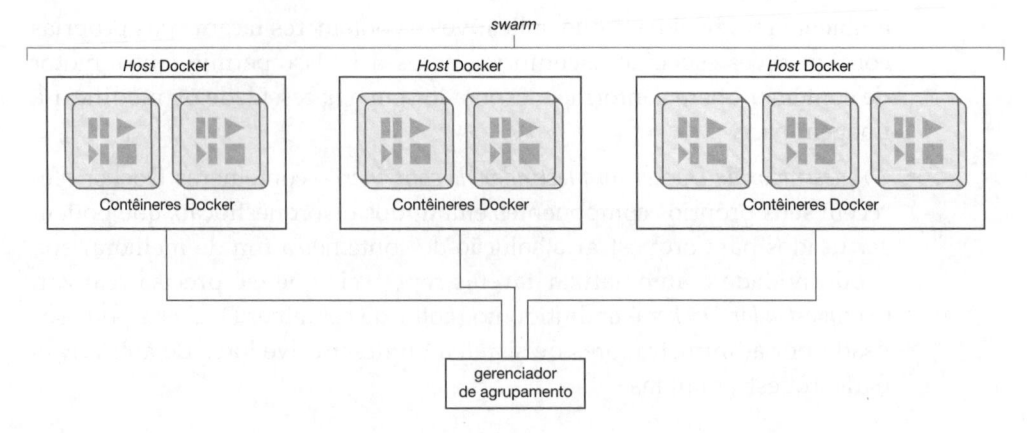

Figura B.3
A visão lógica de um agrupamento de *swarm* formado por três *hosts* Docker.

B.2 Kubernetes

Kubernetes, também conhecido como K8s, é um orquestrador de contêiner de código aberto que fornece benefícios e funcionalidades-chave que aprimoram o Docker. O Kubernetes introduz o conceito de agrupamentos que podem abranger diversos *hosts* diferentes. Esse sistema leva a funcionalidade de contêiner proporcionada por um motor de conteinerização como o Docker a um novo patamar, ao oferecer uma arquitetura e um construto de nível empresarial que são mais adequados para aplicativos de negócios e sistemas distribuídos em mais larga escala, o que cai bem para aplicativos complexos. Esta seção introduz os componentes-chave de uma solução Kubernetes.

Nó Kubernetes (*host*)

Em uma arquitetura Kubernetes rodando *software* Kubernetes para hospedar seus contêineres, um *nó Kubernetes* é equivalente ao *host* de conteinerização ou *host* Docker examinado na seção anterior. Cada agrupamento Kubernetes (agrupamento *host*) pode ter um ou mais nós.

A Figura B.4 mostra um nó Kubernetes, também conhecido como um *host* Kubernetes, na condição do componente-chave de uma solução Kubernetes.

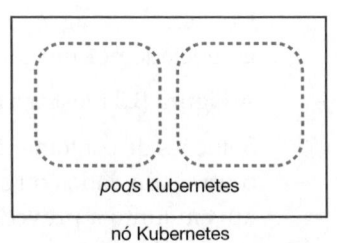

Figura B.4
O nó Kubernetes é usado para hospedar contêineres, neste caso duas instâncias de *pods* Kubernetes.

Cada nó Kubernetes (*host*) possui três componentes-chave que permitem que o Kubernetes hospede contêineres em *pods*, os quais serão explicados em mais detalhes mais adiante nesta seção:

- *Kubelet*;
- *Kube-Proxy*;
- *Runtime* de contêiner.

Pod de Kubernetes

Um *pod Kubernetes* é uma fronteira lógica ou grupo lógico de diferentes contêineres que compartilham recursos de armazenamento e de rede no mesmo nó Kubernetes. Os contêineres implantados em cada *pod* também compartilham as mesmas configurações e especificações quanto ao modo como são rodados. Cada contêiner hospedado dentro de um *pod*, por exemplo, sempre ficará hospedado junto no mesmo nó Kubernetes no agrupamento.

A Figura B.5 mostra uma visão lógica de um *pod* e de como um *pod* é usado para a separação lógica de contêineres no mesmo *host*.

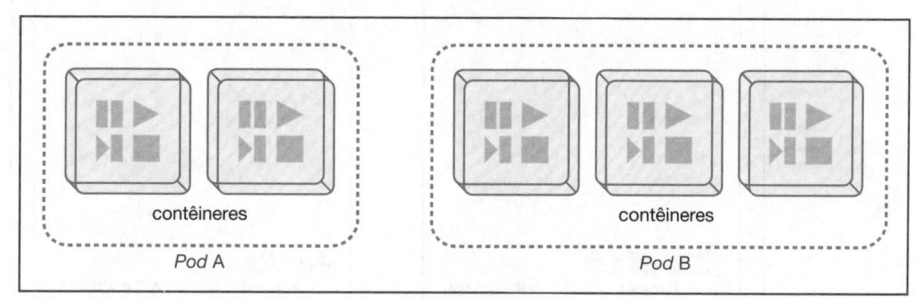

Figura B.5
Pods podem ser usados para reunir e isolar logicamente um conjunto de contêineres em relação a outros contêineres.

Kubelet

Um *kubelet* é um agente de serviço que é implantado em cada nó dentro de um agrupamento. Ele é responsável por garantir que os contêineres configurados para rodar em cada *pod* estejam operacionais e rodando conforme os esperado.

Kube-Proxy

Um *kube-proxy* é um serviço que roda em cada nó Kubernetes. Ele atua como um *proxy* de serviço que permite que contêineres implantados dentro de um *pod* acessem os recursos da rede e ainda se comuniquem com o mundo exterior. Cada *kube-proxy* mantém regras de rede nos nós. Essas regras de rede podem ser definidas por administradores de sistema e são usadas para permitir a comunicação interna e externa de rede com cada *pod* em um agrupamento Kubernetes.

A Figura B.6 mostra o conceito dos nós Kubernetes e seus componentes *kubelet* e *kube-proxy*.

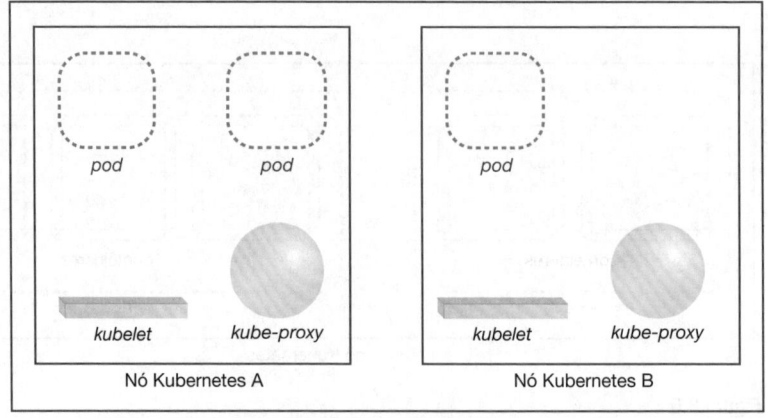

Figura B.6
O agrupamento Kubernetes é formado por dois nós: o Nó Kubernetes A e o Nó Kubernetes B. Cada nó possui seu próprio *kubelet* e *kube-proxy* para atender seus *pods*.

Runtime de contêiner (motor de contêiner)

Em uma arquitetura Kubernetes, o motor de contêiner (conhecido como o *runtime de contêiner*) permite que uma solução tire proveito da arquitetura tecnológica Kubernetes e de suas funcionalidades para implantar uma variedade de contêineres. Além de suportar diferentes *runtimes* de contêiner, o Kubernetes também oferece seu próprio, conhecido como a *interface de runtime de contêiner* (*container runtime interface* – CRI). Ela é similar ao motor de contêiner Docker. Como uma alternativa ao uso de CRI para hospedar contêineres, um motor de contêiner Docker pode ser implantado para hospedar contêineres Docker por cima de nós Kubernetes (Figuras B.7 e B.8).

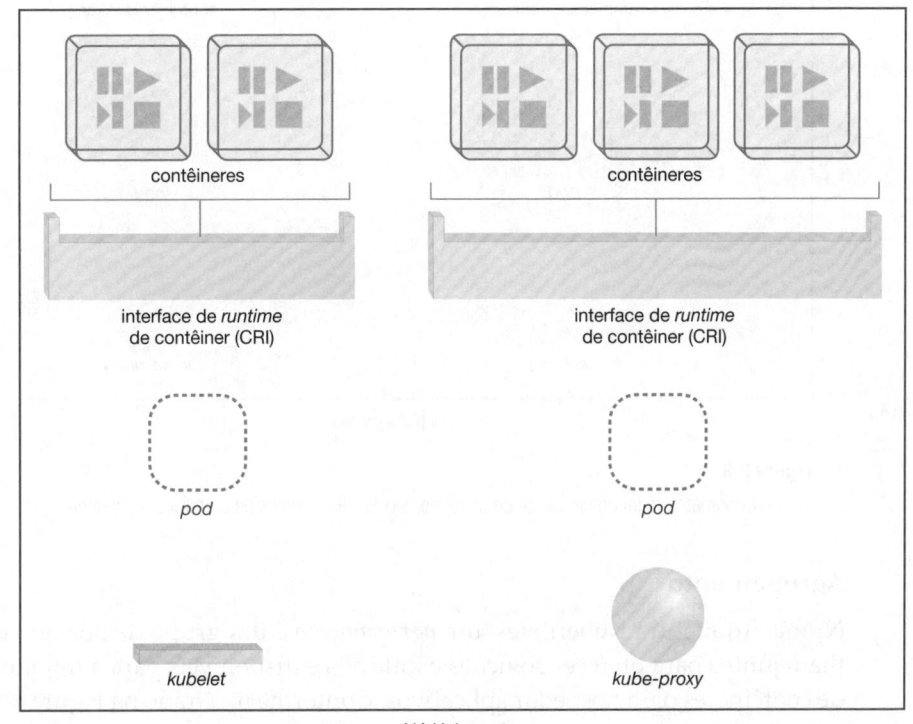

Figura B.7
Um nó Kubernetes hospedando contêineres que usam CRI como um motor de contêiner.

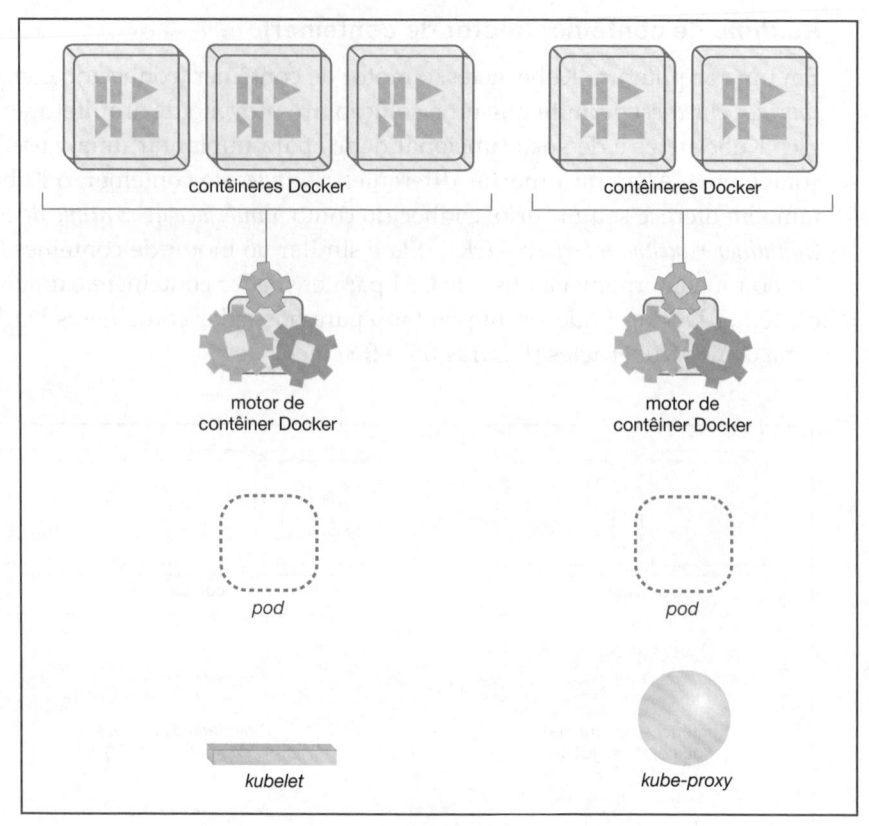

Figura B.8
Um nó Kubernetes rodando um motor de contêiner Docker em *runtime* para oferecer contêineres.

Agrupamento

Numa arquitetura Kubernetes, um *agrupamento* é um grupo de nós que trabalham juntos para oferecer soluções escaláveis e disponíveis para a implantação de contêineres para hospedar aplicativos. Conforme mostrado na Figura B.9, um agrupamento contém diversos nós diferentes.

Ao contrário de contêineres Docker, que introduzem o conceito de um *swarm* para agrupar múltiplos *hosts* diferentes de contêineres Docker, o Kubernetes introduz um conceito e uma arquitetura tecnológica bem mais abrangentes para a criação de um agrupamento de *hosts* de conteinerização que são mais adequados para aplicativos empresariais.

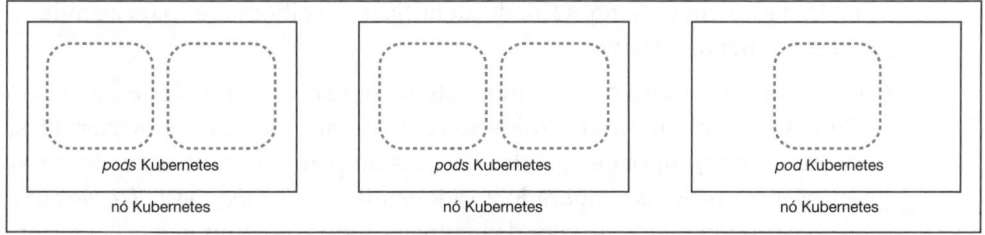

```
┌─────────────────────┐  ┌─────────────────────┐  ┌─────────────────────┐
│  ┌ ─ ─ ─ ─ ─ ─ ┐    │  │  ┌ ─ ─ ─ ─ ─ ─ ┐    │  │  ┌ ─ ─ ─ ─ ─ ─ ┐    │
│  ¦   ◯    ◯   ¦    │  │  ¦   ◯    ◯   ¦    │  │  ¦      ◯     ¦    │
│  └ ─ ─ ─ ─ ─ ─ ┘    │  │  └ ─ ─ ─ ─ ─ ─ ┘    │  │  └ ─ ─ ─ ─ ─ ─ ┘    │
│     pods Kubernetes │  │     pods Kubernetes │  │     pod Kubernetes  │
│     nó Kubernetes   │  │     nó Kubernetes   │  │     nó Kubernetes   │
└─────────────────────┘  └─────────────────────┘  └─────────────────────┘
                            agrupamento Kubernetes
```

Figura B.9
Um exemplo de um agrupamento Kubernetes contendo três nós diferentes.

Plano de controle Kubernetes

Um *plano de controle* pode ser usado numa arquitetura de agrupamento Kubernetes a fim de oferecer melhores serviços e mais capacidades que permitem que proprietários de aplicativos e administradores de sistema utilizem uma solução de conteinerização em todo seu potencial. O plano de controle é responsável por tomar decisões que se aplicam ao agrupamento inteiro, proporcionando a administradores de sistema e proprietários de aplicativos um conjunto em comum de ferramentas para gerenciar os nós em determinado agrupamento. Esta seção introduz os componentes-chave de um plano de controle dentro de um agrupamento Kubernetes.

- *API Kubernetes* – oferece um método para que proprietários de aplicativos, administradores de sistema e desenvolvedores interajam com a arquitetura Kubernetes, com seus nós e com os contêineres implantados em cada agrupamento Kubernetes.

- *Kube-apiserver* – expõe APIs Kubernetes para consumidores de serviços, para que eles possam interagir com o agrupamento Kubernetes e com seus componente, bem como com os contêineres implantados dentro do agrupamento, através da API. O *kube-apiserver* é implantado como um componente independente que pode ter sua escala horizontal redimensionada para atender a um maior volume de ligações e solicitações de API de consumidores de serviços, a fim de acomodar o desempenho requisitado por uma solução ao ampliar sua escala.

- *Etcd* – o serviço *etcd* é usado para armazenar a configuração dos dados do agrupamento dentro do plano de controle. Isso não inclui quaisquer dados de usuário nem dados de aplicativos do aplicativo de conteinerização.

- *Kube-scheduler* – responsável por agendar e rodar contêineres. Cada vez que um novo contêiner é implantado, o *kube-scheduler* confere a utilização de recursos dos nós dentro dos agrupamentos bem como os diferentes *pods* implantados em cada nó, a fim de identificar o melhor lugar para agendar e rodar um novo contêiner.

- *Kube-controller-manager* – componente responsável por rodar e gerenciar processos do plano de controle. No contexto de uma solução Kubernetes, cada um dos componentes antes listados do plano de controle roda como seu próprio processo separado e independente. O *kube-controller-manager* oferece uma maneira simples de gerenciar todos os componentes anteriormente citados e seus processos associados a partir de um ponto de vista central, oferecendo assim a administradores de sistema uma maneira de gerenciar o plano de controle de uma solução Kubernetes.

- *Cloud-controller-manager* – componente que entra em jogo quando uma solução é implantada numa nuvem pública ou em qualquer tipo de nuvem que permita que as APIs do provedor de nuvem sejam acessadas. Quando a solução Kubernetes é implantada, por exemplo, em Amazon Web Services, Microsoft Azure ou Google Cloud, este componente expõe as APIs desses ambientes específicos ao agrupamento. No entanto, quando a solução não é implantada num ambiente em nuvem, este componente não se faz necessário.

A Figura B.10 mostra um exemplo de uma arquitetura de implantação Kubernetes em geral.

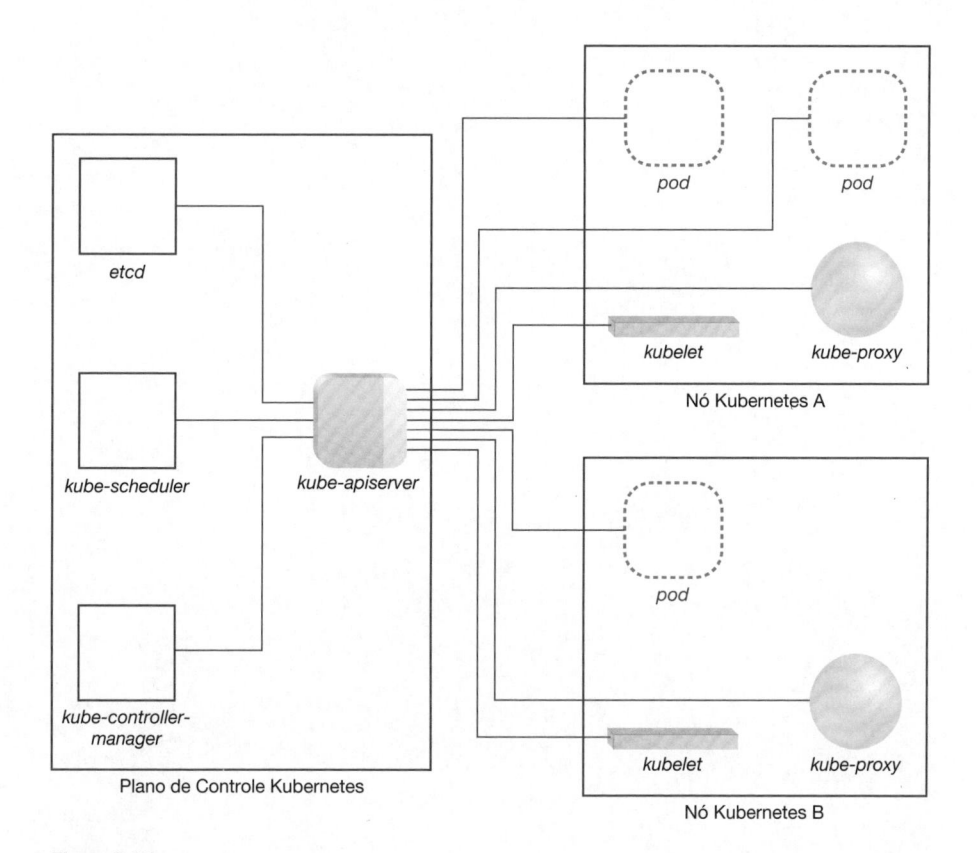

Figura B.10
Um agrupamento Kubernetes com dois nós e um plano de controle, incluindo os componentes do plano de controle.

Conforme ilustrado na figura anterior, o plano de controle de agrupamentos é implantado num servidor separado dos nós Kubernetes. Isso é feito com o propósito de eliminar quaisquer interdependências envolvendo a disponibilidade dos componentes necessários para gerenciar o agrupamento, bem como para assegurar que o plano de controle não venha a ser afetado se o nó apresentar falha.

Índice

A

abstração de imagens de contêiner, 145–146
acesso ubíquo (característica de nuvem), 58
acordo de nível de serviço. *Ver* SLA (acordo de nível de serviço)
AD (alta disponibilidade), 504
 agrupamento de, 122, 259
adaptador
 componente, 152
 contêiner, 152–153
administrador de recurso em nuvem (função), 53–55
Advanced Research Projects Agency Network (ARPANET), 22
Advanced Telecom Networks (ATN), estudo de caso. *Ver* exemplos de estudo de caso
adware, 174
agenciador de nuvem (função), 51–52
agendamento, 133
agente de aferição, 213–214
agente de monitoramento, 212
agente de recursos, 213
agente de serviço malicioso, 165
agente interno acidental, 175
agente interno malicioso, 165, 175
agente interno negligente, 175
agentes
 ameaçadores, 163–165
 de aferição, 213–214
 de monitoramento, 212
 de recursos, 213
 de serviço, 108
 malicioso, 165
agentes ameaçadores, 163–165
 agente de serviço malicioso, 165
 agente interno malicioso, 165
 atacante anônimo, 164
 atacante de confiança, 165
agentes de serviço, 108
 malicioso, 165
agilidade empresarial, 25–26, 38
agrupamento de carga balanceada, 122, 259
agrupamento de conjunto de dados de grande porte, 258
agrupamento de *hosts*, 122
agrupamento NoSQL, 94–96

agrupamento, 26
 carga balanceada, 259
 de AD (alta disponibilidade), 259
 de base de dados, 257
 de contêineres, 131
 de *hosts*, 122
 de recursos, 257–261
 de servidores, 257
 grande conjunto de dados, 257
 Kubernetes, 536–537
 NoSQL, 94–96
ambientes sem servidor, 29–30, 93–94
ameaça cibernética, 162
ameaça de agente interno, 175
ameaça de intermediário malicioso, 166–167
ameaça persistente avançada (APT), 183–185
ameaça(s) e ataque(s), 162
 de agente interno, 175
 de autorização insuficiente, 169–170
 de *botnet*, 176–178
 de DoS (negação de serviço), 167–168
 de engenharia social, 176
 de escalada de privilégio, 179
 de execução remota de código, 180–181
 de força bruta, 180
 de fronteiras de confiança sobrepostas, 171–172
 de injeção de SQL, 181–182
 de interceptação clandestina de tráfego, 166
 de intermediário malicioso, 166–167
 de *malware*, 173–175
 de *phishing*, 176
 de tunelamento, 182–183
 de virtualização, 170–171
 paisagem de, 162
 persistente avançada (APT), 183–185
 terminologia de, 161–163
ameaças de cibersegurança, 44
análise de código malicioso estático, 314
análise dinâmica de código malicioso, 314
antivírus falso, 174
API Kubernetes, 537
aplicativo
 de multi-inquilinato, 103–105
 empacotador, 401

métrica de duração de assinatura, 486–487
pacotes, 401
protocolo de camada, 82
referência básica de configuração, 401
uso, 468
virtualização, 101
aplicativos de multi-inquilinato, 103–105
APT (ameaça persistente avançada), 183–185
armazenamento
  hardware de, 91–92
  migração ao vivo, 439
  pool de, 344
  replicação de, 362
  virtualização de, 28, 91
armazenamento como serviço, 70
armazenamento de dados de implantação, 401
armazenamento de dados NoSQL (não relacional), 208–209
armazenamento de dados, 208–209, 461
  não relacional (NoSQL), 208–209
  relacional, 208
armazenamento relacional de dados, 208
armazenamento vinculado a redes (NAS), 92
ARPANET (Advanced Research Projects Agency Network), 22
arquitetura de abstração de dados virtuais, 450–451
arquitetura de acesso a recursos por múltiplos caminhos, 432–434
arquitetura de acesso direto a I/O, 415–416
arquitetura de acesso direto a LUN, 417–419
arquitetura de agrupamento de hipervisores, 371–376
arquitetura de agrupamento de servidores virtuais, 377–378
arquitetura de aplicativos federados em nuvem, 452–453
arquitetura de armazenamento redundante, 361–363
arquitetura de balanceamento de carga de serviço, 353–356, 467
arquitetura de balanceamento de nuvem, 387–389
  Ambientes de SaaS, 468
  Innovartus, estudo de caso, 411–412
arquitetura de capacidade elástica de recursos, 351–353, 468
arquitetura de capacidade elástica de rede, 421–422
arquitetura de *cloud bursting*, 356–357
  ATN, estudo de caso, 366–367
arquitetura de computação de borda, 447–448
arquitetura de computação em névoa, 448–449
arquitetura de conexão física redundante para servidores virtuais, 437–439
arquitetura de configuração persistente de rede virtual, 434–436
arquitetura de detecção e recuperação dinâmicas de falhas, 397–400, 467
arquitetura de dimensionamento dinâmico de escala, 348–351
arquitetura de distribuição de carga de trabalho, 342–344
arquitetura de *downtime* zero, 296–297, 386–387
arquitetura de gerenciamento de armazenamento de carga de trabalho, 404–409
arquitetura de instâncias de servidores virtuais com carga balanceada, 378–381
arquitetura de janela de manutenção de armazenamento, 468
arquitetura de metanuvem, 451–452
arquitetura de nivelamento de dados vertical intradispositivos de armazenamento, 427–429
arquitetura de nivelamento vertical cruzado de dispositivos de armazenamento, 422–427
arquitetura de normalização dinâmica de dados, 419–420
arquitetura de nuvem virtual privada, 409–411
arquitetura de *pool* de recursos, 344–348
arquitetura de provisionamento elástico de disco, 357–360
arquitetura de provisionamento rápido, 400–403
arquitetura de realocação de serviço sem perturbação, 381–385
Arquitetura de Referência para Computação em Nuvem da NIST, 23–24, 55
arquitetura de reserva de recursos, 393–397
arquitetura de *switches* virtuais de carga balanceada, 430–431
arquitetura resiliente de recuperação de desastres, 389–391
arquiteturas
  de abstração de dados virtuais, 450–451
  de acesso a recursos por múltiplos caminhos, 432–434
  de acesso direto a I/O, 415–416
  de acesso direto a LUN, 417–419
  de agrupamento de hipervisores, 371–376

de agrupamento de servidores virtuais, 377–378
de aplicativos federados em nuvem, 452–453
de armazenamento redundante, 361–363
de balanceamento de carga de serviço, 353–356
de balanceamento de nuvem, 387–389, 411–412
de capacidade elástica de recursos, 351–353
de capacidade elástica de rede, 421–422
de *cloud bursting*, 356–357, 366–367
de computação de borda, 447–448
de computação em névoa, 448–449
de conexão física redundante para servidores virtuais, 437–439
de configuração persistente de rede virtual, 434–436
de detecção e recuperação dinâmicas de falhas, 397–400
de dimensionamento dinâmico de escala, 348–351
de distribuição de carga de trabalho, 342–344
de *downtime* zero, 386–387
de gerenciamento de armazenamento de carga de trabalho, 404–409
de instâncias de servidores virtuais de carga balanceada, 378–381
de janela de manutenção de armazenamento, 439–446
de metanuvem, 451–452
de nivelamento de dados vertical intradispositivos de armazenamento, 427–429
de nivelamento vertical cruzado de dispositivos de armazenamento, 422–427
de normalização dinâmica de dados, 419–420
de nuvem privada virtual, 409–411
de *pool* de recursos, 344–348
de provisionamento elástico de disco, 357–360
de provisionamento rápido, 400–403
de realocação de serviço sem perturbação, 381–385
de soberania de dados distribuídos, 391–392
de *switches* virtuais de carga balanceada, 430–431
multinuvem, 363–365
reserva de recursos, 393–397

resiliente de recuperação de desastres, 389–391
arquiteturas de nuvem. *Ver* arquiteturas
arquivos *build*, 147–148
arranjos de discos rígidos, 91
atacante anônimo, 164
atacante de confiança, 165
atacantes patrocinados pelo Estado, 163
atacantes, 162–163. *Ver também* agentes ameaçadores
ataque cibernético, 162
ataque, 162. *Ver também* ameaça(s) e ataque(s)
ATN (Advanced Telecom Networks), estudo de caso. *Ver* exemplos de estudo de caso
auditor de nuvem (função), 55
autenticação
 baseada em localização, 296
 baseada em risco, 296
 fraca, 169–170
 IAM (sistema de gerenciamento de identidade e acesso), 296–299
 mecanismo de monitor de *log* de autenticação, 307
 MFA (sistema de autenticação multifatorial), 295–296
autenticação baseada em localização, 296
autenticação baseada em risco, 296
autenticação fraca, 169–170
autenticidade (característica), 160
autoridade de certificação (CA), 282
autorização
 IAM (sistema de gerenciamento de identidade e acesso), 297
 insuficiente, 169–170
autorização insuficiente, 169–170

B

balanceamento de carga em nível da *Web*, 92
balanceamento de carga, 135
base de dados
 agrupamento de, 257
 de gestão de estado, 263–265
 interfaces de armazenamento de, 208–209
base de dados como serviço, 70
baseado (s) na *Web*
 recursos, 470
 RPC, 109
 serviços, 105
batimentos cardíacos (*heartbeats*), 371
blocos de dados, 206
bot, 174
botnet, 176–178

C

CA (autoridade de certificação), 282
camada de soquetes seguros (SSL), 271
camadas (imagens de contêiner), 147–148
capacidade de rede
    em arquitetura de capacidade elástica de rede, 421–422
    métrica de, 506
características das nuvens, 57–60
    acesso ubíquo, 58
    coleção de recursos, 58–59
    elasticidade, 58
    multi-inquilinato, 58–59
    resiliência, 60–61
    uso mensurado, 60
    uso sob demanda, 57
características. *Ver* características das nuvens
CASB (*Cloud Access Security Brokers*), 308
Cavalo de Troia, 174
ciberativistas, 163
cibercriminosos, 163
CIEM (*Cloud Infrastructure Entitlement Management*), 308
cifra, 269
ciphertext, 269
cliente (Docker), 527–528
clonagem de volumes, 91
Cloud Access Security Brokers (CASB), 308
Cloud Infrastructure Entitlement Management (CIEM), 308
Cloud Security Posture Management (CSPM), 308
Cloud Workflow Protection Platforms (CWPP), 308
cloud-controller-manager, 538
comando *Docker Pull*, 529
comando *Docker Push*, 529
comando *Docker Run*, 529
compliance e questões legais, 47
computação autonômica, 89
computação em grade, 26–27
computação em nuvem, 2, 23–24
    conteinerização e, 115
    história, 22–23
    inovações tecnológicas, 26–30
    metas e benefícios, 37–41
    motivadores comerciais, 24–26
    riscos e desafios, 42–47
    terminologia, 30–37
computação utilitária, 22
comunicação como serviço, 71
comutação de pacotes sem conexão (redes de datagrama), 80–81
condições de falha, 462, 465
confiabilidade (característica)
    de ambientes de PaaS, 463–464
    de recursos de TI baseados em IaaS, 461
    de recursos de TI, 41
confidencialidade (característica), 158, 270
consumidor de nuvem (função), 33, 37, 50–51
    compliance e questões legais, 47
    controle de governança, 44–45
    modelo de responsabilidade compartilhada pela segurança, 42–43
    modelos de entrega de nuvem perspectiva do, 469–473
consumidor de serviço em nuvem (função), 37
contêiner de *pod* lógico, 120
contêiner *sidecar*, 150–151
contêineres, 119
    agrupamentos de, 131
    arquivo *build* de, 147–148
    arquivo de implantação de, 132
    gerenciador de pacotes, 132, 137
    implantação de, 135
    motores de, 119–120
    orquestrador de, 134–137
    runtime de (Kubernetes), 535–536
contêineres e conteinerização, 29, 31, 101, 224
    ataque de, 172–173
    benefícios da, 125–126
    características comuns de, 143
    contêineres ricos, 142
    Docker, 526–532
    e *pods*, 128–130
    em servidores físicos, 123
    em servidores virtuais, 124–125
    gerenciamento de pacotes de, 131–134, 137
    história, 114–115
    hospedagem de, 127–128
    instâncias de, 131
    Kubernetes, 532–539
    orquestração de, 134–137
    riscos e desafios da, 126–127
    terminologia, 115–123
    tipos de multicontêineres, 150–155
contêineres ricos, 142
contratos, 187–188
controle de governança, 44–45
controle de risco, 188
CRI (interface de *runtime* de contêiner), 535

criptografia assimétrica (mecanismo de segurança), 270–271
criptografia de chave pública, 270
criptografia de chave simétrica, 270
criptografia simétrica (mecanismo de segurança), 270
criptografia, 269–272
crypto jacking, 174
CSPM (*Cloud Security Posture Management*), 308
custo contínuo, 479
custo(s)
 arquivamento de, 493
 comprometidos, 480
 contínuos, 479
 de capital, 479
 de integração, 479
 estouros orçamentários, 47
 gerenciamento de, 487–493
 iniciais, 478
 perdido, 479
 proporcionais, 38–40, 58
 redução de, 24–25
custos comprometidos, 480
custos de capital, 479
custos de integração, 479
custos iniciais, 478
custos perdidos, 479
custos proporcionais, 38–40, 58
CWPP (*Cloud Workflow Protection Platforms*), 308

D

daemon (Docker), 527
data center(s), 87–97
 agrupamento NoSQL, 94–96
 ambientes sem servidor, 93–94
 atenção à segurança em, 90
 computação autônoma, 89
 considerações técnicas e empresariais, 96–97
 hardware, 90–93
  computacional, 90–91
  de armazenamento, 91–92
  de rede, 92–93
 instalações, 90
 operação e gerenciamento remotos, 89
 padronização e modularidade de, 88
 persistência, 465
 recursos de TI baseados em IaaS, 459–460
 redundância de componentes, disponibilidade, 89
 virtualização de, 87–88

desktop como serviço, 71
dimensionamento de escala horizontal, 34
dimensionamento de escala vertical, 34–35
dimensionamento de escala, 34–35
 agrupamento de, 122
 de contêiner, 135
 horizontal, 34
 vertical, 34–35
dimensionamento horizontal dinâmico, 349
dimensionamento vertical dinâmico, 349
discos rígidos trocados a quente, 91
disponibilidade (característica), 159–160
 de *data centers*, 89
 de dispositivos de armazenamento NoSQL, 95
 de recursos de TI, 41
dispositivo de armazenamento em nuvem, 205–211
 métrica de capacidade de, 506
 níveis de, 206
 uso de, 486
distribuição assimétrica, 232
distribuição sensível ao conteúdo, 232
Docker, 526–532
 cliente, 527–528
 daemon, 527
 objetos, 530–531
 orquestrador de contêiner, 531
 registro, 528–529
 servidor, 526–527
DoS (negação de serviço), 167–168
DTGOV, estudo de caso. *Ver* exemplos de estudo de caso

E

elasticidade (característica de nuvem), 58
embaixador
 componente, 154
 contêiner, 153–154
energia, virtualização, 28
engenharia social, 176
escalabilidade
 apoiada por aplicativos de multi-inquilinato, 104
 de ambientes de PaaS, 463–464
 de recursos de TI baseados em IaaS, 461
 de recursos de TI baseados em nuvem, 40–41
escalada de privilégio, 179
escaneamento biométrico multimodal, 293
escopo, redes de contêineres, 138–140

Esquema XML. *Ver XML Schema Definition Language*
estratégia *lag* (planejamento de capacidade), 27
estratégia *lead* (planejamento de capacidade), 27
estratégia *match* (planejamento de capacidade), 27
execução remota de código, 180–181
exemplos de estudo de caso
  ATN (Advanced Telecom Networks), 10
    ambiente pronto para uso, 223–224
    arquitetura de *cloud bursting*, 366–367
    balanceador de carga, 233–234
    base de dados de gestão de estado, 264–265
    conclusão, 520
    hashing, 273–274
    IAM (sistema de gerenciamento de identidade e acesso), 299
    informação de base, 10–12
    métricas de custo comercial, 480–483
    monitor de invasão de rede, 306
    monitor de tráfego, 321
    segurança de nuvens, 189–190
    SSO (*single sign-on*), 287
  DTGOV, 10
    agrupamento de recursos, 260–261
    assinatura digital, 276–277
    conclusão, 520–522
    dispositivo de armazenamento em nuvem, 209–211
    ferramenta de testagem de penetração, 302
    firewall, 291
    grupos de segurança baseados em nuvem, 280–281
    hipervisor, 204–205
    IDS (sistema de detecção de invasão), 300
    imagens blindadas de servidor virtual, 289
    informação de base, 13–16
    listener de dimensionamento automatizado, 228–231
    mitigação de ameaça, 185–186
    modelo de entrega de nuvem, 474–475
    modelo de precificação, 494–499
    monitor de *log* de autenticação, 307
    monitor de pagamento por uso, 243–244
    monitor de proteção contra perda de dados, 322
    monitor de uso de nuvem, 214–217
    monitoramento de VPN, 308
    monitores de SLA, 236–240
    perímetro lógico de rede, 196–197
    PKI (sistema de infraestrutura de chave pública), 284
    rede virtual privada (VPN), 292
    replicação de recursos, 219–221
    servidores virtuais, 199–202
    sistema de administração remota, 329
    sistema de *backup* e recuperação de dados, 320
    sistema de escaneamento de vírus digital e descriptografia, 313
    sistema de *failover*, 252–256
    sistema de gerenciamento de cobrança, 337
    sistema de gerenciamento de recursos, 331–332
    sistema de gerenciamento de SLA, 334
    sistema de prevenção de perda de dados (DLP), 316
    sistema UBA (análise de comportamento de usuários), 303
    tecnologias de serviço, 109–112
    template de SLA, 514–516
    utilitário de atualização de *software* de terceiros, 306
  Innovartus Technologies Inc., 10
    agente de multidispositivos, 263
    arquitetura de balanceamento de nuvem, 411–412
    conclusão, 522–523
    contêineres e conteinerização, 156
    criptografia, 271–272
    escaneador biométrico, 294
    informação de base, 16–17
    métricas de qualidade de serviço, 510–511
    MFA (sistema de autenticação multifatorial), 296
    monitor de *log* de atividades, 320
    monitoramento de auditoria, 245–246
    sistema de análise de código malicioso, 314
    TPM (módulo de plataforma de confiança), 318
exploit (segurança de TI), 161

F

firewall virtual, 195
força bruta, 180
fronteira
  de confiança, 42, 56

organizacional, 55–56
perímetro lógico de rede, 57
fronteira de confiança, 56
sobreposição de, 42, 171–172
fronteira organizacional, 55–56
fronteiras de confiança sobrepostas, 171–172
funções, 50–55
administrador de recurso em nuvem, 53–55
agenciador de nuvem, 51–52
auditor de nuvem, 55
consumidor de nuvem, 50–51
operadora de nuvem, 55
proprietário de serviço em nuvem, 52–53
provedor de nuvem, 50

G
gateway
de armazenamento em nuvem, 262
de dispositivo móvel, 262
XML, 262
gateway de armazenamento em nuvem, 262
gateway de dispositivo móvel, 262
gateway de serviço de armazenamento, 361
gateway XML, 262
gateways NAS, 93
gatilhos de eventos, 462, 465
gerenciador de máquina virtual (VMM), 29
gerenciador de sequências, 401
gerenciamento de configuração, 135
gerenciamento de credenciais, 297
gerenciamento de infraestrutura de virtualização (VIM), 102, 329
gestão de risco, 188–189
gestão de usuários, 297
grade computacional, 26
grupos APT, 185
grupos de controle (Docker), 530

H
hardware
compatibilidade de virtualização de, 102
computacional, 90–91
de armazenamento, 91–92
de rede, 92–93
independência de, 97
obsolescência de, 96
hardware computacional, 90–91
histórico
computação em nuvem, 22–23
contêineres e conteinerização, 114–115
host (servidor físico), 28, 33, 120–122, 127–128

host físico, 28, 33
HTTPS, 271

I
I/O
caching, 91
métrica de dados transferidos, 486
identificação de chave pública, 282
identificadores
comportamentais, 293
fisiológicos, 293
identificadores comportamentais, 293
identificadores fisiológicos, 293
IDS (sistema de detecção de invasão) dinâmico, 300
IDS (sistema de detecção de invasão) passivo, 300
imagem de contêiner customizada, 143, 149–150
imagens, 116
de contêiner, 119, 143–150
Docker, 530
imagens de contêiner, 119, 143–150
abstração de, 145–146
arquivo *build*, 147–148
customizadas, 143, 149–150
de base, 143
imutabilidade de, 145
tipos e funções de, 143–144
implementações falhas (segurança de TI), 186
imutabilidade de imagens de contêiner, 145
Infraestrutura como Serviço (IaaS), 62
em combinação com PaaS e SaaS, 69
em combinação com PaaS, 66–68
em comparação com SaaS e PaaS, 65–66
modelos de precificação, 490
perspectiva do consumidor de nuvem sobre, 469–471
perspectiva do provedor de nuvem sobre, 458–462
submodelos de entrega de nuvem, 70–71
injeção de SQL, 181–182
Innovartus Technologies Inc., estudo de caso. *Ver* exemplos de estudo de caso
inquilinos maliciosos, 165
instâncias de contêineres, 131
integração como serviço, 71
integridade (segurança de TI), 159
interceptação clandestina de tráfego, 166
interceptação clandestina de tráfego, 166
interconectividade baseada em roteadores, 81–82

interface de *runtime* de contêiner (CRI), 535
interfaces de armazenamento
  de objetos, 207
  em rede, 206–207
  usando bancos de dados, 208–209
interfaces de armazenamento de objetos, 207
Internet
  arquitetura da, 78–87
  provedores de serviço (ISP) de, 78–80
  versus nuvem, 30–31
internetworks (Internet), 78
intrusos, 163
ISPs (provedores de serviço de Internet), 78–80

K

kernel, 145–146
kube-apiserver, 537
kube-controller-manager, 538
kubelet, 534
kube-proxy, 534
Kubernetes, 532–539
  agrupamento, 536–537
  kubelet, 534
  kube-proxy, 534
  nó, 532–533
  plano de controle, 537–539
  pod, 533
  runtime de contêiner, 535–536
kube-scheduler, 537

L

largura de banda, 85–86
latência, 85–86
levantamento de risco, 188
linguagem SQL (*Structured Query Language*), 182
logger de sequências, 401
LUN (número de unidade lógica), 361
  arquitetura de acesso direto a, 417–419
  migração de, 404

M

malha LAN, 93
malha SAN, 93
malware, 173–175
mecanismo balanceador de carga (especializado), 232–234
  em arquitetura de balanceamento de carga de serviço, 353–355

em arquitetura de distribuição de carga de trabalho, 343
em arquitetura de gerenciamento de armazenamento de carga de trabalho, 409
em arquitetura de instâncias de servidores virtuais com carga balanceada, 381
em arquitetura de *switches* virtuais de carga balanceada, 431
mecanismo de agente de multidispositivos (especializado), 261–263
mecanismo de agrupamento de recursos (especializado), 257–261
  em arquitetura de balanceamento de carga de serviço, 356
  em arquitetura de distribuição de carga de trabalho, 344
  em arquitetura de *downtime* zero, 387
mecanismo de ambiente pronto para uso (infraestrutura), 222–224, 465
mecanismo de assinatura digital (segurança), 274–277
  em PKI (sistema de infraestrutura de chave pública), 282–284
mecanismo de base de dados de gestão de estado (especializado), 263–265
mecanismo de criptografia (segurança), 269–272
  assimétrica, 270–271
  simétrica, 270
mecanismo de dispositivo de armazenamento em nuvem (infraestrutura), 205–211
  em arquitetura de acesso a recursos por múltiplos caminhos, 433
  em arquitetura de janela de manutenção de armazenamento, 439–446
  em arquitetura de nuvem privada virtual, 411
  em arquitetura de soberania de dados distribuídos, 392
  em arquitetura resiliente de recuperação de desastres, 391
  métricas de custos de uso, 486
mecanismo de escaneador biométrico (segurança), 293–294
mecanismo de ferramenta de testagem de penetração (segurança), 300–302
mecanismo de *firewall* (segurança), 290–291
mecanismo de gerenciamento de identidade e acesso (IAM) (segurança), 296–299
mecanismo de grupos de segurança baseados em nuvem (segurança), 278–281
mecanismo de *hashing* (segurança), 272–274

Índice **549**

mecanismo de hipervisor, 29, 100–101, 117, 203–205
  em arquitetura de acesso a recursos por múltiplos caminhos, 433
  em arquitetura de agrupamento de hipervisores, 371
  em arquitetura de capacidade elástica de rede, 422
  em arquitetura de conexão física redundante para servidores virtuais, 439
  em arquitetura de configuração persistente de rede virtual, 436
  em arquitetura de dimensionamento dinâmico de escala, 351
  em arquitetura de distribuição de carga de trabalho, 344
  em arquitetura de *downtime* zero, 387
  em arquitetura de nuvem privada virtual, 411
  em arquitetura de *pool* de recursos, 348
  em arquitetura de reserva de recursos, 397
  em arquitetura de *switches* virtuais de carga balanceada, 431
  em arquitetura resiliente de recuperação de desastres, 390
mecanismo de IDS (sistema de detecção de invasão) (segurança), 299–300
mecanismo de imagem blindada de servidor virtual (segurança), 288–289
mecanismo de *listener* de dimensionamento automatizado (especializado), 226–231
  em arquitetura de gerenciamento de armazenamento de carga de trabalho, 408
  em arquitetura de instâncias de servidores virtuais com carga balanceada, 381
mecanismo de MFA (sistema de autenticação multifatorial) (segurança), 295–296
mecanismo de módulo de plataforma de confiança (TPM) (segurança), 317–318
mecanismo de monitor de auditoria (especializado), 245–246
  em arquitetura de detecção e recuperação dinâmicas de falhas, 400
  em arquitetura de *downtime* zero, 387
  em arquitetura de gerenciamento de armazenamento de carga de trabalho, 408
  em arquitetura de nivelamento vertical cruzado de dispositivos de armazenamento, 426
  em arquitetura de *pool* de recursos, 347
  em arquitetura de reserva de recursos, 397
  em arquitetura de soberania de dados distribuídos, 392

mecanismo de monitor de invasão de rede (segurança), 306
mecanismo de monitor de *log* de atividades (segurança), 320
mecanismo de monitor de pagamento por uso (especializado), 240–244
  em arquitetura de acesso direto a I/O, 416
  em arquitetura de acesso direto a LUN, 419
  em arquitetura de capacidade elástica de recursos, 352
  em arquitetura de capacidade elástica de rede, 422
  em arquitetura de dimensionamento dinâmico de escala, 351
  em arquitetura de nivelamento vertical cruzado de dispositivos de armazenamento, 427
  em arquitetura de *pool* de recursos, 348
  em arquitetura de realocação de serviço sem perturbação, 385
mecanismo de monitor de proteção contra perda de dados (segurança), 321–322
mecanismo de monitor de rede virtual privada (VPN) (segurança), 307–308
mecanismo de monitor de SLA (especializado), 234–240
  em arquitetura de detecção e recuperação dinâmicas de falhas, 400
  em arquitetura de realocação de serviço sem perturbação, 385
mecanismo de monitor de uso de nuvem (infraestrutura), 212–217
  em arquitetura de acesso direto a I/O, 416
  em arquitetura de acesso direto a LUN, 419
  em arquitetura de balanceamento de carga de serviço, 356
  em arquitetura de capacidade elástica de recursos, 352
  em arquitetura de capacidade elástica de rede, 421
  em arquitetura de dimensionamento dinâmico de escala, 351
  em arquitetura de distribuição de carga de trabalho, 344
  em arquitetura de *downtime* zero, 387
  em arquitetura de gerenciamento de armazenamento de carga de trabalho, 409
  em arquitetura de nivelamento vertical cruzado de dispositivos de armazenamento, 427
  em arquitetura de *pool* de recursos, 348
  em arquitetura de provisionamento elástico de disco, 360

em arquitetura de realocação de serviço sem perturbação, 385
em arquitetura de reserva de recursos, 397
em arquitetura de *switches* virtuais de carga balanceada, 431
mecanismo de perímetro lógico de rede (infraestrutura), 57, 194-195
em arquitetura de acesso a recursos por múltiplos caminhos, 433
em arquitetura de acesso direto a I/O, 416
em arquitetura de agrupamento de hipervisores, 372
em arquitetura de agrupamento de servidores virtuais, 378
em arquitetura de capacidade elástica de rede, 422
em arquitetura de conexão física redundante para servidores virtuais, 439
em arquitetura de configuração persistente de rede virtual, 436
em arquitetura de distribuição de carga de trabalho, 344
em arquitetura de *downtime* zero, 387
em arquitetura de gerenciamento de armazenamento de carga de trabalho, 409
em arquitetura de instâncias de servidores virtuais com carga balanceada, 381
em arquitetura de *pool* de recursos, 348
em arquitetura de reserva de recursos, 397
em arquitetura de *switches* virtuais de carga balanceada, 431
mecanismo de rede virtual privada (VPN) (segurança), 291-292
mecanismo de replicação de armazenamento, em arquitetura de soberania de dados distribuídos, 392
mecanismo de replicação de recursos (infraestrutura), 218-221
em arquitetura de acesso a recursos por múltiplos caminhos, 433
em arquitetura de acesso direto a I/O, 416
em arquitetura de acesso direto a LUN, 419
em arquitetura de agrupamento de hipervisores, 372
em arquitetura de agrupamento de servidores virtuais, 378
em arquitetura de balanceamento de carga de serviço, 356
em arquitetura de capacidade elástica de recursos, 352
em arquitetura de capacidade elástica de rede, 422

em arquitetura de conexão física redundante para servidores virtuais, 439
em arquitetura de configuração persistente de rede virtual, 436
em arquitetura de distribuição de carga de trabalho, 344
em arquitetura de *downtime* zero, 387
em arquitetura de instâncias de servidores virtuais com carga balanceada, 381
em arquitetura de janela de manutenção de armazenamento, 446
em arquitetura de *pool* de recursos, 348
em arquitetura de provisionamento elástico de disco, 360
em arquitetura de realocação de serviço sem perturbação, 385
em arquitetura de reserva de recursos, 397
em arquitetura de *switches* virtuais de carga balanceada, 431
mecanismo de servidor virtual (infraestrutura), 198-202
ciclos de vida de, 461
em arquitetura de acesso a recursos por múltiplos caminhos, 433
em arquitetura de capacidade elástica de rede, 422
em arquitetura de conexão física redundante para servidores virtuais, 437-439
em arquitetura de configuração persistente de rede virtual, 434-436
em arquitetura de *downtime* zero, 296-297
em arquitetura de instâncias de servidores virtuais com carga balanceada, 378-381
em arquitetura de nuvem virtual privada, 411
em arquitetura de realocação de serviço sem perturbação, 381-385
em arquitetura de *switches* virtuais de carga balanceada, 431
em arquitetura resiliente de recuperação de desastres, 391
imagem blindada de, 288-289
mecanismo de sistema de *backup* e recuperação de dados (segurança), 318-320
mecanismo de sistema de *backup* e recuperação de dados (segurança), 318-320
mecanismo de sistema de detecção de invasão (IDS) (segurança), 299-300
mecanismo de sistema de *failover* (especializado), 247-256
ativo-ativo, 247-249

Índice **551**

ativo-passivo, 250–252
  em arquitetura de conexão física
  redundante para servidores virtuais, 439
  em arquitetura de detecção e recuperação
  dinâmicas de falhas, 400
  em arquitetura de *downtime* zero, 386–387
mecanismo de sistema de gerenciamento de
  cobrança (gerenciamento), 335–337
mecanismo de sistema de prevenção de
  perda de dados (DLP) (segurança), 315–316
mecanismo de TPM. *Ver* mecanismo de
  módulo de plataforma de confiança (TPM)
mecanismo de UBA (sistema de análise de
  comportamento de usuários) (segurança),
  302–303
mecanismo de utilitário de atualização de
  software de terceiros (segurança), 304–306
mecanismo monitor de tráfego (segurança),
  321
mecanismo monitor de VPN (segurança),
  307–308
mecanismo PKI (sistema de infraestrutura de
  chave pública) (segurança), 282–284
mecanismo SSO (sistema de autenticação
  única) (segurança), 285–287
mecanismo VPN (rede virtual privada)
  (segurança), 291–292
mecanismos de nuvem. *Ver* mecanismos
mecanismos de replicação rápida de dados,
  91
mecanismos de segurança voltados a acesso.
  Ver mecanismos
mecanismos de segurança voltados a dados.
  Ver mecanismos
mecanismos(s)
  de gerenciamento, 324–337
    sistema de administração remota,
      324–329
    sistema de gerenciamento de cobrança,
      335–337
    sistema de gerenciamento de recursos,
      329–332
    sistema de gerenciamento de SLA,
      332–334
  de infraestrutura, 194–224
    ambiente pronto para uso, 222–224
    dispositivo de armazenamento em
      nuvem, 205–211
    hipervisor, 203–205
    monitor de uso de nuvem, 212–217
    perímetro lógico de rede, 194–195

    replicação de recursos, 218–221
    servidor virtual, 198–202
  de segurança orientados a acesso, 268–308
    assinatura digital, 274–277
    criptografia, 269–272
    escaneador biométrico, 293–294
    ferramenta de testagem de penetração,
      300–302
    firewall, 290–291
    grupos de segurança baseados em
      nuvem, 278–281
    hashing, 272–274
    imagem blindada de servidor virtual,
      288–289
    monitor de invasão de rede, 306
    monitor de *log* de autenticação, 307
    monitor de VPN, 307–308
    rede virtual privada (VPN), 291–292
    sistema de análise de comportamento de
      usuários (UBA), 302–303
    sistema de autenticação multifatorial
      (MFA), 295–296
    sistema de autenticação única (SSO),
      285–287
    sistema de detecção de invasão (IDS),
      299–300
    sistema de gerenciamento de identidade
      e acesso (IAM), 296–299
    sistema de infraestrutura de chave
      pública (PKI), 282–284
    utilitário de atualização de *software* de
      terceiros, 304–306
  de segurança orientados a dados, 310–322
    módulo de plataforma de confiança
      (TPM), 317–318
    monitor de *log* de atividades, 320
    monitor de proteção contra perda de
      dados, 321–322
    monitor de tráfego, 321
    sistema de análise de código malicioso,
      313–314
    sistema de *backup* e recuperação de
      dados, 318–320
    sistema de escaneamento de vírus
      digitais e sistema de descriptografia,
      310–313
    sistema de prevenção de perda de dados
      (DLP), 315–316
  especializados, 226–265
    agente de multidispositivos, 261–263
    agrupamento de recursos, 257–261
    balanceador de carga, 232–234

552 Índice

base de dados de gestão de estado, 263-265
listener de dimensionamento automatizado, 226-231
monitor de auditoria, 245-246
monitor de pagamento por uso, 240-244
monitor de SLA, 234-240
sistema de *failover*, 247-256
métrica de alocação de espaço de armazenamento sob demanda, 486
métrica de alocação de instância de máquina virtual sob demanda, 485
métrica de capacidade de aplicativo *Web*, 506-507
métrica de custo de uso de rede de saída, 483-484
métrica de duração de quedas, 504
métrica de PMM (prazo médio para migração), 509
métrica de PMRS (prazo médio para recuperação de sistema), 510
métrica de prazo médio para migração (PMM), 509
métrica de prazo médio para recuperação de sistema (PMRS), 510
métrica de quantidade de transações de usuários, 487
métrica de quantidade de usuários indicados, 487
métrica de sistema de gerenciamento de SLA (gerenciamento), 332-334
  em arquitetura de detecção e recuperação dinâmicas de falhas, 400
  em arquitetura de realocação de serviço sem perturbação, 385
métrica de taxa de disponibilidade, 503-504
métrica de tempo até a finalização, 507
métrica de tempo de iniciação de instância, 507
métrica de tempo de resposta, 507
métrica de tempo médio entre falhas (TMEF), 505
métrica de TMEF (tempo médio entre falhas), 505
métrica de uso de rede de saída, 484
métrica de uso de WAN intranuvem, 484
métrica(s)
  de alocação de espaço de armazenamento sob demanda, 486
  de alocação de instância de máquina virtual reservada, 485
  de alocação de instância de máquina virtual sob demanda, 485
  de capacidade de aplicativo *Web*, 506-507
  de capacidade de dispositivo de armazenamento, 506
  de capacidade de rede, 506
  de capacidade de servidor, 506
  de confiabilidade de serviço, 505
  de custo de uso de rede de entrada, 483-484
  de custo de uso de rede, 483-484
  de custos comerciais, 478-483
  de custos de uso, 483-487
  de dados I/O transferidos, 486
  de desempenho de serviço, 505-507
  de duração de assinatura de aplicativo, 486-487
  de duração de quedas, 504
  de escalabilidade de serviço, 507-508
  de prazo médio para migração (PMM), 509
  de prazo médio para recuperação de sistema (PMRS), 510
  de qualidade de serviço, 502-511
  de quantidade de transações de usuários, 487
  de quantidade de usuários indicados, 487
  de resiliência de serviço, 509-510
  de taxa de disponibilidade, 503-504
  de tempo até a finalização, 507
  de tempo de iniciação de instância, 507
  de tempo de resposta, 507
  de tempo médio entre falhas (TMEF), 505
  de uso de rede de saída, 484
  de uso de WAN intranuvem, 484
métricas de confiabilidade de serviço, 505
métricas de custos comerciais, 478-483
métricas de custos de uso de serviço em nuvem, 486-487
métricas de custos de uso, 483-487
  de dispositivo de armazenamento em nuvem, 486
  de rede de saída, 483-484
  de rede, 483-484
  de serviço em nuvem, 486-487
  de servidor, 485
métricas de desempenho de serviço, 505-507
métricas de disponibilidade de serviço, 503-504
métricas de escalabilidade de serviço, 507-508
métricas de qualidade de serviço, 502-511
métricas de resiliência de serviço, 509-510

métricas de taxa de confiabilidade, 505
middleware de serviço, 108
migração
    de armazenamento ao vivo, 439
    de LUN, 404
    de servidor virtual, 381–385
    de VM ao vivo, 372
migração de armazenamento ao vivo, 439
migração de VM ao vivo, 372
modelo de responsabilidade compartilhada de segurança, 42–43
modelo(s)
    de entrega, 60–71, 474–475
    de implantação, 72–76, 469–473
    de precificação, 489–491, 494–499
    de responsabilidade compartilhada pela segurança, 42–43
    de uso "como serviço", 40
modelos de entrega de nuvem, 60–71
    combinação de, 66–69
    comparação de, 65–66
    Infraestrutura como Serviço (IaaS), 62
    perspectiva dos consumidores de nuvem perspectiva do, 469–473
    perspectiva dos provedores de nuvem, 458–468
    Plataforma como Serviço (PaaS), 62–64
    Software como Serviço (SaaS), 64–65
    submodelos de, 70–71
modelos de entrega, 60–71
modelos de implantação de nuvem, 72–76
    nuvens híbridas, 75–76
    nuvens múltiplas, 75
    nuvens privadas, 72–74
    nuvens públicas, 72
modelos de implantação, 72–76
modelos de precificação, 489–491
    DTGOV, estudo de caso, 494–499
módulo funcional de aplicativo para inquilinos, 468
monitor de máquina virtual (VMM), 29
monitor(es)
    de auditoria, 245–246
    de pagamento por uso, 240–244
    de recursos de TI baseados em IaaS, 461–462
    de SLA, 234–240
    de uso de nuvem, 212–217
    em ambientes de PaaS, 465
monitoramento de saúde, 135
motivadores comerciais, computação em nuvem, 24–26

motor inteligente de automação, 351
multi-inquilinato, 58–59
    e coleção de recursos, 58–59
    versus virtualização, 105
multinuvem, 75
    arquitetura, 363–365
    gerenciamento de custos, 491–493

N

namespaces (Docker), 530
NAS (armazenamento vinculado a redes), 92
negação de serviço (DoS), 167–168
negócios, correspondência com os SLAs, 511
nó, 120, 122
    Kubernetes, 532–533
normalização de dados, 208–209
normalização de dados, 208–209
nuvem privada, 72–74
nuvem pública, 72
nuvens híbridas, 75–76

O

objetos (Docker), 530–531
operadora de nuvem (função), 55
    seleção, 87
operadoras e redes externas, interconexão, 92
orquestração
    de contêineres, 134–137
    de Docker, 531
    plataforma de, 108
orquestração de armazenamento, 135
otimizador de implantação, 132–133

P

pacote(s), 131–132
    gerenciamento de, 131–134, 137
    repositório de, 132
período de subscrição de inquilinos, 468
phishing, 176
plaintext, 269
planejamento de capacidade, 27
plano de controle, 120, 537–539
plano de gerenciamento, 120
Plataforma como Serviço (PaaS), 62–64
    em combinação com IaaS e SaaS, 69
    em combinação com IaaS, 66–68
    em comparação com IaaS e SaaS, 65–66
    modelos de precificação de, 490
    perspectiva dos consumidores de nuvem sobre, 471–473

perspectiva dos provedores de nuvem
  sobre, 462–465
  submodelos de, 70–71
plataforma *enterprise service bus* (ESB), 108
plataformas de *middleware*, 108
  de orquestração, 108
  enterprise service bus (ESB), 108
pod, 120, 128–130
  Kubernetes, 533
políticas de segurança, 161
  disparidade entre, 186–187
pool (de recursos), 344–347
  de armazenamento, 344
  de CPUs, 345
  de RAM física, 345
  de redes, 345
  de servidores físicos, 344
  de servidores virtuais, 344
pool de CPUs, 345
pool de RAM física, 345
pool de recursos (multi-inquilinato), 58–59
pool de recursos, 344–347
pool de servidores físicos, 344
pool de servidores virtuais, 344
portabilidade
  entre provedores de nuvem, 46
  entre soluções de virtualização, 102–103
portal
  de autosserviço, 325
  de uso e administração, 325
portal de autosserviço, 325
portal de uso e administração, 325
priorização de cargas de trabalho, 232
processo como serviço, 71
proprietário de serviço em nuvem (função), 52–53
protocolo de camada de transporte, 82
provedor de nuvem (função), 33, 50
  compliance e questões legais, 47
  controle de governança, 44–45
  modelo de responsabilidade compartilhada pela segurança, 42–43
  modelos de entrega de nuvem, perspectiva do, 458–468
  portabilidade de, 46
  seleção de, 87

Q

qualidade de serviço (QoS), 502–511. *Ver também* SLA (acordo de nível de serviço)
questões legais, 47

R

ransomware, 174
realocação dinâmica, 349
recuperação de desastres, 389–391
recurso de TI nas dependências, 33
  versus recurso de TI baseado em nuvem, 478–483
    em nuvem privada, 74
recurso(s) de TI, 31–33
  baseado em nuvem *versus* nas dependências, 82–87
    custos dos, 478–483
    considerações sobre provisionamento de
      de ambientes de IaaS, 470–471
      de ambientes de PaaS, 472–473
    virtualização, 97–103
recursos de TI baseados em nuvem, 32
  métricas de custos de uso, 483–487
  versus recursos de TI nas dependências em nuvens privadas, 74
  versus recursos de TI nas dependências, 82–87
rede de área de armazenamento (SAN), 92
rede de *overlay*, 123, 138
rede física, 82
rede virtual, 195
rede(s)
  custo de uso de, ambientes de PaaS, 465
  de banda larga, 78–87
  de contêineres, 123, 137–141
  de *host*, 123, 138
  de *overlay*, 123, 138
  endereços de, 140–141
  hardware de, 92–93
  interfaces de armazenamento em, 206–207
  orquestração de, 135
  pool, 345
  virtualização de, 28
redes celulares, 86–87
redes de banda larga, 78–87
redes de contêineres, 123, 137–141
  endereços de, 140–141
  escopo de, 138–140
redes de datagrama (comutação de pacotes sem conexão), 80–81
redes de *hosts*, 123, 138
redes sem fio, 86–87
redução de custos, 24–25
registro (Docker), 528–529
replicação de recursos, virtualização, 98
réplicas, 131
resiliência (característica de nuvem), 60–61

Índice **555**

responsividade (característica), recurso de TI, 38
restrição de recursos, 393
restrições de projeto REST, 106
restrições de projeto, REST, 106
resumo de mensagem, 272
risco (segurança de TI), 161
RPC baseada na *Web*, 109
runtime, 115

S

SAN (rede de área de armazenamento), 92
SASE (*Secure Access Service Edge*), 308
Secure Access Service Edge (SASE), 308
segurança
   ATN, estudo de caso, 189–190
   controles de, 160
   de recursos de TI baseados em IaaS, 462
   e ameaças de cibersegurança, 44
   em ambientes de PaaS, 465
   em ambientes de SaaS, 468
   mecanismos de, 161. *Ver também* mecanismos
   modelo de responsabilidade compartilhada de, 42–43
   terminologia de, 158–161
   violação de, 162
segurança como serviço, 70
segurança de camada de transporte (TLS), 271
serviço em nuvem, 35–37
   fases do ciclo de vida, 487–488
serviço *etcd*, 537
serviço(s), 105–109
   agentes de, 108
   baseados na *Web*, 105
   descoberta de, 135
   Docker, 530
   middleware de, 108
   REST, 105–106
   Web, 106–107
serviços Elastic Compute Cloud (EC2), 23
serviços REST, 105–106
serviços *Web* baseados em SOAP, 106–107
serviços *Web*, 106–107
   baseados em SOAP, 106–107
servidor físico, 116, 123
servidor(es)
   agrupamento de, 257
   consolidação de, 97
   Docker, 526–527
   físicos, 116, 123

   host, 120
   imagens de, 401
   métrica de capacidade de, 506
   métrica de escalabilidade (horizontal) de, 508
   métrica de escalabilidade (vertical) de, 508
   uso de, 485
   virtuais, 116–117, 124–125
   virtual (*host* físico), 33
   virtualização de, 198–202
servidores virtuais, 116–117
   conteinerização em, 124–125
Simple Object Access Protocol (SOAP), 106–107
sistema de administração remota (gerenciamento), 324–329, 348
sistema de análise de código malicioso (segurança), 313–314
sistema de análise de comportamento de usuários (UBA) (segurança), 302–303
sistema de arquivos de união, 147, 530–531
sistema de autenticação multifatorial (MFA) (segurança), 295–296
sistema de autenticação única (SSO) (segurança), 285–287
sistema de escaneamento de vírus digitais e sistema de descriptografia (segurança), 310–313
sistema de escaneamento de vírus digital e descriptografia, 311
sistema de *failover* ativo-ativo (mecanismo especializado), 247–249
sistema de *failover* ativo-passivo (mecanismo especializado), 250–252
sistema de fiscalização de capacidade, 378–380
sistema de gerenciamento de recursos (gerenciamento), 329–332, 348
sistema de infraestrutura de chave pública (PKI) (segurança), 282–284
sistema de prevenção de perda de dados (DLP) (segurança), 315–316
sistema operacional
   abstração de, 145–146
   referência básica de, 401
   terminologia de, 115
   virtualização baseada em, 98–100
sistema operacional hóspede, 28, 116
sistema operacional *host*, 98
sistema resiliente de fiscalização, 397–400
SLA (acordo de nível de serviço), 36–37, 502
   diretrizes de, 511–513
   DTGOV, estudo de caso, 514–516
snapshotting, 91, 459

SOAP, 106–107
spyware, 174
Software como Serviço (SaaS), 64–65
   em combinação com IaaS e PaaS, 69
   em comparação com PaaS e IaaS, 65–66
   modelos de precificação de, 490
   perspectiva dos consumidores de nuvem sobre, 473
   perspectiva dos provedores de nuvem sobre, 465–468
   submodelos de, 70–71
software malicioso, 173–175
software, virtualização (hipervisor), 100–101, 203–205
SQL (*Structured Query Language*), 182
SSL (camada de soquetes seguros), 271
submodelo de entrega nativa de nuvem, 71
superfície de ataque, 163
Swarm Docker, 531–532
switch virtual
   em arquitetura de capacidade elástica de rede, 421
   em arquitetura de conexão física redundante para servidores virtuais, 437–439
   em arquitetura de configuração persistente de rede virtual, 434–436
   em arquitetura de nuvem virtual privada, 411
   em arquitetura de *switches* virtuais de carga balanceada, 430–431

T

testagem como serviço, 71
teto de desempenho (virtualização), 102
tipos de multicontêiner, 150–155
TLS (segurança de camada de transporte), 271
tratamento de risco, 188
tunelamento, 182–183

U

UDDI (*Universal Description, Discovery, and Integration*), 107

uso mensurado (característica de nuvem), 60
uso sob demanda (característica de nuvem), 57
usuários maliciosos, 163

V

vazamento de dados, 162
vetor de ataque, 163
VIM (gerenciamento de infraestrutura de virtualização), 102, 329
violação de dados, 162
virtualização, 28–29, 87–88, 97–103
   aninhada, 122
   ataque de, 170–171
   baseada em aplicativo, 101
   baseada em *hardware*, 100–101
   baseada em sistema operacional, 98–100
   de armazenamento, 91
   de *software* (hipervisor), 100–101, 203–205
   gerenciamento de, 102
   terminologia de, 116–118
   tipos de, 117–118
   versus multi-inquilinato, 105
virtualização aninhada, 122
virtualização baseada em *hardware*, 100–101
vírus, 174, 310–313
VMM (gerenciador de máquina virtual), 29
volume, 130
VPN (rede virtual privada) de confiança, 292
VPN (rede virtual privada) segura, 292
vulnerabilidade (segurança de TI), 161. *Ver também* ameaça(s) e ataque(s)
vulnerabilidade de dia zero, 162

W

Web Service Description Language (WSDL), 106
worm, 174
WSDL (*Web Service Description Language*), 106

X

XML Schema Definition Language, 106
XML, 106